TYPO EST DIRIGÉE PAR
PIERRE GRAVELINE

AVEC LA COLLABORATION DE
ROBERT LALIBERTÉ
SIMONE SAUREN
ET JEAN-YVES SOUCY

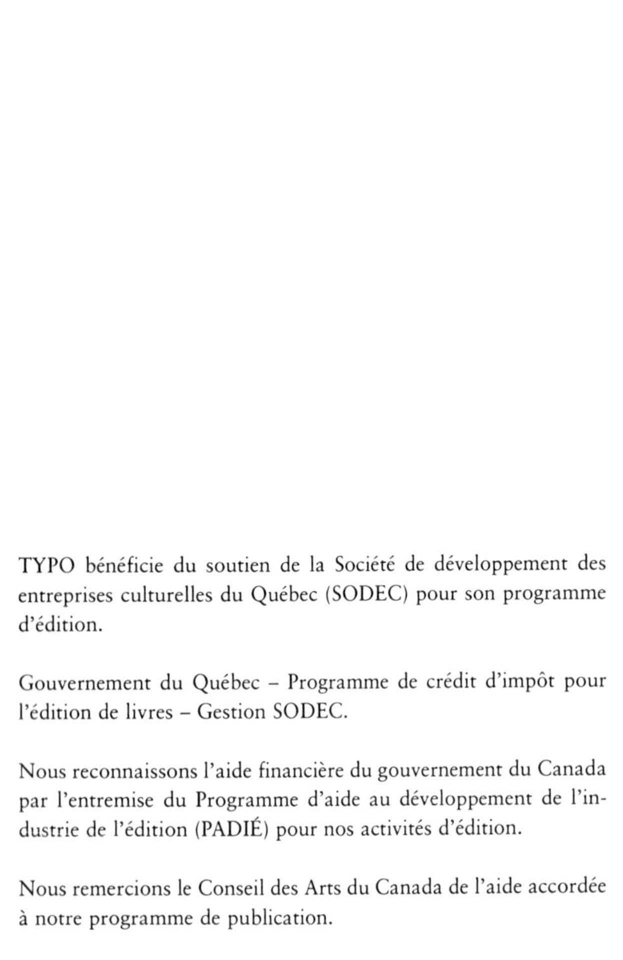

TYPO bénéficie du soutien de la Société de développement des entreprises culturelles du Québec (SODEC) pour son programme d'édition.

Gouvernement du Québec – Programme de crédit d'impôt pour l'édition de livres – Gestion SODEC.

Nous reconnaissons l'aide financière du gouvernement du Canada par l'entremise du Programme d'aide au développement de l'industrie de l'édition (PADIÉ) pour nos activités d'édition.

Nous remercions le Conseil des Arts du Canada de l'aide accordée à notre programme de publication.

DICTIONNAIRE DE LA LANGUE QUÉBÉCOISE

DU MÊME AUTEUR

Petit manuel d'histoire du Québec, Montréal, Éditions Québécoises, 1970 ; Montréal, VLB éditeur et Éditions Québécoises, 1979.

Histoire du Québec illustrée (deux volumes), Montréal, Éditions Québécoises, 1971 et 1972 ; Montréal, Éditions Balzac, 1994.

Pourquoi une révolution au Québec, Montréal, Éditions Québécoises, 1972.

Histoire du Québec en trois régimes, Montréal, Éditions de l'Aurore, 1974.

La Charte de la langue québécoise, Montréal, VLB éditeur, 1981.

Petit manuel de l'accouchement à la maison, Montréal, VLB éditeur, 1982.

Sur la question nationale, Montréal, Éditions du Tonnerre, 1992.

LÉANDRE BERGERON

Dictionnaire de la langue québécoise

TYPO

Éditions TYPO
Une division du groupe Ville-Marie Littérature
1010, rue de La Gauchetière Est
Montréal, Québec H2L 2N5
Tél.: (514) 523-1182
Téléc.: (514) 282-7530
Courriel: vml@sogides.com

Maquette de la couverture: Mario Leclerc

DISTRIBUTEURS EXCLUSIFS:

• Pour le Québec, le Canada et les États-Unis:
LES MESSAGERIES ADP*
955, rue Amherst
Montréal, Québec
H2L 3K4
Tél.: (514) 523-1182
Téléc.: (514) 939-0406
* Filiale de Sogides ltée

• Pour la France:
Librairie du Québec – D.E.Q.
30, rue Gay-Lussac, 75005 Paris
Tél.: 01 43 54 49 02
Téléc.: 01 43 54 39 15
Courriel: liquebec@cybercable.fr

• Pour la Suisse:
TRANSAT S.A.
4 Ter, route des Jeunes
C.P. 1210
1211 Genève 26
Tél.: (41-22) 342.77.40
Téléc.: (41-22) 343.46.46

Pour en savoir davantage sur nos publications,
visitez notre site: **www.edtypo.com**
Autres sites à visiter: www.edhomme.com • www.edjour.com
www.edvlb.com • www.edhexagone.com • www.edutilis.com

Édition originale:

Dépôt légal: 4e trimestre 1997
Bibliothèque nationale du Québec
Bibliothèque nationale du Canada

Nouvelle édition:

ISBN 2-89295-147-X

Préface

Un dictionnaire général complet de la langue québécoise comprendrait à peu près tous les mots qu'on retrouve dans un dictionnaire français comme le Robert *et* ceux qu'on retrouve dans le dictionnaire que vous avez présentement entre les mains, car, en effet, la langue québécoise est si riche qu'elle comprend tout le français moderne *et* des milliers de mots, d'expressions, de tournures syntaxiques qui lui sont propres, sans parler, il va de soi, de toute la créativité quotidienne dont font montre les Québécois pas trop influencés par le conformisme stérilisant qui paralyse la plupart des sociétés occidentales trop bien *éduquées*. Pour avoir entre vos mains un seul et unique volume du vocable québécois, il aurait fallu intégrer tous les mots d'usage courant au Québec. Nous avons préféré, en une première étape, rassembler tous les mots proprement et spécifiquement québécois et exclure systématiquement le mot ou le sens d'un mot qu'on retrouve facilement dans un Robert, un Larousse ou un Quillet. Donc, pour le moment, employez le présent dictionnaire *avec* l'un ou l'autre des dictionnaires français.

Le lecteur trouvera quelques particularités à ce dictionnaire, la première étant que nous avons défini les mots pour nous, Québécois, et non pour les Français, nos cousins. Nous nous sommes éloignés de la vieille mentalité colonisée que l'on retrouve dans tous les lexiques québécois et qui amènent les auteurs à définir les mots québécois comme s'ils expliquaient notre «parlure» à des lecteurs français, comme si la norme qu'ils ont dans la tête est celle définie dans les cénacles linguistiques parisiens. Nous avons, au contraire, défini nos mots en nos termes, pour nous, en ayant bien dans la tête le lecteur québécois d'abord et avant tout. Un exemple extrême mais qui illustre bien ce que nous voulons dire: *Tchôke* a comme définition *étrangleur* (de carburateur) et non *starter* qui est le terme proprement français mais qui en québécois veut dire *démarreur*. De plus, nous avons voulu être le plus exhaustif et le plus complet possible en n'excluant *aucun* mot pas beau, vulgaire, polisson, sale, etc. Prétendre faire un relevé sérieux et objectif du vocabulaire d'un peuple et, en même temps, exclure des mots parce qu'ils ont fermenté dans la rue, dans un fond de cour ou dans un sac de couchage improvisé dans la grande nature, exclure les *osti de câlisse de tabarnac, bizoune, chenolles, foufounes* et *se passer un Dieu-seul-me-voit* bien qu'ils se disent tous les jours et toutes les nuits dans le pays du Québec, c'est faire un travail de préfet de discipline, prude, étroit et borné, c'est se comporter comme les petits scribes qui ont récrit Shakespeare pour le rendre acceptable à la chaste oreille victorienne. Loin de nous ce terrorisme linguistique. Nous avons transcrit *ce qui se dit au pays du Québec* avec des définitions simples et compréhensibles pour à peu près tout le monde. Nous avons refusé toute norme, nous avons accepté seulement le critère de l'usage que les Québécois ont fait et font de leur vocabulaire, allant jusqu'à donner à peu près toutes les variantes possibles d'un même mot (voir à titre d'exemple les mots *abreuvoué* et *anneillère*). Amère déception, cher lecteur, vous ne trouverez pas de petits symboles qui vous disent si le mot est un «canadianisme de bon aloi», «un mot de la langue familière», «un anglicisme ou autre impropriété à proscrire», pas plus que vous trouverez après les mots les expressions «à proscrire», «vulgaire», «familier» ou des *dites, ne dites pas*. Donc, ici aucune censure morale ou linguistique. Tout au plus une indication, dans le cas de jurons, pour dire s'ils sont inoffensifs ou une forme adoucie d'un juron offensif. On sait que les jurons sont pour la plupart offensifs (sinon pourquoi les utiliser?). C'est pourquoi on trouvera après *câlisse* la définition: Juron, et après *câline*, forme adoucie de câlisse, et après *calebasse*, juron inoffensif. Quant au reste, c'est le friforolle. Se côtoient les *Saint-Joseph* (-Seins.-Pétunia), les *sainsurins, Sainte Viarge, Saint-Épas*; *shaft, shaker, shallac*; *sparage, spare, spare-ribs*; *spark-plug, en sparouine* et *speaker*; *réguine, rienquier, à regriche-poil*; *virer une brosse, virer d'ssour, virer sul top*; une orgie linguistique de 15 000 mots et 5 000 expressions enfilés dans un joyeux chapelet alphabétique avec des exemples illustrant leur emploi. Nous n'avons pas indiqué non plus si le mot est vieux, vieilli, nouveau-né ou moribond. Vous trouverez des mots que vos grands-pères utilisaient dans l'étable et qui peuvent difficilement se faire une place dans les garages de la rue Saint-Hubert. Dire qu'ils ont vieilli ou sont hors d'usage parce que la moitié des Québécois d'aujourd'hui n'ont jamais vu un cheval en pleine face, c'est tomber dans le même schéma de métropolisation que les Français (et nos pseudo-français à nous) ont fait vis à vis le Québec en général. *Batte-feu* pour *briquet* a sa place tout autant que *layteur, use-pouce* et *flaubette.*

On remarquera également que le H prononcé trouve la place qui lui revient de droit dans notre langue. Traditionnellement on reconnaissait deux H, le muet (comme dans *un homme*) et l'aspiré (comme dans *le hibou*) mais jamais, au grand jamais, le H prononcé, celui de *hardin* (jardin) et de la *heune* (jeune), *baisse ta huppe, les hambes te hèlent,* qu'on retrouve non seulement en Beauce mais en Abitibi, au Lac St-*H*ean et dans le tchoeur de Morial. Le pauvre H prononcé dont s'enorgueillissent Anglophones et Espagnols (Hello, Juan) mais qui, dans les pays francophones, est dénigré, méprisé, ridiculisé, retrouve ici sa place, remplaçant souvent d'autres consonnes surmenées comme le *j*, le *g*, le *ch* (tu vas-tu à *h*asse à l'orignal?) et le *h* anglais de *hâlage* et *hack-saw.*

Pour rédiger un dictionnaire, il est normal de se servir de ce qui a été fait avant nous, car, partir avec son calepin à la cueillette de 20 000 mots et expressions sans puiser dans les lexiques de nos parents serait faire montre d'un héroïsme quelque peu épais. Nous avons donc passé au peigne fin le *Glossaire franco-canadien* de Oscar Dunn, le *Dictionnaire canadien-français* de Sylva Clapin, la *Rectification du vocabulaire* de Henri Roullaud, *Le Parler populaire des Canadiens français* de N.-É. Dionne, le *Dictionnaire du bon langage* de l'abbé Étienne Blanchard, le tout à fait remarquable *Glossaire du parler français au Canada* de la Société du parler français au Canada. Nous avons également passé à travers les *Bélisle*, le *Dictionnaire Bélisle de la langue française au Canada* et le *Petit dictionnaire canadien de la langue française* pour n'y trouver que quelques mots qui ne se trouvaient pas déjà dans le *Glossaire du parler français au Canada.* Nous avons consulté *Le parler populaire de la Beauce* de Maurice Lorent qui se serait mieux appelé *Le parler populaire du Québec avec quelques régionalismes particuliers à la Beauce*, le *Dictionnaire de la langue québécoise rurale* de David Rogers, *Le livre des expressions québécoises* de Pierre Des Ruisseaux et le très préfet-de-la-langue *Petit dictionnaire du «Joual» au français* d'Augustin Turenne. Nous avons puisé abondamment dans le remarquable petit lexique québécois incomplet, *Les Mamelles de ma grande-mère, les mamelles de mon grand-père* de Ghislain Lapointe et dans nos petits calepins de mots québécois accumulés depuis des années.

De plus, nous avons jugé bon de regrouper la plupart de ces mots sous divers thèmes dans un *glossaire thématique* à la fin du volume.

•

Je tiens à remercier toutes ces Québécoises, tous ces Québécois qui ont fourni, consciemment ou à leur insu, des mots et tournures à ce dictionnaire et en particulier à tous ces amis et connaissances qui m'ont permis de prendre des notes au fil de nos monologues à plusieurs voix ou qui m'ont envoyé leur p'tite lisse sur des boîtes de cigarettes fatiguées ou du papier brun, à la famille Loranger de Cloutier, à Jean-Yves et Rita du Rang 6 Nord, Jules le trappeur, Jo et Nadine, Jean Frève, l'ex-bouquiniste, Richard au grand coeur, Francine et Victor de Morial-Nord, Laurette d'Aylmer, André et Lucien, la famille Morin, la famille Richer du Lac Duhamel, Francine la cook, Nancy l'infatigable dactylo, Claire et Gilles du Mont Haudron, Alain, le Pape, Maurice et tous les autres qui m'ont encouragé d'une façon ou d'une autre.

LÉANDRE BERGERON

P.S. Ceux qui auraient des mots et expressions qu'ils n'auraient pas trouvés dans cet ouvrage peuvent me les faire parvenir à l'adresse suivante:

C.P. 16
MACOUÂTEUR
ABITIBI
P.Q.
J0Z 2V0

A pr. pers. sing. ou pl. — Elle, elles. Ex.: A s'appelle Marie. A sont pas d'accord.

A art. s. — La. Ex.: I a sauté à clôture.

À prép. remplace: — *De* (marquant l'appartenance). Ex.: Le couteau à son père. — *Pour* avec *partir*. Ex.: Partir à Rouyn. — *Chez* avec *aller*. Ex.: Aller au dentiste. — *Par* (marquant la quantité d'une partie). Ex.: Dix minots à l'acre. — *Ou* (marquant l'approximation). Ex.: Sept à huit personnes.

À remplace: — *De* dans *À bonne heure, à neuf, à moins, avoir l'air à, avoir à coeur à.* — *Au* dans *à revoir.* — *Ce* dans *à matin, à soir.* — *En* dans *à graine, à la graine.*

À est ajouté dans *à tous les jours, à tous les matins, à tous les soirs.*

A A — Abréviation de *Alcooliques Anonymes*. Ex.: I est rendu dans les A A.

Abadenner v.t. — Abandonner.

Abajoue n.f. — Bajoue.

Abandé, e adj. — Accoté. Vivre en concubinage.

Abander v. tr. — Rassembler un groupe de personnes. — Soulever une foule.

Abander (s') v. pron. — Se joindre à une bande.

Abandon n.m. *En abandon* — À l'abandon.

Abandonner de v. tr. — Cesser de. Ex.: Abandonner de fumer.

Abarge n.f. — Auberge.

À bas loc. adv. — À terre. Ex.: Le bébé est à bas.

Abâsir (s') v. pron. — Se perdre. Ex.: Je me suis abâsi dans le bois.

Abât n.m. — Averse. Ex.: Un abât d'eau. — Action d'abattre. Ex.: Le vent a fait un grand abât dans le champ d'avoine.

Abatage n.m. — Averse. Ex.: Un abatage de neige. — Réprimande. Ex.: Servir un abatage à son enfant.

Abatages n. pl. — Abats, abatis, parties accessoires d'animaux abattus pour la consommation, surtout les ailerons, la tête, le cou, les pattes de volaille.

Abatis n.m. — Terrain encore jonché de branchages où on vient d'abattre les arbres.

Abatteur n.m. — Bûcheur.

Abatteux d'ouvrage n.m. — Individu qui travaille beaucoup et efficacement.

Abattre v. tr. *Abattre de l'ouvrage* — Travailler beaucoup et efficacement. *Abattre un banc de neige* — Pratiquer un chemin dans un banc de neige. *Abattre les cahots* — Aplanir un chemin. *Abattre des provisions* — Chasser.

Âbe n.m. — Arbre.

Abeaudir (s') v. pron. — S'embellir, devenir beau. Ex.: Le temps s'abeaudit.

À belle heure loc. adv. — Tard ou trop tard. Ex.: T'arrives à belle heure, mon beau.

Aberver v. tr. — Abreuver.

Abîmage n.m. — Action de confondre un interlocuteur. Ex.: Un vrai abîmage en règle. — Dégâts. Ex.: Les animaux lâchés lousse dans l'étable ont fait un de ces abîmages.

Abîmations n.f. pl. — Jurons. Ex.: Avec lui, c'est juste des sacres et des abîmations.

Abîmer v. intr. — S'effondrer. Ex.: Tout d'un coup, le toit a abîmé. — S'emplir d'eau. Ex.: Le canot abîme d'eau (ou abîme l'eau). *Abîmer de bêtises* — Injurier copieusement.

Abîmer (s') v. pron. — Se blesser. Ex.: Il s'est tout abîmé les doigts en affilant son couteau. — Se ruiner la santé. Ex.: Il s'abîme à sa job.

Abjet n.m. — Objet.

À blanc loc. adv. — V. BLANC.

Aboiteau n.m. — Barrage ou digue sur le bord d'un ruisseau pour contrer le mouvement des eaux. — Vanne dans un barrage qui se ferme quand la marée monte et s'ouvre quand la marée baisse. — Masse de glace sur les rivières au dégel. — Coupe-vent qu'on fabrique de branchages et de neige quand on pêche sur la glace.

Abolir v. tr. — Fermer (un chemin). Ex.: Le conseil municipal a aboli ce chemin-là. *Abolir sa religion* — Se convertir.

Abolition n.f. — Fermeture (d'un chemin).

Abominabe adj. — Extraordinaire. Ex.: Y a des pommes c't'année, c'est abominabe!

À bonne heure loc. adv. — De bonne heure.

Abord n.m. — Grande réunion de gens arrivant tous ensemble. Ex.: Il y avait un abord de monde chez les Morin. — Averse, ondée. Ex.: Ayez pas peur. Ça s'ra qu'un abord. — Moment vite passé. Ex.: C'est un malheur, mais ça n'aura qu'un abord. *Aux abords de* — À peu près, près de Ex.: Ça fait aux abords d'un gallon. I y a aux abords de trois heures qu'il attend. *Du premier abord* — Au premier abord, tout d'abord. Ex.: Du premier abord, i m'a l'air pas commode.

Abordade n.f. — Action d'aborder quelqu'un. Ex.: J'ai réussi à l'aborder, mais l'abordade a été difficile.

Abordage n.m. — Manière d'aborder quelqu'un. Ex.: Excusez mon abordage, mais j'aimerais bien vous parler.

Aborder v. tr. — Heurter par accident. Ex.: Sa voiture a abordé la mienne.

Abouète n.f. — Amorce, appât. Ex.: Un seau d'abouète pour la pêche.

Aboućteau n.m. — V. ABOITEAU.

Abouèter v. tr. — Mettre l'appât, l'abouète.

Aboućyer v. intr. — Aboyer.

Abouler v. intr. — S'acquitter d'une dette. Ex.: I va bien finir par abouler. — Arriver, venir, en finir, aboutir. Ex.: Aboule, fiston, et allons-y.

About n.m. — Terrain auquel aboutit un autre terrain. — Terrain qui a été laissé, dans l'opération du cadastre, entre deux rangs réguliers de terrains. Ex.: Il reste dans les abouts. — Planche de labour où aboutissent les sillons d'une pièce de terre ou d'un champ. Ex.: Il me reste à semer les abouts. *Faire l'about* — Tracer au bout d'une pièce de terre un trait de charrue où aboutissent les planches de labours.

À bout (pron. à boutte) — Épuisé. — Usé. Hors de service.

Aboutage n.m. — Terrain auquel aboutit un terrain déterminé.

Aboutant n.m. — Propriétaire d'un terrain qui touche par l'un des bouts à un autre. Ex.: Onésime est mon aboutant.

Aboutant, e adj. — Aboutissant, se terminant. Ex.: Une terre aboutante à la mienne.

Aboutement n.m. — Massif de maçonnerie qui soutient les deux extrémités d'un pont.

Abouter v. intr. — Toucher à un bout. Ex.: Ma terre aboute à celle d'Herménégilde. — Avoir un terrain aboutissant. Ex.: Herménégilde aboute chez nous. — Joindre par le bout deux choses susceptibles de s'adapter l'une à l'autre. — Aboutir, abouler. Ex.: Vas-tu finir par abouter, mon gars?

Aboutir v. intr. — Finir, achever, abouter, abouler. Ex.: Tu parles, tu parles, t'aboutis pas. — Réussir. Ex.: Il commence toutes sortes d'affaires, mais il aboutit jamais.

Aboutissage n.m. — Action d'aboutir. Ex.: Aboutissage d'un abcès.

Abraouais n.m. — Abreuvoir.

À brasse-caille loc. adv. — À bras-le-corps. Ex.: I se sont pris à brasse-caille.

À brasse-corps loc. adv. — À brasse-caille, à bras-le-corps. Ex.: Je l'ai pogné à brasse-corps.

Âbre n.m. — Arbre.

Abrenontio interj. — Mot magique des sorciers pour guérir les animaux malades.

Abreuvoué, abreuvouére n.m. — Abreuvoir.

Abrévier v. tr. — Abréger.

Abrier v. tr. (prononciation de conjugaison identique au verbe *briller*) — Couvrir de couvertures de lit, de voiture. Ex.: J'ai abrié le bébé avec la couvarte de ma tante Emma. — Recouvrir, mettre à l'abri. Ex.: Abrier le jardinage. Abrier le feu. La neige abrie les balises. — Protéger, excuser, justifier. Ex.: Il a beau être mon frère, je peux pas l'abrier. — Déguiser. Ex.: Je peux pas abrier la vérité.

Abrier (s') pron. — Se couvrir, s'habiller chaudement. Ex.: Abrie-toi ben. I fait fret. — Se justifier. Ex.: Cherche pas à t'abrier. On sait ce que t'as fait.

Abriguer v. tr. et pron. — V. ABRIER.

Abriller v. tr. — V. ABRIER.

Abriller (s') v. pron. — S'abrier.

Abroué n.m. — Abreuvoir.

Absoude v. tr. — Absoudre.

Absulument adv. — Absolument.

Abumer v. tr. ou intr. — Abîmer.

Abuser v. tr. — Insulter. Ex.: Il arrête pas de m'abuser.

Ac' n.m. ou f. — Acte.

Académie n.f. — École primaire supérieure.

Académique adj. — Qui concerne une académie.

Acagnardi, e adj. — Bourru, renfrogné, d'humeur difficile, écoeuré de la vie. — Paresseux, sans énergie.

Acagnardir (s') v. pron. — Devenir bourru, renfrogné, paresseux.

Acarêmer (s') v. pron. — S'habituer au carême, au jeûne.

Açartener v. tr. — Affirmer, assurer. Ex.: Je vous açartène qu'il était là.

À cause loc. adv. — V. CAUSE.

À cause que loc. conj. — Parce que.

Acayen, enne adj. ou n.m. ou f. — Acadien, enne.

Accablation n.f. — Tribulations, tourment moral. Ex.: Ces enfants terribles! Quelle accablation!

Accalmie n.f. — Arrêt. Ex.: Il a travaillé toute la journée sans accalmie.

Accalmir v. intr. — Se calmer. Ex.: Le vent va bientôt accalmir.

Accalmir (s') v. pron. — Se calmer, s'apaiser. Ex.: La douleur s'accalmit.

Accanter v. tr. — Pencher, incliner. Ex.: Accante un peu le piquet.

Accanter (s') v. pron. — Se pencher. Ex.: Accante-toi par en avant.

Accaparer (s') v. pron. — Accaparer, s'emparer de. Ex.: Il s'accapare tout ce qu'il peut.

Accapareux n.m. — Accapareur.

Accent n.m. — Allure, prestance. Ex.: Elle danse bien. Elle a un bel accent. — Ardeur. Ex.: Ce cheval a tout un accent. — Lubie, caprice, extravagance. Ex.: Quel accent qui vous prend?

Acceptance n.f. — Acceptation. Ex.: Je viens pour l'acceptance du marché.

Accessoires n.m. pl. *Accessoires électriques* — Lustres, appareils, fixtures.

Accident n.m. ou f. — Accident (n.m.). *Faire un accident* — Avoir un accident.

Acceler v. tr. — Atteler.

Accolade n.f. — Galanterie. Ex.: Ce garçon-là est d'une accolade qui plaît à tout le monde. — Croc-en-jambe. Ex.: Il m'a donné une accolade puis j'suis tombé. — Ruse pour supplanter quelqu'un. Ex.: Je l'ai vu venir avec son accolade.

Accommodation n.f. — Commodités. Ex.: Une maison avec beaucoup d'accommodations. — Espace. Ex.: Il y a de l'accommodation pour vingt personnes. — Obligeance. Ex.: Ce marchand-là est d'accommodation. — Dépanneur. *Train d'accommodation* — Train qui dessert toutes les stations sur son parcours. *Billet d'accommodation* — Billet de complaisance, laisser-passer.

Accommoder v. tr. — Préparer. — V. ACMODER.

Accomparager, accomparaiser v. tr. — Comparer.

Accomplissements n.m. pl. — Talents, qualités, connaissances en général. Ex.: Elle a toutes les accomplissements d'une jeune fille de bonne famille. — Réalisations.

Acconduire v. tr. — Conduire. Ex.: Tu veux que j'aille t'acconduire à l'école?

Acconnaître v. tr. — V. ACCONNAÎTRE.

Accoparager v. tr. — Comparer.

Accord n.m. *Faire l'accord* — Se réconcilier. *Perdre l'accord* — Perdre la mesure (en dansant). *Mettre son accord* — Faire sa mise. *Mettre un piano d'accord* — Accorder un piano.

Accordailles n.f. pl. — Fiançailles.

Accordant, e adj. — Facile à vivre. Ex.: Ernestine, c'est une personne ben accordante.

Accorder v. tr. ou intr. — Faire, au jeu, une mise égale à un autre joueur. Ex.: J'y vas de mon trente sous. M'accordes-tu? — Frapper en cadence, battre des pieds ou des mains en suivant le rythme de la musique. Ex.: Ils accordent tous avec les musiciens. — Adjuger, concéder des travaux. Ex.: Accorder un contrat.

Accordeux n.m. — Accordeur de piano.

Accords n.m. pl. — Accordailles, fiançailles.

Accore n.m. — Rive escarpée d'un cours d'eau.

Accorte adj. f. — Alerte, solide. Ex.: La grand'mère est encore accorte.

Accostabe adj. — Facile à mettre à quai. Ex.: Ce bateau-là est pas accostabe.

Accoster v. intr. — Accoster (v. tr.). Ex.: Le bateau a accosté au quai.

Accoté, e p.p. — Vivre en concubinage. Ex.: Ces deux-là sont accotés depuis dix ans.

Accoter v. tr. — Étayer, bloquer dans une position donnée. Ex.: Accoter une clôture. Accoter la porte. — Aider, seconder. Ex.: J'aurai plus de courage si tu m'accotes. — Égaler, tenir tête à. Ex.: Il est trop fort. Je peux pas l'accoter. — Faire une mise égale à celle d'un autre joueur. Ex.: J'y vas de trente sous. M'accotes-tu? — Tenir le tas, l'enclume, l'outil servant d'enclume lorsqu'on rive un clou. Ex.: Viens donc accoter avec la tête de hache.

Accoter (s') v. pron. — S'accouder. Ex.: Accote-toi pas su la table. — Se remplir l'estomac. Ex.: Il y a assez de bines pour s'accoter l'estomac.

Accote-toué-donc n.m. — Personne sur qui on s'accote.

Accoteur n.m. — Celui qui tient le tas, l'enclume ou l'outil servant d'enclume dans la rivure des clous.

Accotoir, accotois, accotouais, accotoué n.m. — Appui quelconque, surtout le dossier de chaise.

Accoucheux n.m. — Accoucheur.

Accouplé, e adj. — Accoté. Vivre en concubinage.

Accouplement n.m. — Accrochage de wagons de chemin de fer.

Accoupler v. tr. — Apparier, assortir par paire. Ex.: Accoupler des bas. — Accrocher des wagons de chemin de fer.

Accoupleur n.m. — Le préposé à l'accrochage des wagons de chemin de fer.

Accoupleux n.m. — Accoupleur.

Accourci n.m. — Raccourci.

Accoutumance n.f. — Habitude. Ex.: Fumer, c'est une ben mauvaise accoutumance.

Accoutumé, e adj. — Habitué, adapté. Ex.: Je suis pas encore accoutumé aux airs de la maison.

Accouvé, e part. passé — Accroupi. Ex.: I est accouvé dans le coin.

Accouver (s') v. pron. — S'accroupir. Ex.: Elle s'accouve près du feu.

Accrabe! interj. — Juron équivalent de *diable*. Ex.: Accrabe! qui fait chaud!

Accraire, accreire v. tr. — Accroire. Ex.: Elle s'en fait accraire, la fille.

Accrapoutir v. tr. — Écraser. Écrabouiller.

Accrapoutir (s') v. pron. — S'accroupir. Se blottir.

Accrochat n.m. — Crochet, patère, portemanteau.

Accrocher v. tr. — Aborder quelqu'un. Ex.: Il m'a accroché dans la rue. — Donner un coup sec sur la ligne de pêche pour que l'hameçon se fixe bien dans la gueule du poisson. — S'emparer de. *Accrocher les deux bouts* — Joindre les deux bouts. *Accrocher une fille* — La courtiser.

Accrocheter v. tr. — Accrocher.

Accrochoir, accrochois, accrochoué, accrochouère, n.m. — Crochet, patère, porte-manteau. — Ganse à un vêtement pour l'accrocher. — Mentonnet, pièce d'un loquet où s'engage la clenche.

Accroère v. intr. — Accroire.

Accroessement n.m. — Accroissement.

Accroêtre v. intr. — Accroître.

Accroires n.m. pl. — Des qu'en-dira-t-on.

Accropi, e part. adj. — Accroupi.

Accropiller (s') v. pron. — S'accroupir.

Accropir (s') v. pron. — S'accroupir.

Accroster v. tr. — Faucher (des pois).

Acculer v. tr. — Éculer. Ex.: Mes souliers sont toute acculés. — Laisser retarder. Ex.: Il s'est laissé acculer dans ses paiements. — Accabler. Ex.: Il m'a acculé d'insultes.

Acculoire, acculois, acculoué, acculouère n.m. ou f. — Pièce du harnais au-dessous de la croupière qui permet au cheval de retenir ou reculer le véhicule qu'il traîne.

Ace n.f. — Espace libre.

À celle fin que loc. conj. — Afin que.

À ce que loc. conj. — Aussi vite que. Ex.: Il allait à ce qu'il pouvait courir.

Acéricole adj. — Qui concerne la culture et le soin des érables à sucre.

Acériculture n.f. — Culture des érables à sucre.

Acertener v. tr. — Affirmer, assurer. Ex.: Je peux vous acertener qu'il va venir.

Achalage n.m. — Embarras. Ex.: Quel achalage de répondre à toutes ses questions. — Foule. Ex.: Il y avait tout un achalage de monde à sa fête. — Cajolerie, caresses fatigantes. Ex.: Ton achalage pogne pas, ma fille.

Achalant, e adj. — Agaçant, fatigant. Ex.: Yéti achalant, çui-là! La chaleur est achalante. — Fort de parole. Ex.: I est achalant quand i monte sur la tribune.

Achalanterie n.f. — Ennui, embarras.

Achalement n.m. — Fatigue provenant surtout de la chaleur.

Achaler v. tr. — Agacer, contrarier. Ex.: Va-t'en donc. Tu m'achales. — Tromper, avoir quelqu'un. Ex.: Dans cette affaire-là, il s'est fait achaler. — Faire rougir de honte. Ex.: Ta petite aventure t'achale, hein? — Attiser le feu. Ex.: Va donc achaler le poêle. — Fatiguer, abattre de chaleur. Ex.: Cette température m'achale, c'est pas possible. *Pas être achalé* — Avoir de l'audace.

Achaler (s') v. pron. — Se tromper. Ex.: Je me suis achalé dans cette affaire-là. — Rougir de honte. Ex.: Tu t'achales pas pour rire quand tu vois Arthur, hein, sa fille?

Achalerie n.f. — Embarras.

Achargnement n.m. — Acharnement.

Achargner v. tr. — Acharner.

Achargner (s') v. pron. — S'acharner.

Acharnation n.f. — Acharnement.

Acharné, e part. passé — Être attaché à quelqu'un, l'aimer beaucoup. Ex.: Elle est acharnée à lui.

Acharner (s') v. pron. — S'attacher fortement à quelqu'un. Ex.: Elle s'acharne vraiment après lui.

Achat n.m. — *Faire achat, faire un achat* — Avoir un enfant.

Ache n.m. — Haschich.

Ache! interj. — Ah!

Achécher v. tr. — Assécher. Ex.: J'ai achéché mon puits. — Soutirer de l'argent de quelqu'un. Ex.: I a vite achéché son partneur.

Achefé adv. — Tout à fait, parfaitement, beaucoup, dans les moindres détails. Ex.: Cette peinture est belle achefé.

Achefer v. tr. — Achever.

Achesser v. tr. — Achécher, assécher.

Achet n.m. — Ver de terre dont les pêcheurs se servent comme appât.

Acheté, e part. adj. — Qui a été acheté, par opposition à ce qui a été fabriqué à la maison. Ex.: Du pain acheté.

Acheter v. tr. ou intr. — Avoir un enfant, accoucher. Ex.: Ils ont acheté un gros garçon de huit livres. Elle a acheté à dix heures. *Acheté fait* — Acheté manufacturé.

Acheteure adv. — Maintenant, à présent, à cette heure.

Acheteux n.m. — Acheteur. Ex.: C'est un bon acheteux.

Achevalé, e part. passé — À cheval, à califourchon. Ex.: Achevalé sur un soliveau.

Achevaler (s') v. pron. — Se mettre à califourchon. Ex.: Il s'est achevalé sur le banc.

Achever v. tr. ou intr. — Avoir soin de quelqu'un jusqu'à sa mort. Ex.: Elle a achevé son vieux père. — Être sur le point de. Ex.: Il achève de mourir. — Venir de. Ex.: Il achève de partir.

Achiffe n.f. — Affiche.

Achiffrer v. tr. — Afficher.

Achigan n.m. — Sorte de poisson d'eau douce d'Amérique du Nord.

Achiquette n.f. — Pile de planches, de morceaux de bois disposés en échiquier, par carrés alternés. *En achiquette* — En diagonale, de biais. Ex.: Plancher en achiquette. Planter un clou en achiquette.

Achré! interj. — Juron, forme adoucie de *sacré*!

Acigan, acignan n.m. — Achigan.

À clair loc. adv. — Distinctement. Ex.: On entend les cloches à clair.

À clan loc. adj. — En déclin.

Acmoder v. tr. — Accommoder un aliment. Ex.: Acmoder un mets. — Préparer pour le commerce. Ex.: Acmoder du poisson. — Raccommoder, repriser. Ex.: Acmode mes culottes.

Acompte n.m. *En acompte* — À compte. Ex.: J'ai reçu cent dollars en acompte.

Aconnaître v. tr. — Connaître, reconnaître, découvrir. Ex.: J'aconnais que c'est moi qui a fait ça. *Se faire aconnaître* — Faire connaissance avec quelqu'un, présenter à quelqu'un. Ex.: Laissez-moi vous faire aconnaître Monsieur Bérard.

Acore adv. — Encore.

À coup loc. adv. — Tout à coup. Ex.: Il s'est décidé à coup à partir. — À temps, à propos. Ex.: Voilà de l'argent qui arrive à coup.

À court loc. adv. — Sans argent. Ex.: Ce temps-ci, je suis ben à court.

Acoustique n.m. — Acoustique (n.f.), résonance. Ex.: Cette salle a un bon acoustique. — Récepteur de téléphone. Ex.: Sonnez avant de décrocher l'acoustique.

Acouyau, acoyau n.m. — Coyau, pièce de bois posée sur la base des chevrons et l'angle du mur de manière à dépasser la saillie de l'entablement et à former l'avance de l'égout du toit.

Acquéri part. passé de ACQUÉRIR.

Acquette n.m. — Acquêt, avantage, profit, gain. Ex.: Vous avez plus d'acquette d'y aller que de rester.

Acre n.m. — Acre (n.f.).

Acré! interj. — Forme adoucie de SACRÉ!

Acte n.f. — Acte (n.m.), contrat. Ex.: C'est la plus vieille acte que j'ai. *Faire l'acte* — Faire l'amour.

Acter v. tr. — Jouer, représenter une pièce; tenir, interpréter un rôle. Ex.: Acter une pièce de Ferron. Acter le rôle de Jean-Olivier Chénier. Elle acte bien.

Acteux n.m. — Acteur.

À c't'heure loc. adv. — Maintenant, à présent. Ex.: À c't'heure, tu peux commencer le train.

Action n.f. *D'action* — Activement, avec vigueur. Ex.: Il travaille d'action.

Actuel adj. — Actuellement. Ex.: C'est ce qui se passe actuel.

Actuellement adv. — En fait. Ex.: Actuellement, je peux pas t'assurer de rien.

Actuer (s') v. pron. — Se démener. Ex.: Elle s'actue pour finir ses devoirs.

Acul n.m. — Annexe, rallonge à une maison. Ex.: Il vient de bâtir un acul à sa maison.

Aculons n.m. — Reculons, marche arrière. Ex.: Mets-le su l'aculons. *D'aculons* — À reculons. Ex.: Les chevaux veulent pas marcher d'aculons.

Adanner v. intr. ou pron. — V. ADONNER.

Adapteur n.m. — Appareil qui permet d'adapter un objet à un autre.

Additionnel adj. — Surnuméraire. Ex.: Il nous faut un employé additionnel.

À demeure loc. adv. — Complètement, tout à fait, suffisamment. Ex.: Il est fou à demeure. Les patates sont pas cuites à demeure.

Adenner v. tr. ou pron. — V. ADONNER.

Adéquat, e adj. — Qui convient. Ex.: Outils adéquats. — Suffisant. Ex.: Apporter des provisions adéquates.

Adéquatement adv. — D'une façon adéquate, qui convient.

À désamain loc. adj. ou adv. — Mal placé. Ex.: Pousse-toi un peu. Je suis à désamain. — Incommode, difficile à manoeuvrer, difficile d'accès. Ex.: Cette remise est vraiment à désamain.

Adhérer v. intr. — Baisser le prix. Ex.: Son compte est trop élevé. Je le ferai bien adhérer.

Adidou interj. — Bonjour.

Adjuger v. intr. — Statuer. Ex.: La cour n'a pas adjugé sur le fond du litige.

Admettabe adj. — Admissible.

Administrer v. tr. *Administrer le serment* — Faire prêter serment.

Admission n.f. — Aveu. Ex.: Il a pas encore fait l'admission de son crime. — Entrée, accès. Ex.: Pas d'admission. Admission gratis.

Adon n.m. — Chance, heureux hasard. Ex.: Je l'ai pas fait exprès. C'est un adon. — Talent, aptitude naturelle. Ex.: Il a un adon pour les affaires. — Convenance, apparence favorable. Ex.: Ça a de l'adon, une voiture comme ça. *D'adon* — Facile, familier, favorable, convenable. Ex.: Une conversion d'adon. Un temps d'adon. C'est ben d'adon. *Être d'adon* — Être aimable.

Adonner v. intr. — Convenir, bien se prêter, être à sa place. Ex.: La pendule adonne bien sur le mur. — Dans des circonstances favorables. Ex.: J'irai si ça adonne.

Adonner (s') v. pron. — Coincider, arriver par hasard, tomber. Ex.: Ça s'adonne mal que tu veux de l'argent. J'en ai pas. — Être en train de faire quelque chose quand... Ex.: Je m'adonnais à passer par là quand je l'ai vu. — Se convenir, s'entendre, s'accorder, sympathiser. Ex.: Elle s'adonne ben avec lui. — S'adapter, s'ajuster. Ex.: Ce manche-là s'adonnerait ben à ma pelle. *Ça s'adonne* — Certainement. Ex.: Est-ce que tu vas à ses noces? - Ça s'adonne.

Adopté, e adj. — Accoté.

Adopter v. tr. *Adopter de* — Décider de. Ex.: Le conseil a adopté de réparer le rang 6 Nord.

Adopter (s') v. pron. — S'accoter, vivre ensemble sans être mariés. Ex.: Il y a dix ans qu'ils se sont adoptés.

Adorer v. tr. — Se plaire à. Ex.: Elle adore frotter.

À dos loc. adv. — À l'avant de la voiture. Ex.: Cette charge porte trop à dos. *Être chargé à dos* — Être ivre.

Adresse n.f. — Discours. Ex.: L'adresse du juge au jury.

Adresser v. tr. — S'adresser à, prendre la parole devant. Ex.: Adresser une assemblée. — Diriger la chute d'un arbre. Ex.: On va adresser l'arbre de ce côté-là.

À drèt loc. adv. — À la droite.

Adret, ette adj. — Adroit, habile. Ex.: Elle est ben adrette de ses mains.

Adrètement adv. — Adroitement.

Adroèsse n.f. — Adresse.

Adroet, ette adj. — Adroit.

Adroisse n.f. — Adresse.

Advarsaire n.m. — Adversaire.

Advarse adj. — Adverse.

Advarsité n.f. — Adversité. *Prendre en advarsité* — Prendre en aversion.

Advenant que — S'il advient que, s'il arrive que. Ex.: Advenant que j'arrive pas, tu prendras la relève.

Affâbe adj. — Affable.

Affacté, e adj. — Affecté, prétentieux.

Affaille n.f. — Affaire.

Affaire n.m. ou f. — Chose. Ex.: Qu'est-ce que c'est, c't'affaire-là? C'est pas une affaire à dire. *Avoir affaire à* — Avoir besoin de. Ex.: J'ai affaire à aller en ville. *Faire son affaire* — S'enrichir. Ex.: Ce marchand fait son affaire. *Faire l'affaire à quelqu'un* — Régler son compte à quelqu'un. Ex.: Je vas y faire son affaire, à celui-là. *Avoir affaire à quelqu'un* — Avoir des comptes à rendre à quelqu'un. Ex.: Si tu me paies pas, tu vas avoir affaire à moi. *Pas d'affaire* — Non (catégorique). Ex.: Vous voudriez pas m'acheter mon cheval? - Pas d'affaire. *L'affaire* — Pénis. — Vagin. *L'affaire qui bande* — Pénis.

Affaires n.f. pl. — Testament. Ex.: Il est allé chez le notaire pour ses affaires. *Par affaires* — Pour affaires. Ex.: Il est allé en ville par affaires. *D'affaires* — Habile dans les affaires. Ex.: Il est d'affaires comme pas un. — Facile en affaires. Ex.: Tu vas pouvoir t'arranger avec lui. Il est ben d'affaires.

Affaîté, e adj. — Terminé en faîte, enfaîté, comble. Ex.: Un voyage de foin bien affaîté. — Un minot de pommes affaîté.

Affaîter v. tr. — Terminer en faîte, enfaîter. Ex.: Affaîter une charge de foin.

Affalé, e adj. — Affaissé, écrasé. Ex.: Je l'ai trouvé affalé dans le foin.

Affaler (s') v. pron. — S'écraser.

Affarmer v. tr. — Affermer.

Affarmir v. tr. — Affermir.

Affecter v. tr. — Influencer. Ex.: Son discours a pas affecté le vote.

Affeublir v. tr. — Affaiblir.

Afficolant, e adj. — Inutile, nuisible. Ex.: C'est un remède afficolant.

Afficolant n.m. — Un importun, un prétentieux. Ex.: Quel afficolant, celui-là!

Afficolants n.m. pl. — Affiquets, objets de parure. Ex.: Elle a mis toutes ses afficolants.

Affidavid n.m. ou f. — Sommation. Ex.: Je lui ai envoyé un affidavid. — Affidavit, affirmation sous serment. Ex.: Des affidavids assermentés. — Affirmation solennelle. Ex.: Je vous en donne mon affidavid.

Affidavit n.m. ou f. — Affirmation solennelle. Ex.: Je vous en donne mon affidavit.

Affile-crayon n.m. — Taille-crayon.

Affiler v. tr. — Aiguiser, affûter, rendre pointu, refaire la pointe, tailler en pointe, appointir. Ex.: Affiler un piquet. Affiler un crayon. — Amadouer. Ex.: Il a essayé de m'affiler avec ses belles paroles. — Préparer. Ex.: Il est affilé sur le sujet. — Agacer, irriter. Ex.: Il était pas mal affilé contre moi. — Aligner, mettre à la file.

Affiquiots, affiquots n.m. pl. — Affiquets, ornements de toilette, parures. — Équipement nécessaire pour une tâche, un sport. Ex.: Affiquots de ramoneur.

Affiquotter v. tr. — Orner, habiller.

Affirmative n.f. *Dans l'affirmative* — Affirmativement, par l'affirmative. Ex.: Réponds dans l'affirmative.

Affiteaux, affitiaux n.m. pl. — Affiquets, affutiaux.

Affligé, e adj. — Malade, blessé. Ex.: Son gars est ben affligé.

Affrancher v. tr. — Châtrer.

Affranchir v. tr. — Châtrer. — Greffer. — «Civiliser» les autochtones.

Affranchisseur n.m. — Châtreur de bestiaux.

Affreusement adv. — Très, beaucoup. Ex.: Il y avait du monde affreusement.

Affreux adj. — Très nombreux. Ex.: Il a un troupeau de brebis affreux. — Extraordinaire. Ex.: C'est affreux comme il y a du monde.

Affronter v. tr. — Aborder de front, rencontrer face à face. Ex.: As-tu peur de l'affronter? — Insulter, faire affront à, tromper impudemment. Ex.: Tu penses que je vas me faire affronter comme ça?

Affronteux, euse n.m. ou f. — Celui ou celle qui trompe quelqu'un impudemment.

Affuculant, e adj. — Afficulant, inutile, nuisible. — Prétentieux, importun.

Affuquots n.m. pl. — Affiquets, parures.

Affuser v. tr. — Infuser. Ex.: As-tu affusé le thé?

Affusquiaux n.m. pl. — Affiquets, affutiaux.

Affût n.m. — Jalon, balise, point de repère. — Personnage embarrassant. Ex.: S'il pouvait me lâcher, c't'affût-là.

Affûtage n.m. — Tir à l'affût.

Affuteaux n.m. pl. — Affutiaux, menus objets, ustensiles de table.

Affûter v. tr. — Amincir par le bout. Ex.: Affûter une planche.

Affûteur n.m. — Tireur à l'affût.

Affûts n.m. pl. — Ruses. Ex.: Ses affûts ont pas réussi. — Outils de travail, affutiaux. Ex.: Ramasse tes affûts.

Afro-asiatique adj. — Qui concerne les choses communes à l'Afrique et l'Asie.

Aft adv. — À l'arrière. Ex.: Larguez aft.

Agaçage n.m. — Action d'agacer, de taquiner, de faire fâcher. Ex.: Arrêtez vos agaçages. Vous allez le faire pleurer.

Agace-pissette n.f. — Femme qui taquine sexuellement.

Agacer v. tr. — Taquiner, faire fâcher. Ex.: Arrête de l'agacer, tu vas le faire pleurer. — Émousser, désaffiler, ébrécher. Ex.: Agacer un couteau.

Aganiser v. intr. — Agoniser. — Accabler d'injures. Ex.: Il l'a aganisé d'insultes.

Agapit n.m. — Acabit.

Agarder v. tr. — Regarder. Ex.: Quoi qu't'as à m'agarder?

Âge n.m. ou f. — Âge (n.m.). Ex.: On est de la même âge. *Être en âge* — Être majeur. *Dans les âges de* — À peu près à l'âge de. Ex.: Il est dans les âges de mon plus vieux. *À nos, à vos, à leurs âges* — À notre, votre, leur âge. Ex.: À nos âges, il faut être plus prudent. *À bout d'âge* — Très vieux. *Hors d'âge* — Très vieux, en parlant d'animaux. Ex.: Mon cheval est hors d'âge. *Âge bête* — Adolescence.

Agenda n.m. — Ordre du jour d'une réunion.

Agénie n.m. — Génie.

Agent n.m. *Agent de station* — Chef de gare. *Agent de fret* — Employé préposé au transport de marchandises. *Agent des passagers* — Employé préposé aux services des voyageurs. *Agent du télégraphe* — Télégraphiste. *Agent d'immeubles* — Vendeur d'immeubles au service d'un courtier d'immeubles. *Agent de douane* — Douanier, agent en douane. *Faire agent de rien* — Ne s'occuper de rien, ne rien faire. Ex.: Je sais pas comment il peut vivre, il fait agent de rien.

Ager v. tr. — Hacher. Ex.: T'as-tu agé la viande?

Ageter v. tr. — Acheter.

Ageteur n.m. — Acheteur.

Agets, ajets n.m. pl. — Les douze jours qui commencent à la Noël et finissent aux Rois.

Agever v. tr. — Achever.

Aghieu n.m. — Adieu.

Aghieul n.m. — Aïeul.

Agir v. intr. — Se faire. Ex.: Rien n'agit. — Travailler à. Ex.: Elle agit à la cuisine. *En agir* — En user. Ex.: Il faut que tu en agisses bien avec lui. (Il faut que tu t'en serves de manière à le satisfaire).

Agité, e part. adj. — Turbulent. Ex.: Le petit dernier est ben agité.

Agnon n.m. — Oignon.

Agnonette n.f. — Petit oignon.

À gogo loc. adj. — N'être jamais content de ce que l'on a.

Agoïen, enne n.m. ou f. — Acadien.

Agoincher v. tr. — Accoutrer. Ex.: Elle est ben mal agoinchée.

Agoinchure n.f. — Accoutrement. Ex.: Regarde-moi cette agoinchure qu'elle a sul dos. — Ouvrage mal fait. Ex.: En vlà une agoinchure!

Agoncer v. tr. — Agacer (un cheval).

Agoner v. tr. ou intr. — Maltraiter. Ex.: Il arrête pas d'agoner sa jument. — Avancer, aboutir. Ex.: Qu'est-ce que t'attends? Agone donc.

Agoniser v. tr. — Accabler d'injures. Ex.: Il m'a agonisé de bêtises.

Agoter v. tr. — Perdre. — Maltraiter. Battre.

Agoucer v. tr. — Agacer. Ex.: Agouce pas le chien. I peut te mordre.

Agouser v. tr. — Agacer. — Gagner par la flatterie ou de belles promesses. Ex.: Si tu penses de m'agouser avec tes promesses.

Agoyen n.m. — Acadien. — Individu dangereux, importun.

Agrafe n.f. — Fermoir d'un livre, d'un porte-monnaie.

Agrafer v. tr. — Arrêter. Ex.: La police l'a agrafé hier soir. — Aborder, attraper. Ex.: Agrafe-le au passage. — Battre. Ex.: Ils te l'ont agrafé après la partie. — Prendre, voler. Ex.: Ils ont agrafé tout son argent. — Se cramponner. Ex.: Si tu glisses, agrafe-toi après moi.

Agrains n.m. pl. — Criblures, vannures, vannée, grains de rebut qu'on réserve aux volailles. — Mélange de diverses sortes de grains.

Agrais n.m. pl. — Criblures.

Agrayer v. tr. — Garnir un bâtiment, un mât, de voiles, poulies, cordages.

Agréé adj. *Comptable agréé* — Comptable qui a subi avec succès les épreuves de l'association des comptables.

Agréient n.m. — Ingrédient.

Agrément n.m. — Plaisir, joie. Ex.: Nous avons eu du plaisir sans compter l'agrément.

Agrès n.f. ou m. — Accessoires, outils, mobilier, équipement. Ex.: Agrès de pêche, agrès de mécanicien, agrès de maison, agrès de ferme. — Équipage comprenant cheval, harnais, voiture. — Costume ridicule. Ex.: Veux-tu ôter cette agrès que t'as sul dos? — Personne désagréable. Ex.: Quel agrès!

Agressif adj. — Actif, énergique, persuasif. Ex.: Un vendeur agressif.

Agreyabe adj. — Agréable.

Agréyains n.m. pl. — Criblures. — Ingrédients.

Agreyer v. tr. ou intr. — Greyer. — Se dit d'un chemin qui monte doucement. Ex.: De Saint-Gervais à Saint-Magloire, ça agreye tout le temps.

Agriabe, agrillabe adj. — Agréable.

Agricher v. tr. — Saisir, mettre la main sur. Ex.: Elle te l'a agriché par le chignon du cou.

Agrouer (s') v. pron. — S'accroupir.

Aguet n.m. — Oeillet. *Pied d'aguet* — Régulateur de la profondeur du labour.

Aguette n.f. — Aguet. Ex.: Être aux aguettes. *Aller tout d'aguette* — Aller en cachette. *Dormir d'aguette* — Dormir inquiet.

Aguetter v. tr. — Guetter.

Agueu interj. ou n.m. — Adieu.

Aguir v. tr. — Haïr. Ex.: I m'aguit à plein.

Agurir v. tr. — Ahurir, faire perdre la tête. Ex.: L'avocat l'a aguri à force de le questionner. — Ennuyer. Ex.: Viens pas m'agurir avec tes questions.

Agurissant, e adj. ou n.m. ou f. — Qui ahurit. — Ennuyeux, ennuyant. Ex.: C't'enfant est assez agurissant.

Agurissement n.m. — Ahurissement.

Ah! Ah! loc. adv. — Extraordinairement, beaucoup. Ex.: C'est pas beau ah! ah! (C'est pas très beau). *Dans les ah! ah!* — Extraordinaire, très beau, excellent. Ex.: Ce vin est dans les ah! ah! *Ne pas être dans les ah! ah!* — Être ni beau, ni laid.

Ahan n.m. — Effort qui essouffle.

Aheurir v. tr. — V. AHURIR.

Aheurissant, e adj. ou n.m. ou f. — Qui ahurit. — Ennuyant, ennuyeux. Ex.: Veux-tu te taire, aheurissant?

Ahir v. tr. — Haïr.

Ahurir v. tr. — Ennuyer. Ex.: Sa conversation m'ahurit.

Aide n.m. — Aide (n.f.). Ex.: C'est un aide utile qu'il me donne. — Homme engagé. Ex.: On a pris un aide pour quéques jours.

Aider v. intr. — Aider quelqu'un. Ex.: Aide-lui à faire son lit.

Aides n.m. pl. — Êtres. Ex.: Il connaît les aides de la maison.

Aiduille n.f. — Aiguille.

Aiduillée n.f. — Aiguillée.

Aïeu n.m. — Aïeul.

Aigladon, aigledon n.m. — Édredon.

Aigle pêcheur n.m. — Faucon de la Caroline.

Aigrefin n.m. — Personne de faible constitution. — Aiglefin. Ex.: On mange de l'aigrefin pour souper.

Aigrette n.f. — Fétu de chanvre ou de lin.

Aiguille à bas, aiguille à laine n.f. — Grosse aiguille à repriser.

Aiguillère n.f. — Étui à aiguilles.

Aiguillettes n.f. pl. — Petits morceaux, pièces. Ex.: Avec sa hache, il a réduit la chaise en aiguillettes.

Aiguisoir n.m. — Taille-crayon.

Ail n.f. — Ail (n.m.). Ex.: De la belle ail. *Ail des bois* — Variété d'ail à saveur très piquante. *Ail douce* — Herbe à racine bulbeuse qui pousse dans le bois franc, érythrone d'Amérique.

Aile de camp n.m. — Aide de camp.

Aile de charrue n.f. — Vague en forme de versoir de charrue.

Ailette n.f. — Volant (d'une machine à vapeur, d'un moteur).

Aillière n.f. — Oeillère, dent canine de la mâchoire supérieure. — Oeillère, visière.

Aillet n.m. — Oeillet.

Ailleurs de loc. prép. — Au lieu de. Ex.: Ben ailleurs de l'aguir, il l'aime.

Aillir v. tr. — Haïr.

Aillis n.m. pl. — Taillis, broussailles.

Ainsi adj. — Sans prétention. Ex.: Il est tout ainsi, mais il est ben capable.

Aïol n.m. — Aïeul.

Air n.f. ou m. — Air (n.m.). Ex.: L'air est chaude aujourd'hui. — Erre, élan, vitesse. Ex.: Il a de l'air. — *Donner de l'air* — Accélérer le mouvement d'une machine, l'allure d'un cheval. *Prendre de l'air* — Prendre de la vitesse. *Donner un air d'aller* — Mettre en mouvement. *Prendre un air d'aller* — Prendre son élan, s'élancer. *Prendre son air, attraper son air* — Perdre contenance. Ex.: Quand je l'ai vue, j'ai attrapé mon air. *Un air de vent* — Un souffle d'air. *À bout de son air* — La respiration coupée. *En air* — Bien disposé, gai. Ex.: J'y vas pas, je suis pas en air. *En l'air* — Excité, emporté, irrité. Ex.: Approche-le pas, i est en l'air à matin. — Léger, volage, étourdi. Ex.: Sa petite fille est pas mal en l'air. — En haut. Ex.: Tu trouveras ça sur la tablette d'en l'air. Il reste en l'air (au-dessus ou sur la côte). *Avoir l'air à* — Avoir l'air de. *Ça m'a l'air à ça* — Cela me paraît ainsi. *Avoir de l'air* — Se tromper. Ex.: Tu en as de l'air! Il est pas deux heures mais quatre heures. *Se donner des airs* — Affecter une allure. *Avoir de faux airs* — Ressembler vaguement. Ex.: Il a de faux airs de sa mère. *Avoir de l'air fou* — Avoir l'air fou. *Air compressé* — Air comprimé. *À fendre l'air* — À tue-tête.

Airée n.f. — Période. Ex.: Une airée de beau temps. — Espace de temps pendant lequel on bat des céréales à la machine sans arrêter. Ex.: Battre vingt minots à l'airée. — Effort supplémentaire. Ex.: Donner une airée pour finir.

Airer v. tr. — Aérer.

Airière (en) loc. adv. — En arrière.

Air-la-pape, air-la-patte, air-le-paype n.m. — Danse écossaise; air de musique très vif.

Airrhe n.f. — Arrhes. Ex.: Donner de l'airrhe (ou des airrhes).

Airs n.m. pl. — Êtres, aîtres, la disposition des lieux. Ex.: Je connais les airs de la maison.

Airse n.f. — Temps, espace ou facilité de faire une chose. Ex.: Dans cette chambre, il y a pas assez d'airse pour mettre deux lits.

Aisance n.f. — Essence. Ex.: Aisance de citron.

Aise n.f. — Place, espace. Ex.: Il y a de l'aise ici-dedans. *À l'aise* — Qui a de la fortune. Ex.: Une famille à l'aise.

Aisé adv. *Prendre ça aisé* — Se la couler douce.

Aisément (à l') loc. adv. — Aisément.

Aises n.m. pl. — Aises (n.f. pl.). Ex.: Prendre tous ses aises.

-Aîte remplace **-Aître.** Ex.: Maîte. Paraîte.

Aiyau n.m. — Noyau.

Ajambée n.f. — Enjambée.

Ajamber v. tr. — Enjamber.

Ajet n.m. — Pronostic météorologique, indice de mauvais temps. Ex.: Ce matin, il y avait de mauvais ajets. — Manière d'agir, indices de comportements futurs. Ex.: Cet enfant donne de bons ajets. — Présage. — Êtres de la maison. — Complément, le comble de la mesure. Ex.: J'aime mieux acheter de lui. Il met toujours de l'ajet. — Habileté. Ex.: Il a de l'ajet. — Petite coulisse dans une porte. *Les ajets* — Les douze jours qui suivent Noël, les six jours qui suivent Noël ou encore les six jours qui précèdent et les six jours qui suivent Noël.

Ajeter v. tr. — Acheter.

Ajeteur, ajeteux n.m. — Acheteur.

Ajeuvement n.m. — Achèvement.

Ajevé adv. — Tout à fait, parfaitement, beaucoup. Ex.: C'est beau ajevé.

Ajever v. tr. — Achever.

Ajoutation n.f. — Paroles ajoutées à un récit, embellissement. Ex.: Il met tant d'ajoutations à son histoire que ça en finit pas.

Ajoutement n.m. — Ajout.

Ajouter v. tr. *Ajouter à quelqu'un* — Ajouter à ce qu'on a déjà dit à quelqu'un.

Ajué adv. — Tout à fait, beaucoup, jusqu'aux moindres détails.

Ajuer v. tr. — Achever.

Ajustage n.m. — Essayage, ajustement. Ex.: Aller chez la modiste pour l'ajustage de sa robe.

À juste loc. adv. — Juste, exactement. Ex.: Fermer à juste.

Ajusteur n.m. — En termes d'assurance, celui qui établit la valeur des pertes subies par le sinistré ou l'accidenté.

Alabastine n.f. — Plâtre en poudre, mélangé, prêt à délayer. — Peinture à base de gypse.

Alalime adj. ou adv. — Unanime, unanimement. Ex.: Être alalimes sur une question. Les crédits ont été votés alalime.

Alan n.m. ou f. — Élan. Ex.: Donner une bonne alan.

Alanime — V. ALALIME.

À la place de loc. prép. — Au lieu de. Ex.: À la place de niaiser, tu devrais travailler.

À l'arebours loc. prép. — À rebours.

Alargir v. tr. — Élargir.

Alarme n.f. — Alerte, appel aux pompiers en cas d'incendie.

Alarte n.f. — Alerte.

Alastique n.m. — Élastique.

À la tanne loc. adj. — À satiété, sans relâche, beaucoup. Ex.: I est ici du matin au soir, à la tanne.

À l'avance loc. adv. — D'avance.

Album n.m. ou f. — Album (n.m.).

Album-souvenir n.m. — Brochure commémorant une fête, un événement important.

Alcanète n.f. — Étoffe teinte à l'orcanète.

Alcool (pron. alcô-âle) n.m. — Alcool.

Ale — Aille. Subj. prés. du verbe *aller*.

Alége adj. — Lège, sans charge, les mains vides. Ex.: I est arrivé avec son camion alége. I est allé emprunter de l'argent mais i est revenu alége.

À lemeure loc. adv. — Tout à fait. Ex.: La chaise est cassée à lemeure.

Aléner v. tr. — Anneler, mettre un anneau dans le nez d'un animal. — Agneler.

Alentir v. intr. — Ralentir.

À l'entour de loc. prép. — Environ. Ex.: Ça fait à l'entour de vingt milles.

Alentours n.m. pl. *Dans les alentours* — Environ, autour de. Ex.: Il a dans les alentours de cinquante ans.

À l'épouvante loc. adv. — Très vite Ex.: Il est parti à l'épouvante.

Alérose n.f. — Patate rose et hâtive.

Alévettes n.f. pl. — Augets, godets d'une noria.

Ali, e adj. — Mal cuit. Ex.: C'est du pain ali.

Alieur de loc. prép. — Au lieu de.

Alieurs adv. — Ailleurs.

Alimal n.m. — Animal.

Alin n.m. — Alun.

Alinde n.f. — Alêne.

Alis adj. inv. — Compact, non levé (en parlant de pain ou de pâte).

Alise n.f. — Bourdaine. Fruit de la bourdaine.

Aliser (s') v. pron. — Aller mieux. Ex.: Les choses s'alisent. Le temps s'alise.

Alitré, e adj. — Irrité, gercé. Ex.: Le bébé a les fesses toute alitrées.

Alitrer v. tr. — Produire de l'irritation, gercer.

Alivettes n.f. pl. — Alévettes.

Allabe adj. — Carrossable. Ex.: Son chemin est pas allabe après la pluie. — Se dit du temps qui permet ou non de sortir. Ex.: Un temps comme ça, c'est pas allabe.

All aboard! (pron. âlaborde) loc. — En voiture!

Allant part. adj. — Disposé à marcher. Ex.: Mon cheval est pas allant aujourd'hui.

Allant à dire loc. — De nature à faire croire, annonçant. Ex.: La rumeur allant à dire que vous vous mariez court dans le canton.

All dress (pron. âldresse) adj. — Garni. Ex.: Un hamburger all-dress.

Alle pr. pers. 3e pers. f. sing. — Elle. Ex.: Alle arrive à soir.

Alle v. intr. — Aille. Subj. prés. du verbe *aller*.

Allébore n.m. — Ellébore.

Allée n.f. — Bille de verre pour jouer aux marbres.

Allées d'venues n.f. pl. — Allées et venues.

Allège adj. — V. ALÉGE.

Allégeance n.f. — Allégeance.

Allégir v. tr. — Alléger.

Allemagne (école d') — École normale.

Aller v. intr. *Aller pian-pian, aller piam-piam, aller pion-pion* — Aller doucement, d'une marche lente mais réglée. *Aller le, au, du, sur le train de la Blanche* — Aller petit train. *Aller d'venir, aller et d'venir, aller r'venir* — Aller et revenir. Ex.: J'ai pris mon ticket aller d'venir. *Aller au prêtre, au médecin* — Aller chez le prêtre, chez le médecin. *Aller à la loi, en loi* — Aller consulter un avocat, poursuivre en justice. *Aller en procès, aller en cour* (en parlant d'une personne) — Faire un procès. *Aller en cour* (en parlant d'une affaire) — Être porté en justice. *Aller voir* — Courtiser (une jeune fille). Ex.: Il va voir la fille du notaire. *Aller avec* — Courtiser (une jeune fille). *Aller par en haut* — Vomir. *Aller à, à aller à* — À (marquant une distance entre deux points). Ex.: Il y a quinze arpents d'ici à aller à l'église. *Je me suis en allé* — Je m'en suis allé. *Se faire aller* — Se dépêcher, se donner de la peine. Ex.: Il s'est tellement fait aller qu'il l'a eue, sa récompense. — Être prétentieux, se donner de l'importance. Ex.: Quand le cheuf est passé, le maire se faisait aller. *Se laisser aller* — Mourir. Ex.: Il s'est laissé aller ben tranquillement. — Ne plus retenir son envie de faire ses besoins. Ex.: Le malade s'est laissé aller dans les draps. *Avoir un endroit à aller* — Avoir à aller à un endroit, avoir une course à faire à tel endroit. Ex.: J'ai deux magasins à aller puis je reviens. *Aller voir à* — S'occuper de surveiller, arranger, mettre ordre à. Ex.: Je vas aller voir à ça. *Aller à quèque part, en quelque part* — Aller quelque part. *Aller se serrer* — Se mêler de ses affaires. Ex.: Veux-tu ben aller te serrer. *Aller se cacher* — Se taire. Ex.: Va donc te cacher! *Aller sur le couteau* — Mourir. *Aller sur la cinquantaine* — Être dans la quarantaine avancée. *Aller au contraire* — Contester, contredire. *Y aller* — Commencer. Ex.: Allons-y parce que cette ouvrage peut pas attendre. *Aller de trian* — Aller de biais. *S'en aller* (suivi d'une heure) — L'heure qu'il va être. Ex.: I s'en va midi. *Aller à dire* — Signifier, impliquer. Ex.: La rumeur va à dire que vous nous quittez. *Aller pour* — Aller dans l'intention de. Ex.: Je suis allé pour le voir. *Aller en gros; aller du corps; aller en dur* — Déféquer. *Aller à l'eau; aller au petit* — Uriner. *Aller dans un chemin de bois* — Aller vers l'inconnu.

Allimelle n.f. — Lame de couteau.

Allô interj. — Bonjour.

Allonge n.f. — Annexe ajoutée à une maison pour l'agrandir. — Voiture d'hiver pour charrier de la paille.

Allonger v. tr. — Passer de main en main. Ex.: Allonge-moi donc une tranche de pain. — S'allonger, devenir plus long. Ex.: Les jours commencent à allonger.

Allonger (s') v. pron. — Tomber, s'étendre de tout son long involontairement. Ex.: Je me suis accroché dans une branche et je me suis allongé.

Allongeux, se adj. — Qui allonge. Ex.: Un chemin allongeux.

Allorances n.f. pl. — Douleurs intestinales.

Allouer v. tr. — Ajouter ou soustraire. Ex.: Allouer un pouce de jeu.

All right (pron. âle-raillete) adv. ou adj. — D'accord, correct, comme il faut. Ex.: All right! Je vas y aller. C'est ben all right comme ça.

Allumé, e adj. — Légèrement pris de boisson. Ex.: I est drôle quand i commence à être allumé.

Allumer v. tr. — Rester pour causer ou se reposer. Ex.: T'es pas si pressé, allume donc. *Allumer la lumière* — Allumer la bougie, la lampe, faire de la lumière.

Allumeur n.m. — Briquet.

Allure n.f. — Talent, habileté. Ex.: C'est un homme qui a pas d'allure. — Habitude. Ex.: Elle a pris l'allure d'y aller tous les jours. — Entrain, vitalité. Ex.: Cette danse a ben de l'allure.

— Vraisemblance, sens. Ex.: Cette histoire a pas d'allure du tout.

Allusion n.f. — Mention expresse. Ex.: Il faut que je fasse allusion aux désordres qui se sont produits dans la paroisse.

Almanach, almenach n.f. ou m. — Almanach (n.m.).

Alsic n.m. — Espèce de trèfle à fleur violette employé comme fourrage. Trèfle d'Alsike.

Altérage n.m. — Atterrage, endroit où un vaisseau aborde.

Altération n.f. — *Faire des altérations* — Faire des transformations.

Altère n.f. — Artère. Ex.: La veine d'altère (l'artère pulmonaire).

Alternative n.f. — Choix possibles. Ex.: J'ai deux alternatives, partir ou rester.

Alton n.m. — Laiton. Ex.: Achète donc du fil d'alton.

À lui tout seul loc. — Particulier, propre à une personne. Ex.: Il a une manière à lui tout seul de parler.

Alumelle n.f. — Lame de couteau. — Surplis sans manches.

À main loc. adj. — À la main, proche, commode, bien placé, facile à manier. Ex.: Cette faux est à main. — Prêt à rendre service. Ex.: Nos voisins sont ben à main.

Amain n.f. — Point de repère.

À main de loc. prép. — À même de.

Amalgamation n.f. — Fusion de compagnies, de sociétés, d'entreprises.

Amalgame n.f. — Amalgame (n.m.).

Amalgamer v. tr. — Fusionner des entreprises.

Amanchage n.m. — Situation bizarre ou fâcheuse. Ex.: Quel amanchage! — Disposition, combinaison qu'on ne comprend pas. Ex.: I a un amanchage dans c'te faucheuse que je comprends pas. — Vêtements ridicules. Ex.: Quel amanchage t'as sul dos! — Ouvrage mal fait. Ex.: I fait rien que de l'amanchage. — Outil démodé, bagage inutile, objet de rebut. Ex.: Le grenier est plein d'amanchages.

Amancher v. tr. — Emmancher. Ex.: Une hache qui s'amanche bien. — Engager, mettre en train. Ex.: Cette affaire-là est ben mal amanchée. — Arranger, réparer, ajuster, adapter. Ex.: Amancher une barrière. — Parer, habiller. Ex.: Elle est ben mal amanchée. — Avoir le dessus sur, tromper, mystifier, maltraiter, battre, réprimander. Ex.: J'l'ai amanché comme il faut. — Donner une tape, un coup de poing, un coup de pied. Ex.: J'y ai amanché un coup de poing su la yeule. *Être ben amanché* — Être mal pris.

Amancher (s') v. pron. — S'arranger, prendre des dispositions. Ex.: I s'amanchera comme i pourra. — S'associer. Ex.: On pourrait s'amancher pour faire les foins. *Se faire amancher* — Tomber enceinte.

Amanchure n.f. — V. AMANCHAGE.

Amandes brûlées n.f. pl. — Pralines, amandes à la praline.

Amant (pierre d') n.f. — Aimant.

Amarinades n.f. pl. — Légumes conservés dans une préparation vinaigrée. Marinades.

Amarinages n.f. pl. — Légumes conservés dans une préparation vinaigrée. — Légumes à conserver de cette façon. — Marinades.

Amariner v. tr. — Mettre un légume en conserve dans une préparation vinaigrée. — Donner une semonce, mettre à sa main. Ex.: I veut pas obéir mais je l'amarinerai ben pareil.

Amarre n.m. ou f. — Amarre (f.).

Amarrage n.m. — Endroit où on amarre un bateau.

Amarrer v. tr. ou intr. — Attacher. Ex.: Amarrer ses souliers, amarrer un paquet. — Attacher son cheval. Ex.: Amarre donc et viens fumer une pipe. — Arrêter. Ex.: C'est assez parler, amarre là. — Joindre les deux bouts. Ex.: I gagne peu, i a peine à amarrer. — Arriver égal avec quelqu'un. Ex.: Aux fers à cheval, on a amarré.

Amassage, amassement n.m. — Action d'amasser.

À masse loc. adv. — En masse. Beaucoup.

Amassis n.m. — Ramassis, amas.

À matin loc. adv. — Ce matin.

Ambâdener, ambandener, ambandonner v. tr. — Abandonner.

-Ambe remplace **-amble, -ambre.** Ex.: Ambe. Chambe.

Ambe n.m. — Amble.

Ambiber v. tr. — Imbiber.

Ambine n.f. — Lien fait de branches flexibles qui relient les bâtons d'un traîneau.

Ambitieux, se adj. — Agréable, encourageant. Ex.: Il faisait si fret hier que c'était pas ambitieux de sortir. — Hautain. Ex.: Il a un marcher ambitieux.

Ambition n.f. — Ardeur, ténacité. Ex.: Un cheval qui a de l'ambition. *Être à l'ambition, travailler d'ambition* — Travailler avec ardeur.

Ambitionné, e adj. — Ambitieux. Ex.: Sa femme est plus ambitionnée que lui. — Plein d'ardeur. Ex.: Trouve-moi un gars plus ambitionné que lui dans tout le collège.

Ambitionner v. intr. — Mettre trop d'ardeur. Ex.: Va pas si vite; tu ambitionnes; on peut pas te suivre. — Exagérer, prendre plus que sa part. Ex.: Je voudrais bien t'en donner, mais t'ambitionnes toujours. *Ambitionner sur* (quelqu'un) — L'exploiter.

Ambitionner (s') v. pron. — Rivaliser. Ex.: I s'ambitionnent à qui finira le premier. — Travailler avec de plus en plus d'ardeur. Ex.: T'as pas besoin de le pousser; il s'ambitionne à l'ouvrage. — S'entêter. Ex.: Il s'ambitionne à rien faire.

Ambitionneux, se adj. — Ambitieux. — Qui s'ambitionne.

Amblet n.m. — Lien qui sert à maintenir fermée une barrière. — Lien qui sert à lier des piquets de clôture.

Amblette n.f. — Attache, le plus souvent de harts, qui lie des piquets de clôture, une gerbe de blé, une barrière à un piquet, la charrue au joug des boeufs, ou encore les bêtes à corne dans l'étable.

Ambleux adj. m. — Ambleur, qui va l'amble.

Ambleux n.m. ou f. — Cheval ou jument qui va l'amble.

Ambre n.m. — Amble.

Ambrer v. intr. — Ambler, aller l'amble.

Ambreur, se adj. ou n.m. ou f. — Ambleur, qui va l'amble.

Ambulance n.f. ou m. — Ambulance (n.f.).

Ameiller v. intr. — Être sur le point de mettre bas (en parlant d'une vache), amouiller. — Se hâter, en finir. Ex.: Vas-tu ameiller une bonne fois. — Ne rien faire, paresser. Ex.: Il aime donc ça ameiller.

Amelette n.f. — Omelette.

Amenabe adj. — Qu'on peut amener avec soi. Ex.: Cet enfant est pas amenabe.

Aménager (s') v. pron. — Se pourvoir de meubles, s'emménager. Ex.: Ça coûte cher, aujourd'hui, s'aménager.

Amendement n.m. *En amendement* — Par voie d'amendement. Ex.: Je propose en amendement le renvoi à six mois.

Amender v. tr. ou intr. — Diminuer de prix. Ex.: Les marchandises amendent.

Amener v. tr. ou intr. — Donner, produire, énoncer, alléguer, avancer, exposer (des raisons, des preuves, des excuses). Ex.: Les raisons que t'amènes sont pas fortes. — Donner, tendre, apporter. Ex.: Veux-tu le marteau? - Amène. Tous les jours que le bon Dieu amène. — Donner (un coup). Ex.: I lui a amené un coup de poing sur la gueule. — Proposer (un projet de loi). Ex.: Amener un bill devant le parlement. — Proposer comme candidat. Ex.: Les gens du haut du comté vont amener un des leurs. — Mettre bas. Ex.: Mes vaches ont amené de bonne heure cette année. *Amener en cour* — Assigner en justice, citer comme témoin, traduire en justice, amener devant un juge, un tribunal.

Amener (s') v. pron. — Venir. Ex.: I s'amène ici tous les soirs.

Amenette n.f. — Omelette.

Américana n.m. — Collection d'objets, de documents concernant l'Amérique, son histoire.

Amérique n.f. — Les États-Unis d'Amérique.

Âmes n.f. pl. — Âmes du purgatoire.

Amet n.m. — Lumière, balise, point de repère, jalon.

Ameuiller v. intr. — V. AMEILLER.

Ami n.m. ou f. ou adj. *Faire ami* — Nouer d'amitié. Ex.: Elle a fait amie avec sa voisine. *Amis comme cochons* — Amis inséparables.

Amiantose n.f. — Maladie pulmonaire causée par la poussière d'amiante.

Amiauler v. tr. — Amadouer, enjôler, leurrer, tromper. Ex.: I essaie toujours de m'amiauler.

Amicablement adv. — Amicalement, amiablement.

Ami de garçon n.m. — Compagnon préféré. — Cavalier.

Amie de fille n.f. — Blonde. — Compagne préférée.

Aminoucher v. tr. — Enjôler.

Amiquié n.f. — Amitié.

Amitié n.f. *Se faire l'amitié* — Se courtiser.

À moins loc. adv. — De moins. Ex.: Pas un sou à moins.

Amollir v. intr. — S'adoucir (en parlant du temps). Ex.: Le temps amollit. I va faire moins fret.

Amollir (s') v. pron. — S'adoucir (en parlant du temps). Ex.: Le temps s'amollit. — Se calmer, en rabattre (en parlant de personnes). Ex.: I était tout monté mais là, i s'amollit.

Amoné, e adj. — Sans argent. Ex.: Je peux pas vous payer, je suis amoné.

Amonitions n.f. pl. — Munitions.

Amont prép. — Le long de, sur, contre. Ex.: S'accoter amont le mur. — Parmi, au milieu de, à travers. Ex.: Amont l'avoine. Amont les animaux. — En montant, en haut de. Ex.: Amont la côte. Grimper amont un arbre. — Avec. Ex.: Je vas me marier amont la fille de Cléophas. — Près de. Ex.: Cet enfant est toujours amont sa mère.

Amonter (s') v. pron. — S'élever, se monter (en parlant de chiffres). Ex.: Ton compte s'amonte à plus de cent piastres.

Amorcer v. tr. — Battre, donner une volée. Ex.: Si je t'attrape, je vas t'amorcer, mon vinyenne.

Amorphosé, e adj. — Absorbé dans ses pensées, immobile.

Amorphoser v. tr. — Métamorphoser. Ex.: La fée l'amorphosa en souris. — Enjôler.

Amorrhoïdes, amorrhoïtes n.f. pl. — Hémorrhoïdes.

Amortissement n.m. — Période pendant laquelle les marées se font moins fortes.

Amouneter v. tr. — Réprimander. Ex.: La maîtresse l'a amouneté. — Apaiser, enjôler, amadouer. Ex.: Tâche donc d'amouneter cet enfant que je fasse mon train.

Amour n.m. *Être en amour* — Être amoureux. *Tomber en amour* — Tomber amoureux. *Pour l'amour!* — Exclamation d'étonnement. Ex.: Pour l'amour! Qu'est-ce qu'i lui a pris? *Pomme d'amour* — Fruit du pommier sauvage. *Faire l'amour* — Faire la cour à une femme ou une jeune fille. *Faire des amours* — Dire des gentillesses. Manifester de la tendresse.

Amouratta n.m. pl. — V. AMOURETTES.

Amourettes n.f. pl. — Testicules du mouton ou du boeuf (terme de boucherie et d'art culinaire), animelles.

Ampas n.m. — Appât. Ex.: Est-ce que t'as mis des ampas à tous les hameçons? — Entraves. Ex.: Mettre les ampas à un cheval.

Ampâter — Mettre un ampas à l'hameçon. Ex.: Ampâter des lignes.

Ampothèque n.f. — Hypothèque. Ex.: C'est ma première ampothèque.

Ampothéquer v. tr. — Hypothéquer. Ex.: Sa maison est ben ampothéquée.

Ampouille n.f. — Ampoule.

Ampoule n.f. — Annexe, aile d'un bâtiment, allonge.

Ampouler v. tr. *Faire ampouler* — Produire des ampoules, des boursouflures. Ex.: Les brûlures font ampouler la peau.

Ampraie n.f. — Lamproie.

Amulonné, e adj. — Comble, rempli jusque par-dessus le bord. Ex.: Une cuillère amulonnée.

Amulonner v. tr. — Ameulonner, mettre en meules, en mulons, en tas. Ex.: Amulonner de la paille. — Combler, remplir jusque par-dessus le bord. Ex.: Amulonner une charrette.

Amunitions n.f. pl. — Munitions.

Amusage n.m. — Perte de temps. Ex.: On travaille ici. Y a pas d'amusage.

Amusard, e adj. ou n.m. ou f. — Qui perd son temps à de petites choses.

Amusards n.m. pl. — Seins.

Amuse-gueule n.m. pl. — Seins.

Amusement n.f. — Amusement (n.m.). Ex.: C'est une belle amusement.

Amuser v. tr. *Amuser le temps* — Perdre son temps.

Amuseux n.m. — Amuseur, enjôleur, cajoleur. — Amusard, lent, négligent.

Amusouère n.m. — Amusoire (n.f.), qui sert à amuser.

Amygdale n.m. ou f. — Amygdale (n.f.) — Amygdalite. Ex.: Avoir les amygdales.

Anamouracher (s') v. pron. — S'amouracher.

Ananime adj. — Unanime. — Anonyme.

Ananime adv. — À l'unanimité. Ex.: Ce règlement a été passé ananime.

Anbandon n.m. — Abandon.

Anbandonner v. tr. — Abandonner.

Anchet n.m. — Achet. — Maladie des poulains. — Ver de terre. Ex.: T'as-tu tes anchets pour la pêche?

Ancien n.m. — Ancien prétendant. *Les anciens* — Les anciens diplômés d'un collège.

Ancien, enne adj. — Âgé. Ex.: Des personnes anciennes. — Resté attaché aux anciennes méthodes, coutumes, modes. Ex.: Elle est ancienne, cette vieille-là. *L'ancien temps* — Le bon vieux temps, son jeune temps. Ex.: Dans l'ancien temps, on savait s'amuser.

Ancomparager, ancomparaiser v. tr. — Comparer.

Ancre n.m. — Ancre (n.f.). Ex.: C't'ancre-là est trop gros. *Ancre de* *perle* — Nacre de perle. *À l'ancre* — Sans emploi. Ex.: Il est à l'ancre depuis six mois.

Ancrer v. intr. — S'asseoir. Ex.: Ancrez donc une minute. — S'enfoncer dans une ornière, dans la neige (en parlant d'une voiture). Ex.: Il a ancré en bas de la côte.

Ancrer (s') v. pron. *S'ancrer dans la tête* — Se mettre dans la tête. Ex.: Ancrez-vous bien ça dans la tête.

Andique, andille n.f. — Anguille.

Andouille n.f. — V. GOUDRELLE.

Andouiller v. tr. — Entailler un arbre pour y placer la goudrelle, l'andouille.

Ane art. et adj. f. — Une. Ex.: Ane belle femme.

Anemi adj. ou n.m. ou f. — Ennemi.

À net loc. adv. — Complètement. Ex.: Il a clairé la place à net.

Anête adj. — Honnête.

Aneton n.m. *Fil d'aneton* — Fil de laiton.

À neuf loc. adv. — De neuf.

Anfiferouâpé, e adj. — En colère.

Anfiferouaper v. tr. — V. ANFIROUÂPER.

Anfirouâper — Tromper, attraper (dans un marché). Ex.: Va pas faire des affaires avec lui, i va t'anfirouâper. — Réprimander. Ex.: Ta mère va t'anfirouâper. — Rouler (dans une discussion). Ex.: Il est plus fort de parole que toué. Il va t'anfirouâper. — Avaler. Ex.: I a anfirouâpé douze bières dans sa souérée.

Angarier v. tr. — Engager, entraîner, amadouer, embarquer dans une corvée. Ex.: Viens donc pas essayer de m'angarier.

Ange n.m. — Papillon. Papillon de nuit. Ex.: C'est plein de petits anges dans le carré aux choux.

Angencement n.m. — Agencement.

Angencer v. tr. — Agencer.

Angélique n.f. *La belle angélique* — L'acorus roseau.

Angeurlure n.f. — Objet de fantaisie. Ex.: Y a ben des angeurlures dans le salon.

Anglaise n.f. — Manière de frapper la balle au jeu de balle au mur qui consiste à la prendre tout près de soi à la hauteur de l'abdomen. Ex.: Cet élève a une belle anglaise. *Frapper à l'anglaise, lancer à l'anglaise* — Frapper ou lancer de cette façon.

Angle n.m. — Point de vue. Ex.: J'vois pas ça sous c't'angle-là.

Angléfier v. tr. — Angliciser.

Anglification n.f. — Action d'angliciser, d'anglifier.

Anglifier v. tr. — Angléfier, angliciser.

Anglo n.m. — Anglophone.

Anguille n.f. *Anguille de roche* — Gounelle épineux, ammodyte d'Amérique ou lançon.

Anguille-brûle, anguille-brûlée, anguille-qui-brûle n.f. — Anguille, cache-tampon, jeu d'enfants où l'on cache un mouchoir roulé que le joueur qui le trouve utilise comme fouet pour frapper ceux qu'il peut atteindre.

Anicroche n.m. — Anicroche (n.f.).

Animau n.m. — Animal (surtout en parlant de bêtes à cornes). Ex.: Ce taureau est un bel animau.

Animaux n.m. pl. — Bétail, bestiaux. Ex.: Mettre les animaux à l'herbe. Va soigner les animaux. *Petits animaux* — Volaille, jeune bétail.

Anis n.m. *Anis sauvage* — Aralie à fleurs en grappe.

Anlimation n.f. — V. ANNIMATION.

Anlimé adj. — V. ANNIMÉ.

Anlimer v. tr. — V. ANNIMER.

Anmalgamer v. tr. — Amalgamer.

Anmorcer v. tr. — Amorcer.

Anmorphoser v. tr. — Amorphoser.

Anmouracher (s') v. pron. — S'amouracher.

Anmourager (s') v. pron. — S'amouracher.

Annaguère, annaguére, annaillère, annaillére adj. f. — Anneuillère.

Anneau n.m. — Rond de serviette.

Année n.f. *Année fiscale* — Année financière, exercice financier. *L'année de quelqu'un* — L'année de naissance de. Ex.: Il est de l'année de Rosalie. *Année de la grande noirceur* — Entre autres années noires, celle de 1785. *Année du grand choléra* — 1832 qui vit mourir en quatre mois 3 500 personnes. *Année du grand dérangement* — 1755, première grande déportation des Acadiens. *Année du siège* — 1759, veille de la Conquête. *Les bonnes années* — Les années de prospérité d'une époque révolue.

Anneillère, anneillére adj. f. — V. ANNEUILLÈRE.

Annemagne (d') loc. adj. f. *École d'annemagne* — École normale.

Anneuillère, anneuillére adj. f. — Qui n'a pas mis bas dans l'année (en parlant d'une vache). Ex.: J'ai deux vaches anneillères cette année.

Annexe n.m. — Annexe (n.f.).

Annimant, e adj. — Encourageant, excitant. Ex.: C'est annimant de travailler quand on réussit.

Annimation n.f. — Animation, ardeur, excitation. Ex.: Elle est d'une annimation depuis qu'elle le connaît.

Annimé, e adj. — Animé, ardent, excité, encouragé. — Qui recherche continuellement la compagnie du sexe opposé.

Annimer v. tr. — Exciter, attiser, échauffer, encourager, animer. Ex.: Annimer le feu.

Annimer (s') v. pron. — S'animer, s'exciter, prendre de la vie, de la vivacité. Ex.: Sa figure s'annime.

Anniversel adj. *Service anniversel* — Service anniversaire.

Annoguère, annoguére adj. f. — V. ANNEUILLÈRE.

Annonce n.f. — Réclame. Ex.: Faire de l'annonce dans les journaux. — Halo solaire.

Annoncer v. tr. ou int. — Faire de la réclame pour. Ex.: Annoncer des pilules. — S'annoncer. Ex.: La récolte annonce ben. — Paraître. Ex.: Ce jeune homme annonce ben.

Annonceur n.m. — Celui qui fait de la réclame dans des journaux, revues, publications quelconques. — Animateur de radio ou de télévision. Speaker.

Annouillère, annouillére adj. f. — V. ANNEUILLÈRE.

Annuiter (s') v. pron. — S'anuiter, être surpris en chemin par la nuit.

Annulaire téléphonique n.m. — Bottin.

À noir loc. adv. — Presque à l'unanimité, en totalité. Ex.: On a voté à noir pour lui. Les arbres ont brûlé à noir.

Anpauvrir v. tr. — Appauvrir, affecter la santé de.

Anpauvrissement n.m. — Appauvrissement.

Anquième, anquienne n.m. ou n.f. — Antienne (n.f.).

Anse n.m. — Anse (n.f.).

Anser v. intr. — Entrer, atterrir dans une anse. Ex.: Le vent est pas mal fort. Dépêchons-nous d'anser.

Anseulement, anseurement adv. — Seulement.

Ans-nous-en loc. verbale — Allons-nous-en.

Antéchri, antéchrisse n.m. — Antéchrist.

Antelles n.f. pl. — Attelles, partie du collier du cheval à laquelle les traits sont attachés.

Anter v. tr. — Fréquenter (les sacrements).

Antichambre n.m. — Antichambre (n.f.).

Antichri, antichrisse, antichrist n.m. — Antéchrist.

Anticipation n.f. — Action d'entrevoir, de prévoir; attente. Ex.: Dans l'anticipation de son arrivée, je vais mettre la table.

Anticiper v. tr. — Entrevoir, prévoir, se promettre, s'attendre à. Ex.: Anticiper un résultat.

Antifrise n.m. — Anti-gel.

Antigel n.m. — Liquide ajouté à l'eau de refroidissement pour l'empêcher de geler.

Antimacassar n.m. — Têtière, voile de fauteuil.

Antiques n.f. pl. — Antiquités.

Antiquités n.f. pl. — Vieilleries, objets anciens de peu de valeur.

Anutile adj. — Inutile.

Anvaler v. tr. — Avaler.

Anvarier v. tr. — Avarier.

Anvec prép. et adv. — Avec. Ex.: Tu peux t'en aller anvec.

Anvrailles n.f. pl. — Avrâles, salopettes.

Anxieux, se adj. — Désireux. Ex.: Elle est anxieuse de vous connaître.

Anyway (pron. enéoué) adv. — De toute façon.

Aoir n.m. ou v. tr. ou auxiliaire — Avoir.

Aoueindre v. tr. — Rejoindre. Ex.: Tu peux-tu aoueindre mon livre sur la tablette?

Aouène n.f. — Avoine.

Aouère n.m. ou v. tr. ou auxiliaire — Avoir.

Aouésinant, e adj. — Avoisinant.

Aoutefitte n.f. — V. OUTFIT.

Apaise-braillard n.m. pl. — Seins.

Apala n.m. — Friandises, mets délicats, souvent meilleurs que ceux qu'on sert habituellement.

Apalachien adj. — Qui appartient à la région des Apalaches.

Apanac n.m. — Espèce de topinambour dont les tubercules remplacent les patates chez l'Amérindien et chez certains Blancs.

Aparceouère v. tr. — Apercevoir.

Aparcevance n.f. — Apparence. Ex.: La récolte a une belle aparcevance. — Action d'apercevoir. Ex.: La première apercevance que j'ai eue, i était sur moi.

Aparcevouère v. tr. — Apercevoir.

Aparçue n.f. ou m. — Aperçu (n.m.).

Apart n.m. — Réserves. Ex.: Est-ce que t'as fait un apart de pois? *Faire des aparts* — Diviser en parts. — Séparer des choses l'une de l'autre. *Être à son apart* — Travailler à son compte. — Vivre séparément de la famille. — Bouder, rester dans son coin. *Se mettre à son apart* — Aller vivre à son compte. — Se séparer d'un associé. — Quitter ses parents.

À part loc. prép. — Outre. Ex.: À part sa femme et lui, i y avait personne.

À part de loc. prép. — À part, excepté. Ex.: À part de lui, personne est venu.

Apartement adv. — Manifestement, ouvertement, clairement. Ex.: Tu sais apartement que c'est vrai.

Apçon n.m. ou f. — Hameçon.

Apecia n.m. — Jeune chevreuil.

Apercevance n.f. — Signe, indication. Ex.: I y a apercevance de mauvais temps.

Aperçu n.m. *Prendre un aperçu sur* — S'orienter sur. Ex.: Prendre un aperçu sur une étoile.

Aperçu n.f. — Aperçu (n.m.).

Apetisser v. tr. ou intr. — Rapetisser.

À peu près loc. adv. — Au hasard. Ex.: La vieille marche à peu près. — Plus ou moins. Ex.: Son moteur marche à peu près.

À pic loc. adj. — Susceptible, irritable. Ex.: T'es ben à pic à matin.

Apichimon n.m. — Morceau de linge ou de peau que l'on met sur le cou des boeufs pour les garantir contre le joug ou dont on se sert en guise de selle. — Mauvais lit, grabat. — Pain bouilli au lait. — Personne ou chose laide. Ex.: Quel apichimon d'enfant! — Habit mal taillé. — Fanfreluche ridicule. — Toute chose dont on ignore le nom.

Apichouner v. intr. — Éternuer.

Apiçon n.m. ou f. — Hameçon.

Apiéçage n.m. — Action de poser l'une sur l'autre les pièces qui entrent dans l'habillage d'une presse à imprimer.

À pique de cheval loc. adv. — À toute vitesse. Ex.: I's ont passé à pique de cheval.

Apiquer v. tr. — Mettre dans une position qui se rapproche de la verticale.

À plan loc. adv. — À plein, en grande quantité. Ex.: I's ont des patates à plan c't'année.

Aplanchir v. tr. — Aplanir. Ex.: Aplanchir un terrain, une route.

Aplanchissage n.m. — Action d'aplanir.

À plomb loc. adj. — Bien bâti, fort, robuste. Ex.: Ce garçon-là est à plomb. — Pondéré, prudent, judicieux, droit. Ex.: Voilà un homme à plomb.

À plomb loc. adv. — Rudement, avec force. Ex.: Frapper à plomb. — Juste. Ex.: Frapper à plomb.

Aplomb n.m. *Prendre son aplomb, ses aplombs* — Prendre ses précautions. *D'aplomb* — Rudement, avec force. Ex.: Donner un coup d'aplomb. — Juste. Ex.: Fesse d'aplomb si tu veux que ça rentre.

Aplomber v. tr. — Mettre d'aplomb, assujettir avec des cales. Ex.: Aplomber un poêle.

Aplomber (s') v. pron. — Se mettre d'aplomb. — Faire ses préparatifs. — Viser.

Aplonter (s') v. pron. — S'aplomber.

Apoco n.m. — Anicroche.

Apola n.m. — V. APALA. *En apola* — Rôti. Ex.: Manger de la truite en apola.

Apologie n.f. — Regret qu'on témoigne d'avoir offensé quelqu'un. Excuses. Ex.: Il a dû faire apologie pour ce qu'il a fait.

Apostumer v. intr. — Abcéder. Ex.: Il a une tumeur qui apostume.

Apoteau n.m. — V. ABOITEAU.

Apothèque n.m. ou f. — Hypothèque.

Apothéquer v. tr. — Hypothéquer.

Apothicaire n.m. — Pharmacien.

Apothicairerie n.f. — Pharmacie.

Apothiquer v. tr. — Hypothéquer.

Appandice n.m. ou f. — Appendice (n.m.). — Appendicite. Ex.: Il a été opéré pour un appandice.

Appandicite n.m. ou f. — Appendicite (n.f.).

Apparaître v. intr. — Comparaître. Ex.: Apparaître pour l'accusé.

Appareil n.m. — Pénis.

Appareillage n.m. — Mise en train d'une presse à imprimer.

Appareiller v. tr. ou intr. — Préparer, disposer, habiller, dresser, orner. Ex.: Appareille le dîner. Appareille le petit. — Égaler. Ex.: Pour la force, i est pas aisé à appareiller. — Se préparer à partir. Ex.: Appareille! C'est le temps de partir.

Appareiller (s') v. pron. — Se préparer, s'habiller, faire sa toilette. Ex.: Appareille-toi. Le curé arrive dans l'heure. — Se préparer à partir. Ex.: Il est temps de s'appareiller.

Appareilleur n.m. — Pressier qui fait la mise en train.

Apparence n.f. — Signe, indication. Ex.: Il y a apparence de beau temps. *D'apparence* — Vraisemblablement, en apparence. Ex.: D'apparence, ils sont pas de bons amis.

Apparence que — Apparemment que. Ex.: I a pas mangé sa soupe. Apparence qu'i aime pas ça.

Appartement n.m. — Pièce d'une maison, d'un appartement. Ex.: J'ai loué un logis de quatre appartements.

Appartenir v. tr. — Posséder, être propriétaire de. Ex.: J'appartiens tout le bout du rang.

Appartenir v. intr. — Être de, provenir de. Ex.: De quelle paroisse appartenez-vous?

Appartenir v. impers. — Être dû légitimement. Ex.: Dans tout ça, combien est-ce qu'il t'appartient?

Appartiendre v. intr. ou tr. — Appartenir.

Apparution n.f. — Apparition.

Appâter v. tr. — Mettre un appât.

Appel n.m. *Faire l'appel* — Provoquer, défier à la lutte. Ex.: I a fait l'appel à toute la gang, mais personne a osé. *Appel nominal* — Proclamation officielle des candidatures à une élection.

Appeler v. tr. ou intr. — Convoquer. Ex.: Le maire a appelé une assemblée pour demain. *Appeler des noms* — Lancer des épithètes injurieuses. Ex.: Lui, là, i m'appelle tout le temps des noms.

Appendice n.m. ou f. — Appendice (n.m.). — Appendicite. Ex.: Être opéré pour l'appendice.

Appendicite n.m. — Appendicite (n.f.).

Appentis n.m. ou f. — Construction ouverte sur un ou plusieurs côtés où l'on met à couvert du bois, des voitures, des instruments aratoires.

Appert (il) v. impers. ind. prés. 3e pers. s. — On apprend, il paraît. Ex.: Il appert que tu te maries.

Appétit n.m. ou f. — Appétit (n.m.).

Applicant, e n.m. ou f. — Candidat à un poste.

Application n.f. — Demande d'emploi. Ex.: J'ai fait application à la Noranda.

Appliquant, e adj. — Qui exige beaucoup d'application.

Appliquer v. intr. — Faire une demande d'emploi. Ex.: Est-ce que t'as appliqué pour cette job? *Appliquer un crime* — Le commettre.

Appoint n.m. — Instant favorable. Ex.: Attendre l'appoint de la marée, du vent. — Bon vouloir, décision. Ex.: Attendre l'appoint de quelqu'un. — Avantage, profit. Ex.: Votre aide m'a été d'un grand appoint.

Appointement n.m. — Rendez-vous. Ex.: J'ai un appointement pour midi. — Nomination. Ex.: J'ai reçu un appointement au poste d'inspecteur. — Bon vouloir. Ex.: Attendre les appointements de quelqu'un.

Appointer v. tr. — Nommer. Ex.: Appointer un secrétaire. — Fixer, donner un rendez-vous à. Ex.: Je l'ai appointé pour deux heures.

Appointer (s') v. pron. — Se préparer. Ex.: Il s'est appointé pour le recevoir. — Aller à un endroit pour se soulager. Ex.: I s'est appointé derrière la grange.

Apport n.m. — Apart.

Appouvrir v. tr. — Appauvrir.

Appréciation n.f. — Acquisition de plus-value. Ex.: Appréciation graduelle d'un placement.

Apprihender v. tr. — Appréhender.

Apprivouéser v. tr. — Apprivoiser.

Approbation n.f. *En approbation* — À l'essai. Ex.: Acheter ou vendre en approbation.

Approchant (en) — (adv.). Approchant, environ. Ex.: Cette montre vaut dix piastres en approchant. — (prép.) Environ, vers, près de. Ex.: En approchant deux heures, je serai rendu.

Approchants de (aux, dans les) loc. prép. — À peu près, environ. Ex.: Elle a aux approchants de quatre-vingts ans.

Approche n.f. *Faire l'approche d'une jeune fille* — Chanter la pomme à une jeune fille.

Approcher v. tr. — Faire des propositions à quelqu'un pour lui faire accepter un marché, une candidature. Ex.: Mon père a été approché pour la mairie.

Approcher (s') v. pron. — Faire l'approche. Ex.: Il s'est approché et a resté avec elle toute la soirée.

Appropir v. tr. — Rendre propre.

Appropriation n.f. — Crédit, somme allouée à un service.

Approprier v. tr. — Affecter. Ex.: Approprier une somme à l'entretien de l'école.

Appuyer v. intr. — Accoter, tenir coup. Ex.: Attends, je vas appuyer avec la masse.

Apré! interj. — Juron. Forme adoucie de *sacré*!

Après prép. — En train de, occupé à. Ex.: On est après travailler. — À la poursuite de, autour de, en train d'agacer quelqu'un. Ex.: I est toujours après moi. — Le long de. Ex.: Monte après un âbe. — Sur. Ex.: T'as une tache après ton capot. — À même. Ex.: Les moutons mangent après le mulon. — Contre. Ex.: Accote-toi après la clôture. — Par derrière. Ex.: Ferme la porte après toi.

— Dans. Ex.: La clé est après la porte. — À. Ex.: Attache le cheval après la clôture. *Attendre après quelqu'un* — Attendre quelqu'un.

Après (en) loc. adv. — Ensuite, après, puis. Ex.: Je vas au magasin; en après, j'irai faire un tour.

Après (par) loc. adv. — Après, ensuite. Ex.: Étudiez d'abord; par après, vous jouerez.

Apréyé! interj. — Juron inoffensif.

Apricot n.m. — Abricot.

Apse n.m. ou f. — Asthme.

Apson n.m. ou f. — Hameçon.

Aptichoumer v. intr. — Éternuer.

À pu près loc. adv. — À peu près.

Aquarrir v. tr. — Équarrir.

À quat'patissement n.m. — Le fait d'être à quatre pattes devant quelqu'un.

Aqueduc n.m. ou f. — Château d'eau; réservoir d'eau; canalisation de l'eau domestique; eau distribuée par aqueduc. Ex.: Le vent a renversé l'aqueduc. Avoir l'aqueduc dans la maison.

À quelle heure de loc. prép. — Sur le point de, à la veille de. Ex.: Vous êtes à quelle heure de le voir?

Aquer v. tr. — Appâter.

Aquet, aquette n.m. — Hoquet.

Aquipette n.f. — Équipet, compartiment. Ex.: Tu trouveras ça dans l'aquipette du coffre.

Arabe n.m. ou f. — Érable.

Arabe adj. — Arable.

Aragan n.m. — Ouragan.

Aragnée, araignée n.m. ou f. — Araignée (n.f.).

À ras loc. adv. — Tout près. Ex.: I reste à ras.

À ras, à ras de loc. prép. — Près de, en effleurant presque. Ex.: Elle s'est assis à ras moué. Un oiseau qui passe à ras de terre.

Arâsage n.m. — Arasement. Ex.: Arâsage d'une planche.

Arascope n.m. ou f. — Horoscope (n.m.).

Arâse (scie d') — Scie à dos, scie à tenons.

Arbarapuce n.f. — Herbe à puce.

Arbe n.m. — Arbre.

Arbe n.f. — Herbe. *Faire manger de l'arbe à quelqu'un* — Le décontenancer.

Arber v. tr. *Arber une faux* — Disposer la lame d'une faux de façon à couper plus à ras du sol.

Arber (s') v. pron. — Se garnir d'herbe. Ex.: Depuis la dernière pluie, les prairies se sont ben arbées.

Arbe sainte n.f. — Absinthe.

Arbière n.f. — Oesophage de certains animaux.

Arbite n.m. — Arbitre.

Arborisse n.m. — Herboriste.

Arbours (à l') — À rebours.

Arbout n.m. — About.

Arboutant n.m. ou adj. — Aboutant.

Arboutant (en) loc. adv. — À contre-coeur.

Arbouter v. tr. — Aider. Ex.: Elle l'a arboutée pour repasser sa robe.

Arbouter v. intr. — Abouter. — Refuser d'obéir. Ex.: T'as beau arbouter, tu vas m'obéir.

Arbouter (s') v. pron. — Refuser d'obéir, se buter. Ex.: Quand i s'arboute, on peut pas en venir à bout.

Arbouteux, se n.m. ou f. — Rebouteur, rebouteuse.

Arcade n.f. — Galerie de côté dans une église.

Arcajou n.m. — Acajou.

Arcanser v. tr. — Rudoyer un cheval en tirant sur le mors.

Arcanser v. intr. — Encenser (en parlant d'un cheval qui remue sa tête de bas en haut). Ex.: Ce cheval arcanse.

Arcansonner v. tr. — Frotter de l'arcanson sur un archet.

Arcapituler v. tr. — Récapituler.

Arc-boutant (en) — À contre-coeur.

Arc-bouter (s') v. pron. — Refuser d'obéir.

Arce — V. ARSE.

Arcevoir v. tr. — Recevoir.

Archauffer v. tr. — Réchauffer.

Arche n.f. — Arc de triomphe.

Archette n.f. ou m. — Archet (n.m.).

Archidiocèse n.m. — Diocèse sous la direction d'un archevêque.

Arclâmation n.f. — Réclamation.

Arclâmer v. tr. ou intr. — Réclamer.

Arcoller v. tr. — Recoller.

Arcommande n.f. *D'arcommande* — Sur commande. Ex.: Des bottes faites d'arcommande.

Arcommencer v. tr. — Recommencer.

Arcompense n.f. — Récompense.

Arcompter v. tr. — Recompter.

Arçon n.m. — Garçon.

Arconduire v. tr. — Reconduire.

Arconnaître v. tr. — Reconnaître.

Arconter v. tr. — Raconter.

Arcopié, e adj. — Parfaitement ressemblant. Ex.: C't'enfant-là, c'est sa mère toute arcopiée.

Arcopier v. tr. — Recopier.

Arcorder v. tr. — Corder de nouveau.

Arcourbé, e adj. — Courbé.

Arcouvrer v. tr. — Recouvrer.

Arcouvrir v. tr. — Recouvrir, recouvrer.

Arculer v. tr., intr. ou pron. — Reculer, se reculer. Ex.: Arcule-toué d'là.

Arculon n.m. — Envie, pellicule qui se détache de la peau autour des ongles. Ex.: J'ai les doigts pleins d'arculons.

Ardévirer v. tr. ou intr. — Retourner. Ex.: Ardévirer un habit. — Retourner sur ses pas.

Ardigue n.f. — Argile, glaise.

Ardigueux n.m. — Orgelet.

Ardigueux, se adj. — Orgueilleux.

Ardille n.f. — Argile, glaise.

Ardilleux, se adj. — Orgueilleux.

Ardilleux n.m. — Orgelet.

Ardire v. tr. — Redire.

Ardoiser v. tr. — Couvrir en ardoise.

Ardonner v. tr. — Ordonner. — Redonner.

Arebours (à l') — À rebours.

Aréchal n.m. — Archal. Ex.: Fil d'archal (fil de laiton).

Arêche n.f. — Arête (de poisson). — Obstacle. Ex.: I a rencontré des arêches. — Pièce longitudinale du parement d'un quai. — Partie opposée au tranchant, dos d'un faux.

Arège n.f. — Arête.

Areille n.f. — Oreille.

Areiller n.m. — Oreiller.

Aréna n.f. — Amphithéâtre couvert pour les sports d'hiver.

Aréogare n.m. — Aérogare.

Aréoplane n.f. ou m. — Aéroplane (n.m.).

Arête n.m. ou f. — Arête (n.f.).

À revoir loc. — Au revoir.

Arfaire v. tr. — Refaire.

Arfaire (s') v. pron. — S'embellir. Ex.: C't'enfant s'arfait.

Arganeau n.m. — Anneau de fer ou de cuir. Ex.: Mettre un arganeau au boeuf. L'arganeau du fléau.

Argârdabe adj. — Regardable. Ex.: I est laite, i est pas argârdabe.

Argârdant, e adj. — Regardant, mesquin, chiche. Ex.: I est ben argârdant de son argent.

Argârder v. tr. — Regarder.

Argent n.f. ou m. — Argent (n.m.). Ex.: De la bonne argent. *Argent de papier* — Papier-monnaie. *Argent dure* — Monnaie. *Argent mignon* — Argent que l'on garde au coffre. *Argent d'Allemagne* — Maillechort, alliage inaltérable de cuivre, zinc et nickel qui imite l'argent. *Faire d'la grosse argent* — Faire beaucoup d'argent.

Argenté, e adj. — Riche, argenteux. Ex.: Elle est pas ben argentée c'temps-ci.

Argentries n.f. pl. — Argenterie.

Argents n.m. pl. — Fonds, valeurs. Ex.: Placer ses argents.

Argnée n.f. ou m. — Araignée. — Espèce de crochet à trois dents recourbées servant à retirer les seaux du puits.

Argnère n.f. — Ornière.

Argot n.m. — Ergot. Ex.: Monte pas su tes argots. — Sabot. Corne du pied (d'un animal).

Argotage n.m. — Ergotage.

Argoté, e — Ergoté. Ex.: Un coq ben argoté.

Argoter v. intr. — Ergoter.

Argué! interj. — Cri pour commander à un cheval d'arrêter ou de reculer.

Argueilleux, se adj. — Orgueilleux.

Arguer v. tr. ou intr. — Argumenter, plaider. Ex.: Arguer une cause.

Arguette n.f. — Oreiller.

Arguia n.m. — Aria.

Argument n.m. — Dispute. Ex.: J'ai eu un argument avec mon voisin.

Argumenter v. tr. — Prouver, plaider, défendre, justifier par des arguments. Ex.: I a ben argumenté sa cause.

Aria n.m. — Attirail. Ex.: Apporte ton aria avec toi. Gâchis, désordre, vacarme. Ex.: Ces enfants, i t'ont fait des arias toute la journée.

Arichal n.m. *Fil d'arichal* — Fil de laiton.

Aridelle n.f. — Ridelle, chassis à claire-voie disposé de chaque côté d'une charrette, d'un camion pour maintenir la charge.

Arider v. tr. — Irriter, produire une légère inflammation. Ex.: Ces remèdes-là arident plutôt qu'aute chose.

Arié n.f. — Oreiller.

Arié! interj. — Cri pour commander à un cheval d'arrêter ou de reculer.

Ariéter v. tr. ou intr. — Disputer quelqu'un. Ex.: Elle arrête pas d'ariéter son gars. — Parler. Ex.: J'ai ben ariété pour l'avoir.

Ariette n.f. — Oreiller.

Arignal n.m. — Orignal.

Arignals n.m. pl. — Orignaux.

Arignée n.f. — Araignée.

Ariguette n.f. — Oreiller.

Aripiaux n.m. pl. — Oreillons.

Arlancer v. tr. — Relancer.

Arlavée n.f. — Relevée, l'après-midi. Ex.: À deux heures de l'arlavée. Dormir une partie de l'arlavée.

Arlepape, arlepatte n.f. — Air de danse écossaise; danse écossaise.

Arlérose n.f. — Pomme de terre précoce et rose.

Arlevée n.f. — V. ARLAVÉE.

Arligieux, se adj. ou n.m. ou f. — Religieux.

Arligion n.f. — Religion.

Arliquaire n.m. — Reliquaire.

Arlique n.f. — Relique.

Arloge n.f. ou m. — Horloge.

Arlogier n.m. — Horloger.

Arlovée n.f. — V. ARLAVÉE.

Arluire v. intr. — Reluire.

Arluisant, e adj. — Reluisant.

Armana, armena, arména n.f. ou m. — Almanach.

Arme n.m. ou f. — Arme (n.f.). *Arme blanche* — Arme tranchante.

Armes n.f. pl. — Geste de menace. Ex.: Faire des armes à quelqu'un. J'ai pas peur de tes armes.

Armette-germain, e adj. — Issu de germain (cousin).

Armière n.f. — Ornière.

Armine n.f. — Hermine.

Armine-germine adj.— Issue de germain (cousine).

Arminette n.f. — Erminette, herminette, hache de charpentier à tranchant recourbé pour façonner des parties concaves.

Armise n.f. — Remise.

Armite n.m. — Hermite.

Armoire n.m. — Armoire (n.f.).

Armoire à glace n.f. — Colosse qui sert de garde de corps, de portier dans des boîtes de nuit, etc.

Armoire-montante n.f. — Monte-plats.

Armona n.m. ou f. — Almanach.

Armoniaque n.f. — Ammoniaque.

Armuer v. tr. ou intr. — Remuer.

Armure n.f. — Gaine (sous-vêtement de femme).

Arnière n.f. — Ornière.

Arnoteux, se adj. — V. RENOTEUX.

Arouter v. tr. — Habituer, routiner. Ex.: Elle aroute sa fille à tricoter.

Arouter (s') v. pron. — S'habituer. Ex.: Elle s'aroute à filer.

Aroutiner v. tr. — Habituer.

Aroutiner (s') v. pron. — S'habituer.

Arpent n.m. — Mesure de longueur valant 191.8 pieds anglais. — Mesure de superficie valant 36 802 pieds carrés anglais et correspondant à 0.84 acre.

Arpenteur n.m. — Arpenteuse, espèce de chenille. Ex.: S'étirer comme un arpenteur de gadelles.

Arpentis n.m. ou f. — Appentis, remise.

Arposer v. tr. et intr. — Reposer.

Arquelle heure de loc. prép. — Sur le point de. Ex.: Vous êtes arquelle heure de recevoir de la visite.

Arquête n.f. — Requête.

Arrache-braquette n.m. — Petit instrument en fer servant à arracher les braquettes.

Arrache-patate n.m. — Machine à arracher les patates.

Arrache-pierre n.m. — Machine à arracher les pierres du sol.

Arrache-poil n.m. — Pince à épilation. *D'arrache-poil* — D'arrache-pied. Ex.: Travailler d'arrache-poil.

Arracher (en) v. intr. — Éprouver beaucoup de difficultés. Ex.: On vit, mais on n'arrache.

Arracher (s') v. pron. — Se tirer d'embarras, réussir, gagner sa vie. Ex.: Il a mangé de la misère, mais il s'arrache maintenant.

Arrache-roche n.m. — V. ARRACHE-PIERRE.

Arrache-souche n.m. — Machine à arracher les souches.

Arracheux n.m. — Arracheur de souches ou de pierres.

Arrachis n.m. — Arbre arraché dont les racines sont à nu. — Ensemble d'arbres déracinés par un ouragan. — Pierres qui dépassent le bout d'un mur pour s'emboîter dans celui d'une construction adjacente. Ex.: Mur d'arrachis. — Branchages employés comme bois de chauffage dans les cabanes à sucre.

Arrainement n.m. — Mise en accusation, au terme de la cour criminelle.

Arrangeage n.m. — Arrangement, réparation, raccommodage.

Arrangement n.m. — *Venir en arrangement* — Terminer un différend, un procès à l'amiable. Ex.: I est venu en arrangement avec ses créanciers. *D'arrangement* — Arrangeant, d'humeur conciliante. Ex.: Une personne d'arrangement.

Arrangements n.m. pl. — Testament, derniers arrangements. Ex.: I est mort sans faire ses arrangements.

Arranger v. tr. — Châtrer, affranchir, hongrer. Ex.: Arranger les poulains. Faire arranger sa chienne. *Arranger les vaches* — Les soigner.

Arranger (s') v. pron. — Gagner sa vie, réussir à rejoindre les deux bouts. Ex.: Je gagne pas des millions, mais je m'arrange.

Arrangeur n.m. — Châtreur. — Ouvrier qui répare.

Arraroute n.m. — Arrow-root, fécule extraite de diverses plantes du genre maranta.

Arregârdabe — Regardable.

Arregârdant, e adj. — Regardant, chiche. Ex.: Pour les enfants, il est pas arregârdant.

Arrestation n.f. *Mandat d'arrestation* — Mandat d'arrêt.

Arrêt n.m. — Stop. *Mettre l'arrêt sur les bans* — Arrêter la publication des bans. *Ne pas avoir d'arrêt* — Ne pas prendre de repos. Ex.: Ce gars a pas d'arrêt, i remue toujours.

Arrêter v. tr. ou intr. — Cesser. Ex.: Il a arrêté de fumer. — Attendre. Ex.: Arrête, je vas y penser.

Arricot n.m. — Pruche.

Arrié! interj. — Cri pour commander au cheval d'arrêter ou de reculer.

Arriérages n.m. pl. — Arrérages.

Arrière n.m. — Retard. Ex.: L'horloge a dix minutes d'arrière. *Prendre de l'arrière, avoir de l'arrière* — Avoir du retard, en parlant d'une montre, d'une horloge. *Porte d'en arrière* — Porte de derrière.

Arriérer v. intr. — Reculer. Ex.: Le bateau va aussi ben en arriérant qu'en avançant.

Arriérer (s') v. pron. — Se reculer. Ex.: Arriérez-vous, les enfants; les grandes personnes d'abord.

Arrimage n.m. — Action d'arranger, de mettre en ordre, de disposer. Ex.: L'arrimage des attelages.

Arrimages n.m. pl. — Outils et instruments aratoires d'une ferme.

Arrime n.f. — Quantité d'effets, de morceaux de bois, dont on charge une voiture; rangée de morceaux de bois de chauffage. Ex.: J'ai mis deux arrimes dans mon pick-up.

Arrimer v. tr. ou intr. — Disposer, placer, ranger, installer, mettre en ordre. Ex.: Arrimer les marchandises dans le magasin. — Battre, malmener. Ex.: Je l'ai arrimé comme i faut. — Habiller. Ex.: Je l'ai arrimé comme j'ai pu avec mon capot. — Fournir, procurer, orner, meubler. Ex.: Le jeune ménage est bien arrimé. — Arranger, réparer, mettre en bon état. Ex.: Cette porte ferme mal; i faudra l'arrimer. — Préparer, arranger. Ex.: Arrimer le feu. Arrimer le dîner. Des omelettes arrimées au lard. — Avancer, se hâter. Ex.: Arrime si tu veux qu'on te voie. — Rimer, convenir, aller bien ensemble. Ex.: Ces deux-là arriment ben ensemble.

Arrimer (s') v. pron. — S'habiller. Ex.: Je m'arrime comme je peux avec ce que j'ai. — Se placer, s'installer. Ex.: I y a plus de place. Arrimez-vous comme vous pouvez. — Se mettre d'accord. Ex.: I se chicanent puis i s'arriment.

Arrisée n.f. — Course de vitesse de courte durée; sprint. Ex.: Pour l'arrisée, sa jument est pas battabe. — Forte brise sur l'eau. Ex.: L'arisée nous a empêché d'arriver plus tôt. — Semonce. Ex.: En arrivant à la maison, j'ai attrapé une de ces arrisées. *À l'arrisée* — Très vite. Ex.: Son cheval va à l'arrisée.

Arrivance n.f. — Arrivée.

Arrivant, e adj. — Qui vient d'arriver. Ex.: Vous êtes arrivante.

Arriver v. intr. — Concorder. Ex.: Nos comptes arrivent pas. — Égaler. Ex.: I va trop vite. Je peux pas arriver avec lui. *Arriver en dessous* — Avoir un déficit. *Arriver en ville* — Revenir à la civilisation dans le langage des bûcherons. *Ne pas être arrivé en ville* — Être colon. Ex.: Même s'i vit depuis quéques années dans l'Grand Morial, Edmond est pas encore arrivé en ville. *Qui arrive pas* — Qu'on n'a jamais vu. Ex.: L'ours qui a vu l'ours qui a vu l'ours qui arrive pas.

Arrondissement n.m. *Arrondissement de votation* — Section de vote. *Arrondissement d'école* — Territoire d'une commission scolaire.

Arrosoué, arrosoi, arrosouère n.m. — Arrosoir.

Arrousage n.m. — Arrosage.

Arrouser v. tr. — Arroser.

Arrousoi, arrousoir, arrousoué, arrousouère n.m. — Arrosoir.

Arsasier v. tr. — Rassasier.

Arse n.f. — Espace libre, suffisant. Ex.: L'appartement est grande, i y a de l'arse. I y a de l'arse devant sa maison.

Arsemblance n.f. — Ressemblance.

Arsemblant, e adj. — Ressemblant.

Arsembler v. tr. — Rassembler.

Arsembler v. intr. — Ressembler.

Arsoir n.m. — Hier soir.

Arsource n.f. — Source. — Ressource.

Arteil n.f. — Orteil (n.m.).

Arter v. tr. ou intr. — Arrêter. Ex.: Artez de travailler.

Artère n.m. — Artère (n.f.).

Artichaut, artichou n.m. — Bardane, herbe aux teigneux.

Artifailles n.f. pl. — Affiquets, attifets.

Artisse n.m. — Artiste.

Artiste n.m. — Photographe.

Artourner v. tr. ou intr. — Retourner.

Arupiaux n.m. pl. — Oreillons.

Arvange n.f. — Revanche.

Arvanger (s') v. pron. — Se revancher, prendre sa revanche.

Arvenir v. intr. — Revenir.

Arvirer v. tr., intr. ou pron. — Revirer. *Arvirer de bord* — Retourner sur ses pas. *Arvirer bout pour bout* — Tourner sens devant derrière.

As de pique n.m. — Propre à rien. *Être planté quèque part comme un as de pique* — Planté debout de manière à gêner son voisin.

Ascade, ascarde n.f. — V. ARCADE.

Ascuser v. tr. — Excuser.

À seule fin loc. conj. — Afin, dans l'intention de. Ex.: J'irai à seule fin de te faire plaisir.

Asiatique adj. — Sciatique. Ex.: Avoir un rhumatime asiatique.

Âsile n.f. — Hospice d'aliénés.

À soir loc. adv. — Ce soir.

Asparge n.f. — Asperge.

Aspargès n.m. — Aspergès, moment de la grand'messe où le prêtre fait l'aspersion de l'eau bénite.

Asparsoère n.m. — Aspersoir, goupillon, aspergès

Aspe n.m. ou f. — Asthme (n.m.).

Assaut n.m. — Voies de fait, actes de violence. Ex.: Il est poursuivi pour assaut. *Assaut et batterie* — Voies de fait, coups et blessures. Ex.: Être accusé d'assaut et batterie. *Assaut indécent* — Attentat à la pudeur.

Assavoir v. tr. — Savoir. Ex.: Il faudrait assavoir le jour que vous viendrez.

Assèchabe adj. — Qui peut être asséché, tari. Ex.: Un puits assèchabe.

Assècher v. tr. ou intr. — Enlever, faire perdre de l'argent. Ex.: Ils m'ont assèché d'un seul coup. — Sécher. Ex.: Fais assècher ton linge.

Assemblant adv. *Faire assemblant* — Faire semblant.

Assemblée n.f. — Faufilage.

Assembler v. tr. — Faufiler, faire une fausse couture à longs points.

Assemblés p.p. m. pl. — Accotés, en concubinage.

Asseoir v. intr. *Se faire asseoir* — Se faire mettre à sa place.

Asseoir v. tr. — Mettre à sa place. Ex.: M'as t'asseoir si tu t'fermes pas.

Asseoir (s') v. pron. *S'asseoir contre* — S'asseoir près de.

Assermentation n.f. — Prestation de serment. Ex.: L'assermentation d'un ministre. — Action d'attester par serment. Ex.: L'assermentation d'un compte.

Assermenter v. tr. — Attester par serment.

Assessement n.m. — Action d'asseoir et de répartir l'impôt. Ex.: Faire le rôle d'assessement.

Assesser v. tr. — Asseoir et répartir (les impôts).

Assesseur n.m. — Estimateur.

Asseulement adv. — Seulement.

Asseyer v. tr. — Essayer.

Assez adv. — Beaucoup, très. Ex.: Elle est assez grande! *Assez suffisant, assez satisfaisant* — Suffisant, satisfaisant.

Assez... que loc. conj. — Si... que, tellement... que, tant... que. Ex.: Il a assez froid que les dents lui claquent.

Assiette n.f. — Extrémité de la verge.

Assignage n.m. — Action de faire des signes au jeu de cartes.

Assignation n.f. — Signe au jeu de cartes.

Assinabe n.f. — Grosse pierre employée par les Amérindiens pour retenir au fond de l'eau un filet.

Assinage n.m. — Action de faire des signes au jeu de cartes.

Assination n.f. — Assignation. — Signe au jeu de cartes.

Assiner v. tr. — Assigner. — Faire des signes au jeu de cartes.

Assir v. tr. ou intr. ou pron. — Asseoir. Ex.: Assisez-vous donc.

Assistance n.f. — Présence. Ex.: L'assistance des enfants à l'école.

Assistant n.m. — Adjoint, aide. Ex.: Assistant-directeur, assistant-professeur.

Assister (s') v. pron. — S'asseoir. Ex.: Assistez-vous.

Associé, e n.m. ou f. — Compagnon, ami. Ex.: C'est mon associé de voyage.

Associère n.f. — Associée.

Assumer v. tr. — Se charger de (une dette). Ex.: Assumer une obligation hypothécaire. *En assumant que* — En supposant que.

Assureur n.m. — Agent d'assurances.

Astérique n.m. — Astérisque.

Astheure adv. — À présent, maintenant. Ex.: Astheure, tu peux aller jouer.

Asthure adv. — Astheure.

Asti! interj. ou n.m. — Juron, variante de OSTI!

Astice n.f. — Astuce.

Astination n.f. — Obstination. — Discussion où chacun reste attaché à son opinion. Ex.: Avoir une astination avec quelqu'un.

Astiner v. tr. — Affirmer catégoriquement. Ex.: Il m'astine que t'étais ben là-bas. — Contredire (quelqu'un). Ex.: Je t'astine pas puisque tu sais tout.

Astiner (s') v. pron. — S'entêter. Ex.: Elle s'astine à pas prendre ses remèdes. — Discuter sans fin. Ex.: Ils ont passé la soirée à s'astiner.

Astineux, se adj. — Obstiné. — Qui aime à contredire.

Astique n.m. — Élastique. Ex.: Attache l'astique autour du paquet.

Átaca n.m. — Canneberge.

Atame n.f. — Entame, entamure, premier morceau coupé. Ex.: Donne-moué l'atame du pain.

Atchoume n.m. *Faire atchoume* — Éternuer.

-Ate remplace **-atre, -attre.** Ex.: Quate. Combate.

-Âte remplace **-âtre.** Ex.: Plâte. Emplâte.

À terre loc. adv. ou adj. — Par terre. Ex.: I a tombé à terre. — En faillite. Ex.: Ce procès l'a mis à terre. — Qui va mal (en parlant des affaires). Ex.: Son commerce est à terre. — Malade. Ex.: Elle est à terre depuis un an. *Être à terre de rire* — Mourir de rire. Ex.: Juste à le voir, on était à terre de rire.

Atmosphère n.m. — Atmosphère (n.f.).

Atoca n.m. — Canneberge.

Atomie n.m. — Personne exténuée, malade. Ex.: Faible comme un atomie.

Atosset n.m. — Nom amérindien d'un poisson du lac Saint-Jean.

Atoucas n.m. — Parapluie.

À tous les jours, à tous les matins — Tous les jours, tous les matins.

Atout n.m. — Charmes, attraits. Ex.: Cette femme a de l'atout, a des atouts.

À tout de reste — V. RESTE.

À tout drosse — V. DROSSE.

À toute — V. TOUTE.

À toute éreinte — V. ÉREINTE.

À tout reste — V. RESTE.

Atré! interj. — Juron. Forme adoucie de *sacré*!

Atricure n.f. — Tenue vestimentaire ridicule.

Atriqué, e part. passé — Mal habillé. Ex.: T'es atriqué comme la chienne à Jacques.

Attaché, e part. passé *Attaché sur* — Attaché à. Ex.: Être attaché sur le bien paternel.

Attacher v. tr. *Attacher à toute épingle* — Attacher solidement.

Attacher (s') v. pron. — Se boutonner. Ex.: À ton âge, tu devrais être capable de t'attacher.

Attaque n.f. — Jeu de tague. Ex.: Jouer à l'attaque.

Attaqué, e adj. — Ramolli, piqué par les vers. Ex.: Une pomme attaquée.

Attaquer v. tr. — Interpeller. Ex.: Je passais et il m'a attaqué sur les élections.

Attârer (s') v. pron. — S'attarder. Ex.: Il se sont attârés en chemin.

Attari, e adj. — Attardé, en retard. Ex.: On va être attari pour les foins.

Attelage n.m. ou f. — Harnais. Ex.: Mettre l'attelage sur le cheval. — Appareil orthopédique, corset redresseur, bandage herniaire. — Embarras. Ex.: Garder un ivrogne comme lui c'est tout un attelage. *Attelage de collier* — Attelle.

Attelé, e part. passé — Monté en harnais; monté en bêtes de trait. Ex.: Baptiste est ben attelé avec ses deux beaux chevaux. *Mal attelé* — Engagé dans une mauvaise affaire. Ex.: I est mal attelé avec son procès.

Attelée n.f. — Travail forcé et rapide, effort. Ex.: On a donné une rude attelée aujourd'hui. — Peur. Ex.: Le petit a eu une grosse attelée en voyant le trimpe.

Atteler v. tr. — Harnacher (un cheval). — S'habiller. Ex.: T'es attelé comme la chienne à Jacques. — Retenir, convaincre, donner du fil à retordre. Ex.: Elle a voulu partir mais je te l'ai attelée. — Tromper, mettre dans une situation difficile. Ex.: Il m'a attelé pour cent piastres. — Commencer. Ex.: Attelle, attelle, ça presse. — Se préparer à partir. Ex.: Attelle, ma vieille, i commence à être tard. *Atteler simple* — Atteler une seule bête à une voiture. *Atteler double* — Atteler deux bêtes à une voiture. *Atteler croche* — Atteler un cheval sur une voiture de telle sorte qu'il marche dans une des ornières. *Atteler aux fetons, à la cheville* — Attacher à la voiture en fixant les traits au moyen d'atteloires. *Atteler aux traits* — Attacher à la voiture en fixant les traits au palonnier. *Être attelé avec des cordes* — Être attelé pauvrement. *Atteler sur une voiture* — Atteler à une voiture.

Attelles n.f. pl. — Harnais. — Bretelles. *Tirer dans les attelles* — Donner un coup de collier, faire un grand effort. *Tirer sur les attelles* — Être réduit à la dernière extrémité. *Être sur les attelles* — Être maladif, faible.

Attendre v. tr. — Entendre. *Par attendre dire, par attendre parler* — D'après ce qu'on entend dire. *À attendre dire que, à attendre parler que* — On dit, on entend. *Attendre pour, attendre après* — Attendre (quelqu'un ou quelque chose). Ex.: J'attends pour le médecin. *Attendre (s') à ce que* — S'attendre que. *Attendre; attendre le* *messie* — Être enceinte. *Attendre quelqu'un* — Être prêt à le recevoir.

Attendrir v. tr. — Rendre plus souple, lubrifier. Ex.: Je vas attendrir le moulin à coudre.

Attifiaux n.m. pl. — Attifets, ornements, parures de femmes.

Attigner v. tr. — Forcer beaucoup.

Attikkameg n.m. — Poisson blanc.

Attiqué, e adj. — Vêtu, paré. Ex.: Être ben mal attiqué.

Attirer v. intr. — Donner l'impression de succion (en parlant de l'effet d'un cataplasme). Ex.: Avec le cataplasse sur mon clou, ça attire.

Attisée n.f. — Feu bien nourri. — Travail forcé et rapide; bourrée. Ex.: Donner une attisée. *Attisée de murailles* — Attisée destinée à réchauffer les parois du four à pain.

Attoquer v. tr. — Accoter, appuyer. — Remplir (l'estomac).

Attraction n.f. — Spectacle intéressant.

Attraper v. tr. *Se faire attraper* — Tomber enceinte. *Attraper une tempête* — Se faire prendre par une tempête.

Attrapure n.f. — Blessure que se donne un cheval en marchant.

Attrayant, e adj. — Joli, qui attire.

Atuyau n.m. — Coyau.

Aubel n.m. — Aubier. *Aubel du chemin* — Lisière entre la trace du cheval et l'empreinte des roues dans le chemin.

Au boutte loc. adv. — Merveilleux, fantastique, au-delà de toute attente.

Aucun, e adj. et pron. — Quelque, tout, n'importe quel; quelqu'un, n'importe qui. Ex.: Tu peux venir en aucun temps. Aucun peut se servir de cet appareil.

Au-dessus de loc. prép. — Plus loin que. Ex.: Il reste sur la rue principale, au-dessus de la rue des chars.

Audience n.f. — Auditoire.

Auditer v. tr. — Vérifier (des comptes).

Auditeur n.m. — Vérificateur des comptes.

Au fin loc. adv. — V. FIN.

Auge n.m. — Auge (n.f.). — Godet pour recueillir la sève des érables.

Augnère n.f. — Aunaie.

Augurer v. tr. — Présager. Ex.: Cette affaire augure bien.

Au jour d'aujourd'hui loc. adv. — Aujourd'hui même.

Aujourd'hui pour demain loc. adv. — À n'importe quel moment.

Au large loc. adv. — V. LARGE.

Au lieur de loc. prép. — Au lieu de.

Aunage n.m. — Aunaie, talle d'aulnes. — Branche d'aune.

Aunière n.f. — Aunaie.

Au-nom-du-père loc. subst. *Faire au-nom-du-père* — Faire le signe de la croix.

Auparavant de loc. prép. — Avant de.

Au plus coupant loc. adv. — V. COUPANT.

Au prix de loc. prép. — V. PRIX.

Au proche loc. adv. — V. PROCHE.

Au ras loc. adv. ou prép. — Près. Près de.

Auripeaux, auripiaux n.m. pl. — Oreillons.

Aussi adv. — Non plus. Ex.: Moi aussi j'y vas pas.

Aussi... comme loc. conj. — Aussi ...que. Ex.: Il est aussi pauvre comme moi.

Aussi vrai que loc. conj. — Formule de comparaison servant à renforcer une affirmation. Ex.: J'en suis certain, aussi vrai que t'es là.

Au superflu loc. adv. — De plus.

Autant... comme loc. conj. — Autant...que. Ex.: Je t'en donnerai autant comme il t'en faudra.

Autant comme autant loc. adv. — Beaucoup. Ex.: Il y avait du monde autant comme autant.

Autant que (en) loc. adv. — Dans la mesure où, autant que. Ex.: En autant que je suis concerné... — Pourvu que. Ex.: Je vous en prêterai en autant que vous me le remettrez.

Autel n.f. — Autel (n.m.).

Auteur n.m. — Cause, motif. Ex.: Sa lettre est l'auteur que mon père m'a blâmé.

Autobus n.f. ou m. — Autobus (n.m.). *Autobus scolaire* — Transport d'enfants.

Autographe adj. — Olographe. Ex.: Un testament autographe.

Autographe n.m. ou f. — Autographe (n.m.).

Autoneige n.f. — Voiture munie de chenillettes qui permettent de voyager sur la neige.

Automne n.m. ou f. — Automne (n.m.).

Autre adj. — Prochain. Ex.: Le cinq de l'autre mois j'irai vous voir. — Précédent. Ex.: L'autre année. *Nous autres, vous autres, eux autres* — Nous, vous, eux ou elles. *Les autres deux, les autres trois* — Les deux autres, les trois autres.

Autre hier (l') loc. adv. — Avant-hier.

Aux-à-vis loc. adv. — Vis-à-vis. Ex.: I reste aux-à-vis.

Aux environs de loc. prép. — À peu près. Ex.: I est aux environs de quatre heures.

Avacher — V. AVACHIR.

Avachir v. tr. — Rendre paresseux. Ex.: Il a pris un coup et ça l'a avachi.

Avachir (s') v. pron. — Se laisser aller à la fatigue ou la paresse. Ex.: Avachis-toi pas ici.

Avalange n.m. ou f. — Avalanche (n.m.).

Avaler v. intr. — Endurer, rester muet. Ex.: J'avais envie de lui répondre mais j'ai avalé.

Avaloise n.f. *Bande d'avaloise* — Avaloise, pièce de harnais destinée à retenir la voiture dans les descentes.

Avance n.f. — Économies, biens. Ex.: Cet homme est pas à plaindre; i a de l'avance.

Avance (à l') loc. adv. — D'avance, par avance. Ex.: Je vous payerai à l'avance.

Avance (d') loc. adv. — Expéditif, prompt en besogne, vif, qui fait beaucoup d'ouvrage en peu de temps. Ex.: Cet ouvrier est d'avance. — Qui peut se faire en peu de temps. Ex.: Les framboises sont plus d'avance à ramasser que les fraises. — Hâtif, précoce. Ex.: Des pois d'avance. *C'est pas d'avance* — Ça n'aide pas.

Avancé n.m. — Affirmation. Ex.: Veuillez prouver vos avancés.

Avancé adj. — Qui approche de la mort. Ex.: Le pauvre homme, il est avancé.

Avancée adj. — Qui touche au terme de sa gestation.

Avancer v. tr. — Vendre à crédit, faire crédit. Ex.: Avancer des marchandises. Personne veut plus lui avancer.

Avances n.f. pl. — Affirmations hâtives, promesses. Ex.: Faire des avances et ne pas les tenir. — Avancement. Ce jeune a eu pas mal d'avances de son père.

Avant adj. invar. — Profond. Ex.: Un trou avant.

Avant n.m. — Avance (en parlant d'une horloge). Ex.: Cette montre a de l'avant, est en avant, prend de l'avant, met en avant. *Par avant* — Avant, auparavant. Ex.: Si tu pars, tu fermes la porte par avant. Venez prendre un coup par avant qu'i en reste plus. *Amener, mettre de l'avant* — Présenter, mettre sur les rangs, poser la candidature de quelqu'un. Ex.: Ils voulaient m'amener de l'avant aux élections mais j'ai pas voulu. *Venir de l'avant* — Se présenter, poser sa candidature. *Charger en avant* — Charger à l'avant. Ex.: Cette voiture est trop chargée en avant. *Porte d'en avant* — Porte de devant.

Avantager (s') v. pron. — Se vanter, se donner des éloges. Ex.: I arrête pas de s'avantager.

Avant-guère, avant-z-hier adv. — Avant-hier.

Avant-midi n.f. — Matinée.

Avarde adj. ou n.f. — Avare. Ex.: J'ai jamais vu une femme aussi avarde.

Avarie n.m. ou f. — Accident, perte, malheur. Ex.: Il a eu ben de l'avarie. Je l'ai frappé par avarie.

Avarié, e adj. — Blessé, affaibli par la maladie. — Qui perd la tête, devient fou.

Avartir v. tr. — Avertir.

Avartissement n.m. — Avertissement.

Avatar n.m. — Aventure. Ex.: Les avatars de la politique.

Avé prép. — Avec.

Avec prép. — De. Ex.: Qu'est-ce qu'on va faire avec tout ça? Souper avec du lait. Robe doublée avec de la soie. Être ami avec quelqu'un. — Par. Ex.: Je vous enverrai ça avec le bateau. — Dans. Ex.: J'ai rien à faire avec cette discussion. — Contre. Ex.: I est fâché avec son voisin. — Envers. Ex.: Je suis quitte avec lui. — De même. Ex.: I est resté tranquille et moi avec. *Avec pas* — Sans. Ex.: I est parti avec pas un sou dans sa poche. *Avec ça que* — Et d'ailleurs. Ex.: Avec ça que c'est facile à faire.

Avec adv. — Aussi. Ex.: Moué avec chus prêt. — Non plus. Ex.: Toué avec tu peux pas y aller.

Avectimer v. tr. — Invectiver.

Aveilles n.f. pl. — Les quelques jours qui précèdent Noël.

Aveindre v. tr. — Aller chercher quelque chose, l'atteindre avec effort. Ex.: Aveins-moi mon butin. Aveindre une chaudière d'un puits. Aveindre un tison du feu. — Rattraper (quelqu'un). Ex.: La police a fini par l'aveindre.

Aveindre (s') v. pron. — Se tirer de. Ex.: Ma jument a callé mais a s'est aveindu.

Avenance n.f. — Affabilité. Ex.: Il a de l'avenance.

Avenant, e adj. — Prévenant.

Avenir n.m. — Espace libre surtout en forêt, éclaircie.

Avenir v. intr. — Convenir, aller bien. Ex.: Ce chapeau lui avient. — Plaire. Ex.: Cette femme-là m'avient.

À venir jusqu'à loc. prép. — Jusqu'à.

Avention n.f. — Bonne idée. Ex.: Mettre une grange au pied d'une butte, c'est une bonne avention. *Comme une avention* — Fort bien. Ex.: Mon père va comme une avention.

Aventionner (s') v. pron. — S'aviser, imaginer, s'ingénier. Ex.: Va pas t'aventionner de passer par là.

Aventionneux, se adj. — Avisé, débrouillard, ingénieux.

Avenue n.f. — Nom donné très souvent aux rues transversales.

Average (pron. avrédge) n.m. — Avérage, moyenne avérée, reconnue telle.

Averager (pron. avrédgé) v. tr. — Avoir une moyenne de. — Calculer la moyenne.

Averdingle, averdingue n.f. — Malheur. — Fredaines.

Aves n.m. pl. — Oeufs de homard.

Avétiner v. tr. — Accabler (d'injures). Ex.: Il l'a avétiné de bêtises.

Aveu, aveuc prép. — Avec.

Avictimer v. tr. — Injurier. Ex.: Il l'a avictimé sans bon sens.

Avient n.m. — Affabilité. Ex.: C'est un garçon qu'a ben de l'avient.

Avion n.m. ou f. — Avion (n.m.).

Avirer v. tr. — Virer.

Avironner v. intr. — Manier l'aviron.

Avirons de (aux) loc. prép. — Environ, près de, aux environs de. Ex.: Elle a aux avirons de trente ans.

Avis d'adresse loc. subst. — Acte enregistré par lequel le créancier d'une obligation doit être averti de tout avis de saisie ou de frais de justice.

Aviser v. tr. — Conseiller. Ex.: C'est un homme qui est capable de t'aviser.

Aviseur n.m. — Conseiller.

Avision n.f. — Idée saugrenue. Ex.: En v'là une avision!

Avisouère n.m. — Bon conseil.

Avisse n.f. — Vis.

Avisser v. tr. — Visser.

Avocasser v. tr. — Plaider, soutenir, faire valoir. Ex.: Avocasser une cause. Avocasser toute sortes de moyens.

Avoine n.f. *Faire manger de l'avoine à quelqu'un* — Provoquer la jalousie d'un amoureux. *Manger de l'avoine* — Souffrir de la jalousie provoquée par un rival dans les relations amoureuses.

Avoir v. aux. — Être (v. aux.). Ex.: Je m'ai trompé. Si elle avait venu. *En avoir dans le caquet* — Être saoul. *Avoir un endroit à aller* — V. ALLER. *Avoir le bras long* — Faire sentir son influence. *Avoir du sable dans les yeux* — S'endormir. *Avoir du pain sur la planche* — Avoir beaucoup de travail. *Avoir du chien, avoir du casque, avoir du guts* (pron. gots) — Être courageux, avoir du culot. *Avoir le souffle* — Avoir le pousse, la maladie propre aux chevaux, caractérisée par l'essoufflement. *Avoir souleur* — Avoir le pressentiment d'un malheur. *Avoir les yeux plus grands que la panse* — Avoir les yeux plus gros que le ventre. *Avoir les yeux grands comme des cinquante cennes* — Avoir les yeux grands ouverts. *Avoir en belle* — Avoir beau jeu. *Avoir les bleus* — Dans un état d'alcoolisme avancé, avoir des visions. *Avoir l'esprit de paroisse* — Avoir l'esprit de clocher. *Avoir de la façon à en revendre* — Faire des manières, avoir une bonne façon. *Avoir la falle basse* — Avoir faim. *Avoir le grain fin* — Être intimidé, embarrassé. *Avoir quelque chose dans l'idée* — Avoir quelque chose dans la tête. *Avoir son nombre* — Avoir le nombre d'enfants qu'il convient. *Avoir le pesant* — Faire un cauchemar. *En avoir son raide à faire quelque chose* — Employer toute sa force à. *Avoir du serpent dans l'corps* — Avoir le diable au corps. *Avoir pour son dire* — Être d'avis. Ex.: J'ai pour mon dire qu'on devrait faire ça autrement. *Avoir l'air à, avoir de l'air de* — Avoir l'air de. *Avoir de besoin de* — Avoir besoin de. *Avoir de quoi à* — Avoir de quoi. Ex.: J'ai de quoi à manger. *Avoir de* — Avoir. Ex.: Avoir de ce qu'il faut. *Avoir de coutume* — Avoir coutume. *Avoir des mots* — Se disputer. *Avoir mal aux cheveux* — Avoir la gueule de bois. *Avoir l'estomac dans les talons* — Avoir très faim. *Avoir les côtes sur le long* — Être paresseux. *Ne pas avoir inventé la poudre, les boutons à quatre trous* — Être imbécile. *Ne pas avoir la langue dans sa poche* — N'avoir aucune crainte de donner son avis. *Avoir du bois fendu* — Dans le langage des parents devant les enfants, avoir envie de faire l'amour. *Avoir ni mie ni croûte* — Se dit d'un pain brûlé. *Avoir à manger, avoir de quoi à manger* — Avoir de quoi manger. *Avoir rien à son épreuve* — Être capable de tout.

Avons — V. *Avoir*, 1re pers. sing. — Ai. Ex.: J'avons ben d'l'argent.

Avoueindre v. tr. — V. AVEINDRE.

Avouène n.f. — Avoine.

Avouer v. intr. — Manquer d'eau de cuisson. Ex.: Laisse pas le ragoût avouer.

Avouére v. aux. ou tr. — Avoir.

Avouésinant, e adj. — Avoisinant.

A'vous loc. verbale — Avez-vous.

Avrâles n.f. pl. — Salopettes.

Âvri n.m. — Avril.

Ayau n.m. — Noyau.

Ayère n.f. — Oeillère.

Ayir v. tr. — Haïr.

Ayoché, e adj. — Mal arrangé (en parlant de vêtements). Ex.: Tu vas pas sortir ayoché d'même.

Ayoille! interj. — Cri de douleur.

Ayurir v. tr. — Ahurir.

Ayurissant, e adj. — Ahurissant.

Ayurissement n.m. — Ahurissement.

B

Babarnèche n.f. — Foin de grève dont on se sert pour rembourrer. Ex.: Un matelas de babarnèche.

Babiche n.f. — Lanière de cuir de chevreuil, de caribou, d'orignal ou d'anguille. Ex.: Le siège d'une chaise faite de babiche. — Longue suite d'objets. Ex.: Il y en avait, une babiche de voitures. — Personne longue et fluette. — Personne sans énergie. — Usurier. *Serrer la babiche* — Serrer la ceinture.

Babicher v. tr. ou intr. — Donner une correction (à un enfant). Ex.: Je vas te babicher si tu te tiens pas tranquille. — Maltraiter en paroles. Ex.: Il l'a babiché comme il faut. — Se montrer mesquin, avare. Ex.: Il veut rien donner, il babiche toujours.

Babillard n.m. — Tableau d'affichage.

Babillon n.m. — Barbe de blé, d'orge, de seigle. Ex.: Avoir des babillons dans les bas.

Babin n.m. — Homme pédant, orgueilleux.

Babinaud n.m. — Individu qui a de grosses lèvres, qui a l'air idiot.

Babines de velours n.f. pl. — Grosses lèvres. — Personne flatteuse et hypocrite.

Baboche n.f. — Matrone qui porte l'enfant au baptême. — Alcool de fabrication clandestine.

Babouin n.m. — Oiseau artificiel qui sert à attirer le gibier à la chasse. — Enfant turbulent.

Baboulard adj. ou n.m. — Bagoulard.

Baboune n.f. — Grosse lèvre. Ex.: Il en a une paire de babounes. — Individu qui a de grosses lèvres, qui a l'air idiot. *Faire la baboune* — Bouder.

Babouner v. intr. — Bouder.

Bacagnole n.f. — Espèce de traîneau grossier, à patins non ferrés, dont on se sert surtout pour transporter des provisions dans le bois.

Bachat n.m. — Mauvais bateau. — Mauvaise voiture. — Outil défectueux. — Chose de mauvais goût.

Bachelier n.m. — Célibataire.

Bachelor (pron. batchleu) n.m. — Studio. Appartement pour célibataire.

Bâcher v. tr. — Gâcher. Ex.: Bâcher un ouvrage. — V. BOTCHER.

Bâcheur n.m. — Gâcheur.

Bachons n.m. — Rondins disposés en travers d'un chemin pour en durcir la surface.

Bachot n.m. — Mauvais bateau.

Back adv. *Venir back* — Revenir.

Back! ou **back-up!** interj. — Cri pour commander à un cheval de reculer.

Backer v. tr. ou intr. — Seconder, prêter main forte à. Ex.: Il est backé par un millionnaire. — Reculer. Céder.

Backeur n.m. — Celui qui aide quelqu'un dans une affaire. Avaliseur.

Back-fire (pron. bac-failleu) n.m. — Raté (d'allumage).

Background (pron. bac-graoune) n.m. — Arrière-plan. Fond. — Antécédents.

Back-order (pron. bac-ordeur) n.f. — Commande en suspens. Ex.: Ce filtreur-là, i est back-order.

Back-space (pron. bac-spéce) n.m. — Rappel arrière (d'une machine à écrire).

Back-store n.m. — Arrière-boutique.

Bacon n.m. (pron. bécune ou béquine) — Filet de porc fumé.

Bacosse n.f. — Cabinet de toilette extérieur.

Bacul n.m. — Palonnier, palonneau, pièce transversale de l'attelage où on attache les traits du harnais. — Tige de métal à l'extrémité d'une chaîne de montre servant à assujettir celle-ci à la boutonnière. — Tige de fer ou de bois qui, introduite dans les anneaux d'une chaîne, fixe celle-ci à un objet. *Chier sur le bacul* — Refuser d'agir par paresse.

Badame! interj. — Eh bien! Dame!

Bâder v. tr. — V. BÂDRER.

Bâdeurrie n.f. — V. BÂDRERIE.

Badge n.m. — Insigne.

Badloque n.f. — V. BADLUCK.

Bad-luck (pron. bade-loque) n.f. — Malchance. Ex.: I a ben de la bad-luck. — Chance. Ex.: C'est une bad-luck que t'as pu le rencontrer.

Bad-lucké, e adj. — Malchanceux. Ex.: I y a pas plus bad-lucké que lui.

Bâdrage n.m. — V. BÂDRERIE.

Bâdrant, e adj. — Ennuyeux, importun. Ex.: I peut-y être bâdrant, çui-là.

Badras n.m. — Battoir.

Bâdrement n.m. — V. BÂDRERIE.

Bâdrer v. tr. — Ennuyer, achaler, gêner, fatiguer, déranger, inquiéter. Ex.: Bâdre-moi pas, j'ai d'l'ouvrage. Cette affaire le bâdre pas mal. *Être pas bâdré* — Avoir peur de rien.

Bâdrer (s') v. pron. — Se charger de, se déranger en faisant quelque chose. Ex.: Bâdre-toi pas de lui répondre.

Bâdrerie n.f. — Ennui, tracas, souci, contrariété, embarras, dérangement.

Bâdreux, se adj. ou n.m. ou f. — Ennuyeux, importun, fatigant, bâdrant (en parlant d'une personne). —

Capable de choses peu ordinaires. Ex.: Pour lancer une affaire, c'est un bâdreux.

Badrouille n.f. — Torchon fixé au bout d'un bâton pour nettoyer le four.

Baducul n.m. ou f. — Personne de petite taille.

Bafouilleux, se n.m. ou f. — Bafouilleur.

Bagages n.m. pl. *Chambre à bagages* — Consigne dans une gare. *Char à bagages* — Fourgon aux bagages.

Bagasse n.f. — V. BAGOSSE.

Bagatelle n.f. — Jeu, espèce de billard. — Entremets composé de biscuits ou de morceaux de gâteau et de crème.

Bagne! interjection voulant imiter un coup soudain. Pan!

Bagne n.f. — Fanfare.

Bagnère n.f. — Bannière.

Bagosse n.f. — Whiskey de fabrication clandestine. — Petit-lait qu'on rapporte des fromageries. — Marchandise de qualité inférieure, camelote. — Étoffe de coton blanc. — Étoffe du pays.

Bagoulage n.m. — Action de bagouler.

Bagoulard n.m. — Bavard.

Bagouler v. intr. — Bavarder, parler à tort et à travers.

Bague n.f. —Manchon, anneau métallique. Ex.: Une bague de tuyau. *Bague d'engagement* — Anneau de fiançailles.

Baguer v. tr. — Poser un anneau d'identification à la patte des oiseaux.

Baguet n.m. — Cheval bas de taille et à large croupe.

Baguette! — Interjection sans sens précis. Ex.: Baguette! qu'i fait fret!

Baguette n.f. — Moulure. — Jalon d'arpentage. — Bras.

Baguetter v. tr. *Baguetter une plinthe* — Poser une moulure.

Bagueuler v. intr. — Rouspéter. — Bavarder.

Bahut n.m. — Poitrine (d'une femme). — Derrière.

Baie n.f. — Terrain plat, sans arbres et humide.

Baignade n.f. — Bain. Ex.: Prendre une baignade.

Bâillage n.m. — Bâillement.

Baille n.f. — Petite cuve employée dans l'extraction du sucre d'érable.

Baille, baille-baille interj. — V. BYE.

Bailler v. tr. — Prêter.

Bailleuse n.f. — Bailleresse. Ex.: Bailleuse de fonds.

Bailli n.m. — Huissier.

Bain n.m. — Baignoire.

Baise n.f. — Partie de balle dans laquelle les perdants n'ont fait aucun point. Ex.: Faire une baise.

Baise-la-piastre n.m. ou f. — Avare.

Baiser v. tr. — Tromper, attraper, jouer. Ex.: I m'a eu cette fois-ci mais c'est la dernière fois qu'i va me baiser. *Baiser la vieille* — Revenir bredouille de la chasse ou de la pêche. *Baiser le cul de la vieille* — Revenir bredouille. *Baiser la main, le pied de quelqu'un* — Recevoir une gifle, un coup de pied. *Baiser la patène* — Aller à confesse et communier. *Baiser le pain* — Plier le pain et lui donner la forme que l'on veut avant de le mettre au four. *Baise-moué l'ail* — Expression injurieuse.

Baisse n.f. — Plinthe au pied d'un mur.

Baisseur n.f. — Dépression de terrain, fondrière.

Bajotte n.f. — Bajoue, joue.

Bal n.m. — Tapage. *Faire le bal* — Faire du tapage. *Bal à gueule* — Party où l'on danse au son de la voix, sans musique instrumentale. *Bal à l'huile* — Soirée pour laquelle aucune dépense n'a été faite. *Mener le bal* — Faire de l'opposition, avoir le dessus dans un débat.

Balafe n.f. *Avoir la balafe à terre* — Avoir le moral bas.

Balai n.m. — Cèdre dont les branches servent à faire des balais. *Va-t'en au balai* — Va-t'en au diable. *Petit balai* — Époussette. *Cheveux coupés en balai* — Cheveux coupés d'égale longueur comme les crins d'un balai. *Fou comme un balai* — Complètement fou. *Balai de sorcière* — Croissance irrégulière des branches de sapin, de mélèze et d'épinette causée par un champignon ou par un petit gui parasite. *Djomper le balai* — Devenir enceinte.

Balance n.f. — Reste, différence. Ex.: Je t'envoie une partie des marchandises aujourd'hui; la balance arrivera demain.

Balancer v. tr. — Équilibrer (une roue de voiture). *Balancer le cash* — Faire la caisse.

Balancigne, balancille, balancignouère, balancine n.f. — Balançoire.

Balancigner, balanciller, balanciner v. intr. ou pron. — Se balancer sur une balançoire. — Hésiter à prendre une décision.

Balcon n.m. — Kiosque.

Bale (pron. béle) n.f. — Balle de foin pressé.

Baleine! interjection qui exprime l'admiration.

Balestron n.m. — Baleston, perche qui sert à tendre la voile d'une embarcation.

Bâleur n.m. — Chaudière à vapeur. — Sorte de cuve pour faire chauffer l'eau pour la lessive. — V. BOILER.

Baleuse (pron. béleuse) n.f. — Presse à foin.

Bâley n.m. — Bille de verre, de fer, etc., avec laquelle jouent les enfants.

Balguer, balier v. tr. — Balayer.

Balieur, balieux, se n.m. ou f. — Balayeur, se.

Balisage n.m. — Action de baliser.

Balise n.f. — Petit arbre coupé et placé, l'hiver, aux bords d'une route pour en indiquer le tracé. — Petit arbre coupé dont on orne les rues, les jours de fête.

Baliser v. tr. — Indiquer le tracé d'un chemin d'hiver avec de petits arbres coupés plantés dans la neige. — Orner les rues de petits arbres coupés pour un défilé, une fête.

Baliures n.f. pl. — Balayures.

Ball-bearing (pron. bâle-bèrigne) n.f. — Bille (de coussinet).

Ballant n.m. — Défaut d'équilibre, tendance à se balancer. Ex.: Ta charge a trop de ballant. *Être en ballant* — Hésiter. Ex.: Je suis en ballant si j'irai te voir.

Ballant, e adj. — Suspendu dans l'espace. Ex.: Fais attention à la planche ballante.

Balle n.f. *À la balle, en balle* — À toute vitesse. Ex.: Une voiture vient de passer à la balle. *Balle molle* — Variante du jeu de baseball. *Balle de laine* — Pelote de laine. *Balle de neige* — Boule de neige. *Balles* — Testicules.

Baller v. intr. — Être ballant. Ex.: Les auvents ballaient au vent.

Balleste, ballestre n.m. — Ballast.

Ballester, ballestrer v. tr. — Ballaster.

Ballon n.m. — Crinoline. — Derrière (de l'homme). Ex.: Se faire secouer le ballon.

Ballot n.m. — Lèvres. Bouche.

Balloune n.f. — Ballon. Ex.: Jouer à la balloune. — Bulle de savon. — Lanterne chinoise. — Lob (au tennis). — Ivressomètre. *Être en balloune* — Être ivre. — Être enceinte. *Prendre une balloune* — S'enivrer. *Gomme-balloune* — Gomme à mâcher avec laquelle on peut faire des ballounes.

Baloné n.f. — Mortadelle, grosse saucisse de Bologne.

Bambocher v. intr. — Courailler. Courir la galipote.

Bambocheux n.m. — Bamboucheur, ivrogne.

Ban adv. — Bien. Ex.: J'la trouve ban jolie.

Banal n.m. — Taureau banal. — Homme effronté.

Banane n.f. — Pénis.

Banc n.m. — Siège des juges, tribunal. Ex.: Le juge est monté sur le banc à dix heures. Le banc s'est prononcé. — Magistrature. Ex.: Monter sur le banc. — Tréteau (construction). *Sur le banc* — Sans que l'affaire soit prise en délibéré. *Banc-côté* — Bas côté. *Banc de boucher* — Étal. *Banc de neige* — Amas de neige formé par le vent; congère. *Banc des siaux* — Meuble sur lequel on pose des seaux d'eau. *Petit banc* — Agenouilloir, tabouret de piano, escabeau, pliant, strapontin. *Banc de scie* — Scie ronde ou à ruban intégrée à une table de travail.

Banc-lit n.m. — Espèce de canapé-lit.

Band (pron. binde) n.f. — Orchestre.

Bandage n.m. — Frette, cercle de fer dont on entoure une roue de bois. — Embatage (d'une roue).

Bande n.f. — Corps de musique, fanfare. — Bricole, large bande de cuir contournant le poitrail du cheval et sur laquelle porte son effort. — Troupeau. *Avoir de la bande, prendre de la bande* — Être de la bande, pencher sur un côté en parlant d'un bateau. *Bandes* — Langes.

Bandelière n.f. — Bandoulière.

Bander v. tr. — Armer (un fusil). — Embattre, garnir une roue d'une bande de fer. — Avoir une érection du pénis. *Être bandé sur* — Désirer beaucoup. Ex.: I est bandé sur elle.

Bandeur n.m. — Garrot, tortoir.

Bandiste n.m. — Membre d'une fanfare.

Bandon n.m. — Terrain public où on fait paître les animaux un certain temps de l'année. — Ce temps de l'année.

Banique n.f. — Galette faite de farine, d'eau et de sel.

Banne n.f. — Band, orchestre, fanfare.

Banneau n.m. — Tombereau. — Sellette de forme carrée faisant partie du harnais d'un cheval de trait. — Voiture d'hiver servant à transporter la neige. — Grande carriole basse.

Banoué n.m. — Charrette à deux roues.

Banque n.f. — Berge de rivière. — Tirelire.

Banqueter v. tr. — Banqueter en l'honneur de. Ex.: On va banqueter le nouveau maire.

Baptême n.m. — Groupe de personnes qui assistent à un baptême. *Être en baptême* — Être en osti, être en colère. Ex.: I est en baptême contre moi.

Baptême! interj. — Juron.

Baptêmer v. tr. ou intr. — Baptiser. — Blasphémer. Ex.: I arrête pas de baptêmer.

Baptiser (faire) v. tr. — Avoir un nouveau-né.

Baptiseux n.m. — Celui qui donne des sobriquets.

Baptisse n.m. — Nom générique équivalent à *Canadien-français*. Ex.: Plus i a d'enfants, plus Baptisse est heureux.

Baquer v. tr. — V. BACKER.

Baquèse n.f. — Femme grasse et courte.

Baquet n.m. — Homme gros et court.

Bar n.f. — Comptoir d'un bar. — Bar (n.m.).

Bar n.m. — Valet d'atout (à certains jeux de cartes).

Barachois n.m. — Petit port, anse, lieu de refuge.

Baranguer v. intr. — Parler à tort et à travers.

Baratin n.m. — Croisillon (d'une fenêtre). — Colline.

Barattée n.f. — Contenu d'une baratte.

Barattoir n.m. — Petite baratte.

Baraudage n.m. — Allées et venues. — Flâneries. — Action de barauder.

Barauder v. tr. ou intr. — Mouvoir un objet sur le centre ou obliquement. Ex.: Barauder une pierre. — Se mouvoir sur son centre. Ex.: La pierre a baraudé. — Aller de côté et d'autre en parlant d'un traîneau, d'une voiture. — Flâner.

Barauder (se) v. pron. — Marcher lentement en se balançant. — Flâner.

Baraudeux n.m. — Personne qui aime flâner.

Barbassière n.f. — Bourbier, marécage.

Barbe n.f. — Poil de barbe. — Patte de fourmi. *Miroir à barbe* — Glace à raser. *S'en licher les barbes* — Se délecter à la pensée de quelque chose.

Barbeau n.m. — Petit poisson du genre fundulus qui sert quelquefois d'appât pour la morue. — Hanneton. — Tache d'encre.

Barbecue (pron. barbekiou) n.m. — Cuisson à la broche. Ex.: On fait un barbecue en fin de semaine. — Rôtisserie. Ex.: St-Hubert Barbecue.

Barbecue (pron. barbekiou) adj. — À la broche. Ex.: Un poulet barbecue.

Barber v. tr. — Taquiner. — Provoquer.

Barbicher v. tr. — Gronder.

Barbicher (se) v. pron. — Se faire la barbe.

Barbier n.m. — Coiffeur.

Barbillon n.m. — Barbe de blé, d'orge ou de seigle.

Barbis, berbis n.f. — Brebis.

Barbot n.m. — Scarabée, coléoptère quelconque. — Tache d'encre. *Barbot de cuisine* — Cancrelat oriental, blatte orientale.

Barbote n.f. — Bol de lait dans lequel on a fait trempé du pain. — Bol de lait à moitié caillé. — Mélange quelconque désagréable et répugnant. — Barbeau, poisson de rivière moustachu. — Jeu de hasard, jeu de dés interdit. — Lieu où l'on pratique ce jeu.

Barbouillat n.m. — Tache d'encre.

Barbue n.f. — Barbote.

Barce n.f. — Patin (de berceau, de chaise berceuse).

Barda n.m. — Bruit, tapage. — Soin des animaux à l'écurie, train. Ex.: Faire le barda.

Bardache adj. ou n.m. — Moitié homme, moitié femme. — Homosexuel.

Bardassage n.m. — Barda. — Remue-ménage.

Bardassement n.m. — Bruit.

Bardasser v. tr. — Secouer, bousculer. — Disputer. — Tracasser. — Faire du bruit. — S'amuser à des riens. — Faire le ménage.

Bardasserie n.f. — Tracasserie.

Bardasseux, se, bardassier, ère adj. ou n.m. ou f. — Celui qui fait plus de bruit que de besogne.

Bardatter v. tr. ou intr. — Couvrir de bardeaux. — Poser des bardeaux.

Bardeau n.m. *Il lui manque un bardeau* — Il est timbré, il a le cerveau dérangé.

Bardeau! interjection inoffensive. Ex.: Bardeau, qu'i fait noir!

Bardelé adj. — Barbelé.

Barder v. intr. impers. — Aller vite. Ex.: Ça bardait en taxi.

Bardi-barda — V. BERDI-BERDA.

Bardi-bardagne, bardigne-bardagne — V. BERDI-BERDAGNE.

Bardiner v. intr. — Badiner. — Barguiner.

Bardoiser v. tr. — Couvrir de bardeaux.

Bardotter v. tr. ou intr. — Couvrir de bardeaux. — Poser des bardeaux.

Bardouillage n.m. — Bredouillage.

Bardouiller v. tr. ou intr. — Bredouiller.

Barêche!, barêge! interj. — Forme adoucie de *Baptême*.

Bârence, barène n.f. — Marelle.

Barer v. tr. — Donner, apporter, payer. Ex.: Je vous barerai ma dîme demain. Barer des preuves.

Bargagne n.m. — V. BARGAIN.

Bargagner v. tr. ou intr. — V. BARGAINER.

Bargagneux adj. ou n.m. — V. BARGAINEUX.

Bargain (pron. bargaine ou barguine) n.f. ou m. — Marché, transaction. Ex.: J'ai fait un bargain avec mon voisin. — Transaction avantageuse. Ex.: C'est un vrai bargain. *Jour de bargain* — Jour de solde.

Bargainer v. tr. ou intr. — Faire un marché. — Marchander. Ex.: Pas moyen de bargainer avec lui.

Bargaineux adj. ou n.m. — Qui marchande.

Barge n.m. *Une barge* — Beaucoup, en grande quantité. Ex.: Des pommes, y en a une barge cette année.

Bargère n.f. — Fauteuil, bergère. — Chaise berceuse. — Sorte de banc d'église, d'école.

Bargou n.m. — Gruau.

Bargueulage n.m. — Bariolage.

Bargueuler v. tr. — Barioler.

Bargueuleur n.m. — Mauvais peintre en bâtiments.

Barguinage n.m. — Marchandage.

Barguine n.m. — V. BARGAIN.

Barguiner v. tr. et intr. — V. BARGAINER.

Barguineur adj. ou n.m. — V. BARGAINEUX.

Baril n.m. — Ventre.

Barivauder v. tr. ou intr. — Barauder.

Barlancer v. intr. — V. BALANCER.

Barlancigne n.f. — V. BALANCIGNE.

Barlancigner v. intr. ou pron. — V. BALANCIGNER.

Barlancille n.f. — V. BALANCILLE.

Barlanciller v. intr. ou pron. — V. BALANCILLER.

Barlanter v. intr. — V. BERLANTER.

Barlandeux n.m. — V. BERLANDEUX.

Barlanter v. intr. — V. BERLANTER.

Barley n.m. — Orge.

Barlicanteux adj. — Qui exerce toute espèce de métiers.

Barlin n.m. — Voiture plutôt quelconque.

Barline n.f. — Traîneau ou voiture d'hiver recouverte pour le transport des voyageurs. — Livreuse qui sert aux boulangers pour le transport et la distribution du pain. — Sorte de tombereau sur patins servant au charroyage de la neige enlevée des rues.

Barloque n.f. — Montre sans valeur.

Barlot n.m. — V. BERLOT.

Barnache, barnêche, barniche n.f. *Herbe à barnêche* — Espèce de foin de grève qui sert à rembourrer.

Barn dance (pron. barne denn'se) n.f. — Danse dans une grange.

Barnicles, barniques n.f. pl. — Lunettes. — Sornettes.

Barnique! interj. — Juron inoffensif.

Barouche n.f. — Voiture de planches sur deux paires de roues. — Vieille voiture quelconque. — Vieillerie. — Voiture de gala, limousine. — Voiture qui sert au transport des prisonniers. — Espèce de grande brouette à laquelle on attelle un cheval ou un chien pour le transport de la morue.

Baroué n.m. — Barre servant à barrer une porte. Ex.: Mettre le baroué sur la porte. — Cloison qui sépare les stalles dans une écurie. — Stalle dans une écurie.

Barouette n.f. — Brouette. — Lait qui commence à cailler. — Lait caillé.

Barouettée n.f. — Brouettée.

Barouetter v. tr. ou intr. — Brouetter, transporter dans une brouette. — Errer ça et là. Ex.: Barouetter dans les champs. *Se faire barouetter* — Se faire charrier.

Barouetteux n.m. — Qui erre ça et là.

Barouine n.f. — Vieille chose.

Barrage n.m. — Action de fermer une porte à clef. — Barrière, clôture temporaire. Ex.: Mettre un barrage sur un ruisseau. — Petit enclos. — Cloison, stalle dans une écurie.

Barre n.f. — *Barre de chocolat* — Tablette de chocolat. *Barre de savon* —

Pain de savon. *Barre du jour* — Aube, aurore. *Barre à tonnerre* — Paratonnerre. *Barre du cou* — Nuque, os du cou. *Prisonnier à la barre* — Accusé.

Barré, e adj. — Rayé. Ex.: Une étoffe barrée. — Tacheté, bariolé, bigarré en parlant de la robe de certains animaux. Ex.: Une vache barrée. *Tag barrée* — Jeu de chat coupé. *Avoir le corps barré* — Être constipé. *Pas barré* — Qui n'a pas peur de foncer, de s'affirmer. *Pas barrée, pas barrée à quarante* — Se dit d'une femme qui manifeste facilement sa sexualité.

Bârre à choir n.f. — Barachois.

Bârreau n.m. *Bârreau de châssis* — Croisillon. *Bârreau d'échelle* — Échelon.

Barreauter v. tr. — Poser des barreaux, des croisillons, des échelons.

Barreautin n.m. — Petit barreau.

Barrée n.f. — Mouche à patates.

Barrer v. tr. — Fermer à clef. Ex.: As-tu barré la porte? — Enfermer à clef. Ex.: Barrer quelqu'un dans sa chambre. — Rayer, faire des raies de diverses couleurs à. Ex.: Barrer une étoffe. — Saturer. — Clore, enclore, séparer à l'aide d'une clôture. Ex.: Barrer un jardin. Barrer un coin de grange. Barrer un ruisseau. — Enfermer. Ex.: Barrer les poulains dans un coin de la grange. *Barrer les jambes* — Mettre un obstacle dans les jambes; donner une jambette.

Barrer (se) v. pron. — Se prendre de glaces (en parlant d'un cours d'eau). Ex.: La rivière s'est barrée cette nuit. *Se barrer les jambes* — S'embarrasser les jambes. Ex.: Il s'est barré les jambes dans les branches.

Barricotier n.m. — Fabricant de barils.

Barrière n.f. — Section mobile d'une clôture qui permet l'accès au terrain qu'elle limite.

Barrure n.f. — Barre, verrou, serrure, fermeture. — Cloison, barre qui sépare les stalles dans une écurie. — Stalle.

Bar-salon n.m. — Bar avec, en plus, tables et fauteuils.

Bartelle n.f. — Bretelle.

Bar-tender (pron. bar-tenn'deu) n.m. — Barman.

Bas n.m. — Pas (de la porte). — Rez-de-chaussée, étage inférieur d'un immeuble, d'une maison. Ex.: Je reste dans un bas. — Région en aval. Ex.: Le bas de la paroisse. *En bas* — à l'étage inférieur. Ex.: Ma chambre est en bas. — En aval, au-dessous de l'endroit où l'on parle. Ex.: Je l'ai vu aller par en bas. *En bas de* — En aval de, au-dessous de. Ex.: Je l'ai rencontré en bas du village. — Inférieur. Ex.: En bas de mille piasses. *Les bas* — Les basses terres. *Aller par en bas et par en haut* — Avoir la diarrhée et des vomissements. *Le bas du corps* — Vagin.

Bas-côté n.m. — Appentis.

Bas-cul n.m. — Homme de petite taille.

Bascule n.f. *Donner la bascule* — Saisir les bras et les jambes de celui qui célèbre son anniversaire et lui faire frapper le sol du derrière autant de fois qu'il a d'années révolues plus une.

Basculer v. tr. ou intr. — Faire basculer. Ex.: Basculer une tomberée de sable. — Tomber, perdre l'équilibre. Ex.: Il a basculé par-dessus bord.

Bas de (en) loc. prép. — Moins de. Ex.: Tu peux avoir ça pour en bas d'une piasse.

Bas-de-nylon n.m. — Scrotum.

Bas-de-soie n.m. — Sobriquet donné aux Irlandais. — Appellation donnée aux enfants quand ils font un mauvais coup qui indique en même temps de l'intelligence. — Nom donné aux riches et aux prétentieux.

Bas-du-cul n.m. — V. BAS-CUL.

Baserelle n.f. — Carré de la grange où l'on met le foin, la paille.

Basir v. intr. — Disparaître, mourir. Ex.: Mon panier est basi.

Bas-lieue n.f. — Banlieue.

Bas-quartier n.m. — Chaussure en laine tricotée qui ne monte qu'à la cheville du pied et qu'on met pardessus sa chaussette et dans son soulier pour se protéger du froid.

Basque n.f. — Revers (d'un habit).

Basse-carte n.f. — Carte postale.

Bassement n.m. — Sous-sol.

Basse-messe n.f. — Messe basse.

Bassin n.m. — Cuvette (de toilette).

Bassine n.f. — Vase à uriner. Ex.: Mettre un enfant sur la bassine. — Ustensile de cuisine servant à faire cuire les frites.

Bassinette n.f. — Berceau.

Bastinguer v. tr. — Battre.

Bastringue n.f. — Attirail, tout ce dont on ne veut plus. Ex.: Vendre toute la bastringue.

Bat (pron. batte) n.m. — V. BATTE.

Batache! interj. — Variante adoucie de BAPTÊME!

Batailleux n.m. — Batailleur.

Bâtard! interj. — Juron.

Bâtarde adj. f. *Laine bâtarde* — Laine non croisée.

Batch n.f. — Fournée (de pain), quantité fixe d'un produit quelconque, brassée (de bière). — Un groupe important. Ex.: Une batch de monde.

Batcher v. intr. — Faire sa propre cuisine.

Bâteau! interj. — Juron semblable à BATÊCHE!

Batêche! interj. — Juron, variante adoucie de BAPTÊME! *En batêche* — Variante adoucie de *en baptême*.

Bâti, e adj. — Fortement charpenté. Ex.: C'est un gars bâti comme pas un.

Bâtiment d'inguenne! interj. — Juron.

Batince! interj. — Forme adoucie de *baptême*!

Bâtir v. tr. ou intr. *Bâtir quelqu'un* — Lui construire une maison, une grange, etc. Ex.: C'est lui qui a bâti le notaire. *Bâtir de* (maison, grange) —

Se bâtir, se faire bâtir (une maison, une grange). Ex.: I a dû bâtir de grange à nouveau.

Bâtir (se) v. pron. — Se bâtir, se faire bâtir une maison, une grange. Ex.: Je me bâtis pas cette année.

Batiscan! interj. — Juron qui exprime l'admiration, l'étonnement.

Batiscan d'inguenne! interj. — Juron.

Batisse! interj. — Semblable à BATÊCHE!

Bâtisse n.f. — Édifice, bâtiment, maison. Ex.: Les bâtisses parlementaires. Les bâtisses de ferme. Ton frère s'est bâti une belle bâtisse. — Jeu de cartes.

Batiste n.f. — Percaline, lustrine.

Bat-le-diable n.m. — Individu plein de ressources et dangereux.

Batoche! interj. — Juron semblable à BATÊCHE!

Bâton n.m. — Bâton de sucre d'orge. — Pénis. *Bâton à la crème* — Bâton de sucre à la menthe. *En bâton* — Excellent, délicieux. Ex.: C'est du gâteau en bâton. *Soufre de bâton* — Soufre en canon. *Tenir le gros bout du bâton* — Tenir le haut du pavé.

Bâton-bleu n.m. — Policier. — Suisse d'une église.

Bâtonnade n.m. — Bastonnade.

Battabe adj. — Qui peut être surpassé. Ex.: Comme farceur, i est pas battabe.

Battages n.m. pl. — Battage des céréales. Ex.: Demain, je commence mes battages. — Saison de l'année où se fait le battage. Ex.: On va se marier après les battages.

Battant! interj. — Juron semblable à BATÊCHE!

Batte n.m. — Bâton (de baseball). — Pénis. *Passer au batte* — Semoncer. *Passer une femme au batte* — Lui faire l'amour.

Batte n.f. — Partie du fléau qui frappe le grain à battre.

Batte-canne n.f. — Jeu d'enfants.

Battée n.f. — Airée, nombre de gerbes qu'on peut battre à la fois dans l'aire d'une grange. — Quantité (de sucre, de savon, de bière, etc.) qu'on fait en une fois. Ex.: Une battée de sucre. — Grande quantité, batelée. Ex.: I y a une battée de pommes c't'année. — Espace de temps pendant lequel on bat des céréales à la machine à battre sans arrêter. — Effort, travail accéléré. Ex.: Je vas donner une battée pour finir avant la brunante.

Batte-faux n.m. — Espèce d'oiseau.

Batte-feu n.m. — Briquet. — Petit garçon qui se montre galant pour les petites filles. — Enfant agité. *En batte-feu* — De mauvaise humeur. Ex.: I est en batte-feu ce matin. — En diable. Ex.: I fait fret en batte-feu. — Juron.

Batter v. tr. — Frapper (la balle, au baseball). *Se faire batter* — Se faire réprimander.

Batterie n.m. — Aire d'une grange, surface unie et assez vaste où l'on bat le grain.

Batteur n.m. — Batteuse, machine à battre les céréales. *Batteur de corbeaux, de corneilles* — Oiseau qui fait la chasse aux corneilles. *Batteur de faux* — Espèce d'oiseau.

Batteux n.m. — Batteur, ouvrier qui bat les gerbes de céréales pour en faire sortir le grain, soit avec un fléau, soit avec une machine à battre. — Machine à battre. — Qui aime à donner des coups. — Espèce de danse.

Battois n.m. — Battoir, palette pour battre le linge. — Main très large. Ex.: I a une vraie paire de battois.

Battouette n.f. — Battoir.

Battre v. tr. — Ouvrir (un chemin d'hiver). — Malmener. Mener durement. Ex.: Lui, i bat sa voiture. *Ça me bat* — Ça me surpasse. *Ça bat quatre as* — C'est inouï. *Être battu de, par* — Souffrir de. Ex.: Être battu du mal de tête. *Se battre la gueule* — Parler beaucoup. *Le diable bat sa femme* — Se dit quand le soleil apparaît à travers un ciel pluvieux. *Battre la vieille année* — Se réunir pour fêter la fin de l'année et le début de la suivante. *Battre un ban* — Faire une convocation.

Battue n.f. — Action de battre, de fouler la terre ou la neige (en parlant d'animaux de la forêt); sentier ou endroit battu par ces animaux. Ex.: Une battue de loutre.

Batture n.f. — Partie du rivage qui sèche à marée basse. — Glaces qui achèvent au rivage. — Endroit où les herbes sont battues par les animaux de la forêt.

Bauche n.f. — Course rapide. Ex.: Je suis venu de chez nous tout d'une bauche. — Course compétitive. Ex.: Veux-tu prendre une bauche avec moi? — Travail accéléré. Ex.: Travailler à la bauche. *Donner une bauche à quelqu'un* — Lui venir en aide.

Baucher v. intr. — Courir, conduire vite. — Jouer à la course. Ex.: Baucher avec quelqu'un. — Travailler vite.

Baucheur n.m. — Celui qui fait baucher ses chevaux.

Baudet n.m. — Lit de sangle.

Baume n.m. — Toute espèce de menthe, de plante aromatique sauvage.

Bavaloise n.f. — Bavaroise.

Bavard adj. ou n.m. — Qui tient des propos grivois.

Bavaroise n.f. — Pont, pièce d'étoffe qui se rabat. Ex.: Des culottes à bavaroise. — Grande fête à la bière.

Bavassage, bavassement n.m. — Bavardage. Propos médisants. Ex.: Ce que tu me racontes là, c'est des bavassages. — Rapport désobligeant. Ex.: Faire des bavassements sur quelqu'un.

Bavasser v. tr. ou intr. — Bavarder. Ex.: I bavasse du matin au soir. — Rapporter, dénoncer. Ex.: Aller bavasser à la maîtresse. — Dire des grivoiseries.

Bavasserie n.f. — Manie de bavasser.

Bavasses n.f. pl. — Bavardages, médisances.

Bavasseux, se adj. ou n.m. ou f. — Qui bavasse.

Baveler v. tr. — Tailler en biseau.

Bavelle n.m. *En bavelle* — En biseau, en sifflet. Ex.: Tailler en bavelle.

Bavelure n.f. — Biseautage.

Baver v. tr. — Ennuyer. Importuner. Ex.: Arrête de m'baver, toué.

Bavette n.f. — Tablette sous la porte d'un poêle à bois. *En bavette* — En biseau.

Baveux n.m. — Lâche. Ex.: T'es trop baveux pour te montrer la face. — Menteur, médisant, calomniateur. Ex.: Écoute-le pas, c'est un baveux.

Bavia adj. — Baveux. Ex.: Un enfant bavia.

Bavure n.f. — Bave. Ex.: Sa bavette est toujours pleine de bavure. — Restes d'assiette. Ex.: Je suis toujours pas pour manger tes bavures.

Bayette n.f. — Baguette. — Bras.

Bayette! interj. — Juron semblable à BATÊCHE!

Bay-window (pron. bé-ouindo) n.f. — Fenêtres en hémicycle.

Bazar n.m. — Organe sexuel féminin.

Bazou n.m. — Vieille voiture. *Un beau bazou* — Voiture splendide.

Bâzouelle! interj. — Juron inoffensif.

Bê n.m. — V. BI.

Beam (pron. bime) n.m. ou f. — Poutre. — Banc de bois pour dégraisser des peaux.

Beanerie n.f. — V. BINERIE.

Beans n.f. pl. — V. BINES.

Bearing (pron. bérigne) n.m. — Coussinet. Ex.: Un bearing de roue.

Bear trap (pron. bère trape) n.m. — Tendeur.

Beat (pron. bite) n.m. — Rythme musical. — Circuit de bars fréquentés par de jeunes habitués.

Beater (pron. biter) v. tr. — Surpasser.

Béatis n.m. pl. — Béatilles, petits morceaux de viande que l'on met ordinairement dans les ragoûts, pâtés, etc.

Beau n.m. *Avoir beau* — Avoir du beau temps. Ex.: J'espère que tu vas avoir beau pour ton voyage. *Avoir beau à* — Avoir l'occasion de. Ex.: Avec un terrain comme ça, vous aurez beau à vous amuser. *Beau dommage!* — Sans doute, certainement. *C'est beau* — En conduite automobile, terme que le passager emploie pour dire au conducteur que la voie est libre de son côté. *C'est pas beau beau* — Ce n'est pas très beau.

Beau adv. — Bien. Ex.: C'est beau lancer comme ça, le flo.

Beauté n.f. — V. BÔTÉE.

Beaver (pron. biveux, biveur) n.m. — Chapeau haut de forme en soie, anciennement en peau de castor. — Chapeau de feutre dur. — Castor, sorte de drap très épais pour la confection de vêtements d'hommes.

Bébé n.m. — Dernier-né d'une famille. Ex.: Note bébé s'fait grand. *Un* *bébé collé au reins* — Douleurs lombaires durant la grossesse.

Bébelle n.f. — Jouet. — Objet plus ou moins utile, gadget.

Bébelleries n.f. pl. — Jouets, objets inutiles.

Bebête adj. — Stupide, niais.

Bébite n.f. — Insecte, pou, bête quelconque. — Onglée. — Pénis. *Avoir des bébites dans la tête* — Être un peu fou. *Être en bébite* — Être fâché. *En bébite* — Beaucoup. Ex.: I fa chaud en bébite.

Bebusse n.m. — Breuvages d'eau chaude, de lait et de sucre qu'on donne aux enfants. *Faire bebusse* — Boire.

Bec n.m. — Baiser. Ex.: Viens donner un bec à papa. — Goulot d'une bouteille ou d'un vase. *Faire le bec fin* — Faire le difficile. *Faire le gros bec* — Faire la moue. *Bec pincé* — Personne prétentieuse. *Se rincer le bec* — Prendre un coup. *Cela m'a passé devant le bec* — J'ai raté l'occasion. *Avoir du bec* — Avoir de la jasette. *Avoir le bec carré* — Avoir de la difficulté à parler à cause du froid. *S'affiler le bec pour parler* — Se préparer à faire un discours. *Bec sucré* — Qui aime les sucreries.

Bécine n.f. — Bassine. — Galette de sarrasin.

Béchée n.f. — Quantité de terre qu'on enlève d'un coup de bêche. — Culbute, chute, trébuchement. Ex.: En sortant sur le perron, j'ai pris une béchée. — Bouchée.

Bécher v. tr. ou intr. — Bêcher. — Dire du mal de quelqu'un. Ex.: Vas-tu arrêter de me bécher? — Tomber, faire une chute. — Pendre, tomber trop d'un côté, descendre trop bas. Ex.: Une robe qui bèche. Éclore. Ex.: Les poussins viennent de bécher.

Bèchetée n.f. — Béchée.

Bècheter v. tr. — Bêcher.

Bécique n.m. — Bicyclette. *Bécique à gaz* — Motocyclette. *Gars de bécique* — Motard.

Bécosse n.f. — Cabinet extérieur. — Salle de bain.

Becquée n.f. — Béchée.

Becquer v. tr. ou intr. — Donner un bec. — Éclore. *Oeuf becqué* — Oeuf contenant un poulet sur le point d'éclore.

Bec-scie n.m. — Harle d'Amérique.

Bedaine n.f. — Bédâne, ciseau pour faire les mortaises.

Bedainer v. intr. — Prendre du ventre.

Bedame! interj. — Eh bien, dame!

Bedder v. tr. — Fixer un objet dans un lit de mortier, de ciment, de mastic, etc. Ex.: Bedder un vitre.

Bède n.m. — Banc-lit. Ex.: Ouvrir le bède. — Baudet, lit de sangle. — Lit, couche d'une chose quelconque sur une autre. Ex.: Un bède de mortier.

Bédeau n.m. — Bedeau. *En bédeau* — Beaucoup. Ex.: C'est laid en bédeau. *Trou du bédeau* — Fosse de cimetière. Ex.: Quand je serai dans le trou du bédeau... *Devoir cinq cennes au bédeau* — Avoir la braguette ouverte.

Bédeauderie n.f. — Travail de bedeau.

Bedit adj. ou n.m. — Petit. *Bedits, bedits, bedits* — Appel pour rassembler les poules.

Bedocher v. intr. — Faire le travail de bedeau.

Bedocherie n.f. — Travail de bedeau.

Bee n.m. — V. BI.

Beef (pron. bif) n.m. — Gros homme. — Gros policier. — Bouncer.

Bêfler v. intr. — Rester tranquille.

Bégayeux, se adj. ou n.m. ou f. — Qui bégaye.

Bégazon n.m. — Vieil outil.

Bégnet adj. ou n.m. — Niais.

Bégnet n.m. — Maillot de bain.

Béguer v. intr. — Bégayer.

Bégueux, se n.m. ou f. — Bégayeur, se. Bègue.

Beigne n.m. ou f. — Rondelle de pâte cuite dans la graisse servie comme dessert. *Passer les beignes à quelqu'un* — Le mettre à la raison, le faire taire, le battre.

Béjoiter, béjouetter, béjuetter v. tr. — Placer des objets l'un près de l'autre mais en sens inverse. Bêcheveter.

Bélancine n.f. — Balançoire.

Bélanciner v. intr. — Se balancer sur une balançoire.

Belette adj. — Curieux.

Belette n.f. — Outil dont se servent les électriciens pour passer des fils dans les conduites métalliques. *Avoir une belette* — Avoir honte. *Perdre sa belette* — Perdre la face. *Passer en belette* — Passer très vite.

Beletter v. intr. — Rougir facilement.

Beletteux, se adj. — Qui rougit facilement.

Béleuse n.f. — V. BALEUSE.

Bell-boy n.m. — Chasseur (dans un hôtel).

Belle n.f. *Faire la belle, faire une belle* — Se tenir debout (en parlant d'un petit enfant qu'on fait tenir debout avant qu'il marche, d'un chien qui se dresse sur ses pattes de derrière). Ex.: Le petit commence à faire la belle. *Avoir en belle* — Avoir beau jeu, avoir l'occasion favorable. Ex.: I avait en belle de partir; pourquoi est-ce qu'i est resté? Si vous voulez entrer, vous avez en belle. *Prendre son en belle* — Profiter d'une occasion favorable. Ex.: Quand j'avais le dos tourné, i a pris son en belle pis m'a donné un coup de poing.

Belle adj. — Bonne. Ex.: C'te farce-là, c'en est une belle.

Belle heure loc. adv. — Longtemps. Ex.: I y a belle heure que je t'attends.

Belle puante n.f. — Bête puante. mouffette.

Bellil n.m. — Fainéant, paresseux.

Belluet, belouet, beluet n.m. — Bleuet, myrtille.

Béloné n.m. — Baloné.

Belt (pron. bèlte ou belle) n.f. — Courroie.

Belzémire n.f. — Belsamine.

Ben adv. — Bien, très, beaucoup. Ex.: I est ben de bonne heure. Cette job-là, c'est pas ben ben fatigant.

Bénissoi, bénissoué, bénissoire n.m. — Goupillon.

Bénitier du diable n.m. — Organe sexuel féminin.

Ben manque loc. adv. — Beaucoup, très. Ex.: I y a ben manque de pommes c't'année. — Probablement. Ex.: Y va ben manque v'nir nous voir.

Ben que trop loc. adv. — Bien trop. Ex.: C'est ben que trop salissant.

Ben quin loc. adv. — Certainement. Ex.: Ben quin, puisque je t'le dis.

Benzine n.m. — Benzine, benzène (n.f.).

Béquer v. tr. — Donner un bec. Ex.: Viens béquer papa.

Béquille adj. — Bon à rien.

Béquilles n.f. pl. — Échasses.

Ber n.m. — Berceau.

Berçante n.f. — Chaise berçante.

Berce n.f. — Chacun des supports en forme d'arc à la base d'un berceau ou d'une chaise berceuse. Ex.: Ces berces-là jettent trop en arrière.

Berceau n.m. — Berce. — Partie d'un charrette entre les ridelles. — Partie d'une charretée de foin, du fond de la charrette au ras des ridelles.

Berda n.m. — V. BARDA.

Berdassage n.m. — V. BARDASSAGE.

Berdi-berda n.m. — Désordre. Tumulte. Grand bruit.

Berdi-Berdagne n.m. ou interj. — Son de cloches. — Bagne!

Berdiche n.f. — Poignée servant à manier les ronds de poêle à bois.

Berdouillage n.m. — Bredouillage.

Berganotte n.f. — Menthe.

Bergère n.f. — Chaise berceuse.

Berlan n.m. — Brelan.

Berlancille n.f. — Balançoire.

Berlander v. intr. — Flâner. — Dire des balivernes. — Hésiter à prendre partie.

Berlandeux, se — Fainéant.

Berlanter v. intr. — Berlander.

Berlaques n.f. pl. *Prendre ses berliques et ses berlaques* — Décamper, détaler.

Berletter v. intr. — BERLANDER.

Berlibi n.m. — Organe sexuel féminin.

Berline n.f. — V. BARLINE.

Berlinguer v. intr. — S'amuser à des riens. Badiner.

Berliques n.f. pl. — V. BERLAQUES.

Berloque n.f. — Montre de peu de valeur.

Berlot n.m. — Voiture d'hiver, à un ou deux sièges, faite d'une caisse rectangulaire plus ou moins profonde, posée sur des patins bas et utilisée pour le transport de voyageurs et de marchandises.

Berner (se) v. pron. — Se salir. Ex.: I est arrivé tout berné.

Bernicles, Berniques n.f. pl. — Lunettes. — Sornettes.

Berouette n.f. — Brouette.

Berri n.m. — Airelle de la vigne d'Ida.

Bers n.m. — V. BER.

Bertelle n.f. — Bretelle.

Besas n.m. pl. — Paille des pois, des fèves.

Besette n.f. — Pénis.

Bésigne n.f. — Bicyclette. — Bésigue, jeu de cartes.

Bésingue n.m. — Niais. *Voix de bésingue* — Voix de flûte.

Bésique n.m. — Bicyclette. — Bésigue, jeu de cartes.

Besoin n.m. — Besoins (pl.). I est obligé de voir à son besoin. *Avoir de besoin* — Avoir besoin. *À son besoin, son besoin* — À sa faim. *Au besoin* — À volonté.

Besson, onne adj. ou n.m. ou f. — Jumeau, jumelle.

Best (pron. beste) adj. — Le meilleur. Ex.: Ce grain-là, c'est le best.

Best adv. — Le mieux. Ex.: Fais de ton best pour réussir.

Best n.m. — Meilleur ami.

Bestage n.m. — Habitude de bester.

Bester v. intr. — Avoir une affection particulière pour une personne de son sexe.

Besteux, se adj. ou n.m. ou f. — Qui a l'habitude de bester.

Bet (pron. bète) n.m. — Pari. Ex.: Prendre un bet.

Bétail n.m. — Bêta, niais. — Gros. Ex.: Cet arbre-là, c'est un bétail.

Bêtasse n.f. — Féminin de *bêta.*

Bêtassement n.m. — Bêtement.

Bêtasserie n.f. — Bêtise.

Bête n.f. ou adj. *Bête à manger de l'herbe, bête à coucher dehors, bête comme un chou* — Stupide. *Bonne bête* — Bonasse. *Rester bête* — Rester surpris. *Faire la bête* — Simuler un manque d'intelligence. *La petite bête* — Pénis. *La bête à poil* — Organe sexuel féminin.

Bête à patates n.f. — Barbeau de la patate. — Doryphore.

Bête puante n.f. — Mouffette.

Bétille n.f. — Béquille. — Échasse.

Bêtiser v. intr. — Faire, dire des bêtises.

Bêtises n.f. pl. *Dire des bêtises à quelqu'un* — Injurier quelqu'un. *Faire des* *bêtises à quelqu'un* — Lui faire des impolitesses. *Manger des bêtises* — Se faire injurier.

Bêtiseux, se adj. ou n.m. ou f. — Qui tient des propos inconvenants.

Betôt, bétôt adv. — Bientôt. — Tantôt. Ex.: On me dit que vous êtes venu betôt.

Bette n.f. — Betterave. — Tête. Ex.: Gâres-y la bette.

Better v. tr. — Parier, gager.

Beu n.m. — Boeuf.

Beuglage n.m. — Action de beugler.

Beugle n.m. — Beuglement, grand cri. Ex.: I a lâché un beugle pour t'appeler.

Beurdassage n.m. — Berdassage.

Beurgot n.m. — Coquille servant de porte-voix. — Porte-voix. — Espèce de trompette droite pour donner des signaux.

Beurneur n.m. — Bec de lampe.

Beurrade n.f. — Toute substance grasse étendue comme du beurre.

Beurrage n.m. — Flatterie. — État d'une chose sale, mal lavée, mal peinte. Ex.: Le peintre m'a fait un beurrage!

Beurre n.m. *Passer dans le beurre* — Passer à côté. *Mains de beurre* — Mains molles, qui lâchent facilement ce qu'elles tiennent. *Beurre de pinottes* — Pâte faite de pinottes écrasées. *Tourner dans le beurre* — Tourner à vide.

Beurrée n.f. *Une beurrée* — Beaucoup, cher. Ça va lui coûter une beurrée. *Beurrée de miel* — Tartine de miel.

Beurrer v. tr. — Étendre une matière molle sur quelque chose. Ex.: Beurrer de l'onguent sur une plaie. — Recouvrir d'une couche de matière molle. Ex.: Beurrer une tranche de pain avec du sirop. — Tacher. Ex.: Avoir les mains beurrées d'encre. — Flatter. Ex.: I beurre le bonhomme pour avoir son bien.

Beurrer (se) v. pron. — S'assombrir (en parlant du temps). — Se salir.

Beurrette n.f. — Burette. — Tartine, beurrée.

Beurreux, se adj. ou n.m. ou f. — Flatteur. — Blagueur, trompeur. Ex.: Faut pas s'y fier. C'est un beurreux.

Beurtelle n.f. — Bretelle.

Bevelle n.m. — V. BAVELLE.

Béyage n.m. — Bégayement.

Béyer v. intr. — Bégayer.

Béyeux, se n.m. ou f. — Bègue.

Bi n.m. — Corvée, courvée, travail en commun pour aider quelqu'un. Ex.: Faire un bi pour aider Jos à couler son solage.

Biais n.m. *Sur le biais* — De biais, en biais. — Mal. Ex.: Chanter sur le biais.

Biaisage n.m. — Biaisement.

Bibelot n.m. — Objets hétéroclites et en désordre. Ex.: J'ai un bibelot dans le grenier! — Ensemble d'objets, de marchandises, de meubles, fond de commerce, etc.

Biberette n.f. — Burette, récipient d'huile pour huiler les machines.

Bibi n.m. — Moi-même. — Bébé.

Bibite n.f. — V. BÉBITE.

Bic en blanc (de) loc. adv. — De but en blanc.

Bicher v. tr. — Embrasser.

Bichon n.m. — Cheval sauvage.

Bicifeur, bicifeude n.m. — Pin de la Colombie Britannique.

Bicler v. tr. ou intr. — Regarder du coin de l'oeil. — Loucher légèrement.

Bicleur, se adj. — Qui épie sans cesse.

Bicleux, se adj. — Qui louche.

Bicouille n.f. — Cheval épuisé et maladif.

Bicycle, bicique n.m. — Bicyclette.

Bidet n.m. — Homme fluet. — Homme gros et gras, trapu.

Bidons n.m. — Mammelles d'une femme.

Bidoune n.f. — Femme qui couraille. — Terme d'affection.

Bidous n.m. pl. — Argent. Ex.: Avoir des bidous.

Bien n.m. — Terre, propriété. Ex.: Il a un beau bien.

Bien adv. *Être bien* — Marquer l'heure exactement. Ex.: Cette pendule est-elle bien?

Bienfaiteur n.m. — Gin Beefeater. Ex.: T'as amené ton bienfaiteur?

Bien manque loc. adv. — V. BEN MANQUE.

Bienvenue interj. — De rien. Il n'y a pas de quoi. Je vous en prie.

Bière n.f. *C'est pas d'la p'tite bière* — C'est quelque chose. C'est important. *Bière à palette* — Bière de fabrication domestique.

Biger v. tr. — Embrasser.

Bigne! interj. — Onomatopée imitant un coup.

Bigne-bagne! interj. — Onomatopée imitant des coups répétés.

Bigonne n.f. — Bicouille.

Bigot n.m. — Imbécile.

Bigouettées adj. f. pl. *Voiles bigouettées* — Une voile du côté de la terre et une autre du côté du large.

Bigoune n.f. — Plat de morue.

Bigouille n.f. — V. BICOUILLE.

Big shot n.m. — Gros bonnet.

Bijouetter, bijouettre v. tr. — V. BÉJOITER.

Bijouteries n.f. pl. — Bibelots. — Amulettes.

Bijuetter v. tr. — V. BÉJOITER.

Bileux, se adj. — Bilieux.

Bill n.m. — Facture, note, addition. — Feuille d'expédition. — Affiche, placard. — Menu, carte. — Billet de banque. — Acte dans la pratique légale. — Projet de loi.

Bille n.f. — Boule (au jeu de quilles).

Biller (pron. biler) v. tr. — Facturer. — Poser un billet d'expédition.

Billet n.m. — Mite, larve qui ronge les fourrures, les lainages. *Billet de saison* — Carte d'abonnement à des spectacles ou à des événements sportifs.

Billochet n.m. — Petit billot.

Billochon n.m. — Tronçon de billot d'un pied de longueur.

Billot n.m. — Bille de bois. Ex.: Je vas tirer des billots pour bâtir ma grange.

Billotte n.f. — Petit billot.

Bimbocher v. intr. — Faire la noce.

Bin adv. — V. BEN.

Bine n.m. — Tiroir basculant où l'on garde la farine. — Caisse à grains.

Bine n.f. *Prendre une bine* — Éprouver une déception, être attrapé. Ex.: S'i pense être élu, i va prendre une bine.

Biner v. intr. — Reculer, renoncer à quelque chose, abandonner, lâcher prise. — Avoir du dépit. *Faire biner* — Faire prendre une bine.

Binerie n.f. — Restaurant où l'on sert des repas pour les travailleurs.

Bines n.f. pl. — Fèves. — Fèves au lard. *Va aux bines* — Fous-moi la paix.

Bique-en-coin (de) loc. adv. — V. BISC-EN-COIN.

Bisaillon n.m. — Consommation dont chaque buveur paie sa part. Ex.: Payer un bisaillon. *Prendre un bisaillon* — Prendre avec des amis une consommation dont chacun paie sa part.

Bisaillon n.f. — Vieillerie quelconque.

Biscâiller v. tr. — Éparpiller. — Briser, fatiguer.

Bisc-en-coin (de) loc. adv. — De biais, de travers, en diagonale. Ex.: Regarder de bisc-en-coin.

Biscuit n.m. *Donner son biscuit à quelqu'un* — Le congédier. *Donner son biscuit à quelqu'un, faire son biscuit à quelqu'un* — Le battre, l'arranger. *Biscuit de matelot* — Biscuit de mer. *Biscuit soda* — Craquelin. *Donner son biscuit à une femme* — Lui faire l'amour.

Bisdille n.f. — Bisbille.

Bise n.f. — Espèce de sauce ou de confiture faite avec du sirop et un peu de farine auxquels on ajoute quelquefois du raisin.

Bisique n.m. — V. BÉSIQUE.

Bisoune n.f. — Pénis. — Vagin.

Bisouner v. intr. — Travailler sans trop d'attention, pour se distraire.

Bisous n.m. pl. *Avoir des bisous* — Avoir la tête d'un lendemain de veille.

Bisque n.f. — V. BISE. — Petit pain de farine de sarrasin, de levain, d'eau et de sel.

Bisse n.f. — V. BISE.

Bist-en-coin (de) loc. adv. — V. BISC-EN-COIN.

Bistringue n.f. — Bastringue, bal, danse. — Boisson de mauvaise qualité. — Activité, ardeur inaccoutumée. Ex.: Mon cheval est dans une belle bistringue.

Bitabe adj. — Qui peut être battu, surpassé. Ex.: Pour chanter des chansons comiques, i est pas bitabe.

Bitcher v. intr. — Rouspéter.

Bite n.f. — Petite quantité. Ex.: Une bite de tabac.

Bite (pron. baillete) n.m. — Mordée. Ex.: T'as pris une bite dans ma sandwich, mon moses. *Avoir une bite* (à la pêche) — Avoir une touche.

Biter v. tr. — Surpasser, l'emporter sur. Ex.: Je vas te biter à la course. Ça, ça me bite.

Bitte n.f. — Tambour concave d'un treuil, d'un cabestan, autour duquel s'enroule un câble.

Bitter v. tr. — V. BITER.

Bitters n.m. — Boisson amère apéritive. — Petit verre. Ex.: Viens prendre un bitters.

Biz n.m. — Abréviation familière de *baseball*. Ex.: Viens jouer au biz.

Bizoune n.f. — Pénis. — Vagin.

Black-ball n.m. — Cirage en pâte pour chaussures.

Black-baller v. tr. — Rejeter par décision arbitraire. *Se faire black-baller* — Se faire avoir d'une façon basse, se faire rouler, se faire battre.

Black-eye (pron. blacaille) n.m. — Oeil au beurre noir. — Coup de poing sur l'oeil. — Meurtrissure quelconque. Ex.: I avait la figure couverte de black-eye.

Black list (pron. blac-liste) n.f. — V. *Liste noire*.

Black snake (pron. blac-snéke) n.f. — Long fouet de cuir noir.

Blagne n.m. ou f. — Store. Ex.: Baisser le blagne. — Cartouche à blanc.

Blagner v. intr. — Miser (au jeu de poker).

Blague n.f. — Bousillage. *Ça vaut pas de la blague* — Ça ne vaut rien.

Blaguer v. tr. — Dire des mensonges à. Ex.: Viens plus me blaguer. *Blaguer le service* — Négliger ce dont on est chargé.

Blagueur, blagueux n.m. — Menteur.

Blaille n.f. — V. BLAGUE

Blanc n.m. — Formule destinée à être remplie. *Blanc de clef* — Clef à panneton non entaillé. *À blanc, tout à blanc* — Couvert de neige, de frimas, d'eau. Ex.: Les champs sont à blanc d'eau. — Complètement. Ex.: Il a eu le vote à blanc dans tout le nord du comté. — Point de mire. *Blanc de chèque* — Chèque en blanc. *Petit blanc* — Alcool domestique. *Blanc de mémoire* — Trou de mémoire.

Blanc, blanche adj. *Blanc d'écume* — Couvert d'écume. *N'être pas blanc de son affaire* — N'être pas blanc, risquer d'être condamné. *Sucre blanc* — Sucre raffiné. *Aller le train de la Blanche* — Aller lentement.

Blanchet n.m. — Camisole.

Blanchi, e adj. — Dont on a enlevé la surface rugueuse. Ex.: Une cornière en épinette blanchie.

Blanchir v. tr. — Au sport, battre l'adversaire en l'empêchant de marquer un seul point.

Blanchissage n.m. — Action de blanchir.

Blanc-manche, blanc-mange n.m. — Crème en gelée faite avec du lait, des amandes, du sucre, etc. Blanc-manger.

Bland adj. m. — Blond, bai, bai clair en parlant de la robe d'un cheval.

Blaquebière n.f. — Mûrier.

Blasphème n.m. — Tissu de jeans, gros coton bleu dont on fait les avrâles.

Blasse! interj. — Juron inoffensif.

Blasse-baguette!, blasse-bayette! interj. — Jurons inoffensifs.

Blaster v. tr. ou intr. — Faire sauter à la dynamite. — Péter.

Blatte n.f. — Pubis.

Blaze (pron. bléze) n.f. — Marque faite à la hache sur un arbre pour indiquer le chemin. Plaque.

Blazer (pron. blézé) v. tr. *Blazer une trail* — Faire des marques à la hache sur des arbres pour indiquer le chemin. Plaquer.

Bleach (pron. blitche) n.m. — Décolorant (à cheveux).

Blé d'inde n.m. — Maïs. *Pousser un blé d'inde* — Lancer une injure. *Recevoir un blé d'inde* — Recevoir une réprimande.

Blé d'inde! interj. — Juron inoffensif.

Blêmasse, blêmette, blêmiche, blêmichon, blêmisse, blêmusse n.f. — Personne blême.

Blése n.f. — V. BLAZE.

Bléser v. tr. — V. BLAZER.

Bléseur n.m. — Veston anglais type blazer.

Bletté, e adj. — Apte à, tailler pour. Ex.: T'es pas bletté pour en faire autant.

Bleu, e adj. — Conservateur (en politique). — Perdu, abasourdi. Terrible. Ex.: Peur bleue, colère bleue. *Bleu comme la poule à Simon* — Perdu. Bleu de peur. — Conservateur. *Ne pas être bleu de rire* — Ne pas avoir envie de rire.

Bleu n.m. — Épure. Blue-print. — Conservateur. — Nouveau (dans une bande de gars de bicique). *Passer quelqu'un au bleu* — Le réprimander.

Bleuassin n.m. — Arbuste à écorce laxative. Bourdaine.

Bleuet n.m. — Fruit du bleuetier. Myrtille.

Bleuetier n.m. — Arbuste de terres acides qui donne une baie bleue délicieuse, nature ou en tarte.

Bleu marin, bleue marin adj. — Bleu marine.

Bleurer v. tr. — Tacher, barbouiller.

Bleus n.m. pl. *Avoir les bleus* — Voir tout en noir. — Atteindre un degré avancé d'alcoolisme.

Bleusir, bleussir v. tr. ou intr. — Bleuir.

Bleuvâtre, bleuvet, ette adj. — Bleuâtre.

Bleuvet n.m. — Bleuet.

Bleuvir v. tr. et intr. — Bleuir.

Blind (pron. blaill'-ne) n.m. — Blagne, store. — Mise au jeu de poker. *Blind-date* (pron. blaill'ne déte) n.f. — Sortie avec un(e) inconnu(e). *Blind pig* — Débit de boisson clandestin. — Tripot.

Bloc n.m. — Pâté de maisons, groupe de maisons circonscrit par des rues. Ex.: Il reste à deux blocs d'ici. — Maison de rapport. — Cubes de bois ou de plastique qui servent comme jouets. — Tête.

Bloc appartement n.m. — Maison de rapport.

Bloguer v. intr. — V. BLOQUER.

Bloke (pron. blauque) n.m. ou f. — Anglais.

Blond, e adj. — Bai, bai clair (en parlant de la robe du cheval).

Blonde n.f. — Jeune fille qui a gagné l'affection d'un jeune homme. — Jeune fille courtisée. Ex.: Ce soir, je vas voir ma blonde.

Blood (pron. blode) adj. — Généreux, franc, brave. Ex.: I est blood d'avoir fait ça pour moi.

Bloomers (pr. bloumeur) n.m. pl. — Gros caleçon d'hiver pour femmes et jeunes filles. — Caleçon de religieuses.

Bloquer v. tr. ou intr. — Échouer à (un examen). Ex.: J'ai bloqué l'examen de fin d'année. — Rester en panne. Ex.: Le train a bloqué entre Québec et Portneuf. — Prendre (en parlant d'une rivière.) Ex.: Le fleuve a bloqué ce matin.

Blouse n.f. — Veston, paletot, pardessus, manteau. Ex.: Ote ta blouse, tu vas avoir chaud. — Réprimande. Ex.: Recevoir une blouse.

Blower (pron. bloeu) n.m. — Soufflet. Soufflerie.

Blow-job (pron. blo-djobe) n.m. — Fellation. L'acte sexuel de bouche à sexe.

Blow-out (pron. blo-aoute) n.m. — Éclatement (de pneu).

Blow-torch (pron. blo-tortche) n.f. — Chalumeau.

Blue jeans (pron. blou-djine) n.m. pl. — Pantalon de coutil.

Blueprint (pron. blou-printe) n.m. — Plan. Bleu.

Bluet n.m. — Bleuet.

Bluff (pron. bloffe) n.m. — Poker. — Feinte confiance en soi-même pour en imposer aux autres.

Bluffer v. tr. — En imposer à quelqu'un par de faux airs.

Bluffeur, se adj. ou n.m. ou f. — Qui cherche à en imposer par de faux airs.

Boat (pron. baute) n.m. — Embarcation quelconque.

Bob n.m. — Traîneau. *Faire son bob* — Faire l'homme. *Passer au bob* — Se faire mettre à sa place. Faire rapidement. *Aller au bob, envoyer au bob* — Aller au diable, envoyer au diable. *Vieux bob* — Vieux cheval.

Bobby pin (pron. bobé-pine) n.f. — Épingle à cheveux.

Bober v. tr. ou intr. — Charrier du bois avec un bob. — Tailler les cheveux à la hauteur des lobes des oreilles. Ex.: Elle s'est fait bober les cheveux. — Faire l'homme. — Prendre au deuxième tour une carte qui complète son jeu (au poker).

Bobettes n.f. pl. — Caleçon. Slip.

Bobine n.f. — Canette d'une machine à coudre.

Boboche n.f. — Matrone qui porte l'enfant au baptême.

Bob-sleigh n.m. ou f. — Traîneau. — Vieux cheval. — Vieille fille.

Bocaut n.m. — Bocal. — Boucaut, récipient de bois. Ex.: Un bocaut de tabac à priser.

Boc-chève n.m. — V. BUCK-CHÈVRE.

Bocquer v. intr. — Se buter, refuser d'avancer, s'obstiner. Ex.: Toi, mon enfant, tu bocques comme la grise.

Bocquer (se) v. pron. — Se buter, s'obstiner. Ex.: Est-ce que tu vas te bocquer longtemps?

Bodinière n.f. — Petit entonnoir de fer-blanc pour faire le boudin. Boudinière.

Body (pron. bodé) n.m. — Carrosserie.

Body-check (pron. bodé-tchèque) n.m. — Coup d'épaule.

Bodyguard n.m. — Garde du corps.

Boète n.f. — Mangeaille, pâtée que l'on donne aux cochons. — Boue. — Neige fondante. — Neige en suspens dans un cours d'eau.

Boéter v. tr. — Donner de la mangeaille aux animaux.

Boeu n.m. — Boeuf. — Chaîne sans fin qui sert, dans les scieries, à monter les billots de la rivière à la scie. *Travailler comme un boeu* — Travailler fort. *Saigner comme un boeu* — Saigner abondamment.

Boile n.m. — Cuveau pour laver le linge.

Bogon n.m. — Traîneau servant au transport du bois en forêt.

Bogue n.f. — Terrain marécageux.

Bogane n.f. — Ruisseau, flaque d'eau.

Boiler (pron. boy-leu) n.m. — Chaudière à vapeur. Bâleur.

Boiler-room (pron. boy-leu-roume) n.f. — Chaufferie.

Boinfre, boingre n.m. — Bougre.

Boire n.m. — Boisson préparée pour les animaux. Ex.: Les veaux braillent pour avoir leur boire. *Un petit boire* — Un petit verre de bière ou d'alcool.

Boire v. intr. — Téter. Ex.: Un veau qui boit encore après sa mère. *C'est* *pas la mer à boire* — C'est peu de choses, c'est pas difficile. *Boire comme un trou, comme une éponge, comme un cochon* — Boire à l'excès.

Bois n.m. — Morceau de bois, bâton. Ex.: Va me qu'ri un bois que je fasse une juille. *Un bois carré* — Un billot équarri. *Bois rond* — Pièce de bois non équarri. Ex.: Une cabane en bois rond. *Bois de poêle, bois de corde* — Bois de chauffage. *Bois de grève, bois de marée* — Bois rejeté sur la grève par la marée. *Bois barré, bois d'orignal* — Érable de Pennsylvanie. *Terre à bois* — Terre boisée pour faire du bois de planche ou de chauffage. *Bois debout* — Terre boisée, non défrichée. *Bois franc* — Bois des arbres à feuilles caduques, bois feuillu. — Bois dur, qui a un grain dur et serré comme l'érable, le bouleau, le chêne. *Bois mou* — Bois à grain mou comme le tremble, le peuplier et les résineux, épinette, sapin, cyprès et pin. — Bois blanc, tendre et peu coloré. *Bois de lune* — Bois volé de nuit. Par extension, bois de mauvaise qualité. *Bois de lin* — Partie ligneuse, non textile du lin. *Bois de la selle* — Arçons. *Bois de vache* — Excréments de bison. *Bois blanc* — Tilleul d'Amérique. *Bois de fer* — Bois dur dont on se sert pour fabriquer des essieux, des outils. Ostryer de Virginie. *Bois de mai* — Aubépine commune utilisée pour les haies. *Aller au bois* — Devenir enceinte. *Prendre le bois* — S'enfuir dans le bois. — Quitter la route (en parlant d'une voiture). *Bois de malte* — Aulne blanche. *Bois de plomb, bois de cuir* — Arbrisseau commun près de Nicolet. *Bois des îles* — Bois de Campêche employé pour teindre en rouge. *Bois de Calvaire* — Bois précieux. Par extension, un individu de valeur. *Bois-brûlé* — Métis de sang indien et français. *Bois clair de noeuds* — Bois convenant aux finis naturels. *Bois virant* — Bois tors. *Bois béni* — Buis. *Bois pruché* — Bois qui a poussé croche. *Mettre les bois* — Châtrer. Par extension, mettre à la raison, réduire au silence. *Arbre du bois inconnu* — Arbre des zones tempérées chaudes. *Marcher le bois* — Explorer le bois. *Bois-pourri* — Engoulevent. *Avoir du bois fendu* — Devant les enfants, façon de dire qu'on est disposé à faire l'amour.

Boisé, e adj. *Vitres boisées* — Vitres sur lesquelles le givre a créé des empreintes arborescentes, des arborisations.

Boiseux, se adj. — Couvert d'arbres. Ex.: Un côteau boiseux.

Boisiller v. tr. — Bousiller. — Corriger, retaper. Ex.: Boisiller une lettre.

Boissomptif, ve adj. ou n.m. ou f. — Ivrogne.

Boisson n.f. — Toute boisson alcoolisée. *En boisson* — Ivre. *Boisson forte* — Alcool.

Boisure n.f. — Boiserie.

Boitassage n.m. — Boitement.

Boitasser v. intr. — Boiter.

Boîte n.f. — Boète.

Boîte n.f. — Tribune des témoins. — Banc des accusés. — Banc des jurés. — Étui. Ex.: Une boîte de pipe. — Caisse de boghei. — Case postale. *Boîte d'alarme* — Avertisseur d'incendie. *Boîte carrée* — Traîneau à caisse rectangulaire. *Boîte-à-pain* — Voiture qui sert à transporter le pain. *Être aux boîtes* — Être préposé à la manipulation des grains qu'égrène la batteuse. — *Fermer la boîte à quelqu'un* — Le faire taire. *Être dans sa boîte* — Être dans son élément. *Boîte à chiens* — Chenil. *Boîte à lunch* — Musette. *Boîte familiale* — Organe sexuel féminin.

Boîtée n.f. — Contenu d'une boîte.

Boiter v. tr. — Donner la bouète aux animaux. *Boiter tous bas* — Boiter beaucoup.

Boiture n.f. — Boiterie, boitement.

Bokorne n.m. ou f. — Tête dure.

Bol n.f. — Bol (n.m.) — Tasse. — Cuvette de toilette. — Tête. *Bol à vache* — Abreuvoir. *Bol à main* — Cuvette. *Être une bol* — Être très intelligent.

Bôlé n.m. — Grosse bille de verre, de fer, à jouer. Cale, calot.

Bolée n.f. — Contenu d'une bol. — Contenu d'une tasse.

Bôler v. intr. — V. BOWLER.

Bôlte n.f. — Boulon. — Course rapide et brève. — Pénis.

Bôlter v. tr. ou intr. — Boulonner. — Congédier. — S'emballer, faire un écart en parlant d'un cheval. — Se dérober; en parlant d'une personne, fuir. — Se hâter, travailler vite.

Bôlteur, bôlteux n.m. — Lâcheur, celui qui abandonne son parti, ses amis, dans un moment critique.

Bolus n.f. — Pilule. Ex.: Un docteur à bolus.

Bombarde n.f. — Guimbarde.

Bombe n.f. — Bouilloire. — Bonde (de tonneau).

Bombée n.f. — Contenu d'une bombe.

Bombragne n.m. — Boomerang.

Bôme n.m. — V. BOOM.

Bômées adj. f. pl. *Voiles bômées* — Une voile du côté de la terre et une autre du côté du large.

Bômer v. tr. — V. BOOMER.

Bomme n.m. — Individu qui travaille le moins possible et vit des générosités d'autrui. — Voyou. — Robineux. *Être sur la bomme* — Être sans le sou, marcher vers sa ruine.

Bommer v. tr. ou intr. — Demander (de l'argent, une cigarette). Ex.: Est-ce que je peux te bommer une cigarette? — Rien faire de son temps, fréquenter les salles de pool, d'hôtel.

Bommeur, bommeux n.m. — V. BOMME.

Bomper (pron. bommepé) v. tr. — Heurter.

Bompeur n.m. — V. BUMPER.

Bon, bonne adj. — Fort, capable. Ex.: C'est un bon homme; tu regretteras pas de l'avoir engagé. — Capable de. Ex.: Es-tu bon pour lever cette pierre? *Être bon pour* — Être bon pour payer, être solvable. Ex.: Tu peux lui vendre à crédit, il est bon pour. *Un bon habitant, un bon cultivateur* — Cultivateur à l'aise. *Bon de garde* — Vigilant, qui aboie à propos. Ex.: Ce chien est bon de garde. *Bon de la route* — Qui a l'allure rapide. Ex.: C'est un cheval qui est bon de la route. *Plus bon* — Meilleur. Ex.: Je me suis levé de plus bonne heure que d'habitude. *Être bon des femmes* — Être un homme à femmes.

Bon n.m. — Rabais, bonification. Il fait toujours du bon sur le prix de ses marchandises. *Comme un bon* — La conscience tranquille. Avec ardeur. Ex.: Dormir comme un bon. Travailler comme un bon. *Le bon* — La partie bonne à manger d'un fruit, d'un légume. *Un pas-bon* — Un vaurien.

Bon-à-rien, bonne-à-rien ou bonne-à-rienne n.m. ou f. — Personne bonne à rien faire, être inutile. — Vaurien.

Bonbon n.m. — Organe sexuel féminin.

Bond n.m. *Tout d'un bond* — Tout d'un coup.

Bondance! interj. — Juron inoffensif. Ex.: Bondance! Qu'i fait chaud!

Bon dommage loc. adv. — Sans doute, certainement.

Bonguenne, bonguienne, bonyienne! interj. — Indique la surprise, l'admiration.

Bonguenne, bonguienne, bonyienne n.m. ou f. — Diable d'homme, de femme, d'enfant. Ex.: Ce petit bonyienne-là, c'est lui qui a encore fait le coup. *Bonguienne de* — Diable de. Ex.: Une bonguenne d'affaire.

Bongyeu! interj. — Juron.

Bonheureusement adv. — Heureusement.

Bonhomme! interj. — Juron inoffensif. *Va sul bonhomme* — Va au diable.

Bonhomme n.m. — Mari. Ex.: T'as un ben bon bonhomme. — Mon gars. Ex.: Écoute, bonhomme, j'en ai assez de tes niaiseries. — Épouvantail. — Bâton de bois servant à retenir la charge d'un sleigh. Catin. Épée. *Bonhomme dans la lune* — Ombres semblables à un homme sur la surface de la lune. *Bonhommes* — Personnages humains. Ex.: Dessiner des bonhommes.

Boni n.m. — Prime.

Boniment n.m. — Petit discours quelconque.

Bonjour! interj. — Marque la joie, la surprise, l'admiration. Ex.: Eh, bonjour! que vous me faites plaisir.

Bonjour n.m. ou f. — Juron aimable qui s'emploie familièrement en parlant de personnes. Ex.: Ce bonjour-là, est-ce qu'i va pas arriver? Ma petite bonjour, si tu me fais fâcher...

Bonjour n.m. — Accueil. Retrouvailles. *Faire un bonjour* — Accueillir avec chaleur. *Souhaiter le bonjour* — Dire au revoir.

Bonne adv. — Bon. Ex.: Cette fleur sent bonne.

Bonne n.f. — Bonne farce. Ex.: En v'là une bonne. — Affirmation vraisemblable, mensonge. Ex.: I m'en a conté une bonne. — Petit bateau à fond plat. *La manger bonne* — Recevoir une volée, une réprimande peu ordinaire. *Être dans ses bonnes* — Être en bonne forme, de bonne humeur. *Comme de bonne* — Comme de raison. *À bonne heure* — De bonne heure. *Être bonne à bonne* — Avoir égalité de points au jeu.

Bonne-femme n.f. — Vieille femme. — Épouse. Femme. Ex.: I faudra que j'en parle à ma bonne-femme.

Bonnement adv. — Au juste. Ex.: Je sais pas bonnement où i est rendu.

Bonnet n.m. — Tamis servant à filtrer le sirop d'érable. *Montrer le bonnet* — Avorter.

Bonnet, bonnette n.m. — Organe sexuel des animaux femelles.

Bonnette n.f. — Coiffure de femme ayant la forme d'un bonnet de nuit et faite en tricot de laine.

Bonne viarge!, bonne sainte viarge! interj. — Juron.

Bonque n.m. — Structure supérieure de la sleigh qui retient la charge.

Bon sang! interj. — Diable! Ex.: Eh, bon sang que j'ai faim.

Bon sens n.m. *Sans bon sens* — Beaucoup, énormément. Ex.: Il est riche sans bon sens. *Y a pas de bons sens, y a-ti du bon sens*! — C'est-y possible!

Bonsoir n.m. *Faire bonsoir* — Dire au revoir.

Bonté n.f. — Prime. Ex.: Le gouvernement accorde une bonté de dix dollars. *Si c'était un effet de votre bonté* — Si vous étiez assez bon... *À la bonté de Dieu* — À la grâce de Dieu.

Bonté!, bonté divine! interj. — Juron inoffensif.

Bonus n.m. — Boni.

Bonyeu! interj. — Mon Dieu!

Bonze n.m. — Personnage pontifiant.

Boodlage n.m. — Concussion, corruption.

Boodler v. intr. — Concussionner, faire de la corruption.

Boodleur n.m. — Concussionnaire.

Boom n.m. — Chaîne de billots retenant le bois flottant. — Hausse rapide des valeurs. — Réclame bruyante faite autour d'une affaire qu'il s'agit de lancer. — Période d'inflation et de spéculation. — Mât de charge (navigation).

Boomer v. tr. — Faire hausser des valeurs, mousser à coups de réclame.

Booster (pron. bousté) v. tr. — Donner une charge supplémentaire à une batterie affaiblie. Ex.: Viens booster mon char, ma batterie est morte. — Pistonner. Ex.: Booster un employé. — Gonfler. Ex.: Y arrête pas d'booster ses prix.

Bootlegger (pron. boutelègueu) n.m. — Fabricant et/ou vendeur de boisson clandestine.

Booze n.f. (pron. bouse) — Alcool.

Bora n.m. — Borax.

Bord n.m. — Côté. Ex.: Viens de mon bord. Traverser de l'autre bord de la rue. — Pièce; chambre d'une maison. Ex.: Vous avez là un grand bord. Passe donc dans l'autre bord. — Bas-côté d'une maison. *Tenir son bord* — Se défendre. *De bord en bord* — De part en part. *Sur le bord de* — Sur le point de. *Prendre son bord* — Se séparer de quelqu'un qu'on accompagne pour aller de son côté. *Prendre le bord* — Prendre le large. Quitter la région, le pays. *De tous bords tous côtés* — De partout. *Ouvrier de bord* — Débardeur. *Prendre le petit bord à quelqu'un* — Le réprimander. *Bord de la forêt* — L'orée du bois. *Bord de la montagne* — Pied de la montagne.

Bordages n.m. pl. — Glaces qui adhèrent aux rives.

Bordassage n.m. — V. BARDASSAGE.

Bordatter v. tr. ou intr. — Couvrir de bardeau.

Bordée n.f. — Forte chute de neige. — Quantité de travail faite en une seule fois. *Par bordées* — De manière intermittente.

Bordel n.m. — Sorte de voiture d'hiver.

Bordel à bras!, bordel à crinque! interj. — Jurons.

Border v. tr. ou intr. — Ourler. *Laisser border* — Laisser courir, laisser faire.

Bordure n.f. — Broderie.

Borlicanteux adj. ou n.m. — Qui exerce toutes sortes de métiers.

Borne-fontaine n.f. — Bouche d'incendie.

Borneur n.m. — Bec de lampe.

Bosquer v. tr. ou intr. — Boxer.

Boss n.m. — Patron, chef d'atelier, propriétaire d'entreprise. — Contremaître. — Le plus fort, le plus habile. Ex.: Dans le village, c'est lui le boss au jeu de dames. — Bourgeois. — Aîné de la famille. *Le deuxième boss* — Le contre-maître. *Faire le boss, faire son boss* — Prendre des airs d'autorité.

Bosse n.f. — Portefeuille. — Pubis féminin. — Cahot. Dénivellation. *Ça me fait pas un pli ni une bosse* — Ça me fait rien.

Bossel n.m. — Gros bourrelet porté sous le corps de la robe pour faire bouffer la jupe. — Panier.

Bosser v. tr. ou intr. — Bosseler. Ex.: Bosser sa voiture. — Diriger, conduire. Ex.: Sa femme le bosse.

Bossuse adj. ou n.f. — Bossue.

Boster v. intr. — V. BOSSER. — Crever. Ex.: La balloune a bosté. — Faire faillite.

Bôt n.m. — V. BOAT.

Botch n.m. — Mégot.

Botchage n.m. — Bousillage.

Botcher v. tr. — Bousiller, mal faire un travail.

Botcheur, se n.m. — Bousilleur.

Bôtée n.f. *Une bôtée* — Grande quantité. Ex.: Il y a une bôtée de bleuets cette année.

Bottarleaux n.m. — Grosses bottes.

Botte n.f. *Bottes fines* — Bottines. *Bottes imitées* — Bottes molles, teintes en noir, avec semelles. *Bottes de pimp, bottes de pine* — Bottes de caoutchouc. *Bottes malouines* — Bottes fortes. *Bottes sauvages, bottes bretonnes* — Bottes molles ordinairement sans semelles. *Donner les bottes à quelqu'un* — Le congédier. *En avoir plein ses bottes* — En avoir plein le dos. *Avoir du foin dans ses bottes* — Faire habitant. *En botte* — En ruine, en faillite, déréglé. Ex.: Une grange qui tombe en botte. Une banque en botte. — En état d'ivresse. *Une bonne botte* — Femme qui sait satisfaire un homme sexuellement. *Prendre une botte, prendre sa botte* — Satisfaire ses appétits sexuels avec une femme. *Être saoul comme une botte* — Être très saoul. *Botte à douilles* — Botte haute lacée. *Botte cocksée* — Botte à crampons.

Botter v. tr. ou intr. — Couper le bout d'une pièce de bois. Ex.: Botter un billot. — Lier en botte. — Accumuler de la boue ou de la neige autour de ses pieds. Ex.: Le cheval botte. La neige botte. — Faire l'amour.

Botterie n.f. — Lieu où l'on garde les vivres.

Botteur n.m. — Scie ronde qui coupe les bouts des pièces de bois. — Le préposé à cette tâche.

Bottine n.f. *Bottines claquées* — Bottines avec semelle en caoutchouc; bottines en tissu avec bordure de cuir. *Bottines de magasin* — bottines achetées. *Esprit de bottine* — Cabotinage amoureux. *Faire de l'esprit de bottine* — Faire des farces plattes.

Bottle-opener (pron. bâtule-opneu) n.m. — Décapsuleur.

Boucan n.m. — Petite construction où l'on boucane la viande.

Boucane n.f. — Fumée. — Vapeur. — Whiskey de fabrication clandestine.

Boucaner v. tr. — Fumer. *Hareng boucané* — Hareng saur. *Lunettes boucanées* — Lunettes fumées.

Boucanerie n.f. — Établissement de celui qui boucane de la viande.

Boucaneux, se adj. — Brumeux.

Boucanière n.f. — Boucan.

Boucaut n.m. — Vase, bocal. — Petit pot à fleurs. — Lourdaud. — Homme grossier et brutal. — Unité de poids valant 440 livres.

Bouche n.f. *Avoir parole en bouche* — Avoir la parole facile.

Bouchée n.f. *Prendre une bouchée* — Prendre un peu de nourriture.

Boucher v. tr. — Confondre par une vive répartie.

Boucher (se) v. pron. — Se taire.

Boucherie n.f. *Faire boucherie* — Abattre et débiter des animaux de boucherie. *Temps des boucheries, boucheries* — Époque de l'année où l'on fait boucherie.

Boucheter v. tr. — V. BOTCHER.

Bouchon n.m. *Mettre un bouchon à quelqu'un* — Le faire taire. *Manger le bouchon* — Dépenser le reste de sa fortune. *Bouchon de vaisselle* — Lavette, torchon à essuyer la vaisselle. *Bouchon de cuisine* — Torchon à plancher.

Bouchonner v. tr. — Bousiller, botcher. — Manger avec gloutonnerie. Chiffonner.

Bouchure n.f. — Clôture.

Boucle n.f. — Noeud de cravate. — Cravate papillon dont le noeud est fait d'avance. — Noeud en boucles dans un lacet, une ficelle.

Boucler v. tr. — Nouer sa cravate. — Entourer, à marée montante, des rochers ou des îlots qu'on peut atteindre à pied sec à marée basse (en parlant de la mer). Ex.: La mer boucle le Rocher Percé.

Bouctouche n.f. — Huître de Bouctouche, Nouveau Brunswick.

Boudage n.m. — Action de bouder.

Boudailler v. intr. — Bouder.

Boudin n.m. *Faire du boudin* — Bouder.

Boudinerie n.f. — Viande hachée, boudin.

Boudinière n.f. — Petit anneau dont on se sert pour tenir la tripe ouverte quand on fabrique du boudin.

Boudlage n.m. — V. BOODLAGE.

Boudrine n.f. — V. BOUGRINE.

Bouer (se) v. pron. — Se salir de boue.

Bouette n.f. — V. BOÈTE.

Bouetteau n.m. — Glace de débâcle. — Petite botte (de foin).

Bouffie, bouffiole n.f. — Ampoule, boursouflure, bouffissure. — Bulle d'air sur les liquides. — Bulle de savon. — Saillie formée sur l'écorce par la gomme. Ex.: Une bouffie de gomme de sapin.

Bouffonnage n.m. — État de ce qui bouffe en parlant d'étoffes. — Chiffonnage. — Mauvais traitements.

Bouffonner v. tr. — Chiffonner, froisser.

Boufre! interj. — Bougre!

Boufre, boufresse n.m. ou f. — Bougre, bougresse.

Bouger v. tr. — Remuer. Ex.: Bouge pas une patte.

Bougon n.m. — Morceau de bois. Bâton court. — Pipe à tuyau très court. — Petit bout d'homme.

Bougonneur n.m. — Qui a l'habitude de bougonner.

Bougonneux, se adj. ou n.m. ou f. — Bougonneur. — Boudeur.

Bougrant, e adj. — Ennuyeux, choquant.

Bougre à bougre loc. adv. — À couteaux tirés.

Bougrer v. tr. — Ficher. Ex.: Je vas te bougrer à la porte. Je vas te bougrer une tape sur la gueule. Bougre-moi la paix. Bougre ton camp. Bougre-la, là.

Bougrer (se) v. pron. — Se ficher. Ex.: Je me bougre de lui.

Bougrèse n.f. — Bougresse.

Bougrine n.f. — Vêtement de dessus sans coupe particulière.

Bouillander v. intr. — Bouillir.

Bouillée n.f. — Talle, touffe d'arbres ou d'herbes.

Bouilleuse n.f. — Cuve où l'on fait bouillir l'eau d'érable.

Bouillir v. intr. — Bouillir d'impatience, de colère. Ex.: Rien qu'à l'entendre, je bouille. (Ind. prés.: Je bouille, tu bouilles, il bouille. Fut. et cond.: bouillerai, bouillerais).

Bouilloire n.f. — Chaudière à vapeur.

Bouillon blanc n.m. — Écume de vague.

Bouingre n.m. — Bougre.

Bouisqui n.m. — Whiskey.

Boulacrer v. tr. — Botcher. — Rudoyer.

Boulacreur n.m. — Botcheux.

Boulanger v. intr. ou pron. — Être boueux. Ex.: Les chemins boulangent, se boulangent.

Boulant, e adj. — Boueux.

Bouldozeux n.m. — Niveleuse mécanique. Bulldozer.

Boule n.f. — Balle. Ex.: Jouer de la boule. *Avoir une belle boule en main* — Avoir une position avantageuse. *Ragoût de boules* — Ragoût de boulettes. *Boules* — Testicules.

Boule n.m. — Bouldozeur.

Boulé n.m. — Homme fort. — Fier-à-bras. — Grosse bille de verre.

Bouleaux n.m. — Grosses jambes (d'une femme).

Boulet n.m. — Bourrelet.

Boulette n.f. — Ciboulette.

Bouleverseur n.m. — Machine à retourner la terre.

Boulezaille n.m. — Centre d'une cible. — Bonbon arrondi en forme d'oeil. *Faire boulezaille* — Toucher le centre de la cible. — Organe sexuel féminin.

Boulin n.m. — Tronçon d'arbre fendu en deux dont on se sert pour faire des clôtures.

Boulinant adj. — V. BOULANT.

Bouline n.f. — Travail fait avec énergie et rapidité. Bourrée.

Boulinier n.m. — Pièce de bois mise en travers et sur laquelle on appuie les boulins.

Boulshit n.f. — Faussetés, mensonges, vérité gonflée. Ex.: Ça, c'est tout de la boulshit.

Boulshiter v. tr. — Raconter des demi-vérités, des mensonges. Ex.: Arrête de me boulshiter.

Boulshiteur n.m. — Celui qui boulshite.

Boume n.m. — Bonhomme. — V. aussi BOMME et BOOM.

Boumer v. tr. ou intr. — V. BOMMER.

Bouncer (pron. baounceu) n.m. — Gorille. Garde du corps.

Bouquer v. tr. ou intr. — Réserver. Ex.: Bouque-moi deux sacs de ciment. Il m'a bouqué une chambre à l'hôtel. — Inscrire. Ex.: Il est bouqué pour parler à trois heures. *Je suis bouqué ben raide aujourd'hui* — Mon agenda est rempli pour la journée.

Bouquer (se) v. pron. — Se battre.

Bouquet n.m. — Fleur, plante d'agrément qu'on cultive pour la fleur qu'elle donne. — Tête d'arbre qu'on met sur le faîte d'une maison, d'une grange quand les chevrons sont posés pour indiquer que la bâtisse atteint son niveau maximum. — Herbes des champs. *Bouquets blancs* — Marguerites des champs. *Bouquets jaunes* — Herbes jaunes des champs. *Bouquet rouge* — Épervière orangée. *Avoir le bouquet* — L'emporter. *C'est le bouquet* — C'est le comble. *Attendre avec un bouquet épouvantable* — Guetter quelqu'un avec une grande hostilité.

Bouquetterie n.f. — Ensemble des fleurs d'un parterre.

Bouragan n.m. — Étoffe de laine ou de coton, non croisée, de tissu très serré.

Bourbassiére n.f. — Bourbier.

Bourdaine n.f. *Envoyer à la bourdaine* — Envoyer au diable.

Bourdé adj. *Bottines à cuir bourdé* — Bottines dont le grain est plus ou moins soulevé.

Bourdignon, bourdillon n.m. — Motte de terre gelée ou de neige durcie. — Morceau de glace faisant saillie. — Bouton de chair. — Verrue. — Grignon de pain. — Bourrelet fait par une couture. Noeud dans un tricot. — Enfant espiègle.

Bourdon n.m. — Jeu qui consiste à placer un petit bâton sur les mains jointes d'un enfant et, pendant qu'on imite le bourdonnement, à chercher à le reprendre et à frapper les doigts de l'enfant avant qu'il ait eu le temps de disjoindre les mains.

Bourdouillage n.m. — Bredouillement.

Bourgeois n.m. — Maître de la maison, chef de famille. — Personne riche. Rentier.

Bourgeoiserie n.f. — Bourgeoisie.

Bourgogner v. tr. — Battre.

Bourgot n.m. — Bigorneau. — Porte-voix. — Sifflet d'usine, de navire, de train.

Bourgotter v. intr. — Parler dans un porte-voix. — Siffler en parlant d'un sifflet d'usine, de navire, de train.

Bourguigner v. intr. — V. BARGUINER.

Bourguignon n.m. — V. BOURDIGNON.

Bourlette n.f. — Ciboulette. — Résine solidifiée. Ex.: Bourlette de gomme d'épinette. — Femme bavarde.

Bourlingon n.m. — Celui qui bourlingue.

Bourrade n.f. — Coup, bourrée. Ex.: Travailler par bourrade.

Bourrader v. tr. — Donner des bourrades, maltraiter en bousculant, malmener en paroles. Ex.: Arrête de bourrader ton petit frère.

Bourrasser v. tr. ou intr. — Brusquer, bousculer. — Être de mauvaise humeur. Ex.: I est insupportable, i bourrasse tout le temps.

Bourrasseux, se adj. — Qui est toujours de mauvaise humeur.

Bourre n.f. — Mensonge. Ex.: Conter des bourres.

Bourreau n.m. *Bourreau d'ouvrage* — Personne qui travaille beaucoup.

Bourrée n.f. — Travail rapide et énergique. Ex.: I a fallu donner une bourrée avant qu'i mouille. — Réprimande, reproche. — Grande quantité. Ex.: Une bourrée de monde.

Bourrelet n.m. *Bourrelet de gomme* — Résine solidifiée.

Bourrer v. tr. — Tromper. Ex.: Viens pas me bourrer. *Se bourrer la face* — Manger à l'excès.

Bourreur n.m. — Ouvrier qui rembourre. — Trompeur.

Bourrier n.m. — Copeaux, planures, rabotures. Ex.: Chauffer avec des bourriers. — Amas de copeaux. — Petit amas de poussières, de balayures. — Grain de poussière. Ex.: Avoir un bourrier dans l'oeil.

Bourrin n.m. — Homme gros et court. — Gourmand.

Bourrole n.f. — Piège à anguilles.

Bourrure n.f. — Bourrage, bourre. — Rembourrement, coussin. Ex.: Bourrure de collier d'attelage.

Bourse-de-dame n.f. — Plante de jardin, fleur de la calcéolaire.

Boursin n.m. — Homme gros et court. — Petit cochon.

Boursoufle n.m. ou f. — Boursouflure.

Bourzaille n.m. — V. BOULEZAILLE. — Tas d'excréments. — Pénis.

Bousage n.m. — Action de se salir de boue.

Bouscailler v. tr. — Bousculer.

Bouscaner v. tr. — Bousculer.

Bouscaud n.m. — Lourdaud. Homme gros et court.

Bousculage n.m. — Action de bousculer.

Bouse n.f. — Sorte de béret.

Bousé, e adj. — Sali de boue.

Bousedagne n.m. — V. BOULEZAILLE.

Bouser v. tr. ou intr. — Salir. Ex.: Elle a tout bousé la voiture.

Bouseux, se adj. — Boueux. Ex.: Un terrain bouseux.

Bousiat n.m. — Homme malpropre. — Gachis dans un écheveau de fil.

Bousiller v. tr. ou intr. — Remplir les ornières de chemins d'hiver avec de la neige détrempée. — Corriger, remettre en état, arranger. — Épandre du fumier.

Bousqui n.m. — Whiskey.

Bout (pron. bout ou boutte) n.m. — Région, quartier que l'on habite. — Partie (d'un ouvrage). Ex.: On fa chacun note bout. *Un bout à l'autre* — D'un bout à l'autre. *En venir au bout de poing* — En venir aux coups de poings. *Tenir son bout* — Résister. *Être au bout, être rendu au bout* — Être à bout, épuisé. *À bout* — Usé, hors de service. Ex.: Ma chemise est à bout. *Avoir pas de bout* — Être infatigable. *C'est le bout, le bout de la fin, le bout de la marche, le bout de la marde* — C'est la fin de la fin, c'est incroyable. *I y a un bout pour* — Il y a des limites à. Ex.: I y a un bout pour se faire achaler. *Bout de chic, bout de cul* — Bout d'homme, bout de femme. *Un petit bout* — Un bout d'homme, un enfant. *Gros bout* — Derrière. Ex.: T'as pas besoin de me montrer ton gros bout. *Se lever le gros bout le premier* — Se lever de mauvaise humeur. *Bout de canot* — Chacun des deux hommes qui se placent aux extrémités d'un canot pour le diriger. *À quelque bout d'heure* — Un de ces jours. *À bout de fin* — Enfin. *Bout pour bout* — Sens devant derrière. *Virer bout pour bout* — (au figuré) Virer de bord, changer d'opinion, de parti. *Bout de crime, bout de torgueu* — Jurons. *C'est le bout de la fin* — C'est la fin. *Bout-ci bout-ça* — Pêle-mêle. *Prendre quelqu'un par le bon bout* — Faire ressortir les meilleures humeurs d'une personne. *Joindre les deux bouts* — Réussir à ne pas s'endetter. *Au bout le bout* — Quand ce sera fini, ce sera fini. *De bout en bout* — D'un bout à l'autre. *I y a un bout à tout* — Il y a des limites. *Au bout* — Fantastique, superbe.

Boute-feu n.m. — Boute-en-train.

Bouteille n.f. — Biberon.

Bouteillée n.f. — Contenu d'une bouteille.

Bouteiller v. tr. — Embouteiller.

Bouter v. tr. — Pousser. Ex.: Boute-le s'i veut pas te laisser passer.

Boutique! interj. — Juron inoffensif.

Boutique n.f. — Tout, totalité, ensemble. Ex.: Je vas vendre toute la boutique si les récoltes sont pas meilleures l'an prochain. — Intrigant, importun. Ex.: Watche-le, c'est une petite boutique.

Boutique d'or n.f. — Marguerite jaune.

Bowler (pron. bôlé) v. intr. — Jouer aux quilles.

Boxa n.m. — Sciotte.

Box car n.m. — Wagon couvert (de chemin de fer).

Boxer v. tr. — Emprisonner. Ex.: I s'est fait boxer pour la nuit. — Poser un décor perpendiculairement au fond de scène.

Boxon n.m. — Bordel. — Stalle pour chevaux.

Boy (pron. boï) n.m. *Mon boy* — Mon garçon. Ex.: Attention à ce que tu dis, mon boy.

Boyart n.m. — Bayart, civière. — Sorte de brancard avec au milieu une boîte pour transporter la morue fraîche.

Boys (pron. boïz) n.m. pl. — Les gars. Ex.: Allons-y, les boys.

Boy scout n.m. — Scout.

Bracanter v. tr. — Brocanter.

Bracard n.m. — Toute structure soutenant un fardeau quelconque.

Brace (pron. bréce) n.f. — Pièce placée obliquement pour soutenir une charpente. Étai. — Tirant, pièce de bois ou de métal qui sert à empêcher l'écartement de deux pièces de charpente, deux murs.

Bracelet n.m. — Chacun des deux anneaux qui servent à supporter les brancards d'une voiture tirée par un cheval. — Atteloire, cheville de fer servant à fixer aux brancards les traits et courroies de reculement.

Bracer (pron. brécer) v. tr. — Mettre les braces. — Poser les bandages de fer en dedans de l'avant d'un navire.

Bracket n.f. ou m. — Appliqué, plaque qu'on fixe au mur et qui porte une ou plusieurs branches de candélabre. Support mural.

Bradelle n.f. — Chaîne sous le patin d'un traîneau qui sert de frein.

Braguet n.m. — Costume de bain.

Braguette n.f. — Partie de l'anatomie sous la braguette. Ex.: Recevoir un coup de pied dans la braguette. *Grosse braguette* — Gros bonnet.

Brai n.m. — Liquide résineux extrait des conifères.

Braid n.m. — Galon, soutache, passement, milleret. Ganse de bouton. Lacet.

Braider v. tr. — Poser du braid.

Braillade, braillage n.m. — Pleurs abondants et bruyants.

Braillard, e adj. ou n.m. ou f. — Qui a l'habitude de pleurer, pleurnicher. — Qui se plaint toujours. — Désagréable (en parlant de la voix d'un orateur, d'un animateur).

Braille n.f., **braillement** n.m. — Pleurs.

Brailler v. intr. — Pleurer. — Se plaindre, se lamenter. *Brailler après quelqu'un* — Crier après, appeler en pleurant.

Brailleur, se, brailleux, se n.m. ou f. — Qui braille.

Brain (pron. bréne) n.m. *Avoir du brain* — Être intelligent. *Avoir quelque chose sur le brain* — Avoir une idée fixe. *Brain-storming* — Rencontre à plusieurs pour se concentrer sur un sujet.

Braisier n.m. — Foyer, partie du poêle où se fait le feu.

Brakeman (pron. bréke-manne) — Serre-freins (chemin de fer).

Braker (pron. bréké) v. intr. — Appliquer les freins, freiner.

Brakes (pron. brèke) n.m. — Freins.

Brancard n.m. — Ridelle placée sur le devant d'une charrette. — Reste des cartes après la donne. Talon.

Branche n.f. — Embranchement de chemin de fer. — Succursale. — Commission de pilote. *Branche de fièvre* — Attaque de fièvre. *Apprendre à travers les branches* — Apprendre par hasard.

Brancher v. tr. — Battre avec une branche. *Être branché* — Être au courant. Saisir la situation.

Brancher (se) v. pron. — Comprendre. Ex.: Branche-toi ou ben tu vas te faire dépasser. — S'encrouer. Ex.: Le chêne en tombant s'est branché sur les autres arbres. — Faire l'amour.

Branchu n.m. — Espèce de canard sauvage qui se perche.

Branco n.m. — Cheval sauvage.

Brandy n.m. — Cognac à l'anglaise. — Sorte de danse.

Branlage n.m. — Action de branler.

Branlant n.m. — Mobilier accessoire.

Branle n.m. — Réprimande. Ex.: Donner le branle à quelqu'un. *Être en branle* — Hésiter.

Branler v. intr. — Trembler. — Hésiter. *Branler dans le manche* — Hésiter, être sur le point de céder.

Branler (se) v. pron. — Se masturber.

Branlette n.f. — Habitude de branler la tête. Ex.: Avoir la branlette. — Masturbation rapide.

Branleuses n.f. pl. — Genre de pâte cuite dans l'huile.

Branleux n.m. — Qui marche en branlant continuellement la tête. — Qui hésite, ne peut prendre de décision. — Lâche.

Branlon n.m. — Bâton.

Braoule n.f. — Pelle à fumier.

Braquer v. tr. — Laisser, abandonner. Ex.: I m'a braqué là. — Commencer.

Braquer (se) v. pron. — Se placer, se poster. Ex.: I s'est braqué devant moi.

Braquette n.f. — Petit clou à fine pointe et grosse tête applatie. Broquette.

Braquetter v. tr. ou intr. — Fixer avec des braquettes.

Bras n.m. *Faire le bras croche, pardessus bras* — Aller bras dessus bras dessous. *Bras d'escalier* — Rampe d'escalier. *Aimer gros comme le bras* — Aimer beaucoup. *Frapper à bout de bras* — Frapper de toutes ses forces. *Se faire les bras* — Se mettre en forme. *Bras de vitesse* — Pénis.

Brass (pron. brasse) n.m. — Laiton.

Brassage n.m. — Action de mêler les cartes (au jeu de cartes).

Brasse n.m. *Avoir du brasse* — Avoir du front tout le tour de la tête.

Brâsse n.f. — Main (au jeu de cartes). — Action de donner les cartes.

Brasse-caille (à), brasse-corps (à) loc. adv. — À bras-le-corps.

Brassée n.f. — Enfant que l'on porte dans les bras. — Chaudronnée, brassin. Ex.: Une brassée de bière.

Brassement n.m. — Secousses.

Brasser v. tr. — Mêler (les cartes). — Fabriquer. Ex.: Qu'est-ce que tu brasses là? — Secouer. Ex.: On se fait brasser dans ton barlin. — Chicaner. Ex.: Tu vas te faire brasser, mon gars. — Remuer, émouvoir. Ex.: Le prédicateur vous a brassé pas mal. *Brasser son café* — Le remuer. *Brasser la salade* — La tourner. *Brasser une bouteille* — L'agiter.

Brasseur, se n.m. ou f. — Celui, celle qui brasse les cartes.

Brassière n.f. — Soutien-gorge. *Brassière strapless* — Bustier.

Brave adj. — Bien paré. Ex.: Que te voilà brave, ma jolie!

Braverie n.f. — Bravade.

Braveté n.f. — Bravoure.

Brayage n.m. — Broyage.

Braye n.f. — Brisoir, broie. — Broyage. — Personne qui jacasse, marchandeur, importun. — Mâchoire. Ex.: Il vous a une bonne braie (Il mange beaucoup). — Personne très élancée. Ex.: Une grande braye.

Brayer v. tr. — Broyer, maquer le chanvre, le lin, pour séparer la matière textile de la tige. — Marchander beaucoup et ne rien acheter. — Manger avec appétit. — Ne recevoir la visite d'aucun garçon, le dimanche (en parlant de jeunes filles). Ex.: Les filles de notre voisin ont brayé, hier.

Brayerie n.f. — Endroit où l'on braie, broie, brise, écangue, maque le chanvre, le lin.

Brayet n.f. — V. BRAGUET.

Brayette n.f. — Braguette.

Brayeur, brayeux n.m. — Broyeur.

Brayeuse n.f. — Femme qui marchande beaucoup. — Femme qui braie le chanvre, le lin.

Brayon n.m. — Partie de la braye qu'on rabat sur la tige du lin ou du chanvre pour la briser. — Nom donné aux gens de Madawaska, Nouveau Brunswick.

Brayures n.f. — Déchets de brayage.

Break (pron. bréke) n.m. — Moment de repos pendant l'ouvrage. Ex.: Prendre un break. — Chance. Ex.: Ça, ça m'a donné un bon break. *Coffee-break* — Pause-café.

Breast (double) (pron. dobole brèce) loc. adj. — Forme croisée en parlant de veston, de manteau. *Simple breast* — Forme simple, non croisée, droite.

Brécanter v. tr. — Brocanter.

Bréce n.f. — V. BRACE.

Brèche adj. ou n.m. ou f. — Qui a perdu une ou plusieurs dents de devant. Brèche-dents. Ex.: Tu serais jolie si t'étais pas brèche.

Brécher v. tr. — Ébrécher. Ex.: Brécher un couteau.

Bréda n.m. — V. BERDA.

Bredessage n.m. — V. BARDASSAGE.

Breeder (pron. brider) v. tr. — Accoupler. Ex.: J'ai fait breeder ma truie.

Bref n.m. *Bref de sommation* — Mandat de comparution. *Bref d'exécution* — Mandat de saisie-exécution. *Bref d'arrêt* — Mandat d'amener, mandat d'arrêt.

Brèguet n.m. — V. BRAGUET.

Breille n.f. — Braie.

Breloque n.f. — Vieille montre.

Brema n.m. — Brahma. Ex.: Un coq brema.

Brémage n.m. — Première couche de peinture donnée sur du bois neuf.

Breme n.f. — Brume.

Brème n.f. — Poisson d'eau douce. V. CRAPET.

Brenante n.f. — Brunante.

Brenèche n.f. — Espèce d'oiseau, bernache, barnache.

Bréque n.m. — V. BRAKES et BREAK.

Brèque n.f. — Cassure.

Brequette n.f. — Braquette.

Bresse n.f. — Poitrine.

Breteller v. tr. ou intr. — Bricoler.

Bretter v. intr. — Bisouner, travailler sans conviction, pour se distraire. Ex.: J'ai passé ma journée à bretter. — Faire. Ex.: Qu'est-ce que tu viens bretter ici?

Bretteux, se adj. ou n.m. ou f. — Bisouneux.

Breuil n.m. — Enclos boisé pour les animaux.

Breumasser v. impers. — Brumasser, faire un peu de brume.

Breume n.f. — Brume.

Breumer v. impers. — Brumasser.

Breunante, breune n.f. — Brunante.

Breuvage n.m. — Lait, thé, café, servis à table. Ex.: Qu'est-ce que vous prenez comme breuvage?

Brick n.m. ou adj. — Généreux. Ex.: C'est un brick, ce gars-là.

Bricleur n.m. — V. BRIQUELEUR.

Bricoles n.f. — Bretelles.

Brider v. tr. — V. BREEDER.

Brigade n.f. *Brigade à feu, brigade d'incendie* — Corps des pompiers.

Bright (pron. braill'te) adj. — Intelligent.

Brimbale n.f. — Perche en bascule pour tirer l'eau d'un puits. — Crémaillère. — Pénis.

Brin n.m. *Brin de pluie* — Gouttelette de pluie. *Brin de neige* — Flocon. *Brin de scie* — Bran de scie. *Un brin su rien* — Trois fois rien. *Brin de raisin* — Un raisin d'une grappe. *Brin du soir* — Crépuscule.

Bringue n.f. — Qui aime à jouer, à s'amuser.

Bringuer v. intr. — S'amuser, jouer, courir, sauter.

Bringueux, se adj. — V. BRINGUE.

Briquade, briquaille n.f. — Briqueterie.

Brique n.f. *Aller à la brique* — Aller à la briqueterie chercher de la brique. — Aller aux États-Unis travailler dans les briqueteries. *Travailler à la brique* — Être briqueleur. *Brique à feu* — Brique réfractaire. *Vendeur de briques* — Briquetier.

Briquelage n.m. — Ouvrage en briques, en blocs de ciment.

Briqueler v. tr. — Poser des briques, des blocs de ciment.

Briqueleur n.m. — Ouvrier qui pose des briques, des blocs de ciment.

Briquer v. tr. — Poser de la brique.

Briquerie n.f. — Briqueterie.

Briqueur n.m. — Briqueleur.

Briquette n.f. — Morceau en forme de brique. Ex.: Une briquette de lard, de crème glacée.

Briscailler v. tr. — Briser, disloquer, déchirer. Ex.: Des habits briscaillés.

Brise n.f. *D'une brise* — Très vite. Ex.: I est venu d'une brise.

Brise-baguette! interj. — Juron.

Brise-culotte adj. ou n.m. — Qui use beaucoup ses vêtements. Ex.: Cet enfant est brise-culotte comme pas un.

Brise-fer adj. ou n.m. ou f. — Qui casse tout. Ex.: Cette petite peut pas garder une catin. C'est une brise-fer.

Brise-gueule n.m. — Mors brisé pour chevaux difficiles. — Musique à bouche.

Briser v. tr. — Abîmer. Ex.: La pluie a brisé mon chapeau. — Manquer à. Ex.: Briser un serment. — Dépareiller. Ex.: Si je te donne ce livre, ça va briser ma collection. *Briser un lit* — Préparer un lit pour s'y coucher.

Brit n.m. — Bruit. Ex.: Fa pas d'brit.

Broc n.m. — Fourche à fumier. — Sorte de pioche à deux fourchons.

Broche n.f. — Fil de fer. *Clôture de broche* — Clôture en fil de fer. *Câble de broche* — Câble métallique. *Broche piquante* — Fil de fer barbelé. *Broche de foin* — Une fourchée de foin. *Bonne broche* — Envolée oratoire. *Faire une broche, faire de la broche* — Chanter la pomme à une jeune fille. *À la broche* — À la hâte. *Broche de croquet* — Arceau. *Broches à tricoter* — Aiguilles. *Broche à cheveux* — Épingle à cheveux.

Broché, e adj. — Celui dont la boule est enferrée (au jeu de croquet).

Broche-à-foin adj. ou n.m. ou f. — Rafistoleur. Ex.: Regarde comment i a arrangé son barlin, ce broche-à-foin-là.

Broche-à-tonnerre n.f. — Paratonnerre.

Brochée n.f. — Poissons enfilés sur une même broche, sur un même brochet. — Fourchée. Ex.: Une brochée de foin. — Grande quantité. Ex.: Une brochée de monde.

Brocher v. tr. ou intr. — Passer un anneau au groin d'un cochon. — Enferrer la boule d'un joueur (au jeu de croquet). — Chanter la pomme à une jeune fille. — Aller vite. Ex.: Il a un cheval qui broche.

Brochet n.m. — Corde ou broche qui sert à porter des poissons. — Bréchet, partie saillante du sternum des oiseaux. Ex.: Il a pas épais de lard sur le brochet.

Brochetée n.f. — V. BROCHÉE.

Brocheter v. tr. — Mettre un anneau au groin d'un cochon. — Botcher. — Bousculer. — Mettre en désordre.

Brocheuse n.f. — Appareil à brocher des feuilles de papier.

Brodure n.f. — Broderie.

Brogue n.m. — Gros soulier d'origine écossaise.

Broker (pron. braukeur) n.m. — Courtier, agent de change.

Bronches n.f. pl. *Avoir les bronches* — Avoir une bronchite chronique.

Bronchique, bronchite adj. — Malade de bronchite. Ex.: Elle est bronchite.

Broqueter v. tr. — Se servir du broc.

Broquette n.f. — Pénis.

Broquetter v. tr. ou intr. — Fixer avec des broquettes, des braquettes.

Brosse n.f. — Cuite. *Prendre une brosse, virer une brosse* — Se saouler. *Partir sur une brosse* — Se saouler et se maintenir en état d'ivresse pendant plusieurs jours. *Être en brosse* — Être saoul.

Brosses n.f. pl. — Balais (d'un moteur électrique).

Brosser v. tr. ou intr. — Maltraiter. Ex.: I brosse ses enfants continuellement. — Être en brosse. Ex.: I brosse depuis trois jours.

Brosseur, brosseux n.m. — Individu qui prend une brosse régulièrement.

Brouasser v. impers. — Bruiner.

Broucher, broucheter v. tr. — Botcher. — Bousculer. — Mettre en désordre.

Broucheteux, se adj. ou n.m. ou f. — Botcheux.

Broue n.f. — Mousse, écume. Ex.: Un savon qui fait beaucoup de broue. La broue sur la bière. Avoir la broue à la bouche. *Une petite broue* — Une petite bière, un verre de bière. *Faire de la broue* — Se vanter. *Péter d'la broue* — Dire des sottises. *Un péteux de broue* — Gros parleux, petit faiseux. — Fraischié.

Brouée n.f. — Bruine, pluie fine.

Brougle (pron. brougueule) n.m. — Bugle.

Brouillardeux, se adj. — Brumeux.

Brouille n.m. — Brouille (n.f.). Ex.: I y a du brouille dans ce ménage-là. — Désordre. Ex.: I y a ben du brouille dans ses affaires.

Brouillon, onne adj. — Fougueux (en parlant d'un cheval).

Brouillonner (se) v. pron. — S'emballer (en parlant d'un cheval).

Brouscailler v. tr. — Brusquer.

Brousse-poil (à) loc. adv. — À rebrousse-poil.

Brousses n.f. — Broussailles, terrain recouvert de broussailles. Ex.: Le chevreuil se tenait dans les brousses.

Brouteux, se adj. — Vaniteux. Prétentieux.

Brûlé n.m. — Partie de forêt qui a passé au feu. Brûlis. Ex.: Aller aux fruitages dans le brûlé.

Brûlé, e adj. — Crevé, épuisé. Ex.: Les gars peuvent pas aller plus loin, i sont tous brûlés. — Ruiné physiquement ou financièrement. Ex.: C'est un homme brûlé. — Dont la réputation est finie. Ex.: Depuis qu'i est devenu garde-chasse, c'est un gars brûlé.

Brûler v. tr. ou intr. — Épuiser. Ex.: Ce boss-là brûle ses hommes. — Dépasser rapidement. Ex.: I est parti avant nous mais on l'a brûlé devant chez Ti-Paul. — Passer très près de, raser. Ex.: Quand i m'a dépassé, i m'a brûlé. — Passer au feu. Ex.: Le voisin a brûlé la nuit dernière. *Brûler ses mèches* — Manquer son coup.

Brûler (se) v. pron. — Détruire sa réputation dans un milieu. Ex.: I a traversé la ligne de piquetage, i vient de se brûler. — Se ruiner, ruiner sa santé. Ex.: I s'est brûlé à boire.

Brûlette, brûlotte n.f. — Ciboulette. — Petit oignon de grève.

Brûleur n.m. — Bec de lampe.

Brûlot n.m. — Petite mouche dont la piqûre provoque une sensation de brûlure.

Brumasser v. intr. — Se dit d'une légère brume qui tombe en bruine.

Brun, e adj. — Bai, d'un rouge brun (en parlant de la robe d'un cheval). *Pain brun* — Pain au son, pain bis. *Papier brun* — Papier d'emballage. *Sucre brun* — Cassonade.

Brun n.f. — Brunante. Ex.: À la brun. *Il commence à faire brun* — La nuit tombe.

Brun n.m. — Organe sexuel féminin. *Le petit brun* — Anus.

Brunante n.f. — Tombée de la nuit, brune. Ex.: Se faire prendre par la brunante.

Brunch (pron. bronn'che) n.m. — Repas du matin et du midi combinés vers onze heures, surtout le dimanche.

Brunsir v. tr. — Brunir (en parlant de la croûte de pain).

Bruscailler v. tr. — Brusquer.

Brush-cut (pron. broche-cotte) n.m. — Cheveux en brosse.

B.T.U. n.m. — Unité de chaleur équivalant à 252 calories métriques.

Buanderette n.f. — Laverie.

Buanderie n.f. — Linge qu'on envoie à la buanderie.

Buberon n.m. — Biberon. — Celui qui boit beaucoup.

Bubusse n.m. — Breuvage d'eau chaude, de lait et de sucre pour les enfants. *Faire bubusse* — Boire (dans le langage enfantin).

Buc en blanc (de) loc. adv. — De but en blanc.

Bûchage n.m. — Coupe des arbres. — Débitage de bois en bûches.

Bûche n.f. *Se tirer une bûche* — S'asseoir.

Bûcher v. tr. ou intr. — Abattre des arbres. Ex.: J'ai bûché toute la journée. Travailler à la coupe du bois. Ex.: I bûche pour Lafond. *Bûcher sur, dessus quelqu'un, quelque chose* — Frapper. Ex.: Arrête de bûcher dessus, tu vas le tuer. Bûche sur la bûche, pas à côté.

Bûcher (se) v. pron. — Se battre.

Bûcher n.m. — Endroit où l'on bûche du bois. — Endroit où l'on débite le bois.

Bûcherie n.f. — Corvée du bûchage du bois de chauffage.

Bûcheur, bûcheux n.m. — Bûcheron. — Travailleur acharné.

Buck (pron. boc) n.m. — Mâle de l'orignal, du chevreuil, du caribou. *Faire son buck* — Faire son tough, faire son macho, faire son homme. *Gros buck* — Gros bonnet.

Buck-chèvre n.m. — Bouc.

Buff (pron. bof) n.m. — Couleur chamois.

Buffalo (pron. boflo) n.m. — Bison. — Homme grossier et brutal.

Buffer (pron. bofé) v. tr. — Polir.

Buffer (pron. bofeur) n.m. — Polisseuse électrique.

Buffet n.m. — Meuble haut, fermé par des battants et servant à serrer le linge, les draps, les couvertures, les vêtements. Sorte d'armoire.

Buggé, e (pron. bogué) adj. — Branché sur une table d'écoute clandestine. Ex.: Mon appartement est buggé.

Buggy (pron. bogué) n.m. — Boghei.

Buis n.m. — If du Canada.

Bulbe n.f. — Bulbe (n.m.).

Bull (pron. boule) n.m. — Bulldozer. — Taureau.

Buller (pron. boulé) v. tr. — Niveler avec un bull.

Bum (pron. bomme) n.m. ou f. — V. BOMME.

Bumper (pron. bomm'peu) n.m. — Pare-chocs. — Sein.

Bun (pron. bonne) n.m. ou f. — Petit pain tranché en deux dans lequel on insère la viande hachée cuite, oignons crus, tomates, moutarde, catchope pour faire un hamburger. — Brioche.

Bunch (pron. bonne-che) n.m. ou f. — Quantité de quelque chose. Bouquet. Ex.: Une bunch de roses. — Botte. Ex.: Une bunch d'oignons. — Paquet. Ex.: Une bunch de bardeaux. — Régime. Ex.: Une bunch de bananes. — Un groupe, une gagne. Ex.: Une bunch de bons-à-rien.

Buncher (pron. bonne-ché) v. tr. — Lier en paquets. Ex.: Buncher des bardeaux. — Mettre le foin en vailloches.

Buncheur (pron. bonne-cheur) n.m. — Ouvrier qui bunche.

Buncheuse (pron. bonne-cheuse) n.f. — Robeuse de cigares.

Bunter (pron. bonn-té) v. intr. — Frapper un coup amorti (au baseball).

Bureau n.m. — Commode. *Bureau chef* — Siège social. *Bureau de médecin* — Cabinet.

Bureaucraque n.m. — Bureaucrate.

Bureaucrate n.m. — Celui qui, employé du gouvernement ou non, a pris parti pour le gouvernement et contre les Patriotes lors de la Rébellion de 1837-38.

Bureau de toilette n.m. — Toilette.

Burner (pron. beurneur) n.m. — Brûleur. — Bec de lampe.

Bus (pron. bosse) n.m. — Autobus.

Busc-en-coin (de) loc. adv. — V. BISC-EN-COIN.

Bushing (pron. bouchigne) n.f. — Coussinet (d'un palier).

Bush pilot (pron. bouche-paill'lute) n.m. — Pilote de brousse.

Business (pron. biznusse) n.f. — Occupation, commerce, profession, métier. Ex.: Sa business c'est de travailler pour moi. — Affaire, entreprise. Ex.: Il a une bonne business. — Intérêt. Ex.: Il n'a pas de business dans cette affaire. *Faire sa business à quelqu'un* — Le rouler, le vaincre, lui donner une raclée.

Business adj. ou n.m. ou f. — Habile en affaires, être d'affaires. Ex.: Elle est business en maudit. C'est un business, i est capable.

Buste n.m. — Tour de poitrine. Ex.: Sa robe a 38 pouces de buste.

Busy-body (pron. bizé-bodé) adj. ou n.m. ou f. — Affairé, toujours en train de fabriquer quelque chose. — Intrigant.

Butch (pron. boutche) n.f. — Femme hommasse. — Lesbienne.

Buter v. intr. *Buter contre* — Se heurter contre. Ex.: Buter contre le poêle. *Buter sur* — Trébucher. Ex.: Buter sur une racine.

Buteux, se adj. — Qui bute. Ex.: Un cheval buteux.

Butin n.m. — Effets, marchandises quelconques. Ex.: C'est du bon butin, que je vous vends là. — Ensemble des effets d'un individu. Ex.: Il a perdu tout son butin dans le feu. — Linge personnel, vêtements. Ex.: As-tu serré ton butin du dimanche? Je vas laver mon butin de corps. — Récolte en général. Ex.: On aura pas grand butin cette année. — Provisions. Ex.: Il en faut du butin pour nourrir tout ce monde-là. *Du bon butin* — Excellente personne. Ex.: Sa femme, c'est du bon butin. — Une bonne bête. Ex.: Son cheval, ça, c'est du bon butin. *Porter du bon butin* — Porter des vêtements faits avec une bonne étoffe.

Butt (pron. botte) n.m. — Gros bout d'un billot. — Mégot.

Buttailleux, se adj. — Couvert de buttes en parlant d'un terrain.

Butte n.f. — Une grande quantité. Ex.: Des cerises, y en a une butte cette année.

Butteau n.m. — Petite butte.

Butter (pron. bòtter) v. tr. — Couper le bout d'une pièce de bois. — Éteindre (sa cigarette).

Butteur (pron. botteur) n.m. — Celui qui butte des billots.

Butteux, se adj. — Couvert de buttes en parlant d'un terrain.

Button n.m. — Petite butte.

Buverie n.f. —Saoulerie.

Buveron n.m. — Biberon. — Qui se saoule régulièrement.

Buveux n.m. — Buveur.

Buzz (pron. boze) n.m. — Coup de téléphone. *Avoir des buzz* — Ressentir une très grande confusion, surtout sous l'effet de drogues.

Buzzer (pron. boze) v. intr. — Tourbillonner dans sa tête. Ex.: Ça buzze en maudit quand tu prends du rye.

Bye, bye-bye (pron. baille, baille-baille) interj. — Au revoir.

By god! (pron. baille-gâde) interj. — Bon Dieu!

Bzats (pron. bza) n.m. pl. — Paille de pois.

C

Ça pron. — Il. Ex.: Ça gèle. Ça neige à matin. Ça m'est arrivé d'avoir rien à manger. — Ils, elles, ces gens-là. Ex.: Ça connaît rien et ça veut mener le monde. Ça crie toute la journée, ces mioches-là. — On. Ex.: Ça chantait, ça gueulait. *Pourquoi ça que* — Pourquoi. Ex.: Pourquoi ça que tu viens pas? *Ça me dit de* — L'envie me prend de. Ex.: Ça me dit d'aller la voir. *Ça me prend de* — L'envie me prend de. Ex.: Ça me prend de vouloir partir avec. *Avoir de ça* — Avoir de l'argent. Ex.: C'est un homme qui a de ça. *Quoique ça* — Malgré cela. Ex.: Quoique ça, j'irai pareil. *Avec ça que* — Et puis. Ex.: Avec ça que j'ai pas du tout envie. *Ça doit* — Sans doute.

Cabalabe adj. — Qui peut être sollicité. Ex.: Inutile d'aller le voir, i est pas cabalabe.

Cabalage n.m. — Action de chercher à gagner quelqu'un à sa cause.

Cabale n.f. — Propagande politique à domicile.

Cabaler v. tr. ou intr. — Chercher à gagner quelqu'un à la cause d'un candidat. — Chercher à obtenir des suffrages en faveur d'un candidat ou d'une cause.

Cabalerie n.f. — V. CABALAGE.

Cabaleur, cabaleux n.m. — Celui qui cabale.

Cabane n.f. *Cabane à sucre* — Bâtiment où l'on fabrique le sirop et le sucre d'érable. *I y a de la chicane dans la cabane* — Ça se chicane dans la maison. *Cabane à chien* — Niche. *Cabane en logs* — Cabane en bois rond.

Cabané, e adj. — Enfoncé, creux. Ex.: Il a les yeux cabanés. — Enveloppé. Ex.: Il se tient la tête bien cabanée.

Cabaneau n.m. — Petit placard le plus souvent dans le mur, sous un escalier.

Cabaner v. intr. — Arrêter pour le repos de la nuit en parlant de voyageurs. Ex.: On va cabaner à Louvicourt. — Fermer la cabane à sucre.

Cabaner (se) v. pron. — Se confiner chez soi. Ex.: Il s'est cabané chez lui pour l'hiver. — S'assombrir. Ex.: Le temps se cabane.

Cabaretier n.m. — Cabaret, plateau.

Cabarouet n.m. — Charrette sans ridelles qui sert au transport de tonneaux, de ballots. — Cabriolet, voiture légère à deux roues et à un seul cheval.

Cabas n.m. — Tapage.

Cabassé, e adj. — Fatigué, brûlé.

Cabasser v. tr. ou intr. — Tracasser, fatiguer, ennuyer. Ex.: Mon voyage m'a cabassé. — Secouer. Ex.: Ça cabasse dans ton barlin.

Cabastran n.m. — Cabestan.

Cabestan n.m. — Manège de presse à foin.

Cabette n.f. — Petite armoire.

Cabinet n.m. — Petite armoire. Ex.: Serrer du linge dans le cabinet. — Chambre.

Cabinet adj. inv. — D'un format d'environ quatre pouces sur cinq en parlant de photo. Ex.: Une photographie cabinet.

Câblage n.m. — Action de poser des câbles.

Caboche n.f. — Bourgeon. Ex.: Les arbres commencent à avoir des caboches. — Tête de plantes. Ex.: Des caboches de trèfle.

Cabocher v. tr. — Frapper. Ex.: Il l'a caboché comme il faut.

Cabochon n.m. — Caboche, tête. Ex.: Quand il a quelque chose dans le cabochon... — Individu entêté. — Imbécile. — Protubérance qui garnit une surface plane, noeud d'une bûche, aspérité dans un chemin. — Bûche pleine de noeuds et dure à fendre. — Mauvais ouvrier.

Cabotage n.m. — Charriage.

Cabouron n.m. — Butte. Obstacle qui se rencontre dans un chemin de bois, cailloux, racines, etc. — Durillon, dureté qui se forme par l'épaississement de la peau.

Cabouronneux, se adj. — Rempli de cabourons.

Cabousse n.f. — Fourgon d'équipe à l'extrémité d'un convoi de marchandises (chemin de fer). — Pièce attenante à une habitation et servant de dépense. — Voiture d'hiver tirée par un cheval.

Cabrouet n.m. — V. CABAROUET.

Cacahuète n.f. — Fruit de l'arachide. Pinotte.

Cacassement n.m. — Caquetage.

Cacasser v. intr. — Jacasser, caqueter, bavarder. Ex.: Elles cacassent du matin au soir. — Caqueter, glousser (en parlant des poules).

Cache n.f. — Lieu où un prospecteur, un chasseur, un trappeur laisse ses provisions pendant ses randonnées.

Cache-corset n.m. — Soutien-gorge du début du siècle.

Cache-la-bergère n.f. — Jeu qui consiste à passer de main en main une bague tout autour d'un cercle de joueurs pendant qu'un joueur placé au milieu du cercle cherche à deviner entre les mains de qui se trouve la bague.

Cache-menettes n.m. — Tablier muni de poches dans lesquelles on peut se cacher les mains.

Cache-orier n.m. — Taie d'oreiller.

Cache-panets n.m. — V. CACHE-CORSET.

Cache-pénette n.m. — Tablier d'enfant descendant jusqu'à mi-cuisses.

Cache-pet n.m. — Chemise de nuit.

Cacher v. tr. — Couvrir dans son lit. Ex.: Laisse-moi te cacher comme il faut. — Couvrir, abriller, protéger contre la pluie, la neige. Ex.: Va donc cacher les melons, crainte qu'ils gèlent. *Cacher quelqu'un* — Le couvrir. Ex.: Sa mère l'a toujours caché quand il faisait ses mauvais coups.

Cachette n.f. — Jeu d'enfants dans lequel un des joueurs doit chercher les autres. — Cachoterie. Ex.: Faire des cachettes.

Cachettement adv. — En cachette.

Cachou n.m. — Sorte d'amandes du Brésil.

Cachter v. tr. — Couvrir pour garantir contre le froid. — Sceller (une lettre).

Cadabe n.m. — Cadavre.

Cadave n.m. — Homme de grande taille. Homme mal bâti.

Cadeau n.m. — Présent. *C'est pas un cadeau* — C'est pénible.

Cadran n.m. — Réveille-matin. Réveil. Horloge.

Cadrateur n.m. — Se dit d'un dispositif de linotype permettant de compléter automatiquement les lignes composées.

Cadre n.m. — Tableau, dessin, gravure encadrés. Ex.: J'ai acheté un cadre de Clark Gable.

Cadre-rond n.m. — Quart-de-rond (moulure).

Caduc n.f. — Aqueduc. — Robinet.

Caduc, uque adj. — Triste, abattu.

Ça fa loc. ver. — Ça suffit, c'est assez.

Ça fa que loc. conj. — De sorte que, c'est pourquoi. Ex.: I est venu, ça fa que j'ai pas eu besoin d'y aller.

Cafétaria n.f. — Restaurant où l'on se sert soi-même.

Cafière n.f. — Cafetière.

Cage n.f. — Assemblage de pièces de bois de charpente ou autres liées ensemble pour leur faire descendre une rivière sans les charger sur un bateau. — Pile de planches, de madriers en échiquier. — Espèce de quai au milieu d'une rivière pour y attacher les booms.

Cager v. tr. — Faire une cage de bois. Ex.: Cager des billots. — Empiler du bois en échiquier.

Cageu n.m. — Petit radeau de billots. — Pile de bois en échiquier.

Cageux n.m. — Ouvrier qui fait et conduit des cages.

Caille n.f. — Rocher, écueil à fleur d'eau. — Radiateur.

Caille adj. — Blanc tacheté de noir ou de fauve. Couleur pie. Ex.: Une vache caille. — Indécis au point de vue politique. Ex.: Il est ni rouge ni bleu. Il est caille. — Trouble. Ex.: Avoir les yeux cailles. — Indécis.

Cailler v. intr. — Avoir sommeil. Ex.: Tu cailles, mon boy, va te coucher. *Ne pas cailler sur l'estomac* — Ne pas être gardé longtemps secret. Ex.: Quand elle a décidé de se marier, ça lui a pas caillé sur l'estomac. *Faire cailler son pipi* — Se masturber.

Cailles n.f. pl. — Lait caillé.

Caillette n.f. — Présure. — Nom qu'on donne fréquemment aux vaches de couleur caille.

Cailloteux adj. — CAHOTEUX.

Cailloutchouc n.m. — Caoutchouc.

Caire n.m. — Tiers.

Caire-point n.m. — Tiers-point.

Caisse n.f. — Cage d'oiseaux.

Caisse d'économie n.f. — Caisse d'épargne.

Caisser v. tr. — Encaisser, mettre dans une caisse. Ex.: Caisser des marchandises.

Cake-walk (pron. kéke-ouâke) n.m. — Sorte de danse.

Calâbe n.m. — V. CADAVE.

Calais n.m. et adj. inv. — Imbécile. Ex.: I a l'air calais.

Calamel n.m. — Calomel.

Calant n.m. — Plomb (de ligne de pêche).

Calant, e adj. — Trop lourd pour flotter. Ex.: Bois calant. — Où les pieds enfoncent. Ex.: Neige calante.

Calas-fillette n.m. — Petit garçon qui aime jouer avec des poupées, qui préfère jouer avec les petites filles. — Homme qui s'occupe de travaux de femmes.

Câlasse! interj. — Forme adoucie de CÂLISSE!

Calcul n.m. — Avis, opinion. Ex.: À mon calcul, ça marchera pas. *Règle à calcul* — Règle à vernier servant à effectuer diverses opérations arithmétiques.

Calculeux, se adj. — Qui sait calculer. — Calculateur, ménager, avare.

Câle n.m. ou f. — Imitation du mugissement de l'orignal.

Cale n.f. — Plomb qu'on attache à une ligne de pêche pour la faire descendre dans l'eau.

Calé, e adj. — Chauve. Ex.: Tête calée.

Calebasse! interj. — Juron inoffensif.

Calèche n.f. — Voiture à deux roues, espèce de cabriolet très élevé, suspendu sur des soupentes. *Aller en calèche, rouler la calèche* — Avoir la diarrhée.

Caleçons n.m. pl. — Caleçon.

Calenas n.m. — Cadenas.

Calendard n.m. — V. GODENDART.

Calendrier n.m. — Régistre sur lequel on inscrit le nom des prisonniers. *Année, mois du calendrier* — Année courante, mois courant.

Caler v. tr. ou intr. — Enfoncer. Ex.: Caler dans la neige. Caler sa casquette. — Engouffrer. Ex.: Caler de l'argent dans une entreprise. — Avaler, engloutir. Ex.: Caler un repas. Caler une bière. — Perdre ses cheveux.

Caler (se) v. pron. — S'enfoncer. Ex.: Se caler dans le lit. — Avaler, manger ou boire copieusement. Ex.: Se caler un repas. Se caler un bon coup. — Se mettre en mauvaise posture. Ex.: Si tu fais ça, tu vas te caler.

Câler v. tr. — Annoncer les figures d'une danse carrée. Ex.: Câler un set. — Imiter le mugissement de l'orignal pour l'attirer. — Commander (une consommation). *Câler l'orignal* — Vomir. *Câler un taxi* — Héler, appeler un taxi.

Câleur n.m. — Celui qui câle.

Câleux n.m. — Câleur.

Calfeutage n.m. — Calfeutrage.

Calfeuter v. tr. — Calfeutrer.

Câliboire!, câlife!, câlique! interj. — Formes adoucies de CÂLISSE!

Califourchon n.m. — Derrière. Fourche des jambes. Ex.: Recevoir un coup de pied dans le califourchon. *Avoir le califourchon fendu long* — Avoir les jambes longues.

Calimaçon n.m. — Colimaçon.

Cali-malla n.m. — Colin-maillard.

Calimatias n.m. — Galimatias.

Câline! interj. — Forme adoucie de *câlisse*! Ex.: Câline de bine!

Câline n.f. — Bonnet de femme.

Câlisse n.m. ou f. — Juron. — Un pas-bon. Ex.: C'est un câlisse. *Un câlisse de* — Superlatif. Ex.: Un câlisse d'homme. Un câlisse de pas-bon. Un câlisse de vent. Une câlisse de chienne. *De câlisse, du câlisse* — Superlatif. Ex.: Un bruit du câlisse. Un crotté de câlisse. Un osti de câlisse. — Partie intégrante d'un chapelet de jurons.: Un osti de tabernak de câlisse de crisse de ciboire d'ostensoir.

Câlisser v. tr. *Câlisser un coup de poing* — Donner un coup de poing. *Câlisser son camp* — Foutre son camp. *Câlisser quelqu'un dehors* — Le mettre à la porte.

Call (pron. câle) n.m. ou f. — V. CÂLE.

Çalle-ci, çalle-là pron. dém. f. — Celle-ci, celle-là.

Calmir v. intr. ou pron. — Se calmer. Ex.: Le vent va calmir. Notre malade se calmit un peu.

Calorifère n.m. — Radiateur.

Calotte n.f. — Casquette. — Fruit de la ronce odorante.

Calotter (se) v. pron. — Se couvrir (en parlant du temps).

Caltâr n.m. — Goudron.

Calumette n.f. — Pipe longue et droite.

Caluron n.m. — Casquette.

Calvaire! interj. — Juron. *Être en beau calvaire* — Être en colère.

Calvâsse! interj. — Forme adoucie de CALVAIRE!

Calvette n.f. — Ponceau.

Calvince! interj. — Forme adoucie de CALVAIRE!

Camail n.m. — Capeline d'enfant.

Cambuse n.f. — Abri, shack. — Magasin de vivres dans les chantiers. — Foyer dans un campe de bûcherons. — Couvercle de bois sur un puits.

Caméra n.f. — Appareil photographique.

Camisole n.f. — Sous-vêtement recouvrant le tronc.

Camp n.m. — Chalet d'été sur le bord d'un lac, d'une rivière. Ex.: Passer l'été au camp. *Camp de vacances* — Colōnie de vacances. *Sacrer le camp* — Foutre le camp.

Campagne n.f. *En campagne* — À la campagne.

Campe n.m. ou f. — Cabane construite dans le bois servant d'habitation aux bûcherons. — Cabane en bois rond, première habitation de colons. Ex.: Je suis né dans un campe d'Abitibi.

Campeau n.m. — Morceau ou pièce de terre.

Camper v. intr. — Dresser la tente. Ex.: On a campé sur le lac Champlain. — Vivre sous la tente. Ex.: On va camper toute la semaine. — Vivre dans un campe.

Camper (se) v. pron. — S'installer. Ex.: I s'est campé chez nous pour quinze jours.

Campion n.m. — Campeur.

Cam shaft n.m. — Arbre à cames.

Canadien, enne adj. ou n.m. ou f. — Colon d'origine française établi en Nouvelle-France par opposition à *Français* qui désignait les Français qui n'y étaient que temporairement comme administrateurs, fonctionnaires, commerçants, missionnaires. — Habitant du Canada d'origine française par opposition à Anglais qui désignait les Anglais qui ont conquis la Nouvelle-France et s'y sont installés.

Canailler v. intr. — Faire des canailleries.

Canaouiche n.m. — Sobriquet donné aux Amérindiens.

Canard n.m. — Bouilloire. *Sentir le petit canard à la patte cassée* — Sentir mauvais.

Canayen, enne adj. ou n.m. ou f. — Habitant du Canada d'origine française. *Parler en canayen* — Parler la langue québécoise. *Ça prend du canayen pour* — Ça prend du courage. Ex.: Ça va lui prendre du canayen pour sortir de cette situation-là. *Se mouiller le canayen* — Prendre un coup.

Cancanage n.m. — Cancans.

Cancaneux, se adj. — Cancanier.

Cancellation n.f. — Annulation. Résiliation. Radiation.

Canceller v. tr. — Annuler. Oblitérer, radier, barrer, supprimer. Décommander. Ex.: Canceller un abonnement, une commande, un train.

Cancer n.m. *Cancer de pipe* — Goître.

Can dog (pron. canne-dâgue) n.m. — Grappin, levier à crochet.

Candy (pron. canne-dé) n.m. — Bonbon.

Caneçons n.m. pl. — Caleçon.

Canepin n.m. — Calepin.

Canette n.f. — Bobine de fil.

Canevasser v. tr. — Solliciter, faire les démarches pour obtenir le vote de.

Canevasseur n.m. — Qui canevasse.

Cangrène n.f. — Gangrène.

Cani, e adj. — Moisi. Ex.: Ça sent le cani.

Canicules n.f. pl. — Canicule (sing.).

Canir v. tr. — Moisir.

Canisse n.m. ou f. — Bidon. — Boîte en fer-blanc.

Canissure n.f. — Moisissure.

Canistre n.m. ou f. — V. CANISSE.

Canitude n.f. — Canicule.

Cannages n.m. pl. — Mise en conserve de fruits et légumes dans des bocaux ou des boîtes de métal blanc. — Période de l'année où se font ces conserves.

Canne n.f. — Boîte de métal scellée pour la conservation de denrées périssables. — Bocal, bidon, jarre. — Jambes.

Cannelle n.f. — Bobine de fil, de laine, etc.

Canneller v. tr. — Bobiner.

Cannellier n.m. — Cadre sur lequel on suspend les cannettes pour ourdir la trame.

Canner v. tr. ou intr. — Faire les cannages. — Donner des coups de canne à. — S'aider d'une canne en marchant.

Cannerie n.f. — Usine de mise en conserve. Ex.: Une cannerie de homards.

Cannes n.f. pl. *Cannes de quêteux* — Jambes maigres.

Cannissons n.m. pl. — Caleçon.

Canonner v. intr. — Péter, lâcher des pets.

Can-opener (canôpneu) n.m. — Ouvre-boîtes.

Canot n.m. — Canoë.

Canote n.m. — Canot.

Canoteur, canoteux n.m. — Qui fait du canot.

Canouche n.m. — Appellation familière de canard.

Cansis n.f. — Cassis.

Cant n.m. — Côté. Ex.: Mets la brique sur le cant.

Cantaloupe n.m. — Cantaloup.

Canter v. tr. ou intr. — Pencher, incliner. Ex.: Un mur qui cante. — Tomber de sommeil. *Canter une femme* — Lui faire l'amour.

Canter (se) v. pron. — Se coucher. Ex.: J'vas aller m'canter dix minutes.

Cant hook (pron. kinte-*h*ouk) n.m. — Grappin.

Canton n.m. — Division territoriale établie dans les domaines de la Couronne équivalant au township britannique. — Portion d'un champ, étendue de terrain. *Cantons de l'Est* — Région au sud du Saint-Laurent qui fut la première divisée en *townships.*

Cantouque n.m. — V. CANT HOOK.

Canuck (pron. canoque) n.m. — Canadien.

Caouiche n.f. — Amérindienne.

Cap n.m. — Casquette. — Capsule. Ex.: Un fusil à caps. — Amorce de dynamite. — Empeigne métallique d'une bottine qui protège les orteils contre les coups. — Pièce de bois ou de tôle dont on recouvre le faîte d'un toit. — Chapeau de cheminée. *Cap de roue* — Enjoliveur. *Cap de stylo* — Capuchon. *Cap de roche* — Button rocailleux. *Toe cap* — Extrémité du pénis.

Capabe adj. — Qui peut. Ex.: Es-tu capabe d'y aller? *Être capabe pour quelque chose* — Pouvoir faire quelque chose. *Être capabe pour quelqu'un* — Être plus fort que lui.

Capabe n.m. — Un individu doué physiquement, moralement ou intellectuellement. Ex.: Lui, c'est un capabe.

Capacité n.f. — Talent, habileté. Ex.: Avoir bien des capacités. — Puissance. Ex.: La capacité d'un moteur. *En sa capacité de* — En sa qualité de.

Capefiche n.f. — Culbute. Ex.: Il a pris une capefiche.

Capias n.m. — Prise de corps, arrestation. Ex.: Demander un capias contre quelqu'un.

Capiasser v. tr. — Arrêter en vertu d'un mandat.

Capiche? loc. verbale — Tu comprends?

Capiche, capine n.f. — Capuchon que portent les femmes et les enfants et qui descend jusque sur les épaules.

Capiner v. intr. — Aimer la société des religieuses.

Capines n.f. pl. — Religieuses.

Capital n.m. *Capital politique* — Atouts politiques.

Capot n.m. — Grand pardessus en étoffe ou en fourrure. *Capot de poil* — Pardessus de fourrure. *Capot de chat* — Pardessus de chat sauvage (raton laveur). *Virer, tourner, retourner capot, son capot* — Changer de parti, d'opinion. *En avoir plein son capot* — En avoir plein le dos. *Virer capot* — Devenir fou.

Capote n.f. — Prophylactique. Protecteur dont on recouvre le pénis pour prévenir la conception ou certaines maladies vénériennes. — Botte de caoutchouc.

Capoté, e n.m. ou f. — Cinglé. Déséquilibré. Qui a perdu la tête.

Capoter v. tr. — Couvrir d'un capot. — Perdre la tête.

Capoter (se) v. pron. — S'encapoter.

Captif, ive adj. — Retenu à la maison.

Captuler v. tr. ou intr. — Calculer.

Capuche n.f. — Bonnet de nuit de femme. — Culbute. — Sage-femme. — Religieuse.

Capuchonner (se) v. pron. — Se couvrir d'un capuchon.

Capulaire n.m. — Capillaire du Canada, adiante pédalée.

Caque n.m. — Caca. Ex.: Faire son caque.

Carabache n.f. — Genre de pipe en écume de mer.

Carabiné, e adj. — Fort, violent, excessif. Ex.: Un froid carabiné.

Caractère n.m. — Personnage. Individu original. Numéro.

Carafée n.f. — Contenu d'une carafe.

Carapet n.m. — Crapet.

Caraquette n.m. — Coloquinte.

Caraquette n.f. — Huître pêchée à Caraquet, Nouveau Brunswick.

Carasine n.f. — Kérosène.

Caravane n.f. — Ménagerie ambulante.

Carbouter v. tr. — Arranger. Redresser.

Carcajou n.m. — Voleur, rusé.

Carcan n.m. — Collier de fer servant à attacher les bovins dans leur stalle. — Collier de bois qu'on met aux animaux pour les empêcher de sauter les clôtures. — *Maigre comme un carcan* — Très maigre. *Carcan du cou* — Clavicule.

Carcul n.m. — Calcul.

Carder v. tr. — Battre, réprimander, dire ses vérités à.

Cardex n.m. — Système de fiches imbriquées à noms visibles.

Cardinal n.m. *Le cardinal est chez nous* — Ma femme menstrue.

Cardnas n.m. — Cadenas.

Cardures n.m. pl. — Laine qui reste prise dans le peigne de la carde.

Careilleur n.m. — Sorte de rabot.

Carême! interj. — Juron inoffensif.

Carême n.m. *Être pâle comme une vesse de carême, être comme une vesse de carême, être une vraie vesse de carême* — Être très pâle. Avoir une face de carême.

Caresse! interj. — Juron. Forme adoucie de EUCHARISTIE!

Çarf n.m. — Cerf. *De la corne de çarf* — Solution d'ammoniaque.

Caribou n.m. — Boisson faite d'un mélange de vin et d'alcool.

Carinquin n.m. — Coloquinte.

Carnage n.m. — Bruit, tapage. – Dégât.

Carnas n.m. — Cadenas. — Fruit de la bardane.

Çarner v. tr. — Cerner. *Çarner une pipe* — Culotter une pipe.

Carosse n.m. — Voiture d'enfant.

Carotte-à-moreau n.f. — Ciguë maculée.

Carpe n.f. — Carpe-soldat. — Carpe à cochon. *Carpe allemande* — Carpe d'Europe.

Carpiche n.f. *Prendre une carpiche* — Prendre une culbute. — Fuir de peur. — S'enivrer.

Çarque du cou n.m. — Clavicule.

Carcoua n.m. — Cheval maigre. Mauvais cheval.

Carré n.m. — Partie de la grange où l'on serre le foin, la paille. — Coin de hangar, de grenier, où l'on entrepose les grains. — Place, square. Ex.: Le carré Saint-Louis. *Carré du puits* — Margelle. *Carré du four* — Chantier du four.

Carré adj. *À pas carrés* — En se carrant pour se donner de l'importance. — D'un pas assuré.

Carreau n.m. — Châssis ou panneau qui ferme une petite ouverture. — Morceau. Ex.: Ton gâteau est bon mais je vas juste en prendre un carreau.

Carreauté, e (pron. carotté) adj. — À carreaux. Ex.: Mets donc ta jupe carreautée. De la broche carreautée.

Carreauter v. tr. — Tracer des carreaux sur une surface. — Quadriller Ex.: Carreauter du papier.

Carrédge n.m. — Chariot mobile sur rails servant à présenter des billots à la grande scie dans un moulin à scie. — Voiture d'enfant.

Carrés n.m. pl. *Jouer aux carrés* — Jouer à la marelle.

Carriéreur n.m. — Ouvrier qui extrait la pierre dans une carrière.

Carriole n.f. — Traîneau d'hiver sur patins bas qui sert au transport des voyageurs.

Carriolée n.f. — Groupe de personnes dans une carriole.

Carrioler v. tr. — Transporter en carriole.

Cartable n.m. — Sous-main.

Çartain adj. — Certain.

Carte n.f. *Perdre la carte* — Devenir fou. *Tirer aux cartes* — Tirer les cartes.

Cartelle n.m. ou f. — Tasserie où l'on met les céréales et le foin.

Carte-poste n.f. — Carte postale.

Cartoon (pron. cartoune) n.m. — Dessin animé. — Caricature. — Cartouche (de cigarettes).

Carton n.m. — Cartouche de cigarettes.

Cartron n.m. — Carton.

Carvelle n.f. — Gros clou de fer.

Carver v. tr. — Dépecer. Ex.: Carver un poulet.

Carveur n.m. — Couteau à dépecer.

Caryer n.m. — Sorte de noyer d'Amérique.

Cas n.m. *Faire de cas de, faire du cas de* Faire cas de, s'occuper de. Ex.: Fais pas de cas de lui, c'est un boulshiteur. *En tout cas que* — Au cas où. Ex.: Fais donc un gâteau en tout cas qu'il viendrait. *Par cas* — Par hasard. Ex.: Si, par cas, i vient, dis-lui pas. *Par cas que* — Pour le cas où. Ex.: Je vas rester par cas qu'i viendrait. *En par cas* — De toute façon. Ex.: En par cas, c'est pas moi qui vas lui dire. *Au cas où* (pron. au cazou) — En cas. Ex.: Viens donc avec moi au cas où.

Casane n.f. — Cabane de branche.

Casaner (se) v. pron. — Se renfermer chez soi.

Case (pron. késse) n.m. — Ensemble de pièces d'un dossier imprimées pour fin d'appel.

Casemade n.f. — Caveau à légumes.

Cash n.m. — Argent. Ex.: As-tu du cash sur toué? — Encaisse. Ex.: On a toujours un gros cash. — Caisse. Ex.: Je travaille au cash aujourd'hui. — Caissier. Ex.: C'est lui, le cash. *Acheter cash, payer cash* — Acheter, payer comptant. *Faire le cash* — Faire le livre de caisse. *Passer au cash* — Se faire réprimander.

Casher v. tr. — Encaisser, changer (un chèque). Ex.: Cashe donc mon chèque d'assurance-chômage.

Casque (pron. souvent casse) n.m. — Chapeau de fourrure. *Un casque à palette* — Une casquette de fourrure. *Avoir du casque* — Avoir du culot. *En avoir plein le casque* — En avoir plein le dos. *Prendre du casque* — Prendre du courage. *Un gros casque* — Un gros bonnet, un individu qui se donne de l'importance. *Le casque* — Appelation familière négative. Ex.: Eille, t'es pas fou, le casque?

Casquette à oreilles n.f. — Casquette à oreillons.

Cassé n.m. — Un individu sans une cenne noire.

Cassé, e adj. — Sans argent. Ex.: J'suis cassé ben raide.

Casse-croûte n.m. — Restaurant qui sert des repas légers.

Câsse-glace n.m. — Brise-glace.

Câsse-jambe n.m. — Poutre maîtresse placée au-dessus du plancher du grenier ou au-dessus du garde-grain.

Casse-ligne n.f. ou m. — Avançon (pêche).

Câsser v. tr. ou intr. — Cueillir. Ex.: Câsser des pommes. — Fendre. Ex.: Va câsser du bois. — Mettre fin à, troubler, déranger. Ex.: Cette nouvelle m'a câssé le plaisir. Cet accident a câssé ma soirée. — Manquer à. Ex.: Câsser sa parole. Câsser le jeûne. — Écorcher (en parlant d'une langue). Ex.: I câsse l'anglais. — Vider la bourse. Ex.: Cette dépense m'a câssé. — Changer en plus petite monnaie. Ex.: Peux-tu me câsser un dix piasses? — Perdre (une habitude). Ex.: I buvait mais i a câssé ça net. — Dompter, briser la volonté de. Ex.: Quand est-ce qu'on câsse le poulain? Quand elle est rentrée au couvent, les capuches l'ont câssée comme il faut. — Se mettre à galoper. Ex.: Ce cheval trotte vite mais il a l'habitude de câsser. — Reculer, abandonner une entreprise. Ex.: Je comptais sur lui mais il a câssé. — Arrêter. Ex.: Le froid va bientôt câsser. — Initier. Ex.: Il a câssé bien des jeunes à la coupe de bois. *Câsser sa pipe* — Ne pas réussir. Ex.: Il a voulu se faire élire, mais il a câssé sa pipe. — Mourir. *Câsser maison* — Cesser de tenir maison. Ex.: Il câsse maison au mois de mai. *Câsser des fiançailles, câsser* — Rompre des fiançailles. *Câsser un rhume* — L'enrayer. *Câsser ses boutons* — Se remettre à boire (de l'alcool). *Se* *faire câsser la cuisse* — Devenir enceinte. *Se câsser les assiettes* — Tomber sur le derrière. *Câsser ses règles* — Ne pas respecter une entente.

Câsserole n.f. — Cendrier d'un poêle à bois. — Tôle à pain. — Grande ourse.

Câsserolée n.f. — Contenu d'un cendrier de poêle.

Câsses n.f. pl. — Hampes du plaintain. *Jouer aux câsses* — Prendre chacun une hampe de plaintain, les croiser et tirer jusqu'à ce que l'une câsse.

Câssette n.f. — Caisse que les marchands ambulants portent sur leur dos.

Câsseux adj. ou n.m. — Qui casse tout. *Câsseux de veillée* — Qui part avant la fin de la veillée.

Câsseux, se adj. ou n.m. ou f. — Qui câsse (en parlant d'un cheval).

Câssevel n.m. — Casuel (du prêtre).

Câssevel, elle adj. — Cassant. Ex.: Le cristal, c'est trop câssevel. — Frêle. Ex.: Un enfant câssevel.

Câssier n.m. — Cassis.

Cassiette n.f. — Casquette.

Câssot n.m. — Petit récipient d'écorce, de bois mince. Ex.: Un câssot de fraises. *Se remplir le câssot* — Se remplir l'estomac. *Un câssot de crème à la glace* — Un cornet de crème glacée. *Un câssot de patates frites* — Un petit sac de frites.

Castille n.f. — Acier trempé. Ex.: Une hache en castille. *Savon de Castille* — Savon blanc de Marseille.

Casting (pron. castigne) n.m. — Lancer. Pêche au lancer.

Castonade n.f. — Cassonade.

Castor n.m. — Qui appartenait au parti qui ramenait toutes les questions politiques à des questions religieuses fin 19e siècle. — Ce parti lui-même. *Huile de castor* — Huile de ricin. *Rognons de castor* — Glandes propres au castor, appelées castoréum.

Castorin n.m. — Remède tiré du castoréum.

Castorisme n.m. — Doctrine politico-religieuse subordonnant le politique au religieux.

Casuel, elle adj. — Cassant, fragile. — Faible de santé. — Volage.

Catalinette n.f. — Mûre du Canada, ronce pubescente.

Catalogne n.f. — Couverture de lit faite au métier avec des retailles de toutes sortes. — Tapis fabriqué de la même manière. — Crêpe au lard.

Cataplame, cataplasse, catapleume n.m. — Cataplasme.

Catch n.m. — Cliquet, cran d'arrêt, arrêt d'une serrure à ressort. — Attrape.

Catcher v. tr. ou intr. — Attraper une balle à la volée. — Jouer au poste de catcheur (au baseball). — Comprendre. Ex.: I catche toute c'qu'on i dit.

Catcheur n.m. — Receveur (au baseball).

Catchime, catchisse, catéchime, catéchisse n.m. — Catéchisme.

Catchup, catchope n.m. — Sauce aux tomates épaisse.

Cateau n.f. — Prostituée.

Catelonne n.f. — V. CATALOGNE.

Catéreux, se adj. — Douillet, sensible à la douleur. — Pauvre, triste, misérable. — Incertain, aléatoire, hasardeux, dangereux, fragile. Ex.: Le temps est catéreux. Les affaires sont catéreuses.

Catherine n.f. — Mûre du Canada. — Vase de nuit. — Refendeuse de bois à scie verticale.

Catherinette n.f. *En catherinette* — Furtivement.

Catholique adj. — Honnête. — Correct.

Cati, e adj. — Caché, blotti, emmitouflé. Ex.: I est ben cati dans sa bougrine.

Catiche adj. ou n.m. — Qui a des manières efféminées. — Qui s'amuse aux jeux de petites filles. — Homme qui aime porter des vêtements de femmes. — Linge dont on enveloppe un doigt blessé.

Caticher v. intr. — Faire la fillette.

Catin n.f. — Poupée. — Épouse. Ex.: Je suis allé à la fête avec ma catin. — Prostituée. — Poteau qui soutient la charge d'un traîneau. *Catin de pâte* — Galette en forme de poupée.

Catinage n.m. — Jeu de poupée. — Friandises, confitures. Ex.: Sortir les catinages.

Catiner v. tr. ou intr. — Jouer à la poupée. — Cajoler (un enfant).

Catinette, catineux n.f. — Petit garçon qui aime jouer à la poupée.

Catrine n.f. — Scie à refendre.

Catrinette n.f. — Mûre du Canada.

Catsop n.m. — V. CATCHUP.

Caucus n.m. — Réunion de partisans d'un groupe politique. — Discussion préparatoire à une séance publique afin d'en mettre les principaux détails au point.

Causant, e adj. — Affable.

Cause n.f. *À cause? d'à cause? à cause que...? d'à cause que...?* — Pourquoi? Pour quelle raison? Ex.: Tu l'aimes pas. À cause? - À cause qu'il m'a pas parlé. *À cause..., d'à cause...* (employés par qui ne veut pas répondre à une question). — Peu importe. Parce que... Ex.: Pourquoi t'as fait ça? - À cause... *À cause que, d'à cause que* — Parce que. Ex.: Je sors pas d'à cause que j'ai le rhume.

Causer v. tr. ou intr. *Causer que* — Être cause que. Ex.: Il a causé qu'on a failli se noyer. *Causer à quelqu'un* — Causer avec quelqu'un. *Causer anglais* — Parler anglais. *Causer une danse* — Causer avec quelqu'un pendant une danse au lieu de danser.

Caustique n.m. — De la soude caustique.

Cautéreux, se adj. — V. CATÉREUX.

Caution n.m. — Caution (n.f.).

Cautionnage n.m. — Cautionnement.

Cautionner v. intr. — Cautionner (v. tr.). Ex.: Cautionner pour quelqu'un.

Cauxer v. tr. — Cajoler, amadouer, enjôler. Ex.: Il cauxe son père pour avoir un bicique.

Ça va faire loc. ver. — Ça suffit.

Cavalier n.m. — Tchomme. Prétendant. Ex.: Son cavalier va la voir tous les dimanches.

Cave!, cave à fumier! interj. — Jurons inoffensifs.

Caveat n.m. — Ordonnance d'une cour de justice pour qu'un nouveau cautionnement soit ordonné.

Cavée n.f. — Creux, fosse, vallée.

Cavereau n.m. — Caveau.

Cayac n.m. — Gaïac.

Cayen n.m. — Acadien.

Cayousse n.f. — Bête résistante, adaptée au pays.

Cazou n.m. — Mirliton.

CB (pron. sibi) n.m. — Poste de radio émetteur individuel.

CB'iste (pron. sibiste) n.m. — Amateur de CB.

Ç'cuci, ç'cula (pron. skuci, skula) pron. dém. m.s. — Celui-ci, celui-là.

Cébreur n.m. — Rosier rouillé.

Cèdre n.m. — Thuya d'Occident, cèdre américain. *Cèdre rouge* — Genévrier de Virginie.

Cèdrière n.f. — Terrain où le cèdre abonde.

Cédule n.f. — Annexe. Ex.: La cédule d'une loi. — Calendrier. Ex.: La cédule du hockey pour la prochaine saison. — Horaire. Ex.: La cédule des courses de chevaux

Céduler v. tr. — Mettre au programme, à l'horaire.

Ceinture flèchée n.f. — Ceinture tissée à la main de différentes couleurs en tête de flèche.

Ceinturon de la vierge n.m. — Variété panachée de roseau. Phalaride.

Cela pron. dém. m.s. *Par cela même* — Par là-même. *Être dans le très cela* — Être très bien.

Célébral, e adj. — Cérébral.

Celle adj. dém. f. — V. À CELLE FIN.

Celle pron. dém. m. ou f. *La celle, les celles* — Celle, celles. Ex.: La celle que j'ai achetée. *Celles, les celles* — Ceux. Ex.: Les celles qui seront pas contents.

Cellesse pron. dém. m. ou f. *Cellesse, cellesses, la cellesse, les cellesses* — Celle, celles. Ex.: Les cellesses qui m'aiment me suivent. *Cellesses, les cellesses* — Ceux. Ex.: Les cellesses qui aiment pas leurs femmes...

Celui pron. dém. m.s. *Le celui* — Celui. Ex.: Le celui qui ment... *Tout celui qui* — Tous ceux qui, quiconque. Ex.: Tout celui qui s'élève sera abaissé.

Cemequière, cemetière n.m. — Cimetière.

Cendrouillonne adj. f. — Négligée, malpropre.

Cenelle n.f. *Cenelle pâteuse* — Espèce de cenelle dont la pulpe est molle.

Cenelle à cochons — Espèce de cenelle sans pulpe, immangeable. *Cenelle pour le monde* — Espèce de cenelle charnue. *Cenelle à cochons pour le monde* — Espèce de cenelle peu charnue.

Cenellier n.m. — Aubépine.

Cenne n.f. — Centième partie du dollar. Cent (n.m.) *Ça vaut pas cinq cennes* — Ça vaut rien.

Cent (pron. cenne-te) n.m. — Centième partie du dollar.

Cent n.m. — Cent livres. Ex.: Un cent de clous. *Du cent* — Pour cent. Ex.: Prêter à six du cent.

Centin n.m. — Centième partie du dollar. Cent.

Central n.m. — Central téléphonique, lieu où s'effectuent les communications locales et interurbaines.

Centre d'achats n.m. — Centre commercial.

Centre de table n.m. — Petite nappe le plus souvent brodée que l'on dispose au centre de la table.

Centrifuge n.m. — Séparateur, appareil qui sépare la crème du reste du lait.

Centume n.m. — Centuple.

Ce que loc. conj. — Autant que. Ex.: I allait ce qu'i pouvait courir. — Qu'est-ce que. Ex.: Ce qu'i aperçoit?

Cercle n.m. — Cerceau. Ex.: Jouer au cercle. — Cerne. Ex.: I a des cercles autour des yeux. — Arceau au jeu de croquet.

Céré n.m. — Sorte de boghei.

Cérémonie n.f. *Être de cérémonie* — Être parrain ou marraine. *Maître de cérémonies* — Animateur d'une soirée, d'une réception. *Cérémonies du corps* — Funérailles.

Cerise n.f. — Hymen. — Clitoris. — Organe sexuel féminin. *Cerise de France* — Cerise domestique. *Cerise à grappes* — Cerise sauvage. *Se faire péter la cerise* — Se faire déflorer. *Péter la cerise à quelqu'un* — Lui casser la gueule.

Cerise-à-grappier n.m. — Cerisier à grappes.

Cerne n.m. *Cerne de la lune* — Cercle autour de la lune.

Cerner v. tr. — Culotter. Ex.: Cerner une pipe.

Cersifis n.m. — Salsifis.

Certain adv. — Certainement. Ex.: J'irai certain. *Pour certain* — Certainement. Ex.: J'irai pour certain. Pour certain que j'irai. *Certain que* — Bien sûr que.

Certificat de naissance n.m. — Acte de naissance.

C'est loc. *C'est-il, c'est-i* — Est-ce. Ex.: C'est-il vrai? C'est-i pas beau! *C'est pas rien* — C'est sérieux, c'est pas ordinaire. *C'est-i pas rien* — Est-ce assez malheureux! *Pourquoi c'est que, pour qui c'est que, qui c'est qui, qui c'est que, où c'est que, quand c'est que* — Pourquoi, pour qui, qui, où, quand. *C'est pas ça* — Non, vraiment. Ex.: C'est pas ça, faut que j'aille la voir. *C'est pas ça!* — Vous me dites pas! *C'est donc ça que* — C'est donc pour ça que. Ex.: C'est donc ça qu'on le voit plus. *C'est pas tout ci tout ça, c'est ni ci ni ça* — Quoi qu'on dise, quoi qu'il arrive. Ex.: C'est ni ci ni ça, je vas la voir. *C'est* *pourquoi que* — C'est pourquoi. Ex.: C'est pourquoi que je suis ici.

Cetelle pron. dém. f. — Celle. Ex.: Cetelle-ci est plus belle.

Ceti pron. dém. m. — Celui. Ex.: Veux-tu ceti-cite? - Non, j'aime mieux ceti-là.

Cette pron. dém. f. — Celle. Ex.: Cette-là est meilleure.

Cetui pron. dém. m. — Celui. Ex.: Si tu prends cetui-ci, je prendrai cetui-là.

Ceule pron. dém. m. — Celle. Ex.: Ceules que j'ai achetées valent rien.

Ceuses, ceusses, les ceuses, les ceusses, les ceux pron. dém. m. pl. — Ceux. Ex.: Ceusses qui en veulent, avancez. Les ceusses parmi lesquellesses qui veulent, qu'i viennent.

Chacoter v. tr. — Chicoter. — Réprimander. Ex.: Se faire chacoter par le patron.

Chacun pr. ind. *Un chacun, tout chacun, tout un chacun* — Chacun. Ex.: Tout un chacun se plaint mais personne fait rien.

Chadron n.m. — Chaudron.

Chadronnet n.m. — Chardonneret.

Chafauder v. tr. — Échafauder.

Chagriner (se) v. pron. — S'assombrir (en parlant du temps). Ex.: Le temps se chagrine.

Chaguiére n.f. — Chaudière. Seau.

Chaînage n.m. — Action de chaîner des billots.

Chain-block (pron. tchéne-bloc) n.m. — V. COMOLOGNE.

Chaîne n.f. *Chaîne de trottoir* — Bordure de béton qui limite le dénivellement entre la chaussée et le trottoir. *Chaîne de chasse* — Ligne de trappe. *Magasin à chaîne* — Magasin à succursales.

Chaîner v. tr. — Préparer la chaîne pour tisser. — Attacher ensemble au moyen d'une chaîne. Ex.: Chaîner des billots. — S'enfuir à toutes jambes.

Chaînon n.m. — La centième partie d'une chaîne d'arpenteur.

Chain-saw (pron. tchéne-ça) n.f. — Scie à chaîne.

Chairant, e adj. — Bien en chair. Gras. Ex.: Une femme chairante.

Chair de cuir n.f. — Partie molle d'un cuir tanné.

Chaise n.f. — Chaire. Ex.: M. le curé est monté dans sa chaise. *Chaise de bois* — Chaise dont le siège est entièrement en bois. *Chaise empaillée* — Chaise dont le siège est en orme tressé. *Chaise berçante* — Berceuse. *Chaise haute* — Chaise de bébé. *Chaise à rotin* — Chaise berceuse.

Chaland n.m. — Petite embarcation à fond plat.

Châle à pointes n.m. — Châle qui se porte plié diagonalement.

Chalin n.m., **chaline** n.f. — Éclair de chaleur, éclair qui se produit par temps chauds sans bruit de tonnerre.

Challe n.f. — Réprimande. Ex.: I s'est fait donner une challe.

Challenge (pron. tchalange) n.m. — Défi.

Challenger v. tr. — Récuser (les jurés). — Mettre au défi.

Challer v. tr. — Réprimander.

Chaloupée n.f. — Charge d'une chaloupe. — Folle.

Chalouper v. intr. — Chavirer.

Chaloupier n.m. — Fabricant de chaloupes.

Chamaillage n.m. — Action de se chamailler.

Chambe n.f. — Chambre.

Chamborder v. tr. — Entourer, border, couvrir d'un revêtement. *Une maison chambordée* — Maison recouverte de planches.

Chambrai n.m. — Cambrai, sorte de toile de lin très claire.

Chambranle n.m. — Maladie des chevaux résultant de l'intoxication par la prêle des champs.

Chambranler v. intr. — Chanceler, tituber, branler. Ex.: Quand il prend un coup, il chambranle.

Chambre n.f. *Grande chambre* — Salon. *Chambre des étrangers* — Chambre des visiteurs. *Chambre de toilette* — Salle de bain. Cabinet d'aisances. *Vivre en chambre* — Loger dans une maison où on loue des chambres. *Chambre à feu* — Pièce dans laquelle est placé un foyer.

Chambré, e adj. — Lamellé (en parlant de la glace à moitié désagrégée et en lamelles).

Chambrer v. intr. — Loger. Ex.: Il chambre chez sa tante.

Chambreur, se n.m. ou f. — Qui loue une chambre.

Champleure, champlure n.f. — Robinet. — Pénis.

Chance n.f. — Billet de loterie. *Par chance* — Par hasard. *Par chance que, de chance que, une chance que* — Heureusement, par bonheur. Ex.: Par chance que j'étais prévenu. *Donner une chance* (au jeu) — Donner l'occasion à l'adversaire d'essayer une autre fois. *Donner une petite chance* — Faire de la place. Ex.: Donne-moi une petite chance que je passe. *Prendre une chance* — Tenter sa chance.

Chancer v. intr. — Avoir de la chance. Ex.: Si on veut chancer, faut pas aller contre la lune.

Chanceur adj. ou n.m. — Chanceux.

Chandail n.m. — Gilet de laine tricotée. Sweater.

Chandelle n.f. — Bougie. Ex.: Une lampe de seize chandelles. *Chandelle de baleine* — Bougie de blanc de baleine, de parafine. *Chandelle à l'eau* — Chandelle. *En chandelle* — À moitié désagrégée par l'action du soleil (en parlant de la glace).

Chandonnet, chandronnet n.m. — Chardonneret.

Change n.m. — Monnaie. Ex.: Avez-vous du change pour vingt piasses? *Change pour change* — Troc pour troc. *Ça a pris tout son petit change* — Ça lui a tout pris.

Change n.f. — Vêtement de rechange. Ex.: J'ai jusse apporté une change pour le voyage.

Changeaillage n.m. — Action de changeailler.

Changeailler v. intr. — Changer souvent, échanger souvent.

Changement de venue n.m. — Transport d'une cause d'un tribunal à un autre.

Changer v. intr. — Échanger. Ex.: Ils ont changé de chevaux. *Changer d'eau* — Uriner. *Changer un chèque* — Toucher un chèque.

Changer (se) v. pron. — Changer. Ex.: Se changer d'habit.

Changeux n.m. *Changeux de chevaux* — Celui qui change souvent de cheval, d'opinion.

Channel (pron. tcha-nole) n.m. — Raie pratiquée autour de la semelle d'un soulier pour y cacher le point.

Chanquier n.m. — Chantier.

Chanteau n.m. — Patin de berceuse.

Chanter v. tr. ou intr. *Chanter une gamme* — Chanter des bêtises, des injures. *Chanter une pognée de bêtises, un paquet de bêtises à quelqu'un* — Dire des injures. *Chanter le coq* — Chanter victoire. — Chanter comme le coq (en parlant d'une poule). *Chanter la pomme* — Conter fleurette.

Chantier n.m. — Lieu où l'on pratique la coupe du bois dans une forêt. Ex.: Il a passé l'hiver aux chantiers. *Chemin de chantier* — Chemin d'accès à la coupe de bois. *Faire chantier* — Faire de la coupe de bois. *Homme de chantier* — Bûcheron. *Chantier maritime* — Lieu où l'on construit des navires.

Chape n.f. — Châle. — Paupière supérieure. Ex.: Il avait les chapes rabattues sur les yeux. — Morceau de cuir qui rattache l'anneau du manche du fléau à la verge. *Lever une chape à quelqu'un* — Le réprimander.

Chapeau n.m. — Tôle ajourée recouvrant la cheminée pour empêcher la pluie d'y pénétrer. — Faîteau d'un toit. *Chapeau de foin* — Chapeau fait de sainfoin. *Passer le chapeau* — Recueillir de l'argent dans une assemblée. *Le tour du chapeau* — Au hockey, le fait pour un joueur de compter trois buts dans la même partie. *Chapeau de castor, chapeau dur* — Haut de forme. *Donner son chapeau* (à un prétendant) — Le renvoyer. *Parler à travers son chapeau* — Parler à tort et à travers.

Chapela n.m. — Grande chaîne pour traîner des billots. — Chapelet.

Chapelain n.m. — Aumônier.

Chapelinat n.m. — Aumônerie. Chapellenie.

Chapître n.m. — Réprimande. Ex.: Il s'est fait lever un chapître. Il s'est fait conter un chapître.

Chaque pr. ind. — Chacun, chacune. Ex.: Ces livres coûtent une piasse chaque. — Chacune des. Ex.: J'ai étudié chaque question que vous m'avez soumise.

Chaquére n.f. — Chaudière. Seau.

Char n.m. ou f. — Automobile. — Wagon de chemin de fer. Ex.: Embarquer dans le char de première classe. *Les gros chars* — Train de chemin de fer. *Les petits chars* — Tramway. *Char-dortoir* — Wagon-lit. *Char-réfectoire* — Wagon-restaurant. *Char-palais, char parloir* — Wagon-salon. *Char à bagages* — Fourgon. *Char à passagers* — Wagon pour voyageurs. *Char à malle* — Wagon-poste. *Char observatoire* — Voiture touriste. *Char à fret* — Wagon à marchandises. *Prendre les chars* — Prendre le train. *C'est pas les chars, c'est pas les gros chars* — C'est pas extraordinaire. *Char urbain, char électrique, char à bancs* — Tramway. *Les chars* — La gare. *Char usagé* — Voiture d'occasion. *Un char de crisses quate par banc!* — Juron.

Charbon n.m. *Charbon dur* — Charbon maigre. *Charbon mou* — Charbon bitumineux. *Huile de charbon* — Huile à lampe. Kérosène.

Charbonner v. intr. — Prendre une cargaison de charbon.

Charcoal (pron. tcharcôle) n.m. — Charbon de bois. Ex.: Un steak au charcoal.

Chardron n.m. — Chardon.

Charge n.f. — Allocution du juge au jury dans laquelle il fait un résumé de la cause. — Réquisitoire. *Charge de monde* — Ensemble de personnes qui sont dans une voiture. *Sur les charges* — À la charge. Ex.: Je prends ça sur mes charges. *Charge d'admission* — Prix d'entrée. *Charge extra* — Supplément de prix. Ex.: Il y a une charge extra sur les vins. *Être en charge* — Être chargé de, être le responsable. *Prendre charge de quelque chose* — Prendre une affaire en mains. Ex.: Je prendrai charge de la ferme pendant votre voyage. *Renverser les charges* — Virer les frais (de téléphone).

Chargeage n.m. — Chargement.

Chargeant, e adj. — Qui charge ses comptes. Ex.: Je veux pas l'employer, i est trop chargeant. — Indigeste. Ex.: La perdrix, ça peut être chargeant.

Charger v. tr. — Réclamer le prix d'une marchandise, d'un service. Ex.: Combien tu me charges pour sortir mon char du fossé? — Porter au débit. Ex.: J'avais pas de cash, j'l'ai fait charger. — Haranguer. Ex.: Charger le jury. *Être chargé à dos* — Être ivre.

Chargeux, se adj. ou n.m. ou f. — Personne qui charge une charrette de foin, de paille. — Qui charge ses comptes.

Chariot n.m. — Corbillard. — Machine qui fonctionne mal.

Charité n.f. *Par charité* — Par l'effet d'une faveur. Ex.: Il a pu rentrer seulement par charité.

Charlander v. tr. — Chercher à persuader, achaler, importuner. Ex.: Quand je vas là, je me fais toujours charlander.

Charlanteux, se adj. — Enjôleur, cajoleur.

Charlemagne n.m. — Sorte de jeu de cartes.

Charlimagne n.m. — Expression usitée pour engager des travailleurs qui doivent forcer ensemble à le faire tous au même rythme. Ex.: Eille, Joe, chante charlimagne pour qu'on sorte sa voiture de là.

Charlot n.m. *Le vieux charlot* — Le diable. *Prendre un charlot* — Prendre un coup.

Charme n.m. *D'un charme* — En un tour de main. Ex.: Il a arrangé la chaise d'un charme.

Charnier n.m. — Caveau de famille. — Bâtiment au cimetière où on garde les morts pendant l'hiver en attendant que le dégel du sol permette le creusage des fosses au printemps.

Charniolle n.f. *Se moucher en charniolle* — Se moucher avec ses doigts.

Charpiller v. tr. — Mettre en charpie, écharpiller.

Charpir v. tr. — Mettre en charpie, charpiller.

Charrette à boeu! interj. — Juron inoffensif.

Charriage n.m. — Paroles tendancieuses. Ex.: Son discours, c'est du charriage d'un bout à l'autre. — Exagération.

Charriages n.m. pl. — Travaux et époques du charroi des foins, grains, bois, fumiers, etc.

Charrier v. tr. — Influencer. Ex.: Il a charrié tout le monde mais au fond personne était d'accord. — Faire décamper. Ex.: Je vas te charrier si tu me laisses pas tranquille. — Aller vite. Ex.: Je vous dis que dans son char, ça charriait. — Avoir la diarrhée. Ex.: J'ai passé la nuit à charrier. *Charrier par en haut et par en bas* — Avoir à la fois des vomissements et la diarrhée.

Charrier (se) v. pron. — Décamper. Ex.: Si tu veux attraper ton train, t'es mieux de t'charrier.

Charroyabe adj. — Charriable.

Charroyage n.m. — Charriage.

Charrue n.f. — Embarras. Ex.: Quelle charrue qu'avoir affaire à lui. — Importun. Ce gars-là, c'est pas une charrue ordinaire.

Charrue à neige n.f. — Chasse-neige.

Charte d'incorporation n.f. — Lettres patentes constituant une société par actions en personne sociale.

Chârtier n.m. — Cocher.

Châsse n.f. — Cadre de bois mobile qui retient le ros.

Chasse n.f. *En chasse* — En chaleur, en rut, en parlant des vaches.

Chasse-femme n.f. — Sage-femme.

Chasse-galerie n.f. — Ronde nocturne des sorciers et des loups-garous. — Fête dans un débit de boisson.

Chasse-panne n.f. — V. SASSE-PANNE.

Chassepareille n.f. — Salsepareille.

Chasseux n.m. — Homosexuel.

Châssis n.m. — Fenêtre. — Structure inférieure de la charpente d'un bâtiment. *Châssis double* — Contre-fenêtre. *Porter des châssis doubles* — Porter des lunettes.

Chat n.m. — Rapporteur dans le vocabulaire des collégiens. — Ami particulier. *Lâcher la queue du chat* — Être parrain ou marraine pour la première fois. *Capot de chat* — Manteau de raton-laveur appelé communément chat sauvage.

Châtaine adj. f. de *châtain* — Qui est d'un brun de châtaigne.

Château n.m. — Amoncellement de nuages orageux. — Chanteau (de pain). — Chanteau (d'étoffe). — Patin de chaise berceuse.

Châtine adj. f. de *châtain*.

Chatine n.f. — Calicot.

Chatter v. tr. ou intr. — Draguer à l'aide d'une chatte, espèce de grappin sans oreilles permettant de draguer une chaîne, une ancre. — Se lier d'amitié avec une personne du même sexe. — Rapporter, faire des rapports nuisibles à autrui.

Chatterie n.f. — Action de chatter.

Chatteux n.m. — Celui qui chatte.

Chattonnée n.f. — Portée d'une chatte. Chattée.

Chattonner v. intr. — Marcher à quatre pattes. — Mettre bas (en parlant d'une chatte).

Chaud, e adj. — Ivre. *Être chaud pour* — Tenir à. Ex.: Je suis pas ben chaud pour aller le voir. *Être chaud* — Vivement disputé. Ex.: Cette partie va être chaude. *Pas chaud chaud* — Pas très chaud.

Chaud adv. — Cher. Ex.: Ça lui a coûté chaud.

Chaud n.m. *Avoir chaud* — Avoir peur. Ex.: Quand la police a passé j'ai eu chaud.

Chaudasse adj. — Légèrement ivre.

Chaud-boy (pron. chaud boï) n.m. — Garçon à tout faire dans les chantiers.

Chaudet, ette adj. — Chaudasse.

Chaudière n.f. — Sèau en métal. — Contenu d'une chaudière. — Petit seau servant à recevoir la sève des érables. — Boîte à lunch. — Instrument de musique défectueux. *Chaudière à ménés* — Nasse à vairons.

Chaudiérée n.f. — Contenu d'une chaudière.

Chaudron n.m. *Chaudron à sucre* — Chaudron de quinze à vingt gallons servant à faire bouillir l'eau d'érable.

Chaudronne n.f. — Petit chaudron pour la cuisine.

Chaudronnerie n.f. — Ustensiles de cuisine qui vont sur le poêle.

Chaufaud n.m. — Sorte de plateforme sur une plage pour que les bateaux de pêche puissent y décharger leurs prises. — Magasin sur chevalets pour le poisson frais.

Chauffé n.m. — Échauffé. Ex.: Ça sent le chauffé.

Chauffer v. tr. ou intr. — Attiser. Ex.: Chauffer le feu. — S'échauffer. Ex.: Le foin chauffe. — Conduire (une voiture). — Porter un chapeau de soie. Ex.: Je viens de voir le maire qui chauffait. *Chauffer le four* — Faire l'amour.

Chauffer (se) v. pron. — Boire de l'alcool. Ex.: I se chauffe depuis hier matin.

Chaufferie n.f. — Séchoir à bois.

Chauffeur n.m. — Chapeau de soie.

Chauffeuse n.f. — Femme qui entretient le feu dans le broyage du lin, du chanvre.

Chaulière n.f. — Chaudière. Seau.

Chaumer v. tr. — Chauler.

Chausse n.f. — Barrage. Digue.

Chaussée n.f. — Barrage, digue construite en travers d'un cours d'eau.

Chausser v. tr. — Pourvoir de pneus. Ex.: Ma chrysler est chaussée de michelins. — Faire l'amour.

Chausses n.f. pl. — Bottines avec élastiques au lieu de lacets.

Chaussette n.f. — Pantoufle. — Pneu très large.

Chausson adj. — Imbécile. Un sans-manières.

Chausson n.m. — Chaussette. — Vagin (de la femme). *Chausson à bas-talon, chausson à bas-quartier* — Sorte de pantoufle tricotée qui se porte l'hiver par-dessus la chaussette dans le soulier de boeuf. — Homme mal dégrossi. — Imbécile.

Chautasse adj. — V. CHAUDASSE.

Chavirer v. intr. — Devenir fou. Avoir la tête à l'envers.

Chavirer v. tr. — Renverser. Ex.: J'ai chaviré ma chaloupe dans l'grand remous.

Chayère n.f. — Chaudière.

Chèche adj. — Sec.

Chécher v. tr. ou intr. — Sécher.

Check (pron. tchèque) n.m. — Chèque. — Bulletin de bagage. — Étiquette. — Frein. Ex.: Mettre un check à quelqu'un. — Poussée avec l'épaule (au jeu). — Point. Marque de pointage. Ex.: Mettre son check sur un compte. *Body-check* — Placage (au hockey). *Check de bride* — Fausse rêne.

Checkage n.m. — Enregistrement (des bagages). — Étiquetage (de marchandises). — Enrênement (d'un cheval). — Contrôle, vérification (de comptes, de marchandises). — Placage (au hockey). — Pointage (d'une facture, d'une liste).

Checké, e adj. — Bien habillé. Sur son trente-six.

Checker v. tr. — Regarder, arrêter son attention sur. Ex.: Eille, Annick checke son allure. — Enregistrer (des bagages). — Étiqueter, marquer (de la marchandise). — Enrêner (un cheval). — Arrêter, maîtriser, calmer (quelqu'un). — Surveiller. — Plaquer (au hockey). — Pointer (une liste, une facture). — Vérifier (un compte, une addition, une signature). *Checker son chapeau* — Mettre son chapeau au vestiaire.

Checkeux n.m. — Facteur (de gare). — Pointeur (de liste). — Vérificateur (de comptes).

Check-up (pron. tchècope) n.m. — Examen médical.

Cheddar n.m. — Sorte de fromage canadien.

Chedève n.f. — Objet de fabrication domestique.

Chedevrer v. tr. — Fabriquer chez soi.

Chef-d'oeuvreux, se adj. ou n.m. ou f. — Ingénieux.

Chefferie n.f. — Fonction de chef de parti.

Cheffre n.m. — Chef.

Cheftaine n.f. — Chef de groupe chez les guides.

Cheillére n.f. — Chaudière.

Chelin n.m. — Shilling.

Chemin n.m. *Chemin de front, de base, de rang* — Chemin public établi sur le travers des terres d'un rang à proximité des habitations construites sur ces terres. *Chemin de charriage* — Chemin privé établi pour effectuer le charriage de bois, de grains, etc. *Chemin de concession* — Chemin public établi hors des villes et des villages. *Chemin de pontage, de planches, chemin ponté* — Chemin qu'on a garni de troncs d'arbres, de planches pour pouvoir y passer. *Chemin de ligne* — Chemin public établi sur la ligne qui divise deux cantons ou deux seigneuries. *Chemin de bois, de chantier* — Chemin d'accès à l'exploitation forestière. *Chemin de pied* — Sentier. *Chemin simple* — Chemin sur la neige pour traîneaux tirés par un seul cheval. *Chemin double* — Chemin sur la neige à voies doubles. *Chemin de sortie* — Chemin qui conduit à un grand chemin. *Chemin de travers* — Chemin qui court sur le travers de deux ou plusieurs terres. *Chemin du roi* — Grand chemin public qui conduit d'une ville à une autre. *Chemin croche* — Chemin public sur la neige pour deux attelages de front. *Chemin couvert* — Passage couvert qui sert à réunir deux bâtiments. *Être dans le chemin* — Être ruiné. *Être dans le chemin de quelqu'un* — Être dans les jambes de quelqu'un. *Aller dret son chemin* — Bien se conduire. *Avoir du chemin* — Aimer la société des garçons (en parlant d'une jeune fille). *Chemin de terre* — Route non pavée. *Chemin de glace* — Chemin couvert de glace. — Chemin sur une rivière gelée. *Mettre quelqu'un dans le chemin* — Ruiner quelqu'un. *Chemin de pied* — Sentier.

Chemise n.f. *En chemise* — Sans autre vêtement sur sa chemise. En bras de chemise. Ex.: Travailler en chemise. *En queue de chemise* — En chemise de nuit. En sous-vêtements. — Sans atout (au jeu de cartes). *Chemise d'étoffe* — Chemise de drap de fabrication artisanale.

Chenail n.m. Chenal.

Chenailler v. intr. — Aller très vite. Se sauver. Ex.: Avec son nouveau bazou, i chenaille en osti.

Chenaux n.m. pl. — Passages étroits d'un cours d'eau entre les îles d'un archipel. *Le petit poisson des chenaux* ou *petite morue* — Le poulamon qui se pêche l'hiver à travers la glace de certains estuaires de rivières, et surtout dans la région de Sorel.

Chêne n.m. *Planter le chêne* — Se tenir debout sur la tête.

Chenève n.m. — Genévrier commun.

Chenille n.f. — Tracteur à chenilles. *Chenille à poil* — Chenille velue. Ex.: Être laide comme une chenille à poil. *Avoir les chenilles* — Avoir une maladie cutanée (en parlant de vaches et moutons).

Cheniquer v. intr. — Renoncer à une entreprise, céder, se dérober. — Chienner. Ex.: Les fonctionnaires cheniquent sur l'ouvrage.

Cheniqueux, se n.m. ou f. — Lâcheur. — Paresseux.

Chenolles n.f. pl. — Testicules.

Chenous adv. — Chez nous.

Chenu, e adj. — Pauvre, misérable. Ex.: Une maison chenue. — De peu de valeur, de substance. Ex.: Un discours chenu. — Avare, mesquin, qui a l'esprit étroit, qui a mauvais caractère.

Chèque n.m. *Chèque de rubber* (pron. robeu) — Chèque sans provisions.

Chèquer v. tr. — V. CHECKER.

Cher, ère adj. *Pas cher* — Qui ne vaut rien (en parlant de personnes, de choses). Ex.: Ça, c'est un avocat pas cher. Des déclarations pas chères. *Donner pas cher pour* — Donner peu de valeur à.

Chérant, e adj. ou n.m. ou f. — Qui vend cher. Ex.: Cet épicier est chérant.

Cherche n.f. *En cherche de* — À la recherche de.

Cherche v. tr. impératif, 2e pers. s. — C'est à savoir. Qui sait? Je n'en sais rien. Ex.: Où est-ce qu'i est? - Cherche. I a peut-être quitté le pays.

Cherchement n.m. — Action de chercher. Ex.: Après bien des cherchements, on l'a trouvé.

Chercher v. tr. ou intr. *Chercher après quelqu'un* — Chercher quelqu'un. *Chercher quelqu'un* — Chercher à le faire fâcher.

Chesse adj. m. ou f. — Sec. Ex.: Un temps chesse.

Chesser v. tr. ou intr. — Sécher.

Chesseresse n.f. — Sécheresse.

Chesterfield (pron. tchesteurfile) n.m. — Sofa. Divan.

Chéti, chétite adj. — Chétif. Ex.: Une récolte chétite. — Malicieux, vaurien. Ex.: Du chéti monde. — Malade. Ex.: Elle est chétite depuis janvier.

Chétiment n.m. — Chétivement. Ex.: Ça va, mais chétiment. — Beaucoup. Très. Ex.: T'as été chétiment chanceux.

Chétiver v. intr. — Devenir chétif.

Cheurtine n.m. — Calicot.

Cheuz prép. — Chez. Ex.: Cheuz nous. — La famille de, la maison de, les gens de. Ex.: Cheuz nous sont allés se promener. Cheuz vous sont bien? Cheuz eux sont tous malades.

Chévage n.m. — Prêt usurier. — Action d'exiger plus que le juste prix.

Cheval n.m. — Séchoir, cadre de bois sur lequel on étend le linge pour le faire sécher. — Manche. Ex.: Gagner le premier cheval. *Cheval fendu* — Cheval fondu. *Cheval d'ivrogne, de quêteux* — Picouille. *En cheval* — Superlatif. Ex.: I fait fret en cheval.

Chève n.f. — Dépanneuse.

Chéver v. intr. — Prêter à usure. Ex.: À force de chéver, i s'est enrichi. — Surfaire la marchandise. — Écorcher les clients.

Cheveu n.m. — Spiral (de montre). *Avoir mal aux cheveux* — Malaise après des excès alcooliques. *Jouer dans les cheveux de quelqu'un* — Lui jouer un tour. *Se faire jouer dans les cheveux* — Se faire cajoler. — Se faire fourrer. *Se manger les cheveux* — Être au comble de la joie, de l'énervement.

Chéveur n.m. — Usurier. — Écorcheur.

Cheville n.f. — Atteloire. — Pénis.

Cheuf n.m. — Chef. Ex.: Y aura-t'i un plus grand cheuf que Duplessis?

Chèvre n.f. *Courir la chèvre* — Courir les jupons.

Chevreux n.m. — Chevreuil.

Chez prép. — La famille de, les gens de chez. Ex.: Chez nous vont venir. Chez Ti-Caille ont eu une fille.

Chiâle n.f. — Récrimination.

Chiâler v. tr. *Chiâler quelqu'un* — Le réprimander.

Chiâler v. intr. — Se plaindre, rechigner.

Chiâleux, se adj. — Qui se plaint, qui rechigne.

Chiard n.m. — Fricassée. Hachis de boeuf bouilli et de patates. — Confusion. *Un beau chiard* — La confusion la plus totale. *Chiard de goëlette* — Plat de lard salé, d'oignons et de patates. *Chiard de morue* — Fricassée de morue.

Chiardes n.f. pl. — Cabinet de toilette.

Chiasse n.f. — Diarrhée.

Chiasser v. intr. — Chier (en parlant de mouches). — Avoir la diarrhée.

Chibagne n.f. — Maisonnée. Bande de gens. Ex.: La police a arrêté toute la chibagne. — Attirail. Ensemble d'objets. Ex.: J'ai vendu toute la chibagne.

Chicailler v. tr. — Déchiqueter.

Chicaner (se) v. pron. — Se disputer.

Chicher v. intr. — Être chiche. Ex.: Pourquoi chicher à propos de tout?

Chicot n.m. — Chaume, reste d'une plante coupée au ras du sol. — Chaire d'église. *Maigre comme un chicot* — Très maigre.

Chicôté n.m. — Mûrier.

Chicoter v. tr. — Tracasser, ennuyer. Ex.: Cette affaire-là me chicote encore.

Chicoteux, se adj. ou n.m. ou f. — Tracassier. Agaçant.

Chie-en-culotte n.m. — Celui qui chie dans ses culottes. — Morveux. Personne qu'on trouve trop jeune. — Lâche. Poltron.

Chien adj. m. — Salaud.

Chien n.m. — Policier. *Chien fou* — Chien qui fait des courses folles. — Jeune homme folichon. *Chien de poche* — Enfant qui suit constamment ses parents ou ses frères ou soeurs. *En chien* — Dans une voiture ou traîneau tiré par un ou plusieurs chiens. *En chien, comme le chien* — Beaucoup. Ex.: Ça m'a fait mal en chien. *Sortir, faire sortir en chien* — Être chassé à coups de pied comme un chien. *Jeu de chien* — Jeu qui risque de dégénérer en bataille. *Avoir du chien dans le corps* — Avoir de la force et de l'endurance. *Chien de soûl* — Soûl. Ex.: Manger son chien de soûl. *Chien de traîne* — Chien dressé pour tirer un traîneau. *Chien des prairies* — Gopher, petit mammifère apparenté à la marmotte. *Chien rouge* — Alcool de fabrication domestique. *Attendre le chien jaune* — Être enceinte. *Fourrer le chien* — Ne rien faire. Paresser.

Chien-barbette! interj. — Injure. Ex.: Maudit grand insignifiant de chien-barbette!

Chiendent n.m. — Espèce de graminée à racines longues et traçantes.

Chienne n.f. — Garce. Vaurienne. — Sur-vêtement en toile pour le travail, en laboratoire, en usine, en atelier. — Voiture formée de planches supportées par deux paires de roues. *Avoir la chienne, attraper la chienne* — Ne pas avoir envie de travailler. — Avoir peur. *Être attriqué comme la chienne à Jacques* — Être mal habillé.

Chienne adj. m. ou f. — Lâche. Ex.: T'es trop chienne pour y dire ce que tu penses.

Chienner v. intr. — Rien faire. — Traîner une charge de bois à force de bras (en parlant de bûcherons).

Chiennetée n.f. — Portée d'une chienne, chiennée.

Chienneter v. intr. — Avoir une portée de chiens, chienner. — Manquer d'audace.

Chier v. tr. *Chier un enfant, chier des os* — Mettre un enfant au monde. *Se chier le coeur* — Avoir une diarrhée violente. — Travailler beaucoup. Ex.: J'me chie l'coeur toués jours s'a job.

Chier v. intr. *Envoyer chier* — Envoyer promener. *Va chier* — Fous le camp. *Chier dans ses bottes, chier dans ses culottes* — Avoir peur. *Faire chier* — Ennuyer, écoeurer, exaspérer.

Chierie n.f. — Abondance d'excréments.

Chiette! interj. — Merde!

Chiette n.f. — Cabinet de toilette.

Chieux, euse adj. ou n.m. ou f. — Qui chie. — Qui est lâche, peureux.

Chiffe, chiffre n.m. — Quart (de travail).

Chiffonnier n.m. — Meuble garni de tout ce qui est nécessaire pour se laver, se coiffer. Vanity.

Chigner, chignoler v. intr. — Pleurnicher.

Chigneux, se adj. — Pleurnicheur.

Chignon n.m. — Nuque. Ex.: Pogne-le par le chignon. — Tête. Ex.: Avoir, se mettre quelque chose dans le chignon. *Chignon de pain* — Gros morceau de pain. Quignon.

Chimaigue adj. — Maigre.

Chimère n.f. — Caprice, lubie.

Chimnée n.f. — Cheminée.

Chimotée n.f. — Grande quantité.

Chinatown (pron. tchaillenataoune) n.m. — Quartier chinois.

Chinouk n.m. — Vent tiède du Pacifique qui réussit à passer les Rocheuses en hiver.

Chiotte n.f. — Chance. Ex.: Avoir une chiotte. — Sciotte. — Petite construction minable. *Faire la chiotte* — Ne pas avoir d'enfant (en parlant d'une femme mariée).

Chioune n.f. — Pénis (surtout chez les enfants).

Chip (pron. tchipe) n.f. — Jeton (pour marquer au jeu).

Chipotée n.f. — Grande quantité. — Tripotée, volée de coups.

Chipoterie n.f. — Choses de peu de valeur. Bagatelles. — Désordre, dégât.

Chipoteux, se n.m. ou f. — Qui chipote.

Chips (pron. tchipe) n.m. pl. — Patates frites.

Chique n.f. — Propos désagréable, pointe brutale. Ex.: Pousser des chiques à quelqu'un. — Maladie des chevaux, larves d'oestres. *Bout de chique*. V. BOUT DE CHIC. *Couper la chique à quelqu'un* — Lui couper la parole, le déconcerter.

Chiquée n.f. — Chique, quantité de tabac que le chiqueur met dans sa bouche.

Chiquer v. tr. *Chiquer la guénille* — Chialer. Bouder.

Chiquette n.f. — Petite chique.

Chiqueux n.m. — Celui qui chique.

Chire n.f. — Embardée. Ex.: Prendre une chire. — Course d'un navire, d'une voiture, d'un animal hors de sa voie. — Chute, faux pas d'un homme qui glisse en marchant. — Digression d'un orateur en dehors de son sujet. — Fuite précipitée.

Chirer v. intr. — Embarder. — Glisser hors de sa voie. — Aller vite. S'enfuir.

Chireux, se adj. ou n.m. ou f. — Qui est généralement à côté de la traque, qui manque de jugement.

Chiti, chitite adj. — Chéti.

Chnotte, chnoutte, chmoute n.f. — Marde.

Choeur de chant n.m. — Choeur.

Choisi, e adj. *Choisi à la main* — Trié.

Choke (pron. tchôke) n.m. — Volet d'admission de l'air dans un carburateur. Starter. — Bobine d'arrêt (radio).

Choléra n.m. — Diarrhée abondante.

Chômage n.m. — Prestations d'assurance-chômage. Ex.: T'as-tu reçu ton chômage?

Chômer v. intr. — Manquer d'argent. Ex.: Ça fait des mois que j'chôme d'argent.

Chop (pron. tchope) n.m. — Côtelette (de porc, d'agneau, de veau).

Choppe n.f. — V. SHOP.

Chopsticks (pron. tchopstique) n.m. — Bâtonnets. Baguettes.

Choquer v. tr. — Mettre en colère, de mauvaise humeur. Ex.: Arrête de faire choquer le petit. Est-ce que t'es encore choqué contre moi? *Choquer la gueule à quelqu'un* — L'offenser.

Choquer (se) v. pron. — Se fâcher. Ex.: I se choque vite, lui. Choque-toi pas contre moi pour rien.

Chose n.f. *La même chose* — Tout de même. Ex.: J'irai la même chose. *La meilleure chose* — Le mieux. Ex.: La meilleure chose serait de partir.

Chose n.m. — Nom donné à un étranger qu'on interpelle. Ex.: Eille, chose, tu peux pas garer mieux que ça? — Nom donné à un interlocuteur pour indiquer un certain mépris. Ex.: On voit ben que tu sais pas travailler, chose. *Un pas grand'chose* — Un être méprisable.

Chou n.m. — Le préféré. Ex.: Le petit chou à sa maman.

Chou! — Interjection pour chasser des animaux. Pour huer publiquement.

Chouayen n.m. — Partisan du gouvernement pendant la Rébellion de 1837-38.

Chou de siam n.m. — Navet.

Chouenne n.f. — Menterie, blague.

Chouenner v. intr. — Blaguer.

Chouenneux, se adj. — Blagueur.

Chouette n.f. — Terme de tendresse adressée aux petites filles.

Chou gras n.m. — Herbe sauvage qui pousse souvent près des bâtiments de ferme et qui se mange à la manière des épinards. *Jeter ses choux gras* — Jeter des choses qui peuvent encore servir.

Choukse! — Interjection pour faire fuir les cochons.

Choukser v. tr. — Exciter un chien contre quelqu'un, contre un autre animal.

Chouler v. tr. — V. CHOUKSER. — Bafouer. Ex.: Se faire chouler.

Choupette n.f. — Préférée.

Choure adj. — V. SÛRE.

Chousse n.f. — Souche.

Choutiam, chouquiam n.m. — V. CHOU DE SIAM.

Chréquien, enne adj. ou n.m. ou f. — Chrétien. — Humain. Ex.: De la marde de chréquien. — Cartilage (dans la viande).

Christ (pron craill'ce) interj. — V. CRISSE!

Chrômé, e adj. — Qui a une parure voyante. — Quétaine. Ex.: Est toute chrômée comme une madame de banlieue qui vient voir une vue en ville.

Chuille n.f. — Cheville.

Chuinée n.f. — Cheminée.

Chum (pron. tchomme) n.m. — Ami. Copain. Ex.: Baptisse, t'es un vrai chum, toué.

Chus loc. verbale — Je suis. Ex.: Chus fatigué de t'ouère la face.

Chute n.f. — Canalisation verticale qui permet de faire descendre d'un étage supérieur divers objets. Ex.: Chute à ordures. Chute à lettres. Chute à linge.

Chuter v. intr. — Tomber.

Chuz prép. — Chez.

Ci adv. — Ce moment-ci. Ex.: Entre ci et demain. *En ci et* — D'ici à. Ex.: En ci et dimanche.

Ciarge n.m. — Cierge.

Ciarge! interj. — Juron.

Cibiche n.f. — Cigarette.

Ciboüère! interj. — Sacre commun.

Ciboulette! interj. — Juron inoffensif.

Cicatrice n.f. — Blessure.

Cidrine n.f. — Boisson sans alcool.

Cigaillage n.m. — Action de cigailler.

Cigailler v. tr. — Couper maladroitement. Ex.: Cigailler une côtelette. — Rudoyer un cheval en tirant mal à propos sur les rênes. — Importuner. Ex.: Viens pas me cigailler.

Cigailleux adj. ou n.m. — Qui cigaille.

Cigale, cigane n.f. — Cigare.

Cigare n.m. — Pénis.

Cigonner v. tr. — V. CIGAILLER. — Attiser le feu.

Cimequiére, cimiquiére, cimitière n.m. — Cimetière.

Cimetière n.m. — Tas de braises dans lequel on mettait le pain à cuire dans les camps de bûcherons.

Ciné-caméra, ciné-kodak n.m. — Caméra.

Cinglée n.f. — Volée, coups de fouet.

Cinq-cents (pron. cin-cenne) n.m. — Pièce de monnaie valant cinq cents. *Ça vaut pas cinq cennes* — Ça vaut rien.

Cinq-cents n.m. — Cinq cents diables. Superlatif. Ex.: I fait un vent du cinq-cents. Avoir du cinq-cents dans le corps. — Jeu de cartes.

Cinq-dix-quinze n.m. — Magasin de denrées sèches variées. Un quinze-cents.

Cinquante adj. ind. — Une foule de. Ex.: Il a toujours cinquante histoires à raconter.

Cinquante n.m. — Jeu de cachette.

Cintième adj. et n.m. — Cinquième.

Cintre n.m. — Sillons perpendiculaires au bout d'un champ ou à la rencontre de deux pièces de terre.

Cintrer v. intr. — Faire le cintre.

Cipaille, cipâre, cipâte n.m. ou f. — Plat fait de viande sauvage, de patates, recouvert de pâte, assaisonné aux épices et cuit dans un chaudron en fonte.

Circuit n.m. — Terrain qu'un cultivateur possède en plus de la terre où il a son habitation.

Circulaire n.m. — Imperméable de femme.

Circulation n.f. — Tirage (d'un journal).

Circuler v. tr. — Faire circuler. Ex.: Circuler une requête pour la faire signer.

Ciré, e adj. — Imperméable. Ex.: Mets ton capot ciré. — S'ajustant à merveille, moulant comme de la cire. Ex.: Ta robe est vraiment cirée.

Cirer v. tr. ou intr. — Lisser. Ex.: Se cirer les cheveux. — Tailler juste. Ex.: Cirer une robe. — Être bien ajusté.

Ex.: Une robe qui cire trop. *Cirer ses bottes* — Se préparer à la mort en recevant l'Extrême-Onction.

Cireux adj. m. — Chassieux. Ex.: Les yeux cireux.

Cirlette n.f. — Petite chose.

Ciroter v. intr. — Devenir chassieux. Ex.: Les yeux lui cirotent.

Cirouanne n.f. — Emplâtre. Ciroène (n.m.).

Cirusse n.m. — Céruse, carbonate de plomb. Ex.: Blanc de Cirusse.

Cisaillage n.m. — Action de cisailler.

Cisailler v. tr. — Couper maladroitement ou avec de mauvais ciseaux. — V. CIGAILLER.

Ciseau n.m. *Ciseau à fret* — Ciseau à froid. *En criant ciseau* — En un instant. En moins de rien. *Ciseau à tôle* — Cisailles. *Faire un ciseau-de-corps à quelqu'un* — Immobiliser quelqu'un en l'enlaçant avec les jambes ou les bras.

Cité n.f. — Ville. *Cité de temps* — Long espace de temps. Ex.: Je l'ai attendu une cité de temps.

Citronnelle n.f. — Petite courge. Coloquinte.

Cive n.f. — Queue d'oignons.

Civilien n.m. — Civil. Ex.: Un officier habillé en civilien.

Civique adj. — Municipal. Ex.: Employé civique. Fête civique.

Clabord n.m. — Planches imbriquées servant au revêtement extérieur de bâtiments. Lambris à clin.

Claborder v. tr. ou intr. — Revêtir de clabord. Poser du clabord.

Clageux n.m. — Iris des champs, des marais.

Clagir v. tr. — Sortir, s'en aller.

Clagir (se) v. pron. — S'en sortir. Ex.: Ma mauvaise passe, j'vas m'en clagir.

Claim (pron. cléme) n.m. — Titre d'exploitation minière sur un terrain. *Poteau de claim* — Piquet indiquant la limite d'un claim.

Claimer (pron. clémer) v. tr. — Obtenir un titre d'exploitation minière sur un terrain.

Clair, e adj. — Déchargé, acquitté. Ex.: L'accusé est clair. — Quitte, libéré. Ex.: I est pas clair avec moi. — Sans reproche. Blanc. Ex.: I est pas clair dans cette affaire-là. — Libre. Ex.: Le trottoir est clair. — Déboisé. Ex.: Il a vingt arpents de clairs. — À demi usé. Ex.: Mes bas commencent à être clairs. *Clair de noeuds* — Sans noeuds. Facile. Ex.: Du bois clair de noeuds. Un ouvrage clair de noeuds.

Clair n.m. *Clair d'étoiles* — Clarté des étoiles. Ex.: Il faisait un beau clair d'étoiles. *À clair, tout à clair* — Distinctement. Ex.: On voit le clocher tout à clair.

Clairance n.f. — Espace libre (sur une voie de circulation). — Congédiement. Ex.: Le boss m'a donné ma clairance. — Décharge. Acquittement. Ex.: L'accusé a eu sa clairance. — Quittance. Ex.: Donner sa clairance à un débiteur. — Acquit (d'un vaisseau à la douane). — Congé de navigation. — Acquit de paiement (de marchandises à la douane). — Terrain déboisé dans la forêt. — Liquidation de marchandises.

Clairaud, e, clairotte adj. — Qui est d'une nuance claire Clairet. — Rare, parsemé. Ex.: Les pois sont clairauds cette année. — Plutôt liquide. Ex.: Une soupe clairotte.

Clairceur n.f. — Clarté.

Claircir v. tr. — Rendre clair. Ex.: Claircir sa voix. — Devenir clair. Ex.: Le temps commence à claircir.

Clairer v. tr. — Congédier. Ex.: Clairer un employé. — Éclaircir (en parlant du temps). Ex.: Le vent d'ouest va clairer le temps. — Acquitter. Ex.: Clairer un accusé. Clairer ses dettes. — Faire acquitter. Ex.: Il a clairé son client. — Donner quittance à. Ex.: Clairer ses débiteurs. — Acquitter les droits de douanes, s'acquitter des droits de douanes. Ex.: Clairer un bateau. Clairer des marchandises. — Sortir d'une difficulté. Ex.: J'étais pris mais il m'a clairé de là. — Dégager. Ex.: Clairer la place. Clairer le chemin. Clairer la track. Clairer la table. Clairer la chambre. — Vider. Ex.: Clairer une maison — Défricher. Ex.: Clairer un terrain. — Enlever la neige de. Ex.: Clairer le trottoir. — Disperser. Ex.: Clairer la foule. — Guérir. Ex.: Clairer un malade. — Franchir. Ex.: Clairer une clôture. Clairer quatre pieds. — Faire un profit clair de. Ex.: Clairer dix pour cent. — Vider les plats. Ex.: Clairer la table. — Enlever les pièces de bois sciées dans un moulin à scie. Ex.: Clairer la scie.

Clairer (se) v. pron. — S'éclaircir. Ex.: Le temps se claire. — Se libérer de. Ex.: Se clairer d'une obligation. — S'enlever du chemin. Ex.: Clairez-vous! — Se dégager (la gorge). Ex.: Se clairer la gorge. — Se frayer (un chemin). Ex.: Se clairer un passage dans la foule. — Se délivrer de. Ex.: Se clairer d'un sort, d'une maladie. Échapper à. Ex.: Se clairer d'un accident, d'un malheur, d'une poursuite. — Se débarrasser de. Ex.: Je me suis clairé de ma correspondance de bonne heure. — Bâcler (une besogne) ou la faire exécuter par d'autres. Ex.: Je me suis clairé de cette maudite job sale.

Clairet, ette adj. — Clairsemé.

Claireur n.m. — Celui qui déblaie les chemins. — Celui qui éclaircit le bois pour permettre aux bûcheux de travailler plus à l'aise. — Celui qui claire la scie dans un moulin à scie.

Clairière n.f. — Éclaircie.

Clairon n.m. — Éclaircie entre deux ondées. — Aurore boréale. — Coin de ciel bleu par temps nuageux. — Résine solidifiée très claire.

Clairté n.f. — Clarté. *De clairté de jour* — De jour.

Clajeux n.m. — V. CLAGEUX.

Clam (pron. clame) n.f. — Moule (mollusque comestible). — Palourde.

Clamer v. intr. — Monter (dans les poteaux).

Clampe n.f. — Toute bride de serrage, serre-joint, pince, serre.

Clanche adj. — Qui a les flancs creux par manque de nourriture (en parlant d'animaux). *Avoir la clanche basse* — Être affamé. — Être déconcerté, honteux.

Clanchir v. intr. — Devenir clanche.

Clapet n.m. — Petite hache pour abattre les arbres. — Coin pour fendre des bûches. — Sorte de poisson d'eau douce, crapet.

Clapette n.f. — Hache. — Partie de la broie qu'on rabat sur une autre pour briser le lin, le chanvre. — Filet pour petit poisson.

Clapotage n.m. — Action d'agiter l'eau avec les mains ou les pieds. — Agitation. Désordre. Commérage. Ex.: Voilà bien du clapotage pour rien.

Clapoter v. intr. — Agiter l'eau avec les mains ou les pieds. Patauger. — Bavarder.

Clapoteux, se adj. ou n.m. ou f. — Bavard.

Claque n.f. — Couvre-chaussure de caoutchouc. *Face à claques* — Visage qui donne envie qu'on le frappe. Ex.: T'as une face à claques. *Y donner la claque* — Travailler fort. *Manger sa claque* — Essuyer un échec. *Checker ses claques* — Faire attention. *Prendre ses claques* — Sacrer son camp.

Claqué, e adj. — Dont la semelle est en caoutchouc. — Épuisé.

Claque-chapelet n.m. — Bigot. Rongeur de balustre.

Claquer v. tr. ou intr. — Manger ou boire rapidement. Ex.: I a claqué son repas dans deux minutes. — Exécuter un ouvrage avec célérité et adresse. — L'emporter sur. Ex.: I m'a claqué d'un bout. — Tromper. Ex.: I m'a bien claqué dans ce marché-là. *Claquer la gueule à quelqu'un* — Le gifler. *Claquer son temps* — Faire son temps. *Claquer la langue* — Clapper la langue. *Se faire claquer la gueule* — Parler beaucoup.

Claqueux, se adj. — Délicieux en parlant de mets ou de boissons.

Classe n.f. *De première classe* — Hors-pair, parfait.

Classifier v. tr. — Classer.

Clavigraphe n.m. — Machine à écrire.

Clavisse n.f. — Anneau tronqué muni d'une vis qui permet de le fixer à volonté.

Claytonie n.f. — Sorte de plante vivace.

Cleaneur (pron. clineur) n.m. — Nettoyeur (à sec).

Clean-up (pron. clinope) n.m. — Nettoyage.

Clefs n.f. pl. — Touches (de machine à écrire).

Clencher v. tr. — Lever la clenche d'un loquet.

Clenchette n.f. — Gachette (d'une arme à feu).

Clerc n.m. — Commis. Secrétaire. — Étudiant. Ex.: Un clerc-avocat. Un clerc-docteur.

Clérical, e adj. *Erreur cléricale* — Erreur de copiste.

Cléricature n.f. — Étude d'une profession. — Temps pendant lequel on se prépare à une profession.

Cliche n.f. — Chiasse.

Clicher v. intr. — Avoir la chiasse.

Click n.m. — Déclic (photographie).

Clicli n.m. — Clitoris.

Clife! interj. — Forme adoucie de CRISSE!

Clin n.m. *Planche à clin* — Clabord.

Clinage n.m. — Action de nettoyer.

Clinclant, clinclin n.m. — Clinquant. — Mica.

Cliner v. tr. — Nettoyer. — Cligner.

Clineur n.m. — Ouvrier chargé du nettoyage des machines.

Cliper v. tr. — Couper les cheveux. — Tondre.

Clipeur n.m. — Appareil pour couper les cheveux. — Tondeuse pour animaux.

Cliquard n.m. — Partisan d'une clique.

Cliques n.f. pl. *Prendre ses cliques et ses claques et partir* — Ramasser ses effets personnels et s'en aller.

Clisse! interj. — Forme adoucie de CRISSE!

Cloche n.m. *Cloche d'eau* — Ampoule (sur la peau).

Clocher v. intr. — Branler, locher. Ex.: Ton cheval a un fer qui cloche.

Cloches n.f. pl. — Testicules. — Seins.

Clochettes n.f. pl. — Testicules.

Cloque n.f. — Capot militaire. — Manteau en forme de cloche.

Clore v. intr. — Faire de la clôture.

Clos n.m. — Pacage. Pâturage. *Clos de bois, clos à bois* — Terrain boisé dont on tire du bois de chauffage ou de charpente. *Prendre le clos* — Prendre le fossé (en automobile).

Close adj. f. *Obligation hypothécaire close* — Obligation entièrement émise.

Closet (pron. closette) n.f. — Garde-robe. Armoire.

Closettes n.f. pl. — Cabinet de toilette. Ex.: Aller aux closettes.

Close-up (pron. clôssope) n.m. — Gros plan.

Clôture n.f. *Clôture de broche* — Clôture en fil de fer. *Clôture à chevilles* — Clôture dont les pieux sont reliés par des chevilles de bois. *Clôture à boulins* — Clôture où les perches reposent sur des boulins. *Clôture d'embarras* — Clôture faite avec des arbres morts et des branchages. *Clôture en échiquette* — Clôture faite avec des planches disposées en échiquier. *Clôture à la jambette* — Clôture faite avec des perches reposant sur des pieux en croix. *Clôture de roches* — Clôture faite avec des pierres ou roches entassées les unes sur les autres. *Être sur la clôture* — Être indécis. *À pleine clôture* — En grande quantité, en parlant de la récolte ou de la neige. *À cheval sur la clôture* — Être indécis. *Sauter la clôture* — Être enceinte.

Clou n.m. — Quantité d'alcool qu'on ajoute à une boisson déjà alcoolisée ou non. Ex.: Mettre un clou dans un verre de vin. *Planter, cogner des clous* — Dormir assis avec la tête qui hoche de temps à autre. *Ne pas valoir un clou* — Ne rien valoir. *Clou de cercueil* — Cigarette.

Clouter v. tr. — Clouer.

Club (pron. clube) n.m. — Débit de boisson le plus souvent dans un hôtel.

Club de nuit n.m. — Boîte de nuit.

Club sandwich n.m. — Sandwich de bacon, salade et poulet froid servi avec des frites.

Clutch (pron. clotche) n.f. — Pédale d'embrayage.

Clutcher (pron. clotché) v. intr. — Embrayer.

Coach (pron. côtche) n.m. — Entraîneur.

Coat (pron. côte) n.m. — Manteau. Paletot.

Coaxer (pron. côksé) v. tr. — Demander avec beaucoup d'insistance. — Offenser.

Cobbette n.f. — Armoire. Garde-manger. Placard.

Cobi, e adj. — Bosselé.

Cocasser v. intr. — Dire des choses amusantes et cocasses.

Coche n.f. — Égratignure. *Coche mal taillée* — Maladresse. Mauvais coup. *Être à côté de la coche* — Être à côté de la track, être à côté de la question. *En payer une coche* — Payer cher. *Monter d'une coche* — Monter d'un cran.

Cocher v. tr. — Égratigner.

Cocheur n.m. — Ancien fer à friser.

Cochon n.m. — Tirelire. — Genre de pâtisserie. *Jouer un coup de cochon, un tour de cochon, une patte de cochon* — Jouer un mauvais tour. *Petit cochon* — Clajeux, fruit du glaïeul. — Éraflure sur un doigt à force de le frotter. *Amis comme cochons* — D'une amitié indéfectible. *Être cochon avec* — Être vicieux avec. Ex.: T'es ben cochon avec ta blonde. *Jouer cochon* — Jouer salaud.

Cochonner v. tr. — Jouer un sale tour à quelqu'un. — Rater son coup. Ex.: Boubou a ben essayé mais i a fini par cochonner pareil.

Cochonnerie n.f. — Grain de poussière. Saleté. Ex.: J'ai une cochonnerie dans l'oeil. — Grand nombre. Ex.: I y avait une cochonnerie de monde.

Coco n.m. — Cacao. — Chapeau melon. — Tête. Ex.: Avoir quelque chose dans le coco. *Coco de sucre* — Boule de sucre d'érable.

Cocombe n.m. — Concombre. — Imbécile.

Coconut (pron. coconote) n.m. — Noix de coco.

Cocorico n.m. — Fruit rouge qui pousse dans les joncs.

Cocotier n.m. — Coquetier. — Petite boîte en forme d'oeuf pour renfermer un chapelet.

Cocotte n.f. — Pomme de pin. Cône.

Cocu n.m. *Se faire jouer des cocus* — Se faire avoir.

C.O.D. n.m. ou adv. — Tout genre d'envoi payable sur livraison.

Code d'éthique n.m. — Code de déontologie.

Coeur n.m. *À coeur de* — Durant tout le. Ex.: Travailler à coeur de jour. Pleurer à coeur de nuit. *À coeur jeun* — À jeun. *Avoir le coeur malade* — Avoir mal au coeur. *Se dégraisser le coeur* — Manger quelque chose de léger après des mets trop gras. *Avoir à coeur à* — Avoir à coeur de. *Avoir le coeur sur la main* — Être généreux. *Coeur de drap noir* — Brassard de deuil.

Coeureux, se adj. — Qui a du coeur. — Courageux.

Coffre n.m. — Vagin. *Coffre à crayons* — Plumier. *Coffre d'espérance* — Trousseau de jeune fille.

Coffrer v. intr. — Gondoler. Travailler. Ex.: Le bois de cette armoire coffre. — Être étanche. Ex.: Ma chaloupe coffre.

Cognage n.m. — Action de cogner. Bruit résultant de cette action. Ex.: Qu'est-ce que c'est, ce cognage-là?

Cogne-cul n.m. — Tape-cul.

Cognement n.m. — Cognage.

Cogner v. tr. ou intr. — Palpiter, battre (en parlant du coeur). *Cogner la gueule à quelqu'un* — Lui donner des coups. *Cogner des clous, des piquets* — V. CLOU.

Cogneur n.m. — Au baseball, bon frappeur.

Coil (pron. co-il) n.m. — Bobine (d'un moteur). — Serpentin.

Coin n.m. — Terrain ou bâtiment situé au coin d'une rue. Ex.: Acheter un coin. *Maigre comme un coin* — Très maigre. *Faire le coin* — Être assis de biais sur le bout du siège d'une voiture pour voir la personne qu'on accompagne. *De coin* — De côté, du coin de l'oeil. Ex.: Regarder de coin. *Coin à bois* — Réduit où l'on entasse le bois.

Coincher v. tr. — Reluquer. Lorgner.

Coincheux, se adj. — Renfrogné.

Coinçon n.m. — Armoire triangulaire qui embrasse le coin de deux murs.

Cointer v. tr. — Coincer, caler à l'aide d'un coin.

Cointer v. intr. — Se tasser près d'un autre dans un lit pour se garder plus chaud. Ex.: Quand le bébé vient dans notre lit, i arrête pas de cointer.

Cointer (se) v. pron. — Se tasser l'un contre l'autre dans un lit.

Coke (pron. côke) n.m. — Coca-cola.

Coke (pron. côke) n.f. — Cocaïne.

Col n.m. — Faux col. — Collet. Ex.: Relève ton col de manteau. — Cravate. — Manteau. *Cols bleus* — Employés manuels. *Cols blancs* — Employés non-manuels.

Colas-fillette n.m. — Petit garçon qui s'amuse aux jeux de petites filles. — Homme qui s'occupe de travaux le plus souvent réservés aux femmes.

Colère n.f. *Tomber en colère* — Se mettre en colère.

Colérer (se) v. pron. — Se mettre en colère. Ex.: Il est toujours prêt à se colérer.

Colidor n.m. — Corridor.

Colimaya n.m. — Colin-maillard.

Colin-fillette n.m. — V. COLAS-FILLETTE.

Colique cordée n.f. — Colique violente.

Collage n.m. — Mesurage et marquage du bois. — Action de rejeter au cours d'une inspection, d'un mesurage. — Action de se coller à quelqu'un.

Collant n.m. — Bas-culotte pour la gymnastique ou la danse.

Collant, e adj. — Qui se colle à une autre personne.

Collatéral, e adj. *Garantie collatérale* — Garantie supplémentaire.

Collation n.f. *Donner à collation* — Donner une collation.

Colle n.f. — Rebut. Ex.: Du bois de colle. — Mauvais travaillant, mauvais élève. — Devinette. *Mange d'la colle* — Fiche-moi la paix.

Collect adj. *Télégramme collect* — Télégramme en port dû.

Collecter v. tr. — Percevoir, faire des recouvrements. Ex.: Collecter des taxes. — Demander le paiement d'un loyer, d'une dette. Ex.: Collecter les locataires.

Collecteur n.m. — Percepteur, receveur, agent de recouvrement.

Coller v. tr. — Mesurer, trier du bois, des marchandises. — Rejeter du bois, des marchandises au cours d'une inspection. — Tromper, attraper. *En avoir de collé* — Avoir de l'argent plein les poches. *Coller les mouches au plafond* — Se masturber.

Coller (se) v. pron. — Se placer très près de quelqu'un pour lui manifester de l'affection.

Collerette n.f. — Pèlerine. Mante.

Collet n.m. — Faux col. — Col. — Collerette. — Mousse sur la bière. *Collets blancs* — Employés de bureau. *Collets bleus* — Employés manuels. *En avoir plein son collet* — Être saoul. — Être rendu à bout. *Avoir le collet en roue* — Se pavaner.

Colletailler (se) v. pron. — Se bousculer, se chamailler, se battre, se colleter.

Colleteur n.m. — Homme qui aime se colletailler.

Colleur n.m. — Employé qui mesure et trie le bois.

Colleux, se adj. ou n.m. ou f. — Qui aime se coller à quelqu'un.

Colon n.m. — Défricheur. Premier occupant d'une terre de colonisation. — Péjorativement: un épais, un rustre, un lourdaud.

Colonisation n.f. — Transformation de régions boisées en exploitation agricole. Ex.: Le ministère de l'agriculture et de la colonisation du Québec.

Colonne n.f. — Femme épaisse, rustre.

Colorer v. tr. — Colorier.

Colouer v. tr. — Clouer.

Colour-blind (pron. colleu-blaill'ne) adj. — Daltonien.

Combien adv. — Comment. Ex.: Combien est-il? *Combien que* — Combien est-ce que. Ex.: Combien que ça se vend?

Combinaison n.f. — Sous-vêtement masculin d'une seule pièce des épaules aux chevilles. — Serrure qui s'ouvre au moyen de lettres ou de chiffres. — Ces lettres ou chiffres eux-mêmes.

Combine n.f. — Combinaison (sous-vêtement). — Trust, cartel. — Moissonneuse-batteuse. — Une passe (au jeu de hockey).

Combiner (se) v. pron. — Se regrouper pour une action précise.

Come-back n.m. — Critique qui suit une intervention quelconque.

Comète n.f. — Commère.

Cométique n.m. — Traîneau tiré par des chiens.

Comifaut loc. v. — Comme il faut.

Comiques n.m. pl. — Bandes dessinées.

Commandable adj. — Qui peut recevoir des ordres sans rechigner. Ex.: Ces ouvriers sont pas commandables.

Commandement n.m. — Rapport de grandeur entre une roue dentée et son pignon.

Commander v. intr. — Presser. Ex.: L'ouvrage commandé.

Comme conj. — Que (après si, aussi, tant, autant). Ex.: Je sacre aussi bien comme lui. — Environ. Ex.: Il a comme vingt ans. *Comme de raison, comme de raison que, comme de bonne, comme de belle* — Assurément, sans doute. *Comme de faite* — En effet. *Comme d'ici à demain* — Superlatif. Ex.: C'était long comme d'ici à demain. *Comme manière de, comme une manière de* — Une espèce de. Ex.: Il avait comme une manière de froc sur le dos. *Comme qui dirait* — Une espèce de. Ex.: Elle avait comme qui dirait une chemise sur le dos. — À peu près, presque. Ex.: Il y avait comme qui dirait une cinquantaine de personnes. *Comme pour mourir* — Beaucoup. Ex.: Il la suppliait comme pour mourir d'aller avec lui. *Quelque chose comme* — Environ. Ex.: Il a quelque chose comme quatre-vingts ans. *Comme rien, comme rien du tout* — Inutile. Ex.: J'ai beau lui parler, c'est comme rien. *C'est comme un rien* — C'est impossible. Ex.: C'est comme un rien, il va arriver. *Comme de rien n'était* — Comme si de rien n'était. *Comme autant* — Bien des fois. Ex.: Je lui ai dit comme autant. *Comme par* — Selon. Ex.: Il a signé un écrit comme par quoi il me donne quittance. *Comme dit la chanson* — Comme on dit. *Comme c'est que* — Comment, combien. Ex.: Comme c'est que tu vends ça? Comme c'est que t'as appris ça? *Comme de belle, comme de plus belle* — De plus belle. Ex.: Il a recommencé comme de plus belle. *Choisir comme, élire comme, nommer comme* — Choisir pour, élire, nommer. Ex.: On l'a choisi comme président. *Comme que* — Comme. Ex.: On fait comme qu'on peut. *Comme qui* — Comme si l'on. Ex.: C'est comme qui irait se jeter à l'eau. *Comme question de fait* — D'ailleurs. *Comme promis* — Tel que promis.

Comment adv. — Combien. Ex.: Comment ça vaut? *Comment que* — Comment, combien. Ex.: Comment que tu vas? Comment que ça vaut?

Comment ça se fait que — Comment est-ce que ça se fait que.

Commerce n.m. — Tapage. Ex.: Quel commerce que j'entends en haut! *Marque de commerce* — Marque de fabrique.

Commerceau n.m. — Petit commerce.

Commercer v. tr. ou intr. — Faire le commerce de. Ex.: Commercer les oeufs. Commercer sur les animaux.

Commercial, e adj. — Commerçant. Ex.: Rue commerciale. Quartier commercial.

Commise n.f. — Féminin de *commis*.

Commissaire n.m. *Commissaire d'école* — Membre élu d'une commission scolaire. *Commissaire des incendies* — Enquêteur sur les causes d'incendies. *Commissaire du havre* — Fonctionnaire responsable d'un port.

Commission n.f. *Commission des Liqueurs* — Ancien nom de la Société des Alcools.

Commissions n.f. pl. — Emplettes. Ex.: J'ai fait mes commissions de bonne heure ce matin. *Commission scolaire* — Corps élu pour gérer les écoles.

Commodités n.f. pl. *Faire ses commodités* — Aller aux toilettes.

Commune n.f. — Pâturages mis en commun. Champs communaux.

Communs n.m. pl. — Cabinet de toilette.

Comologne n.m. — Palan.

Compact n.m. — Poudrier (de sac à main).

Compagnée n.f. — Compagnie. Réunion de personnes. Ex.: Bonjour, la compagnée. — Épouse, fiancée, amie. Ex.: Venez donc veiller avec votre compagnée.

Comparage n.m. — V. COMPÉRAGE.

Comparager v. tr. — Comparer.

Comparition n.f. — Comparution.

Compassieux, se adj. — Compatissant.

Compeau n.m. — Morceau de terre. Ex.: Un beau compeau de terre.

Compérage n.m. — Cérémonie de baptême d'un enfant. — Fête de famille à l'occasion d'un baptême. — Ceux qui présentent l'enfant au baptême.

Compéter v. intr. — Faire concurrence. Ex.: J'ai compété avec lui pour la job.

Compétiter v. intr. — V. COMPÉTER.

Compétiteur n.m. — Concurrent.

Compléter v. tr. — Achever. Ex.: I a pas encore complété sa maison.

Complétion n.f. — Achèvement. Ex : Travailles-y jusqu'à la complétion.

Complexion n.f. — Teint.

Complice n.m. *De complice* — Complice. Ex.: Ça se voyait qu'il était de complice dans cette affaire-là.

Complimentaire adj. *Billet complimentaire* — Billet de faveur. *À titre complimentaire* — À titre gracieux.

Complimenter v. tr. *Complimenter quelqu'un pour* — Le complimenter sur, de. Ex.: Je l'ai complimenté pour son courage.

Complimenteux, se adj. — Flatteur.

Compliments n.m. pl. *Compliments de la saison* — Meilleurs voeux.

Comportement n.m. — Manière dont se comporte le temps. Ex.: Le temps a un bon comportement pour les foins.

Compote n.f. *Tomber en compote* — Perdre connaissance. — Tomber en ruine. — Se disloquer en parlant d'un tonneau de bois.

Compound (pron. comme-paoune) n.m. — Composé. Mélange. Pâte à polir.

Comprenabe adj. — Compréhensible.

Comprenage n.m. — Entente. Ex.: I y a pas de comprenage possible avec lui.

Comprenant, e adj. — Compréhensible.

Comprendre v. tr. — Entendre dire, apprendre, être informé. Ex.: Je comprends que vous partez ce matin. *À plus se comprendre* — Fou de joie.

Comprenouère, comprenure n.f. — Compréhension, intelligence, esprit. Ex.: Le bonhomme est dur de comprenouère.

Compris prép. — Y compris. Ex.: Acheter une terre, compris la récolte.

Compte n.m. *Faire son compte* — S'organiser, s'y prendre. Ex.: Je sais pas comment il fait son compte, mais il se trompe toujours. *Prendre, partir à son compte* — Ouvrir une boutique, partir un commerce. Ex.: C'est l'année que j'ai parti à mon compte. *Faire des comptes* — Acheter à crédit. *Monter un compte* — Faire beaucoup d'achats à crédit.

Compteur n.m. — Un joueur qui compte souvent.

Comptoir de courtoisie n.m. — Comptoir où l'on peut échanger les marchandises (dans un magasin).

Comté n.m. — Division administrative représentée au parlement ou à l'assemblée par un député.

Concardée adj. f. — Habillée avec recherche.

Conçarne, concerne n.f. — Entreprise, société commerciale ou industrielle.

Concentré n.m. — *Concentré de minerai* — Minerai nettoyé de ses impuretés.

Concession n.f. — Rang (dans une région rurale).

Concessions n.f. pl. — Régions où des lots de terre ont été cédés par le gouvernement à des particuliers pour le défrichement et l'établissement de fermes.

Conciergerie n.f. — Grand immeuble sous la garde d'un concierge.

Conclure v. tr. *Conclure à ce que* — Conclure que.

Concorde n.m. — Genre de boghei.

Concourir v. intr. *Concourir dans* — Partager. Ex.: Je concours dans votre manière de voir.

Concours n.m. *Concours dans* — Concours à l'adoption de. Ex.: Le concours des deux chambres dans les amendements.

Conditionné, e adj. *Air conditionné* — Air climatisé.

Condition n.f. — État. Ex.: Tu peux pas dire que ta minoune est en bonne condition.

Conditions n.f. pl. — Facilités. Ex.: Des conditions aisées de paiement.

Condenseur n.m. — Condensateur.

Conduire v. tr. *Conduire une conquête* — Diriger une conquête.

Conducteur n.m. — Chef de train. Ex.: Mon père était conducteur pour le C.N.R.

Conduisabe adj. — Qu'on peut conduire, mener.

Conduite (de) loc. adj. — Qui a de la conduite. Ex.: C'est une femme de conduite.

Cône n.m. — Cornet. Ex.: Un cône de crème glacée.

Confesser v. tr. *Confesser jugement* — Consentir à jugement par écrit.

Confiance n.f. *Avoir confiance à quelqu'un* — Avoir confiance en quelqu'un.

Confie adj. f. — Confite. Ex.: Des cerises confies.

Confiteur n.m. — Édredon. Courtepointe. Douillette.

Confiture n.f. *En confiture* — En bouillie, en compote. Ex.: Des patates en confiture.

Conforme adj. *Conforme avec* — Conforme à.

Conformer v. tr. *Conformer avec* — Conformer à.

Conformité n.f. *En conformité avec* — Conformément à.

Confortabe adj. — À l'aise. Ex.: Es-tu confortabe?

Conforteur n.m. — V. CONFITEUR.

Confusion n.f. — Grande abondance. Ex.: Une confusion de pommes. — Convulsion. Ex.: Tomber dans les confusions.

Confusionné, e adj. — Confus.

Congestion n.f. — Encombrement. Ex.: Congestion des rues.

Congresse n.f. — Bottines à élastiques.

Conjoint, e adj. *Comité conjoint* — Comité mixte. *Action conjointe* — Action commune. *Compte conjoint* — Compte en banque où deux ou plusieurs personnes peuvent faire des retraits sous leur signature individuelle. *Efforts conjoints* — Efforts réunis. *Lettre conjointe* — Lettre collective. *Protonotaire conjoint* — Titre que prennent les titulaires de cette fonction lorsqu'ils sont plusieurs à la remplir ensemble.

Conjureux n.m. — Conjureur.

Connaissance n.f. *Sans connaissance* — Furieux. *Revenir à la connaissance* — Retrouver ses esprits.

Connaissances n.f. pl. — Revenants.

Connaissant, e adj. — Connaisseur. Instruit. I est pas mal connaissant en médecine. *Un Jos connaissant* — Se dit par moquerie de celui qui prétend en savoir plus que les autres.

Connectabe n.m. — Constable. Connétable.

Connectabe adj. — Qui peut être connecté.

Connecter v. tr. ou intr. — Joindre deux extrémités de tuyaux, de fils. Ex.: Connecter deux fils électriques. — Mettre en communication. Ex.: Connectez-moi avec le gérant. — Être en correspondance en parlant de véhicules de transport. Ex.: Ces deux trains, est-ce qu'ils connectent? *Connecter l'électricité, le téléphone* — Raccorder un circuit individuel au réseau électrique ou téléphonique. *Connecter l'eau, le gaz* — Raccorder les conduites d'eau, de gaz aux canalisations d'une bâtisse.

Connecting-rod (pron. conectigne-rode) n.f. — Bielle.

Connestache n.m. — V. CORN-STARCH.

Connetabe n.m. — Policier.

Connexion n.f. — Correspondance en parlant de véhicules de transport. — Action de joindre deux tuyaux, deux fils. — Communication. Ex.: Donner la connexion (au téléphone). Mettre deux personnes en connexion. — Contact électrique. Ex.: Poser la connection. — Courant de gaz, d'électricité. Ex.: Enlever la connexion de gaz. — (Au pluriel), relations.

Conscience n.f. *Être en conscience* — Être coupable. Pécher. Ex.: Il est en conscience d'être accoté. *Ma grande conscience du bon Dieu* — Sur ma conscience.

Conseil n.m. *Conseil du roi, de la reine* — Titre honorifique conféré à un avocat éminent.

Conseiller v. tr. *Conseiller quelqu'un de* — Lui conseiller de.

Conseilleux n.m. — Conseilleur.

Consensus (pron. consensusse) n.m. — Entente unanime ou presque d'un groupe sur un sujet précis. *Faire le consensus sur* — Rallier la très grande majorité sur un point.

Consent adj. inv. — Qui consent. Ex.: Son père est consent.

Consentant, e adj. — Qui consent. Ex.: Elle est consentante de partir.

Consentir v. tr. — Consentir à. Ex.: Consentir un mariage.

Conséquent, e adj. — Important. Ex.: J'ai perdu une somme conséquente.

Conserve n.f. *De conserve* — Préparé pour la conservation. Ex.: Des confitures de conserve.

Considération n.f. *Sous considération* — À l'étude. En considération.

Consistant, e adj. — Conséquent. Ex.: Ne pas être consistant avec soi-même.

Consister v. intr. *Consister en rien* — N'avoir aucune importance. Ex.: Ça consiste en rien.

Consolidation n.f. — Fusion de diverses entreprises en une seule.

Consommage n.m. — Suif, morceaux de gras qu'on fait bouillir pour en fabriquer du savon. — Cette action elle-même.

Consommer v. intr. *Faire consommer* — Faire bouillir suif et gras avec de la soude caustique pour en fabriquer du savon.

Consomptif, ve adj. ou n.m. ou f. — Tuberculeux. Phtisique. Ex.: Elle est consomptive.

Consomption n.f. — Tuberculose pulmonaire. Phtisie. *De consomption* — Tuberculeux. Ex.: I est mort de consomption.

Consomption adj. — Tuberculeux. Ex.: Elle est consomption.

Conspiration n.f. — Complicité. Ex.: Être accusé de conspiration de fraude.

Conspirer v. intr. — Agir de complicité. Ex.: Il a conspiré pour frauder ses créanciers.

Constabe n.m. — Policier.

Constituants n.m. pl. — Commettants.

Consulte n.f. — Consultation.

Consulter (se) v. pron. — Consulter. Ex.: Il a été se consulter avec un avocat.

Contabe adj. — Qui peut être raconté. Ex.: Son histoire est pas contabe.

Conte prép. ou adv. — Contre. Ex.: Parle pas conte. *De conte* — Contre. Ex.: Après avoir parler pour, i a parlé de conte. — Près de. Ex.: S'asseoir de conte lui.

Conte n.m. *Au conte de* — Au dire de.

Conté prép. — Près de. Ex.: Elle est assis conté lui. — Avec. En même temps que. Ex.: Arriver conté le curé.

Contemplation n.f. *En contemplation* — En vue. Ex.: J'ai cette affaire en contemplation.

Contempler v. tr. — Projeter. Avoir en vue. Ex.: On contemple la construction d'un aqueduc.

Contenancer v. tr. — Appuyer. Ex.: I peut ben réussir, i est contenancé par toute une organisation.

Content n.m. *Faire content* — Sourire, faire des gestes de contentement (en langage enfantin).

Content adj. — Consentant. *Content contre* — Content de.

Contentabe adj. — Qu'on peut contenter. — Rassasiable.

Contenter v. tr. — Rassasier.

Conter v. tr. *Conter des contes* — Dire des contes. *Conter ça* — Réprimander. Ex.: Attends ton père. I va te conter ça.

Contère prép. — Contre. Ex.: Vote pas contère lui. — Près de. Ex.: S'assir contère elle.

Conteste n.f. — Protestation. Chicane.

Conteurbande n.f. — Contrebande.

Conteurbouter v. tr. — Contredire. Contrecarrer.

Conteur-coeur n.m. *À conteur-coeur* — À contre-coeur.

Conteurdire v. tr. — Contredire.

Conteurfait, e adj. — Bouleversé.

Conteurverse n.f. — Controverse. *Prêcher la conteurverse* — Contredire. Exciter à l'opposition.

Conteux n.m. — Conteur.

Contiendre v. tr. — Contenir.

Contingents n.m. pl. — Crédit ouvert pour des dépenses accessoires.

Contint, e part. passé — Contenu. Ex.: Si je m'étais pas contint, j'y cassais la yeule.

Continu n.m. *D'un continu* — Sans relâche. Ex.: Nous avons travaillé d'un continu toute la matinée.

Continue (de) loc. adv. — Continu. Ex.: On a eu de la pluie de continue (par opposition à un orage).

Continuel (un) n.m. — Sans relâche. Ex.: I mouille un continuel.

Contra-compte n.m. — Virement de compte qui consiste à annuler l'un par l'autre deux comptes opposés.

Contracter v. tr. ou intr. — Entreprendre à forfait une construction. Ex.: Contracter une route. — Traiter à forfait avec quelqu'un pour un ouvrage. Ex.: J'ai contracté avec un ouvrier pour ma rallonge.

Contracteur n.m. — Entrepreneur en construction (de bâtisses, de routes), en rénovation, en installation électrique.

Contraction n.f. — Action de contracter (une maladie, des dettes).

Contrairer v. tr. — Contredire.

Contraireux, se adj. ou n.m. ou f. — Qui aime contredire.

Contrat n.m. *Donner à contrat* — Faire exécuter à forfait.

Contre prép. *Au contre* — Contre. Ex.: Au contre le mur. *De contre* — Contre. Ex.: Assis-toi de contre moué. *Contre à contre* — Côte à côte. Ex.: Marcher contre à contre.

Contre à côte loc. adv. — Côte à côte. Ex.: Être assis contre à côte.

Contrebarrer v. tr. — Contredire.

Contrebarreux, se adj. — Qui aime contredire.

Contrebouter v. tr. — Contredire.

Contrebouteux, se adj. — Qui aime contredire.

Contrediseur n.f. — Qui aime contredire.

Contredit n.m. *Avoir du contredit* — Être en désaccord avec quelqu'un. Ex.: J'ai toujours du contredit avec elle.

Contrée n.f. — Partie d'un champ. Ex.: Dans ce champ-là i y a des contrées ousse que ça a pas poussé.

Contrefait, e adj. — Bouleversé.

Contre-fenêtre n.f. — Deuxième fenêtre posée à l'automne pour combattre le froid.

Contre-marche n.f. — Pièce de métier à tisser.

Contretenir v. tr. — Retenir.

Contretenir (se) v. pron. — Se retenir.

Contrôlabe adj. — Qu'on peut contrôler.

Contrôle n.m. *Sous contrôle* — Maîtrisé. Ex.: L'incendie est sous contrôle. *Contrôle des naissances* — Limitation des naissances. *Perdre le contrôle* — Perdre la direction (de son véhicule).

Contrôler (se) v. pron. — Se dominer. Se modérer.

Contrôles n.f. pl. — Manettes de direction. Gouvernes.

Controverse n.f. *Prêcher la controverse* — Contredire.

Convenable adj. — Qui ne déplait pas. Ex.: Cette femme est ben convenable.

Convenir v. tr. — Convenir de. Ex.: Convenir une heure précise pour se rencontrer.

Convention n.f. — Congrès.

Conventum n.m. — Réunion d'anciens élèves d'une même classe.

Convertibe n.m. — Automobile décapotable.

Conviction n.f. — Condamnation d'un accusé.

Conviendre v. intr. — Convenir.

Convient, convint part. passé de CONVIENDRE. Ex.: Ils ont convint de partir.

Convoiter v. intr. — Convoler. Ex.: Convoiter en secondes noces.

Cook (pron. couque) n.m. ou f. — Cuisinier ou cuisinière.

Cookerie n.f. — Cuisine.

Cookie (pron. couki) n.m. — Plongeur, garçon à tout faire dans une cuisine.

Cooler (pron. couleu) n.m. — Pièce frigorifiée. — Contenant isolé pour pique-niques.

Cope n.f. — Cenne.

Coper v. tr. — Payer. Ex.: Je le ferai ben coper.

Côpérage n.m. — Baptême.

Côpère n.m. — Compère.

Copiage n.m. — Action de copier. — Retenue pendant laquelle l'élève doit copier un texte.

Copie n.f. — Exemplaire. *Copie d'un journal* — Numéro d'un journal.

Copieux adj. ou n.m. — Qui imite les manières d'un autre. — Élève qui copie d'un autre élève ou d'un auteur.

Copille n.f. — Goupille.

Copiner v. intr. — Payer sa part.

Coplène n.f. — V. COUPLING.

Coppe n.f. — Cuivre.

Coq n.m. *Ti-Coq* — Ti-gars. *Coq-en-pâte* — Empâté. Épais. Lourdaud. *Coq d'inde* (pron. codinde) — Personne stupide. *Aller mener de l'eau au coq* — Aller uriner dehors.

Coq-l'oeil adj. ou n.m. ou f. — Borgne. Loucheur.

Coq-nigaud n.m. *En coq-nigaud* — Incognito.

Coquecigrue n.m. — Personne bizarre, originale.

Coquelicot n.m. *En coquelicot* — Incognito.

Coquerelle n.f. — Blatte. Cafard. Cancrelat.

Coquerie n.f. — Cuisine (dans une maison).

Coqueron n.m. — Petite chambre. — Placard dérobé pour toutes sortes de cossins.

Corbigeau n.m. — Étourneau.

Cordage n.m. — Action de corder du bois.

Corde n.f. — Pile de bois. Ex.: Mettre du bois en corde. *Vraie corde* — Corde de bois d'un volume de quatre pieds sur quatre pieds sur huit pieds. *Petite corde* — Corde de bois de quatre pieds sur huit pieds, 16 pouces de large. *Corde à linge* — Corde sur laquelle on étend le linge pour le faire sécher. *Coucher sur la corde à linge* — Coucher dehors. Être dérangé pendant son sommeil. *Corde à virer le vent* — Corde imaginaire qu'on envoie chercher comme poisson d'avril. *Être au bout de sa corde* — Être rendu à bout.

Cordé n.m. — Grosse étoffe de laine.

Cordeau n.m. *Avoir un faux cordeau* — Être mal ajusté. Ex.: Ta roue a un faux cordeau.

Cordeaux n.m. pl. — Guides. Rênes. *Avoir, tenir les cordeaux* — Dominer dans la maison. Ex.: Chez Ti-Gus, c'est sa femme qui tient les cordeaux.

Cordée n.f. — Pile de bois.

Corder v. tr. — Empiler du bois.

Corderoi n.m. — Tissu de velours côtelé. *Chemin en corderoi* — Chemin recouvert de troncs d'arbres pour le rendre praticable. Chemin de pontage.

Cordon n.m. — Le quart d'une corde de bois. — Chemin de séparation au bout des terres. — Espèce d'enflures près du paturon de la patte d'un cheval. — Couette. *Cordon de Saint-Antoine* — Zona.

Cormier n.m. — Corme, fruit du cormier.

Cornaille n.f. — Épine de chardon.

Cornailler v. tr. ou intr. — Donner des coups de cornes.

Cornailler (se) v. pron. — Se donner des coups de cornes (en parlant de bêtes à cornes). — Lutter corps à corps. — En parlant du temps, s'assombrir.

Cornas n.m. — Cadenas.

Corned beef (pron. corne-bif) n.m. — Boeuf salé.

Corne-en-cul n.f. — Alcool de fabrication domestique.

Corneille n.f. *Batteux de corneilles* — Oiseau de proie semblable à l'épervier. Émouchet. *Peureux de corneilles* — Épouvantail. *Avoir une corneille à plumer avec quelqu'un* — Avoir une affaire à régler avec quelqu'un.

Corner v. tr. — Donner des coups de cornes. *Corner les oreilles* — Corner aux oreilles.

Cornet n.m. *Cornet de crème glacée* — Sorte de cône de pâtisserie dans l'ouverture duquel on place une boule de crème glacée.

Corniche n.f. — Tablette de cheminée. — Poitrine (de femme).

Cornichon n.m. — Ex. Croissance parasitaire sur les épis du blé, du seigle.

Cornière n.f. — Coin. Ex.: Envelopper son argent dans la cornière de son mouchoir.

Cornstarch n.m. — Fécule de maïs.

Corporation n.f. — Hôtel de ville. Ex.: Aller à la corporation payer ses taxes. — Conseil de ville. Conseil municipal. *Corporation scolaire* — Commission scolaire. — Corpulence.

Corporé, e adj. — Corpulent.

Corporence n.f. — Corpulence.

Corporent, e, corporeux, se adj. — Corpulent.

Corps n.m. — Camisole de laine, de flanelle ou de coton. *Corps mort* — Poutre qui supporte les poteaux d'une grange. — Tronc d'arbre à moitié pourri. *Avoir mal dans le corps* — Avoir des coliques.

Correct, e (pron. corrèque) adj. — Exact. Ex.: Ma facture est correcte? — Juste. Ex.: L'horloge est pas correcte. — Bien disposé. Ex.: Avec toi, i va être correct. — Honnête. Ex.: I a pas toujours été correct en affaires. — Qui se comporte d'une façon convenable. Ex.: Quand i boit pas, i est ben correct. *C'est correct* — Ça va, d'accord.

Correct adv. *C'est correct* — Ça va. C'est bien. C'est parfait. C'est compris. C'est entendu. *Tout est correct* — Tout est dans l'ordre.

Correction n.f. — Rectification (en radiotéléphonie).

Correyer v. tr. — Assouplir le cuir après le tannage. Corroyer. — Corriger. Punir. Ex.: Je vas te correyer si tu recommences.

Corrigeabe adj. — Corrigible.

Corriger v. tr. — Reprendre. Ex.: C'est pas gentil de corriger ses parents.

Corroie n.f. — Courroie.

Corrugé, e adj. *De la tôle corrugée* — De la tôle ondulée.

Corté, e adj. — Attifé, paré. Ex.: Ma mère est toujours ben cortée.

Corton n.m. — Croton (plante dont les graines donnent une huile purgative). Ex.: De l'huile de corton.

Cortons n.m. pl. — Cretons.

Corvée n.f. — Travail en commun pour aider quelqu'un. Ex.: Faire une corvée pour lever une grange.

Cossin n.m. — Objet plus ou moins utile. Ex.: Sa cour est pleine de cossins. — Personne inutile. Ex.: Au travail, ce gars-là, c'est un cossin. — Coussin.

Costarde n.f. — Dessert fait de lait, d'oeufs, de sucre et de fécule de maïs. Blanc manger.

Coster v. tr. — Accoster.

Costume n.m. — Costume tailleur. Ex.: Ma femme s'est fait faire un costume.

Costumé, e adj. — Habillé.

Cosy adj. — Confortable.

Cote n.m. — Lit de camp. — Berceau suspendu.

Côte n.f. — Rive du fleuve et du golfe Saint-Laurent. Ex.: Baie Comeau est sur la côte nord. — Rang du bord du fleuve. *Avoir les côtes sur le long* — Être paresseux. — Être courbaturé. *Avoir les côtes comme une planche à laver* — Être très maigre.

Côté n.m. — Moitié. Ex.: Un côté de boeuf. *De l'autre côté* — Dans l'autre monde. — *De côté et d'autre* — De tous bords tous côtés. Partout. *Haut-côté* — Étage supérieur d'une maison. *Bas-côté* — Appentis.

Coteillage n.m. — Sentier, route qui serpente.

Coteiller v. intr. — Se dit d'un sentier, d'une route qui monte en serpentant.

Côteux, se adj. — Accidenté. Ex.: Une terre côteuse.

Côteyer v. tr. — Cotoyer.

Côteyeux, se adj. — V. CÔTEUX.

Coti, e adj. — Pourri (en parlant du bois).

Cotil n.m. — Coutil.

Cotille n.f. — Coquille.

Cotir v. intr. — Pourrir (en parlant du bois).

Cotiser v. tr. — Évaluer (une propriété).

Cotiseur n.m. — Évaluateur (de propriété).

Coton n.m. — Tige. Ex.: Le coton d'un chou gras. — Nervure. Ex.: Des cotons de tabac. — Queue des animaux. *Coton jaune* — Coton écru. *Usé jusqu'au coton* — Usé à la corde. *Être au coton, rendu au coton* — Épuisé. *Au coton* — Avec tout ce qu'on peut y donner. Ex.: Donnes-y au coton, mon gars, ton bazou peut le prendre. *Un vieux coton* — Un vieux cheval. *Se faire arranger le coton* — Se faire réprimander. *Coton absorbant* — Coton hydrophile. *Coton de la queue* — Base du pénis. — Coccyx.

Cotonnage n.m. — Cotonnade.

Cotonné, e adj. — Fripé. Ex.: Après ses trois jours de brosse, i est revenu tout cotonné. — Mêlé (en parlant de poils, de cheveux).

Côtoyeux, se adj. — Côteux.

Cottage (pron. cotédge) n.m. — Maison à deux étages et grenier. *Piano-cottage* — Piano droit. *Fromage cottage* — Fromage blanc en grains.

Cotte n.f. — Gravure. Cliché. Illustration. — Planche ou plaque sur laquelle on grave un dessin.

Cotteur n.m. — Voiture d'hiver légère sur patins minces et à un seul siège.

Couac n.m. — Butor. — Homme à longues jambes. — Charlatan.

Couac n.f. — Femme soldat.

Couch (pron. caoutche) n.m. — Sofa.

Couche n.f. *Épingle à couche* — Épingle de sûreté.

Coucher v. tr. ou intr. — Faire manger. Ex.: Coucher des voyageurs. *Envoyer coucher* — Envoyer se coucher. — Envoyer promener. *Coucher dehors* — (en parlant d'objets inanimés) laisser dehors pour la nuit, pour l'hiver. Ex.: Mon tracteur a couché dehors tout l'hiver. *Coucher au piquet* — Coucher dehors. *Être couché* — Avoir le pénis flasque.

Coucherie n.f. — Hôtellerie où il y avait des relais pour les diligences.

Couchette n.f. *Couchette simple* — Petit lit. *Couchette double* — Grand lit.

Cou-croche n.m. — Courge.

Coude n.m. — Coutre (de charrue). — Pénis.

Coudeyer v. tr. — Coudoyer.

Coudon v. tr. impér. prés. sing. — Écoute donc. Ex.: Coudon, toué, laisse-le tranquille. — Dis donc. Ex.: Coudon, ta femme va venir?

Coudre v. tr. *Coudrant* — Cousant. *Coudais* — Cousais. *Coudis* — Cousis. *Coudu* — Cousu. *Coudre le bec à quelqu'un* — Réduire quelqu'un au silence.

Coudre n.m. — Coudrier. — Coutre (couteau en avant du soc d'une charrue).

Couenne n.f. — Couche de gazon, d'herbe. Ex.: Ramasser des couennes pour renchausser la maison. — Poitrine (de femme). *Avoir la couenne dure* — Ne pas céder facilement.

Couenner v. intr. — Poser des couennes de gazon.

Couette n.f. — Tresse. Natte. Ex.: Porter la couette sur le dos. — Mèche de cheveux. Ex.: Il a une couette blanche. — Tresse de fils. — Tresse des fils du circuit électrique d'un véhicule. Ex.: Le court-circuit est quelque part dans la couette. — Lisière, touffe de foin restée debout après le fauchage. — Poignée de foin. *En couette* — Emmêlé. Ex.: Crinière en couette.

Couetté, e adj. — Tressé. — Emmêlé.

Couetteux, se adj. — Emmêlé. — Qui s'emmêle facilement.

Couillon, onne adj. — Lâche. Peureux. *Faire le couillon* — Se masturber.

Couillonnage n.m. — Action de couillon.

Couillonnerie n.f. — Couillonnade.

Coulant, e adj. — Glissant. Ex.: Les chemins sont coulants à matin.

Coulée n.f. — Ravin. — Quantité de sève d'érable récoltée dans un temps déterminé. — Vulve (de la femme).

Couler v. intr. *Faire couler* — Mettre en marche la récolte de sève d'érable. Ex.: Si le temps s'abeaudit, je fais couler la semaine prochaine.

Couleurer v. tr. — Colorer.

Coulissant, e adj. — Glissant. Ex.: La route est coulissante.

Coulisse n.f. — Liquide qui coule le long d'un corps. Trace que laisse un tel liquide. Ex.: La marmite est couverte de coulisses. — Coulisses de chandelle. — Planchette ou lame de métal concave qui conduit la sève de l'érable à la chaudière.

Coulisser v. intr. — Couler. Ex.: La peinture a coulissé.

Coulois, couloué, coulouère n.m. — Couloir. — Passoire à couler le lait.

Coune n.f. — Pénis.

Coup n.m. *Avoir du coup* — Frapper droit et ferme. Ex.: Ce marteau a du coup. *Le petit coup* — Boisson alcoolisée. Ex.: Aimer le petit coup. *Prendre un coup* — Boire un coup. — Se saouler. Ex.: Lui, i prend un coup chaque semaine. *Prendre son coup* — Prendre son verre habituel. — Se saouler. *Avoir un coup* — Avoir bu un peu trop. *Prendre un petit coup* — S'enivrer légèrement. *Prendre un gros coup* — Se saouler comme il faut. Ex.: Prendre un petit coup, c'est agréable. Prendre un gros coup, ça rend l'esprit malade. *Coup d'eau* — Malaise contracté en buvant de l'eau très froide quand on a très chaud. — Raz-de-marée dans un cours d'eau à la suite de pluies abondantes. *Coup d'avoine* — Chez les animaux, indisposition à la suite de l'ingestion d'une trop grande quantité d'avoine. — Récolte abondante d'avoine. *Coup de cochon* — Action lâche et déloyale. *Coup de crasse* — Escroquerie. Duperie. *Coup de chien* — Coup de cochon. *Coup d'argent* — Coup de bourse. Profits importants et rapides. *Coup du nord, gros coup, bon coup* — Succès, réussite. Ex.: I a fait un bon coup en achetant cette ferme. *Coup de coeur* — Coup de collier. Nouvel effort. Ex.: Un autre coup de coeur, les boys. *Faire un coup* — Faire un mauvais coup. *Coup de chance que* — Heureusement que. *Un coup* — Une fois. Ex.: Un coup, l'été dernier... *Ce coup-ci, ce coup-là* — Cette fois-ci, cette fois-là. *Du coup, de ce coup-là* — Cette fois. Ex.: De ce coup-là, te v'là pogné. *À tout coup* — Chaque fois. *Un bon coup* — Un beau jour. À un moment donné. *À coup* — Subitement. Ex.: I a décidé à coup à partir. — À temps. À propos. Ex.: V'là d'l'argent qui m'arrive à coup. *D'à coup* — Tout à coup. — À temps. À propos. *Du coup* — À l'instant même. Ex.: I est mort du coup. *D'un coup* — Tout d'un coup. — Mais si. Ex.: D'un coup i viendrait pas? *Un coup que* — Dès que. Ex.: Un coup qu'i est décidé, attention. *Sul coup de* — Au coup de. Ex.: Sul coup de midi. *Coup de mort* — Coup fatal. *Coup chaud* — Ponce.

Coupabe adj. — Qu'on peut couper.

Coupage n.m. — Action de couper. Abattage d'arbres et arbustes.

Coupaillage n.m. — Action de couper en petits morceaux.

Coupailler v. tr. — Couper irrégulièrement. Déchiqueter. — Couper avec un instrument mal aiguisé. — Blesser au sang à plusieurs endroits. Ex.: I est revenu du village le visage tout coupaillé.

Coupant, e adj. — Mordant en paroles. Ex.: Faut pas le provoquer, i est coupant. — Habile en affaires. *Au plus coupant* — Au plus vite.

Coupasser v. tr. — Couper maladroitement. Déchiqueter.

Coupe n.m. — Couple. Ex.: I font un beau coupe.

Coupe n.f. — Deux ou trois. Ex.: Donnes-y une coupe de coups. — Entaille faite au pied d'un arbre pour l'abattre. — Le fil d'un instrument tranchant. Ex.: Ce rasoir a la coupe très douce. Cette faux garde sa coupe longtemps. — Abattage d'arbres. Ex.: C'est le temps de la coupe. — Tranchée. Ex.: La voie ferrée passe dans une coupe. *Coupe à blanc* — Abattage de tous les arbres, grands ou petits.

Coupe-feu n.m. — Porte à l'épreuve du feu qui se ferme automatiquement quand la chaleur d'un incendie fait fondre la fusible.

Couper v. tr. — Réduire. Ex.: Couper les prix. Couper les salaires. — Couper à la faucille, à la faux, à la faucheuse, à la moissonneuse, à la moissonneuse-batteuse. Ex.: Couper le foin. Couper le blé. *Couper du bois* — Abattre des arbres, bûcher. Scier du bois en longueur pour le poêle. Fendre du bois de chauffage. *Couper à blanc* — Abattre tous les arbres, grands et petits. *Couper l'herbe* — Tondre le gazon. *Se faire couper l'herbe sous le pied* — Se faire damer le pion. *Couper son eau* — Boire à petites gorgées et lentement. *Couper épais* — (En parlant d'un porc qu'on débite) être gras. — (En parlant d'une personne) être épais. *Se couper le pied* — Mettre le pied dans une bouse de vache. *Couper quelqu'un* (en voiture) — Le faire dévier de sa direction.

Coupeux n.m. — Châtreux. Ex.: Un coupeux de cochons. — Celui qui fauche.

Coupe-vent n.m. — Veston du cuir ou de nylon. Blouson.

Coupler v. tr. — Accoupler, réunir en paires. Ex.: Coupler des bas.

Couplet n.m. — Pièce de harnais en métal ou en cuir qui relie l'attelle du collier au feton ou cheville de fer qu'on fiche dans le brancard d'une voiture.

Coupling (pron. coplingue) n.f. — Manchon. Bague. Douille d'un tuyau.

Couque n.m. — Cuisinier. Coq (cuisinier à bord d'un navire).

Couquerie n.f. — Cuisine. Coquerie (cuisine à bord d'un navire).

Cour n.f. *Homme de cour* — Préposé à l'écurie. *Mépris de cour* — Injure au tribunal. *Être en cour avec une affaire* — Poursuivre ou être poursuivi en justice. *Cour martiale* — Tribunal militaire. *Cour juvénile* — Tribunal pour enfants.

Courage n.m. — Action de courir (en parlant des enfants qui courent). Ex.: Ce courage-là va-t'i finir?

Courageux, se adj. — Travaillant.

Couraillage n.m. — Action de courailler.

Courailleur, se n.m. ou f. — Qui courraille, qui passe son temps à s'amuser chez des amis, dans des salles de pool, dans des hôtels. — Qui change souvent d'emploi. — Trimpe.

Courailleux, se V. COURAILLEUR.

Courant n.m. — Coulant, tige qui s'allonge le long du sol et bourgeonne de distance en distance. Ex.: Des courants de fraisiers. — Toute espèce de plante grimpante. *Courant vert* — Lycopode. Pieds de loup. *Courant direct* — Courant continu.

Courante n.f. — Diarrhée.

Coureur n.m. *Coureur de bois* — À l'époque où l'Amérindien trappait encore, l'intermédiaire entre lui et le commerçant de fourrures. — Espèce d'esturgeon à nez aplati.

Coureux, se adj. — Coureur. *Coureux de chemin* — Trimpe. Vagabond.

Couriace adj. — Coriace.

Courir v. tr. — Poursuivre à la course. Ex.: Le chien a couru les vaches. Entraîner à la course. Faire trotter. Ex.: Courir un cheval. *Courir les chemins, les rues, les champs* — Vagabonder. *Courir le loup-garou, le fi-follet* — Courir les chemins et les champs sous la forme d'un loup-garou, d'un feu-follet. *Courir les érables* — Aller d'érable en érable pour en recueillir la sève. *Courir le poisson d'avril* — Se faire avoir le premier jour d'avril. *Courir la galipote* — Courir après les femmes. *Courir le billet-doux* — Même sens. *Courir le guénillou* — Mendier. *Être couru* — Être poursuivi.

Courir v. intr. *Courir sur* — Être sur le point d'atteindre. Ex.: I court sur ses trente ans. *Ne pas courir* — Ne pas accepter. Ne pas marcher.

Cours n.m. *En cours* — En train de donner ou de suivre un cours.

Course n.f. *Prendre une course* — Courir. *Prendre une course avec quelqu'un* — Lutter de vitesse avec quelqu'un. *Tirer une course vers* (en parlant de navires) — Se diriger vers. *À la fine course* — À toute vitesse. *Course sur (une banque)* — Ruée sur une banque menacée de faillite.

Courser v. intr. — Lutter de vitesse.

Courson n.m. — Cresson. — Gazon.

Court n.m. *Être de court de* — Être à court de. *De court, à court* — Sans argent. Ex.: Ce temps-ci, je suis ben à court. *Couper au plus court* — Abréger. Ex.: Pour couper au plus court, voici.

Court de tennis n.f. — Court (n.m.).

Courte-haleine n.f. *Mourir de courte-haleine* — Mourir faute de pouvoir respirer.

Courtier n.m. — Agent de change.

Courtoisie n.f. — Hommage. Don. Ex.: Ce cadeau est une courtoisie de Kresge.

Courton n.m. — Gilet à manches.

Courvée n.f. — Corvée.

Cousabe adj. — Qu'on peut coudre.

Cousage n.m. — Couture. Action de coudre.

Couserai, couserais v. tr., fut. et cond. — Couderai, couderais.

Cousin n.m. — Petit gâteau, accessoire d'un pain bénit. *Second cousin* — Cousin issu de germains.

Cousinage n.m. — Fréquentations entre cousins. — Relations amoureuses entre cousins.

Coûtage n.m. — Coût. Dépense.

Coûtageux, se adj. — Coûteux. — Gênant.

Coûtance n.f. — Coût. Frais. Dépense. — Gêne.

Coûtant adj. — Embarrassant. Gênant. Intimidant.

Couteau n.m. — Quantité de boisson alcoolique qu'on ajoute à une autre. Ex.: Un petit couteau de brandy dans du vin. — Homme tranchant. *Couteau à poisson* — Truelle, ustensile pour découper le poisson à table. *Couteau à prélart* — Serpette. *Couteau à vitre* — Diamant. *Couteau de charrue* — Coutre.

Coute donc loc. verbale — Écoute.

Coutellerie n.f. — Service de couteaux de table, fourchettes et cuillères.

Coûtément n.m. — Dépense. Ex.: Ça va être ben du coûtément, tes noces. — Hésitation. Ex.: Après bien des coûtéments, i s'est décidé.

Coûte qui coûte loc. adv. — Coûte que coûte.

Coûteux, se adj. — Pénible. Difficile. Gênant.

Couti, e adj. — V. COTI.

Couti, e part. passé de *coudre.*

Coutume n.f. *Avoir de coutume* — Avoir l'habitude. *Comme de coutume* — Comme d'habitude.

Couture n.f. — Ce qu'il faut coudre. Ex.: Apporte ta couture, on fera ça ensemble. *Battre à pleine couture* — Battre à plate couture.

Couvarte n.f. — Couverte. Couverture.

Couvert n.m. — Couvercle. — Couverture (d'un livre). *Hospitalité du couvert* — Couvert. Logement. *Demander, donner à couvert* — Demander, donner le couvert. *Être viré sul couvert* — Être sidéré.

Couverte part. passé f. *Montre couverte* — Montre à double boîtier.

Couverte n.f. — Couverture (de lit, de cheval, de voyage).

Couvrage n.m. — Action de couvrir un toit de bardeau, de tôle.

Couvrir v. tr. — Parcourir. Ex.: Le garde-chasse a un grand territoire à couvrir. — Prévoir. Ex.: Cet avis couvre pas ce projet d'amendement. *Couvrir un événement, une nouvelle* — Être chargé d'en faire le compte-rendu.

Couyau n.m. — Coyau, pièce de charpente qui porte sur l'extrémité inférieure des chevrons de manière à dépasser les solives de l'entablement pour former l'avant-toit.

Covoiturage n.m. — Action de covoiturer.

Covoiturer v. intr. — Voyager à l'ouvrage dans la voiture d'un autre en partageant les frais.

Coxer v. tr. — V. COAXER.

Crabe! interj. — Juron inoffensif.

Crac n.m. *Dans un crac, d'un crac* — Au plus vite.

Cracher v. intr. — Râler. Si tu veux de l'argent, tu vas cracher un bon bout de temps. *Se cracher dans les mains* — Littéralement, pour empêcher un manche d'outil de glisser. — Se préparer à une épreuve, une dure lutte. *C'est ton père tout craché* — C'est l'image même de ton père.

Crachoir n.m. *Tenir le crachoir* — Accaparer la conversation. Avoir la parole. *Passer le crachoir* — Laisser la parole à un autre.

Crackers (pron. craqueurse) n.m. pl. — Biscuits secs et salés qu'on ajoute souvent à une soupe.

Crackpot (pron. craque-potte) n.m. — Cinglé.

Crâde (ou craoude) n.f. — Foule. Ex.: Une crâde de monde.

Craille! interj. — Forme adoucie de CRISSE! Ex.: Craille de craille!

Craire v. tr. — Croire.

Crâle, crâlée n.f. — Foule. Trâlée.

Crampant, e adj. — Très drôle.

Crampe n.f. — Clou en forme de U qui permet de retenir de la broche, des fils quelconques. — Crampillon.

Cramper v. tr. — Fixer au moyen de crampes. Ex.: Cramper une clôture. — Cramponner. Réparer en fixant au moyen de crampons deux pièces d'un objet brisé. Ex.: Cramper un poêle. — Pincer. Ex.: Cramper un pantalon. — Presser au fer. — Cambrer. Ex.: Cramper une empeigne. — Jouer. Tromper. Ex.: Se faire cramper. — Faire tourner un véhicule en manoeuvrant la direction. Braquer. *Être crampé de rire* — Être tordu de rire. *Être crampé raide* — Être tendu.

Cramper v. intr. — Avoir une érection.

Crampeuse n.f. — Instrument qui sert à poser des crampes.

Cramponner (se) v. pron. — En parlant d'un cheval, se couper, se déchirer la peau avec le crampon de son fer.

Cramponnure n.f. — Blessure que se fait un cheval avec le crampon de son fer.

Cran n.m. — Rocher. Falaise.

Crane (pron. créne) n.f. — Grue.

Crank (pron. crinque) n.m. — Écervelé.

Crank (pron. crinque) n.f. — Manivelle qui sert à faire démarrer un moteur.

Cranker (pron. crinquer) v. tr. ou intr. — Tourner la manivelle pour faire démarrer un moteur. *Être cranké* — Être remonté, nerveux.

Crankshaft (pron. crinque-shaf) — Vilebrequin d'un moteur à combustion interne.

Cranque n.f. — Crampe.

Crapaud n.m. — Sorte de jeu de cartes.

Crapaud adj. — Contrariant. Ex.: Si tu viens pas, c'est crapaud. — Rusé. Espiègle. Ex.: Comme homme d'affaires, il est crapaud.

Crapause n. féminin de *crapaud.*

Crapauter v. intr. — Agir malhonnêtement.

Crape! interj. — Juron inoffensif.

Crapet n.m. — Hache de bûcheron à joues légèrement convexes. — Sorte de poisson d'eau douce. — Gamin, crapaud. Ex.: Mon p'tit crapet, si je t'attrape.

Crapote n.m. — Crapaud.

Crapouille n.f. — Crapule.

Crapoussin n.m. — Diminutif de crapaud pour réprimander les enfants ou leur manifester de l'affection.

Craquage n.m. — Action de presser du linge en forme de tubes. Tuyautage.

Craquant n.m. — V. CROQUANT. — Craquement (des bottines). Ex.: T'as ben pour une piasse de craquant dans tes bottines.

Craque n.f. — Fissure. Fente. Crevasse. Fêlure. Ex.: I y a une craque dans le mur. T'as une craque dans la tête. — Pointe. Allusion ironique. Ex.: Elle m'a poussé des craques toute la soirée. — Préférée. Favorite. Ex.: Cette petite-là, c'est ma craque. — Dans le langage masculin, vulve d'une femme.

Craque n.m. — Fer à repasser le linge en forme de tuyaux.

Craqué, e adj. — Fêlé. Fendu. Crevassé. — Imbécile. — Repassé en forme de tuyaux. — Qui a une amitié particulière pour un autre. Ex.: Le préfet est craqué après Jean-Paul.

Craqué, e n.m. ou f. — Imbécile. Ex.: J'ai jamais vu un craqué pareil.

Craquelage n.m. — État d'une couche de peinture craquelée.

Craquer v. tr. ou intr. — Repasser en forme de tuyaux. — Fêler. Fendre. Crevasser.

Crash (pron. crache) n.m. — Accident violent. Ex.: Un crash d'avion.

Crasher v. intr. — S'écraser (sur le sol, en parlant d'un avion).

Crasse adj. ou n.m. ou f. — Canaille. Fripouille. — Câlin. Cajoleur.

Crasser v. tr. ou intr. — Tromper. Ex.: Se faire crasser.

Crasser (se) v. pron. — En parlant du temps, se couvrir de nuages.

Crasserie n.f. — Mauvais tour.

Crasseux, se adj. — Malhonnête.

Crassin n.m. — Crasse durcie au fond d'un récipient.

Crassiner v. impers. — Bruiner.

Crassoux, se adj. et n.m. ou f. — Malpropre.

Crate (pron. créte) n.f. — Caisse d'emballage.

Cravate n.f. *S'en mettre derrière la cravate* — Prendre un coup.

Crayabe adj. — Croyable.

Crayon n.m. *Crayon de mine, crayon de plomb* — Crayon de mine de plomb. *Crayon vissé* — Porte-mine. *Crayon de couleur* — Crayon à colorier.

Cré, e adj. — Abréviation et atténuation de *sacré*. Ex.: Cré torrieu!

Cré v. tr. — Remplace la syllabe *croi* dans la conjugaison du verbe *croire*. Ex.: Ch'cré ben. I créyait tout c'qu'on disait.

Créateur n.m. — Pénis.

Créature n.f. — Toute personne du sexe féminin.

Crèchard n.m. — Qui vit au dépens du gouvernement.

Crèche n.f. — Bède.

Crémage n.m. — Glaçage (de gâteau). *Y mettre un peu de crémage* — Dorer la pilule.

Crème! interj. — Forme adoucie de CRISSE!

Crème n.f. *Bâton de crème* — Tout bonbon de la forme d'un bâton de sucre d'orge. *Crème à la glace* — Dessert fait d'un mélange congelé de lait, d'oeufs, de sucre et d'une essence ou d'un sirop aromatisé.

Crémeau n.m. ou adj. — Espiègle.

Crémer v. tr. ou intr. — Glacer (un gâteau). — Commencer à geler. Ex.: I va geler fort, l'eau crème. *Crémer quelqu'un* — Le plumer.

Crèmerie n.f. — Beurrerie. *Beurre de crèmerie* — Beurre d'une beurrerie (par opposition au beurre fabriqué à la ferme).

Crémeur n.m. — Fourrure de mouton de Perse. — Pot à crème.

Crémeuse n.f. — Vase qui sert à faire crémer le lait.

Crémone n.f. — Foulard en laine tricotée. — Croûte à la surface du sol dans l'Ouest canadien.

Créne n.f. — V. CRANE.

Crèpe n.f. — Sorte de jeu de cartes. — Crête. *Faire des crêpes* — Faire des ricochets sur l'eau.

Créquin n.m. — Chrétien.

Créte n.f. — V. CRATE.

Créter v. tr. — Emballer dans une créte.

Crétique n.f. — Critique.

Cretons n.m. pl. — Pâté fait de panne et de viande de porc hachée.

Creux, se adj. — Profond. Ex.: Sa piscine est pas creuse. — Loin. — Imbécile. Ex.: Maudit qu'i est creux! *Tousser creux* — Avoir une toux profonde. *Au plus creux* — Au pire. Ex.: J'ai eu des épreuves mais je suis pas encore arrivé au plus creux.

Creux n.m. — Profondeur. Ex.: Mon puits a douze pieds de creux. *Sonner le creux* — Sonner creux.

Crevasse n.f. — Vulve (d'une femme).

Crevé, e adj. — Pris d'une hernie. *Un oeil crevé* — Borgne. Ex.: T'as vu passer l'oeil crevé?

Crève-faim n.m. — Crève-la-faim.

Crever v. intr. *Se faire crever* — Se crever à travailler.

Crever (se) v. pron. — Contracter une hernie.

Crève-z-yeux n.m. pl. — Libellule. — Laiteron. — Érechtite.

Crevure n.f. — Hernie.

Crew (pron. crou) n.m. — Équipage.

Cri n.m. — Criée. — Personne acariâtre. — Enfant indiscipliné.

Cri part. passé de QUÉRIR.

Criage, criaillage, criaillement n.m. — Criaillerie.

Criailleux adj. ou n.m. — Criailleur.

Criard n.m. — Klaxon. — Sifflet d'usine.

Criature n.f. — Créature. — Femme. — Jeune fille.

Crible n.m. — Cribleur mécanique.

Cribe n.m. — Petit train de bois flotté. Brelle.

Cric n.m. — Personne acariâtre. — Enfant indiscipliné.

Cric-crac n.m. — Crécelle.

Cricher v. intr. — Grincer.

Cricibix, cricifix n.m. — Crucifix.

Criée n.f. — Annonces faites à haute voix sur le perron de l'église après la grand'messe.

Crier v. tr. *Crier des bêtises* — Lancer des injures. *Crier par la tête (à quelqu'un)* — Lui parler fort.

Crieur n.m. — Huissier audiencier. — Celui qui fait la criée.

Crieux adj. et n.m. — Criard.

Crife! interj. — Forme adoucie de CRISSE!

Crignasse n.f. — Chevelure.

Crigne n.f. — Crinière. — Chevelure épaisse et négligée.

Crime n.m. Forme atténuée de CRISSE. Ex.: Mon p'tit crime, par exemple! *Être en crime* — Être en crisse, en colère.

Crin n.m. *Avoir les oreilles dans le crin* — Être de mauvaise humeur.

Crincrin n.m. — Violon.

Crique n.f. — Dent (d'enfant). — Fissure dans un rocher.

Crique n.m. — Ruisseau.

Criquet n.m. — Grillon. — Pénis.

Crir v. tr. — Quérir.

Crisse! interj. — Juron.: Ex.: Crisse de calvaire d'osti!

Crisse n.m. — Vaurien. Ex.: Mon crisse, toué. *En crisse, en beau crisse* — En colère.

Crisser v. tr. — Donner. Ex.: M'as t'crisser un coup d'poing sua yeule. — Foutre. Ex.: Crisse-moué l'camp. Crisse-moué a pa. *Va te crisser au large* — Fous-moi la paix.

Cristal! interj. — Forme adoucie de CRISSE!

Crister v. tr. — V. CRISSER.

Cristi! interj. — Forme adoucie de CRISSE!

Crite n.m. — Nombril.

Critiquer v. intr. *Critiquer contre* — Critiquer. Ex.: I critique contre tout.

Critiqueux, se adj. ou n.m. ou f. — Qui passe son temps à critiquer.

Crobarre n.f. — Barre de fer de cinq pieds qui sert de levier ou de pointe à creuser un trou pour un piquet.

Croc (pron. cro) n.m. — Favori. Ex.: Le barbier m'a coupé un croc plus haut que l'autre. — Dent isolée. — Nageoires pectorales des poissons. —

Hameçon. *Les crocs* — La barbe. *Avoir du croc* — Avoir du toupet.

Croccignole n.m. — Pâtisserie cuite dans la graisse.

Croche adj. — Malhonnête. — Qui ne va pas. Ex.: Ton projet est tout croche. *Avoir la tête croche* — Avoir des idées qui ne conviennent pas. *Pipe croche* — Pipe dont la tige est recourbée. *Tête croche* — Tête forte. *Avoir les yeux croches* — Loucher.

Croche adv. — De travers. Ex.: Raisonner croche. *Un peu croche* — Beaucoup. Ex.: I l'a roulé un peu croche.

Croche n.m. — Virage. — Personne malhonnête. *En croche* — Courbé.

Crocher v. tr. — Passer son bras au bras de. Ex.: J'ai croché Marie sur le trottoir.

Crochet n.m. — Instrument qui sert à boutonner les souliers, les gants. — Sternum de poulet. Ouichebône. *Faire le crochet* — Passer son bras au bras de quelqu'un. *Tirer au crochet* — Lutter de force avec un adversaire en s'accrochant les médius.

Crocheter v. tr. — Accrocher. Ex.: Il a crocheté ma voiture dans le tournant. — Faucher (des pois). — Tirer avec un crochet (un brin de laine). — Prendre à la ligne. Ex.: Crocheter des poissons. *Crocheter une fille* — Lui faire l'amour.

Crochir v. tr. ou intr. — Tordre. Fausser. Rendre croche. Courber. Ex.: Crochir une barre de fer. — Devenir croche. Gauchir. Être courbé. Être faussé. Faire un crochet. Ex.: L'outil a crochi. Le chemin crochit.

Crochu, e adj. — Rachitique.

Croire v. tr. *Croire de* — Croire. Ex.: Je crois de l'avoir vu passer. *Je te crois, je vous crois* — Certainement. *Je te crois que* — Je t'assure que. *C'est à croire que* — Il ne faut pas croire que.

Croire (se) v. pron. — S'en faire accroire. Ex.: Depuis qu'il est conseiller, il se croit.

Croisaillage n.m. — Croisement en différents sens.

Croisailler (se) v. pron. — Se croiser de près. Se croiser à diverses reprises.

Croiser v. intr. — Travailler fort.

Croiser (se) v. pron. — Faire l'amour.

Croison n.f. — Cloison.

Croix n.f. — Plaie (en parlant d'une personne). Ex.: Cet enfant, c'est ma croix.

Croquant n.m. — Le cartilagineux dans la viande.

Croquée n.f. — Bouchée.

Croquets, croquettes n.m. pl. — Bleuets noirs.

Croquette n.f. — Bouchée.

Croquignole n.m. — Beignet. Pâtisserie cuite dans la graisse.

Crosse n.f. — Jeu d'origine amérindienne qui se joue avec une crosse munie d'un filet permettant de saisir une balle à la volée et de la lancer à un co-équipier ou dans le filet de l'adversaire. — La crosse elle-même.

Crossage n.m. — Masturbation. — Saloperie.

Crosser v. tr. — Masturber. — Jouer un sale tour à. Ex.: Dans cette affaire-là, i m'a crossé comme il faut. *Se faire crosser* — Se faire avoir.

Crosser (se) v. pron. — Se masturber. *Va te crosser* — Fous-moi la paix.

Crossette n.f. — Éjaculation provoquée par soi-même ou par un ou une autre.

Crosseur n.m. — Salaud.

Crossing (pron. crossigne) n.m. — Passage à niveau.

Croster v. tr. — Faucher (les pois).

Crotons n.m. pl. — V. CRETONS.

Crotte!, crotte de boeu!, crotte de chien! interj. — Jurons.

Crotte n.f. — Terme d'affection destiné aux femmes, aux petites filles ou à un ami affectionné. Ex.: Mon père appelait toujours mes deux petites soeurs ses deux crottes. Ah! que t'es crotte, je pourrais te manger. *Crotte de nez* — Poussière et mucus séchés dans le nez. *Faire la crotte, une crotte* — Ne faire qu'un point à certains jeux de cartes. — Déféquer. *Être dans ses crottes* — Menstruer. *Avoir une crotte sur le coeur* — Avoir du ressentiment.

Crotté, e — Sale. Ex.: Il faut que je me lave, je suis tout crotté.

Crotter v. intr. — Faire des crottes.

Crotter v. intr. — Déféquer.

Crotter (se) v. pron. — S'assombrir (en parlant du temps).

Crotton n.m. — Mignon. Ex.: Qu'il est crotton, ce bébé.

Croupion n.m. — Derrière.

Croupir v. intr. — S'attarder outre-mesure. — Niaiser. Ex.: J'ai pas envie de croupir ici ben longtemps.

Crousse n.m. ou f. — Variante de CRISSE. Ex.: Elle, c't'une vieille crousse.

Crouston n.m. — Croûton.

Croûte n.f. — Dans le sciage du bois, la tranche qui comprend l'écorce de l'arbre que l'on scie. Ex.: Je chauffe mon poêle avec la croûte du moulin à scie. — Surface durcie de la neige.

Croûter v. intr. — Se croûter. Se durcir en croûte. Se couvrir de croûte.

Crow-bar n.m. — V. CROBARRE.

Crowd (pron. craoude) n.f. — Foule.

Cru, e adj. — Froid et humide (en parlant du temps).

Crucifix! interj. — Juron.

Crudité n.f. — Humidité qui transit.

Cruise (pron. crouze) n.f. *Être sur la cruise* — Être à la recherche d'une personne avec qui faire l'amour.

Cruiser (pron. crouzé) v. tr. — Rechercher une personne avec qui on pourra faire l'amour.

Crusher (pron. crocheux) n.m. — Concasseur de minerai.

Crute part. passé — Crue. Ex.: De la viande crute.

C'tapendant adv. — Cependant.

C'te (pron. ste) adj. dém. m. ou f. sing. — Ce, cette. Ex.: C'te fou-là. C'te maison-là.

C'telle-cite pr. dém. f. sing. — Celle-ci.

C'telle-là pr. dém. f. sing. — Celle-là.

C'ticite pr. dém. m. sing. — Celui-ci.

C'tilà pr. dém. m. sing. — Celui-là.

C'tucite, c'tuici, c'tuicite pr. dém. m. sing. — Celui-ci.

C'tuilà, c'tulà pr. dém. m. sing. — Celui-là.

Cueillère n.f. — Cuillère.

Cuer v. tr. — Tuer. Ex.: Cue le feu.

Cuffs (pron. coffe) n.m. — Manchettes (de chemise). — Menottes. — Revers (de pantalon).

Çui pr. dém. m. sing. — Celui.

Çui-ci pr. dém. m. sing. — Celui-ci.

Çui-là pr. dém. m. sing. — Celui-là.

Cuillère n.f. *Cuillère à chaussures* — Chausse-pied. *Cuillère à table* — Cuillère à soupe. *Jouer aux cuillères* — Suivre le rythme d'une musique en frappant deux cuillères inversées entre la paume de la main et la cuisse.

Cuir n.m. — Cuir non peint. *Cuir patent, cuir patente, cuir à patente* — Cuir vernis.

Cuirette n.f. — Similicuir.

Cuisage n.m. — Cuisson.

Cuisine d'été n.f. — Rallonge non-isolée où l'on fait la cuisine l'été.

Cuison n.f. — Cuisson. — Fournée de pain.

Cuisse n.f. *Se casser une cuisse* — Devenir enceinte hors mariage.

Cuisson n.f. — Fournée de pain.

Cuite n.f. — Quantité de pain que l'on prépare en une seule fois.

Cul (pron. cu) n.m. — Vaurien. Ex.: Lui, c'est un vrai cul. *Lever le cul* — Ruer (en parlant d'animaux). Se lever pour partir (en parlant de personnes). *Avoir quelqu'un dans le cul* — Détester quelqu'un. *Bas-du-cul* — Homme de petite taille. Bout de cul. *Le bout du cul* — La fin de la fin. *Liche-cul, lèche-cul* — Flatteur. *Gratte-cul* — Un instrument qui a perdu sa coupe. *Cul levé* — Arbre dont les racines sont à découvert. *Brèche-cul* — Brèche. *Peigne-cul* — Avare. *Cogne-cul* — Tape-cul. *Cul noir* — Nuage menaçant. *Se faire jouer un cul* — Se faire jouer un sale tour. *Tape-cul* — À la chasse à l'orignal, deux troncs minces flottants attachés à une corde qu'on actionne à distance pour imiter le bruit de l'orignal marchant dans l'eau. *Baiser le cul de la vieille* — Revenir bredouille de la chasse ou de la pêche. *Se watcher le cul* — Faire attention. — Se surveiller. *Se grouiller le cul* — Se dépêcher. *Se pogner le cul* — Paresser. *En cul de chemise* — En queue de chemise. Sans autre vêtement qu'une chemise. *Cré beau ptit trou du cul sale* — Terme d'affection.

Culbuton n.m. — Nymphe de maragouin. — Nymphe aquatique quelconque.

Culotte n.f. *Pogné les culottes à terre* — Dans de sales draps. *Culottes catholi-*

ques, culottes à grand-manches, culottes de tôle — Caleçons de femmes qui descendent presque aux genoux.

Culotton n.m. — Survêtement.

Cultiveux n.m. — Cultivateur.

Culteux n.m. — Patineur (insecte qui patine sur l'eau).

Cupidonner v. intr. — Causer amoureusement.

Curateur n.m. — Conservateur (de musée).

Curé n.m. — Prêtre. Ex.: Il étudie pour être curé.

Curieux, se adj. — Soigneux. Ex.: Il est curieux de ses habits.

Curlers (pron. queue-leu) n.m. pl. — Bigoudis.

Curluter v. tr. ou intr. — Turluter.

Curry n.m. — Cari.

Curve (pron. keuve) n.f. — Courbe. — Virage.

Custard (pron. cossetarde) n.f. — V. COSSETARDE.

Cute (pron. kioute) adj. — Mignon. Gentil. Ex.: I est-i pas cute, c't'enfant-là.

Cutex (pron. kioutex) n.m. — Vernis à ongles.

Cut plug (pron. cote plogue) n.f. — Tablette de tabac à chiquer.

Cutter (pron. cotteur) n.m. — Voiture d'hiver légère, à un seul siège, sur patins élevés et tirée par un seul cheval. — Pinces tranchantes qui servent à couper de la broche.

Cuvette, cuvotte n.f. — Petite cuve. Cuveau.

Cuyau n.m. — Tuyau. — Chapeau de soie.

Cuyer, cuyir v. tr. — Cueillir.

Cyprès n.f. — Pin gris.

Cyrus n.m. *Blanc de cyrus* — Blanc de céruse.

D

D' prép. — Dans (devant un, une). Ex.: D'un quart heure, j'arrive. D'un sens, c'est vrai! *D'un quart* — Moins un quart. Ex.: I est midi d'un quart.

D'abord adv. — Alors, en ce cas.

D'abord, d'abord que — V. ABORD.

D'à cause, d'à cause que — V. CAUSE.

D'action — V. ACTION.

Dactylographe n.m. — Machine à écrire.

Dado n.m. — Lambris d'appui. Cimaise.

Dagosser v. intr. — Bisouner. Vernousser.

Dague n.f. — Outil ayant une partie tranchante égale au contour de la pièce qu'on veut découper. — Instrument pour refaire ou remettre en état les dents de scie.

Daguer v. tr. — Découper au moyen d'une dague. — Faire fonctionner une dague.

D'aguette loc. adv. — Avec précaution. Ex.: Elle marche toujours d'aguette.

Dagueur n.m. — Ouvrier qui, dans la fabrique de chaussures, fait fonctionner une dague.

Daille n.f. — V. DAGUE.

Dailler v. tr. — V. DAGUER.

Dailleur n.m. — V. DAGUEUR.

Dalle n.f. — Gouttière. — Canal qui mène l'eau à la roue d'un moulin. — Évier. *Eau de dalle* — Eau de pluie. *Dalle humide* — Canal en bois ou en métal dans lequel un courant d'eau permet de transporter des billots.

Dalot n.m. — Tuyau de renvoi des eaux ménagères. — Tuyau qui conduit l'eau de pluie de la gouttière à une citerne ou à un renvoi. — Évier. — Linge qu'on entortille autour d'un doigt blessé. — Bon buveur. — Gosier. Ex.: Se rincer le dalot. — Riganière.

Dam (pron. dame) n.f. — Barrage. Ex.: Une dam de castors. — Quai construit au milieu d'une rivière pour y attacher des boumes.

Damage n.m. — Dommage.

Dame n.f. — Femme, épouse. Ex.: Je l'ai rencontré avec sa dame.

Damer v. tr. — Faire un barrage sur (un cours d'eau).

Dampeur (pron. damepeur) n.m. — Clef de tuyau de poêle. — Registre de cheminée.

Dangeureux, se adj. — Dangereux.

Dans prép. — À. Ex.: Avoir des souliers dans les pieds. — Autour de. Ex.: Une cravate dans le cou. — À peu près. Ex.: C'est un homme dans votre taille. — Sur. Ex.: Grimper dans un arbre. — Moins. Ex.: Six heures dans dix. — Avec. Ex.: Regarder dans une longue-vue. — Par. Ex.: Parler dans le téléphone. *Dans le temps* — Dans ce temps-là. *Dans le temps comme dans le temps* — En temps et lieu. *Dans le temps de rien, dans un rien de temps, dans le temps de le dire* — En très peu de temps. *Dans la piasse* — Par piastre. Ex.: Cette faillite va payer quarante cennes dans la piasse. *Dans le pied de* — Au pied de. *Dans le bord de* — Au bord de. Ex.: Dans le bord du bois. *Dans une profondeur de* — À une profondeur de. *Gagner, monter, descendre dans* — Gagner. Ex.: Monter dans le bois. *Dans la suite* — Suivant. Ex.: Le dimanche dans la suite. *Dans le criminel* — Beaucoup. Ex.: Il vend cher dans le criminel. *Dans les environs de* — Aux environs de. *Dans les à peu près de* — À peu près. *Dans le fil* — Parfaitement. Ex.: C'est fait dans le fil. *Dans les grands prix* — Beaucoup. Ex.: Il s'est fait battre dans les grands prix. *Par dans* — Par. Ex.: Passer par dans le chemin du haut. *Dans mon opinion.* — D'après moi.

Danse n.f. — Soirée dansante. *Danse carrée* — Danse à quatre couples qui forment un carré pour exécuter divers pas et circonvolutions. *Danse câlée* — Danse carrée pendant laquelle le câleur appelle les figures. *Danse ronde* — Ronde. *Danse vive* — Danse par couples où les partenaires se tiennent par la taille. *Danse à claquettes* — Danse américaine dite *tap dance*.

Danser v. intr. — Sauter. Ex.: Corde à danser. *Danser plus vite que le violon* — Aller ou faire quelque chose plus vite qu'il est possible.

D'aplomb — V. À PLOMB.

D'apparence, d'apparence que — V. APPARENCE.

D'arculons loc. adv. — À reculons.

Darder (se) v. pron. — Se lancer, se précipiter. Ex.: Il s'est dardé sur moi. Il s'est dardé dans l'eau.

Darner v. tr. — Repriser.

Darnier, ère adj. — Dernier.

Darrière n.m. ou adv. ou prép. — Derrière.

Darteux, se adj. — Dartreux.

Dash n.m. — Trait. Filet (terme d'imprimerie). — Dans une voiture, tableau de bord.

Date (pron. déte) n.f. — Rendez-vous.

Date (à) loc. adv. — À ce jour. — À jour.

D'avance loc. adj. — Expéditif. Ex.: C'est un ouvrier d'avance. — Qui se fait vite. Ex.: C'est un ouvrage d'avance. — Hâtif. Ex.: Des pois d'avance. *C'est pas d'avance* — Ça n'aide pas.

Davant que loc. conj. — Avant que.

Davenport (pron. davuneporte) n.m. — Divan.

D'dans adv. ou prép. — Dedans. Ex.: Mets rien d'dans. — Dans. Ex.: Être d'dans sa chambre.

De prép. — À. Ex.: Être prêt de partir. Aimer de se détendre. Être disposé de travailler. Chercher de faire autre chose. Songer de partir. Se refuser de faire du mal. — Depuis. Ex.: Elle est morte du mois dernier. — Un. Ex.: Tu trouveras pas d'engagé comme lui. — Quelques-uns de. Ex.: De mes parents sont venus hier soir. *De reculons* — À reculons. *De la hauteur de* — À la hauteur de. *De l'heure* — L'heure, par heure. Ex.: Je gagne dix piasses de l'heure. *Ne faire que de ça* — Ne faire que des choses du genre. *Du cent* — Pour cent. Ex.: Prêter à dix du cent. *Avoir de besoin de* — Avoir besoin de. *Faire de cas de* — Faire cas de. *Faire d'exception pour* — Faire exception pour. *Être de la faute de* — Être la faute de. *Croire de, compter de, penser de, être censé de* (suivi d'un infinitif). — Croire, compter, penser, être censé. *Montrer de ce que* — Montrer ce que. *De rebours* — De mauvaise humeur. *Travailler de la tête.* Faire un travail intellectuel. *Le même de* — Le même que. Ex.: Je suis le même d'hier. *Trop de bonne heure, plus de bonne heure, aussi de bonne heure* — Trop tôt, plus tôt, aussi tôt. *D'un sens* — Dans un sens. *C'est de son affaire* — C'est son affaire. *C'est ça de haut* — C'est haut comme ça.

Deadline (pron. dèdlaill'ne) n.f. — Heure limite. Date limite.

Dead lock (pron. dède loque) n.m. — Impasse.

Deal (pron. dile) n.m. — Marché. Ex.: Faire un deal avec un gars.

Dealer (pron. dileu) n.m. — Qui fait le commerce (illicite) de la drogue.

Dealer (pron. dilé) v. intr. — Faire le commerce (illicite) de la drogue.

Débacle n.f. — Diarrhée.

Débâcle! interj. — Décampe!

Débagager v. tr. — Déménager. — Défaire ses paquets de provisions et s'installer (en forêt).

Débagoulard n.m. — Bavard.

Débagouler v. intr. — Bavarder.

Déballé n.m. — Arrivant. Ex.: Un nouveau déballé dans le rang six.

Déballé, e adj. — Dégourdi.

Déballer (se) v. pron. — Se déniaiser.

Débandé, e adj. — Pendant. Tombant. Ex.: Avoir la gueule toute débandée. *Être débandé* — Perdre son érection.

Débarbouiller v. tr. — Bousculer. Réveiller. Ex.: Je t'l'ai débarbouillé, ça a pas pris de temps.

Débarbouiller (se) v. pron. — S'éclaircir (en parlant du temps).

Débarbouillette n.f. — Débarbouilloir.

Débarque n.f. *Prendre une débarque* — Tomber. — Perdre beaucoup.

Débarquement n.m. — Débarcadère.

Débarquer v. tr. ou intr. — Descendre. Ex.: Débarque du char. — Faire descendre. Ex.: Débarque-le de la clôture. — Faire tomber. Abattre. Ex.: J'ai débarqué deux moineaux du toit. — Ôter. Ex.: Débarque ça de là. Débarque-la donc de sur moi. — Cesser de gêner, d'embarrasser. Ex.:

Débarque de su moué. La bad-luck m'a débarqué de sul dos.

Débarras n.m. — Clairière. — Amas de branchages.

Débarrasser v. intr. — Abattre des arbres.

Débarrer v. tr. — Dégager la barrure d'une porte, d'une valise, d'un coffre. Déverrouiller.

Débater (pron. débéteur) n.m. — Personne habile à participer à des débats oratoires.

Débâtir v. tr. — Démolir.

Débattement n.m. — Palpitation. *Débattement de fesses* — Culière.

Débattre v. intr. — Palpiter.

Débaucher v. intr. — Partir. Ex.: Il est le temps de débaucher.

Débauder v. tr. — Décourager.

Débenture n.f. — Billet à ordre émis sous forme de titre et dont l'échéance est relativement éloignée.

Débiffé, e adj. — Épuisé. Crevé.

Débine n.f. — Binette. Ex.: T'as vu sa débine?

Débiner v. tr. — Décontenancer. Ex.: I est tout débiné. — Dire du mal de. Ex.: I débine toujours sa femme.

Débiscaillé, e adj. — Bossé. Déformé. Ex.: Un chapeau débiscaillé. — Fatigué. Ex.: Il est revenu tout débiscaillé.

Débiscarrié, e adj. — Délabré.

Débiter v. tr. — Fendre. Ex.: Débiter du bois.

Déblayeuse n.f. — Machine servant au déblayage.

Déboire v. intr. — Vomir.

Débôlter v. tr. — Déboulonner.

Débord n.m. — Diarrhée. Ex.: Attraper le débord.

Débordage n.m. — Saillie. Ce qui déborde.

Débossage n.m. — Débosselage.

Débosser v. tr. — Débosseler.

Débosseur n.m. — Débosseleur.

Débotter v. tr. — Débarrasser de la boue, de la neige. Débotter un cheval, une charrue.

Débotter (se) v. pron. — Enlever ses bottes.

Débouche n.m. — Débouché.

Débouler v. tr. ou intr. — Jeter en bas, pousser en bas, faire rouler du haut en bas. Ex.: Débouler du foin. Débouler quelqu'un en bas de l'escalier. — Dégringoler. Ex.: Il a déboulé en bas de l'escalier. — S'ébouler. Ex.: Le mur a déboulé. — Accoucher. Mettre bas. Ex.: Elle est à la veille de débouler.

Déboullner v. intr. — Dégringoler.

Déboulis n.m. — Éboulis.

Débourber v. tr. — Tirer (une voiture) hors de la boue ou de la neige.

Débourrer v. tr. — Démaillotter. Débarrasser de ses enveloppes, de ses vêtements. Découvrir. Ex.: Débourre donc le bébé. — Enlever ce qui empêche le bon fonctionnement d'un mécanisme. Ex.: Débourrer la faux d'une faucheuse. — Enlever la terre qui obstrue un cours d'eau. Ex.: Débourrer des rigoles. *Se débourrer de sa job* — Se libérer de son ouvrage.

Débourrer (se) v. pron. — Se développer physiquement ou intellectuellement. Ex.: Le jeune se débourre depuis qu'i va au collège.

Débousiller v. tr. — Enlever ce avec quoi on a bousillé les fentes entre les pièces de bois d'une bâtisse. Ex.: Débousiller l'étable.

Deboute adv. — Debout. *Être deboute* — Être rétabli. *Terres en bois deboute* — Terre non défrichée.

Débouter v. intr. — Doubler un cap, en terme de marine.

Déboutonner (se) v. pron. — Se montrer généreux. Ex.: Pour l'occasion, i s'est déboutonné, i a donné cinq piasses. *Se déboutonner* — Se mettre à nu.

Débrager (se) v. pron. — Se démener.

Débraquetter v. tr. ou intr. — Arracher des braquettes. Ex.: Débraquetter un tapis.

Débrayer v. intr. — Trop parler.

Débrêlé, e adj. — Débraillé.

Débrette n.f. — Festin.

Débretté, e adj. — Dérangé. En désordre. En démanche. Déréglé. Ex.: Mon moulin à faucher est tout débretté.

Débricoler v. tr. — Enlever la bricole à un cheval.

Débris n.m. pl. — Abatis. Ex.: Des débris de dinde.

Débriscaillé, e adj. — V. DÉBISCAILLÉ.

Débrousser v. tr. — Enlever les branchages des vignots sur lesquels on fait sécher la morue.

Débutante n.f. — Jeune fille qui fait ses débuts dans la société.

Décacher v. tr. — Découvrir. Déterrer. Ex.: Décache les plants de tabac. — Enlever les couvertures de lit. Ex.: Le bébé est décaché.

Décalculer v. tr. — Décevoir.

Décaler v. tr. — Écaler.

Décâlissé, e adj. — Démoli. — Déprimé.

Décâlisser v. tr. — Casser. Démolir. Ex.: Mon char est tout décâlissé.

Décalotter (se) v. pron. — Enlever son chapeau, sa casquette.

Décampe n.f. — Allure. Ex.: Elle t'a une belle décampe.

Décaniller v. intr. — Décamper.

Décanter v. tr. — Mettre à plat ce qui était de cant. Ex.: Décanter un madrier.

Décapiter (se) v. pron. — Se tourmenter. Être exaspéré. Faire de grands efforts. Ex.: I a beau se décapiter, i pourra pas y arriver.

Décapoter v. tr. — Enlever le gras d'une baleine, d'un marsouin. — Tromper. Ex.: I s'est fait décapoté, ce coup-là.

Décapoter (se) v. pron. — Enlever son capot, son manteau.

Décarcaner v. tr. — Enlever le carcan à une bête. Ex.: Décarcaner le boeuf.

Décarêmer (se) v. pron. — Prendre un repas copieux après un temps de privations.

De ce que loc. conj. — Ce que. Ex.: Montre-moi de c'que tu peux faire. V'là de c'qu'i faut. — Combien. À quel point. Ex.: Si tu voyais de c'qu'i est grand. — Tellement. Ex.: Je pouvais pus grouiller de c'que j'étais fatigué. — Aussi vite que. Ex.: I allait de c'qu'i pouvait aller.

Décerner v. tr. — Cerner. Entourer complètement.

Décesser v. intr. — Cesser. Ex.: Il décesse pas de parler.

Déchafauder v. intr. — Défaire un échaufaud.

Déchaîné, e n.m. ou f. — Diable déchaîné. Ex.: Elle criait comme une déchaînée.

De chance que loc. conj. — Heureusement que.

Déchanger v. intr. — Annuler un échange.

Déchanger (se) v. pron. — Enlever ses habits du dimanche pour mettre des vêtements de tous les jours.

Décharge n.f. — Congédiement. Ex.: J'ai reçu ma décharge. — Libération (d'un prisonnier). — Ruisseau ou rivière qui reçoit le trop-plein d'un lac, d'un étang. — Éjaculation.

Déchargeage n.m. — Action de décharger un véhicule d'objets qu'il transporte.

Décharger v. tr. — Congédier. Mettre à pied. — Licencier (un soldat). — Éjaculer.

Déchesser v. tr. — Dessécher.

Déchet n.m. — Vaurien.

Décheter v. tr. — Repousser. Mépriser. Ex.: Tout le monde le déchète.

Déchicoter v. tr. — Déchiqueter.

Déchiffrer v. tr. — Défricher.

Déchoquer (se) v. pron. — Perdre sa colère.

Deci à loc. prép. — D'ici à.

Décide n.m. *Être en décide de* — Être sur le point de se décider à.

Décider v. intr. *Décider à* — Décider de.

Décis n.m. *Être en décis de* — Être sur le point de se décider à.

Décision n.f. *Être en décision de* — Être sur le point de se décider à.

Décite et d'là loc. adv. — Ici et là. De ci de là. Par-ci par-là.

Deck n.m. — Pont (d'un navire).

Déclaquer (se) v. pron. — Enlever ses claques.

Déclarer v. tr. *Déclarer faillite* — Se déclarer en faillite.

Déclaver v. tr. — Enlever l'anneau qui sert à enclaver un animal.

Déclin n.m. — Planches embouvetées qui forment le revêtement extérieur d'une bâtisse. V. CLIN.

Déclouter v. tr. — Déclouer.

Déclutcher (pron. déclotché) v. intr. — Débrayer.

Décolérer (se) v. pron. — Perdre sa colère.

Décollage n.m. — Action d'enlever à la morue la tête et les entrailles.

Décoller v. intr. — Partir au plus vite.

Décoller v. tr. — Enlever la tête et les tripes (à une morue).

Décoller (se) v. pron. — S'enlever. Ex.: Décolle-toué d'là.

Décolleter v. tr. (Se conjugue comme *récolter*).

Décolouer v. tr. — Déclouer.

Décompte n.m. — Recomptage des bulletins de vote.

Décompter v. tr. ou intr. — Compter pour mourant. Ex.: Décompter un malade. — Déraisonner. Ex.: Ce vieux commence à décompter.

Déconcrissé, e adj. — Découragé. Déprimé. Ex.: Depuis que t'es parti, chus tout déconcrissée.

Déconforter (se) v. pron. — Se décourager.

Déconnecter v. tr. — Débrancher. — Couper le courant (d'eau, de gaz).

De conte prép. — V. CONTE.

Décoppé, e adj. — Sans une cenne noire.

Décorder v. tr. — Défaire une pile de bois.

Décoter v. tr. ou intr. — Écarter quelqu'un qui est accoté sur soi. — Partir. *Travailler sans décoter* — Travailler sans relâche.

Décoter (se) v. pron. — Cesser de s'accoter sur quelqu'un ou quelque chose.

Découcher v. intr. — Passer la nuit avec une femme.

Découleurer v. tr. ou intr. — Décolorer.

Découper v. tr. — Appliquer une couleur qui contraste. Ex.: Découper du jaune avec du bleu. *Être bien découpée* — Être bien faite, bien tournée.

Découpler v. tr. — Dételer. — Détacher l'un de l'autre des véhicules retenus. Ex.: Découpler des wagons. Découpler une remorque.

Décourageage n.m. — Désespoir. Ex.: J't'au fond d'mon décourageage, bonne Sainte-Viarge!

Découvert n.m. — Abatis d'arbres que tout propriétaire de boisé est obligé de faire sur une étendue de quinze pieds le long de la ligne qui le sépare de son voisin. — Abatis d'arbres chaque côté d'un chemin. — Chemin passant dans la partie découverte de boisé entre deux voisins.

Décramper (se) v. pron. — Se dégourdir.

Décrasser v. tr. ou intr. — Éclaircir (en parlant du temps). Ex.: Cette pluie va décrasser le temps. — Décamper. Ex.: Eille, toué, décrasse!

Décrasser (se) v. pron. — S'éclaircir (en parlant du temps). Ex.: Le temps se décrasse.

Décrisser v. intr. — Partir. Décamper. Ex.: Décrisse, mon petit maudit.

Décrocher v. tr. *Se décrocher l'estomac la palette de l'estomac* — Se casser la pointe du sternum.

Décrocheter v. tr. — Décrocher.

Décrochir v. tr. — Redresser. Ex.: Décrochir un clou.

Déculotter v. tr. *Se faire déculotter* — Se faire avoir. Se faire tromper. — Se montrer sous son vrai jour (en parlant d'une personne).

Dédaine adj. *Être dédaine* — Perdre son érection.

Dédamer (se) v. pron. — Agir comme une femme de la classe ouvrière ou agricole par opposition au comportement des bourgeoises, des femmes «bien». Ex.: La femme du docteur se dédame jamais.

Dedans adv. — Dans l'étable. Ex.: Mettre les vaches dedans. *Être dedans, se mettre dedans, se faire mettre dedans* — Perdre. Ex.: I est dedans pour mille piastres. *Être dedans* — À certains jeux d'enfants, celui qui doit chercher ou poursuivre les autres. — Être en prison. *Y en a dedans* — Être vigoureux. Ex.: I est pas gros mais y en a dedans. *Fourrer dedans* — Mettre en prison. — Faire perdre. Ex.: Ce marché-là m'a fourré dedans. *Pas cracher dedans* — Aimer à prendre un coup. *Par en dedans* — De l'intérieur. *Dans mon par-dedans* — Dans mon for intérieur.

Dedans prép. — Dans. Ex.: Être dedans la maison.

Dedans de (en) loc. prép. — En moins de. Ex.: Un cheval qui trotte en dedans de trois (qui fait au trot un mille en moins de trois minutes).

Dede (pron. dede ou dède) prép. — De. Ex.: Dede qui que tu l'as su? Ôte-toé dede là. I est pris dede court.

Dédire (se) v. pron. — Ne pas répondre aux attentes. Ex.: La récolte s'est dédit.

Défâcher (se) v. pron. — Perdre sa colère. — Se réconcilier.

Défaçonner v. tr. — Décontenancer. Ex.: Ta remarque l'a défaçonné.

Défaire v. tr. — Enlever ses vêtements d'extérieur. Ex.: Défaites donc votre manteau.

Défaire (se) v. pron. — Se changer pour mettre ses vêtements quotidiens. Ex.: Un instant, le temps de me défaire. — Se mettre en quatre. Ex.: I se défaisait pour obtenir une meilleure position.

Défaisabe adj. — Qui peut se défaire.

Défaite n.f. — Moyen de se tirer d'embarras. Ex.: J'ai jamais vu un homme avec si peu de défaite. — Excuse. Ex.: Ça, c'est encore une défaite de ta part.

Défalcataire n.m. — Concussionnaire. Celui qui se rend coupable d'abus de confiance.

Défalcation n.f. — Concussion.

Défaler (se) v. pron. — Se décolleter. Se montrer la poitrine.

Défargé, e adj. ou n.m. ou f. — Personne qui va à l'encontre de la bonne conduite que l'on attend d'elle.

Défarger v. tr. — Désentraver. Ôter les entraves à un animal.

Défatigué, e adj. — Refait. Aiguisé à nouveau. Ex.: Ça travaille mieux avec une faux défatiguée.

Défaut n.m. *Défaut d'une côte* — Endroit où cesse une côte. Ex.: Sa maison se trouve au défaut de la côte.

Défendre (se) v. pron. — Réussir. Faire son chemin. Ex.: I a du guts, i va se défendre dans la vie. *Je m'en défends* — Je me retire du jeu (dans certains jeux d'enfants). — Je m'en lave les mains (quand quelqu'un va vous prendre à partie). *Se défendre sur* — Accuser (une autre personne).

Défense n.f. *Se mettre en défense avec quelqu'un* — Se mettre en état de défense contre quelqu'un. *À la défense* — Sur la défensive.

Défermer v. tr. — Ouvrir ce qui avait été fermé. Ex.: Défermez la porte.

Défiger (se) v. pron. — Perdre sa timidité. Se dégêner.

De file loc. adv. — De suite. Ex.: I est pas capabe de dire touas mots de file. — À la file. Ex.: Marcher de file.

Définitivement adv. — Certainement.

Défintiser adj. — V. DÉFUNTISER.

Déflaboxer v. tr. — Déprimer. Ex.: I est tout déflaboxé.

Défoncé n.m. — Affamé. Ex.: Il mange comme un défoncé.

Défoncer v. tr. — Pénétrer sexuellement (une femme). *Défoncer l'année* — Fêter le nouvel an de la veille au lendemain.

Défourrer v. intr. — Sortir. Ex.: Défourre d'icitte, mon asti.

Défranchisation n.f. — Action de défranchiser.

Défranchiser v. tr. — Priver quelqu'un de ses droits politiques ou civils.

Défricher v. tr. — Déchiffrer. Ex.: Je peux pas défricher son écriture.

Défroque n.f. — Vêtement. Ex.: Enlever sa défroque.

Défroquer (se) v. pron. — Enlever son manteau.

Défroster (pron. difrosteur) n.m. — Dégivreur.

Défunte n.m. ou f. *Faire défunte* — Tuer.

Défuntiser v. intr. — Mourir. Ex.: La mère a défuntisé c'te nuit. — Détériorier. Ex.: I a tout défuntisé mon livre de lecture.

Dégainde n.f. — Dégaine. Allure.

Dégaine n.f. — Allure. Mine. Ex.: Elle a une de ces dégaines.

Dégeancer v. tr. — Détruire. Ex.: Dégeancer les punaises.

Degearmer v. tr. — Dégermer.

Dégelé n.m. — Dégel.

Dégendrer v. tr. — Détruire. Dégeancer.

Dégêner v. tr. — Mettre à l'aise. Ex.: Ta bonne humeur va le dégêner.

Dégêner (se) v. pron. — Perdre sa timidité.

Déglacer v. tr. — Enlever la glace de. Ex.: Déglacer les trottoirs.

Dégobillage n.m. — Action de vomir, de dégobiller. — Attaques personnelles. Propos injurieux.

Dégobiller v. intr. — Déblatérer. Ex.: Elle a passé sa soirée à dégobiller sur tout le monde.

Dégommer v. tr. — Dessoûler. Ex.: Mon remède va le dégommer, tu vas voir. — Rendre malade. Ex.: Sa promenade l'a dégommé.

Dégonfler v. tr. — Faire perdre ses prétentions (à quelqu'un). Ex.: Sa défaite à l'élection l'a dégonflé.

Dégoter v. intr. — Déblatérer. — Couper la gorge d'une morue pour la vider.

Dégouailler v. intr. — Déblatérer.

Dégourmer (se) v. pron. — Jeter sa gourme. — Se dégager la gorge.

Dégoûtation n.f. — Personne ou chose qui provoque le dégoût.

Dégouttière n.f. — Eau de pluie qui tombe du toit. — Eau qui dégoutte d'un plafond. Ex.: Il tombe des dégouttières. Ils ont dû renverser la bassinette en haut. *C'est une dégouttière* — C'est une personne ennuyeuse, qui parle tout le temps.

Dégrader v. tr. ou intr. — Dépasser. Ex.: Pars toute suite, je vas te dégrader de toute manière. — Arrêter en chemin. Ex.: J'ai été dégradé par la neige. — Être entraîné par le courant ou la tempête en parlant d'une chaloupe dont les amarres ont cédé.

Dégraffer v. tr. — Lâcher.

Dégraisser (se) v. pron. — Se mettre au beau (en parlant du temps).

Dégras n.m. pl. — Restes de cuisine. Ex.: Donner les dégras aux cochons. — Poubelle. Ex.: Mettre un habit aux dégras.

Dégreener (pron. dégriner) v. tr. — Dégrossir.

Dégreyer v. tr. — Dégréer. Dégarnir un navire de ses agrès. — Dégarnir de ses accessoires. Ex.: Dégreyer la sucrerie. *Dégreyer la table* — La desservir.

Dégreyer (se) v. pron. — Enlever ses vêtements d'extérieur. Se décapoter. — Se défaire. Vendre. Ex.: Se dégreyer de ses meubles.

Dégriller v. intr. — Perdre le hâle de sa peau.

Dégrimoner v. intr. — Médire. Déblatérer.

Dégriner v. tr. — V. DÉGREENER.

Dégrippé, e adj. — Guéri de la grippe.

Dégripper (se) v. pron. — Se guérir de la grippe. — Se déprendre. Se tirer d'embarras.

Déguédiner v. intr. — Sacrer son camp.

Dégueuler v. intr. — Laisser échapper de la fumée par les portes (en parlant d'un four).

Déguiser v. tr. — Défigurer. Enlaidir. Ex.: Son nez de corbeau la déguise. L'annexe déguise l'édifice principal.

Déhaler v. tr. — Tirer vers soi.

Déhaler (se) v. pron. — Se débrouiller.

Déhancher (se) v. pron. — Se donner un tour de reins. — Se disloquer une hanche.

Dehors n.m. ou adv. *Porte de dehors* — Porte extérieure. *Sortir dehors* — Sortir. *Aller dehors* — Sortir. — Aller à la bécosse. *En dehors* — À l'extérieur de son coin de pays. Ex.: Son mari travaille en dehors. *En dehors de* — À l'insu de. Ex.: Il fait rien en dehors de son associé.

Déhors adv. ou n.m. — Dehors. *Mettre tout déhors* — Aller à toute vitesse.

Déjà adv. — Vraiment. D'ailleurs. Ex.: C'est déjà pas si beau de sa part.

Déjeter v. tr. — Rejeter. Repousser. Répudier. C'est une offre qui n'est pas à déjeter.

Déjets n.m. pl. — Déchets.

Déjeuner n.m. — Repas du matin.

Déjointer v. tr. ou pron. — Déjoindre. Démettre. Ex.: Se déjointer le bras.

Déjouquer v. tr. ou pron. — Déjucher. Quitter le jouquoir.

Déjuiller v. tr. — Décheviller.

Délabre n.m. *En délabre* — En ruine. Délabré.

Délibéré, e adj. *Être délibéré de* — Être disposé à. Être décidé de. Ex.: Elle est délibérée de partir.

Délibérer v. tr. ou pron. — Libérer. Débarrasser. Ex.: Se délibérer d'un ouvrage.

Délicatesse n.f. *Y aller en délicatesse* — Agir avec beaucoup de discrétion.

Délicatesses n.f. pl. — Friandises.

Délicatisé, e adj. *Viande délicatisée* — Viande attendrie.

Délicher (se) v. pron. — Se licher les babines.

Délier v. tr. — Délayer (de la peinture).

Délignage n.m. — Action de déligner.

Déligner v. tr. — Redresser une planche ou un madrier au moyen d'une scie, d'une hache, d'un rabot.

Déligneuse n.f. — Scie mécanique servant à déligner.

Délignure n.f. — Déchet de bois de la déligneuse.

Délivraison n.f. — Livraison (de marchandises).

Délivrer v. tr. — Prononcer (un discours). — Livrer (des marchandises).

Déloquer v. tr. — Desserrer (une forme, en imprimerie).

Délurée n.f. — Prostituée.

Délurer v. tr. — Déniaiser. Ex.: Ça l'a déluré de passer un an à Montréal.

Démailler v. tr. — Retirer le poisson du filet.

Demain n.m. *Long comme d'ici à demain* — Très long.

Démaller v. tr. — Tirer d'une malle. Ex.: Démaller ses habits. — Tirer le courrier des sacs et le distribuer dans les casiers (travail de postier).

Démanche n.f. *En démanche* — En ruine. — Déprimé.

Démancher v. tr. ou intr. — Démonter. Ex.: Démancher un moteur. — Déranger. Déplacer. Ex.: Démancher une chambre. La mort de sa femme l'a ben démanché. — Tirer d'un mauvais pas. Ex.: J'ai réussi à le démancher dans c't'affaire-là. — Démanger. Ex.: Ça me démanche dans le dos. — Démettre.

Démancher (se) v. pron. — Se démener. Se laisser aller.

Démanchure n.f. — Dislocation d'un membre.

Demande n.f. — La grand-demande — Demande en mariage. Ex.: Faire la grand-demande. *C'te demande!* — Ben, voyons! — Sans doute. Ex.: Si j'y vas? C'te demande! *À demande* — À la demande. Au fur et à mesure. Ex.: Il m'envoie toujours de l'argent à demande. — En grande quantité. Ex.: De la nourriture, il y en a toujours à demande.

Demander v. tr. *Demander une question* — Poser une question. *Faire demander* — Mander. Faire savoir par lettre. Ex.: Mes parents font demander qu'ils se portent bien. *Demander pour* — Demander de. Ex.: Il te demande pour jouer. *Demander excuse* — Demander pardon. *Demander à ce que* — Demander que. *Demander après quelqu'un* — Chercher quelqu'un. *Demander qu'est-ce que* — Demander ce que. *Demander la faveur de la veillée* — Demander à une jeune fille d'être son partenaire de danse pour la soirée. *Demander quartier* — Se rendre.

Démantibuler v. tr. — Réduire (un adversaire). — Démolir. Ex.: Il a démantibulé les discours de tous ceux qui avaient parlé avant lui.

Démarrer v. tr. — Détacher. Ex.: Démarrer un cheval. — Faire partir (une voiture).

Démêler v. tr. — Mélanger en délayant. Ex.: Démêler de la farine avec du lait.

Démélois, déméloué n.m. — Démêloir, peigne pour démêler les cheveux.

De même loc. adv. — Pareil. Ex.: Pars pas par un temps de même. — Comme ça. Ex.: C'est un gars de même. On aime ça de même.

Démence n.f. *En démence* — En ruine. En démanche. Ex.: Son étable est toute en démence.

Demeurance n.f. — Demeure. Habitation.

Demeure (à) loc. adv. — Tout à fait. Ex.: I est fou à demeure.

Demiard n.m. — Mesure équivalant à la moitié d'une chopine.

Demi-cheval n.m. — Petit cheval. — Cheval demi-sang.

Demi-lune n.f. — Petite table ayant la forme d'une demi-lune.

Demoiselle n.f. — Fille (de notable). Ex.: Elle est sortie avec sa demoiselle. — Libellule. — Partie du rouet.

Démolir v. tr. — Briser. Ex.: Ti-Jean a démoli la catin de Solange.

Démon, e adj. ou n.m. ou f. — Insupportable. Incorrigible. Ex.: Sa fille, c'est une vraie petite démone. — Superlatif négatif. Ex.: C'est une démone de côte à monter. *En démon* — En colère. — Superlatif. Ex.: I y a du foin en démon cette année.

Démonstrateur n.m. — Appareil, machine qui a servi à donner des démonstrations à la clientèle.

Démontant, e adj. — Décourageant.

Démotion n.f. — Rétrogradation.

Demunuer v. intr. — Diminuer.

Demurrage n.m. — Indemnité due par le destinataire d'une consignation de marchandises pour tout retard fait dans le déchargement d'un navire, d'un wagon. Surestarie.

Dénarfer v. tr. — V. DÉNERFER.

Dénarve! interj. — Déconne pas. Fais pas le simple.

Déneigement n.m. — Action de déneiger.

Déneiger v. tr. — Enlever la neige (des rues, des trottoirs, des perrons etc.).

Dénerfer v. tr. — Couper les muscles abaisseurs de la queue d'un cheval pour la maintenir en panache. Anglaiser. — Démoraliser. Ex.: Cet accident l'a complètement dénerfé.

Dénicher v. tr. — Faire lever. Tirer du lit.

Dénicheter v. tr. — Dénicher.

Denim n.m. — Tissu de coutil bleu pour la fabrication des jeans.

Dennaison n.f. — Donation.

Denner v. tr. — Donner.

Dénomination n.f. *Dénomination religieuse* — Religion. Secte.

D'en par loc. prép. — À partir de. Ex.: D'en par ce jour...

D'en par ici loc. adv. — Par ici. Ici. Ex.: I est venu d'en par ici.

D'en par là loc. adv. — Par là. Là. Ex.: I s'est en allé d'en par là.

D'en par où loc. conj. — Où. Ex.: Je sais pas d'en par où i est passé.

D'ensuite loc. adj. — Suivant. Ex.: Le dimanche d'ensuite.

Dent de chien n.f. — Dent censée pousser chez les enfants qui refusent de se faire arracher les dents de lait.

Dent n.f. *Dent de l'oeil* — Canine. *Faire feu des dents* — Être furieux.

Denté, e adj. — Pourvu de dents (en parlant de personnes). Ex.: Elle est mal dentée avec ses crocs, la mére.

Dentelé, e adj. — V. DENTÉ.

Dentelure n.f. — Dentition. Ensemble des dents.

Dentisterie n.f. — Art dentaire.

Denture n.f. — Dentition.

Dénué, e adj. — Dépourvu d'esprit.

Déodorant n.m. — Désodorisant.

Déouacher v. tr. — Faire sortir un animal sauvage de son gîte. Ex.: Déouacher un ours. — Déloger quelqu'un de sa cachette. Ex.: La police les a déouachés derrière le presbytère.

Dépanneur n.m. — Magasin ouvert à presque toutes les heures pour dépanner des clients qui auraient besoin de cigarettes, bière, liqueurs douces, vins et autres produits de consommation courante.

Déparcher v. tr. — Enlever la perche qui assujétit un voyage de foin, de bois.

Dépareillé, e adj. — Sans pareil.

Dépareillé adv. — Sans comparaison. Ex.: I est bon dépareillé.

Déparler v. intr. — Délirer. Divaguer. — Avoir de la difficulté à s'exprimer.

Département n.m. — Dans un magasin, rayon, comptoir, service. *Magasin à départements* — Magasin à rayons. Grand magasin.

Départoir n.m. — Outil pour fendre une bille de cèdre en planchettes.

Dépêche n.f. — Expédition. Ex.: Convoquer la chambre pour la dépêche des affaires.

Dépeindre v. tr. — Peindre. Dessiner.

Dépeinturer v. tr. — Enlever la peinture de.

Dépendant n.m. — Versant. — Personne à charge.

Dépendre v. intr. *Dépendre sur* — Compter sur.

Dépendu, e adj. — Pendant. Ex.: Avoir la babine dépendue.

Dépenillé, e adj. — Dépenaillé.

Dépeniller v. tr. — Effilocher.

Dépense n.f. *De dépense* — Dépensier. Ex.: Sa femme est ben de dépense. — Coûteux. Ex.: C'est un voyage de dépense. — Destiné à être mangé immédiatement (par opposition à: de garde). Ex.: Des confitures de dépense.

Dépente n.f. — Versant.

Dépercher v. tr. ou intr. — Tomber ou faire tomber d'une certaine hauteur. Ex.: Mélanie, m'as t'dépercher si tu descends pas tu suite.

Dépester v. tr. — Détruire la vermine dans (un lieu).

Dépigeonné, e adj. — Fou. Aliéné.

Dépigeonner v. tr. — Délivrer d'un sort.

Dépiler v. tr. — Défaire les piles (de planches, etc.).

Dépiquer v. tr. — Soulever la pointe du soc d'une charrue pour finir un sillon ou labourer moins profondément.

Depis prép. ou adv. — Depuis.

Dépitailler (se) v. pron. — Se démener.

Dépiter (se) v. pron. — Se démener. Se donner du mal. Ex.: I s'est bien dépité pour obtenir cet emploi.

Déplacer (se) v. pron. — Manquer aux convenances.

Déplanter v. tr. — Faire tomber soudainement. Ex.: Il a déplanté l'oiseau du piquet d'un seul coup. — Supplanter. Ex.: Il s'est fait déplanter comme maire.

Déplet, ète adj. — Vif. Expéditif. — Habile. — Svelte.

Dépleyer v. tr. — Déployer. — Déplier.

Déploguer v. tr. — Débrancher.

Déplomber v. tr. — Déranger ce qui est à plomb. — Faire tomber soudainement. Déplanter. — Gratter l'intérieur des tripes pour les utiliser dans la confection du boudin ou de la saucisse. — Dépasser par le sommet la ligne de l'aplomb. Ex.: Ce mur déplombe.

Dépoitrailler (se) v. pron. — Se découvrir la poitrine.

Déponter v. tr. — Enlever les madriers d'un pont de navire, du tablier d'un pont, de l'aire d'une grange, du plancher d'une étable.

Déposer v. tr. — Verser un acompte sur une marchandise. Ex.: J'ai dû déposer dix piasses pour mon habit.

Dépot adj. ou n.m. ou f. — Tapageur. Insupportable. Ex.: Va-t'en, grand dépot. — Acompte. — Terminus. — Pièce d'un couvent où l'on dépose les objets destinées aux élèves. — Consigne. Ex.: Pas de dépot pour ces bouteilles.

Dépouillant part. prés. *En dépouillant* — En talus. En pente. Ex.: Son terrain va en dépouillant. — Sous un grand angle d'incidence en parlant d'un objet qui heurte une surface. *Aller en dépouillant* — Descendre une colline, une montagne obliquement en parlant d'un sentier, d'un chemin. — Glisser sur la pente d'un chemin en parlant d'une voiture.

Dépouille n.f. — Vêtement. Ex.: Emporte ta dépouille. — Rage. Ex.: I fa une vraie dépouille de vent. — Embardée. Ex.: I a pris une dépouille en bas de la côte.

Déprendre v. tr. ou pron. — Tirer d'embarras. Ex.: Aide-le à se déprendre.

Dépression n.f. — La crise économique des années trente.

Déprime n.f. — État de dépression bénigne. Ex.: Te regarder ça me donne la déprime.

Dépu prép. — Depuis. Ex.: Depu le temps que j't'attends.

Député n.m. — Suppléant. Adjoint. Ex.: Député-shérif. Député-coroner. Député-ministre.

Déqualification n.f. — Perte de ses droits politiques.

Déqualifier v. tr. — Enlever à quelqu'un ses droits politiques.

De quand loc. conj. — Quand. Ex.: De quand allez-vous venir?

De quand que, de quand c'que loc. conj. — Quand.

D'équerre loc. adj. — V. ÉQUERRE.

De qui loc. pron. — Qui. Ex.: De qui t'a parlé conteur moué?

De qui c'que, de qui que loc. pron. — De qui. Ex.: De qui que tu l'as appris?

De quoi loc. pron. — Quoi. Ex.: (En réponse à une interpellation) De quoi? — Qu'est-ce que. Ex.: De quoi tu fais là? — Quelque chose. Ex.: Donner de quoi à faire. *Jeter de quoi* — Jeter un sort.

De quoi c'que loc. conj. — Ce que. Ex.: Donner de quoi c'qu'on a. — Qu'est-ce que. Ex.: De quoi c'que tu dis?

De raculons loc. adv. — À reculons.

Dérail n.m. — Graisse qui se forme dans la membrane du péritoine. Ex.: Cretons de dérail.

Dérailer (pron. déréler) v. intr. — Dérailler. — Déraisonner.

Dérailler v. tr. — Racler les boyaux. — Enlever le dérail.

Déralingué, e adj. — En loques. Ex.: Des habits tout déralingués.

Dérangé, e adj. — Faible d'esprit.

Dérangement n.m. *Le grand dérangement* — La déportation des Acadiens en 1755. *Le dérangement* — Tout genre de maladie de la matrice.

Déranger v. intr. — Importuner. Ex.: Il faudrait pas que vos va-et-vient dérangent.

Déranger (se) v. pron. — S'enivrer. Ex.: I prend un coup mais i se dérange jamais.

Déraper v. tr. ou intr. — S'enfuir. Se sauver. — Arracher. Déchirer. Ex.: Je me suis accroché et j'ai dérapé mon habit.

Déraquer v. tr. — Dégager (une voiture embourbée).

De recommande loc. adv. — Sur commande.

De reculons loc. adv. — À reculons.

Dérêner v. tr. — Desserrer les rênes d'un cheval.

Dérhumer (se) v. pron. — Se désenrhumer.

Dérincher v. tr. — Démantibuler. Détraquer. Briser.

Dernier n.m. *En dernier* — À la fin. Ex.: En dernier, i travaillait plus. — Le dernier. Ex.: I est arrivé en dernier.

Dérober v. tr. — Enlever la robe (d'une femme).

Dérocher v. tr. — Enlever les roches (d'un champ).

Dérougir v. intr. *Ne pas dérougir* — Ne pas cesser. Ex.: L'ouvrage dérougit pas. — Ne pas arrêter de boire. Ex.: I a pas dérougi depuis une semaine. — Ne pas arrêter de rager. Ex.: I dérougit pas du matin au soir.

Dérouiller (se) v. pron. *Se dérouiller la voix* — Se désenrouer.

Dérouine n.f. *En dérouine* — En voyage. Rarement chez soi. Sur la go.

Ex.: Pas surprenant que les enfants crèvent de faim, elle est toujours en dérouine.

Dérouter v. tr. — Déshabituer. Ex.: À force de rien faire, tu vas finir par te dérouter de l'ouvrage.

Derrick n.m. ou f. — Grue. — Cordage qui sert à maintenir la corne d'artimon et dont on se sert pour soulever les fardeaux sur le pont d'un navire.

Derrière n.m. *Derrière de l'église* — Bas de l'église. *Derrière d'un train* — La queue d'un train.

Des loc. — De les. Ex.: Avant des jeter, laisse-moi les voir.

Des, du art. — De. Ex.: Des méchants enfants. Faites pas du bruit.

Désabrier, désabriller v. tr. ou pron. — Découvrir. Ex.: Le bébé se désabrille toujours.

Désaccord adj. — Désaccordé. Ex.: Le piano est désaccord.

Désaccoter (se) v. pron. — Cesser de s'accoter.

Désaccoupler v. tr. — Dételer (des wagons de chemin de fer).

Désaccrocher v. tr. — Décrocher.

Désaintciboiriser v. tr. — V. DÉCÂLISSER.

Désairé, e adj. — Qui ne connaît plus les airs de la maison.

Désamain adj. — Incommode. D'accès difficile. Ex.: C'est désamain, le hangar aussi loin. *À désamain* — Même sens. Ex.: Le hangar est à désamain, loin comme ça. — Dans une position incommode. Ex.: Je peux pas t'aider à pousser, je suis à désamain.

Désamancher v. tr. — Démancher.

Désâmer v. tr. — Faire mourir. Ex.: Quand je pense à ça, ça me désâme. — Crever de fatigue. Quand j'ai eu fini, j'étais désâmé. — Briser. Ex.: T'as encore désâmé ton jouet.

Désâmer (se) v. pron. — S'épuiser. Ex.: Elle se désâme pour ses enfants.

Désanmarrer v. tr. — Démarrer.

De sans loc. adv. — Sans (adv.). Ex.: Ma femme pouvait pas venir alors je suis venu de sans.

Désarber v. tr. — Redresser (une faux).

Désargenté, e adj. — Sans le sou.

Désargoter v. tr. — Désergoter.

Désarter v. intr. — Défricher. Abattre les arbres. — Déserter.

Désattacher v. tr. — Détacher.

Désatteler v. tr. — Dételer.

Désavenant, e adj. — Désagréable (en parlant d'une personne).

Désaveu n.m. — Acte par lequel le gouverneur-général désapprouve une loi adoptée par le Parlement ou une législature provinciale.

Désavisser v. tr. — Dévisser.

Désavouer v. tr. — Prononcer le désaveu d'une loi.

Descendabe adj. — Qu'on peut descendre.

Descende n.f. — Descente.

Descendre v. intr. ou tr. — Aller dans le sens d'un cours d'eau. Ex.: Descendre de Montréal à Québec. — Digérer. Ex.: Mon dîner n'est pas descendu. — Flotter (du bois). — Apporter. Ex.: Tu me descendras la malle en revenant du village. — Conduire (un bateau) dans le sens du courant. *Descendre en bas* — Descendre. *Descendre du bois* — Sortir du bois après avoir passé l'hiver dans les chantiers.

Descente n.f. — Chemin entre le chemin de front d'un rang et celui d'un rang plus ancien ou plus éloigné.

Description n.f. — Signalement (d'une personne).

Désembourber v. tr. — Tirer hors de la boue ou de la neige l'animal ou le véhicule qui y est pris.

Désembouveté, e adj. — N'étant plus embouveté.

Désembrayer v. intr. — Débrayer.

Désempailler v. tr. — Dépailler (une chaise).

Désempaqueter v. tr. — Dépaqueter.

Désempester v. tr. — Purifier l'air de.

Désempêtrer v. tr. — Dépêtrer.

Désempigeonner v. tr. — Délivrer d'un sort

Désempiler v. tr. — Défaire une pile de bois.

Désencadrer v. tr. — Enlever le cadre de.

Désencaisser v. tr. — Décaisser.

Désencanter v. tr. ou pron. — Mettre à plat ce qui était sur le cant.

Désencapoter v. tr. ou pron. — Enlever le capot à.

Désencarcaner v. tr. — Enlever le carcan à.

Désencercler v. tr. — Décercler.

Désenclaquer (se) v. pron. — Ôter ses claques.

Désencorner v. tr. — Décorner.

Désencrasser v. tr. — Décrasser.

Désendetter (se) v. pron. — S'acquitter de ses dettes.

Désendiabler v. tr. ou pron. — Défâcher.

Désenfaler v. tr. — Sauver une volaille enfalée.

Désenfarger v. tr. — Ôter les entraves à.

Désenfarger (se) v. pron. — Se dépêtrer.

Désenfourner v. tr. — Tirer du four. Défourner.

Désengager v. tr. — Dégager.

Désenganter v. tr. ou pron. — Ôter les gants à.

Désengendrer v. tr. — Détruire. Dégendrer. Ex.: Désengendrer des punaises.

Désengerber v. tr. — Défaire les gerbes de.

Désengraisser v. intr. — Maigrir.

Désengrener (se) v. pron. — Se débarrasser d'habitudes.

Désenlaidir (se) v. pron. — Devenir moins laid.

Désenneiger v. tr. — Déneiger.

Désennui n.m. — Qui désennuie. Ex.: Les enfants, c't'un désennui.

Désenrouler v. tr. — Dérouler.

Désenterrer v. tr. — Déterrer.

Déserrer v. tr. — Défricher.

Désert n.m. — Clairière. Terrain défriché.

Déserter v. tr. — Défricher.

Des fois loc. adv. — Parfois. — Peut-être.

Des fois que loc. conj. — Si par hasard.

Déshabiller (se) v. pron. — Enlever ses vêtements d'extérieur.

Désigner v. tr. — Dessiner.

Désinfectage n.m. — Désinfection.

Déslacker v. tr. — Slacker. Desserrer. Détendre.

Désoblier v. tr. — Oublier.

Désolé (au) n.m. — Désolé. Ex.: Je suis au désolé de votre malheur.

Désosser (se) v. pron. — Se désarticuler (un membre). — Faire de grands efforts.

Désouffler v. tr. — Dégonfler. Ex.: Désouffler une balloune.

Désouiller (se) v. pron. — Faire passer le dégoût amené par un excès d'ingestion. Ex.: Boire de l'eau pour se désouiller.

Dessein (sans) loc. adj. ou loc. subt. — Niais. Ex.: Espèce de sans dessein.

Desserrer (se) v. pron. — Cesser de se serrer les uns contre les autres.

Désettlé, e adj. — Déréglé. — Qui ne tient pas le temps (en parlant d'une montre).

Dessineur, dessineux n.m. — Dessinateur.

Dessoler v. tr. — Ôter les soles ou le solage à une construction. Déchausser (un bâtiment). — Déchausser (une dent).

Dessolider v. tr. — Ébranler. Ex.: Dessolider une charpente.

Dessorceler v. tr. — Désensorceler.

Dessour adv. ou prép. ou n.m. — Dessous. Ex.: I était pas dessus, i était dessour. Rouler dessour la table. Le dessour des cartes. *En dessour* — En dessous. *Être en dessour dans ses affaires* — Être endetté. *Aller en dessour* — Aller à la ruine. *Prendre quelqu'un par dessour le bras* — Prendre le bras de quelqu'un en marchant. *Virer dessour* — Se dit de pneus qui tournent sur place. — Être en colère.

Dessous prép. ou n.m. — Sous. Ex.: Se mettre dessous la table. *Dessous de bras* — Petite pièce de toile qu'on met à la manche d'une chemise, d'un habit, à l'endroit de l'aisselle. *Dessous de plat* — Garde-nappe. *Être en dessous* — Avoir le dessous (dans un marché, au jeu). *Être en dessous dans ses affaires* — Être endetté. *Aller en dessous* — Aller à la ruine. *Prendre quelqu'un par-dessous le bras* — Prendre le bras de quelqu'un en marchant.

Dessur adv. ou prép. ou n.m. — Dessus. Sur. Ex.: Ni dessur ni dessour. Mettre les cartes dessur la table. Le dessur du bureau.

Dessus adv. ou prép. *Être en dessus* — Avoir l'avantage. Gagner (au jeu). — Sur. Ex.: Mettre le foin dessus le grenier.

Dessus n.m. *Dessus de fauteuil* — Housse. *Dessus de plat* — Couvre-plat. *Dessus d'oreiller* — Taie d'oreiller. *Prendre le dessus* — Revenir à la santé. — Voir ses affaires s'améliorer.

Détachant n.m. — Qui enlève les taches.

Détailler v. intr. — Jeter de nouveau les dés quand on a le même nombre de points.

Détailleur, se n.m. ou f. — Détaillant.

Détamé, e adj. — Qui a perdu sa couche d'étain. Ex.: Un miroir détamé.

Détaponner v. tr. — Démêler. Défaire.

Détarauder v. tr. — Desserrer (un écrou).

Détarder v. tr. ou intr. — Retarder. Tarder.

Détarguetter v. tr. — Soulever la targuette de. Ex.: Détarguetter un chassis.

Détasser (se) v. pron. — Cesser de se serrer les uns contre les autres.

Détectif n.m. — Détective.

Déteindre v. tr. — Éteindre, déliter (de la chaux vive).

Dételer v. intr. — Cesser de travailler.

Détende n.f. — Détente (d'un fusil).

Détendre v. tr. — Enlever du linge tendu sur une corde.

Détention n.f. — Rétention (d'urine).

Déterrer v. tr. — Tirer de sous le foin, la paille, la neige quelque chose qu'on y a caché. Ex.: Déterrer la cruche d'eau de sous une veilloche. Déterrer du bois dans la neige.

Déteurdre v. tr. ou intr. — Tordre. — Détordre. — Se contourner en parlant de pièces de bois.

Déteurs part. passé — Detors. Foulé. Ex.: Un pied déteurs.

Déteurse n.f. — Entorse.

Détiédir v. intr. — Devenir tiède.

Détiendre v. tr. — Détenir.

Détordre v. tr. ou intr. — Tordre. — Se contourner en parlant de planches.

Détors, e adj. — Tordu.

Détorse n.f. — Entorse.

Détour n.m. — Moment. Jour. Ex.: J'irai vous voir à quelque détour. — Tour de reins. Ex.: Attraper un détour.

Détourber v. tr. — Déranger (quelqu'un).

Détourner v. tr. — Contourner.

Detpis que loc. conj. — Depuis que.

Détraquer (se) v. pron. — Se démantibuler. Ex.: Des meubles qui se détraquent.

Détremper v. tr. — Délayer. Ex.: Détremper de la farine pour faire des crêpes.

Détruire v. tr. — Tuer.

Détruire (se) v. pron. — Se suicider.

Détruisabe adj. — Tuable.

Dettâilles n.f. pl. — Petites dettes.

Dette n.f. *Se mettre dans les dettes* — S'endetter.

Deusse adj. num. card. — Deux. Ex.: J'en veux deusse, pas toisse.

Deux n.m. *En deux* — Plié sur lui-même. Ex.: Se mettre en deux. Marcher en deux.

Deux-cennes n.m. — Pièce de deux cents.

Deux-par-quate n.m. — Colombage de deux pouces sur quatre pouces.

Dévalage n.m. — Coulée. Ravin.

De valeur loc. adj. — V. VALEUR.

Devanquière n.f. — V. DEVANTIÈRE.

Devant prép. ou adv. — Avant. Ex.: J'ai fini devant toi. — Auparavant. Ex.: Je vas y aller mais je vas manger devant. *Avoir vent devant* — Marcher contre le vent.

Devant que loc. conj. — Avant que. Ex.: Devant que de mourir.

Devantière n.f. — Tablier. — Façade. Devanture.

Devanture n.f. — Parterre ou place devant la porte. — Chemin établi en face d'une propriété. — Devant de chemise ou d'habit. — Tablier. — Poitrine (d'une femme).

Dévarser (se) v. pron. — Se masturber.

Déveiller v. tr. — Réveiller.

Dévelopeur n.m. — Révélateur (photographie).

Déveloutré, e adj. *Avoir les boyaux déveloutrés* — Avoir la muqueuse intestinale irritée.

Devenir v. intr. ou pron. — Arriver justement de. Ex.: J'irai pas, j'en deviens. — En venir à. Ex.: I va devenir à ne plus entendre. — S'en venir. S'en revenir. Ex.: I va être obligé de s'en devenir. *Aller et devenir* — Aller et retour.

Devers prép. — Vers. À l'approche de. Ex.: Partir devers midi. — Du côté de. Ex.: S'en aller devers la maison.

Devers n.m. — Revers (de la main).

Déviander (se) v. pron. — Se donner du mal.

Déviarger v. tr. — Attaquer. Battre. Ex.: Tu vas te faire déviarger, mon osti. — Briser. Casser. Ex.: T'as tout déviargé mon ski-dou. — Faire perdre sa virginité (à une jeune fille).

Dévidoir n.m. — Bavard.

Dévidois, Dévidoué, dévidouére n.m. — Dévidoir.

Devinade, devine n.f. — Devinette.

Dévinette, dévinouère n.f. — Devinette.

Dévirage n.m. — Action de dévirer. — Détour d'un chemin.

Dévirer v. tr. ou intr. — Faire aller dans un sens contraire. Ex.: Dévirer un rouet. — Retourner. Ex.: Dévirer ses poches. — Déranger. Bouleverser. Ex.: Dévirer des livres. — Tourner. Ex.: Dévirer les yeux. — Retourner sur ses pas. Ex.: Rendu à l'école, j'ai déviré. — Tourner. Ex.: Arrivé à l'église, vous dévirerez à droite. — Perdre la raison. Ex.: Après la mort de sa femme, i a déviré. — Changer de parti pour devenir membre d'un autre. Ex.: Dévirer créditiste.

Dévirer (se) v. pron. — Se tourner. Ex.: Se dévirer dans son lit.

Déviron n.m. — Détour d'un chemin, d'une rivière, virage.

Dévisageant adj. m. — Déconcertant.

Dévisager v. tr. — Décontenancer. Désappointer. Ex.: Quand j'ai appris ça, ça m'a dévisagé.

Devise n.f. — Devinette.

Devoiement n.m. — État des dents d'une scie inclinées alternativement de chaque côté de la lame.

Devoir n.m. *En devoir* — De service. *Devoirs* — Fonctions. *Faire son devoir de chrétien* — Déféquer.

Dévoration n.f. — Rage. — Démangeaison très vive.

Dévorer v. tr. — Déchirer. Écorcher. Ex.: Dévorer ses culottes dans les ronces. Se dévorer les mains.

Dévorer (se) v. pron. — Faire son possible. Se donner beaucoup de peine. Ex.: Il se dévore pour avoir une voiture.

Devousse que, là devousse que loc. conj. — Où. Ex.: Là dévousse qu'on va?

Dgi! interj. — Hue! Cri pour faire aller un animal de trait à droite.

Diabelment adv. — Diablement.

Diabète n.f. — Diabète (n.m.).

Diablant, e adj. — Fâchant.

Diable, diâbe, yâbe, guiâbe n.m. — *Mener le diable* — Faire du tapage. *Parler au diable* — Être extraordinaire. Ex.: Ah, ben, ça parle au yabe! *Battre le diable* — Être extraordinaire. *N'être pas le diable, n'être pas diable* — Ne pas valoir grand'chose. Ex.: Ton char, c'est pas l'diable. *Faire le diable, faire son diable* — Se donner des airs. Ex.: Depuis qu'i est député, i fait son diable. *Donner le diable à quelqu'un* — L'engueuler. *Être en diable* — Être en maudit. Être en colère. *En diable* — Très bien. Ex.: I chante en diable. *Le* *diable, que le diable* — Beaucoup. Très. Ex.: I est fort que le diable. *Un diable* — Beaucoup. Ex.: I y a du foin un diable c't'année. *Diables bleus* — Délire alcoolique. *Y avoir ben du diable!* — Terrible. Ex.: Y aurait ben du diable s'i venait pas. *Heure du diable* — Heure avancée. *Diable à roches* — Chariot avec grappin pour érocher. *Le diable est aux vaches* — Le temps est à l'orage. — Les gens sont énervés. *Le diable bat sa femme* — Il pleut et fait soleil en même temps. *Se faire mener l'yâbe* — Se faire réprimander. *Diâbe à quate* — Chaos. *Tirer le diâbe par la queue* — Être dans la misère. *Le diâbe prend dans cabane* — La chicane pogne dans la maison.

Diabler v. intr. — Endiabler.

Dichette n.m. — Guichet.

D'ici (en) loc. prép. — D'ici à. Ex.: En d'ici Noël.

Dickey n.m. — Plastron.

Did'citte adv. — D'ici.

Die (pron. daille) n.m. — Filière (pour fileter).

Diète n.f. *Suivre une diète* — Suivre un régime.

Diéticien n.m. — Diététicien.

Dieu-seul-me-voit loc. subs. — *Se passer un Dieu-seul-me-voit* — Se masturber.

Différencer v. tr. — Différencier.

Différer v. tr. — Renvoyer à. Adresser à. Ex.: Il nous a différés à son assistant.

Difficulté n.f. *Être en difficulté avec quelqu'un* — Avoir un différend avec quelqu'un.

Difficulteux, se adj. — Plein de difficultés.

Digérabe adj. — Digestible.

Digération n.f. — Digestion.

Diguidi n.m. — Préposé à l'entretien d'un chemin de chantier.

Diguidou adj. *C'est diguidou* — C'est parfait.

Dihors! Dillors adv. ou n.m. — Dehors.

Dill, dill picule n.m. ou f. — Cornichon au fenouil.

Dimmer v. tr. *Dimmer les lumières* — Baisser les phares.

Dinde n.m. — Dinde (n.f.) — Pointe. Ex.: Pousser un dinde.

Dint n.f. — Dent.

Diplômer v. intr. — Obtenir un diplôme.

Dippeur, dippeux n.m. — Grande tasse à manche qui sert à puiser de l'eau dans un seau.

Dire n.m. *Avoir pour son dire que* — Prétendre. Ex.: J'ai pour mon dire que tu ferais un bon curé.

Dire v. tr. ou intr. *Ne dire ni un ni deux* — Ne pas perdre un instant. *Dire entre eux autres* — Se dire l'un à l'autre. *Qui dit, qu'il a dit* — (Dans un récit) dit-il. *Pour dire, juste pour dire* — Un peu. Ex.: Je vas prendre du vin juste pour dire. *Je vous dis!* — C'est pas croyable! Ex.: Je vous dis! Ça a plus de bon sens! *En le disant* — À l'instant. Ex.: Il s'est levé en le disant. *Pour dire comme on dit* — Comme qui dirait. *Dire des bêtises à quelqu'un* — L'injurier.

Direct adj. *Courant direct* — Courant continu.

Direct adv. *Shipper direct* — Expédier sans arrêt intermédiaire.

Directement adv. — Immédiatement. Justement. Ex.: C'est directement après cet événement que...

Directions n.f. pl. — Mode d'emploi. — Directives.

Directoire, directory n.m. — Bottin téléphonique.

Disabe adj. — Qui peut se dire. (Employé surtout négativement). Ex.: C'est pas disabe.

Discarter v. tr. — Écarter (au jeu de cartes).

Dischargé, e adj. — Démobilisé.

Discompte n.m. — Escompte.

Discompter v. tr. — Escompter.

Disconnecter v. tr. — Déconnecter. Couper le courant. *Disconnecté de la vessie* — Avoir une vessie artificielle.

Discord n.m. — Discorde.

Disez v. tr. ind. prés. ou imp. 2e pers. pl. — Dites. Ex.: Qu'est-ce que vous disez?

Diseux n.m. — Diseur.

Disgrâce n.f. — Honte.

Disgracieux, se adj. — Honteux.

Dish n.f. *Passer la dish* — Offrir quelque chose qui restaure, rafraîchit. — Rabrouer. Ex.: Il s'est fait passer la dish.

Dispatcheur, dispatcheux n.m. — Aiguilleur (de train, de taxi).

Dispendieux, se adj. — Cher.

Disposé, e adj. *Disposé de* — Disposé à.

Disputage n.m. — Dispute.

Disputâtion n.f. — Dispute.

Disputeux, se adj. — Qui aime se disputer.

Disquer v. tr. — Passer la herse à disques (dans un champ).

Dissatisfait, e adj. — Mécontent.

Distiller v. intr. — Suppurer. Ex.: Une plaie qui distille.

Distilleur n.m. — Distillateur.

Distorber v. tr. — Déranger (quelqu'un).

Ditch (pron. ditche) n.f. — Fossé.

Ditcher (pron. ditché) v. tr. — Laisser tomber (quelqu'un).

Dive (pron. daill've) n.f. — Plongée. Plongeon.

Divertissage, divertissement n.m. — Fête avant le mariage.

Dividende n.f. — Dividende (n.m.).

Divine n.f. — Devinette.

Diviner v. tr. — Deviner.

Divinette n.f. — Devinette.

Divorce n.m. — Tapage. Ex.: Les enfants font le divorce. *En divorce* — En colère.

Dix n.m. — Sorte de jeu de cartes.

Dixer v. tr. — V. DISQUER.

Dix-onces n.m. — Bouteille de treize onces d'alcool.

Dizain n.m. *Dizain de messes* — Dix messes qu'on fait dire pour un défunt.

Djamme n.f. ou m. — Confiture.

Djamme n.f. — Embâcle de glaces ou de billots.

Djammé, e adj. — Obstrué. Arrêté. Ex.: La rivière est djammée de billots. — Grippé. Ex.: Ton moteur est djammé ben raide.

Djammer v. tr. ou pron. — Obstruer. Arrêter. Bloquer. — Gripper. — Brouiller (une émission).

Djaque n.m. — Cric. *Se passer un djaque* — Se masturber.

Djaquer v. tr. — Soulever avec un cric, un vérin.

Djime-robbette n.m. — Caoutchouc. — Mauvais whiskey.

Djire n.m. — Fou. Lourdaud.

Djompe n.m. — Saut. Ex.: Faire un djompe.

Djomper v. tr. ou intr. — Quitter un emploi sans autorisation. — Sauter.

Djompeur, djompeux n.m. — Bûcheron qui quitte son emploi sans autorisation.

Dmi-carême n.f. — Mi-carême.

Doc n.m. — V. DOG.

Docteur n.m. — Médecin.

Dodge n.f. — Escapade d'écolier. Ex.: I a pris une dodge. *Être en dodge* — Être sorti sans permission.

Dodger v. intr. — Tromper la surveillance (à l'école). — Éviter (un choc).

Dodgeur n.m. — Écolier qui dodge.

Dodicher v. tr. — Caresser. Dorloter.

Dog n.m. — Sorte de jeu d'extérieur pour enfants.

Doirai, doirais v. tr. fut simp. et cond. — Devrai, devrais.

Doigt n.m. *Le gros doigt* — Pénis.

Doit v. *Ça doit* — Sans doute.

Dolage n.m. — Action de doler.

Doler v. tr. — Dégrossir un morceau de bois avec une hache.

Doleur n.m. — Celui qui dole.

Dolle adj. — Insignifiant. Sans enthousiasme. Sans caractère. Ex.: Un gars dolle. — Tranquille. Ex.: Les affaires sont dolles. — Lourd. Ex.: Le temps est dolle. — Platte. Ex.: Un spectacle dolle.

Dolures n.f. pl. — Copeaux produits du dolage.

Domaine n.m. — Ancien domaine seigneurial. — Partie d'un domaine seigneurial.

Dombe n.f. — Remblai le long de la voie de chemin de fer.

Dommage n.m. *Action en dommages* — Action en dommages et intérêts. *Beau dommage!* — Certainement.

Domme adj. — V. DUMB.

Dompe n.f. — Dépotoir.

Domper v. tr. — Décharger en basculant. Ex.: Dompe ta charge de sable près du tas de blocs. — Laisser tomber (un ami, une amie).

Dompeuse n.f. — Boîte de camion qui bascule pour se décharger. Benne basculante.

Domplaine n.f. — V. DUMPLING.

Don conj. — Donc. Ex.: Va don au diâbe!

Donaison n.f. — Donation.

Dondaine n.f. — Fille plus libre que celles de son entourage. — Grosse femme.

Donnage n.m. — Don. Donation.

Donner v. tr. ou intr. — Offrir. Ex.: Qu'est-ce que tu me donnes pour ma fête? — Prononcer. Ex.: Qui donne le sermon cette semaine? — Réciter. Ex.: Donne ta leçon de grammaire. — Faire. Ex.: Donner une commande. Donner la charité. — Lancer le foin ou les bottines sur la charge. Ex.: Toi, tu fais la charge, moi, je donne. *Donner ça à quelqu'un* — Le battre. *Donner à couvert* — Donner l'hospitalité. *Donner après quelqu'un* — Courir après quelqu'un. *Donner du gaz* — Accélérer (en voiture). *Donner une grosse journée* — Faire une grosse journée de travail. *Donner le mot* — Révéler. — Ordonner. *Donner le sens* — Montrer le chemin. *Donner pardon* — Pardonner.

Donner (se) v. pron. — Faire donation de tous ses biens. Ex.: Il s'est donné à son fils.

Donneux, se adj. — Donneur. *Être pas donneux* — Être chiche.

Dont pron. conj. — D'où. Ex.: La maison dont je viens.

Dope (pron. dôpe) n.f. — Drogue (dans le commerce illicite).

Doré n.m. — Sorte de poisson d'eau douce.

Dormage n.m. — Action de dormir.

Dormant n.m. — Traverse de chemin de fer.

Dormeux adj. ou n.m. — Qui dort beaucoup. *Faire le dormeux* — Faire semblant de dormir.

Dormir v. intr. *Dormir tendre* — Dormir d'un sommeil léger.

Dormitouère n.m. — Sommeil.

Dorset n.m. — Le dernier-né d'une portée de cochons.

Dort-debout n.m. — Lambineur. Fainéant.

Dort-en-chiant n.m. — Personne lente.

Dos n.m. *À dos* — À l'avant. Ex.: Charger à dos. *Être chargé à dos* —

Être ivre. *Avoir quelqu'un dans le dos* — Le mépriser. *Dos du four* — Extérieur de la voûte du four.

Dos-blanc n.m. — Habitant (péjoratif).

Dose n.f. — Maladie vénérienne.

Dossier n.m. *Avocat au dossier* — Procureur en titre.

Dotche n.f. — Écart. Faux bond. — Dodge.

Dotcher v. intr. — Dévier. Ex.: La balle a dotché. — Faire faux bond. Ex.: Dotcher au jeu de crosse.

Dotcheur n.m. — Celui qui dotche. Celui qui est habile à dotcher.

Dou n.m. *Mon Dou!* — Mon Dieu!

Douane n.f. *Payer la douane* — Donner un baiser.

Double adj. *Voiture double* — Voiture traînée par deux chevaux attelés de front. *Attelage double* — Deux chevaux attelés de front. *Manger les morceaux doubles* — Manger à la hâte. *Lit double* — Grand lit. *Châssis-double* — Contre-fenêtre. *Porte-double* — Contre-porte.

Double n.m. — Couche. Épaisseur (de planches, du papier). Ex.: Combien de doubles de papier sur le mur? — Couverture. Vêtement. Ex.: Si t'as trop chaud, enlève un double.

Double-breast (pron. double-bresse) loc. adj. — V. BREAST.

Double-châssis n.m. — Contre-fenêtre.

Double-fenêtre n.f. — Contre-fenêtre.

Double-porte n.f. — Contre-porte.

Douce adj. *Se la couler douce* — Vivre dans le confort.

Doucine n.f. — Cuir à rasoir.

Doude adj. ou n.m. — Élégant. Bien mis.

Douelle n.f. — Douve de tonneau. — Baril de bois.

Douhors adv. — Dehors.

Douille n.f. — Porte-mine. Protège-pointe. — Pénis. — Dollar.

Douiller (se) v. pron. — Se masturber.

Douillettement adv. — Silencieusement, doucement.

Douilletteux, se adj. — Douillet.

D'où que loc. adv. — D'où est-ce que.

Doutabe adj. — Douteux.

Doutance n.f. — Doute. Soupçon. Pressentiment. Crainte.

Doute n.f. — Doute (n.m.).

Douter v. tr. — Soupçonner. Ex.: Je le doute. — Redouter. Ex.: Il me fait peur, je le doute.

D'où vient que loc. conj. — Pourquoi.

Doux-temps n.m. — Temps doux après un grand froid.

Down (pron. daoune) n.m. *Être dans un down* — Être dans un état déprimé. *Donner un down* — Provoquer un certain découragement. Ex.: L'accident de sa femme y a donné un down.

Downer (pron. daouneu) n.m. — Ce qui amène un down.

Drabe n.m. ou adj. — Beige. D'un gris jaunâtre. — Dolle. Ex.: Le monde sont drabes.

Draffe n.f. — Bière en fût. — Traite. Lettre de change. — Dessin, plan (d'une machine, d'un bâtiment). — Courant d'air.

Dragail n.m. — V. DRIGAIL.

Drague n.f. — Gros traîneau bas. — Lourde pièce de bois à laquelle est fixée une chaîne qui retient un piège. — Nourriture pour cochons.

Draguet n.m. — Droguet.

Draille n.f. — Nourriture pour cochons. — Convoyeur aérien.

Drastique adj. — Draconien.

Dravage n.m. — Action de draver.

Drave n.f. — Transport du bois par flottage.

Draver v. tr. — Travailler à la drave.

Draveur n.m. — Ouvrier qui travaille à la drave.

Draw n.m. — Partie égale.

Drawback n.m. — Désavantage.

Dré n.m. — Chariot utilisé dans les cuisines de camps de bûcherons.

Drégail n.m. — V. DRIGAIL.

Drès, drés prép. — Dès.

Dressois, dressoué n.m. — Espèce de buffet.

Dret, ette adj. — Droit. *Dret à pic* — Droit en l'air.

Dret (pron. drète) adv. — Droit. *Tout fin dret* — Sans détour. *Dret-là* (pron. aussi drè-la) — Là. Ex.: C'est dret-là, à côté.

Drette n.f. — Droite.

Drettier, ère adj. ou n.m. ou f. — Droitier.

Driftwood (pron. driftwoude) n.m. — Bois de grève.

Drigail (pron. drigaille) n.m. — Bagage. Mobilier. Attirail.

Drigaille n.f. — Pénis.

Drille (pron. drile) n.m. — Toile dont on fait les salopettes.

Drille (pron. drile) n.f. — Manoeuvre militaire. — Exercice gymnastique. — Perceuse. Forêt. — Fraise. *Drille* (à air comprimé) — Marteau pneumatique.

Drillé, e adj. — Discipliné.

Driller (pron. driller) v. tr. ou intr. — Forer. Percer. — Faire l'exercice militaire. — Faire des exercices gymnastiques. *Driller des enfants* — Les discipliner. *Se faire driller* — Se faire traiter durement. *Driller une dent* — Fraiser une dent.

Drink (pron. drign'que) n.m. — Consommation.

Drive n.f. — Dérive.

Drive (pron. draill've) n.f. — Coup droit (au tennis).

Drive-in (pron. draill'vine) n.m. — Ciné-parc.

Driver v. intr. — Dériver.

Driver (pron. draill'vé) v. tr. ou intr. — Conduire (un véhicule) — Y aller vivement.

Driveux (pron. draill'veu) n.m. — Chauffeur. Conducteur.

Drive-way (pron. draill'voué) n.m. — Entrée (de garage). Montée.

Droit adv. *Passer tout droit* — Passer l'heure de son réveil.

Droits n.m. pl. — Part d'héritage.

Droits divins n.m. pl. — Dîme.

Drôletés n.f. pl. — Drôleries.

Drop (pron. drope) n.f. — Tombante (au baseball).

Drosse n.m. *Habit de drosse* — Habit que l'on porte continuellement. *À tout drosse* — À tout usage. Ex.: Mettre un habit à tout drosse.

Drosser v. tr. ou intr. — Porter habituellement. Ex.: Drosser un habit. — Faire les gros ouvrages. — Battre. Ex.: Tu vas te faire drosser en arrivant à la maison.

Drue, e adj. — Abondant.

Drum (pron. dromme) n.m. — Baril. — Tambour (instrument de musique, freins).

Drummer (pron. drommeu) n.m. — Musicien à la batterie.

Dû, due part. passé — Attendu. Ex.: Le train est dû à trois heures. — Donné. Ex.: C'est pas dû à tout le monde de chanter.

Duck (pron. doc) n.m. — Grosse toile. Coutil.

Dull (pron. dolle) adj. — V. DOLLE.

Du long de loc. prép. — Le long de.

Dumb (pron. domme) adj. — Stupide.

Dummy (pron. domé) n.m. — Maquette. — Remplaçant. Doublure.

Dumpling (pron. dompligne) n.f. — Boule de pâte bouillie dans un ragoût.

Dur, e adj. *Dur d'entretien* — Difficile à nourrir (en parlant d'animaux). *Dur de gueule* — Difficile à mener (en parlant d'un cheval). *Dur à son corps* — Peu sensible à la souffrance. *Entendre dur* — Être presque sourd. *Faire dur* — Être difficile (situation). — Être laid (personne). *Être gras dur* — Être au-dessus de ses affaires.

Dur n.m. — Foie (d'animal). — Dure (n.f.). Ex.: Coucher sur le dur. *Dur de* — Très. Un dur de beau cheval.

Durant prép. *Tout durant* — Durant tout. Ex.: On a chanté tout durant la messe.

Durante adj. f. — Durant. Ex.: I recevra cent piasses par an sa vie durante.

Durçon n.m. — Homme dur, brutal. — Homme grossier, malappris. — Qui a de l'endurance.

Durçonner v. tr. — Traiter durement.

Du tout loc. adv. — Pas du tout.

Dynamitard n.m. — Dynamiteur.

Dynamo n.m. — Dynamo (n.f.).

E

Éanser v. tr. — Briser l'anse de.

Eau n.f. *Faire eau, faire de l'eau* — Laisser pénétrer, laisser échapper l'eau par une fissure. Ex.: Ce seau fait eau. *Aller faire de l'eau* — Aller puiser de l'eau pour abreuver le bétail. *Faire de l'argent comme de l'eau* — Gagner beaucoup d'argent. *Ressembler à quelqu'un comme deux gouttes d'eau* — Lui ressembler beaucoup. *S'en aller à l'eau* — Courir à la ruine. *Eau d'érable* — Sève de l'érable. *L'eau salée* — Toute plage où l'eau est salée. Ex.: Passer l'été à l'eau salée. *Eaux* — Urine. *Tourner en eau de vaisselle* — Tourner à rien. *Ne pas se mettre les sangs en eau de vaisselle* — Ne pas se faire de bile. *Eau de Pâques* — Eau de source puisée le jour de Pâques, avant le lever du soleil, et à laquelle la foi populaire prête certaines vertus curatives. — Whiskey. *Place d'eau* — Plage. Station balnéaire. *Eau de piaume* — Opium. *Eau de feu* — Alcool. *Eaux crevées* — Perte des eaux (liquide amniotique).

Ébarouir (s') v. pron. — S'affaler. Se défaire.

Ébarouir v. tr. — Étonner.

Ébasourdir v. tr. — Abasourdir.

Ébercher v. tr. — Ébrécher.

Ébergiver v. tr. — Héberger.

Éborgner v. tr. — Casser les bords de (une assiette, une tasse, un plat).

Ébouillanter v. tr. — Infuser (du thé). Ex.: Il est temps d'ébouillanter le thé.

Ébouriffer v. tr. — Ébaucher. Faire en gros.

Ébourifflant, e adj. — Ébouriffant.

Ébraillé, e adj. — Débraillé.

Ébréchure n.f. — Brèche.

Ébriter v. tr. — Ébruiter.

Ébrousser v. tr. *Ébrousser les vignots* — Enlever les branches dont on couvre les vignots.

Écaille n.f. — Écale. Ex.: Des écailles de noix. — Cosse. Ex.: Des écailles de fèves. *Écaille d'oeuf* — Coquille d'oeuf.

Écailler v. tr. — Écaler. Ex.: Écailler des noix. — Écosser (des pois, des fèves).

Écale n.f. — Coquille (d'un oeuf).

Écales n.f. — Écailles (d'une huître). — Enveloppe qui recouvre un grain.

Écalure n.f. — Enveloppe de certains légumes. Ex.: Des écalures de pois.

Écalvâtrée, écalventrée adj. f. — Décolletée.

Écarde n.f. — Carde. — Étrille.

Écardée n.f. — Cardée.

Écarder v. tr. — Carder. — Étriller. — Maltraiter.

Écardeur, se n.m. ou f. — Cardeur. Cardeuse.

Écardure n.f. — Cardure.

Écarissure n.f. — Carrure (d'un homme).

Écart n.m. — Pan. Côté. Face. Ex.: Écran à six écarts. — Tumeur au jarret (d'un cheval). Éparvin.

Écartage n.m. — Égarement.

Écartant, e adj. — Où l'on s'écarte facilement.

Écarté, e adj. — Perdu. Égaré. — Débile.

Écarter v. tr. — Égarer. Perdre. Ex.: J'ai écarté mon foulard. — Rendre fou.

Écarter (s') v. pron. — S'égarer. Se perdre.

Écartiller v. tr. — Écarquiller.

Écartiller (s') v. pron. — Se dit d'une fille ou d'une femme qui manifeste une liberté sexuelle provocante. Aguicher. — Se compromettre. Ex.: Il s'écartille un peu trop pour un commerçant.

Écclésiastique n.m. — Séminariste.

Échafaud n.m. — Treillis de bois sur lequel on fait sécher le lin.

Échalotte n.f. ou m. — Petit oignon en bottes. — Personne grande et fluette.

Échange n.m. ou f. — Change. Ex.: Il y a deux pour cent d'échange à payer sur ce chèque.

Échantillon n.m. — Pièce de bois dont se sert le couvreur de bardeaux pour établir la partie découverte des bardeaux.

Échape n.f. — Écharde. — Décharge d'un étang. — Écharpe. *En échape* — Maigre.

Échapper v. tr. — Laisser tomber. Ex.: Il a échappé le siau dans le puits.

Échârogner v. tr. — Déchiqueter.

Échârognure n.f. — Égratignure.

Écharpe n.f. — Écharde. *En écharpe* — Maigre.

Écharpir v. tr. — Écharper.

Échasse n.f. — Châssis (d'une scie). — Châsse, battant (d'un métier à tisser).

Échauder v. tr. ou intr. — Infuser (du thé). Se dessécher à la suite d'une grande chaleur en parlant de fruits, de plantes. Ex.: Les prunes ont toutes échaudé c't'année.

Échauffaison n.f. — Maladie provenant d'un refroidissement. — Pleurésie.

Échelas *n.m.*, **échelle** n.f. — Échelette, ridelle placée sur le devant ou l'arrière de la charrette.

Échelle n.f. — Maille filée dans un bas de nylon.

Échetonner v. tr. — Oter les rejetons superflus d'une plante. Ex.: Échetonner le blé d'inde.

Échevinat n.m. — Échevinage.

Échiffe n.f. — Filasse. — Effiloche. — Fétu de lin.

Échiffer v. tr. ou pron. — Écharper. Charpir. Effilocher.

Échiffes, échiffures n.f. pl. — Morceaux d'étoffes de laine usée qu'on écharpe et qu'on file de nouveau.

Échiffoir n.m. — Carde.

Échigné, e adj. ou n. — Malingre. Souffreteux.

Échigner (se) v. pron. — S'échiner.

Échiquette n.f. — V. ACHIQUETTE.

Écho adj. — Où il y a de l'écho. Ex.: C'est écho ici. Le temps est écho.

Échouer v. tr. *Échouer un examen* — Échouer à un examen.

Échouer v. intr. ou pron. — Se retrouver. Se réfugier. Ex.: Il a fini par échouer chez son père.

Échouerie n.f. — Endroit où les loups-marins viennent se reposer.

Échousent ind. ou subj. prés. 3e pers. pl. — Échouent.

Échousser v. tr. — Essoucher.

Échue-Mains n.f. — Essuie-mains.

Éci, Écite adv. — Ici. — Ci (après adj. dém.). Ex.: Ce livre éci.

Éclair n.f. — Éclair (n.m.).

Éclairci n.m. — Éclaircie (n.f.).

Éclaircissage n.m. — Action d'éclaircir des semis.

Éclanche adj. — Maigre.

Éclapoutir v. tr. — Écraser.

Éclat n.m. — Éclat de bois dont on se sert pour allumer le feu. — Bois rond fendu en deux pour le revêtement de cabanes. *Aux éclats* — D'une maigreur excessive. — Dans la grande misère. Ex.: Être rendu aux éclats.

Éclater v. intr. — Éclater en sanglots.

Éclater (s') v. pron. — Éclater de rire.

Éclipse n.m. — Éclipse (n.f.).

Écluser v. tr. — Retenir l'eau d'un cours d'eau.

Écochage n.m. — Action d'écocher.

Écocher v. tr. — Écoucher. Frapper la filasse de lin, de chanvre avec une baguette, une écouche, pour en faire tomber les fragments de tige.

Écocheur n.m. — Celui qui écoche.

Écochoir n.m. — Écouchoir. Écoche.

Écochure n.f. — Ce qui tombe de la liasse écochée.

Écoeurant, e adj. — Fantastique. Ex.: C'est écoeurant comme c'est beau, c'te macramé-là.

Écoeurant n.m. — Un salaud.

Écoeuranterie n.f. — Saloperie.

Écoeurer v. tr. — Fatiguer. Achaler. Importuner. Ex.: Arrête de l'écoeurer. Ça m'écoeure de commencer si tôt.

Écoeurer (s') v. pron. — Se décourager. Ex.: Je m'écoeure à me désâmer à cette ouvrage.

Écoeureux, se adj. — Qui a du coeur.

Écoeuriancher v. tr. — V. Écriancher.

Écointer v. tr. — Casser le coin de (un vase, un meuble). — Écorner.

École n.f. *Montrer l'école* — Enseigner. Faire l'école. *Mettre à l'école, aux écoles* — Envoyer à l'école primaire. *École de reforme* — Maison de correction.

Écolleter v. tr. — Décolleter.

Écopeau n.m. — Copeau.

Écorceur n.m. — Machine à écorcer le bois en grume.

Écorchage n.m. — V. ÉCOCHAGE.

Écorcher v. tr. — Broyer (le lin).

Écorchis n.m. pl. — Rive escarpée rongée par l'eau d'une rivière.

Écorchoir n.m. — Long couteau, outil de bois, avec lequel on fait l'écochage.

Écore n.f. — Accore. Rive escarpée d'une rivière. *À pleine écore* — Plein son lit (en parlant d'une rivière).

Écornifler v. tr. — Chercher à voir ce qui se passe chez les autres.

Écornifleux, se n.m. ou f. — Personne qui écornifle.

Écosse n.f. — Cosse. Ex.: Des écosses de pois.

Écotonner v. tr. — Écôter, dégarnir de leurs nervures (les feuilles de tabac). — Dépouiller de ses feuilles ou de ses menues branches une plante pour ne laisser que la tige.

Écourticher, Écourtiner v. tr. — Écourter. Couper trop court.

Écouvette n.f. — Râteau de bois utilisé pour retirer les braises du four.

Écrant adj. invar. — Escarpé. Écore.

Écrapoutiller, Écrapoutiner, Écrapoutir v. tr. — Écrabouiller. Écraser.

Écraser v. tr. — Friper. Ex.: Attention, tu vas écraser ma robe. — S'affaiser. Ex.: Tout d'un coup, elle a écrasé. *Écraser ça fin* — S'amuser.

Écrémillon n.m. — Vestige de crème qui reste dans le lait écrémé.

Écriancher v. tr. — Disloquer. Déhancher. Disjoindre. Ex.: Une voiture écrianchée.

Écriancher (s') v. pron. — Se déhancher.

Écrigné, e adj. — Qui a les cheveux en désordre.

Écrigner v. tr. — Enlever la crinière (à un cheval).

Écrire v. intr. *Écrire pour* — Demander par écrit. Ex.: Écrire pour un catalogue.

Écritoire n.m. — Écritoire (n.f.).

Écrivain n.m. — Copiste. Commis aux écritures.

Écro n.m. — Écrou.

Écroît n.m. — Croît, accroissement d'un troupeau par les petits qui naissent chaque année. — Les petits eux-mêmes. Ex.: Mon troupeau de moutons m'a donné de beaux écroîts cette année.

Écruelles n.f. pl. — Écrouelles. Scrofules. Abcès ganglionnaires.

Écu n.m. — Cinquante cents.

Écui n.m. — Étui.

Écuisser v. tr. — Enlever les cuisses d'un animal abattu.

Éculoire n.f. — V. ACULOIRE.

Écume n.f. *Blanc d'écume* — Couvert d'écume.

Écumer v. intr. — Écumer de rage. Ex.: T'aurais dû le voir, i écumait. — Éjaculer.

Écumoire n.m. — Écumoire (n.f.).

Écurer v. tr. — Nettoyer (un étable, une écurie).

Écurer (s') v. pron. — S'éclaircir (en parlant du temps).

Écureuil volant n.m. — Assapan. Polatouche.

Écureux n.m. — Écureuil.

Écurie n.m. — Écurie (n.f.).

Ed'dans prép. — Dans.

Édindé, e adj. — Gauche. — Simple. À l'air sot.

Édlise n.f. — Église.

Edpis prép. — Depuis.

Édrageonner v. tr. — Enlever les pousses, les drageons. Ex.: Édrageonner le tabac.

Ed'vant prép. — Devant.

Efface n.m. ou f. — Gomme (à effacer).

Efface! interj. — Disparais!

Effaçoir n.m. — Efface.

Effalé, e adj. — Décolleté. — Débraillé.

Effardocher v. tr. — Couper les broussailles de. Essarter.

Effectif adj. — En vigueur. Ex.: Ce règlement est effectif demain.

Effet n.m. — Marchandise. *En effet de* — En fait de. *Si c'était un effet de votre bonté* — Si vous étiez assez bon. *Payer en effets* — Payer en nature.

Effeuiller v. tr. — Feuilleter. Ex.: J'ai jusse effeuillé ce livre.

Efficher v. tr. — Effilocher.

Effieller (s') v. pron. — Se rendre malade à force de travailler.

Effilande n.f. — Effiloche. — Éclisse. — Échape. — Filandre, fibre coriace dans la viande.

Effilander v. tr. — Effilocher.

Effiler v. tr. — Affiler.

Effioler v. tr. — Effieller.

Effleurer v. tr. — Affleurer. Être à fleur de. Ex.: Une roche qui effleure l'eau.

Effoirer (s') v. pron. — S'écraser. S'affaisser. Ex.: C'est pas le temps de s'effoirer. Au travail!

Effort n.m. — Courbature. Ex.: Attraper un effort.

Efforts n.m. pl. — Parties jetées d'un poisson préparé.

Effrayamment adv. — D'une manière excessive.

Effrayant, e adj. — Extraordinaire. *C'est beau, c't'effrayant* — C'est extraordinairement beau.

Effronder (s') v. pron. — S'effondrer.

Égal adv. — Également. Ex.: Pousse mais pousse égal.

Égaler v. tr. — Enlever les gales de.

Égalir v. tr. — Égaliser.

Égals adj. et n.m. pl. — Égaux.

Égard de (en) loc. conj. — Quant à. À l'égard de.

Égarouillé adj. — Écarquillé. Hagard. Ex.: Il me regardait les yeux égarouillés.

Égayir v. tr. — Égayer.

Eggnog n.m. — Lait de poule.

Egg roll (pron. ègue-rôle) n.m. — Roulé. Roulade (cuisine chinoise).

Église n.f. — Temple (protestant).

Égouine n.f. *Jouer de l'égouine* — Se masturber.

Égousiller (s') v. pron. — S'égosiller.

Égousser v. tr. — Écosser.

Égrafigner v. tr. — Égratigner.

Égrafignure n.f. — Égratignure.

Égrandir v. tr. — Agrandir.

Égrandissement n.m. — Agrandissement.

Égrémiller v. tr. — Écraser. Émietter. Réduire en poudre.

Égrémilleux, se adj. — Qui s'émiette facilement. Ex.: Ton gâteau est égrémilleux.

Égrener v. tr. — Écraser. Émietter. Réduire en poudre.

Égreneux n.m. — Égreneur, celui qui égrène les épis de maïs ou d'autres céréales.

Égreneux, se adj. — Qui s'égrène facilement.

Égriancher v. tr. — V. ÉCRIANCHER.

Éguenillé, e adj. — Déguenillé.

Égumes n.f. — Légumes.

Éhancher (s') v. pron. — Se déhancher.

É*h*arrer (s') v. pron. — V. S'ÉJARRER.

Eil n.m. — Oeil.

Eille! interj. — Attention! — T'exagères!

Ein, eine art, et adj. num. — Un, une.

Eioù, eioù que loc. adv. — Où. Ex.: Eioù que tu vas?

Ej' pron. pers. 1ère pers. sing. — Je. Ex.: Ej' m'en vas, j'en ai assez.

Éjambée n.f. — Enjambée.

Éjamber v. tr. — Enjamber.

Éjarrer v. tr. — Éculer (des souliers).

Éjarrer (s') v. pron. — Écarter les jambes. — Tomber en s'écartant les jambes. — S'engager un peu trop. Se compromettre. Ex.: Je trouve qu'i s'éjarre un peu fort.

Éjets n.m. pl. — Déchets.

Éjeveau, éjouau n.m. — Écheveau.

Ekcétéra loc. — Et coetera.

El' art. — Le. Ex.: El' fils à Jacques.

Élaboré, e adj. — Détaillé. Ex.: Un rapport très élaboré. — Développé. Ex.: Cette fois, son témoignage a été plus élaboré.

Élaborer v. tr. — Expliquer. Ex.: Il a élaboré son idée. — Concevoir. Ex.: Élaborer de grands projets.

Élaise n.f. — Alèze, planche ajoutée à une autre pour l'élargir.

Élan n.m. — Instant. Ex.: Attends un petit élan.

Élancée n.f. — Élan. — Bond.

Élayer v. tr. — Élaguer.

Électrolier n.m. — Suspension. Plafonnier.

Élémentaire n.m. — Élève de la classe dite Éléments latins.

Éleuve n.m. ou f. — Élève.

Élévateur n.m. — Ascenseur. Monte-charge. — Entrepôt pour les céréales.

Élimer v. tr. — Aiguiser (une scie).

Élingué, e adj. — Maigre. Fluet.

Éloèse n.f. — Éclair. — Étoile.

Élonder v. tr. — Inonder.

Élonger v. tr. ou intr. — Donner. Allonger (un coup). Ex.: I lui a élongé un coup de poing. — Avoir une allure rapide (en parlant d'un cheval).

Élonger (s') v. pron. — S'allonger.

Éluchon n.m. — Alluchon, dent d'engrenage.

Émaginer v. tr. — Imaginer.

Ema*h*iner v. tr. — Imaginer.

Émail n.f. — Peinture avec fini lustré.

Émâillé, e adj. — Entr'ouvert.

Émanation n.f. — Expédition (de lettres patentes). — Action de décerner (un mandat). — Émission (de papier-monnaie).

Émaner v. tr. — Expédier (des lettres patentes). — Décerner (un mandat d'amener). — Émettre (des billets de banque).

Embabouiner (s') v. pron. — Se couvrir la figure pour ne laisser voir que le nez.

Embâcler, embailler v. tr. — Embarrasser.

Embarbouillé, e adj. — Avoir envie de vomir. Ex.: Avoir le coeur embarbouillé.

Embardée n.f. — Erreur grossière. — Écarts de langage.

Embarder v. intr. — Sortir accidentellement de sa voie en parlant d'une voiture, d'un traîneau, d'un cheval.

Embarder (s') v. pron. — Commettre une erreur grossière. — Dire des bêtises.

Embardeux, se adj. ou n.m. ou f. — Qui aime les entreprises risquées. — Qui aime dire des bêtises.

Embargo n.m. — Embarras.

Embarlificoter v. tr. — Emberlificoter.

Embarquement n.m. — Embarcadère.

Embarquer v. intr. ou tr. — Monter. Ex.: Embarque dans mon char ou ben su mon cheval. — Tromper. Jouer. Ex.: I s'est fait embarquer de belle manière. *Embarquer sur le dos de* — Être sur le dos de. Maltraiter.

Embarras n.m. — Clôture de branchages.

Embarrer v. tr. — Enfermer à clef. — Embarrasser.

Embarrer (s') v. pron. — S'enfermer à clef.

Embarrure n.f. — Cloison qui sépare les stalles dans l'écurie. — Verrou. — Serrure.

Embas n.m. — Embase.

Embase n.f. — Fossé de chemin.

Embasse n.f. — Embase.

Embelle n.f. — Occasion favorable. Ex.: Prendre son embelle.

Emberlicoter v. tr. — Emberlificoter.

Emberliner v. tr. — Emberlificoter.

Embêter v. tr. — Rouler. Tromper. Avoir le dessus dans une discussion.

Embichouenner v. tr. — Enjôler.

Emblêmer v. tr. — Ensorceler. Charmer.

Embobiner v. tr. — Envelopper. Vêtir chaudement. — Enjôler.

Embotter v. tr. — Mettre des bottes à.

Embouffetage n.m. — Action d'embouffeter.

Embouffeter v. tr. — Embouveter. Bouveter.

Embouffeteur n.m. — Machine à embouffeter.

Embourber v. intr. ou pron. — Se prendre dans la neige.

Embouveter (s') v. pron. — Prendre racine rapidement.

Embrelicoter v. tr. — Embrouiller.

Embrener v. tr. — Embarrasser.

Embreunir (s') v. pron. — S'embrunir (en parlant du temps).

Embricoler v. tr. — Mettre la bricole à (en parlant du cheval).

Embrocher v. tr. — Mettre en broche (des poissons).

Embrouillage n.m. — Embrouillement.

Embrouille n.m. — Embarras. Confusion.

Éméché, e adj. —-Pris de boisson.

Émécher v. tr. — Couper la mèche de.

Émeré n.m. — Émeri. Ex.: Meule d'émeré.

Émerger v. intr. — Émarger.

Éminent, e adj. — Imminent.

Émitation n.f. — Imitation.

Émite n.f. — Limite.

Emmailler (s') v. pron. — Se prendre dans les mailles d'un filet.

Emmalicer v. tr. — Rendre méchant.

Emmalicer (s') v. pron. — Devenir méchant.

Emmancher v. tr. — V. AMANCHER.

Emmanchure n.f. — V. AMANCHURE.

Emmarder v. tr. — Embêter. Ennuyer.

Emmêler v. tr. — Mêler. Embrouiller.

Emmenabe adj. — Qui peut être emmené.

Emmener v. tr. — Amener. — Couper, faucher sur une largeur de. Ex.: Comme faucheur, i emmène toujours sa planche.

Emmiauler v. tr. — Enjôler. Leurrer. Tromper.

Emmiauleux, se adj. ou n.m. ou f. — Enjôleur.

Emmitonner v. tr. — Mettre des mitons à.

Emmouler v. tr. — Mettre dans des moules.

Emmouracher (s') v. pron. — S'amouracher.

Emmoyenné, e adj. — Riche.

Émoigner (s') v. pron. — S'informer.

Émouchage n.m. — Action d'émoucher.

Émoucher v. tr. — Chasser des fibres de lin en en fouettant le dos de la braie, la partie non textile restée attachée à la tige après le broyage.

Émouchettes n.f. pl. — Mouchettes.

Émouver v. tr. — Émouvoir. — Remuer. Ex.: Je m'en vas lui émouver la bile.

Émouver (s') v. pron. — S'émouvoir.

Empaffé, e adj. — Gorgé de nourriture.

Empaffer v. tr. — Empêtrer. Embarrasser.

Empaffer (s') v. pron. — S'empiffrer.

Empâiller v. tr. — Canner. Ex.: Empâiller des chaises.

Empâillure n.f. — Cannage (de chaises).

Empanner (s') v. pron. — Se prendre dans la boue, la neige. — S'en faire accroire.

Emparenté, e adj. — Apparenté.

Empas n.m. — Appât. — Entrave.

Empâté, e adj. — Sans initiative.

Empâter v. tr. — Amorcer. Ex.: Empâter sa ligne avec du boeuf.

Empâtrer v. tr. — V. EMPÂTER.

Empauvrir v. tr. — Appauvrir.

Empirouâper v. tr. — V. ENFIROUÂPER.

Emphase n.f. — Conviction. Énergie. Ex.: Parler avec emphase. — Accent. Ex.: Mettre l'emphase sur tel point.

Emphatique adj. — Énergique. Ex.: Affirmation emphatique.

Empicoté, e part. passé — Qui a la picote, la petite vérole.

Empiècement n.m. — Petite pièce de terre.

Empiffer v. tr. — Empiffrer.

Empigeonner v. tr. — Jeter un sort à. — Enjôler.

Empileuse n.f. — Machine qui sert à piler les billots.

Empirance n.f., **empirement** n.m. — Détérioration.

Emplacement n.m. — Lopin de terre à la campagne, par opposition à terre ou ferme.

Emplacitaire n.m. — Propriétaire d'un emplacement.

Emplette (faire) loc. — Avoir un enfant.

Emplir (se faire) loc. — Avaler des histoires, des mensonges, des demi-vérités. — Se faire féconder.

Emplois n.m. — Empois. Amidon.

Empocher, empocheter v. tr. — Mettre en sac.

Empoêlure n.f. — Accumulation de carbone sur les parois de chaudrons exposés au feu.

Emporté, e adj. — Qui est au vif. Ex.: Un doigt emporté.

Emporter v. tr. *Le diable, le tonnerre l'emportait* — Il allait très vite. *Un emportant l'autre* — En comparaison. Le pour et le contre.

Empoté, e adj. — Niais.

Empoyé, e n.m. ou f. — Employé.

Emprès n.m. — Empois.

Emprêt n.m. — Emprunt.

Emprêter, emprinter v. tr. — Emprunter.

Empruntage n.m. — Action d'emprunter.

Empuer v. intr. *Le diable m'empue si...* — Que le diable m'enfourche si...

Empunaiser v. tr. — Infester de punaises.

En prép. — À. Ex.: Arriver en temps. — Au, à la. Ex.: Être en cour, en chambre, en comité. — Dans le, la, les. Ex.: Travailler en chantiers. — Explétif. Ex.: En après, i est parti. Un peu en par icite, en par là. I est parti en quelque part en avec lui. — Superlatif avec un nom. Ex.: En calisse, en démon, en crisse, en osti, en chien, en cochon, en cheval, en boeuf, en balle d'échalotte. *En abandon* — À l'abandon. *En lieu de* — Au bien de. *En soin à* — Au soin de. *En ville* — À la ville. *En campagne* — À la campagne. *En toute* — Du tout. *P'en toute* — Pas du tout. *De toute en toute* — Du tout au tout. *En amendement* — Sous forme d'amendement. *Vêtu en blanc* — Vêtu de blanc.

Enaller v. pron. — S'en aller. Ex.: Elle s'est enallée. Ils se sont enallés de bonne heure.

Énarvant, énarver, énarvement — Énervant, énerver, énervement.

En avant loc. adv. *Être en avant* — Avancer. Ex.: Ma montre est en avant.

En bas de loc. prép. — Au-dessous de. Ex.: Il fait quarante en bas de zéro.

Encabaner (s') v. pron. — Se renfermer chez soi.

Encache n.f. — Enveloppe.

Encadrage n.m. — Encadrement.

Encadrure n.f. — Encadrement (d'une porte, d'une fenêtre).

Encan n.m. *Par encan* — À l'encan. Ex.: Vente par encan. *Faire encan* — Vendre à l'encan.

Encanter v. tr. — Vendre à l'encan. — Pencher. Incliner. Ex.: Encanter un malade dans son lit. — Mettre de cant.

Encanter (s') v. pron. — Prendre une position confortable dans un fauteuil.

Encanteur n.m. — Le préposé à la vente à l'encan. Commissaire-priseur.

Encapoter v. tr. ou pron. — S'habiller chaudement.

Encarcané, e adj. — Mal marié.

Encarcaner v. tr. — Mettre le carcan à.

Encatrage, encatrement n.m. — Encadrage.

Encatrer v. tr. — Encadrer.

Encaver v. tr. — Enfoncer. Enterrer. Ex.: Une échape encavée dans la chair. — Entailler. Creuser. Ex.: Encaver une mortaise avec un ciseau. — Fléchir, s'affaisser. Ex.: Le plancher est encavé de trois pouces.

Encenser v. intr. — Remuer la tête de haut en bas en parlant du cheval.

Enchasser v. tr. — Encenser.

Enchelure n.f. — Entaille dans un arbre qu'on abat.

Enchens n.m. — Encens.

Enchensoir n.m. — Encensoir.

Enchenser v. tr. — Encenser.

Enchiffroné, e, enchiforné, e adj. — Enchiffrené, qui a le nez embarrassé par un rhume de cerveau.

En ci et loc. prép. — D'ici à. Ex.: En ci et le bout de ma terre, i y a trente arpents.

Enclaquer (s') v. pron. — Mettre ses claques.

Enclaver v. tr. — Anneler. Ex.: Enclaver un cochon.

Enclope n.f. — Abot, entrave de bois ou de fer mis aux pieds d'un cheval, d'un boeuf, pour l'empêcher de s'éloigner.

Encloquer v. tr. — Habiller chaudement.

Enclos n.m. — Fourrière, dépôt ou l'on garde les animaux errants jusqu'à ce qu'on ait retrouvé le propriétaire.

Enclouer, encolouer v. tr. — Faire gripper, faire adhérer à l'essieu. Ex.: La roue est enclouée.

Enclume n.m. — Enclume (n.f.).

Encomblement n.m. — Encombrement. — Comble d'une mesure.

Encombler v. tr. — Encombrer. — Mettre le comble à. Ex.: Une cuillère encomblée.

Encombrance n.f. — Encombrement. Embarras.

Encombrer v. tr. — Mettre le comble à (une mesure). — Grever (d'hypothèques). Ex.: Sa terre est encombrée d'hypothèques.

Encontre n.f. *Aller à l'encontre* — Dire le contraire.

Encore un peu que loc. conj. — Un peu plus et.

Encornailler v. tr. — Encorner.

En côté de loc. prép. — À côté de.

Encoulé, e adj. — Coulant (en parlant d'un noeud). Ex.: Faire un noeud encoulé.

Encre de perle n.m. — Nacre de perle.

Enculotter v. tr. *Se faire enculotter* — Devenir l'héritier de son beau-père.

En deci loc. adv. — D'ici à. Ex.: En deci à Noël.

En dessour loc. adv. — En dessous.

En dessour de loc. prép. — En dessous de.

En dessous loc. adv. — V. DESSOUS.

En dessous de loc. prép. — Sous. Ex.: Regarde en dessous de la table.

En dessur loc. adv. — En dessus.

En dessur de loc. prép. — En dessus de.

En dessus loc. adv. — V. DESSUS.

En dessus de loc. prép. — Sur. — Au-dessus de.

En deux loc. adv. — Plié en deux. Ex.: I marche en deux.

Endêvé, e adj. — Impatient. Irascible. Ennuyé.

Endevenir v. intr. — Venir de. Ex.: J'y retourne pas, j'endeviens.

Endêver v. tr. — Impatienter. Ennuyer.

En devoir loc. adv. — En service. — V. DEVOIR.

En diable loc. adv. — En furie. — Très bien. — V. DIABLE.

En d'ici loc. prép. — D'ici à.

Endorer v. tr. ou intr. — Passer (une porte). Ex.: I a endoré la porte. — L'eau endore sous la porte.

Endormir (s') v. pron. — Avoir sommeil.

Endormitoire n.m. — Envie de dormir.

Endos n.m. — Les deux premiers sillons que l'on trace pour former une planche de labour et qui de ce fait forme un renflement au centre de la planche. *Avoir l'endos, être l'endos* — Avoir la charge, la responsabilité. Ex.: I est l'endos de sa famille.

Endossage n.m. — Action de faire l'endos. — Endossement, action d'endosser un effet de commerce.

Endret (pron. endrette) n.m. — Endroit (opposé à envers).

Endroit n.m. — Pénis.

Enduire v. tr. — Induire.

Endurant, e adj. *Mal endurant* — Qui supporte mal. Impatient.

Endurer v. tr. — Se trouver heureux d'avoir. Ex.: I fa pas chaud, je vas ben endurer mon capot. — Supporter. Ex.: Je peux pas endurer ma femme.

Enfaîtage n.m. — Faîtage. — Comble d'une mesure.

Enfaîter v. tr. — Emplir jusqu'au faîte.

Enfaler v. intr. — Avoir la falle gonflée (en parlant de volailles qui ont trop mangé).

Enfant n.m. *Enfant de chienne, enfant de garce* — Expression injurieuse. *Jeter des enfants* — Éjaculer.

Enfarge n.f. — Entrave.

Enfarger v. tr. — Faire tomber (quelqu'un). Ex.: I m'a enfargé pis j'ai tombé. — Entraver. Empêtrer. Embarrasser.

Enfarger (s') v. pron. — S'accrocher les pieds, les jambes dans quelque chose qui provoque une chute. Ex.: Elle s'est enfargée dans sa robe.

Enfarmer v. tr. — Enfermer.

En fiferlot loc. adv. — En colère.

Enfiferouâpé, e part. passé — En colère. Irrité.

Enfiferouâper v. tr. — Tromper. Attraper. Ex.: I s'est fait enfiferouâpé de belle manière par ce vendeur d'auto. — Engloutir. Avaler rapidement. Ex.: J'ai enfiferouâpé mon repas dans deux minutes.

En fifre, en fife loc. adv. — En colère.

Enfigurage n.m. — Action d'enfigurer. — Embrasure.

Enfigurer v. tr. — Pratiquer dans un mur en construction une embrasure. — Pratiquer une feuillure, une entaille dans l'embrasure d'une porte, d'une fenêtre.

Enfilée n.f. — Enfilade.

Enfiler v. tr. — Avaler. Ex.: I a enfilé deux verres en un rien de temps. — Endorer.

Enfiler (s') v. pron. — S'essayer et réussir.

Enfiloir n.m. — Enfile-aiguilles.

En fiole loc. adv. — En colère.

Enfioler v. tr. — Avaler rapidement.

Enfirouaper v. tr. — V. ENFIFEROUÂPER. — Fourrer.

Enflammation n.f. — Inflammation.

Enfle n.f. — Enflure.

Enforcer v. tr. — Enforcir.

Enfourlucher v. tr. — Emberlificoter.

Enfrédir, enfroidir v. intr. ou pron. — Refroidir. Ex.: Le temps enfroidit.

En fusil loc. adv. — En colère.

Engagé n.m. — Employé à gages dans une ferme. Homme engagé.

Engagé, e part. passé — Fiancé. — Pris. Occupé.

Engagement n.m. — Fiançailles. — Rendez-vous.

Engager v. tr. — Occuper, retenir. Ex.: La ligne est engagée. J'ai engagé une voiture.

Engagère n.f. — Employée à gages dans une ferme. Fille engagère.

Engarier v. tr. — Engager. Entraîner. Ex.: Engarié dans une mauvaise affaire.

Engencer v. tr. — Agencer.

Engin n.m. — Moteur. — Locomotive.

Engorgeure n.f. — Engorgement.

Engoter (s') v. pron. — S'étouffer.

Engraisser (s') v. pron. — Se couvrir de nuages (en parlant du temps).

Engrandir v. tr. — Agrandir.

Engraver v. tr. — Graver.

Engraveur n.m. — Graveur.

Engrener v. tr. — Prendre. Happer. Ex.: Je veux pas me laisser engrener par c't'affaire-là.

Engrener (s') v. pron. — Empirer. Ex.: Un mal qui s'engrène petit à petit.

Engueulage n.m. — Action d'engueuler.

Engueuler v. tr. *Mal engueulé* — Mal embouché. Qui gueule beaucoup.

Engueuleur n.m. — Personne qui engueule.

Enharder (s') v. pron. — S'habiller.

Enjambloir n.m. — Cerceau retenant les douves d'un tonneau.

Enjôleux n.m. — Enjoleur.

Enjoyer (pron. enne-djoyé) v. tr. — Prendre grand plaisir à. Ex.: André a ben enjoyé sa visite che nous.

Enlargir v. tr. — Élargir.

Enligner v. tr.— Aligner.

Enlourdir v. tr. — Alourdir. — Étourdir.

Enmonceler v. tr.— Amonceler.

Enne art. — Une. Ex.: J'ai pas enne cenne.

Enneiger v. tr. — Mettre dans la neige. Ex.: Enneiger de la viande. — Recouvrir une vitre de peinture blanche pour la rendre translucide.

Enneiger (s') — Se recouvrir de neige. — S'enfoncer dans la neige.

Ennuiter (s') v. pron. — V. S'ANNUITER.

Ennuyer (s') v. pron. *S'ennuyer de quelqu'un* — Souffrir de son absence.

Ennuyeux, se adj. — Porté à s'ennuyer de ses proches.

Énondement n.m. — Inondation.

En opération loc. adv. — En vigueur.

En par là, d'en par là loc. adv. — Depuis là. Là. Jusque-là.

Enquière adj. *Mâle enquière* — Cheval non châtré. Étalon.

Enragé, e adj. *Enragé noir* — Furieux.

Enraquer (s') v. pron. — S'embourber.

Enrayage n.m. — Ornière.

Enregistrer (s') v. pron. — S'inscrire. Ex.: S'enregistrer à un hôtel.

Enrelaidir (s') v. pron. — S'enlaidir.

Enrevenir (s)' v. pron. — Revenir.

Enroché, e part. passé — Accroché à des roches au fond de l'eau (en parlant de l'ancre, du grappin).

Enrougi, e adj. — Rouge. Ex.: Elle a la figure enrougie.

Ensasser v. intr. — Encenser. Ex.: Le cheval ensasse.

Enseigne n.m. — Enseigne (n.f.).

Ensemble adv. *Se mettre ensemble* — Se marier.

Ensembler v. tr. — Assembler.

Enslé, e adj. — Ensellé.

En snette loc. adv. — Sur la brosse. — En rut.

En sorcier loc. adv. — En colère.

Ensoufle n.f. — Ensouple, cylindre du métier à tisser sur lequel on monte la chaîne.

Ensuite de ça adv. — Ensuite.

Ensumencer v. tr. — Ensemencer.

Entailler v. tr. ou intr. — Faire une entaille à l'érable pour en tirer la sève. — Commencer l'extraction de la sève d'érable.

Entarder (s') v. pron. — S'attarder.

Enté, e adj. — Se dit de deux pièces de bois jointes en biseau. Ex.: Des solives entées.

Entécas loc. adv. — En tous les cas. Quoiqu'il arrive.

Entendouère n.f. — Intelligence. Esprit.

Enter (pron. entère) prép. — Entre. Ex.: Enter nous.

Enterci loc. prép. — D'ici à.

Enterrer v. tr. — Couvrir. Ex.: Enterrer le feu.

Entertiendre v. tr. — Entretenir.

Entêter v. tr. — Pourvoir d'un titre, d'une manchette. — Diriger les billots à fendre dans la scie.

Entome n.f. — Entame, première tranche.

Entomer v. tr. — Entamer.

Entonne n.f. — Entonnoir.

Entonner v. tr. — Mettre dans des moules (en parlant de sucre d'érable).

Entonnois, entonnoué n.m. ou f. — Entonnoir.

Entonnoir n.m. ou f. — Entonnoir (n.m.).

Entor ci loc. prép. — D'ici à. Ex.: Entor ci quelque temps.

Entorse n.m. — Entorse (n.f.).

Entortiller (s') v. pron. — Se vêtir chaudement.

Entoumi, e adj. — Lâche. Endormi. Bon à rien.

Entour adv. ou prép. — Environ. Ex.: I's étaient entour d'une vingtaine.

Entour de (à l') loc. prép. — Environ. Ex.: Elle avait à l'entour de dix-huit ans.

Entournement n.m. — Étourdissement.

En toute loc. adv. — Du tout. Ex.: I en est pas question p'en toute.

Entre prép. *Entre eux tous* — Ensemble. Entre eux tous, i valent pas dix piasses.

Entreci loc. prép. — D'ici à. Ex.: J'irai vous voir entreci midi.

Entre-deux n.m. — Séparation entre deux stalles d'écurie.

Entrée n.f. — Rentrée. *Faire une entrée (dans les livres)* — Inscrire aux livres.

Entregelé, e adj. — À demi gelé.

Entregeler v. intr. — Geler légèrement.

Entremi prép. — Parmi. Au milieu de.

Entreplancher n.m. — Entrevous, espace entre deux solives dans un plancher.

Entrepreneur n.m. *Entrepreneur de pompes funèbres* — Directeur de funérailles.

Entrequien n.m. — Entretien.

Entrer v. tr. *Entrer dans les livres* — Inscrire aux livres.

Entretiendre v. tr. — Entretenir.

Envaler v. tr. — Avaler.

Enveillocher v. tr. — Enveilloter.

Enveloppage n.m. — Action d'envelopper.

Enveloppe n.f. — Pansement.

Envelopper v. tr. — Panser.

Envers (à l') loc. adj. — Bouleversé. Ex.: I est arrivé tout à l'envers.

Envie n.f. *Avoir envie* — Avoir envie de faire ses besoins.

En vie loc. adj. — Remuant. Actif. Ex.: Un enfant en vie.

Envieuserie, envieuseté n.f. — Envie. Jalousie.

Environs n.m. pl. *Aux environs de* — Environ. Ex.: I avait aux environs de vingt ans.

En vlime adj. — En colère.

Envlimer v. tr. — Envenimer.

Envlimure n.f. — Plaie ou coupure infectée par le contact d'un insecte venimeux.

Envoiner v. tr. — Mettre dans l'avoine pour fins de conservation. Ex.: Envoiner les oeufs.

Envolée n.f. — Vol (aviation).

Envoyer v. tr. ou intr. — Renvoyer. Ex.: Il voulait pas obéir alors je l'ai envoyé. — Chasser. Ex.: Envoyer les mouches. *Envoie, envoie donc* (pron. envoille, envoille don) — Vas-y. *Envoye fort* — Donnes-y. Vas-y.

Envoyer (s') v. pron. — S'efforcer. Ex.: T'as besoin de t'envoyer pour finir à soir. — Se donner de l'importance. Ex.: Depuis qu'elle est mariée, elle s'envoie. *S'envoyer une femme* — Lui faire l'amour.

Envrâler v. intr. — Aller à droite et à gauche en cherchant. — Faire table rase. — S'emparer de tout ce qui se présente.

Envrâleux n.m. — Qui envrâle.

Envriller v. tr. — Vriller.

Enwoyer v. tr., intr. ou pron. — Envoyer.

Éou adv. — Où.

Épaillage n.m. — Éparpillement. — Action d'éparpiller. — État de ce qui est éparpillé.

Épaillé, e adj. — Éparpillé. Ébouriffé. — Dont l'esprit est dérangé.

Épailler v. tr. — Éparpiller. — Distancer. Laisser derrière soi.

Épailler (s') v. pron. — Se disperser.

Épais, e n. ou adj. m. ou f. — Imbécile. *Être épais dans l'plus mince* — Être très épais.

Épais adv. — Beaucoup. Ex.: I en a pas épais. *Couper épais* — Être gras en parlant d'un porc. — Avoir la taille épaisse.

Éparer v. tr. — Étaler. Étendre.

Éparpailler v. tr. — Éparpiller.

Éparpillage n.m. — Action d'éparpiller.

Éparpiller v. tr. — Laisser derrière soi. Distancer.

Épaules carrées n.f. pl. — Bouteille de gin De Kuyper.

Épée n.f. — Échelette, ridelle placée soit à l'avant soit à l'arrière d'une charrette.

Épéniller v. tr. — Effiler. Effilocher.

Épergne n.f. — Surtout, pièce d'orfèvrerie que l'on met au centre d'une table et qui contient des fleurs ou des fruits.

Épeurant, e adj. — Qui fait peur.

Épeurer v. tr. — Effrayer.

Épeureux n.m. — Épouvantail.

Épine du dos, épine dorsale du dos loc. — Épine dorsale.

Épinettière n.f. — Étendue d'épinettes.

Épingle n.f. — Broche. Grosse épingle de parure. *Épingle à couche* — Épingle de sûreté. *Épingle de bois, à ressort, à linge* — Fichoir.

Épingler v. tr. — Dire son fait (à quelqu'un). — Faire payer (quelqu'un) trop cher.

Épinglette n.f. — Broche. Épingle de parure.

Épiochon n.m. — Épi de maïs rabougri.

Épivardé, e adj. — Égaré.

Épivarder v. tr. — Réprimander.

Épivarder (s') v. pron. — Se nettoyer les plumes. — Faire sa toilette. — Faire le fou (ou la folle).

Éplet n.m. *Être d'éplet* — Faire beaucoup d'ouvrage en peu de temps.

Épluche n.f. — Pelure. Épluchure.

Éplucher v. tr. — Écosser. Ex.: Éplucher des pois. Égrener. Ex.: Éplucher du blé d'Inde. — Malmener en paroles. — Voler. Ex.: I s'est fait éplucher quand i a acheté sa maison.

Épluchette n.f. — Réunion de personnes pour éplucher du maïs, occasion de chanter, de danser et de boire un petit coup.

Épluchoir n.m. — Machine à éplucher les patates.

Éplure n.f. — Pelure.

Épocher v. tr. — Châtrer.

Épocheux n.m. — Homosexuel.

Époiler v. tr. — Arracher le poil. Épiler. — Malmener en paroles. — Étriller.

Époitraillage n.m. — Décolletage.

Époitrailler (s') v. pron. — Laisser une grande partie de sa poitrine découverte (en parlant d'une femme). — Être débraillé (en parlant d'un homme).

Époitriné, e adj. — Poitrinaire. Phtisique.

Époitriner (s') v. pron. — Se faire mal aux poumons à force de crier, courir, travailler dur.

Épomoner (s') v. pron. — S'époumoner. — S'époitriner.

Éponge n.f. — Gros buveur.

Épouffer (s') v. pron. — Pouffer (de rire). Ex.: Elle s'épouffe de rire à rien.

Époussetoir n.m. — Époussette.

Époussiérer v. tr. — Épousseter.

Époustouére n.m. — Époussetoir.

Épouvantabe adv. — Extraordinairement. Ex.: C'est beau épouvantabe.

Épouvante n.f. — *Prendre l'épouvante* — Être saisi de panique (en parlant de chevaux) et partir à vive allure. — *À l'épouvante* — Très vite. Ex.: I mène son cheval à l'épouvante. *À fine épouvante* — De vive allure. Ex.: I a passé à fine épouvante.

Éprendre v. tr. — Prendre. Ex.: La pluie est éprise pour longtemps. *Le temps est bien épris* — Il fait bien mauvais.

Épuceter v. tr. — Épucer.

Équarré, e adj. — Robuste. Bien bâti.

Équarrer v. tr. — Équarrir.

Équarrisseux n.m. — Équarrisseur.

Équarritude, équarriture n.f. — Carrure, largeur du dos d'une épaule à l'autre.

Équenillé, e adj. — Déguenillé.

Équerre n.m. — Équerre (n.f.). *D'équerre, à l'équerre* — Bien fait. Avec soin. Ex.: Cette allée est tirée d'équerre. Alain travaille d'équerre. *Être d'équerre* — Être de bonne humeur. Être dans son assiette. Ex.: Alain est toujours tellement d'équerre qu'on l'appelle Déquerre. *N'être jamais d'équerre* — Toujours contredire. Ex.: Par contre, Maurice, i est jamais d'équerre.

Équeuter v. tr. — Enlever la queue d'un animal, la tige d'un fruit, d'un légume. Ex.: Équeuter des fraises. — Peler un fruit. Ex.: Équeuter une pomme. Enlever le procédé (d'une queue de billard).

Équipage n.m. — Dégât. Gâchis.

Équipé, e adj. — Sale. Malpropre.

Équiper v. tr. — Briser. Abîmer. Salir. Ex.: On peut travailler sans équiper ses habits comme ça.

Équiper (s') v. tr. — Se salir. — Se blesser.

Équipette n.f. — Petit compartiment d'un coffre pour de menus objets.

Équipollent (en) loc. adv. — À proportion. En proportion de. Ex.: Vous avez été payés en équipollent de votre travail.

Équivoque n.m. — Équivoque (n.f.).

Er — inversion de RE dans un nombre de mots. Ex.: Bertelles. Erdresser. Erdire. Pauverté. Guernouille. Venderdi. Quater-temps. Tenderment. Erfuser. Ergretter. Erlevée. Erluire. Erluquer. Ermise. Ermonter. Ermuer. Erposer. Ersource. Ertirer. Etc.

Érable n.m. ou f. *Érable-à-Giguère* — Érable Negundo. *Érable bâtarde* — Érable de Pennsylvanie. *Érable blanche* — Érable à sucre.

Érablière n.f. — Concentration d'érables où on peut établir une sucrerie.

Érail n.m. — Dérail.

Érailler v. tr. — Écorcher légèrement. — Effleurer la peau.

Éraler v. tr. — Ébrancher. — Érailler (un tissu, une étoffe).

Ère adj. — Fier. — Fou. — Paresseux. Ex.: Avoir l'air ère.

Éreinte n.f. *À toute éreinte* — De toutes ses forces. — Beaucoup. Extrêmement. Fantastique. Ex.: I mouille à toute éreinte. Elle a donné un repas à toute éreinte.

Érésidère n.m. — Érésipèle, maladie infectieuse et contagieuse où la peau est enflammée.

Éridelle n.f. — Ridelle.

Erien n.m. — Rien. Ex.: I veut erien saouère.

Érifler v. tr. — Érafler.

Ériflure n.f. — Éraflure.

Éripiaux n.m. pl. — Oreillons.

Éris n.f. — Iris. — Arc-en-ciel.

Érocher v. tr. — Enlever les roches (d'un champ).

Éronce n.f. — Ronce.

Éronde n.f. — Aronde. Ex.: Monter une cabane en bois rond en queue d'éronde. — Épine. Ronce.

Érouser, érousser v. tr. — Égrener des épis, des gousses. Ex.: Érouser du blé d'Inde. Égratigner. Écorcher. Ex.: Avoir la gorge éroussée.

Erreur n.m. — Erreur (n.f.).

Errière n.m. ou adv. — Arrière.

Erse adj. — Lâche (en parlant de choses). Ex.: Ce cable est erse.

Érupiaux n.m. — Oreillons.

Éruser v. tr. — Égratigner.

Es pour S. Ex.: Escrupule. Espécial. Esquelette. Escandale. Escapulaire.

Es au lieu de EX. Ex.: Espliquer. Escuser. Estraordinaire. Esprès. Escommunier. Espédier. Espérience. Esploit. Esposer. Esquis.

Es au lieu de SE. Ex.: Escousse.

Esbigner (s') v. pron. — S'esquiver.

Escabignonner (s') v. pron. — S'habiller comme il faut pour ne pas avoir froid.

Escades n.f. pl. — Galeries latérales d'une église.

Escafignon n.m. — Chausson. Ex.: Ça sent l'escafignon ici.

Escalateur n.m. — Escalier mobile.

Escalier n.f. — Escalier (n.m.). *Sauteux d'escalier* — Prétentieux.

Escampette n.f. — Escapade.

Escandale n.m. — Scandale.

Escarbot n.m. — Esturgeon.

Escares n.f. pl. — Airs prétentieux. Ex.: Encore la femme du maire qui fait ses escares.

Escarer (s') v. pron. — Se donner des airs d'importance. Ex.: C'est-y pas la femme du premier ministre qui s'escare encore.

Escareux, se adj. — Prétentieux. Maniéré. Ex.: Notre propriétaire, Madame Grégoire, quelle escareuse!

Escargot n.m. — Esturgeon.

Escarlet n.m. — V. ESTERLET.

Esclipe n.m. ou f. — Eclipse.

Esclopé, e adj. — Éclopé.

Escoimpeau, escoipeau n.m. — Copeau.

Escouage n.m. — Action de secouer.

Escouer v. tr. — Secouer.

Escouer (s') v. pron. — Se demener. Se secouer pour se débarrasser de la poussière, de la neige, d'une mauvaise odeur.

Escousse n.f. — Secousse. — Un certain temps. Ex.: Ça fait une escousse que j't'attends, Victor. — Laps de temps. Ex.: Une escousse de froid qu'on a eue en janvier. — Effort. Coup de collier. Ex.: On t'en a donné une escousse pour finir les foins. — Accès. Crise. Ex.: Francine a pas toussé de la journée mais dans la soirée elle a eu une escousse terrible. — Coup. Ex.: J'te dis, ma chère, une autre escousse je serai plus fin. *Par escousses* — De temps en temps. Ex.: Elle, elle est correcte jusse par escousses.

Espace n.f. — Espace (n.m.).

Espagnol n.m. — Épagneul.

Esparouïne n.f. — Roue d'air.

Espèce n.f. ou m. — Espèce (n.f.).

Espérer v. tr. — Attendre. Ex.: Mon chou, espère-moi pas avant minuit.

Espérette n.m. ou f. — Alcool. — Whiskey.

Espièque adj. — Espiègle.

Espingole n.f. — Main, poignée servant à déplacer les ronds d'un poêle.

Esprit n.m. *En esprit* — Beaucoup. Très. Ex.: Yé capabe en esprit. *Whiskey en esprit* — Alcool de grains rectifié. *Esprit d'épinette* — Esprit mal réussi. *Boire de l'alcool en esprit* — Le boire pur, non dilué.

Esprité, e adj. — Spirituel.

Esquelette n.m. — Squelette.

Essanger v. tr. — Échanger.

Esseau n.m. — Ouverture dans un digue pour laisser couler l'excès d'eau.

Esseil n.m. — Essai.

Essence n.f. — Parfum (de crème glacée).

Esseu n.m. — Essieu.

Essiver v. tr. — Lessiver.

Essoindre v. tr. — Prend soin (d'un bébé, d'un malade).

Essouffler (s') n. pron. — Reprendre haleine.

Essu-mains n.m. — Essuie-mains.

Essuiffer v. tr. — Enlever le suif.

Estampine, estampille n.f. — Timbre.

Estèque n.m. ou f. — Bouquet, la plus belle ou la meilleure chose, et la dernière. — Dernière levée dans certains jeux de cartes. — Procédé ingénieux, moyen insolite de surmonter une difficulté. — Point d'appui d'un levier. — Projet irréalisable.

Estéqueux, se adj. — Ingénieux. Inventif.

Esterlet n.m. — Hirondelle de mer, sterne commune. — Personne maigre et délicate. — Enfant mal élevé, insupportable.

Estimé n.m. — Estimation. — Prévisions budgétaires. — Devis estimatif.

Estimebotte n.m. — Bateau à vapeur.

Estimer v. tr. — Aimer.

Estomac n.m. ou f. — Poitrine (de femme). *Estomac de moulin à battre* — Organes essentiels de la batteuse. *Estomac qui coule* — Montée de lait ou seins engorgés.

Estomaquer v. tr. — Rendre malade à la poitrine. — Rendre phtisique.

Estra adv. — Extra. Ex.: C'est estra beau.

Estra n.m. — Supplément.

Estricité n.f. — Électricité.

Estrope n.f. — Courroie de transmission.

Estropique adj. — Hydropique.

Estropiure n.f. — Blessure.

Estuse n.f. — Excuse.

Estuser v. tr. ou pron. — Excuser.

Étabe n.m. — Étable (n.f.).

Établi n.f. — Établi (n.m.).

Étage n.f. — Étage (n.m.). Étape. *Être pas à deux étages* — Ne pas être riche. *Étage à feu* — Rez-de-chaussée. *Premier étage* — Rez-de-chaussée.

Étal, e adj. — Égal.

Étaler v. tr. — Égaler. Endurer.

Étalon n.m. — Homme très viril.

Etampe n.f. ou n.m. — Estampille. — Buvard.

Étamper v. tr. — Estampiller. — Assommer. — Tamponner. Ex.: Étamper un passeport.

Étamper (s') v. pron. — S'étendre de tout son long.

Étamperche n.f. — Écoperche, grande perche qui sert à supporter un échaffaudage. — Étendoir. — Traverse en bois au-dessus du foyer pour soutenir la crémaillère dans une sucrerie.

Étançonner v. tr. — Rendre étanche.

Étarnuer v. intr. — Éternuer.

État de compte n.m. — Relevé de compte.

États n.m. pl. — États-Unis d'Amérique.

Été n.f. — Été (n.m.). *Été des Indiens* — Doux temps de quelques jours dans le refroidissement de l'automne.

Éteindrē v. tr. — Tuer. Mourir.

Éteindre (s') v. pron. *Ça vient de s'éteindre* — C'est réglé. C'est final.

Éteindu, e part. passé — Éteint.

Étenderie n.f. — Ensemble d'objets étendus sur les meubles ou le plancher.

Étendre v. tr. *Étendre des pièges* — Tendre des pièges.

Étipette n.m. ou f. — V. ÉQUIPETTE.

Étiré, e adj. — Abattu. — Tiré. Allongé.

Étoc n.m. — Étau.

Étoffe n.f. — Tissu de laine. *Étoffe du pays* — Sorte de drap très épais de fabrication domestique. Grosse étoffe. Par opposition à *étoffe de magasin*.

Étoile! interj. — Forme adoucie de ÉTOLE!

Étole! interj. — Juron.

Étope n.m. — Étau.

Étou adj. — Itou. Aussi.

Étouffer v. intr. *Étouffer bleu, étouffer rouge* — Devenir bleu ou rouge (en parlant d'une personne).

Et pis loc. conj. — Puis. Ex.: T'as vu mononque? Et pis?

Étrange adj. — Étranger. — Nouveau. Ex.: Rien d'étrange aujourd'hui?

Étrange n.m. — Étranger.

Être v. *Être pas tout là* — Être fou. *Être comme soi* — Être du même avis que soi.

Étrète adj. — Étroit.

Étricité n.f. — Électricité.

Étrivant, e adj. ou n.m. ou f. — Taquin. Agaçant.

Étrivation n.f. — Taquinerie.

Étriver v. tr. — Taquiner. Agacer.

Étriver (s') v. pron. — S'impatienter.

Étriveux, se n.m. ou f. — Qui étrive.

Étrouiller v. tr. — Abattre. Saigner. Ex.: Étrouiller une poule.

Étudiant en lettres n.m. — Homosexuel.

Éturgeon n.m. — Esturgeon.

Éü part. passé — Eu. Ex.: J'ai-t-éü peur.

Eû n.m. — Oeuf.

Eucharesse! interj. — Forme adoucie de EUCHARISTIE!

Eucharistie! interj. — Juron.

Eune adj. ou art. f. — Une.

-Eur *pour* **-re.** Ex.: Eurvenir. Beurtelles.

-Eux *pour* **-eur.** Ex.: Chanteux. Danseux.

Euzôtes pr. pers. — Eux. Eux autres.

Évacher (s') v. pron. — S'étendre paresseusement.

Évaluateur n.m. — Estimateur.

Évargondage n.m. — Dévergondage.

Évargondé, e adj. — Dévergondé.

Évarisses n.f. pl. — Varices.

Éveindre v. tr. — V. AVEINDRE.

Even (pron. ivène) adj. *Être even avec quelqu'un* — Être quitte envers lui.

Éventail n.m. — Ventilateur.

Éventaire n.m. — Inventaire.

Éventer v. tr. — Inventer. — Mettre le nez au vent. Ex.: Qu'est-ce que tu éventes par là? *Éventer des cris* — Jeter des cris.

Éventilateur n.m. — Ventilateur.

Évention n.f. — Invention.

Éventionner (s') v. pron. — S'aviser.

Éventouffe, éventouse n.f. — Ventouse.

Éviander v. tr. — Désosser.

Évoù, évoù que loc. conj. — Où.

Évreiller v. tr. — V. AVERAGER.

Exarcer v. tr. intr. ou pron. — Exercer.

Exarcice n.m. ou f. — Exercice (n.m.).

Excédage n.m. — Excédent. — Débord d'un toit.

Excepté que loc. prép. — Excepté.

Excès n.m. *D'excès* — À l'excès. Ex.: Il boit d'excès. *Aux excès* — À l'excès. Ex.: Manger aux excès.

Excipra adv. — Exprès.

Excité, e adj. — Écervelé. Étourdi.

Exempe n.f. — Exemple (n.m.).

Exercer v. tr. ou intr. — Répéter (un texte dramatique). — Entraîner un cheval à la course. — Presser l'allure d'un cheval.

Exercice n.f. — Répétition (d'un texte dramatique).

Exhaust (pron. exâsse) n.m. — Échappement. *Tuyau d'exhaust* — Tuyau d'échappement.

Exhibit n.m. — Pièce produite à une enquête, à un procès.

Exhibition n.f. — Exposition.

Exil n.m. — Pénitencier. Ex.: Parti pour l'exil.

Exiler v. tr. — Condamner au pénitencier.

Exposition n.f. *Faire exposition de* — Étaler. Ex.: Il aime faire exposition de sa fortune.

Exprès (par) loc. adv. — Exprès. *Faire un exprès pour* — Aller expressément pour.

Express (pron. expresse) n.f. — Messagerie. — Transport des colis à domicile. — Livreuse, voiture à quatre roues qui sert à livrer les marchandises à domicile.

Extension n.f. — Rallonge (de fil électrique). — Délai. — Opération de calcul pour établir la balance au compte d'un client. *Table-extension* — Table à panneaux. *Échelle à extension* — Échelle télescopique. *Extension 310* — Poste 310.

Extra n.m. — Supplément. *D'extra* — Supplémentaire. Ex.: Travailler une heure d'extra.

Extrême-onction! interj. — Juron.

Éyau n.m. — Noyau.

Éyoù, éyoù que, éyousse, éyoù c'que loc. conj. — Où.

Éyu part. passé — Eu. Ex.: Après qu'i a éyu fini...

F

Fa v. intr. FAIS, FAIT. *Ça fa que* — Alors. Ex.: I m'a dit salut, ça fa que chus parti.

Face n.f. *Faire une face de bois* — Bouder. *Fendre la face à quelqu'un* — Lui déplaire beaucoup. *Face de peau de nanne* — Face désagréable à voir. *Face de carême* — Figure blême. *Se marier en face de cheval* — Contracter un mariage en dehors de toutes les lois civiles et religieuses, par opposition à *se marier en face de l'église. En pleine face* — En plein visage. *Se sauter dans la face* — Se battre. *Sainte face!* Juron. *Se montrer la face* — Se manifester. *Se parler dans la face* — Se dire ses vérités. *Face à claques* — Face qui donne envie qu'on la gifle. *Rire à la face de quelqu'un* — Lui rire au nez. *Face du four* — Avant du four.

Facé, e adj. — Plané. Aplani.

Facer v. tr. — Rendre plane la face d'une pièce de métal, d'une pierre.

Fâchage n.m. — Fâcherie.

Fâche n.f. — Brouille.

Fâcher v. intr. *Être fâché sans connaissance* — Être furieux.

Fâchette n.f. — Petite colère.

Façon n.f. — Allure. Ex.: Elle a pas de façon du tout. — Cérémonie. Ex.: Pas de façons pour nous, hein? — Mode. Ex.: Être habillé à la dernière façon. — Brassée. Chaudronnée (de sucre, de savon). *Faire belle façon à, faire de la façon à* — Être d'une gentillesse intéressée à l'égard de quelqu'un. *De façon à ce que* — De façon que. *Faire cinquante-six façons* — Faire des manières. *Façon de pain* — Quantité de pain préparée en une seule fois.

Façonneux, se adj. — Cérémonieux.

Facterie n.f. — Usine. Manufacture. Fabrique.

Fadir v. tr. ou intr. — Affadir. Ex.: Ça me fadit le coeur de la voir comme ça. — Faiblir. Ex.: Le coeur me fadit.

Fafigner v. intr. — V. FAFINER.

Fafinage n.m. — Action de fafiner.

Fafiner v. intr. — Hésiter. Ne pouvoir se décider. — User de subterfuges. Ex.: I a essayé de fafiner, mais ça a pas marché.

Fafineux, se adj. ou n.m. ou f. — Qui fafine.

Faignant, e adj. ou n.m. ou f. — Fainéant.

Faignantise n.f. — Fainéantise.

Faillance n.f. — Défaillance.

Faillette n.f. — Faiblesse. — Répit.

Faillir v. tr. — Détruire. Ex.: Un coup de vent a failli la maison.

Faim n.f. *Avoir faim de* — Avoir envie de. Ex.: Avoir faim de fumer.

Fair (pron. fèrr avec «r» anglais) adj. — Juste. Équitable. Ex.: Sois fair avec lui. C'est pas fair de pas donner la même chance à tout le monde.

Faire v. tr. ou intr. *Vous faisez* — Vous faites. *Que je faisse, que je faise* — Que je fasse. *Faire du feu* — Passer comme un éclair. *Faire de la toile* — Perdre connaissance. *Faire au nom du Père* — Faire le signe de croix. *Faire le train* — Soigner les animaux matin et soir. *Faire exposition de* — Étaler. *Faire une queue à quelqu'un* — Le laisser loin derrière soi. *Faire couler* — Commencer les sucres. *Faire bouillir, faire réduire, faire diminuer* — Soumettre l'eau d'érable à une ébullition prolongée pour en obtenir le sucre. *Faire baptiser* — Avoir un enfant. *Faire son jars* — Se donner de l'importance. *Faire son frais* — Chercher à attirer l'attention des gens autour de soi. Se donner de l'importance. *Faire son gros* — Faire l'homme d'importance. *Faire un fou de quelqu'un* — Le rendré ridicule. *Faire un fou de soi* — Se rendre ridicule. *Ne rien faire pour quelqu'un* — Ne pas faire de dépense pour quelqu'un. *Ça va faire* — Ça suffit. *Pourquoi faire, pourquoi faire que* — Pourquoi. Ex.: Pourquoi faire que tu t'en vas? *Faire dans* — Faire le commerce de. Ex.: Il fait dans la ferronnerie. *Faire une fin* — Se marier. *Faire de la terre* — La défricher. *Faire son pouvoir* — Faire son possible. *Sans faire ni un ni deux* — Rapidement. *Faire la pluie et le beau temps* — Faire le matamore. *Ça me fait pas un pli ni une bosse* — Ça ne me fait rien. *Faire du sang de punaise* — Se faire du mauvais sang. *Faire danser l'anse du panier* — Faire des profits illicites. *Faire les demandes et les réponses* — S'emparer de la conversation. *Faire la grande demande* — Demander en mariage une jeune fille à son père. *Faire laid* — Avoir mauvaise mine. *Faire du fla-fla* — Se donner des manières. *Faire l'amour* — Courtiser une jeune fille. *Faire l'amour en brouette* — Jeu de société où le garçon met un genou à terre et sur l'autre fait asseoir une demoiselle pour l'embrasser. *Faire son berda* — Faire le ménage. *Faire une face de bois* — Faire la moue. *Faire boucherie* — Abattre et dépecer des animaux destinés à la consommation. *Faire des joies* — Faire des signes de joie. *Se faire jouer des cocus* — Se faire avoir. *Faire son lard* — S'occuper de soi. Se faire des gâteries. *Faire des Pâques de renard* — Faire ses Pâques après le temps prescrit. *Faire la paresse* — Rester au lit à paresser. *Faire sa pintade* — Faire le fier. *Faire du ravaud* — Mettre tout à l'envers. *Faire le sucre* — Travailler à la fabrication du sucre d'érable. *Ça m'fait pas un pli sua différence* — Ça m'fait rien. *Faire ami avec quelqu'un* — Se lier d'amitié avec quelqu'un. *Faire application* — Faire une demande d'emploi. *Faire assemblant* — Faire semblant. *Faire son best* — Faire de son mieux. *Faire des sparages* — Gesticuler beaucoup. *Faire du bluff* — Bluffer. *Faire du bon (à un client)* — Accorder un rabais. *Faire du cruising (en parlant de taxi)* — Marauder. *Faire du shopping* — Faire du magasinage. *Faire fall ball* (pron. fâle bâle) — Manquer son coup. *Faire la couquerie* — Faire la popote. Faire la cuisine. *Faire exciprès, faire par exprès* — Faire exprès. *Faire sa ronne* — Faire sa ronde. *Faire un djompe* — Faire un saut. *Faire un step, une steppette* — Faire un bond. *Faire un médecin* — Devenir médecin. *Faire son pis* — Être sur le point de mettre bas (en parlant d'une vache). — Se décider. *Homme fait* — Adulte mâle. *Faire du salon* — Veiller au salon avec sa blonde souvent sous la surveillance de ses parents. *Faire du temps* — Être incarcéré pour un délit. *Faire du fromage* — Se masturber. — Copuler. *Faire aller, faire marcher son petit moulin* — Se masturber. *Faire pleurer Jeannette, faire une pissette, faire pisser pine, faire pisser mine* — Uriner. *Faire son tas* — Déféquer. *Se faire bôlter* — Se faire chasser. *Se faire conter ça* — Se faire réprimander. *Se faire emplir* — Se faire tromper. *Se faire mener le yâbe* — Se faire gronder. *Se faire passer au bat* — Recevoir une râclée. *Se faire sôquer* — Se faire attraper. *Se faire aller* — Se masturber. *Se faire une place, se faire assis* — S'asseoir. *Faire un veau* — Vomir. *Faire dodo, faire minouche* — Faire l'amour. *Être faite* — Être fini. Être battu. Être mort. *Faire numéro deux* — Déféquer. *Faire simpe* — Faire épais, faire niaiseux. *Faire mal à* — Infliger de la douleur à quelqu'un. Ex.: J'vas t'faire mal si tu continues de m'endêver. *Faire dur* — Ne pas être beau à voir. *Se faire faire mal* — Recevoir de mauvais coups. *Faire son crisse* — Faire son fier. *Faire périr* — Tuer. *Faire feu des dents* — Fulminer. *Faire son affaire* — Être satisfait. *Se faire rester* — S'épuiser. *Faire le jour* — Sortir d'un espace souterrain. *Faire filer* — Faire tournoyer. *Faire pour* — Se diriger vers. *Faire du bois* — Couper du bois de chauffage. *J'vas t'en faire* — J'vas t'en apprendre.

Faiseur n.m. — Celui qui souscrit un billet.

Faiseux n.m. — Intrigant. *Un faiseux de trouble* — Individu qui cherche la bagarre. *Gros parleux petit faiseux* — Qui parle beaucoup mais agit peu.

Fait (pron. fète) n.m. *Comme de fait* — En effet.

Faite adj. m. ou f. — Fini, battu, mort. Ex.: Quand j'ai tiré, i était faite.

Faite n.f. — Cigarette fabriquée par opposition à celle qu'on roule soi-même.

Faîter v. tr. — Faire ou réparer le faîte (d'un bâtiment).

Fake (pron. fék) n.m. — Chose truquée. Un faux.

Faker ou fakeux (pron. fékeux) n.m. — Qui fait semblant pour tromper.

Faker (pron. féker) v. tr. ou intr. — Faire semblant.

Falaise n.f. — Banc de neige en forme de falaise.

Falbana n.m. — Falbala.

Fale (ou falle) n.f. — Jabot des oiseaux domestiques. — Partie avant du cou des animaux. Ex.: Regarde-moi la falle de cette lapine. — Poitrine. Ex.: Cette femme-là, y as-tu vu la falle? — Partie du vêtement qui couvre la poitrine. Ex.: La fale de ta robe est trop serrée. *Avoir la fale basse* — Avoir faim. — Être déprimé. *Fale de pigeon* — Bride de chapeau de femme.

Fall ball (pron. fâle-bâle) n.f. — Au baseball, fausse balle. — Coup raté.

Falligner v. intr. — Suivre. Rentrer dans le rang et se mettre en mouvement.

Fameux, se adj. — Fendant. Prétentieux. Ex.: I est ben fameux mais i vaut pas une chique.

Famille n.f. *Attendre la famille, être en famille* — Être enceinte.

Fan (pron. fanne) n.m. ou f. — Admirateur. — Fervent (d'un sport).

Fanal n.m. *Un grand fanal* — Homme grand et mince. *D'un fanal à l'autre* — Du matin au soir.

Fancy (pron. fanne-cé) adj. — Élégant. Recherché. Coquet. Ex.: Il porte toujours des habits fancy.

Fanfarluche, fanferluche, fanfrelu-que n.f. — Fanfreluche. Ornement de peu de goût et de peu de valeur.

Fanil n.m. — Fenil.

Fanne n.f. — Ventilateur.

Fantache, fantasse adj. — Fantasque.

Fantasque adj. — Effronté.

Fantasserie, fantasquerie n.f. — Effronterie.

Fantiseux, se adj. — Qui se livre à des fantaisies.

Fantôme adj. *Police fantôme* — Patrouille anonyme.

Faraud adj. ou n.m. — Ami de garçon. Ex.: Elle est sortie avec son faraud.

Farauder v. tr. ou intr. — Faire la cour à une jeune fille. — Faire le faraud, le prétendant.

Farbala, Farbana, farbena n.m. — Falbala.

Far-blanc n.m. — Fer-blanc.

Farce n.f. *Farce platte* — Une mauvaise farce. Plaisanterie disgracieuse.

Farceux adj. ou n.m. — Farceur.

Farcin n.m. — Crasse qui s'amasse sur la peau d'une personne qui se lave peu souvent. Ex.: T'as du farcin derrière les oreilles. — Maladie de la peau causée par la malpropreté et qui attaque les porcs.

Farcineux adj. ou n.m. — Qui a le farcin. — Faiseux de farces plattes.

Fard n.m. — Farce (mets).

Fardage, farde n.m. — Fard. Ex.: Parler sans fardage. Mettre de la farde sur son visage.

Fardasser v. intr. — V. FARLASSER.

Fardoches n.f. pl. — Broussailles.

Fardure n.f. — Fard.

Farfiner v. intr. — V. FAFINER.

Farfouillage n.m. — Action de farfouiller.

Farfouillard n.m. — Farfouilleur.

Farfouillement n.m. — Action de farfouiller.

Farine n.m. *Sous farine* — De bonne humeur. *Bine à farine* — Grand tiroir basculant où l'on garde de la farine.

Farinier n.m. — Coffre où l'on garde la farine. Bine à farine.

Farlasser v. intr. — Faire un bruit de froissement. Ex.: Ta robe farlasse.

Farme-ta-yeule n.m. pl. — Seins. Ex.: Eille, tu i as vu les farme-ta-yeule?

Fars n.m. — Farce (dont on farcit les volailles).

Fatiquant, e adj. ou n.m. — Qui fatigue, importune.

Fatiquer v. tr. ou intr. — Fatiguer.

Faubourg n.m. — Village.

Fauchaille n.f. — Fauchage.

Fausse-alarme n.f. — Alerte d'incendie donnée sans motif.

Fausse-couche n.f. — Personne mal bâtie et de petite taille.

Fausse-gorge n.f. — Goître.

Fausse indigestion n.f. — Indigestion légère.

Fausse-porte n.f. — Contre-porte.

Fausse purisie n.f. — Pleurésie légère.

Fausse-sangle n.f. — Sous-ventrière.

Feed-back (pron fide-bac) n.m. pl. — Critiques. Ex.: J'ai eu des feed-back sur ton intervention à la réunion.

Feeler (pron. filer) v. tr. — Se sentir. Ex.: Je feele pas ben ces jours-ci. V. FILER.

Feeling (pron. filigne) n.m. — Sentiment. — Sensation. Ex.: Avoir un bon feeling.

Féfi n.m. — Homosexuel.

Fégond, e adj. — Fécond.

Feluet, ette adj. — Fluet.

Femme n.f. *Femme aux femmes* — Lesbienne. *Une bonne femme* — Femme en tant qu'objet sexuel. *Être aux femmes* — Pour un homme, être hétérosexuel. Pour une femme, être lesbienne.

Fendant, e adj. ou n.m. ou f. — Fatiquant. — Qui se fend facilement.

Fend-le-vent n.m. ou f. — Personne qui prend des airs arrogants.

Fendre v. intr. — Se fendre. Ex.: Ce bois fend bien. — Se fendiller. Ex.: La terre fend à la sécheresse. *Ça me fend la face de* — Ça me révolte de. Ex.: Ça me fend la face d'entendre des choses pareilles. *Se fendre en quatre* — Faire un grand effort.

Fendue n.f. — Femme.

Fente n.f. — Organe sexuel féminin. *Marcher sur les fentes* — Tituber.

Fer n.m. *Marchand de fer* — Quincaillier. *Fer angle* — Cornière. *Fer électrique* — Fer à repasser électrique.

Ferdaisement n.m. — Bruit d'un froissement. Froufrou.

Ferdaner, ferdasser v. intr. — Faire un bruit de froissement. Froufrouter. Ex.: Ta robe de taffeta ferdasse pas mal.

Ferdir v. intr. — Refroidir.

Ferdoches n.f. pl. — V. FARDOCHES.

Fergailler v. tr. ou intr. — Tisonner (le feu). — Fouiller. Fureter.

Feriousse n.f. — Sac à tabac.

Ferlassement n.m. — Action de ferlasser.

Ferlasser v. intr. — V. FARLASSER.

Ferlouche, ferluche n.f. — Confiture faite de sirop, de farine et de raisins secs. Ex.: Tarte à la ferluche.

Ferme expérimentale n.f. — Ferme d'expérimentation.

Fermer v. tr. — Enfermer. Ex.: Ferme-la dans sa chambre. *Ferme ta gueule* — Tais-toi. *Fermer dehors* — Empêcher d'entrer dans la maison. Ex.: I m'ont fermé dehors pour me punir. *Terre fermée pour l'hiver* — Sol qu'on ne peut travailler parce que gelé et recouvert de neige. *Fermer la ligne* — Raccrocher (téléphone).

Fermille n.f. — Fourmi.

Fermiller v. intr. — Fourmiller.

Fermillère n.f. — Fourmillière.

Fernonche n.f. — V. FERLOUCHE.

Ferrée n.f. — Bêche.

Ferrer v. tr. — Anneler (un cochon).

Ferreur n.m. — Maréchal-ferrant.

Ferry (pron. ferré) — Traversier.

Fersure n.f. — Fressure (poumons, coeur, rognons, foie d'un animal).

Fesse n.f. — Quartier arrière. Ex.: Fesse d'orignal. Fesse de porc à une piasse la livre. *Partie de fesses* — Ébats sexuels à deux ou plus. *Les fesses nu-tête* — Les fesses à l'air. Les fesses nues. Ex.: Francine pis moué, on a couché les fesses nu-tête. *Fesses de pain* — Pain double.

Fesser v. tr. ou intr. — Frapper. Ex.: I m'a fessé à la figure. Fesse sur le clou avec ton marteau. — Être frappant. Attirer l'attention. Ex.: Ça fesse, ton outfitte. — Venir en abondance. Ex.: La morue fesse aujourd'hui. Le vent va fesser ce soir.

Fesseux n.m. — Croc de bûcheron.

Fessier n.m. — Culière.

Fêtage, fêtâillage n.m. — Action de fêter, fêtâiller, faire la noce, participer à une partie de plaisir.

Fêtâiller v. intr. — Fêter. Faire la noce.

Fête n.f. — Anniversaire. Ex.: C'est quand ta fête? *Les fêtes, le temps des fêtes* — Période de festivités de Noël au jour des Rois. *Fête à la tire* — Fête à la cabane à sucre ou à l'occasion de la Sainte-Catherine. *Être en fête* — Être saoul.

Fêter v. tr. ou intr. — Faire la noce. S'enivrer. *Fêter quelqu'un* — Faire la tête à quelqu'un.

Fêteur n.m. — Noceur.

Feton n.m. — Atteloire, cheville de fer servant à fixer aux limons de la voiture les traits et les courroies de reculement.

Feu n.m. — Incendie. Ex.: I a un feu sua rue Panet. Une assurance pour le feu. Station de feu. — Arme à feu. *Feu follet* — Esprit follet. *Vente de feu* — Vente à rabais après incendie. *Avoir le feu* — Être en colère. *Avoir le feu au cul* — Être pressé. *Avoir le feu rouge* — Menstruer. *Passer au feu* — Accoucher.

Feube n.m. *Le feube de la lune* — Décours de la lune.

Feube adj. — Faible.

Feu-chalin n.m. — Éclair de chaleur.

Feu-de-veuve n.m. — Feu de paille.

Feugère n.f. — Fougère.

Feu-Saint-Antoine n.m. — Chute d'un météore.

Feu sauvage n.m. — Herpès labial.

Fève n.f. — Haricot. *Fève en cosse* — Haricot vert.

Févérier, féveurier n.m. — Février.

Fiabe, fiable adj. — Digne de confiance. Trustable. À qui l'on peut se fier.

Fiasque n.m. — Flasque.

Fiat (pron. fiate) n.m. — Confiance. Foi. Assurance. Ex.: Il y a pas de fiat à faire sur lui.

Fibre glass (pron. faille-beu-glace) n.m. — Fibre de verre.

Ficher v. tr. — Fiche. Ex.: Vas-tu me ficher la paix?

Fichument adv. — Beaucoup. Ex.: C'est fichument beau, c't'affaire-là.

Fidèle adj. *Avoir la voix fidèle* — Chanter juste.

Fiel n.m. *Se ronger le fiel* — Se faire du mauvais sang.

Fier (se) v. pron. *Se fier sur quelqu'un* — Se fier à quelqu'un.

Fier, ère adj. — Vif, uni (en parlant de la glace). Ex.: Fais attention, la glace est fière sur le perron. — Content. Ex.: Je suis fier de te voir.

Fier-pet adj. — Prétentieux.

Fièvre n.f. *Être en fièvre de* — Désirer.

Fièvres n.f. pl. *Les fièvres* — La fièvre typhoïde. *Les fièvres scarlatines* — La fièvre scarlatine. *Les grandes fièvres* — La fièvre typhoïde.

Fif n.m. — Homosexuel.

Fife, fifre n.m. *En fife, en fifre* — En colère.

Fifine n.f. — Homosexuel. — Voiture de promenade.

Fifolet n.m. — Feu follet.

Figé, e adj. — Gêné. Intimidé. Gauche.

Figer v. intr. — Avoir sommeil. Cailler.

Fight (pron. faill'te) n.f. — Combat. — Bagarre.

Fighter (pron. faill'té) v. tr. — Se battre. *Fighter sa cause* — Défendre sa cause.

Fignoler v. intr. — Faire le fin.

Fignon, onne adj. ou n.m. ou f. — Personne qui fignole.

Figuration n.f. — Idée. Imagination. Hallucination. Ex.: Faut pas s'arrêter à ça, c'est des figurations.

Figure n.f. — Feuillure, entaille dans laquelle les portes et fenêtres sont encadrées pour fermer juste.

Figurer v. tr. — Se figurer. Ex.: Peux-tu figurer ce qui va lui arriver? — Faire la feuillure (d'une porte, d'une fenêtre). — Avoir l'intention de. Ex.: Je figure partir demain. — Calculer. Ex.: Figurer ses dépenses.

Figures n.f. pl. — Simagrées. Ex.: Elle est toute en figures. Fais pas de figures, viens chanter. — Chiffres.

Fil n.m. *Fil à ligneux* — Ligneul, fil enduit de poix à l'usage des cordonniers. *Fil d'une vis* — Filet. Pas.

Filage n.m. — Filetage (d'un tuyau).

Filande n.f. — Effiloche.

Fil d'alton n.m. — Fil de laiton.

Fil d'arichal n.m. — Fil d'archal.

File (pron. faill'le) n.f. — Dossier. — Filière. Classeur.

File n.f. — Tige de fer pointue sur laquelle on pique des papiers pour les garder ensemble. — Dossier, chemise de classeur. — Collection d'un journal. *De file* — D'affilée. Ex.: J'ai marché deux heures de file. — À la file. Ex.: Marcher de file durant la procession.

Filée n.f. — Rangée de personnes ou de choses à la file. Ex.: Regarde la filée de voitures.

Filer v. intr. ou tr. — Se sentir. Ex.: Je file bien aujourd'hui. Lui, ça file pas. — Installer les fils électriques dans un bâtiment. Ex.: C'est André qui a toute filé ma maison. — Alimenter. Ex.: Filer une plieuse mécanique. — Classer. Ex.: Filer des lettres. — Produire. Présenter. Ex.: Filer une requête, une réclamation. — Traîner en longueur. Ex.: Faire filer une affaire. — Fileter (un tuyau).

Filer (pron. faill'lé) v. tr. — Classer (dans un classeur).

Filerie n.f. — Posage des fils électriques.

Filière n.f. — Classeur. — Chemise, dossier.

Filiousse n.f. — Sac à tabac.

Fille n.f. — Jeune fille. *Aller voir les filles* — Aller jaser, badiner avec des jeunes filles. *Sortir avec une fille* — Sortir avec une jeune fille. *Sortir avec sa fille* — Sortir avec son amie de fille, sa blonde, sa compagne préférée. *Fille générale* — Bonne à tout faire. *Fille engagère* — Employée de maison. Bonne à tout faire. *Fille d'enfants* — Bonne d'enfants. *Fille de magasin* — Commis (f.). *Fille de moulin, de factrie, de manufacture* — Employée d'usine, de manufacture. *Fille de vie* — Fille de joie.

Filleux, fillol, fillot n.m. — Filleul.

Filling (pron. filigne) n.m. — Plombage. Obturation.

Filtreur, filteur, filteux n.m. — Filtre. Épurateur.

Fin n.f. *À celle fin, à seule fin* — Afin (de, que). Ex.: J'irai à seule fin de te faire plaisir. *À sa fin* — Extrêmement. Ex.: I est bête à sa fin. *S'habiller sur son plus fin* — S'habiller sur son trente-six.

Fin, e adj. — Gentil. Sympathique. Ex.: T'es ben fin quand tu veux. — Vif, piquant, sec et froid (en parlant de l'air, du vent). Ex.: L'air est fine à matin. — Plein. Ex.: Le fin coeur de l'hiver. — Extrême. Ex.: Le fin fond de l'histoire. *Glace fine* — Glace vive. *Courir à la fine course, à la fine épouvante* — Courir très vite. *Être pas mal fin* — Être rusé.

Fin adv. Absolument. Ex.: J'étais tout fin seul quand elle est arrivée.

Fin n.m. *Un fin, un beau fin* — Intelligent (ironiquement). Idiot. Ex.: T'es un beau fin d'avoir cassé la catin de ta soeur. *Un pas-fin, une pas-fine* — Pas gentil, pas correct. Ex.: Ton père c'est un pas-fin pis ta mère c'est une pas-fine. *Être, se mettre sur son fin* — Se vêtir de son plus bel habit. *Au fin* — Parfaitement. Ex.: I a réparé l'armoire, ça va faire au fin. *Se mettre sur son fin* — Porter ses plus beaux vêtements. *I y en a pour les fins pis les fous* — Il y en a beaucoup.

Final adj. — Définitif. Ex.: C'est final, j'y vas pas. *Final bâton* — Même sens.

Finaliser v. tr. — Mettre le point final à une entente, un contrat. Ex.: Finaliser un emprunt.

Finasser v. intr. — Essayer de jouer au plus fin.

Fini n.m. — Finition. Ex.: Un fini mat.

Fini, e adj. — Mort. — Perdu. — Ruiné.

Fini adv. — Tout à fait. Ex.: C'est beau fini, c'te cadre-là.

Finiment adv. — Avec soin. Ex.: Faire un ouvrage finiment.

Finir v. tr. ou intr. *Qui n'est pas fini de* — Qu'on a pas fini de. Ex.: Un champ qui n'est pas fini de labourer. *Avoir fini de* — Avoir fini de se servir de. Ex.: As-tu fini de mon couteau?

Finishing touch (pron. finichigne totche) n.f. — Le dernier coup de pinceau. La touche finale.

Finissant n.m. — Élève de dernière année dans une maison d'éducation.

Finition n.f. — Fin.

Fiole n.f. *En fiole* — En colère.

Fion n.m. — Fioriture. Ex.: Faire des fions en écrivant. — Personne espiègle. Ex.: C'est pas ordinaire comme fion, c't'enfant-là. *Placer son fion* — Placer son mot.

Fionner v. intr. — Faire des fions.

Fionneux n.m. — Qui fionne. — Qui manifeste une élégance prétentieuse.

Fioper v. intr. — Faire avec sa bouche en mangeant un bruit analogue au clapement. Ex.: Arrête de fioper, salaud.

Fioule n.m. — V. FUEL.

Fiouse n.f. — V. FUSE.

Firiousse n.f. — Sac à tabac.

Fish n chips (pron. fiche-enne-tchipe) n.m. pl. — Poisson et frites.

Fisque adj. — Fixe.

Fisquer v. tr. — Fixer.

Fissure n.f. — Organe sexuel féminin.

Fit (pron. fite) n.f. — Crise (de nerfs, d'épilepsie).

Fit (pron. fite) adj. — Apte à. Ex.: Être fit pour une job.

Fité, e adj. — Futé.

Fitter (pron. fiteu) n.m. — Ouvrier qui raccorde des pièces. Ex.: Un pipe-fitter (pron. paill'pe-fiteu).

Fitter v. tr. — Ajuster. Monter. Raccorder. — Convenir. Aller. Faire. Ex.: Ce manteau te fitte bien.

Fitting (pron. fitigne) n.f. — Raccord (tuyauterie).

Fixe n.m. *Avoir le fixe* — Le regard lourd de sommeil. *Pogner le fixe* — Figer sur place.

Fixer v. tr. — Arranger. Ex.: Fixe donc ma poignée de porte. Je vas te fixer si tu restes pas tranquille.

Fixture n.f. — Ce qui est fixé en permanence dans une maison (surtout les suspensions électriques).

Flacatoune n.f. — Alcool de fabrication domestique.

Flacotage, flacotement n.m. — Clapotage.

Flacoter v. intr. — Clapoter.

Flacoteux, se adj. — Qui flacote.

Fla-fla n.m. *Faire du fla-fla* — Se donner des manières.

Flagosse — n.m. Gaffe. Bévue.

Flagousser v. intr. — Bisouner.

Flag-station n.f. — Halte de chemin de fer seulement sur signal.

Flaguer v. intr. — Faire un signal avec un fanion pour arrêter un train de chemin de fer.

Flaillant, e adj. — Enthousiasmant.

Flaille n.m. ou f. — Fanion. — Braguette (de pantalon). Ex.: Boutonne ta flaille. — Chandelle (au baseball). — Pénis. *Au flaille* — Abattre un animal en mouvement. *Lever le flaille* — Partir soudainement.

Flaillé, e — Parti pour la gloire. Ex.: C'te gars-là, yé complètement flaillé.

Flaille-douce n.f. — Personne indécise, sans opinion arrêtée.

Flailler v. tr. — V. FLAGUER. — Aller très vite. Ex.: Regarde-le flailler, c'te fou-là.

Flamber v. intr. — Lancer des éclairs. Ex.: Les yeux lui flambaient. *Flamber quelqu'un des yeux* — Dévisager quelqu'un d'un regard de passion ou de colère. *Flamber le poisson* — Le fumer. *Se flamber la cervelle* — Se brûler la cervélle.

Flambeux, se — Bon à rien.

Flamboter v. intr. — Faire la pêche la nuit à la lumière d'un flambeau d'écorce ou de bois résineux.

Flammes n.f. pl. — Flegme, crachat. Ex.: I arrête pas de cracher des flammes, le pauvre vieux.

Flammêcheux, se adj. — Enthousiaste.

Flan n.m. — Premier lait d'une vache qui vient de vêler et qu'on prépare en le cuisant.

Flanc n.m. *Flanc mou* — Paresseux.

Flancheur, flancheux adj. ou n.m. — Qui flanche.

Flanc-maçon n.m. — Franc-maçon.

Flancon n.m. — Flacon.

Flanellette n.f. — Flanelle.

Flâneux n.m. — Flâneur.

Flange, flanche n.m. — Boudin, saillie qui entoure la jante d'une roue et la maintient sur les rails. — Bride d'accouplement d'un arbre, d'une poulie.

Flanquette (à la bonne) loc. adv. — À la bonne franquette.

Flaque-douce n.f. — V. FLAILLE-DOUCE.

Flaquer v. intr. — Battre. Ex.: Son jupon lui flaquait sur les jambes. La voile arrête pas de flaquer. L'eau flaque sur mes bottes.

Flaquet, ette adj. — Flasque, dont le tissu est lâche. Ex.: Une robe flaquette. — Qui flotte dans ses vêtements. Ex.: Va pas te montrer, flaquette comme t'es.

Flare (pron. flair) n.m. — Fusée éclairante.

Flâsage n.m. — Action de flâser.

Flâse n.f. — V. FLOSS.

Flâser v. tr. — Broder avec de la flâse. — Embellir. Amplifier. Faire de l'esbroufe.

Flâseux, se n.m. — Qui met du temps à s'exprimer, à faire une chose simple.

Flash n.m. — Idée. Ex.: J'viens d'avoir un flash. Tu penses pas qu'on devrait se marier?

Flasher v. intr. — Impressionner. Ex.: On sait ben que tu veux flasher, mais t'as l'air fou dans c't'attirail de disco.

Flashlight (pron. flache-laill'te) n.f. — Lanterne électrique portative à batterie et dont la lumière est dirigée par un réflecteur à travers une lentille grossissante. Lampe de poche.

Flashy (pron. flaché) adj. — Voyant.

Flasque, flasse n.m. — Flacon. Ex.: Un flasse de whiskey.

Flâsse n.f. — V. FLOSS.

Flat (pron. flate) n.m. — Crevaison. — Bateau plat. — Appartement plain-pied. — Couche de fond (peinture).

Flat (pron. flate) adj. — Plate. Ex.: Une bière flat.

Flat rate (pron. flate réte) n.m. — Taux fixe.

Flattan n.m. — Flétan.

Flattant n.m. — Mer montante.

Flauber v. tr. ou intr. — Battre. Accabler de coups. — Tromper. Attraper. — Aller très vite.

Flaubette n.f. — Briquet.

Flavour (pron. fléveu) n.f. — Saveur. Parfum (d'une crème à la glace).

Fleau n.m. — Fléau. — Pénis.

Flèche adv. — Sans difficulté. Sans effort. Ex.: Passer un examen flèche.

Fléché n.m. — Tissage à la main qui reproduit un dessin de tête de flèche.

Fléché, e adj. *Ceinture fléchée* — V. CEINTURE.

Fleumes n.f. pl. — Flegmes.

Fleur n.f. — Farine. — Organe sexuel féminin. *Être dans ses fleurs* — Menstruer.

Fleurement (à) loc. prép. — Au ras de. Ex.: À fleurement de sol.

Fleurettes n.f. pl. — Flocons de neige. — Première glace sur un lac.

Fleurifleurant, e adj. — En pleine floraison.

Fleurir v. intr. — Avoir un aspect farineux. Ex.: Des patates qui fleurissent en cuisant. — Prospérer.

Fleurissant, e adj. — Prospère.

Flincher (pron. flinne-ché) v. intr. — Flancher.

Flique n.f. — Bande de lard. — Morve. Ex.: La flique au nez.

Flique-flaquer v. intr. — V. FLAQUER.

Flo n.m. — Enfant. Ex.: Viens pas avec tes flos, sont trop fatiquants.

Float (pron. flaute) n.f. — Remorque-plateforme. Fardier.

Flomentation n.f. — Action de flomenter.

Flomenter v. tr. — Appliquer un médicament chaud sur une partie du corps pour le fortifier, pour l'adoucir.

Flon-flon n.m. — Fla-fla.

Floor show (pron. flore-cho) n.m. — Spectacle (de cabaret).

Floppe n.m. — Échec. Ex.: Sa pièce a été un floppe pas pour rire.

Flopper v. intr. — Manquer son coup. Subir un échec.

Floss (pron. flâsse) n.f. — Soie floche. Filoselle.

Flotte n.f. — Parc (de taxis, de camions).

Flou n.m. — Grippe.

Flouc n.m. *Faire le flouc* — Avoir une relation sexuelle avec une femme.

Flouque, flouxe n.m. ou f. — Coup de chance.

Flume n.m. — Canalisation sur chevalets servant à flotter du bois, des sables aurifères sur une certaine distance, le long d'une pente.

Fluretage n.m. — Action de flureter.

Flureter v. intr. — Fureter.

Flureteux, se adj. — Qui flurette.

Flush (pron. floche) adj. ou n. — Généreux. Qui ne ménage pas son argent avec ses amis. Ex.: Nancy est ben flush.

Flush adv. — Facilement. Ex.: I a passé ses examens flush.

Flusher v. tr. ou intr. — Tirer la chasse. Ex.: T'as-tu flushé la toilette?

Flûtailler v. tr. — Jouer de la flûte.

Flûte n.f. — Homme grand et mince. — Juron inoffensif.

Flûter v. intr. — Avoir la diarrhée.

Flûteur, flûteux n.m. — Joueur de flûte. — Qui a la diarrhée.

Flux n.m. — Diarrhée.

Fly (pron. flaille) n.f. — V. FLAILLE.

Flyant, e (pron. flaillant, e) adj. — V. FLAILLANT.

Flyé, e (pron. flaillé) adj. — V. FLAILLÉ.

Flywheel (pron. flaille-ouille) n.f. — Volant (d'un moteur).

Foam (pron. faume) n.m. — Mousse. *Foam rubber* (pron. faume robeu) — Caoutchouc mousse.

Focage n.m. — Incapacité mentale de fonctionner dans une situation donnée. — Problèmes affectifs qui empêchent un fonctionnement sain.

Focâiller v. intr. — Fureter. Fouiller. — Bisouner.

Focus n.m. *Mettre au focus* — Mettre au point (photographie).

Fofolle adj. f. — Excitée.

Foies n.f. pl. — Poumons. Ex.: Docteur, je tousse, je crois que je suis pris des foies.

Foin n.m. — Argent. *Avoir du foin à vendre* — Avoir la braguette ouverte. *Foin platte* — Foin sauvage.

Foin adj. — Fou. Ex.: I est foin à lier.

Foire n.f. — Diarrhée.

Foirer v. intr. — Faire la noce.

Fois n.f. *Des fois, à des fois, y a des fois, y a des fois que* — Quelquefois. Ex.: Y a des fois, je me trouve mieux. *Des fois que* — Si par hasard.

Folâtreux, se adj. — Qui aime badiner.

Folle n.f. — Homosexuel. — Travesti.

Folle avoine n.f. — Sorte d'avoine sauvage considérée comme une mauvaise herbe.

Folleries n.f. pl. — Folies, actions ou paroles extravagantes, exubérantes. Ex.: Arrête donc tes folleries, tu m'agaces.

Follette n.f. — Grand nénuphar jaune.

Foncière n.f. — Fond de culotte. — Terrain bas et humide. Bas-fond. — Baril de bois où on laisse fondre au soleil les foies de morue pour en extraire l'huile.

Fonctionner v. intr. — Se soulager la vessie ou les intestins.

Fonçure n.f. — Fond. Ex.: La fonçure d'une boîte, d'une voiture, d'un pantalon.

Fond n.m. — Derrière. Fesses.

Fondé, e adj. — Riche à craquer.

Fondre v. tr. ou intr. — Écouler. Liquider (des marchandises). — Perdre contenance. Ex.: Elle fond devant le boss.

Fonds de pêche n.m. — Terrain, fonds sur lequel on établit une pêche. Fonds marin où les poissons ont leur habitat.

Fôné, e adj. — V. PHONY.

Fonne n.m. — Plaisir. Ex.: As-tu du fonne? *C'est le fonne* — C'est amusant, plaisant. — V. FUN.

Fonnant, e, fonneux, se adj. — Plaisant. Drôle.

Fonnées n.m. pl. — Bandes dessinées.

Fontage n.f. — Noeud de ruban que les femmes mettent sur le devant de la tête pour attacher leur coiffure.

Fontaine n.f. — Comptoir où l'on vend des eaux gazeuses. *Plume-fontaine* — Plume dans la tige de laquelle on retrouve un réservoir cylindrique qui fournit l'encre au bec.

Fontif, e adj. — Bas. Marécageux.

Fool's cap (pron. foulscape) n.m. — Papier écolier.

Footing (pron. foutine) n.f. — Assise (d'une construction). Empattement.

Foquant, e adj. — Qui dérange. Qui nuit. Ex.: C'est foquant arriver chez le monde de même.

Foqué, e adj. — Brisé. Endommagé. Ex.: Ma montre est foquée. — Perdu. Ex.: J'ai la tête toute foquée. Y est tout foqué depuis son retour.

Foquer v. tr. — Déranger le fonctionnement. Ex.: T'as foqué ma moto.

Forbir v. tr. — Laver. Frotter.

Forçail (au) loc. adv. — Au pis aller. À la rigueur. — En cas d'urgence. Ex.: Au forçail, je te prêterai mes bottes.

Forçant, e adj. — Pénible. Difficile. Ex.: C't'ouvrage est trop forçant pour moi.

Force n.f. — Cheval-vapeur. Ex.: Un moteur de trente forces. *En force* — En vigueur. *Prendre force* — Entrer en vigueur. *Homme de force* — Homme très fort. *À la force du mot* — Dans toute l'acception du terme.

Forcer v. intr. — Se forcer. Ex.: I a trop forcé, i s'est crevé. — Presser. Ex.: La récolte force pas encore. *Ça force si...* — C'est à peine si... Ex.: Ça force si ça a cinq pieds de long.

Forcer (se) v. pron. — Luxer (un membre). Ex.: I s'est forcé un genou.

Forcin n.m. — Crasse.

Forcir v. intr. — Grandir.

Forçure n.f. — Fressure. — Foie de veau, de mouton.

Fordon n.m. — Personne qui frétille sans cesse. Frétillon.

Foreman n.m. — Contremaître. Surveillant de travaux. Petit boss.

Forens n.f. — Planche de un pouce sur trois pouces.

Forfinage n.m. — V. FAFINAGE.

Forgeon n.m. — Forgeron.

Forger v. tr. — Contrefaire (une signature).

Fork lift n.m. — Chariot élévateur.

Forlaque n.f. — Prostituée.

Formage n.m. — Fromage.

Formal (pron. formol) n.m. — Dîner officiel. *Formal wear* (pron. formol ouère) — Habit de gala.

Formance n.f. — Forme. Apparence. Ex.: Depuis sa maladie, i a plus formance d'homme.

Forme n.f. — Formule. Formulaire.

Formes n.f. pl. — Coffrage (construction). — Embauchoirs (de souliers).

Formi n.f. — Fourmi.

Formiller v. intr. — Fourmiller.

Formillére v. intr. — Fourmilière.

Forsure n.f. — V. FORÇURE.

Fort n.m. — Village, ensemble des maisons bâties autour de l'église. — Agglomération de maisons hors du village. — Alcool (whiskey, gin, rhum). Ex.: Prendre un coup de fort.

Fort, e adj. *Fort en sang* — Irascible. *Fort de monde* — Nombreux. Ex.: I sont forts de monde chez eux, i sont dix-huit. *Envoie fort* — Vas-y. Donnes-y ça. *Trois heures fort* — Trois bonnes heures.

Fort-à-bras n.m. — Fier-à-bras.

Fortiller v. intr. — Frétiller. — Se tortiller.

Fortilleux, se adj. ou n.m. ou f. — Qui fortille.

Fortillon n.m. — Qui fortille.

Forum n.m. — Nom souvent donné à des arénas. Ex.: Le forum de Montréal. Le forum de Rouyn. — Discussion avec un animateur sur un sujet d'ordre général. — Discussion à laquelle les auditeurs peuvent participer. Ex.: Un forum suivra la causerie.

Fosse n.f. — Fossette.

Fosse du cóu n.f. — Fossette du cou.

Fossé n.m. *Fossé de ligne* — Fossé mitoyen, dans la ligne qui sépare deux propriétés. *Fossé de refente* — Fossé tracé sur une propriété dans le sens de la longueur. *Fossé de travers* — Fossé tracé sur une propriété dans le sens de la largeur. — Fossette.

Fosset (pron. fosset ou fossette) n.m. — Fossé.

Fou n.m. *Faire un fou de quelqu'un* — Le rendre ridicule. *Faire un fou de soi-même* — Se rendre ridicule. *Jouer au fou avec quelqu'un* — Importuner quelqu'un. *Lâcher son fou* — S'amuser follement. *Pour les fins pis les fous* — Beaucoup. Ex.: Des bleuets c't'année, i en a pour les fins pis les fous.

Fou adj. *Foin fou* — Foin grêle, qui pousse en abondance sans culture. *Fou comme braque* — Absolument détraqué. *Fou de rire* — Fou rire. *Fou comme la marde* — Fou à lier.

Fouailler v. intr. — Expédier promptement une besogne.

Fouaillon n.m. ou f. — Femme mal habillée, qui a une mauvaise tenue. — Enfant dissipé.

Foudrer v. tr. — Abattre. Écraser. (Se dit des récoltes que la pluie, le vent ou la grêle a abattues). Ex.: Mon blé a été foudré par la dernière pluie.

Foué n.f. — Foi.

Fouère n.f. — Foire. — Diarrhée.

Fouérer v. intr. — Foirer.

Fouet n.m. — Verge du taureau.

Fouetter v. intr. — Tituber.

Foufounes n.f. pl. — Fesses.

Fouillatâton n.m. — Charrue en bois très rudimentaire.

Fouille n.f. *Prendre une fouille* — Faire une chute, une embardée.

Fouiller n.f. — Faire une chute, une embardée.

Fouillon n.m. — Groin.

Fouillouse n.f. — Poche. Escarcelle.

Fouine n.f. *En fouïne* — En rut.

Foule adj. — V. FULL.

Foulepine adv. — V. FULL PIN.

Foulure n.f. — Inflammation du tissu cellulaire.

Four n.m. *Envoyer sur le four, sous le four* — Envoyer promener.

Fourbir v. intr. — Faire le ménage.

Fourca n.m. — Fesses.

Fourche n.f. — Partie du corps qui, avec les deux jambes, forme une fourche. Ex.: Recevoir un coup de pied dans la fourche. — Pénis. *Cracher dans la fourche* — Forniquer (pour l'homme).

Fourchetée n.f. — Fourchée.

Fourchette n.f. — Bident, plante à fleurs jaunes.

Fourchon n.m. — Califourchon. Enfourchure.

Fourgâiller v. tr. — Fourgonner, remuer avec le fourgon les braises d'un foyer. — Fouiller en dérangeant des objets. — Maltraiter. Taquiner. — Focailler.

Fourgâilleux, se adj. — Fureteur.

Fourgon n.m. — Sage-femme. *Fourgon à braises* — Tisonnier utilisé pour activer le feu dans un four à pain.

Fourgotter v. tr. — Remuer le feu sans nécessité.

Fourlouche n.f. — V. FERLOUCHE.

Fournaise n.f. — Appareil de chauffage composé d'un foyer qui brûle du bois, du charbon, de l'huile ou du gaz pour chauffer soit l'air qui est alors conduit par des canalisations vers les diverses pièces, soit l'eau chaude ou la vapeur qui est amenée à des calorifères installés dans ces pièces. — Poêle à bois ou à charbon destiné exclusivement au chauffage.

Fourneau n.m. — Four, partie fermée d'un poêle de cuisine où l'on peut faire cuire des aliments.

Fourni, e adj. — Meublé.

Fournil n.m. — Petit hangar. — Cave à légumes. — Cuisine d'été.

Fourreau n.m. — Pénis. — Gaine de la verge (chez les animaux).

Fourrer v. tr. ou intr. — Tromper. Duper. Ex.: I m'a fourré ben raide. — Forniquer. Ex.: La Luce, j'l'ai fourrée cinq fois d'affilée; a fourre en maudit. *Fourrer quelqu'un dedans* — Le jeter en prison. *Fourrer d'dans* — Mettre un cheval à l'écurie. *Être fourré* — Être perdu. Être dans de sales draps. *Ça me fourre* — Ça me dépasse. *Fourrer le chien* — Rien faire. Niaiser.

Fourrer (se) v. pron. — Se tromper.

Fourrette n.f. — Acte sexuel plutôt rapide.

Fourreur n.m. — Fornicateur. — Trompeur.

Fourrole n.f. — Coiffure d'homme. — Tuque de laine bleue.

Foutée n.f. — Couenne de lard grillée.

Fouter v. tr. ou pron. — Foutre.

Foutine n.f. — V. FOOTING.

Foutre n.m. *Ça me fait ni foutre ni branle* — Ça me dérange aucunement.

Foutreau n.m. — Vison.

Fouyer n.m. — Foyer.

Foxer v. intr. — Faire l'école buissonnière.

Foyer n.m. — Âtre.

Foyer-souche n.m. — Une des premières familles à s'établir dans une région.

Fraîche n.f. — Le frais. Ex.: Sortir pour prendre la fraîche. *Prendre de la fraîche* — Attraper froid.

Frais n.m. *Être en frais de* — Être en train de. Ex.: J'étais en frais de dîner quand i est arrivé. *Se mettre en frais de* — S'apprêter à. *À faux frais* — Avec négligence. Sans soins. *Faire son frais, faire sa fraîche* — S'en faire accroire.

Frais, fraîche adj. — Prétentieux. *Frais peint* — Peinture fraîche.

Frais-chié, e adj. — Prétentieux.

Fraise n.f. — Visage. *Se paqueter la fraise* — Se saouler.

Fraisil n.m. — V. FRÂSIL.

Frâli n.m. — Givre.

Frâli, frâlic n.m. — Festin. Fête joyeuse.

Frame (pron. fréme) n.m. — Charpente. — Cadre (de bicyclette). — Chassis (de voiture). — Cadre (de décoration).

Framer (pron. frémer) v. tr. — Monter un coup pour attraper quelqu'un. Ex.: Les gars l'ont framé.

Frame-up (pron. frémoppe) v. tr. — Coup monté.

Franc, che adj. *Franc dans le collier* — Franc du collier (se dit d'un cheval qui tire bien). — Loyal. Qui ne tergiverse pas.

França n.m. — Français. *Maudit França* — Français en général. — Français fatiquant ou fendant.

Français adj. *Souliers français* — Souliers avec semelles fabriquées par un cordonnier par opposition à souliers de boeuf, souliers mous, souliers sauvages. *Comble français, toit français* — Toit ou comble brisé, coupé, en mansarde.

Franchement adv. — À bien y songer. Ex.: Franchement, t'es correct. — Vraiment. Ex.: C'est franchement beau.

Francheté, franchitude n.f. — Franchise.

Franger v. tr. — Effranger.

Frankfurter (pron. freinque-feuteu) n.m. — Saucisse de Francfort.

Frappé n.m. — Snob. Prétentieux. — Toqué.

Frappe-à-bord, frappe-d'abord n.m. — Sorte de taon.

Frapper v. tr. *Frapper coup* — Travailler. Ex.: I a pas frappé coup de l'hiver. — (Absolument) abattre un gros gibier. Ex.: L'an dernier, j'ai pas frappé. *Frapper l'jack-pot* — Gagner le gros lot. *Frapper un noeud* — Rencontrer des difficultés.

Frâsage n.m. — Glaçage (sur un gâteau).

Frâsil (pron. frâsi) n.m. — Petits cristaux de glace flottant à la surface de l'eau. — Petite glace fine.

Fraule n.f. — Fraude.

Frauler v. tr. — Frauder.

Fraye n.f. — Frai (n.m.).

Fredasser v. intr. — Froufrouter.

Frédileux, se adj. — Frileux.

Frédir v. tr. ou intr. ou pron. — Refroidir.

Fredoches n.f. pl. — Broussailles.

Fréduleux, se adj. — V. FRÉDILEUX.

Frédure n.f. — Froid. — Froideur.

Free (pron. fri) adj. — Gratuit.

Free-for-all (pron. friforolle) n.m. — Bousculade. — Ruée. — Bataille.

Freezer (pron. frizeu) n.m. — Congélateur.

Freille n.f. — Frai (n.m.).

Frelasser v. intr. — V. FREDASSER.

Fréme n.m. — V. FRAME.

Frémille n.f. — Fourmi.

Frémillère n.f. — Fourmilière.

Frencher (pron. frèneché) v. intr. — Donner un french-kiss.

Frenchkiss (pron. frènche-kisse) n.m. — Baiser où on fait pénétrer sa langue dans la bouche de son partenaire.

Frénière n.f. — Frênaie.

Frèrot n.m. — Cousin germain à la fois par le père et par la mère.

Frésure n.f. — Fressure.

Fret, frette (pron. frette) adj. ou n.m. — Froid. Fa-t-y assez fret à matin? *Net, fret, sec* — Brusquement. Ex.: I s'est arrêté net, fret, sec. *Péter au fret* — Mourir subitement. *Être pété au fret* — Tourner tout au ridicule. *Être fret* — Être fichu.

Fret .(pron. frét ou frèt) n.m. — Train de marchandises. — Marchandises expédiées par train. — Le prix de cette expédition. *Un char à fret* — Wagon de marchandises. *Hangar à fret* — Entrepôt de marchandises destinées à l'expédition par train.

Fréteur n.m. — Cargo.

Fri n.f. *Ma fri!* — Ma foi!

Fricasser (se) v. pron. — Se moquer de. Ne pas s'occuper de. Ex.: Ton opinion, je m'en fricasse. — Être détruit, brisé par un choc.

Friche n.m. — Friche (n.f.).

Fricot n.m. — Festin. — Fiasco. — Gâchis.

Fricoter v. intr. — Cuisiner. — Donner un festin.

Fridge n.m. — Frigo.

Friforolle n.m. — V. FREE-FOR-ALL.

Frigoune, frigousse n.f. — Viande en ragoût. Patates en ragoût.

Fril (pron. fril) n.m. — Jabot. Ruche. — Ornement, fioriture. Ex.: Faire un discours avec des frils.

Friler v. intr. — Grelotter au froid.

Frileuse n.f. — Tricot de laine.

Frimassé, e adj. — Couvert de frimas.

Frimasser v. impers. — Produire des frimas, du givre. — Bruine.

Frine n.f. *Ma frine!* — Ma foi!

Fringaleux, se adj. — Sujet à la fringale.

Fringue n.f. — Fantaisie. Lubie. Ex.: Je sais pas quelle fringue l'a pris. — Crise. Accès. Ex.: J'ai eu une dure fringue de mal de dents c'te nuit. *Être en fringue* — S'amuser bruyamment.

Friousse n.f. — Sac à tabac.

Fripe n.f. *Tomber sur la fripe de quelqu'un* — Le maltraiter. *Prendre une fripe* — Se saouler.

Fripé, e adj. — Le visage défait après certains excès.

Frippe n.m. — Cuite.

Fripper v. tr. — Dépenser sans compter. Gaspiller.

Frique n.f. — Plaine de sable.

Frique et fraque loc. adv. — Avec tapage.

Friser v. intr. — Se soulever en poussière, jaillir en parlant d'un liquide. Ex.: L'eau frisait sur le lac. — Aller vite. — Pincer (en parlant du froid). Ex.: Ça frise à matin.

Frisette, frisettine n.f. — Papillote, morceau de papier dont on enveloppe les cheveux divisés en mèches pour les friser. Ancêtre du bigoudi.

Frison n.m. — Falbala, bande d'étoffe plissée, sorte de volant pour garnir le bas d'une jupe, d'un rideau. — Rides sur l'eau, petites vagues qui se forment à la surface de l'eau sous le souffle d'une brise. — Moutons, écume blanche à la crête des vagues.

Frisottine n.f. — V. FRISETTE.

Frisson n.m. — Frétillon, enfant agité. *Se faire passer des frissons* — Se masturber.

Frissonner v. intr. — Faire ondoyer sa peau pour en chasser les mouches (en parlant d'un cheval).

Frissonneux, se adj. — Qui frissonne. Ex.: Je suis frissonneux ce soir; ça doit être la grippe qui court. — Fringant (en parlant d'un cheval).

Frit n.m. — Fruit.

Fritages n.m. pl. — Fruitages.

Frivolent, e adj. — Coquet. Ex.: Une femme frivolente. — Vif et sec. Ex.: Un vent frivolent.

Frivolité n.f. — Sorte de dentelle. Broderie.

Frô n.m. — Immigrant (surtout de l'Europe de l'Est).

Froc n.m. — Espèce de blouse ample pour le travail. — Tricot. Gilet tricoté. — Blouse d'écolier.

Froid n.m. *Ne pas avoir froid aux yeux* — Avoir du toupet.

Froidir v. tr. ou intr. ou pron. — Refroidir.

Frôler (se) v. pron. — Se coller aux autres pour de l'affection ou pour se tenir chaud.

Frôleux, se adj. — Qui se frôle.

Froli, frolic n.m. — V. FRALIC.

Fromage n.m. *Faire du fromage* — Se masturber. — Copuler.

Fromagier n.m. — Qui fabrique le fromage. Fromager.

Fron n.m., **fronde** n.f. — Furoncle. Clou.

Fronder v. tr. ou intr. — Jeter, lancer avec la main. — Aller très vite. — Parler rapidement, d'une manière saccadée. — Provoquer. Braver.

Frondeur n.m. — Qui provoque.

Front n.m. *Avoir un front de boeuf* — Être très audacieux. *Avoir du front tout le tour de la tête* — Être très effronté.

Front (pron. fronn'te) n.m. — Façade. — Écran.

Fronteau n.m. — Extrémité, bout d'une terre. — Ligne de concession. *Chemin de fronteau* — Chemin qui passe au bout d'une terre.

Fronter (pron. fronn'té) v. intr. — Faire crédit sur une livraison de drogues (dans le commerce illicite). — Servir de front, de façade.

Frontière n.f. — Frontail, fronteau, partie de la têtière qui passe sur le front du cheval.

Frosté, e adj. — Dépolie. Translucide. Ex.: Une vitre frostée.

Frotter v. tr. — Cirer. *Frotter la porte du four, du poêle* — Termes voilés pour dire *faire l'amour.*

Frotter (se) v. pron. — Se masturber.

Frotteur n.m. — Cireur de bottes.

Frotteux, se n.m. ou f. ou adj. — Danseur.

Frou-frou adj. — Enjoué.

Fruit, e adj. — Vieux. — Gratuit.

Fruitages, frutages n.m. pl. — Fruits sauvages (bleuets, fraises, gadelles, groseilles, pembinas) qu'on récolte. Ex.: Aller aux fruitages.

Fuck! (pron. foc) interj. — Juron équivalent de MERDE!

Fuckage (pron. focage) n.m. — V. FOCAGE.

Fuck dat (pron. foc date) loc. — Je m'en fous. On s'en fout.

Fucké, e (pron. foqué) adj. — V. FOQUÉ.

Fuck off! (pron. foc âfe) interj. — Fous-moi la paix!

Fudge (pron. fodge) n.m. — Fondant. Sucre à la crème. — Juron. Forme adoucie de FUCK!

Fuel (pron. fioule) n.m. — Huile à diésel. Gas-oil.

Full (pron. foule) adj. — Plein. — Rempli. Ex.: La tank est ben full. Ch'peux pas manger, chus ben full.

Full-dress (pron. foule-dresse) n.m. — Grande toilette. Ex.: I a mis son full-dress pour aller en ville.

Full-house (pron. foule-*h*aouse) loc. adv. — Salle comble.

Full pin (pron. foule-pine) adv. — À toute allure.

Fullspeed (pron. foule-spide) loc. adv. — À toute vitesse.

Full steam (pron. foule-stime) loc. adv. — À toute vapeur.

Full time (pron. foule-taïme) loc. adv. — À temps plein.

Fumant n.m. — Tige de jonc ou éclat de bois que les enfants fument.

Fumes (pron. fioume) n.f. pl. — Émanations nocives.

Fumelle n.f. — Femme ou fille. — Femelle.

Fumer v. intr. — S'attarder. Prolonger sa visite. Faire une visite. Ex.: Fumez, fumez, vous êtes pas pressés. Venez donc fumer à la maison ce soir.

Fumeux n.m. — Fumeur.

Fumier n.m. *Les saints fumiers* — Juron.

Fun (pron. fonne) n.m. — Plaisir. Ex.: Avoir du fun. *C'est le fun* — C'est plaisant. *I est ben le fun* — Il est plaisant, agréable. *C'est une personne de fun* — C'est une personne agréable. *Avoir un fun bleu* — S'amuser beaucoup.

Funérailles n.f. pl. — Objets divers. Ex.: Mets ces choux dans la boîte aux funérailles.

Funnies (pron. fonéze) n.m. pl. — Bandes dessinées.

Funny adj. — Drôle. Amusant.

Furir v. intr. — Être en furie. Ex.: Le lac furissait quand on a débarqué.

Furnonche n.f. — Espèce de confiture faite avec du sirop et un peu de farine auxquels on ajoute des raisins secs. Ex.: Une tarte à la furnonche.

Fuse (pron. fiouse) n.f. — Fusible. — Mèche à mine, cordeau détonnant. — Pet. Ex.: Lâcher une fuse. — Fusée (pièce d'artillerie).

Fuseau n.m. — Bobine (de fil). — Individu grand et fluet.

Fusible n.f. — Fusible (n.m.).

Fusil n.m. — Pénis. — Flacon d'eau de vie. *Être en fusil* — Être en colère. *Fusil sans plaque, fusil pas de plaque, fusil de toile* — Un bon-à-rien. *Partir comme un fusil sans plaque* — Partir sans raison. Partir trop tard, après coup. *Un grand fusil* — Individu grand et fluet. *Se fourrer ça dans le fusil* — L'avaler. *Peinturer au fusil* — Peinture au pistolet.

Fussy (pron. fossé) adj. — Difficile (en parlant d'une personne).

Futaille n.f. — Ivrogne invétéré.

G

Gaban n.m. — Vagabond.

Gabander v. intr. — Vagabonder. Errer. Ex.: Gabande pas en revenant de l'école.

Gabandeux n.m. — Qui gabande.

Gabare n.m. — Personne mal bâtie, grande et mince. — Personne de peu de valeur. Ex.: I y a marié toute un gabare. — Bâtiment quelconque, grand mais de piètre allure. Ex.: C'est un gabare de maison que tu veux acheter là. — Vieille voiture. — Grand lit. — Traîneau plat sur lequel on met un tonneau pour transporter l'eau.

Gabareau n.m. — Garnement.

Gabari n.m. — Garnement. — Personne qui a mauvaise mine. — Vieillerie quelconque.

Gabarot n.m. *Faire sauter les gabarots à quelqu'un* — Le battre. L'éliminer.

Gabat n.m. — Vieillerie.

Gabionner v. tr. — Habiller chaudement.

Gabionner (se) v. pron. — S'habiller chaudement. — Se cacher du gibier d'eau en s'installant dans un gabion.

Gabotage n.m. — Action de gaboter.

Gabote n.f. — V. DIPPEUR.

Gaboter v. intr. — Flâner. Perdre son temps. Courailler. — Faire de menus ouvrages. — Jouer dans l'eau, dans la boue.

Gaboteux, se adj. — Qui gabote.

Gabourage n.m. — Mélange de diverses graines qu'on fait pousser ensemble pour les fourrages. Mélange d'avoine et de pois qu'on sème pour les grains.

Gâcheux, se adj. — Gâcheur. — Personne à l'intelligence affaiblie.

Gâcher v. tr. — Travailler maladroitement.

Gâchillage n.m. — Gâchage.

Gâchiller v. tr. — Gâcher.

Gadelle n.f. — Groseille à grappes. Il y a la gadelle rouge, noire et sauvage. *Avoir les yeux à la gadelle* — Faire les yeux en coulisse.

Gadelles n.f. — Testicules.

Gadellier n.m. — Groseillier à grappes.

Gâder v. tr. — Regarder.

Gadget (pron. gadjute) n.m. — Gadget (pron. gadjette).

Gadille n.f. — V. GUÉDILLE.

Gadousier n.m. — Vaurien. Va-nu-pieds. Un pas-bon. — Faiseux de farces plattes.

Gadriole n.f. — Moulée (pour les animaux).

Gadron n.m. — Goudron.

Gaffe n.f. — Dans le milieu carcéral, contrebande. — Milieu criminel. *Faire la gaffe* — Se prostituer.

Gaffer v. tr. — Saisir avec la gueule en parlant d'un chien qui saisit rapidement l'aliment qu'on lui jette. — Empoigner. Ex.: Je l'ai gaffé par le cou et sorti de l'eau.

Gaffer (se) v. pron. — S'emporter, s'exciter en commettant une maladresse. — Manifester de l'égoïsme. — S'en faire accroire. Prendre des airs de grandeur. Se prendre à bras le corps. *Se gaffer après quelqu'un, quelque chose* — S'accrocher à quelqu'un, à quelque chose.

Gaffeux, se adj. — Qui gaffe.

Gafre adj. — Safre.

Gages n.f. pl. — Gages (n.m. pl.) — Anneau de fiançailles. *Porter les gages* — Aller donner un anneau en vue d'un mariage prochain.

Gagnage n.m. — Gain. Profit. Salaire.

Gagne n.f. — V. GANG.

Gâgne n.m. ou f. — Ouvrage. Gain. Salaire. Ex.: Les temps sont durs, i y a pas de gâgne. I a dépensé tout son gâgne de la semaine.

Gâgné (vieux) n.m. — Épargnes. Économies. Ex.: Vivre sur le vieux gâgné.

Gâgner v. intr. *Gâgner par là* — Aller vers là-bas. *Gâgner terre* — Rejoindre le rivage.

Gagouette n.m. — Gorge.

Gagounes n.f. — Sandales.

Gaillard n.m. — Soulier de boeuf. — Poêle à bois.

Gaiters (pron. guéteurse) n.f. pl. — Bottines à élastiques.

Gaits (pron. guétse) n.f. pl. — Guêtres.

Galafre adj. — Safre. Gourmand.

Galafrée (à la) loc. adv. — Gloutonnement.

Galagne interj. — V. GALOGNE.

Galancine n.f. — Balançoire.

Galanciner v. intr. — Se balancer.

Galant, e adj. — Brave. Vaillant.

Galanter v. tr. — Faire des galanteries (à une femme).

Galantise n.f. — Galanterie.

Galarneau n.m. — Soleil. Ex.: Salut, Galarneau.

Galbander v. intr. — Gaboter.

Galbandeux, se adj. ou n.m. ou f. — Qui galbande.

Gale n.f. — Croûte qui se forme sur la peau après une brûlure, une blessure. Escarre. *Avoir la gale aux dents* — Avoir faim.

Galefeutrer v. tr. — Calfeutrer.

Galendard n.f. — V. GODENDARD.

Galer v. intr. ou pron. — Se couvrir d'une gale. Ex.: Ma grafignure commence à se galer.

Galère n.f. — Grande varlope à l'usage des menuisiers.

Galerie n.f. — Balcon couvert qui longe une ou plusieurs faces d'une maison. Véranda. *Galerie de la presse* — À la Chambre des Communes ou à l'Assemblée nationale, balcon réservé aux journalistes.

Galetaille n.f. — Crêpes ou galettes de ménage.

Galetas n.m. — Mauvais lit. Paillasse dure. — Grenier à foin.

Galeteau n.f. — Fenil.

Galettage n.m. — Galettes de ménage.

Galette n.f. *Galette de sarrasin* — Crêpe de sarrasin. *Galette de blé d'Inde* — Crêpe de blé d'Inde. *Galette à cuire* — Morceau de levain. *À la galette* — Pauvrement. Ex.: Vivre à la galette. *Baise ma galette* — Va te faire foutre. *Donner sa galette à quelqu'un, lui faire sa galette* — Le congédier. *Faire des galettes* — Faire des ricochets sur l'eau.

Galetter v. tr. — Flatter. Tenter une réconciliation. — Congédier.

Galfat n.m. — Calfat.

Galfétage n.m. — Calfatage. Calfeutrage.

Galfeter v. tr. — Calfater. Calfeutrer.

Galfeteur n.m. — Calfeutreur.

Galfeutrer v. tr. — Calfeutrer. Calfater.

Galibar n.m. — Vaisselier.

Galibardi n.m. — V. GARIBALDI.

Galimafrée n.f. *Manger à la galimafrée* — Prendre une bouchée ici et là, hors de la table.

Galipote n.f. *Courir la galipote* — Courailler. Fréquenter souvent des lieux d'amusement.

Galipoter v. intr. — Courir la galipote.

Galache n.f. — Testicule.

Galoche n.f. — Menton avancé. Ex.: Tu l'as vu avec sa galoche, la mère Turbide?

Galoches n.f. pl. — Couvre-chaussures de caoutchouc qui montent au-dessus de la cheville et se bouclent avec des attaches métalliques.

Galogne, galagne, gologne, guelogne, guelagne interj. — Cri pour faire avancer les chevaux, les boeufs. *I y a pas de gulogne* — Il n'y a pas à dire. Inutile de discuter. Ex.: I y a pas de galogne, i faut que tu viennes.

Galon n.m. — Mesure en ruban d'étoffe ou d'acier.

Galopé n.m. — Canapé.

Galopeux, se adj. ou n. — Coureur. Qui n'est jamais chez lui.

Galot n.m. — Motte de terre gelée dans les chemins.

Galousier n.m. — Garnement.

Galpéter v. tr. — Calfeutrer.

Galureau n.m. — Vaurien.

Galvauder v. tr. — Taquiner. Pourchasser. Ex.: Galvauder les vaches. — Réprimander. Humilier par des reproches. — Vagabonder. Rôder avec l'intention de mal faire. — Boire à l'excès.

Galvauderie n.f. — Action de galvauder.

Galvaudeux, se adj. — Qui galvaude.

Gambader v. intr. — Tituber.

Gambetter v. intr. — Tituber.

Gamble (pron. gamme-bule) n.m. — Chance. Coup de dés.

Gambler (pron. gambleux) n.m. — Joueur (au jeu de hasard). — Qui aime prendre de gros risques.

Gambling (pron. gamme-bligne) n.m. — Jeu (de hasard).

Game (pron. guéme) n.f. — Partie. Match.

Game (pron. guéme) adj. — Prêt. Disposé. Ex.: I est toujours game pour jouer à balle. — Brave. Courageux. — Généreux. — Irascible.

Gamelle n.f. — Tablette devant le foyer d'un poêle à bois.

Gamin n.m. — Jeune mal élevé.

Gamique n.f. — Patente. Truc.

Ganapé n.m. — Canapé.

Gandole n.f. — Ruine. Ex.: Laisser aller ses bâtiments à la gandole. — Dérangé. Ex.: L'estomac en gandole. — Grande voiture pour transporter les gens. — Femme (en termes sexuels).

Gang (pron. gagne) n.f. — Bande. Ex.: Ça, c'est ma gang d'amis. — Bon nombre. Ex.: Il y avait une gang de monde. — Équipe. Ex.: Travailler à la gang, par gangs. — Scie à cadre, jeu de scies, composé de plusieurs scies placées dans un cadre vertical pour scier des billots en madriers et en planches. *En gangs* — En équipes. *Boss de gang* — Chef d'équipe. *Extra-gang* — Équipe surnuméraire qui travaille à la réfection de la voie ferrée.

Gangnant, e adj. ou n.m. — Gagnant.

Gangne n.m. ou f. — V. GÂGNE.

Gangner v. tr. — Gagner.

Gangster (pron. gagne-steu) — Bandit.

Gangway (pron. gagne-oué) n.m. — Passerelle.

Gangway! interj. — Attention!

Ganif n.m. — Canif.

Ganoué n.m. — V. GANGWAY.

Ganse n.f. — Anneau de tissu fixé au haut du pantalon pour y retenir la ceinture. — Morceau de cuir, languette de cuir qui sert à attacher le soulier. Tirant. — Anneau de cuir fixé au limon et dans lequel on fait passer les traits pour les empêcher de battre les flancs du cheval. — Petit fourreau où l'on introduit le bout d'une courroie en dehors de sa boucle. *Poigner, saisir quelqu'un par la ganse* — Le saisir solidement.

Garanti n.m. — Garantie (n.f.) — Arrhes, acompte sur une marchandise.

Garanti adv. — Certainement.

Garcette n.f. — Bâton plombé.

Garçonnière n.f. — Férule.

Gardage n.m. — Action de garder. Garde.

Garde (de) loc. adv. — Se dit de confitures à être conservées pour la saison morte.

Garde-chien n.m. — Suisse (d'église).

Garde-feu n.m. — Garde chargé de prévenir et de combattre les feux de forêt.

Garde-grain n.m. — Cloison qui sert à former le carré au grain dans un grenier. — Cloison dans une grange qui sépare la batterie de la tasserie.

Garde-gueule n.m. — Branche du mors.

Garde-nez n.m. — Muserole, partie de la bride au-dessus du nez.

Garder v. tr. — Regarder. Ex.: Garde-moi ça comme i est maigre. — Garder la maison, garder les enfants pendant que la famille s'absente. Ex.: C'est grand'mère qui garde pendant qu'on va à la messe. — Tenir. Ex.: Garder un restaurant. *Garder après quelqu'un* — En prendre soin.

Garde-robe n.m. — Garde-robe (n.f.).

Garde-soleil n.m. — Parasol. Store. Auvent. Toit de galerie.

Gardeuse n.f. — Fille ou femme qui garde les enfants.

Gardeux n.m. — Surveillant.

Garde-vase n.m. — Garde-boue.

Garde-z-yeux n.m. — Oeillère. — Visière.

Gardienne n.f. — Celle qui garde la maison, les enfants.

Gardin adj. ou n.m. — Mesquin.

Gârer v. tr. — Regarder. Ex.: Gâre-moué ça, c'te guidoune-là.

Garette n.f. — Fatigue accumulée.

Gargaille n.f. — Gargote. Mauvaise cuisine.

Gargosser v. intr. — Gargouiller. Faire du bruit comme de l'eau qui bouille.

Gargote n.f. — Cuisine. Préparation d'aliments. Ex.: C'est moi qui a fait la gargote cette semaine.

Gargoter v. intr. — Faire la cuisine. — Gargouiller.

Gargoton n.m. — V. GORGOTON.

Gargouche n.f. — Gros pain de sucre d'érable.

Gargouette n.m. — Gorge. Gosier.

Gargousse n.f. — Cuisine. Aliments.

Gargousser v. tr. ou intr. — Gargariser. — Gargouiller. — Grogner. Grommeler. Trouver à redire.

Gargousseux, se adj. — Qui gargousse.

Gargoussin n.m. — Petit cochon.

Garguien, enne n.m. ou f. — Gardien. — Garçon d'honneur, fille d'honneur.

Gariau n.m. — Gruau.

Garibaldi n.m. — Corsage de laine, camisole portée par les femmes et les enfants.

Garni n.m. — Débris de briques, de mortier dont on remplit les vides d'un ouvrage de maçonnerie. — Serviette hygiénique.

Garnois n.m. — Harnais.

Garnotte n.f. — Cailloux concassés.

Garnouille n.f. — Grenouille.

Garouage n.m. — V. GOROUAGE.

Garrochabe adj. — Qui peut être lancé. — Qu'on peut atteindre avec des pierres. Ex.: Le chien est pas garrochabe.

Garrochage n.m. — Action de garrocher des pierres, des mottes de terre, des balles de neige.

Garrocher v. tr. — Lancer. Ex.: Arrête de garrocher des pierres au chien. Travailler rapidement et sans attention. Ex.: Garrocher une job. *Garrocher ça* — Parler avec grande conviction. *Garrocher ça à quelqu'un* — Le confondre. L'écraser. *Garrocher un look* — Lancer un regard.

Garrocher (se) v. pron. — Se hâter. Aller vite. — Se donner des airs. Chercher à attirer l'attention de quelqu'un par un comportement pas ordinaire. — Faire de son mieux. S'essayer à produire un bel effet.

Garrot n.m. — Homme ou animal maigre, mal bâti.

Gars n.m. — Garçon, fils. Ex.: Quand tu pourras mettre mes avrâles, mon gars, tu pourras me parler en pleine face.

Gartage, garter, gartin, garture — Grattage, gratter, gratin, grature.

Garuau n.m. — Gruau.

Gasket (pron. gaskète) n.m. — Joint, garniture assurant l'étanchéité d'un assemblage.

Gaspillard, e adj. — Gaspilleux.

Gaspille n.m. — Gaspillage.

Gaspiller v. tr. — Gâter. Ex.: Gaspiller un enfant. — Rendre indocile. Ex.: Gaspiller un ouvrier. Gaspiller un cheval — Détériorer. Ex.: Gaspiller un chemin.

Gaspilleux, se adj. ou n.m. ou f. — Gaspilleur.

Gâteau n.m. — Gâteau américain. Cake. *Gâteau de Noël* — Gâteau de fruits confits pour le temps des fêtes. *Gâteau à deux étages* — Gâteau à couches superposées. Pièce montée.

Gâter v. tr. — Rendre indocile (en parlant des animaux). Ex.: Gâter un chien.

Gâte-sauce n.m. — Qui gâte tout ce qu'il touche.

Gaton n.m. — Bâtonnet qui sert à assujettir les brancards au traîneau.

Gaudrier n.m. — Baudrier.

Gaudriole n.f. — Avoine moulue. — Mélange d'avoine, de pois, de sarrasin, etc. surtout pour engraisser les cochons. — Mélange de son et d'eau pour l'alimentation du bétail.

Gaudron n.m. — Goulot. — Goujon.

Gaufre gris n.m. — V. GOPHER.

Gauge (pron. guédge) n.m. — Calibre. — Contrôleur de pression (de pneus). — Jauge (d'huile).

Gauger (pron. guédgé) v. tr. — Mesurer. Jauger.

Gaupe n.f. — Femme sans ordre.

Gaule n.m. — V. GOAL.

Gauler v. intr. — V. GOALER.

Gauler (se) v. pron. — Se masturber.

Gauleur n.m. — V. GOALEUR.

Gavache n.m. — Lâche.

Gavagner v. tr. — Maltraiter. Faire souffrir. Malmener. Ex.: J'ai une bronchite qui me gavagne. — Fatiguer par des demandes incessantes. Ex.: Arrête donc de me gavagner. — Taquiner. Poursuivre pour importuner. Ex.: Arrête de gavagner les animaux.

Gavagner (se) v. pron. — Épuiser ses forces. Ex.: Ce gars-là se gavagne.

Gavion, gaviot n.m. — Gosier. *Avoir dans le gavion* — Avoir dans la tête. Ex.: Quand i a quelque chose dans le gavion, essaie pas de le faire changer d'idée.

Gaz n.m. — Essence (pour moteur). *Donner du gaz, péser sul gaz* — Accélérer. *Soudure à gaz* — Soudure à l'oxyacétylène.

Gaze n.m. — Gaze (n.f.).

Gazé, e adj. — Amateur. Ex.: Être gazé pour le skidou. — Fou. Téméraire. — Écoeuré. — Saoul.

Gazelier n.m. — Lustre. Luminaire suspendu. Suspension.

Gazer v. intr. — Faire le plein.

Gâzette n.f. — Journal.

Gâzetter v. tr. — Annoncer, publier dans les journaux. Ex.: Il a fait gâzetter son départ. — Publier dans la Gazette officielle.

Gazoline n.f. — Essence (pour moteur).

Gazon n.m. — Morceau de forme irrégulière. Ex.: Manger un gazon de sucre. *Gazon de terre* — Grosse motte de terre levée par la charrue. *Gazon de neige* — Bloc de neige durcie découpé à la pelle. *Gazon de glace* — Blocs de glace charriés par le courant. *Gazon de cendre* — Lessi.

Gazonner v. intr. — Se lever par morceaux sous l'action de la charrue (en parlant de la terre).

Géane f. de *géant*.

Gear (pron. guire) n.f. — Roue d'engrenage. — Vitesse. Ex.: Être en troisième gear.

Gearbe n.f. — Gerbe.

Gearce n.f. — Gerce. Crevasse.

Gearcer v. tr. — Gercer.

Geargaud, e adj. ou n.m. ou f. — Espiègle. Enfant alerte.

Geargaude n.f. V. GERGAUDE. *Avoir de la geargaude* — Avoir la parole facile.

Geargeau n.m. — Vesce, légumineuse cultivée comme fourrage. Ex.: I y a trop de geargeau dans le foin c't'année.

Gearmain, aine, ine adj. — Germain.

Gearme n.m. — Germe.

Gearmer v. tr. ou intr. — Germer. *Gearmer des patates* — Les couper en morceaux destinés à être mis en terre.

Gee wiz! (pron. dji ouize) interj. — Juron inoffensif.

Gégier n.m. — Gésier.

Geigneux, se adj. ou n.m. ou f. — Plaignard.

Geint n.m. — Gémissement. Ex.: Pousser des geints.

Gelassage n.m. — Gelée légère.

Gelasser v. intr. — Geler légèrement.

Gelasseux, se adj. — Où il gèle légèrement (en parlant du temps).

Gelassure n.f. — Gelée légère.

Gelatter, gelauder v. intr. — Geler légèrement.

Gelé, e adj. — Sous l'effet d'une drogue. Ex.: Regarde-le aller, yé gelé ben raide.

Geler v. tr. *Geler une dent* — L'insensibiliser.

Gelotter v. intr. — Geler légèrement.

Gemme n.f. — Poix dont se servent les cordonniers.

Gendarmerie à cheval n.f. — Corps policier fédéral.

Gendre n.m. — Genre.

Geneviève n.f. — Galcopside.

Génie n.m. *Un pas-de-génie* — Insignifiant. *Jeter son génie sur* — Reporter toute son attention, toute son affection sur.

Geniève n.m. — Genévrier commun.

Genouillé, e adj. *Bien genouillé* — Aux jarrets solides.

Genoux n.m. pl. *Être à genoux* — Avoir le pénis flasque.

Genre n.m. — Gendre.

Gens n.m. ou f. pl. — Famille. Parents. Ex.: Retourner chez ses gens. *Vieilles gens* — Parents ou grands-parents âgés.

Gentie adj. f. — Gentille. Ex.: T'es ben gentie, ma fille.

Gentil, ille adj. — Loyal. Droit. Ex.: On peut se fier à lui, c'est un homme gentil.

Gentilhomme n.m. — Gentleman.

Gentilhommerie n.f. — Loyauté. Droiture.

Géole n.f. — Prison. Geôle. — Cage pour oiseaux. — Cage en forme de pyramide tronquée pour prendre les oiseaux. — Logis étroit et misérable.

Georges n.f. pl. — Orges. Ex.: La semaine qui vient, on fait nos georges.

Georgette n.f. — Fille nonchalante et négligée.

Gérémiôme, gérénium n.m. — Géranium.

Gérer v. intr. — Gérer (v. tr.) Ex.: Gérer à ses affaires.

Gergaud n.m. — Écervelé.

Gergaude n.f. — Fille qui s'amuse avec les garçons. — Écervelée.

Germe n.m. — Bourbillon, corps blanchâtre et filamenteux qu'on trouve au centre d'un clou, d'un furoncle.

Germine adj. f. — Germaine.

Gerrymander (pron. djéré-mannedeur) n.m. — Redistribution arbitraire des collèges électoraux au profit d'un parti politique.

Geste n.f. — Geste (n.m.) — Signe de contentement chez un enfant.

Gestes n.f. pl. — Faux semblants. Caprices. Ex.: Ces larmes-là, c'est des gestes. — Façons. Cérémonies. Ex.: Fais pas de gestes, viens souper avec nous. — Simagrées. Ex.: Si tu fais des gestes, tu pourras pas venir avec nous. — Grimaces. Ex.: Ménage tes gestes, tu vas rester comme ça. — Écarts. Ex.: Attention à mon cheval, i fait des gestes. *Faire des gestes* — Faire le malade.

Gesteux, se adj. ou n.m. ou f. — Capricieux. — Maniéré. Affecté.

Geval n.m. — Cheval.

Giane n.f. — Géante.

Giant, e n. ou adj. — Géant.

Gibelotte n.f. — Mets mal réussi. — Ouvrage mal fait. — Affaire embrouillée. — Boue. Gadouille. Ex.: Les chemins sont en gibelotte c'matin. — Discours confus. — Brouhaha.

Gibelotter v. tr. — Comploter.

Gibiotte n.f. — Gibier de potence. Vaurien.

Giboire, gibouère n.f. — Perche au bout de laquelle on fixe un collet pour prendre lièvres, lapins, perdrix.

Gibou n.m. — Tourne-disque automatique. Juke-box.

Giclage n.m. — Action de gicler.

Gicleur n.m. — Bec d'un système d'extincteur automatique. — Tout dispositif permettant de faire gicler un liquide. Ex.: Le gicleur du ouinechile.

Giddy (pron. guidé) adj. — Chaudasse.

Gienne n.f. — Géante.

Giffe n.f. — Gifle.

Giffer v. tr. — Gifler.

Gifler v. tr. ou intr. — Dérober. Escamoter. — Gagner au jeu par son habileté.

Gigailler v. intr. — Gigoter.

Gigier n.m. — Gésier.

Gignoler v. intr. — Pleurnicher. — Branler. — S'agiter.

Gigogner v. intr. — Pleurnicher.

Gigoteux, se adj. — Qui gigote. — Actif. Plein de vie.

Giguenaude n.f. — Chiquenaude.

Giguer v. intr. — Danser une gigue.

Gigues n.f. pl. — Jambes.

Gigueux, se n.m. ou f. — Qui sait danser la gigue.

Gilet n.m. — Veste, vêtement à manches.

Gin (pron. djinne) n.m. — Toile écrue. Coutil.

Gingeolant, e adj. — Gai. — Instable. Branlant.

Gingeoler v. intr. — Branler.

Ginger ale (pron. djinne-djeur-éle) n.m. ou f. — Boisson au gingembre.

Ginger beer (pron. djinne-djeu-bire) n.f. — Bière au gingembre.

Ginger bread (pron. djinne-djeu-brède) n.m. — Pain d'épice.

Ginger pop (pron. djinne-djeu-pope) n.m. — Boisson mousseuse au gingembre.

Gingue n.f. — Jambe. — Personne aux jambes longues. — Gaieté. Ex.: Quand la gingue me prend. — Crise d'hystérie. — Crise d'épilepsie. — Rage. *Prendre une gingue* — Ginguer. Gambader. — *En gingue* — Fringant. — D'humeur fofolle. — De mauvaise humeur. En colère. — Bien portant. *Donner une gingue* — Donner une raclée.

Ginguer v. intr. — Courir en sautant. Gambader.

Gingueux, se adj. — Qui gingue. — Susceptible. Ex.: Va la voir; tu sais comment elle est gingueuse.

Ginnerabette (pron. djineux-rabette) n.m. — Caoutchouc.

Giole n.f. — V. GÉOLE. — Gueule. Ex.: Farme ta giole.

Giolier n.m. — Geolier.

Gipsy adj. ou n.m. ou f. — Gitan.

Gironde n.f. — Pet. Ex.: Lâcher une gironde.

Gisier n.m. — Gésier.

Glace n.f. *Crème à la glace* — Crème glacée. *Glace pourrie* — Glace rendue poreuse par le dégel. *Ferré à la glace* — Se dit d'un cheval muni de fers à crampons qui l'empêchent de glisser sur la glace. — Prémuni contre toute éventualité. *Mettre quelqu'un sur la glace* — Lui faire crédit.

Glaces n.f. pl. — Gel. Ex.: Il faudra attendre les glaces pour traverser de l'autre bord.

Glacis n.m. — Pente douce d'un barrage, d'une écluse.

Glaçons n.m. — Stalactites de glace accrochés au rebord d'un toit.

Glagne n.f. — Testicule.

Glaine n.f. — Graine.

Glainer v. tr. — Glaner.

Glainure n.f. — Glanure.

Glajeux n.m. — Glaïeul des marais.

Glande n.f. — Ganglion enflé.

Glante n.f. — Glande.

Glène n.f. — Glane, épis restés sur le champ. — Action de glèner.

Glèner v. tr. — Glaner. — Ramasser les billots perdus pendant le premier flottage.

Glèneur n.m. — Draveur chargé de glèner.

Glider (pron. glaill'dé) v. tr. — Planer (avion).

Glider (pron. glaill'deu) n.m. — Planeur (avion).

Glissade, glissate n.f. — Glissoire.

Glissailler v. intr. — Perdre pied.

Glissette n.f. — Glissoire. — Action de glisser. — Fausse couche.

Glissoire n.f. — Glissoir, couloir en pente sur le flanc d'une montagne pour faire descendre des billots. — Construction en pente à surface glacée pour faire de la luge ou de la tobagane.

Globe n.m. — Verre (de lampe à l'huile, de fanal).

Gloire n.f. *Partir pour la gloire* — Devenir enceinte. — Être ivre.

Glouton n.m. — Glouteron (non populaire de la bardane).

Gnais, e adj. ou n.m. ou f. — Niais.

Gnaise n.f. — Déception. Ex.: Prendre une gnaise.

Gnaiser v. intr. ou tr. — Niaiser. — Être déçu.

Gnaiseux, se adj. ou n.m. ou f. — Niais. Personne sans énergie.

Gnasse adj. — Imbécile.

Gnasser v. intr. — Parler, se conduire comme un imbécile.

Gnasseux, se adj. — Imbécile.

Gnesse adj. — Imbécile.

Gnin-gnin n.m. — Gnan-gnan. — Pleurnicheur. — Personne qui nasille, qui prononce mal.

Gnoche n.m. ou f. — Imbécile.

Gnochon adj. ou n.m. — Niais. — Le plus jeune de la famille. — Morceau arraché à une miche, un gâteau.

Gnole n.f. — Taloche. *Une gnole* — Beaucoup. Ex.: I court une gnole plus vite que moi. — Un peu. Ex.: Prendre une gnole de gin. — Jeu d'enfants qui se joue avec des marbres.

Go! (pron. guo) interj. — Signe de départ dans une compétition. Ex.: Un, deux, trois, go! — Cri pour faire avancer les chevaux. *Être su la go* — Courir la galipote.

Go ahead (pron. guo-aède) loc. verbale — Vas-y. Démarre. *Avoir du go ahead* — Être entreprenant.

Goal (pron. gaule) n.m. — But. Filet (au hockey). — Point. Ex.: Compter un goal.

Goaler (pron. gauler) v. intr. — Garder le but.

Goaleur (pron. gauleur) n.m. — Gardien de but.

Go along (pron. guo-alogne) loc. verbale — Vas-y. Avance (pour faire avancer les bêtes). Galogne.

Gobe n.f. — Verre de vin. — Déchet de cèdre dans la fabrication des bardeaux.

Gober v. tr. — Séparer l'amiante de la gangue. Ex.: Les sheds à gober.

Gobe-sous n.m. — Distributrice automatique. — Slot machine, machine à sous, machine à jeu.

Gobette n.f. — Histoire pour rire.

Gobeur, se n.m. ou f. — Qui gobe. — Celui qui reçoit la balle derrière le frappeur. Catcheur. Receveur.

Gobeux n.m. — Qui est toujours aux écoutes.

Gobzer v. tr. — Dérober avec adresse. Escamoter. Obtenir avec adresse. Ex.: Elle m'a gobzé dix piasses.

Goche! interj. — Juron inoffensif.

Godaille n.f. — Cuisine. — Nourriture.

Goddame! interj. — Juron (littéralement: que Dieu maudisse!)

Goddamer v. intr. — Sacrer. Blasphémer. *Goddamer une claque* — Donner une gifle.

Goddammit! — Juron semblable à GODDAME!

Godendard, godendart n.f. — Grosse scie munie à chacune de ses extrémités d'un manche court et vertical qu'on manie à deux et qui sert à abattre les arbres et à les débiter en billots et bûches. — Personne ennuyante.

Godet, godin n.m. — Monture de scie en forme d'arc.

Godot n.m. — Enfant importun, bavard.

Godrille n.f. — V. GOUDRELLE.

Godron n.m. — Goudron. — Goujon. Goulot.

Godronner v. tr. — Goudronner.

Gofrer v. intr. — Goder, faire des plis. — Coffrer. Travailler (en parlant du bois).

Gogaille n.f. — Cuisine. — Nourriture. Provisions. *Faire gogaille* — Faire bonne chère au-delà de ses moyens. *Être à la gogaille* — S'en aller à la ruine.

Goglu, e adj. — Goulu.

Goglu n.m. — Espèce d'oiseau chanteur. — Individu habile à jouer des tours. — Gadousier. *Mon petit goglu* — Terme d'affection.

Gogo n.m. *Être à gogo* — N'être jamais content de ce qu'on a. *Danseuse à gogo* — Danseuse en tenue très légère qui se contorsionne sur des rythmes saccadés pour les clients de cabarets et de restaurants.

Go *home* (pron. guo-*h*aume) n.m. — Individu lâche. Pisseux.

Goincher v. intr. — Essayer de mordre (en parlant d'un cheval). — Être de mauvaise humeur (en parlant d'une personne).

Goincheux, se adj. — Hargneux.

Goinfe n.m. — Goinfre. — Polisson. Gamin.

Goiseille n.m. — Groseille.

Goite n.f. — Goître (n.m.).

Golche n.m. — Petit ruisseau. — Ruisseau qui coule au fond d'un ravin.

Golée n.f. — V. GULLEY.

Golendard n.f. — V. GODENDARD.

Gologne! interj. — V. GALOGNE.

Gommage n.m. — Action d'aiguiser une scie. — Récolte de la gomme de sapin. — Temps de cette récolte.

Gomme n.f. — Gomme à mâcher. *Envoyer quelqu'un à la gomme* — L'envoyer promener. *Aller à la gomme* — Être renvoyé comme importun. *Avoir de la gomme* — Être riche. *Changer de gomme* — S'embrasser passionnément.

Gommé, e adj. — Gris; à moitié saoul.

Gommer v. tr. ou intr. — Aiguiser une scie. — Recueillir la gomme de sapin. — Perdre son temps.

Gommer (se) v. pron. — Se griser.

Gommeur n.m. — Ouvrier qui aiguise les scies. — Celui qui recueille la gomme de sapin.

Gommeuse n.f. — Machine à aiguiser les scies.

Gommeux n.m. — Individu malpropre. — Récipient pour recueillir la résine.

Gonce n.f. *Faire la gonce* — Pleurnicher pour obtenir une faveur.

Gondole n.f. — Wagon à charbon. Étagère dans un magasin libre-service. — Ruine. V. GANDOLE. *Être en gondole* — Être un peu saoul.

Gonfle adj. — Enflé. Gonflé. Ex.: Avoir les mains gonfles.

Gonfle n.m. — Enflure. Gonflement. Ampoule.

Gonfler v. intr. — Enfler, se soulever (en parlant d'un liquide en ébullition). Ex.: Le lait gonfle, i va renverser.

Gonflonne n.f. — Écume sur un sirop en ébullition.

Good luck (pron. goude loque) loc. — Bonne chance.

Goof balls (pron. goufe bâle) n.m. pl. — Barbituriques.

Gopher (pron. gaufeu) n.m. — Petit mammifère fouisseur des prairies de l'Ouest.

Gordiche n.m. — Petit goujon. — Poignée pour soulever les ronds de poêle à bois.

Gordin, e adj. ou n.m. ou f. — Gredin. — Avare. Mesquin.

Gordiner v. intr. — Agir comme un avare.

Gordon n.m. — Goujon. — Personnage. Gros bonnet.

Gordron n.m. — Goujon.

Gorec n.m. — Goret.

Gorgaille n.f. — V. GOGAILLE.

Gorge n.f. *Grosse gorge* — Goître. *Faire la grosse gorge* — Faire l'important.

Gorgette n.f. — Gorgerette. — Sous-gorge, pièce de la bride d'un cheval.

Gorgnon n.m. — Motte de terre gelée dans les chemins. — Grognon.

Gorgosser v. intr. — Gargouiller.

Gorgoter v. intr. — Gargoter.

Gorgoton n.m. — Gorge. Gosier. Pomme d'Adam.

Gorgousser v. intr.— Gourgousser. Murmurer.

Gorlot n.m. — Grelot. — Individu original. — Canaille. — Niais. *Ferme ton gorlot* — Tais-toi. *Gorlots de patates* — Patates minuscules.

Grolotter v. intr. — Grelotter.

Gornaille n.f. — Gens que l'on méprise. Ex.: Les Lora*nh*er, c'est d'la gornaille, disait Claude. — Cheville de bois franc qui entre dans la construction de navires de bois.

Gornailler v. intr. — Courir la galipote.

Gornailler (se) v. pron. — Entre personnes, se quereller. — Entre bêtes à cornes, se donner des coups de cornes.

Gornouille n.f. — Grenouille.

Gornouilles n.f. — Oreillons. — Sorte de maladie chez certains animaux.

Gornu, e adj. — Nombreux. Abondant. Ex.: Les patates sont gornues.

Gorouage n.m. *Être en gorouage* — (En parlant des personnes) être en course, en visite chez des amis. Ex.: Cette femme est toujours en gorouage. (En parlant de personnes) être en rut. — (En parlant de choses) être prêté ou loué.

Gorouée n.f. — Grand nombre. Ex.: Y avait une gorouée d'enfants.

Gortons n.m. pl. — Cretons.

Gosh! interj. — V. GOCHE!

Gossage n.m. — Action de gosser.

Gosse n.f. — Cosse. Gousse. — Caussette d'amoureux. — Testicule. *Avoir des gosses* — Être courageux. *Rien que sur une gosse* — Rapidement.

Gosser v. tr. et intr. — Taillader avec un couteau. Ex.: I a gossé son pupitre, mameselle. — Travailler le bois avec un canif. — Faire des copeaux. — Courtiser. Ex.: De ce temps-ci c'est Florentine qu'il gosse. — Revenir souvent à la charge pour obtenir quelque faveur. — Taquiner, écoeurer. Ex.: Si tu continues à le gosser comme ça, tu peux t'attendre à ce qu'il te casse la gueule. — Être avare. Mesquiner. *Envoyer gosser* — Envoyer promener.

Gosseux adj. ou n.m. — Qui gosse. — Avare.

Gossures n.f. pl. — Éclats de bois, éclisses, copeaux.

Goton n.m. — Jambier, pièce de bois qui maintient écartées les pattes d'un animal abattu.

Gouailleux, se adj. — Gouailleur.

Goupille n.f. — Gouape. Personne peu recommandable. — Menus objets.

Goudille n.f. — Godille, aviron placé à l'arrière d'une embarcation. — Guédille.

Goudiller v. intr. — Godiller.

Goudrelle n.f. — Planchette ou lame de métal en forme de gouge qui conduit l'eau d'érable de l'arbre à la chaudière.

Goudrette n.f. — Coudraie, lieu planté de coudriers.

Goudrier n.m. — Cuir préparé pour faire les semelles de chaussures.

Goudrille n.f. — V. GOUDRELLE.

Goudriole n.f. — V. GAUDRIOLE. — Marchandise sans valeur.

Goudron n.m. — Goulot.

Gouèche (à, à la) n.f. — En abondance. À satiété. Ex.: Manger des fraises à la gouèche.

Gouffe n.m. — Vin bon marché sur lequel se rabattent les robineux. — Whiskey de fabrication domestique.

Gouffe, gouffre adj. — Émoussé. Qui a perdu son tranchant. Ex.: Ma hache est gouffre. — Qui n'est pas pointu, façonné en pointe. Ex.: Ce manche est trop gouffe pour entrer dans la tête de hache.

Gouffre n.m. — Gros mangeur.

Gouigner (se) v. pron. — Se dandiner.

Gouine n.f. — Terme qu'utilisent les gens honnêtes pour décrire une femme délurée. Ex.: Mon père m'a dit que la femme à Toutant, c't'une gouine.

Goujon n.m. — Pointe d'ironie. Sarcasme. Ex.: Envoyer des goujons à quelqu'un. — Individu insatiable. — Cheville, bouchon à arêtes qui ne bouche pas tout à fait le trou à obturer. — Dernière main qui décide la partie au jeu de balle.

Gouldiat n.m. — V. GOULIAT.

Goule n.f. — Gueule. Ex.: Farme ta goule. *Goule noire* — Graine à corbigeaux, arbuste à baies noires comestibles.

Goulée n.f. — Gorgée. — Mucosité que rejette l'estomac. Pituite. Ex.: Avoir des goulées le matin.

Gouleron n.m. — Goulot.

Gouliaffre, gouliat n.m. — Glouton.

Goulon n.m. — Goulot.

Goulot n.m. — Gosier.

Goupille n.f. — Pénis.

Goupillon n.m. — Pénis.

Gourde adj. — Gauche. Maladroit.

Gourdron n.m. — Goulot.

Gouret n.m. — Hockey.

Gourgane n.f. — Bajoue de porc fumé. — Sorte de grosse fève.

Gourgeon n.m. — Bourgeon.

Gourgoussement n.m. — Gargouillement.

Gourgousser v. intr. — Gargouiller. Ex.: Ça me gourgousse dans l'estomac. — Glousser. — Grogner. — Se dit d'un bébé qui essaie de parler.

Gourgousseux, se adj. — Grondeur. — Qui aime se plaindre, critiquer.

Gourmettes n.f. pl. — Cordons servant à attacher les chapeaux des femmes ou les chapeaux des travailleurs.

Gournaille n.f. — Gournable, cheville de bois dur employée dans la construction de navires. Ex.: Sa gagne de partisans sont arrivés armés de gournailles.

Gouse n.f. — Pénis.

Gousset n.m. — Broche qui tient une barrière fermée.

Goût n.m. *Petit goût* — Mauvais goût. Ex.: Ton beurre a un petit goût, la femme. *En goût de* — En humeur de. Disposé à. Ex.: Je suis pas en goût de rire.

Goûtance n.f. — Petit goût. Ex.: Les oeufs ont goûtance de poisson.

Goûter v. intr. *Goûter bon* — Avoir bon goût.

Gouterelle n.f. — V. GOUDRELLE.

Gouvarnail, gouvarne n.m. — Jugement. Bon sens. Ex.: Elle est bonne comme femme, mais elle a pas de gouvarnail. — Direction donnée à la conduite. Ex.: Sans pére ni mére, la pauve a pus d'gouvarne.

Gouvarnemagne n.m. — Gouvernement.

Gouvarnement, gouvarner, gouvarneur — Gouvernement, gouverner, gouverneur.

Gouvernail n.m. — Jugement. Bon sens.

Gouziller v. intr. — Godiller.

Grâce (en) loc. adv. — De grâce.

Gracieusement adv. — Grassement. Ex.: C'est gracieusement payé, ça.

Grade n.m. — Année (scolaire). Ex.: J'étais au grade quatre au Manitoba en 1943.

Grade (pron. gréde) n.f. — Rampe. Pente. — Remblai de chaque côté des voies ferrées.

Gradeau n.m. — Éperlan.

Gradeur, gradeux (pron. grédeur, grédeu) — Niveleuse (de chemins).

Graduation n.f. — Cérémonie de collation des diplômes.

Graduer v. intr. — Obtenir un grade universitaire. Être diplômé. Recevoir un diplôme. Ex.: J'ai gradué en 1954.

Grafigner v. tr. — Égratigner. Griffer.

Grafigneuse n.f. — Sage-femme. Ex.: Ma femme a accouché aisément parce qu'elle avait avec elle une sacrée grafigneuse.

Grafigneux, se adj. — Qui grafigne.

Grafignure n.f. — Égratignure.

Grafiner v. tr. — Grafigner.

Grafinure n.f. — Grafignure.

Graillon n.m. — Suif.

Grain n.m. — Plantes céréales sur pied ou coupées. Ex.: Commencer à faucher le grain. — Fil (du bois). Ex.: Varloper dans le sens du grain. *Serrer* *le grain* — Être chiche. — Avoir peur. *Avoir le grain serré, avoir le grain fin* — Être embarrassé. Avoir peur. Ex.: I avait le grain serré devant ces gros bonnets. *Serrer le grain à quelqu'un* — Le gronder. *Être en grain* — Se cristalliser (en parlant du sucre d'érable qui bout). Ex.: Le sucre commence à être en grain. *Grain de pluie* — Goutte de pluie. Ex.: Pas un grain de pluie depuis avril. *À grain mottelé, à grain ondé* — Se dit d'un bois dont le fil est rempli de menues saillies.

Grainage n.m. — V. GRENAGE.

Grain d'orge n.m. — Orgelet.

Graine n.f. — Graine de mil et/ou de trèfle. Ex.: Acheter de la graine. — Pénis. Ex.: I se promène souvent la graine à l'air. — Poussière. Ex.: J'ai une graine dans l'oeil. — Poux. Ex.: Un quêteux qui a de la graine. *Une graine, la graine* — Une très petite quantité. Un peu. Ex.: J'ai pas une graine de foin à vendre cette année. Du lait, y'en reste pas une graine. *À graine, à la graine* — En graine. *Se mêler de ses graines* — Se mêler de ses affaires. *Graine à corbigeaux* — Goule noire, arbuste à baies noires comestibles. *Avoir une graine dans l'oeil* — Se masturber.

Grainer v. tr. ou intr. — Ensemencer. — Pleuvoir. — Porter fruit.

Grainerie n.f. — Bâtiment où on entrepose du grain. — Miettes. Restes.

Graine-rouge n.f. — Airelle de la vigne d'Ida.

Graines d'orignal n.f. pl. — Petits fruits comestibles sauvages.

Graissage n.m. — Beurre, graisse, lard, tout corps gras alimentaire. — Déchets de corps gras. Ex.: Faire du savon avec des graissages. — Argent qui sert à corrompre quelqu'un. Pot-de-vin.

Graissaillages n.m. pl. — Déchets de corps gras.

Graissailler v. tr. — Tacher, salir avec de la graisse.

Graissailles n.f. pl. — Déchets de corps gras.

Graisse n.f. — Saindoux. *Les yeux dans la graisse de bines, les yeux dans la graisse de rôti* — Les yeux petits et dans le vague.

Graisser v. tr. — Donner de l'argent à quelqu'un pour le corrompre, graisser la patte à quelqu'un. Ex.: Graisser un fonctionnaire. — Couvrir une tranche de pain d'une substance alimentaire. Ex.: Graisser son pain avec du beurre, de la confiture. — Flatter, tromper. Ex.: Je l'ai graissé comifaut, i est de notre bord maintenant. *Se faire graisser* — Se faire battre. Perdre (à un jeu). *Être graissé* (en parlant d'un cours d'eau) — Être couvert de billots.

Graisser (se) v. pron. — Se gâter (en parlant du temps). — S'enrichir par des moyens peu honnêtes. Ex.: Au gouvernement, i se graisse en masse. — Ficher le camp. Ex.: Tu peux ben te graisser. *Se graisser le gosier* — Prendre un verre. *Graisser ses bottes* — Se préparer à partir. — Se préparer à mourir.

Graissoux, se adj. — Graisseux.

Grakia n.m. — Bardane.

Grâler, grôler v. tr. — Griller. Ex.: Le blé a été grâlé par le soleil. — Torréfier. Ex.: Faire grâler de l'orge pour faire un semblant de café. — Rôtir. Ex.: Manger des patates grâlées.

Grâlerie n.f. — Séchoir. Sècherie.

Grand adv. *Grand de* — Beaucoup. Ex.: I a grand de terre. T'as pas grand d'entrepris. *En grand* — Beaucoup. Très. Ex.: On a travaillé en grand. Elle est laite en grand. *Être en grande* — En auto, être en grande vitesse. *Partir en grande* — Embarquer dans un projet avec un enthousiasme délirant.

Grand'biche n.f. — Jeune fille élancée.

Grand-charrette n.f. — Charrette.

Grandement adv. — Avec l'espace voulu. Ex.: Vous êtes grandement chez vous.

Grandemère n.f. — Grammaire.

Grandeur n.f. — Pointure (de chaussures, de chapeau). Taille (de vêtement). *Se tenir sur sa grandeur* — Faire le fanfaron. *À la grandeur* — Au complet. Ex.: Peinturer son char à la grandeur.

Grand-grand'mère n.f. — Mère de la grand'mère ou du grand-père.

Grand-grand-père n.m. — Père de la grand'mère ou du grand-père.

Grand-gueule n.f. — Gueulard.

Grandmarché loc. adv. — Bon marché.

Grand'mère n.f. — Grammaire. *Embrasser sa grand'mère* (après une partie de cartes) — Prendre un verre. *Baiser sa grand'mère* — Tomber par terre. — Revenir bredouille.

Grand'pensionnaire n.m. *Mettre grand'pensionnaire* — Mettre au pensionnat.

Grand-père n.m. — Morceau de pâte cuite dans l'eau qu'on mange avec du sirop.

Grand-porte n.f. — Porte charretière.

Grand'scie n.f. — Scie circulaire d'un moulin à scie.

Grand'sleigh (pron. gran-slé) n.m. ou f. — Traîneau à deux couples de patins en tandem reliés par des traverses de bois pour le transport de billots en hiver.

Grand'visite n.f. — Visite de gens d'importance ou de parents et amis qu'on a pas vus depuis longtemps.

Grand-voyer n.m. — Agent préposé à l'entretien des chemins dans les municipalités rurales.

Grange n.f. — Écurie.

Granite n.m. — Émail. Ex.: Un plat de granite.

Granmaire n.f. — Grammaire.

Granulé n.m. — Sucre granulé.

Grape-fruit (pron. grépe-froute) n.m. — Pamplemousse.

Grappe n.f. — Testicules.

Grapper (se) v. pron. — Se former, se rassembler en grappes. Ex.: Toute la gagne se grappait autour de la porte.

Grappigner v. tr. ou intr. — Grappiller, ramasser par-ci par-là. —

Grimper. Ex.: Grappigner c'te côte-là, c'pas un cadeau.

Grappigner (se) v. pron. — S'agripper. Ex.: Grappigne-toué après lui, on part.

Grappins n.m. pl. — Crampons pour prévenir les chutes sur les surfaces glacées.

Graquia n.m. — Bardane. — Enfant intelligent.

Gras adj. *Gras à lard, gras à fendre avec l'ongle, gras à pleine peau* — Très gras. *Eaux grasses* — Eau de vaisselle (sans savon pour les cochons). *Gras dur* — Au-dessus de ses affaires. Ex.: Depuis qu'i y a gagné à loterie, i est gras-dur.

Gras-de-jambe n.m. — Le gras de la jambe, mollet. — Chose profitable. Ex.: Cette affaire va m'apporter un beau gras-de-jambe.

Grassuit adj. — Gratuit.

Grateau, gratia n.m. — Bardane.

Grati n.m. *Pour du grati* — Pour rien. Ex.: Travailler pour du grati.

Gratigner v. tr. — Égratigner.

Gratignure n.f. — Égratignure.

Gratin n.m. — Ce qui reste de sucre aux parois du chaudron après qu'on a versé le brassin dans les moules. — Le dernier de la famille.

Gratte n.f. — Raclée. Ex.: Y s'est fait donner une bonne gratte. Tu vas manger une gratte, mon maudit. — Large planche ou plaque de métal fixée à des limons (dans le cas de traction animale) ou au châssis d'un tracteur pour enlever la neige ou niveler un chemin de terre ou de gravelle. *Prendre une gratte* — Perdre la partie. *Donner une gratte à quelqu'un* — Lui faire perdre la partie. — *Faire prendre une gratte à quelqu'un* — Lui faire manger de l'avoine.

Gratter v. tr. — Enlever la neige à l'aide d'une gratte. Ex.: Gratter les rues, les trottoirs. — Nettoyer une écurie. Ex.: Gratter les vaches. — Courtiser (une jeune fille). Ex.: Elle, c'est moué qui la gratte. — Avoir de la misère à survivre. Ex.: I gratte, le pauvre. — Faire des efforts. Se donner du mal pour atteindre un but. Ex.: I a passé mais i a dû gratter. — Perdre la partie aux dames ou aux cartes sans compter une fois. — Chanter d'une voix criarde. — Courir vite. Aller vite. *Faire gratter quelqu'un* — Lui faire manger de l'avoine. *Se gratter la fourche* — Se masturber.

Gratter (se) v. pron. — S'arranger tout seul. Ex.: I peut bien se gratter, j'l'aiderai pas. Va donc te gratter, fatiquant. *Se gratter le gosier* — Prendre un verre.

Gratteux n.m. — Homosexuel.

Gratteux, se adj. ou n.m. ou f. — Avare. Chiche. — Lent (à se décider, à expédier des affaires). Ex.: C'est toujours interminable avec ce gratteux-là.

Grattin adj. ou n.m. — Chiche. Avare.

Gratton n.m. — Bardane.

Grattoué, grattouére n.m. — Grattoir.

Gratture n.f. — Glanures de foin. Sarclures de jardin enlevées avec la gratte. *Grattures d'ours* — Marques laissées sur l'écorce des arbres par les ours.

Grave n.f. — Terrain caillouteux où l'on fait sécher le poisson. — Gravier, sable de grève contenant des cailloux.

Grave adj. — Extraordinaire (en parlant d'une personne, d'une chose, d'un événement).

Gravelle n.f. — Gravier. Ex.: Charrier de la gravelle.

Graver v. tr. — Graveler.

Gravois n.m. — Gravelle. Gravier.

Gravoiteux, se adj. — Où il y a du gravier. Ex.: Une terre gravoiteuse.

Gravouiller v. tr. ou intr. — Gratter. Ex.: Les poules ont tout gravouillé le jardin. — Agacer. Ex.: I aime à gravouiller les filles. — Chatouiller. — Fureter. Chercher. Ex.: Qu'est-ce que tu gravouilles là?

Gravouilleux, euse adj. ou n.m. ou f. — Fureteur. — Taquin. — Où il y a du gravier. — Mauvais (en parlant du temps). Ex.: Un été gravouilleux.

Gravy (pron. grévé) n.m. — Sauce de viande.

Grease gun (pron. grisse-gonne) n.m. — Pistolet graisseur.

Grébiche n.f. — Vieille fille malcommode. — Femme peu jolie. Ex.: Sortir avec une grébiche pareille, moi j'aurais honte. — Prostituée.

Gredin, e adj. ou n.m. ou f. — Mesquin. Avare.

Grediner v. intr. — Mesquiner.

Gredinerie n.f. — Mesquinerie.

Gréement n.m. — Action de greyer. — Ensemble des choses (outils, ustensiles, machines, meubles et effets) qui garnissent une maison, une ferme, qui sont nécessaires à une exploitation. Ex.: Un gréement de sucrerie. Le gréement d'un prospecteur. — Ensemble des vêtements d'une personne. Ex.: Avoir un gréement qui date des années trente. — Pénis. — Vagin. — Testicules.

Green (pron. grine) adj. — Ignorant. Inexpérimenté. Ex.: Maudit que t'es green pour ton âge.

Grégail n.m. — V. DRIGAIL.

Grêlasser v. impers. — Grêler légèrement.

Grelots n.m. pl. — Testicules. — Petites patates.

Grèmeleux, se, grèmeneux, se adj. — Grumeleux. Granuleux.

Grémille n.f. — Miette. Petit morceau. Ex.: Une grémille de pain.

Grémilleux, se adj. — Grumeleux.

Grémillon n.m. — Petit grumeau.

Grémir v. tr. ou intr. — Écraser. Émietter. Ex.: Grémir du mortier. — Battre. Ex.: Je m'en vas te grémir.

Grenage, grainage n.m. — Grain destiné à la semence ou aux animaux.

Grenaille n.f. — Grain surtout destiné à la semence. — Menue monnaie. Ex.: T'aurais pas de la grenaille de reste?

Grenasser v. impers. — Pleuvoir légèrement.

Grene n.f. — Graine.

Grenu, e, grainu, e adj. — Abondant. Nombreux. Ex.: Les patates sont ben grenues c't'année.

Grés n.m. — Grès.

Gresséyer v. intr. — Grasseyer.

Gretons n.m. pl. — Cretons.

Greuyau n.m. — Gruau.

Grévé n.m. — V. GRAVY.

Greyer v. tr. ou intr. — Gréer. Équiper. — Pourvoir quelqu'un de ce dont il a besoin. Ex.: J'ai établi mon garçon et je l'ai greyé d'un bon roulant. Te v'là ben greyé. T'as pas c'qui faut, t'es mal greyé. — Être dans de mauvais draps. Ex.: Lui, y est mal greyé là. — Mal marié. Ex.: J'te dis qu'elle est ben mal greyée, la pauvre. — Habiller, pourvoir de vêtements. Ex.: Une femme ben greyée. Y fait frette mais on est greyé pour. — Monter, garnir une maison, une pièce, un bâtiment, une ferme, un atelier, etc. des outils, machines, ustensiles nécessaires. Ex.: Greyer un magasin. — Dresser (une tente). — Monter (une machine). — Préparer (des documents). — Préparer (un repas).

Greyer (se) v. pron. — Se pourvoir de ce dont on a besoin. Ex.: Je me sus greyé d'une belle machine à écrire. — S'habiller. Ex.: Greyez-vous, on part. *Le temps se greye* — Il y a apparence de pluie ou de neige.

Griau n.m. — Gruau.

Gribiche n.f. — V. GRÉBICHE.

Griblets n.m. pl. — Parties grasses qu'on enlève à un morceau de viande avant de le faire cuire.

Gribouche n.f. — V. GRÉBICHE.

Gribouille n.m. — Chicane. Ex.: Y a d'la gribouille dans la famille c'temps-citte. *Être en gribouille avec quelqu'un* — Être en chicane avec quelqu'un.

Griche-dents n.m. — Gricheux.

Gricher v. intr. — Grincer. Crisser. Ex.: Gricher des dents. Les patins grichent sur les cailloux. — Pleurnicher.

Gricher (se) v. pron. — Se froisser.

Gricheux, se adj. — Grincheux.

Grichonner v. intr. — Gronder, grogner, bougonner.

Grichou adj. — Dur et calleux (en parlant d'une surface). — Malcommode (en parlant d'une personne). — Hirsute.

Grichou n.m. — Personne malcommode. — Personnage fantastique qui tient du diable. Ex.: Tais-toi ou ben le grichou va venir te chercher. — Terme d'affection. Ex.: Hein, mon bébé, t'es mon p'tit grichou?

Grichu, e adj. ou n.m. ou f. — Grognon. De mauvaise humeur.

Griffe-de-chat n.f. — Arrache-clous.

Griffée n.f. — Coup de griffe.

Griffer v. tr. — Gripper. Agripper. Ex.: Je l'ai griffé par le collet. — Escroquer. Ex.: I lui a griffé toute son argent.

Griffeux, se adj. ou n.m. ou f. — Grippeur. Accapareur. — Escroc.

Grigne adj. — V. GREEN.

Grigne n.f. — Grignon (de pain).

Grigner n.m. — Grenier.

Grigner v. intr. — Sourire d'un air niais. — Serrer les dents.

Grignon n.m. — Motte de terre durcie, motte de neige, morceau de glace (dans les chemins).

Grignon adj. ou n.m. — Niais. Ex.: T'as l'air grignon plus que jamais.

Grignot n.m. — V. GRIGNON.

Grignotage n.m. — Grignotement.

Grignoter v. intr. — Clignoter.

Grigousse n.f. — V. GRÉBICHE.

Griguenaude n.f. — Gringuenaude, petit reste bon à manger.

Gril (pron. gri) n.m. — Grille (de poêle). — Moustiquaire.

Grill (pron. grile) n.m. — Grille qui sert à faire griller viande et poisson. — Restaurant où l'on sert des viandes grillées. — Calandre, garniture servant à masquer le radiateur d'une automobile.

Grillade n.f. — Tranche de lard grillée. — Feu de terre noire. — Gazon.

Grill cheese n.m. — Sandwich au fromage fondu.

Grille n.f. — Moustiquaire. — Calandre, garniture servant à masquer le radiateur d'une automobile.

Griller v. intr. — Bronzer. Ex.: Je m'en vas me faire griller sur le patio.

Grimaceux, se adj. — Qui fait des grimaces.

Grimenaude n.f. — Parcelle. Miette. — Gringuenaude.

Grimoner v. intr. — Grogner. Murmurer. Ex.: Depuis sa maladie, le vieux passe son temps à grimoner.

Grimpants n.m. pl. — Tiges d'une plante grimpante. — La plante elle-même.

Grimper v. tr. — Placer sur quelque chose d'élevé. Ex.: Elle a grimpé mes raquettes sur l'armoire. — Saillir. *Grimper dans les rideaux* — S'énerver.

Grimper (se) v. pron. — Se dit d'animaux en chaleur qui se montent comme pour s'accoupler. Ex.: Gâre ça, les vaches se grimpent.

Grimpeux, se adj. — Qui a l'habitude de grimper. — Qui aime grimper.

Grimpigner v. intr. ou pron. — Grimper.

Grincher v. intr. — Grincer. — Grogner. Gronder. Bougonner.

Grincheux, se adj. ou n.m. ou f. — Chiche. — Trimpe. — Individu dans la misère.

Grinchonner v. intr. — Grogner. Gronder. Bougonner.

Grinchu, e adj. — Grincheux.

Grinder (pron. graill'ndé) v. tr. *Grinder les valves* — Roder les soupapes.

Grinder (pron. graill'ndeu) n.m. — Meule de grès, d'éméri. Meule à disque.

Grinier n.m. — Grenier.

Grippe n.f. — Poigne. Ex.: Lui, i a une grippe terribe. — Influence sur quelqu'un. Ex.: I a une grippe sur son ami. — Tenailles à branches recourbées dont on se sert pour soulever des morceaux de glace, des roches, des morceaux de bois. — Double crochet de fer qui sert à arracher des racines d'arbres, des pierres, des billots. — Pièce d'acier servant à fixer des pièces de fer ou de bois dans certaines machines. *De grippe et de grappe* — De peine et de misère.

Gripper v. tr. — Avoir de l'influence sur quelqu'un. — Agripper. Saisir.

Gripper (se) v. pron. — Se cramponner. S'accrocher.

Grippette n.m. ou f. — Diable. Ex.: Tiens-toi tranquille ou ben le grippette va venir te chercher. C't'enfant-là, c'est un vrai grippette.

Grippette adj. — Malcommode.

Grippeux adj. ou n.m. — Grippe-sou.

Gris charcoal (pron. gris tcharcôle) adj. — Gris anthracite.

Griser v. intr. — Grisonner.

Griyer v. tr. ou pron. — Gréyer.

Grobar n.f. — V. CROW-BAR.

Grobber v. tr. — Essoucher, nettoyer un champ pour le rendre cultivable. — Percer de trous (en parlant de vers qui s'attaquent à des peaux vertes).

Grobbeur n.m. — Instrument qui sert à arracher les racines. — Trou percé par les vers dans les peaux vertes.

Grobe n.f. — Aliments avant leur préparation pour la table.

Grocerie n.f. — Épicerie.

Groceries n.f. pl. — Articles d'épicerie.

Groceur n.m. — Épicier.

Grogneux, se adj. ou n.m. ou f. — Grognon.

Groiseille n.f. — Groseille.

Groiseiller n.m. — Groseiller.

Gronder v. intr. — Parler tu seul. Ex.: I est malheureux: i gronde dans son coin.

Grondeux, se adj. ou n.m. ou f. — Grondeur.

Gros adv. — Beaucoup. Ex.: J'ai gros de choux c't'année.

Gros n.m. *Faire le gros, faire son gros* — Se donner de l'importance. *Faire son gros* — Faire caca par opposition à *faire son petit*, uriner. *Marchand de gros* — Marchand en gros. Grossiste.

Gros-casse n.m. — Gros bonnet.

Groseille n.m. — Groseille (n.f.).

Groselle n.f. — Groseille.

Grosellier n.m. — Groseillier.

Grosse-gorge n.f. — V. GORGE.

Grosserie n.f. — V. GROCERIE.

Grosseur n.f. *Être dans ses grosseurs* — Avoir atteint sa taille d'adulte.

Gros-sirop n.f. — Sirop d'érable épais.

Groove (pron. grouve) n.f. — Rainure.

Grot adj. — Gros. Ex.: Un grot homme. Un grot arbe.

Grotons n.m. pl. — Cretons.

Grosse adj. f. — Enceinte.

Grouée n.f. — Grand nombre.

Grouiller v. tr. ou intr. — Bouger. Ex.: Grouille pas d'là, toué.

Grouiller (se) v. pron. — Se dépêcher.

Ground (pron. graoune) n.m. — Prise de terre. Connexion à la masse.

Groundé (pron. graoun'dé) adj. — Avoir les deux pieds sur terre.

Grounder (pron. graound'dé) v. tr. — Mettre à la terre, à la masse. Ex.: Grounder un fil. — Garder (un avion) au sol.

Gru n.m. — Gruau.

Gruau n.m. — Bouillie de grains écrasés ou concassés qu'on sert pour déjeuner.

Gruger (se) v. pron. *Se gruger le shaft* — Se masturber.

Guédge n.m. — V. GAUGE.

Guédille, guedille n.f. — Godille. — Morve. Ex.: Avoir la guédille au nez.

Guédis n.m. pl. — Objets de peu de valeur. — Ornements très bon marché. Ex.: Regarde-la avec ses guédis.

Guedoune n.f. — Guidoune.

Guelle n.f. — Gueule.

Guéne n.f. — Gaine (sous-vêtement féminin).

Guénet n.m. — Pénis.

Guénille n.f. — Guenille. — Chiffon. *Chiquer la guénille* — Rouspéter. — Bouder.

Guenillon n.m. — Torchon.

Guenillou n.m. — Vaurien. — Clochard. — Chiffonnier.

Guénin n.m. — Pénis.

Guenoches n.f. pl. — Seins.

Guêpe à miel n.f. — Abeille.

Guêpette n.f. — Homosexuel.

Guer- pour **gre-** ou **gré-** Ex.: Guernouille. Guernade. Guernier. Guerziller. Guerdin. Guerdiner. Guerlotter. Guernu. Guerlot. Guernaille.

Guére adv. *Pas guére* — Pas beaucoup. Ex.: Y a pas guére de foin c't'année. *Guére s'en manque* — Il ne s'en faut guère.

Guergousser v. tr. ou intr. — Gargariser. — Gargouiller. — Gourgousser. Grogner.

Guérite part. passé fém. de GUÉRI.

Guerlot adj. f. ou m. — Cinglé.

Guerlots n.m. pl. — Testicules.

Guerlotterie n.f. — Jeu de grelots montés sur les harnais en hiver.

Guernache n.m. — Homme fort.

Gerouée n.f. — V. GROUÉE.

Guertons n.m. pl. — Cretons.

Guesser v. tr. — Deviner. — Supposer.

Guesseur, se, guesseux, se n.m. — Personne habile à deviner.

Gueteurses n.m. ou f. pl. — V. GAITERS. — Jambes.

Guette n.m. — V. ACQUÊT. Guet.

Guette n.f. — Étai.

Guetter v. tr. — Veiller à ce que quelqu'un ou quelque chose ne passe pas. Barrer le chemin à. Ex.: Mets-toué à la barrière pis guette les poules. — S'emploie à l'impératif singulier pour marquer le doute ou ironiquement pour signifier qu'on attendrait en vain. Ex.: I a promis d'être icitte à midi mais guette s'i va venir. — Poser un étai. *Guetter les sauvages* — Attendre un enfant. *Guetter les ours* — Se dit d'un médecin qui attend d'intervenir pour aider à la naissance.

Guetter (se) v. pron. — Se tenir sur ses gardes.

Gueu, guieu n.m. — Dieu. Ex.: Mon Gueu Seigneur!

Gueulage, gueulassage n.m. — Propos qui semblent incohérents et inutiles.

Gueulasser v. intr. — Gueuler.

Gueule n.f. — Embouchure. Ouverture. Ex.: La gueule dù poêle. *Grand-gueule, gueule de fer-blanc* — Gueulard. *Se péter la gueule* — Se faire mal. Ex.: I s'est pété la gueule sul bord du poêle. *Avoir de la gueule* — Avoir du bagou. *Se battre la gueule* — Gueuler.

Gueule-noire n.f. — Fruit de la goule noire.

Guevale n.f. — Jument. Cavale.

Guezoute n.f. — Pénis.

Gui- pour **di-**. Ex.: Guiable. Chauguière. Guiarrhée. Guiablotin. Guiament. Guieu.

Gui pr. pers. — Lui. À lui. Ex.: Écoute ben, qu'i gui dit. — Y. Ex.: I guy va (il y va).

Guià interj. — Dia, cri pour faire aller le cheval à gauche.

Guiâbe n.m. — Diable.

Guiâbement adv. — Diablement.

Guibou n.m. — Hibou.

Guide n.f. — Membre de la section féminine du scoutisme.

Guidis n.m. pl. — Bebelles. Choses de peu de valeur.

Guidoune n.f. — Prostituée. — Femme qui mène une vie sexuelle plus libre que le voudraient les gens bien. — Débusqueuse.

Guieu n.m. — Dieu.

Guieuve n.m. — Lièvre.

Guignolée n.f. — Quête de porte en porte pour les pauvres pendant les fêtes.

Guili-guili n.m. — Pénis.

Guili-guilis n.m. pl. *Faire des guili-guilis* — Chatouiller un enfant sous le menton pour le faire sourire.

Guillaume trop mince loc. — Delirium tremens.

Guiole n.f. — Plat de morue.

Guipon n.m. — Torchon. Ex.: Un guipon à plancher.

Guire n.f. — V. GEAR.

Guite n.f. — Vagin.

Gulley n.f. — Coulée. Ravin.

Gun (pron. gonne) n.m. — Fusil. — Revolver.

Guts (pron. guotz) n.m. — Audace. Courage.

Guyacinthe n.f. — Jacinthe.

Guy-wire (pron. guaille-ouailleu) n.f. ou m. — Câble métallique de maintien. Hauban.

H

Ha! interj. — Cri pour faire aller le cheval à gauche.

Habeçon n.m. — Hameçon.

Habillement n.m. — Complet.

Habiller v. tr. — Réprimander. Ex.: I s'est fait habiller par le directeur. *Habiller de larmes* — Couvrir de larmes.

Habiller (s') v. pron. — Mettre des vêtements d'extérieur. *S'habiller sur son plus fin* — Revêtir ses plus beaux habits.

Habit n.m. ou f. — Complet. *Habit tout faite* — Habit prêt à porter.

Habitant n.m. — Cultivateur. Fermier. — Personne épaisse. *Faire habitant* — Avoir l'air d'un colon. *Faire l'habitant* — Être mesquin en affaires. *Habitant dos blanc* — Terme de mépris à l'égard des cultivateurs.

Habit à queue n.m. — Habit de cérémonie.

Habité, e adj. — Fréquenté.

Habits-rouges n.m. pl. — Nom donné aux soldats britanniques au 18e et 19e siècle.

Note. Le **H** prononcé est en italique.

Habitué, e part. passé — Habité. Peuplé. — Habituel. Ex.: Prendre sa place habituée.

Hache n.f. — (avec H muet) Hache. Ex.: Un coup d'hache.

Hache n.f. — Hache. *Être à la hache, être à la petite hache* — Être réduit à la misère. *Grande hache* — Orateur éloquent. — Individu qui travaille vite et bien. *Petite hache* — Individu maladroit. *Avoir la figure taillée comme un manche de hache* — Être laid.

Hacher v. tr. — (avec H muet) Hacher. Ex.: Il faut l'hacher fin.

Hachis n.m. — (avec H muet) Hachis. Ex.: Un plat d'hachis.

***H*ack-saw** n.m. — Scie à fer.

***H*acun, e** adj. ind. — Chacun.

***H*addeck** n.m. — Aiglefin.

Hager v. tr. — Hacher.

Haguir v. tr. — Haïr.

Haguissabe adj. — Haïssable.

Haiguir v. tr. — Haïr.

Hâillis n.m. — Taillis.

Haim n.m. — Hameçon.

***H*aîne** n.f. — Chaîne.

***H*aine** n.f. — Haine.

Haïr v. tr. souvent avec H muet et tréma. Ex.: J'haïs, tu haïs, il haït.

***H*aise** n.f. — Chaise.

***H*alà** n.m. *Mettre le halà* — Mettre le holà.

***H*âlage** n.m. — Action de sortir du bois de la forêt. *Chemin de hâlage* — Chemin d'hiver servant à *h*âler le bois.

***H*âle** n.f. — Tirage d'une cheminée. Ex.: Notre cheminée a pas assez de *h*âle.

Halèner v. intr. — Haleter.

***H*âler** v. tr. — Tirer. Oter. Déplacer. Ex.: *H*âler toute la couvarte à soi. J'y ai *h*âlé dix piasses. *H*âle ta chaise. H*âler du bois* — Le sortir de la forêt. H*âler une touche* — Fumer.

***H*âler** v. intr. — Offrir de la résistance. Ex.: Y a épais de neige; ça *h*âle.

***H*âler (se)** v. pron. — Se tirer d'affaire. Ex.: T'avais beau pas te mettre là-dedans, *h*âle-toué tout seul. *Se hâler la broche* — Se masturber.

***H*aleur** n.f. — Chaleur.

***H*alf-and-*H*alf** (pron. *h*affe-enne-*h*affe) loc. — Moitié moitié.

***H*âll** n.f. — Salle de réception, d'amusement. Ex.: Le boulé s'est fâché, pis i a clairé la *h*âll.

***H*aloter** v. intr. — Agiter le van de manière à ramener au milieu de celui-ci la balle et en débarrasser le grain. — N'avoir plus que le souffle.

***H*aloupe** n.f. — Chaloupe.

***H*alouserie, *h*alousie** n.f. — Jalousie.

***H*aloux, se** adj. — Jaloux.

***H*ama** adv. — Jamais.

***H*ambe** n.m. — Chambre. — Jambe.

***H*ambon** n.m. — Jambon.

***H*amburger** (pron. *h*amebeugeu) n.m. — Viande de boeuf hachée. — Genre de sandwich fait de cette viande grillée insérée dans un bun et garnie selon les goûts du client de tranches d'oignons crus, de fromage, de tomates. *Hamburger all-dress* — Hamburger avec toutes ses garnitures. *Hamburger steak* — Viande de boeuf hachée grillée et servie comme un steak.

Hameçon n.m. ou f. — Hameçon (n.m.).

***H*ampagne** n.f. — Champagne.

***H*ampignon** n.m. — Champignon.

***H*ampion** n.m. — Champion.

***H*ance** n.f. — Chance.

***H*anceux, se** adj. — Chanceux.

***H*andail** n.m. — Chandail.

***H*andelle** n.f. — Chandelle.

***H*angar à bois** n.m. — Bâtiment où l'on garde le bois de chauffage.

***H*angarage** n.m. — Action de mettre dans un hangar.

***H*angarer** v. tr. — Mettre dans un hangar.

***H*anger** v. tr. — Changer.

***H*anger** (pron. *h*agneu) — Cintre. — Chaise pendante.

Hang-over (pron. haigne-ôveu) n.m. — Lendemain de veille alcoolisée. Bisous.

***H*anquier** n.m. — V. CHANTIER.

***H*ansard** n.m. — Journal officiel des débats parlementaires.

***H*anson** n.f. — Chanson.

***H*ante** n.f. — Jante (de roue).

***H*anter** v. tr. — Chanter.

***H*anve** n.m. — Chanvre.

***H*anvier** n.m. — Janvier.

***H*apana** n.m. — Japonais.

***H*apeau** n.m. — Chapeau.

Hapeçon n.m. — Hameçon.

***H*apelle** n.f. — Chapelle.

***H*apîte** n.m. — Chapître.

***H*apla** n.m. — Chapelet.

***H*apon** n.m. — Chapon. — Japon.

***H*aque** adj. ou pron. — Chaque. Ex.: Une piasse *h*aque.

***H*aquer** v. tr. — Amorcer. Ex.: *H*aquer une ligne dormante.

***H*aquère** n.f. — Chaudrière.

***H*aquette** n.f. — Jaquette.

***H*aqueune** adj. ind. f. — Chacune.

***H*âr** n.m. — Char.

Harbage n.m. — Herbage.

Harbager v. tr. — Herbager, mettre les animaux à l'herbe.

Harbe n.f. — Herbe. *Harbe à puce* — Herbe à la puce. Sumac vénéneux.

Harbe-folle n.f. — Foin qui n'arrive pas à maturité. — Folle avoine. — Herbages.

Harber v. tr. — Garnir d'herbe. *Harber une faux* — Réduire l'angle formé par la faux et le manche.

***H*arbon** n.m. — Charbon.

***H*arcer** v. intr. — Gercer.

***H*arçure** n.f. — Gerçure.

***H*ardes faites** n.f. pl. — Vêtements tout faits par opposition à des vêtements faits sur mesure.

***H*ardin** n.m. — Jardin.

***H*ardon, *H*ardron** n.m. — Chardon.

Hard-up (pron. *h*ardope) adj. — Fauché. À court d'argent.

Hardware (pron. *h*arde ouère) n.m. — Quincaillerie.

***H*ârer** v. tr. — Battre avec une hart. — Attacher avec une hart.

***H*arge** n.m. — Charge.

***H*argeage, *H*ar*h*age** n.m. — Chargeage.

***H*arger, *H*ar*h*er** v. tr. — Charger.

***H*argner** v. tr. — Taquiner.

***H*argnier** n.m. — Charnier.

***H*ar*h*eau** n.m. — Jargeau.

***H*arias** n.m. — Embarras. — Amas d'objets que l'on porte avec soi. Ex.: Y est v'nu à maison avec toute un harias d'cossins.

Haridelle n.f. — Amas d'objets que l'on porte avec soi.

***H*âriot** n.m. — Chariot.

***H*arité** n.f. — Charité.

***H*arlapattes** n.m. plur. — V. AIR-LA-PAPE.

***H*arlequin** n.m. — Insecte suceur noir tacheté de jaune et d'orange qui s'attaque aux choux.

Harmonie n.f. — Orchestre.

***H*arna** n.m. — Harnais.

***H*arpenquier** n.m. — Charpentier.

Harnachement n.m. — Construction de barrages hydro-électriques.

Harnacher v. tr. — Construire un barrage hydro-électrique (sur une rivière).

Harnais n.m. — (avec H muet) Harnais. Ex.: Mets-y l'harnais. *Harnais de ski* — Fixation.

Harnie n.f. — Hernie.

***H*ârogne** n.f. — Charogne.

Harnois n.m. — Harnais.

***H*ârre** n.m. — Jarre.

***H*ârret** n.m. — Jarret.

***H*ârrette** n.f. — Charrette.

***H*ârrier** v. tr. — Charrier.

***H*ârrue** n.f. — Charrue.

***H*arse** n.f. — Herse.

***H*arser** v. tr. — Herser.

Hart (pron. âr ou *h*âr) n.f. — Fine branche dégarnie de ses feuilles et employée comme fouet. Ex.: Taisez-vous ou ch'prends ma hart. — Branche de coudrier ou de cornouiller avec laquelle on liait autrefois les piquets de clôture et les gerbes. *Hart de coude* — Fourche de coudrier dont le sourcier se sert pour trouver une veine d'eau dans le sol. *Hart rouge* — Cornouiller blanc. *Hart d'épines* — Aubépine.

Hart-brûle n.m. — Jeu de cache-tampon.

Hasard n.m. — (Avec H muet) Hasard. Ex.: L'hasard. Ex.: L'hasard fait ben les choses.

***H*aser** v. intr. — Jaser.

***H*asette** n.f. — Jasette.

***H*aseux** adj. ou n.m. — Jaseux.

Hash n.m. — Hachisch.

***H*aspinage** n.m. — Jaspinage.

***H*aspiner** v. intr. — Jaspiner.

***H*aspineux, se** adj. — Jaspineux.

***H*asse** n.f. — Chasse.

***H*âssis** n.m. — Chassis.

***H*ât** n.m. — Chat.

***H*âte** n.m. — Hâte.

***H*âteau** n.m. — Château.

***H*atouiller** v. tr. — Chatouiller.

***H*aud, e** adj. — Chaud.

***H*audasse** adj. — Chaudasse.

***H*audiére** n.f. — Chaudière.

***H*audron** n.m. — Chaudron.

***H*auffage** n.m. — Chauffage.

***H*auffe-eau** n.m. — Chauffe-eau.

***H*auffer** v. tr. — Chauffer.

***H*auffeur** n.m. — Chauffeur.

***H*auffrette** n.f. — Chauffrette.

***H*auler** v. tr. — Chauler.

***H*aume** n.m. — Chaume.

***H*aune** adj. — Jaune.

***H*aunisse** n.f. — Jaunisse.

***H*aur** adj. — Mal entretenu. Ex.: Des chemins *h*aurs.

Hausse n.f. — Partie supérieure de la bottine. Partie du mocassin ou soulier de caribou qui enveloppe le haut du pied.

***H*ausser** v. tr. ou pron. — Chausser.

***H*aussette** n.f. — Chaussette.

***H*ausson** n.m. — Chausson.

***H*aussure** n.f. — Chaussure.

Haut, haute adj. — De taille élevée. Grand. Ex.: Y est pas haut pour faire le train.

Haut n.m. — Étage supérieur d'une maison, d'un immeuble. Haut d'une maison. Ex.: Je reste dans un haut. — Région en amont. Ex.: Le haut de la paroisse. *En haut* — À l'étage supérieur. Ex.: Monter en haut. *Plancher de haut, plancher d'haut* — Plafond. *Les Hauts* — L'Outaouais supérieur. Le Haut-Canada (aujourd'hui l'Ontario). — L'Ouest. *En haut, par en haut* — En amont. Éloigné du fleuve. Ex.: Les paroisses d'en haut. — Dans les hauteurs des Laurentides ou au-delà, vers l'ouest. Ex.: Les pays d'en haut. *En haut de* — En amont de. Ex.: Je l'ai vu en haut du village. *Les hauts* — Les hautes terres, les parties supérieures d'une région en pente. *Le haut du fleuve* — La région du haut Saint-Laurent. *Le haut de la terre* — Partie de la terre qui est éloignée du chemin de front, de la maison qui y est construite. *Haut-en-bas* — Du haut en bas. Ex.: I est tombé haut-en-bas de sa chaise. *Haut du jour* — Midi.

Haut-côté n.m. — Partie surélevée d'une maison.

Haute-heure adv. — Tardivement.

Hauteur des terres n.f. — Ligne de partage des eaux.

***H*auve** adj. — Chauve.

***H*âvel** n.m. — Endroit couvert pour abriter les animaux dans les chantiers.

***H*avelle** n.f. — Javelle.

***H*avirer** v. intr. — Chavirer.

***H*ayére** n.f. — Chaudière.

Hayérée n.f. — Chaudièrée.

He pron. pers. — Je. *He* l'sais ben.

Head office (pron. *h*èdâfusse) n.f. — Siège social.

Headline (pron. *h*èdlaill'ne) n.f. — Manchette.

Heat (pron. *h*ite) n.m. — Épreuve (de course).

Heater (pron. *h*iteu) n.m. — Chaufferette.

Heavy adj. — Pénible (émotivement). Ex.: Ça, c't'une situation heavy. — Se dit d'une personne trop sérieuse ou trop pognée.

Hef n.m. — Chef.

Héguissabe adj. — Haïssable.

Heler v. tr. ou intr. — Geler.

Hell! (pron. hèle) interj. — Juron équivalant à maudit.

Hell de hell! — Superlatif de *hell*! Ex.: Un hell, ça naît hell, ça vit hell pis ça meurt hell, hell de hell!

Helmit (pron. hèle-mute) n.m. — Casque protecteur.

Helper (pron. *h*elpeur, helpeu) n.m. — Aide. Assistant.

Hémecter v. tr. — Humecter.

Heminée n.f. — Cheminée.

Hemise n.f. — Chemise.

Hémisphère n.f. — Hémisphère (n.m.).

Hémistiche n.m. — Ourlet.

Henail n.m. — Chenail.

Hêne n.m. — Chêne.

Henille n.f. — Chenille.

Her (pron. *h*ère) adj. — Cher. Ex.: C'est *h*er sans bon sens c'livre-là.

Herbe n.f. *Herbe à Bolduc* — Spergule des champs. *Herbe à cent goûts, herbe sans goût* — Armoise commune. *Herbe à cloques* — Alkékenge. Herbe aux cloques. *Herbe à cochons* — Traînasse. Achée. Renouée des oiseaux. *Herbe à dindes* — Achillée millefeuille. *Herbe à curer* — Chara vulgaire. Lustre d'eau. *Herbe à clef, à la clef* — Chimaphylle en ombelle. *Herbe à ouate, à la ouate* — Asclepias Cornuti. *Herbe à puce* — Sumac vénéneux. *Herbe à la reine* — Tabac. Nicotiane tabac. *Herbe à liens* — Spartine de Michaux. *Herbe à mille-feuilles* — Achillée millefeuilles. *Herbe à pauvre homme* — Gratiole officinale. *Herbe à poux* — Ambroise à feuilles d'armoise. *Herbe Robert* — Géranium commun. *Herbe aux chantres* — Vélar. *Herbe aux ânes* — Onagre bisannuelle. *Herbe aux charpentiers* — Achillée millefeuille. *Herbe à chat* — Cataire commune. *Herbe aux cinq coutures* — Plantain lancéolé. *Herbe aux perles* — Gremil officinal. *Herbe aux sorcières* — Circée de Paris. *Herbe à cheval* — Prêle. *Herbe coupante* — Laiche. *Herbe aux verrues* — Grande chélidoine. *Herbe caniculaire, canicule* — Jusquiame noire. *Herbe de Saint-Jean* — Millepertuis commun. *Herbe de la trinité* — Hépatique à trois lobes. *Herbe à l'hirondelle* — Grande chélidoine. *Herbe Saint-Étienne* — Circée de Paris. *Herbe Saint-Jean* — Armoise commune. *Herbe des magiciens* — Stramoine. *Herbe des Innocents* — Renouée poivre d'eau. *Herbe du Cardinal* —

Consoude officinale. *Herbe du diable* — Stramoine. *Herbe du Grand-Prieur* — Nicotiane tabac. *Herbe du siège* — Scrofulaire noueuse. *Herbe empoisonnée* — Belladone commune. *Herbe sacrée* — Nicotiane tabac. *Herbe à sept vertus, herbe à efforts* — Aigremoine eupatoire. *Herbe-outarde, herbe à barnèche* — Zostère marin. *Herbe à canard* — Ményanthe trifoliée. *Herbe à lutin* — Gremil officinal. *Herbe frette, herbe à roupie* — Ambroise à feuilles d'armoise. *Herbes salées* — Fines herbes, ciboulette et queues d'oignons que l'on sale pour les conserver.

Herbière n.f. — Oesophage des ruminants.

Hère adj. — Hargneux. — Paresseux. — Fatigué. — Malade.

Héreng n.m. — Hareng.

Hèrer v. intr. — Agir avec mesquinerie.

Héridelle n.f. — Ridelle.

Hérisson n.m. — Paresseux. — Enfant dissipé.

Héritage n.m. ou f. — Héritage (n.m.).

Hernie n.m. ou f. (avec H muet) — Hernie. Ex.: Des hernies.

Herse à disques n.f. — Pulvérisateur à disques.

Herse à roulettes n.f. — Herse à disques.

Hersoir adv. — Hier soir.

Hêtrière n.f. — Hêtraie.

Heu n.m. — Falaise abrupte.

***H*eune** adj. ou n.m. ou f. — Jeune.

Heure n.m. — Heure (n.f.). Ex.: Elle est rentrée à un heure.

Heure n.f. — Moment où une chose arrive. Ex.: Enfin, i a vu l'heure de partir. *À c't'heure, astheure* — À cette heure. De bonne heure. *Connaître l'heure* — Avoir de l'expérience. *À quelle heure de, arquelle heure de* — À la veille de. Sur le point de. Ex.: Vous êtes à quelle heure de recevoir votre chèque, i's ont été mallés hier. *Heure des poules* — De très bonne heure. *Heure des vaches* — Heure de la traite du soir. *De l'heure* — L'heure. Ex.: Payer un dollar de l'heure.

Heureuseté n.f. — Bonheur.

***H*eval** n.m. — Cheval.

***H*eve** n.f. — Chèvre.

***H*eville** n.f. — Cheville.

Héyir v. tr. — Haïr.

***H*i ou *H*igh** (pron. *h*aille) n.m. *Mettre sur le hi* — Cuire à feu vif. — Mettre à haute intensité. — Mettre en grande vitesse.

***H*iâler** v. intr. — Chiâler.

Hibou à tête de chat n.m. — Grand duc.

***H*ien** n.m. — Chien.

***H*iffe** n.m. — Chiffre. — Quart de travail.

***H*i fi** (pron. *h*aille faille) n.m. — Appareil de haute fidélité.

***H*ighway** (pron. *h*aille-oué) n.m. — Grand-route.

***H*igner** v. intr. — Chigner.

***H*ignon** n.m. — Chignon.

Higuère adj. — Hier.

Himeur n.f. — Humeur.

Hindou, e adj. — Indien. De l'Inde.

***H*int** (pron. *h*inn't) n.f. — Indice. Ex.: Donne-moi une *h*int.

***H*ique** n.f. — Chique.

Hironde n.f. *Queue d'hironde* — Queue d'aronde.

Histouère n.f. — Histoire. *C't'histoire!* — Ça, alors!

Histouéreux, histouérien n.m. — Conteur d'histoires.

***H*it** (pron. *h*ite) n.m. — Chanson à succès. *Faire un hit* — Avoir du succès.

***H*it and run** (pron. *h*ite enne ronne) loc. — Action de causer un accident et de s'enfuir. — Celui qui agit ainsi.

***H*itch-*H*iking** (pron. *h*itche-haill'kigne) n.m. — Pouce. Auto-stop.

Hivarnante, hivernante n.f. — Neige qui passera l'hiver sur le sol, qui ne fondera qu'au printemps.

Hivarnement n.m. — Hivernage (des bestiaux). — Action d'hiverner, de passer l'hiver à l'abri. — Séjour dans les chantiers.

Hivarner v. tr. ou intr. — Hiverner. — Passer l'hiver dans les chantiers.

Hiver n.m. ou f. — Hiver (n.m.).

Hiveriser v. tr. — Préparer (un véhicule) pour l'hiver.

***H*min** n.m. — Chemin.

***H*minée** n.f. — Cheminée.

***H*mise** n.f. — Chemise.

***H*o!** interj. — Cri pour faire arrêter un cheval. *Ho donc!* — Vite. Dépêchez-vous.

Hobby (pron. obé) n.m. — Passe-temps. Violon d'Ingres. Ex.: Mon hobby, c'est d'patenter la Tour Eiffel avec des bâtons de popsicle.

Hobo (pron. ôbo) n.m. — Vagabond. Chemineau.

Hogué, e adj. — Arqué.

***H*oisir** v. tr. — Choisir.

***H*oli, e** adj. — Joli.

***H*ômage** n.m. — Chômage.

***H*ome** (pron. *h*aume) — Foyer. Logis.

***H*ome-brew** (pron. *h*aume broue) n.m. — Alcool maison. — Bière maison.

Homelon n.m. — Houblon.

***H*ome-made** (pron. *h*aume mède) adj. — De fabrication domestique.

***H*ômer** v. intr. — Chômer.

***H*omestead** (pron. *h*aume-stède) n.m. — Terre à défricher cédée par le gouvernement à de nouveaux agriculteurs. Concession.

Homis que loc. conj. — À moins que.

Homme n.m. — Mari. *Faire son homme* — Faire son homme d'importance.

— Affecter de prendre les manières et le langage d'un homme (en parlant d'un enfant). *Homme de cour* — Homme engagé chargé du soin des chevaux. *Homme à la neige* — Préposé chargé d'enlever la neige. *Homme au lait* — Laitier. *Homme au pain* — Boulanger. *Homme à la glace* — Porteur de glace. *Homme à la fournaise* — Chauffeur. *Homme à l'instrument* — Ingénieur. Manipulateur d'instruments au service des arpenteurs-géomètres. *Homme au galon* — Mesureur. *Homme à la rod* — Jalonneur et mireur. *Homme du curé* — Serviteur du curé. *Homme des soeurs* — Serviteur des religieuses. *Homme engagé* — Employé dans une ferme. *Homme de chantier* — Bûcheron. *Homme aux hommes* — Homosexuel. *Être aux hommes* — Préférer les hommes (sexuellement). *L'homme qui a vu l'homme qui a vu l'ours* — Intermédiaire. Personnage inexistant. *Un animal d'homme* — Homme très fort. *Homme de bois* — Bûcheron.

***H*onc** n.m. — Jonc.

***H*oneymoon** (pron. *h*onémoune) n.m. — Lune de miel.

***H*ongler** v. intr. — Jongler.

Honneurs n.m. pl. *Être dans les honneurs* — Être parrain ou marraine.

***H*ood** (pron. *h*oude) n.m. — Capot (de voiture). — Bandit. — Capuche.

***H*opine** n.f. — Chopine.

Hôpital n.f. — Hôpital (n.m.).

***H*oquer** v. intr. ou pron. — Choquer.

Hord adj. — Impraticable (en parlant des chemins). — Laid. — Malcommode.

Horloge n.m. — Horloge (n.f.).

Hormis que loc. conj. — À moins que.

***H*orn** (pron. *h*orne) n.f. — Klaxon.

Hors d'âge loc. adj. — Très vieux.

***H*orsepaille, horspor** n.m. — Manège à plan incliné servant à produire une force motrice en y faisant marcher un cheval.

***H*orse-power** (pron. *h*orsse-paoueu) n.m. — Cheval-vapeur.

Horum n.m. — Marrube.

***H*ose** (pron. hauze) n.f. — Tuyau d'arrosage. — Lance à incendie. — Chose. — Pénis.

Hostie n.f. — V. OSTI. *Hostie toastée, hostie sale* — Jurons.

Hostie-de-boeuf n.f. — Tranche de choutiam.

Hostin-d'boeu! interj. — Juron inoffensif tiré de *hostie de boeuf*.

***H*ot** (pron. *h*otte) adj. — Volé (en parlant de marchandises).

***H*ot chicken sandwich** (pron. *h*otte-tchicane sanneouitche) n.f. — Plat de poulet réchauffé sur du pain trempé de sauce.

***H*ot dog** (pron. *h*otte-dogue ou *h*otte-doille) — Saucisse chaude assaisonnée de moutarde et servie dans un petit pain allongé. — Pénis.

Hôtel n.f. — Hôtel (n.m.).

***H*ot plate** (pron. *h*otte pléte) n.f. — Réchaud électrique.

***H*ou** n.m. — Chou.

***H*ouer** v. tr. ou intr. — Jouer.

Houiller v. tr. — Rassasier.

***H*ouiner** v. intr. — Se dit d'un cheval qui hennit de colère.

***H*ouquoir** n.m. — Jouquoir.

***H*our, *h*ournée** n.m. ou f. — Jour, journée.

Huard n.m. — Variété de canard sauvage.

***H*uche!** interj. — Marche! (en parlant des chevaux).

***H*ucher** v. tr. ou intr. — Appeler en criant. Ex.: *H*uche ton père dans le champ. — Jucher. — Frapper à la porte.

Huile n.f. *Huile de charbon* — Kérosène. *Chauffage à l'huile* — Chauffage au mazout ou au kérosène. *Huile à lampe* — Kérosène. *Huile à chauffage* — Mazout. *Huile à diésel* — Gas-oil. *Huile crute* — Pétrole brut. *Huile de castor* — Huile de ricin. *Huile de charme* — Huile dont le trappeur enduit ses pièges pour attirer les bêtes. *Huile à bras* — Force physique. Ex.: On a besoin d'huile à bras pour lever ce bahut.

Huiler v. tr. — Donner l'extrême-onction. — Graisser la patte à quelqu'un.

Huissier (avec H aspiré) n.m. — Huissier (avec H muet).

***H*um** (pron. *h*omme) n.m. — Bourdonnement (électronique).

***H*umeau** n.m. — Jumeau.

***H*umelle** n.m. — Jumelle.

***H*ument** n.f. — Jument.

Humèquereté n.f. — Humidité.

***H*upon** n.m. — Jupon.

***H*uppe** n.f. — Juppe. Ex.: Baisse ta *h*uppe, les *h*ambes te *h*èlent.

Hureux adj. — Heureux.

Hurle n.m. — Hurlement.

Husky (pron. oski) n.m. — Chien esquimau.

***H*usse** adj. — Juste.

***H*usting** (pron. *h*osse-tigne) n.m. — Tribune en plein air d'où les candidats haranguent leurs partisans.

***H*ute** n.f. — Chute.

***H*veu** n.m. — Cheveu.

***H*ville** n.f. — Cheville.

Hyacinthe n.f. — Jacinthe.

Hydrant n.m. — Borne-fontaine.

Hympothèque n.f. — Hypothèque.

Hympothéquer v. tr. — Hypothéquer.

Hympothicaire adj. — Hypothécaire.

Hympothicaire n.m. — Apothicaire. Pharmacien.

Hympothiquer, hympothitier, hypotenter, hypothiquer v. tr. — Hypothéquer.

Hytropique adj. ou n.m. ou f. — Hydropique.

I

I pron. pers. — Il, ils. Ex.: I va venir. I vont-i aller te voir? — Elle, elles. Ex.: Ta mère va-t-i venir? I vont-i finir de placotter, ces créatures? — Lui. Ex.: Vous i direz vous-même. Je viens jusse d'i dire.

Ici adv. — Ci. Ex.: C't'homme-ici.

Icitte adj. — Ici. Ex.: Viens icitte. Par icitte.

Idée n.f. — Intention. Ex.: J'ai idée d'aller vous voir. — Disposition. Ex.: Elle a pas idée au mariage. — Compréhension. Ex.: I a pas idée à ce qu'i fait. *Avoir de l'idée* — Être intelligent. *Perdre l'idée* — Devenir fou. *Faire son idée* — Se décider.

Identification n.f. *Carte d'identification* — Carte d'identité.

Idle (pron. aill'dule) n.m. — Ralenti.

Ié contraction — Lui ai. Ex.: J'ié promis. — Il est. Ex.: Ié pas beau à voir.

Ienque loc. adv. — Rien que. Ex.: Ié ienque un mosusse de fou.

Ignition n.f. — Allumage.

Ilet n.m. — Ilôt.

Ilette n.f. — Groupe isolé d'arbres.

Ils pr. indéf. — On. Ex.: Ils disent que ça va arriver.

Image n.m. — Image (n.f.).

Imbaisabe adj. — Inabordable (en parlant de personnes). — Irréalisable (en parlant d'une entreprise). — Impraticable (en parlant d'un chemin).

Imbalayabe adj. — Qui ne peut pas être balayé.

Imbarrabe adj. — Qui ne peut pas être barré.

Imbitabe adj. — Qui ne peut pas être surpassé.

Imbouchabe adj. — Qu'on ne peut boucher.

Imbranlabe adj. — Inébranlable.

Imbrûlabe adj. — Qui brûle mal.

Imbûchabe adj. — Qu'on ne peut fendre.

Imite n.f. — Limite. Ex.: Y a toujours ben des imites.

Imparfait, e adj. — Dissipé. Espiègle. Tapageur.

Impassabe adj. — Impraticable (en parlant de chemins).

Impayabe adj. — Étonnant.

Impie n.m. — Garnement.

Impôt n.m. — Abcès.

Impothicaire n.m. — Apothicaire.

Impothicairerie, impothicairie* n.m. — Pharmacie.

Impression n.f. *Être sous l'impression que* — Avoir l'impression que.

Inassermenté, e adj. — Qui n'est pas fait sous serment. Ex.: Un rapport inassermenté.

Incendiat n.m. — Crime de l'incendiaire.

Incendie n.f. — Incendie (n.m.).

Inchargeabe adj. — Que l'on ne peut mettre dans un véhicule de transport.

Incharriabe adj. — Que l'on ne peut pas charrier. — Où l'on ne peut pas passer avec une charge. Ex.: Des chemins incharriabes.

Inciter v. tr. — Exciter.

Inclinaison n.f. — Inclination. Ex.: Mon gars a de l'inclinaison pour ta fille.

Incmodant, e adj. — Incommodant.

Incmode adj. — Incommode.

Incmoder v. tr. — Incommoder.

Incmodité n.f. — Incommodité.

Incomparabe adv. — Extrêmement. Ex.: C'est beau incomparabe.

Imcompernabe adj. — Incompréhensible.

Incompétent, e adj. — Récusable (en parlant d'un témoin).

Incorporation n.m. — Action de constituer légalement en corporation une compagnie.

Incorporer v. tr. — Ériger en corporation.

Incréminer v. tr. — Incriminer.

Incréyabe adj. — Incroyable.

Incuisabe adj. — Qu'il est impossible de cuire.

Indécis n.m. *Être dans l'indécis, être sur l'indécis* — Être indécis.

Indésobliabe adj. — Inoubliable.

Indévirabe adj. — Trop étroit pour pouvoir y virer, y tourner (en parlant d'un chemin).

Indice n.m. ou f. — Indication. Ex.: Il y a un indice sur le panneau.

Indigérabe adj. — Indigestible.

Indigne adj. — Insupportable (en parlant d'un enfant).

Indisabe adj. — Qu'il ne convient pas de raconter.

Inducation n.f. — Éducation.

Infâme adj. ou n.m. ou f. — Insupportable. Espiègle.

Infâmerie n.f. — Espièglerie.

Infecté, e adj. — Affecté.

Infecter v. intr. — Prendre un air affecté.

Infidélité n.f. — Mauvais coup.

Infliger (s') v. pron. *S'infliger une blessure* — Se blesser.

Informalité n.f. — Vice de forme. Irrégularité.

Information n.f. *Demander une information* — Demander un renseignement.

Informeur n.m. — Informateur.

Infoucabe adj. — Difficile à dompter.

Infuger v. tr. — Infuser.

Ingean n.m. — Engin.

Ingénieur n.m. — Celui qui conduit une locomotive ou un bateau à vapeur. *Ingénieur stationnaire* — Mécanicien de machines fixes. *Ingénieur de locomotive* — Mécanicien de locomotive.

Ingrouillabe adj. — Qu'on ne peut déplacer.

Inique adj. — Unique.

Initialer v. tr. — Signer de ses initiales.

Injuriabe adj. — Injuste.

Inmourabe adj. — Dur à la fatigue. — Qui a la vie dure.

In' contraction — Il en. Ex.: In' a en masse, d'l'argent.

Innarvé, e adj. — Énervé.

Innocent, e adj. ou n.m. ou f. — Aliéné.

Innusabe adj. — Inusable.

Innutile adj. — Inutile.

Inrâclabe adj. — Qu'on ne peut râteler.

Inracmodabe adj. — Qu'on ne peut racommoder.

Inrecevabe adj. — Non recevable.

Inréconciliabe adj. — Irréconciliable.

Inregardabe adj. — Pas regardable.

Inrémédiabe adj. — Irrémédiable.

Inremuabe adj. — Qu'on ne peut remuer.

Inréparabe adj. — Irréparable.

Inréprochabe adj. — Irréprochable.

Inrespirabe adj. — Irrespirable.

Inrestabe adj. — Infatigable. — Inhabitable.

Insarvabe adj. — Inutilisable.

Insarviabe adj. — Inutilisable. — Inserviable. — Difficile à servir (en parlant d'un maître que les serviteurs ne peuvent jamais contenter).

Insécrabe adj. — Exécrable.

Insécure adj. — Qui souffre d'insécurité.

Insigne n.f. — Insigne (n.m.).

Insinifiant, e adj. — Insignifiant.

Insolenter v. tr. — Insulter.

Insortabe adj. — Où il est impossible de sortir (en parlant du temps).

Installement n.m. — Installation. — Mobilier. — Versement périodique.

Installeur n.m. — Installateur.

Instant que (de l') loc. conj. — Alors que.

Instruction n.f. *Recevoir instruction de* — Être chargé de.

Insuparabe adj. — Inséparable.

Intara n.m. — Intérêt.

Intention n.f. — Attention. Ex.: Fa donc intention. — Esprit (de la loi).

Interboliser v. tr. — Interloquer. Ex.: En apprenant ça, i a resté interbolisé. — Déranger. Ex.: Eille, les enfants, arrêtez de m'interboliser.

Intercom (pron. intercomme) n.m. — Appareil de communication téléphonique limité à l'intérieur d'une maison, d'une entreprise.

Interdit, e adj. — Tenu à l'écart.

Intéressé, e adj. — Soigneux.

Intermission n.f. — Intermède. — Entr'acte.

Intervioucr v. tr. — Interviewer.

Intonation n.f. — Détonation.

Introduction n.f. — Présentation (d'une personne à une autre).

Introduire v. tr. — Présenter (une personne à une autre).

Inventer v. tr. *Inventer le bouton à quatre trous* — Être génial.

Inventer (s') v. pron. — S'aviser.

Inventeux, se adj. ou n.m. ou f. — Inventeur.

Invention n.f. *Comme une invention* — À la perfection. Très bien. Extrêmement.

Inventionner v. tr. — Inventer.

Inventionner (s') v. pr. — S'imaginer. — S'aviser.

Inventionneux, se adj. — Ingénieux. Inventif.

Inverse n.m. *À l'inverse* — À l'envers.

Invictime n.f. — Injure. Invective.

Invictimer v. tr. — Accabler d'injures.

Invitant, e adj. — Qui invite volontiers.

Invitimer v. tr. — V. INVICTIMER.

Iote n.f. — Iode.

Ioù adv. — Où. Ex.: Ioù que tu vas?

Ioubette loc. — Certainement. Ex.: Ioubette que j'y vas.

Ioubine n.f. — Tout objet dont on ignore le nom. Ex.: Passe-moué c'te ioubine-là.

Iouc n.m. — Joug.

Iousque conj. — Où. Ex.: Iousque tu vas?

Irrépondu, e part. passé — Sans réponse. Ex.: J'ai laissé ces articles irrépondus.

Isolant n.m. — Isolateur (électricité).

Issue n.m. — Issue (n.f.).

Itanie n.f. — Litanie.

Itou adv. — Aussi. Ex.: Moué itou, j'veux y aller.

Iyoù adv. — Où. Ex.: Iyoù qu'on va?

J

Jabot n.m. — Poitrine de femme.

Jabotte n.f. — Poêle à frire à longue queue.

Jacapon n.m. — Diable.

Jacassage n.m. — Bavardage.

Jacasse n.f. *Avoir de la jacasse* — Être bavard.

Jacasseux, se adj. ou n.m. ou f. — Bavard.

Jacassière n.f. — Jacasse.

Jache n.f. — Hache.

Jack (pron. djaque) n.m. — Cric, outil mécanique ou hydraulique pour soulever des voitures, des bâtisses. — Tire-botte. — Traîneau de six à sept pieds de long, sans lisses, fait de planches de bois dur minces et recourbées à l'avant, et dont on se sert pour courir les érables dans une sucrerie. — Individu de forte taille. Ex.: I arrive-ti pas, c'te grand jack. — Bouffon. Imbécile. Ex.: Fais pas ton jack. — Veston. — Pénis. *Tomber de son jack* — Faire le bouffon. *Se passer un jack* — Se masturber. *Jack des bois* — Homme qui travaille en forêt.

Jacké, e (adjaqué) part. passé — Soulevé avec un jack. — Soulevé par un obstacle quelconque. Ex.: Mon char était jacké sur le banc de neige.

Jacker (pron. djaquer) v. tr. — Soulever avec un jack. — Hausser (les prix). — Bander.

Jacket (pron. djacute) — Veston.

Jack-knife (pron. djaque-naill'fe) n.m. — Position en équerre d'un camion-remorque et de sa charge. En chien de fusil.

Jack-pot (pron. djac-pote) n.m. *Frapper le jack-pot* — Frapper le gros lot.

Jalouserie n.f. — Jalousie.

Jam (pron. djamme) n.m. — Confiture.

Jam (pron. djamme) n.f. — Confiture. — Embâcle. — Jetée. Barrage.

Jambée n.f. — Enjambée.

Jambette n.f. *Clôture à la jambette* — V. CLÔTURE. *Tirer à la jambette* — Jeu où deux lutteurs couchés sur le dos, côte à côte et tête bèche, s'accrochent par une jambe et essayent de faire rouler l'adversaire. *Couteau à la jambette* — Gros couteau de poche qui se replie dans son manche. *Faire quelque chose à la jambette* — Le faire rapidement et négligemment.

Jambons n.m. pl. — Grosses cuisses (d'une femme).

Jamin adj. — Jamais.

Jammer (pron. djammer) v. tr. ou intr. — Gripper. Barrer. Ex.: C'te roue-là est jammée ben raide. — Former une embâcle. Ex.: Les billots sont djammés dans le croche de la rivière.

Jangar n.m. — Hangar.

Janvier n.m. — Jambier, pièce de bois qui écarte les pattes d'un animal abattu.

Jappe n.m. — Jappement.

Japper v. intr. — Être de mauvaise humeur.

Jappeux n.m. — Qui a l'habitude de japper.

Jaquette n.f. — Chemise de nuit.

Jarbe n.f. — Gerbe.

Jarcer v. tr. — Gercer.

Jarçure n.f. — Gerçure.

Jardes n.f. pl. — Hardes.

Jardinages n.m. pl. — Produits du jardinage.

Jarfaut n.m. — Gerfaut, genre de faucon.

Jargaude n.f. — V. GEARGAUDE.

Jargeau n.m. — V. GEARGEAU.

Jarmain adj. — Germain.

Jarme n.m. — Germe.

Jarmer v. intr. — Germer.

Jarmille n.f. — Charmille.

Jarnigoine n.m. ou f. — Initiative. Talent. — Intelligence. — Amabilité. — Audace. Ex.: Pour réussir un coup d'même, y en fallait d'la jarnigoine.

Jarnotte n.f. — Petite patate.

Jarre n.f. — Hart. — Bocal.

Jarret n.m. *Avoir du jarret* — Être bon marcheur. *Jarret noir* — Beauceron. *Avoir les jarrets morts de peur* — Être très apeuré.

Jarrette n.f. — Jarret.

Jars n.m. — Imbécile. Ex.: Espèce de jars! *Faire son jars* — Faire son important.

Jarser v. tr. — Herser.

Jasage n.m. — Bavardage.

Jase n.f. — Loquacité. Ex.: Avoir de la jase. — Causette. Ex.: Venez donc faire une petite jase. *Piquer une jase* — Jaser.

Jasements n.m. pl. — Cancans.

Jaser v. tr. — Conter. Raconter. Ex.: Venez, j'vas vous jaser leur histoire. *Jaser à* — Réfléchir à.

Jasette n.f. — V. JASE.

Jaseux, se adj. ou n.m. ou f. — Jaseur. — Cancanier.

Jaspiller v. intr. — Parler à tort et à travers en murmurant.

Jaspinage n.m. — Action de jaspiner.

Jaspiner v. intr. — Bavarder. — Maugréer. Critiquer.

Jaspineux, se adj. — Qui bavarde sans cesse. — Qui maugrée.

Jaspor n.m. — V. HOSPOR.

Jaunais n.m. ou adj. — Niais.

Jaunasse adj. — Qui tire sur le jaune.

Jaunasser v. intr. — Jaunir.

Jaunasseux, se adj. — Jaunâtre.

Jaunezir v. intr. — Jaunir.

Jaunisse n.f. — Hépatite. *Être une vraie jaunisse* — Être paresseux.

Javasse n.f. — V. JASE.

Javasser v. intr. — Bavarder.

Javelier n.m. — Faux munie d'un ratelier qui reçoit le foin et le laisse en javelles sur le sol.

Jâvelle n.f. — V. *H*ÂVEL.

Javotte n.f. — Bavard. — Enfant qui commence à parler. — Individu négligé, débraillé.

Je pron. pers. — Nous (sujet). Ex.: J'allons aller vous voir bętôt.

Jeanne d'Arc adj. *Être Jeanne d'Arc* — Se dit d'une femme qui a juré de jamais prendre de boisson alcoolisée.

Jeans (pron. djinne, djinne-ze) — Pantalon de coutil bleu. — Le tissu lui-même. Denim.

Jello (pron. djèlo) n.m. — Gélatine.

Jenne adj. — Jeune.

Jéribouére! interj. — Juron inoffensif.

Jésôme! interj. — Forme adoucie de JÉSUS!

Jésus n.m. *Faire son bon Jésus* — Joindre les mains d'un air pieux.

Jésus! interj. — Juron.

Jésus-Christ! interj. — Juron.

Jésus-Christ! (pron. djisusse crail-le'sse) interj. — Juron.

Jésus-de-plâte! interj. — Juron.

Jésus-de-poil! interj. — Juron.

Jet (pron. djète) n.m. ou f. — Avion à réaction. — Moteur à réaction. — Gicleur (de carburateur). *Jet pompe* — Pompe aspirante et foulante pour les puits profonds.

Jetée n.f. — Endroit où l'on empile le bois en billots sur le bord d'un cours d'eau et d'où on le jette à l'eau au moment du flottage. — Tout endroit d'où l'on jette du bois. — Amas de billots empilés au bord d'un cours d'eau et destinés au flottage. — Chemin d'évitement que l'on trace en hiver à côté du chemin principal pour faciliter les croisements. — Ce qu'on jette sur quelqu'un pour le couvrir.

Jeter (se) v. pron. *Se jeter à côté* — Conduire sa voiture dans la jetée, dans le chemin d'évitement.

Jeteux de sort n.m. — Sorcier.

Jeton n.m. — Bulletin de bagage. — Rejeton, tigette qui pousse aux aisselles des plantes. Ex.: Des jetons de tabac. — Pièce numérotée que l'on reçoit au vestiaire, à la consigne et qui permet d'identifier ce qu'on y a déposé.

Jetonner v. tr. ou intr. — Pousser des jetons. — Enlever les jetons.

Jeu n.m. *Entendre le jeu* — Entendre la plaisanterie. *Jeu de chiens* — Jeu qui tourne mal. *Jeu de reins* — Déhanchement.

Jeu d'eau n.m. — Jet d'eau. — Seringue.

Jeun (à) adv. *Être à jeun* — Ne pas avoir bu de boisson enivrante. *À coeur jeun* — À jeun.

Jeune n.m. — Dans le milieu carcéral, la moitié femelle d'un couple homosexuel.

Jeunesse n.f. — Une personne jeune ou qui est restée jeune. Ex.: Le père Jodouin, c'est encore une jeunesse. — Les jeunes garçons. Ex.: Je me fais aider par mes jeunesses. *Faire sa jeunesse* — S'initier à la vie adulte.

Jeunesser v. intr. — Agir à la façon des jeunes gens.

Jib (pron. djibe) n.m. — Foc, voile triangulaire à l'avant du vaisseau, le long d'un cordage. *Lâcher le jib* — Se laisser aller.

Jig n.m. — Gabarit.

Jig-saw (pron. djigue-ça) n.f. — Scie à chantourner.

Jin n.m. — Juin.

Joala n.m. — Chevalet.

Job (pron. djobbe) n.f. — Travail. Emploi. Ex.: J'ai trouvé une job. — Tâche. Ex.: V'là une bonne job de faite. — Forfait. Ex.: Travailler à la job. — Solde de marchandises. Ex.: Vendre des jobs. — Tripotage. Ex.: I a des jobs dans c't'affaire-là. *À la job* — Sans soin. Ex.: T'as fait ça à la job. *Faire la job à quelqu'un* — Le mettre à sa place. — Lui casser la gueule. — (Dans le milieu interlope) l'assassiner. *Faire la job à un animal* — L'abattre. *Faire une job* — Déféquer. *Avoir la job triste* — Travailler sans entrain. *Frapper une job* — Trouver un emploi.

Jobbabe adj. — Qu'on peut entreprendre à forfait.

Jobbage n.m. — Action de jobber.

Jobber v. tr. — Entreprendre (un ouvrage) à forfait. Ex.: C'est moué qui a jobbé c'te maison-là. — Faire négligemment (un ouvrage).

Jobbeur n.m. — Celui qui entreprend un ouvrage à forfait. Entrepreneur. — Revendeur. — Ouvrier qui travaille sans précaution.

Jocrisse n.m. — Hypocrite.

Jofflu, e adj. — Joufflu.

Johnny cake (pron. djoné-kék) n.m. — Gâteau à la farine de maïs.

Joies n.f. pl. *Faire des joies* — Faire des signes de joie. Ex.: I m'ont fait des joies quand j'suis arrivé.

Joindre v. tr. — Devenir membre de. Ex.: J'ai joint le club Rotary.

Joint n.m. — Cigarette de marijuana ou de haschisch. — Épissure.

Joint (pron. djoynte) n.m. — Lieu de rencontre (restaurant, boîte) avec un sens péjoratif.

Joke (pron. djauke) n.f. — Farce. Blague. — Tour.

Joker (pron. djauker) v. intr. — Faire des blagues.

Jokeur (pron. djaukeur), **jokeux** (pron. djaukeu) n.m. — Farceur. — Fou, bonhomme (au jeu de cartes).

Joli, e adj. — Somptueux. Ex.: De jolies funérailles. Magnifique. Ex.: Une jolie assemblée.

Joliment adv. — Beaucoup. Très. Ex.: I a joliment d'argent. Ex.: Elle est joliment laide. — Passablement. Ex.: I est joliment capabe.

Jonc n.m. — Peau qui recouvre l'anus des volailles. — Anneau (de mariage).

Jonction n.f. — Point de rencontre de deux voies de chemin de fer. — Gare de raccordement. — Raccordement de fils électriques. Ex.: Boîte de jonction.

Jonglard n.m. — Songeur.

Jongler v. intr. — Songer. Rêvasser. — Réfléchir. Penser sérieusement. Ex.: As-tu bien jonglé avant de te décider? — Être en communication avec les esprits.

Jonglerie n.f. — Rêverie. — Sorcellerie.

Jongleur, se n.m. ou f. — Sorcier. Sorcière.

Jongleux, se adj. ou n.m. ou f. — Songeur.

J'ons loc. verbale — Nous avons.

Jonte n.f. — Honte.

Jonteux, se adj. — Honteux.

Jopine n.f. — Chopine.

Jos (pron. djô) n.m. pl. — Seins.

Jote n.f. — Joue.

Joté, e adj. — Qui a de grosses joues. — Qui a de grosses bajoues (en parlant de poules).

Joual n.m. — Cheval. — Terme employé depuis 1960 dans certains milieux intellectuels pour désigner la langue québécoise.

Jouaux n.m. pl. — Chevaux.

Jouabeau n.m. ou adj. — V. JOUASSE.

Jouala n.m. — Chevalet.

Jouasse adj. — Farceur. Qui aime jouer des tours.

Jouc n.m. — Joug. — Jouquoir. — Pièce de bois moulant les épaules et servant à transporter deux seaux d'eau à la fois.

Joue n.f. — Face relevée d'un sillon.

Jouement n.m. — Jeu. Manière de jouer. Ex.: En v'là un beau jouement.

Jouer v. intr. *Ça va jouer* — Il va y avoir une lutte sérieuse. *Jouer de son reste* — Jouir de son reste.

Jouerie n.f. — Manière de jouer. *Serrer la jouerie* — Ramasser ses jouets.

Joues n.f. pl. — Fesses.

Joueux n.m. — Joueur.

Joug n.m. — Pièce de bois moulant les épaules et servant à transporter deux seaux à la fois.

Jouir v. intr. — Venir à bout de, dompter (en parlant d'un enfant ou d'un animal). Ex.: I est malcommode, y a pas moyen d'en jouir. *Jouir d'une mauvaise réputation, d'une mauvaise santé* — Avoir mauvaise réputation, une mauvaise santé.

Jouissance n.f. *Se coucher sur sa jouissance* — Faire l'amour à une femme.

Jouquer v. tr. ou intr. — Jucher. Ex.: Les poules sont jouquées. — Placer. Ex.: Jouque ça sur la tablette du haut.

Jouquer (se) v. pron. — Se jucher.

Jouquoir, jouquọis, jouquoué, jouquouére n.m. — Juchoir. Perchoir.

Jour n.m. — Banc, chevalet des scieurs de long. *Au jour d'aujourd'hui* — Aujourd'hui. *Jour de semaine, jour sur semaine* — Jour ouvrable. *Tous-les-jours* — Habits de tous les jours. Ex.: Être en tous-les-jours. *Jour à jour* — De part en part. À jour.

Journaux n.m. pl. — Les douze jours qui suivent Noël. Agets.

Journée! interj. — Exclamation de surprise ou d'admiration. Ex.: Journée! que tu m'as fait peur!

Journée n.f. *Aller en journée* — Travailler à la journée.

Jouser v. intr. — Jouer (3e pers. pl. ind. prés: I jousent; subj.: que je jouse; impératif: jousez).

Jouxte prép. — Près de. Ex.: Ma maison est jouxte le chemin.

Joyal, e adj. — Jovial.

Jual n.m. — Cheval.

Juala n.m. — Chevalet.

Jualvert! interj. — Juron inoffensif.

Jubé n.m. — Galerie, tribune avec balustrade construite sur le pourtour, dans les églises, ou seulement au fond. Ex.: Jubé de l'orgue.

Jubilaire n.m. — Personne que l'on fête.

Judicature n.f. — Bon sens. Jugement.

Jueu n.m. — Cheveu.

Juge à pa n.m. — Juge de paix.

Jugeotte n.f. — Bon sens. Jugement.

Juger v. tr. — Condamner.

Jugerie n.f. — Corps de magistrats.

Juille n.f. — Cheville.

Juiller v. tr. — Cheviller.

Juisant n.m. — Jusant, marée descendante.

Juke-box (pron. djouke-boxe) n.m. — Tourne-disque payant dans les restaurants et autres lieux de rencontre. — Gibou.

Jumbo (pron. djome-bo) n. ou adj. — Énorme. Ex.: Un hamburger jumbo, si vous pla.

Jumin n.f. — Jument.

Jump (pron. djompe) n.m. — Saut.

Jumper (pron. djomper) v. intr. — Sauter. — S'enfuir. Disparaître. — Laisser son emploi.

Jun n.m. — Juin.

Junesse n.f. — Jeunesse. — Jeune homme.

Junk (pron. djonn'ke) n.m. — Bric-à-brac. — Rebuts. — Ferraille.

Juquer v. — V. JOUQUER.

Juquois, juquoué n.m. — V. JOUQUOIS.

Jurabe adj. — Qu'on peut déclarer sous serment.

Jurer v. intr. — Gronder (en parlant d'un chat).

Jus n.m. — Boisson alcoolisée quelconque. *Jus blanc* — Sperme. *Avoir le jus malade* — Avoir une chaude-pisse.

Jusqu'à sec adv. — À sec.

Jusqu'à tant que loc. conj. — Jusqu'à ce que.

Jusqu'où ce que loc. conj. — Jusqu'où.

Jusse adj. — Juste. *Être à jusse de* — N'avoir que la quantité suffisante. Ex.: Être à jusse de pain. *À jusse* — Juste. Exactement. Ex.: La porte ferme ben à jusse. *Comme de jusse* — Certainement. Sans aucun doute. — Justement. À l'heure même. À l'instant même. Ex.: J'y allais comme de jusse quand t'as appelé.

Juste adj. *À juste* — Justement. Ex.: Cette porte ferme à juste. *Comme de juste* — Certainement. Sans aucun doute. — Justement. À l'heure même. À l'instant même. Ex.: J'y allais comme de juste quand t'as appelé.

Juun n.m. — Juin.

Juyette n.m. — Juillet.

Jval n.m. — Cheval.

Jveu n.m. — Cheveu.

Jville n.f. — Cheville.

Jviller v. tr. — Cheviller.

K

Kangarou n.m. — Kangourou.

Karossine n.f. — Kérosène.

-Ke remplace **-cle** (Ex.: Onke, artike, bouke), **-cre** (Ex.: Enke, diake) **-ct, -cte** (Ex.: Correke, architèke).

Kendoille n.m. — V. CANDOG.

Kersiller v. intr. ou imper. — Pétiller. — Grésiller.

Ketch n.m. — Pêne (de serrure).

Ketchup (pron. ketchope) n.m. — Genre de sauce aux tomates. *L'affaire est ketchup* — Tout est parfait.

-Ki remplace **-ti** devant voyelle. Ex.: Amikié. Chrékien. Kiens-le ben.

Kick n.m. — Coup de pied. *Avoir le kick sur quelqu'un* — Être amouraché de. *Pour le kick* — Pour le plaisir.

Kick down (pron. kikdaoune) n.m. — Accélération rapide.

Kicker v. tr. ou intr. — Donner un coup de pied à. — Ruer. — Botter (au football). — Protester. Critiquer. Ex.: Arrête donc de kicker un peu pis aide-nous. — Flancher.

Kickeux, se adj. ou n.m. ou f. — Critiqueux. — Flancheur.

Kid n.m. — Chevreau. Ex.: Des gants de kid. — Enfant. Ex.: Amène tes kids si tu veux.

Kidnapping (pron. kidnapigne) n.m. — Kidnappage.

Kif-kif adj. ou adv. *Être kif-kif* — Tituber. — Être égaux, arriver en même temps (aux jeux).

King-pin (pron. kigne-pine) n.f. — Axe de pivotement. Pivot.

King-size (pron. kigne-saill'ze) loc. adj. — Grand format.

Kiosque n.m. — Stand (à l'intérieur d'une exposition, d'un salon).

Kiouke n.m. — Ivrogne.

Kiss n.m. — Baiser. — Bonbon de mélasse.

Kisser v. tr. — Exciter (un chien en criant: kisse, kisse ou ksse, ksse). — Effleurer. Ex.: Le bâton a kissé la balle. — Donner une volée.

Kit n.m. — Trousse. — Ensemble. Nécessaire pour l'assemblage. Ex.: Un kit de carburateur. *Tout l'kit* — Toute l'affaire.

Kit bag (pron. quitte-bague) n.m. — Trousse. — Musette.

Kitchenette n.f. — Cuisinette.

Knob (pron. nobe) n.m. — Bouton (de porte).

Knocker (pron. noké) v. tr. — Frapper. — Assommer.

Kodak n.m. — Appareil photo.

Kosher (pron. kôcheu) adj. — Cachère.

Kotex n.m. — Serviette hygiénique.

Kyok n.m. — Pénis.

L

Lab n.m. — Labo.

Label (pron. léboule) n.m. — Label (pron. label).

Laboureux n.m. — Homme habile à labourer.

La celle pron. dém. f. — Celle. Ex.: Je veux avoir la celle que j'prends d'habitude.

Lâche adj. *Être lâche à* — Se faire prier pour. — Être maladroit. Ex.: Est ben lâche à faire la popotte.

Lâcher v. tr. — Abandonner. Ex.: J'ai lâché la fanfare. — Laisser. Ex.: Lâche-le tranquille. — Cesser. Ex.: I lâche pas de parler. *Lâcher son fou* — S'amuser follement. *Lâcher le jib* — Se laisser aller. *Lâche-moi la paix* — Fiche-moi la paix. *Lâcher la patate* — Abandonner. Ex.: Lâche pas la patate parce que tu vas finir par réussir.

Lâcher (se) v. pron. — Péter. — Donner tout l'effort dont on est capable. Ex.: T'as besoin de te lâcher pour finir ça. — Se dit d'un temps lourd qui tourne à l'orage. *Se lâcher lousse* — Faire le fou.

Lâcherie n.f. — Lâcheté.

Lâchet n.m. — Ver de terre. Appât.

Lâcheux n.m. — Qui abandonne vite la partie. — Qui abandonne ses amis en train de fêter.

Lacon n.m. — Petit lac.

Lacordaire n.m. — Qui a juré de ne pas prendre une seule goutte de boisson alcoolisée.

Lacquer (pron. laqueu) n.m. — Laque.

Lacrosse n.f. — Crosse (jeu). Ex.: Une partie de lacrosse.

Là dévoù, là déyoù, là èoù, là èvoù, là éyoù c'que loc. conj. — Où. Ex.: Là déyoù c'qu'on va?

Lager (pron. lâgueu) n.f. — Bière légère.

Laiche n.f. — V. LÂCHET.

Laidir v. intr. — Enlaidir.

Lailles n.f. pl. *Tracteur sur lailles* — Tracteur sur chenilles.

Laine d'acier n.f. — Paille d'acier pour le nettoyage et l'entretien.

Là ioù, là ioù c'que loc. conj. — Où.

Laisse n.f. *En laisse* — Content.

Lait (pron. lait ou laite) n.m. — Lait. Ex.: Vache à lait. *Lait golluant* —

Premier lait d'une vache qui vient de vêler. *Lait de poule* — Bouillon de poule. *Lait condensé* — Lait concentré. *Retenir son lait* — Se laisser désirer. Se faire attendre.

Lait de beurre n.m. — Babeurre, liquide qui reste après le barrattage du beurre.

Laite adj. — Laid. Ex.: T'as d'jà vu un gars laite comme lui. *Faire laite* — Avoir l'air laid. — Faire mauvais temps.

Laiterie n.f. — Petit bâtiment de ferme gardé frais pour conserver certains produits alimentaires. — Poitrine (de femme).

Laize n.f. — Bande étroite. Ex.: Une laize de papier. — Lisière (d'étoffe).

Lambe n.m. — Amble.

Lambinage n.m. — Action de lambiner.

Lambine n.f. — Hart tordue ou grosse corde servant à relier les bâtons de traîneau.

Lambinerie n.f. — Lambinage.

Lambineux, se adj. — Lambin.

Lambleur adj. — Ambleur.

Lambourbe n.f. — Lambourde.

Lambre n.m. — Amble.

Lambrer v. intr. — Ambler.

Lambreur, se adj. — Ambleur.

Lambreux adj. ou n.m. — Ambleur. — Lambin.

Lambrissage n.m. — Revêtement extérieur d'une maison, d'une bâtisse.

Lambrisser v. tr. — Revêtir de planches la face extérieure d'une maison, d'une bâtisse.

Lame n.f. — Rame (de papier).

Lamelle n.f. — Morceau très mince (de cuir).

Lampadaire n.m. — Qui allume les lampes.

Lampe de nuit n.f. — Veilleuse.

Lampée n.f. — Contenu d'une lampe.

Lampraie n.f. — Lamproie.

Lance n.f. — Lançage, lancement (d'un navire).

Lancé, e part. passé — Pris de boisson. — Élancé. Fluet.

Lancement n.m. — Élancement.

Lancer v. tr. — Donner un coup de lancette. Ouvrir (un abcès). — Élancer. Ex.: Ce doigt me lance. — Au baseball, envoyer la balle au frappeur.

Lancer n.m. — Au baseball, la projection de la balle au frappeur.

Lancer (se) v. pron. — Employer tous les moyens. Faire de son mieux. Ex.: Tu te lances en grand dans c't'affaire-là, mon garçon.

Lancette n.f. — Aiguillon. Dard. Ex.: La lancette d'une abeille, d'un serpent.

Lancigne n.f. — Balançoire.

Landaine n.f. — Débarcadère. — Endroit où l'on met les billots près d'une rivière où on les flottera. — Quantité de billots accumulés à cet endroit.

Lander (pron. lann'dé) v. intr. — Tomber. Ex.: I a landé sul dos.

Landouille n.f. — Andouille. Ex.: Espèce de landouille.

Landrie n.f. — Buanderie.

Langue n.f. — Languette (de soulier). *Ne pas avoir sa langue dans sa poche* — Avoir la langue bien pendue. *Manger sa langue* — Ravaler ses paroles. Ex.: J'voulais y casser la yeule mais i a mangé sa langue avant.

Languette n.f. *Marcher sur la languette* — S'efforcer de marcher droit quand on est pris de boisson. — Avoir une démarche affectée. — Côtoyer l'illicite.

Lanlaire n.m. — Grenier. — Étage supérieur.

Lantenne n.f. — Antenne.

Là où c'que loc. conj. — Là où. Où.

Lapel n.m. — Revers (de veston).

Lapin n.f. *Mère-lapin* — Lapine. *En criant lapin* — Tout de suite. — Rapidement. *Être un chaud lapin* — Aimer faire l'amour souvent.

Lapine n.f. *Mère-lapine* — Lapine.

Laquêche n.f. — Sorte de hareng d'eau douce.

Laquet n.m. — Hoquet. Ex.: Avoir le laquet. — Loquet. — Médaillon d'ornement.

Laqueulle pron. rel. f. — Laquelle.

Lard n.m. — Porc. Ex.: Engraisser un lard. Chair de porc. Ex.: Un rôti de lard. *Faire son lard* — Élever du porc pour sa consommation. — Être paresseux.

Large n.m. — Partie de terre éloignée du fleuve, du chemin de front, de la maison. *Les larges* — Région éloignée du fleuve.

Large adj. — Grand (grandeur de vêtements). *Pas en mener large* — Être épuisé. Être à bout. — Être malade.

Largir v. intr. — S'élargir. Ex.: I largit des épaules.

Largue n.f. — Temps d'arrêt. Break.

Larguer v. tr. — Laisser. Laisser aller. Largue-moi donc. Largue-moué donc patience.

Larico-coco loc. — Chant populaire dans les collèges classiques.

Larmoyages n.f. pl. — Pleurnicheries.

Last call (pron. lasse-câle) n.m. — Dernier appel (pour le service de bière dans les tavernes et brasseries).

Lastine n.m. — Lasting, étoffe de laine rose très solide. — Étoffe élastique employée pour chaussures.

Lastique n.m. — Élastique. Bande élastique. — Caoutchouc. Ex.: Des claques en lastique. — Étoffe élastique employée pour chaussures.

Laundry (pron. lânedré), **landry** n.f. — Buanderie.

Laurentien, ne adj. — Propre au Saint-Laurent, à la vallée du Saint-Laurent.

Lavage n.m. *Faire son lavage à la main* — Se masturber.

Lavé, e adj. — Battu. — Détruit.

Lave-mains n.m. — Lavabo. — Évier.

Laver v. intr. — Se laver. Ex.: Cette toile lave très bien. — Se dit d'une eau, d'un savon ayant les propriétés nécessaires pour laver.

Laverie n.f. — Petite pièce où on lave la vaisselle.

Laveuse n.f. — Planche à laver. — Machine à laver.

Laveux n.m. — Laveur. — Baquet utilisé pour le lavage.

Laveyer v. intr. — Louvoyer.

Lavier n.m. — Évier. Ex.: Jeter l'eau dans le lavier.

Lavisse n.f. — Vis.

Là voù loc. conj. — Là où. Où.

Lavouère n.m. — Lavoir. — Évier.

Lawn (pron. lâne) n.m. — Linon de coton. — Pelouse.

Lawn-tennis (pron. lâne tennis) n.m. — Paume au filet (jeu de balle).

Lb., lbs. abréviation — Livre (poids).

Lé pr. pers. — Le. Ex.: Dis-moué-lé.

Leader (pron. lideu) n.m. — Casse-ligne, avançon, allonge à une ligne de pêche servant à nouer l'hameçon.

Leave (pron. live) n.m. — Congé (pour un militaire).

Lé celui pron. dém. — Celui.

Léchage n.m. — Habitude de cajoler, de flatter.

Lécheux n.m. — Lécheur. Flatteur.

Lécole n.f. — École. Ex.: Aller à la p'tite lécole.

Lecture n.f. — Conférence. Cours.

Lecturer v. intr. — Faire une conférence. Donner un cours.

Ledger (pron. laide-jeu) n.m. — Grand livre. — Livre de comptabilité.

Légal, e adj. — De la loi. Du droit. Ex.: Études légales. — D'avocat. Ex.: Profession légale. — Du barreau. Ex.: Carrière légale.

Légearte adj. f. — Légère.

Légearté n.f. — Légèreté.

Légende n.f. — Conte. — Histoire fausse. Ex.: Fais pas des légendes.

Légère adj. m. ou f. — Léger. *Avoir la main légère* — Être prompt à frapper.

Légerte adj. f. — Légère.

Leghorn (pron. lègue-orne) n.f. — Paille d'Italie. Ex.: Chapeau de Leghorn. — Poule de Livourne (Italie).

Législater v. intr. — Légiférer.

Légistrateur n.m. — Régistrateur.

Légonne n.m. — V. LEGHORN.

Légueume n.f. — Légume (n.m.).

Léguines n.f. pl. — Chaussettes de laine qui montent jusqu'aux genoux.

Légume n.f. — Légume (n.m.).

Lé*h*er adj. — Léger.

Lé*h*ende n.f. — Légende.

Lemeure (à) loc. adv. — Tout à fait.

Lempeigne n.f. — Empeigne (de chaussure).

Lende n.f. — Lente, oeuf de pou.

Lendemain n.m. *Lendemain de la veille* — Indisposition le lendemain d'une brosse.

Lendilles n.f. pl. — Lentilles.

Lendrette n.m. — L'endroit.

Lendroit n.m. — Endroit (opposé à envers). Ex.: Le lendroit de l'étoffe.

Lentines n.f. pl. — Lentilles.

Lenvers n.m. — Envers. Ex.: Regarder le lenvers d'une étoffe.

Lequellesse, laquellesse, lesquellesses pr. dém. — Celui, celle, ceux, celles. Ex.: Lesquellesses qui sont pas contents, qu'i s'lichent.

Lequel qui, laquelle qui pr. interrog. — Qui. Ex.: Lequel qui veut s'en aller?

Lequeul, laqueulle pr. rel. ou interrog. — Lequel, laquelle.

Les celles pr. dém. f. pl. — Celles. Ex.: Les celles que j'ai connues.

Les cellesses pr. dém. m. ou f. pl. — Ceux, celles. Ex.: Les cellesses qui en veulent, qu'i s'approchent.

Les ceuses, les ceusses pr. dém. m. ou f. pl. — Ceux, celles. Ex.: Viendront les ceuses qui voudront.

Les ceux pr. dém. m. pl. — Ceux. Ex.: Les ceux qui veulent.

Lessi n.m. — Eau de lessive, soude ou potasse qu'on fait dissoudre dans l'eau pour lessiver le linge, laver les planchers.

Lessiver v. tr. — Faire bouillir dans de la lessive. Ex.: Lessiver du blé d'Inde.

Lête n.f. — Phare.

Létiquette n.f. — Étiquette.

Létousse n.f. — Phare (navigation).

Lettre n.f. *Faire à la lettre* — Respecter l'étiquette.

Lettre-morte n.f. — Rebut de la poste.

Leune n.f. — Lune.

Leurs (pron. leurze) pr. pers. — Leur (devant une voyelle). Ex.: Je leurs ai dit.

Leux adj. poss. — Leur, leurs. Ex.: Leux pére.

Leux pr. poss. — Leur. Ex.: Dis-leux, c'est tout. — Eux. Ex.: C'est leux deux qui l'ont fait.

Levain n.m. — Venin. Bave. Ex.: Du levain de crapaud.

Levé n.m. — Levée (au jeu de cartes).

Lève-cul n.m. — Larve de maringouin.

Levée n.f. — Terre éboulée qu'on retire d'un fossé et qu'on dépose sur un de ses bords. — Bord du fossé. — Bordure d'herbe le long des clôtures ou des fossés qui ne peut être fauchée à la faucheuse. — Levage, action de dresser les pièces d'une charpente. *Levée du jour* — Lever du soleil.

Level (pron. lèvule) adj. — Égal. — De niveau.

Lève-matin n.m. — Lève-tôt.

Lever n.m. — Levage.

Lever v. tr. ou intr. — Dresser les pièces (d'une charpente). *Lever une prairie, une friche* — Labourer une prairie, une friche. *Lever un chemin* — Tracer un chemin après une tempête de neige. — Faucher le foin chaque côté du chemin. *Lever une chape, une libèche, une gratte, un branle, une sarabande* — Faire un sermon, une semonce. *Lever les oeufs* — Ramasser les oeufs. *Faire lever* — Lever, faire partir une pièce de gibier. *Lever à la gelée, lever de la gelée* (en parlant des chemins, de la terre) — Se soulever, s'ouvrir sous l'action du gel. *Lever les pattes* — S'en aller. — Mourir. *Lever la main sur quelqu'un* — Le caresser.

Lever (se) v. pron. *Se lever le gros bout le premier* — Se lever de mauvaise humeur.

Leveur n.m. — Homme qui dresse les pièces de charpente.

Lévier n.m. — Évier.

Li, lie part. passé — Lu. Ex.: J'ai li ça dans sa lettre.

Lian n.m. — Lien.

Liard n.m. — Peuplier du Canada.

Libarre n.f. — Ellébore.

Libèche n.f. — Lanière. Petite bande. Petit morceau. Ex.: Une libèche de viande. Une chemise en libèches. — Traînée. Ex.: Une libèche d'enfants. *Lever une libèche* — Donner une semonce.

Libel n.m. ou f. — Label. Étiquette.

Licences n.f. pl. — Document d'immatriculation d'un véhicule automobile. — Permis de conduire.

Licencié, e adj. ou n.m. ou f. — Qui a une licence, un permis de vendre certaines marchandises et en particulier de la bière et du vin. Ex.: Épicerie licenciée. *Licence complète* — Se dit d'un restaurant qui a le permis de vendre de la bière et du vin à table ainsi qu'un permis de bar.

Lichage n.m. — Flatterie. — Action de lécher. — Action de flatter.

Liche-cul n.m. — Lèche-cul.

Lichée n.f. — Quantité que l'on peut prendre d'un coup de langue.

Lichefrite n.f. — Lèchefrite.

Liche-plat n.m. — Celui qui finit tous les plats.

Licher v. tr. — Lécher. — Lisser (les cheveux). — Voler. — Chercher à obtenir en flattant. Ex.: Licher une place. *Se licher la palette, la patte, se licher* — Aller au diable. Ex.: Va te licher la patte!

Licherie n.f. — Action de licher. — Action de flatter. — Friandise.

Lichette n.f. — Petite quantité. — Caresse. — Flatterie.

Licheur n.m. — Gourmet.

Licheux, se adj. ou n.m. ou f. — Affectueux. — Flatteur. — Liche-plat.

Lieu de (en) loc. prép. — Au lieu de.

Lieues n.f. pl. *Faire des lieues pour* — Faire de nombreuses démarches pour.

Lieur de (au ou **en)** loc. prép. — Au lieu de.

Lieutenant-gouverneur (aller voir le) loc. — Aller uriner.

Lieuve, lieuvre n.m. — Lièvre. *Pleumer son lieuve* — Vomir en état d'ivresse.

Lieux n.m. — Cabinet de toilettes.

Life-belt (pron. laill'fe belle) n.f. — Ceinture de sauvetage.

Life-boat (pron. laill'fe bôte) n.m. — Canot de sauvetage.

Life-guard (pron. laill'fe gârde) n.m. — Sauveteur, surveillant (sur les plages.

Lift n.m. — Pont élévateur (dans un garage). — Trajet. — Trajet dans la voiture d'un autre. Ex.: Donne-moi un lift jusqu'au métro. *Prendre un lift* — Voyager sur le pouce. — Prendre à bord quelqu'un qui fait du pouce.

Lighter (pron. laill'teu) n.m. — Briquet.

Ligne n.f. — Domaine (activité principale). Ex.: Dans quelle ligne êtes-vous? *Fossé de ligne, clôture de ligne* — Fossé, chemin entre deux terres. *Chemin de ligne* — Chemin public établi dans la ligne qui sépare deux cantons. *Ligne de profond* — Profondeur de cinq brasses. *Couper de la ligne* — Couper les arbres et branchages pour faire un sentier qui permet aux techniciens miniers de passer pour détecter la présence de minerais particuliers. *Les lignes* — Frontière qui sépare le Canada des États-Unis. *Ligne de marchandises* — Catégorie de marchandises. *Au bout de la ligne* — En fin de compte. *Lignes domestiques* — Lignes intérieures (aviation). *Ligne engagée* — Ligne occupée. *Ligne privée* — Ligne individuelle. *Gardez la ligne* — Ne quittez pas (téléphone). *Une ligne payante* — Commerce payant. *Ligne* (dans un magasin) — Assortiment. *Fermer la ligne* — Raccrocher. *Couper la ligne* — Intercepter la communication. *Ouvrir la ligne* — Décrocher. *Lâcher la ligne* — Céder la ligne.

Lignée n.f. — File. Ex.: Une lignée d'acheteurs.

Ligné, e adj. — Écrit.

Ligner v. intr. — Pêcher à la ligne.

Lignette n.f. — Petit filet de crin en noeuds coulants pour prendre des oiseaux de neige.

Ligneu n.m. — Ligneul, fil enduit de poix à l'usage des cordonniers.

Limande n.f. — Rampe servant à attacher les chevaux dans un parc de stationnement.

Limaro n.m. — Numéro.

Lime n.f. — Personne qui trouve toujours à redire.

Limer v. intr. — Pleurnicher. — Répéter toujours la même chose.

Liméro n.m. — Numéro.

Limeur n.m. — Pleurnicheur.

Limeux, se adj. ou n.m. ou f. — Limeur.

Limite à bois n.f. — Partie du domaine forestier que le gouvernement cède pour l'exploitation du bois de pulpe et de construction. Concession forestière.

Limitée adj. f. — Suit le nom d'une compagnie pour indiquer que les actionnaires ne sont responsables que du montant de leur mise de fond.

Limon n.m. — Fruit qui ressemble au citron mais reste vert et dont le jus est plus aigre. — Timon.

Limoner v. intr. — Pleurnicher. — Hésiter. — Lambiner.

Limoneux, se adj. — Lambineux. — Rempli de neige sans consistance (en parlant de chemins d'hiver). — Pleurnicheur. — Rabâcheur.

Linaire adj. — Lunaire.

Linas n.m. — Lilas.

Lindenne n.f. — Endroit où l'on corde du bois près d'une rivière avant le flottage.

Lineu n.m. — Ligneu.

Liochon n.m. — Le dernier de la famille. — Mioche.

Lippe n.f. *Faire la lippe* — Pleurnicher.

Lipstick n.m. — Rouge à lèvres.

Liqueur n.f. *Commission des liqueurs* — Société des alcools. *Liqueurs douces* — Boissons gazeuses. *Liqueurs fortes* — Alcools. — Boissons alcooliques.

Liquide n.m. — Boisson alcoolisée quelconque.

Liquiére n.f. — Litière.

Lis (pron. li ou lisse) n.m. *Lis d'eau* — Nymphéa odorant. *Fleur de lis* — Marque qu'est censé avoir au palais ou sous la langue le septième enfant mâle né d'une même mère.

Lisabe adj. — Facile à lire.

Lisage n.m. — Action de lire. Lecture.

Liseux n.m. — Liseur.

Lissage n.m. — Action de poser des lisses à un traîneau.

Lisse n.f. — Levain. — Rail de chemin de fer. — Lame de métal fixée sous le patin d'un traîneau. — Trace des patins de traîneaux ou des roues dans les chemins. — Liste.

Lisser v. tr. — Garnir de lisses (un traîneau).

Lissi n.m. — V. LESSI.

Lissive n.f. — Lessive.

Lissiver v. tr. — Lessiver.

Liste n.f. *Liste des vins* — Carte des vins. *Liste noire* — Liste de noms de ceux exclus d'un établissement, d'une association, etc.

Lister v. tr. — Enregistrer. — Coter. Ex.: Lister des actions à la bourse.

Lit n.m. — *Lit de chaîne* — Chaîne au bout du trait par laquelle on attache le trait au bas-cul.

Lit à baldaquin, lit en étagère n.m. — Lits superposés.

Lite n.m. — Lit.

Liter v. tr. — Faire la litière (des animaux). — Appliquer quelque chose sur un lit de sable, de mortier, de mastique. Ex.: Liter une pierre, une vitre.

Literie n.f. — Laiterie.

Litousse n.f. — Phare (sur la mer).

Littérature n.f. — Documentation (brochures).

Littoral n.m. — Grève. Plage.

Living room (pron. livigne roume) n.m. — Salon. Salle de séjour. Vivoir.

Livre de messe n.m. — Missel.

Livre d'or n.m. — Registre que signent des dignitaires lors de leur visite.

Lo ou low n.m. *Cuire sur le low* — Cuire à feu doux. *Mettre sur le lo* — Chauffer à faible intensité. — Mettre à basse vitesse.

Loadé, e adj. — V. LÔDÉ.

Loader v. tr. — Charger.

Loader (pron. lôdeu) n.m. — Chargeuse.

Loafer (pron. lôfé) — V. LÔFER.

Loafers (pron. laufeuze) n.m. — Souliers d'intérieur très confortables.

Lobby n.m. — Vestibule d'un hôtel. — Équipe spéciale détachée d'une compagnie, d'un groupe d'intérêts dont la fonction est d'influencer par une documentation et autres moyens de pression les législateurs en leur faveur. Ex.: Le lobby des compagnies de viande à Ottawa.

Lobbying (pron. lobé-igne) n.m. — Action de faire pression sur des hommes politiques pour les amener à légiférer dans le sens des intérêts de groupes précis.

Local, e adj. — Provincial. Ex.: Des élections locales. — À destination peu éloignée (en parlant d'un train).

Local n.m. — La plus petite unité dans la hiérarchie syndicale. Ex.: Le local 440 des électriciens. — Législature de la province. — Train à destination peu éloignée. *Local 12* — Poste 12 (téléphone).

Localisation n.f. — Action de tracer une route, de faire le tracé d'un chemin de fer.

Localiser v. tr. — Tracer. Ex.: Localiser une route. — Repérer. Ex.: Localiser un gibier.

Loche n.f. — Sorte de poisson d'eau douce. — Poulamon. — Têtard.

Locker (pron. lâkeu) n.m. — Case (d'habillement).

Locker (pron. lâké) — Faire passer (un bateau) dans une écluse. — Serrer (une forme) (terme d'imprimerie).

Lock-jaw (pron. lâk-djâ) n.m. — Tétanos.

Locrer v. tr. — Enduire d'une peinture dans laquelle on a mis de l'ocre.

Lôdé, e adj. — Avoir beaucoup d'argent.

Lôfage n.m. — Action de lôfer.

Lôfer v. tr. ou intr. — Flâner. Ne rien faire. — Chômer. — Prendre une journée de congé. — Enlever. Voler. Ex.: I m'a lôfé ma pipe. *Lôfer un coup* — Se faire payer un verre.

Lôfeur n.m. — Fainéant.

Log (pron. logue) n.m. — Loch, instrument qui mesure la vitesse d'un navire. — Billot. Ex.: Une cabane en logs.

Log book (pron. logue bouc) n.m. — Livre de bord. Journal de bord.

Logement n.m. — Espace. Ex.: I y a du logement dans ta maison.

Loger v. tr. ou intr. — Situer, fixer l'emplacement d'une bâtisse. — Construire. Ex.: Je vas me loger une grange au printemps. — Mettre en prison. — Mettre à l'asile. — Se construire une maison. Ex.: I va se loger c't'automne. *Loger une plainte* — Porter plainte.

Loges n.f. pl. — Asile d'aliénés. Ex.: Aller aux loges. Mourir aux loges.

Logne n.f. — Longe, corde ou courroie pour attacher un cheval.

Loille n.f. — Log.

Loin adv. *Avoir loin* — Avoir un long chemin à faire. Ex.: I a loin pour aller à l'école.

Loin-z-à-loin(de), loin-z-en-loin(de) loc. adv. — De loin en loin.

Lolo n.m. — (Terme enfantin) Eau ou lait.

Londain n.m. — V. ANDAIN.

Long n.m. *De long en long* — De long en large. *Tout au long* — Au complet. Textuellement.

Longe n.f. — Branche fine d'un arbre. — Petit bout du tronc d'un arbre. Toppe. Ex.: J'ai tiré deux billots de c't'arbe-là pis avec la longe j'ai fait du bois de chauffage.

Longée n.f. — Une certaine longueur.

Longère n.f. — Tranche (de viande).

Longitude n.f. — Longueur.

Long jeu n.m. — Microsillon.

Long nose (pron. logne nôze) n.f. — Pince à long bec.

Longue n.f. *À la longue du temps* — À la longue.

Longue distance n.m. — Appel interurbain.

Longueur n.f. — Langueur.

Look (pron. louque) n.m. — Regard. Ex.: I m'a garroché un look qui en disait long.

Loon (pron. loune) n.m. — Huard.

Loop (pron. loupe) — V. LOUPE.

Loose (pron. lousse) adj. — Lâche. Qui n'est pas tendu. Qui n'est pas serré. Ex.: I a un taraud de loose. — Ample. Flottant. Ex.: Ton coat est trop loose. — Libre. Sans entraves. Ex.: Le cheval est loose dans l'écurie. — Vaste. Avec beaucoup d'espace libre. Ex.: C'est loose dans c't'amphithéâtre. *Avoir du loose* — Être desserré. *Donner du loose* — Desserrer. Détendre. Donner de la corde. *Être loose*

— Avoir des moeurs plus libres que le milieu où on se trouve. *Du grain loose* — Du grain en vrac.

Loqué, e adj. — V. LUCKY.

Loquet n.m. — Hoquet. Ex.: J'vas t'le faire passer, ton loquet, moué. — Médaillon d'ornement.

Lorry (pron. loré) n.m. — Camion. — Wagonnet de chemin de fer.

Lot n.m. — Troupeau. Ex.: Un beau lot d'animaux. — Bande. Ex.: Un lot de gamins. — Chacune des terres dont se compose un rang. Ex.: J'ai un lot dans le rang 6.

Louabe adj. — Qui peut être loué.

Loucher v. intr. *Loucher du bord de* — Regarder quelqu'un de travers. — Avoir un oeil sur.

Loucheux, se adj. — Loucheur.

Loud speaker (pron. laoude spikeu) n.m. — Haut-parleur.

Loué n.f. — Loi.

Louis-Philippe-sur-la-glace (se passer un) loc. — Se masturber.

Lounge (pron. laoun'ge) n.m. — Salon (dans un hôtel).

Loup n.m. *C'est pas le loup* — C'est pas le diable. Ça vaut pas grand-chose.

Loupe n.f. — Boursouflure sur l'écorce d'un arbre. — Cadre (antenne).

Loup-marin n.m. — Phoque.

Lousque, lousse adj. — V. LOOSE.

Louveyer, loveyer v. intr. — Louvoyer.

Love v. tr. — *Aime* entre deux noms gravé sur des troncs d'arbres ou peint sur des rochers. Ex.: Annick love Patrick.

Loyer n.m. — Logement qu'on loue. *Être à loyer* — Être locataire.

Luck (pron. loque) n.f. — Chance. Ex.: Avoir de la luck.

Lucky (pron. loqué) adj. — Chanceux.

Luette n.f. *Se rincer la luette* — Prendre un verre.

Lumber jack (pron. lom'beu djaque) n.m. — Bûcheron. — Colosse.

Luméro n.m. — Numéro.

Lumière n.f. — Ampoule (électrique). *Lumière d'extension* — Baladeuse.

Lumières n.f. — Phares (de voiture). — Feux (de circulation). *Allumer ses lumières* — S'ouvrir les yeux.

Lumignon n.m. — Coccyx.

Lunch (pron. lonn'che) n.m. — Bouchée. Goûter. Casse-croûte. *Porter le lunch* — Suivre autrui. *Boîte à lunch* — Boîte métallique qui sert aux travailleurs à transporter leur lunch.

Luncher v. intr. — Prendre un repas léger.

Lune n.f. *Jours de lune perdue* — Temps qui s'écoule du dernier quartier de la vieille lune au premier quartier de la nouvelle. *Être dans ses lunes* — Menstruer. *Attendre une lune* — Attendre longtemps.

Lunes n.f. pl. — Fesses.

Lutter v. tr. — Frapper avec un véhicule en marche. Ex.: Y a un maudit fou qui a lutté un de mes moutons.

Lutter (se) v. pron. — Heurter. Ex.: Se lutter sur un poteau. — Se battre.

Lyre n.f. — Rengaine. Rabâchage. Ex.: C'est toujours la même lyre avec lui. — Lubie. Fantaisie.

Lyrer v. intr. — Pleurer, pleurnicher en soutenant certaines notes comme un chanteur. — Rabâcher toujours la même chose.

Lyreur, se n.f. — Qui lyre. — Individu hargneux.

M

Mabre n.m. — Marbre.

Mac n.m. — Coureur de jupons.

Macâbe adj. — Pesant. Ex.: Un pardessus macâbe. — Pénible. Ennuyeux. Ex.: C't'une affaire ben macâbe. — Triste. Ex.: I a l'air macâbe depuis quèque temps.

Macâblement adv. — Probablement. Ex.: Macâblement que j'irai.

Macadémiser v. tr. — Macadamiser.

Macanaw n.m. — V. MACKINAW.

Mâchabe adj. — Qui peut être mâché.

Mâche n.f. — *En mâche* — En appétit. *Être en mâche de* — Être disposé à.

Mâchée n.f. — Quantité de gomme qu'on mâche à la fois. Ex.: Une mâchée de gomme.

Mâche-malo, mâche-mélo n.m. — Guimauve. *Être mâche-malo* — Être mollasson.

Macher v. tr. — Meurtrir. Contusionner. Ex.: Se macher le talon. — Écraser. Ex.: Un fruit maché. — Piler. Ex.: Des patates machées.

Mâcheux n.m. — Mâcheur.

Machicoter v. tr. ou intr. — Mâcher lentement et avec peine ou dégoût. — Taquiner. Importuner. Ex.: Arrête donc d'le machicoter.

Machinage n.m. — Machination.

Machine n.f. — Machin. Ex.: Passe-moué c'machine-là. — Personne qu'on ne peut ou ne veut nommer. Ex.: Machine est-i arrivé? — Automobile. Ex.: I sont venus en machine. *Machine à jus* — Centrifugeuse.

Machine! interj. — Exclamation qui exprime le découragement, l'admiration.

Machine shop n.f. — Atelier d'usinage.

Machinerie n.f. — Machination. — Chose, affaire embarrassante, compliquée.

Mâchouillage n.m. — Action de mâchouiller. — Répétition inutile.

Mâchouiller v. tr. — Mâchonner.

Machure n.f. — Meurtrissure. Contusion. — Tache sur un fruit.

Mackinaw n.m. — Gros manteau trois quart de toile souvent doublé de mouton.

Maçonne n.f. — Maçonnerie.

Macramé n.m. *Être habillé en macramé* — Porter des vêtements d'artisanat.

Madame n.f. — Dame. Ex.: Elle fait sa madame. Dis bonjour à la madame. — Homosexuel.

Madame! interj. — Dame!

Madelinot, e adj. ou n.m. ou f. — Habitant des îles de la Madeleine.

Madone n.f. — Prude. Ex.: Elle fait sa madone.

Mâfler (se) v. pron. — Prendre des manières raides. S'irriter. Ex.: I a commencé à se mâfler quand j'lui en ai parlé.

Mâflu, e adj. — Avec de grosses joues.

Mag n.f. — Jante chromée d'une roue d'automobile.

Maganer v. tr. — Maltraiter. Malmener. Ex.: Magane pas le chien, là. — Fatiguer. Affaiblir. Ex.: Mon rhume me magane pas mal. — Détériorer. Endommager. Briser. Friper. Salir. Ex.: Tu vas maganer tes souliers du dimanche si tu vas jouer avec. Ces chemins-là, ça magane les chars.

Maganer (se) v. pron. — Se fatiguer.

Magasin n.m. — Poitrine d'une femme. Ex.: Avoir le magasin à l'air. *Magasin de fer* — Quincaillerie. *Magasin de seconde main* — Magasin d'occasion. Regrattier. *Magasin général* — Magasin où l'on vend autant de denrées alimentaires que sèches. *Magasin de gros* — Grossiste.

Magasiner v. intr. — Faire des emplettes. Courir les magasins. — Faire l'amour.

Magasinette n.m. — Boutique où l'on vend des confiseries, des cigarettes.

Magasineuse n.f. — Coureuse de magasins.

Magazine n.f. — Magazine (n.m.).

Magazine n.m. — Chargeur, magasin (d'arme à feu).

Magies n.f. ou m. pl. — Tours de passe-passe. — Instruments servant au magicien.

Magifique adj. — Magnifique.

Magnabe adj. — Maniable. — Accommodant. Facile.

Magnant n.m. — Fainéant. — Masturbateur.

Magnant, e adj. — Facile en affaires. Ex.: J'aime ça faire des affaires avec lui, i est ben magnant.

Magnatiser v. tr. — Magnétiser.

Magnére n.f. — Manière.

Magnéser v. tr. — Magnétiser.

Magnier v. tr. — Manier.

Magniéreux, se n.m. — Maniéré.

Magnoche n.f. — Mailloche.

Mâgonne n.f. — Glace qui, au moment de la fonte, se remplit d'alvéoles.

Mâgot n.m. — Grande quantité. Ex.: I a tout un mâgot de livres.

Magré prép. — Malgré.

Mahogany (pron. ma*h*âgoné) n.m. — Acajou.

Mai n.m. — Mât (pour un drapeau).

Maignabe adj. — Maniable.

Maigrâilles n.f. pl. — Parties du porc plutôt maigres qu'on ne peut saler, par opposition à dérail.

Maigre adj. *Maigre comme un chicot, comme un carême, comme un manche à balai, comme un frame de bicique* — Très maigre.

Maigrechine, maigrechigne n.m. ou f. — Personne très maigre. Maigrichon.

Maigre d'eau (à) loc. adv. — Où il y a peu d'eau. Ex.: Pêcher à maigre d'eau.

Maigrelin, maiguerlin adj. — Maigrelet.

Maigrichine n.m. — V. MAIGRECHINE.

Maigrichoux n.m. — Petit enfant maigre.

Maigrillon n.m. ou adj. m. — Maigrichon.

Maigue adj. — Maigre.

Maille et à corde (à) loc. adv. — Avec difficulté. Ex.: Mon mari est malade, i travaille à maille et à corde. — Sans soin. Avec négligence. Ex.: Une clôture faite à maille et à corde. — Dans la misère. Ex.: Vivre à maille et à corde.

Mâiller v. intr. — Faire du filet. — Se prendre au filet. Ex.: Le hareng maille depuis quéques jours.

Mâiller (se) v. pron. — Se prendre dans les mailles du filet (en parlant de poisson). — Se mêler. Ex.: Les fils de la chaîne se maîllent.

Mailloche n.f. — Tête. Ex.: Cogne, cogne, la mailloche! — Tête d'une personne entêtée ou peu intelligente. — Protubérance. Ex.: Avoir une mailloche sur le crâne. — Boule. Ex.: Mailloche de beurre, de tire. — Mognon. *Tête de mailloche* — Tête dure. — Masse (du bedeau).

Maillocher v. intr. — Frapper avec une mailloche, une masse, une tête de hache, une branche d'arbre. — Jouer à la main morte.

Mail order (pron. mélordeur) n.m. — Commande postale.

Main n.f. *À main* — À la main. Accommodant (en parlant de personnes). — Qui se conduit bien. Ex.: Un cheval à main. *À main de, à la main de* — À même de. Ex.: C'est lui qui est le plus à la main de faire ça. *À son à main* — Placé de façon à pouvoir travailler à l'aise, plus facilement. Ex.: Là, chus pas à mon à main, ça travaille mal. *Mains de laine* — Mains de beurre. *Avoir la main souple* — Être prompt à frapper. — Être enclin à voler. *En mains* — En magasin. — En caisse. *Écrire, prendre à la longue main* — Écrire avec l'alphabet ordinaire par opposition à prendre en sténographie. *Jouer à la main morte* — Jeu d'enfants où l'un des joueurs, les yeux bandés, une main derrière le dos, essaie de deviner qui le frappe dans l'autre main tendue. *De main en main* — Sans entente écrite. Ex.: I lui a passé l'argent de main en main. *Avoir la bonne main* — Savoir s'y prendre. *Porter sur la main* — Avoir tous les égards pour. Ex.: Sa mère le porte toujours sur la main. *Main de fer* — Coup de poing, petite armature d'acier adaptée au poing et qu'on emploie comme arme. — Main, anneau à ressort terminant une corde à puits et dans laquelle on passe l'anse du seau. *Main de bois* — Pelle pour enfourner. *Main de tabac* — Paquet de tabac en feuilles. *Piquet à main* — Petit pieu dont on se sert pour faire une clôture temporaire. *Fait à la main* — Bien fait, bien tourné. Ex.: Cette femme est faite à la main. *Envoyer la main* — Faire signe de la main. *Avoir les mains pleines de pouces* — Être maladroit avec ses mains. *Magasin de seconde-main* — Magasin d'occasion. Regrattier.

Main (pron. méne) n.p. f. — La rue Principale (dans les petites villes et villages). Rue Saint-Laurent (à Montréal). Ex.: Aller bommer sua Main.

Maine (pron. méne) n.m. — Un des états de la Nouvelle-Angleterre (pron. mène).

Mainette n.f. — Main d'enfant. — Homme qui fait des travaux de femmes.

Mainquien n.m. — Maintien. — Manche de fléau.

Mains n.m. pl. — Ouvriers. Ex.: Il a cinquante mains dans sa manufacture.

Maintée n.f. — Main pleine. Ex.: Avoir une maintée d'atout.

Mainteint part. passé — Maintenu.

Maintenance n.f. — Entretien (de lieux). Ex.: Un préposé à la maintenance.

Maintenue n.f. — Maintien. Ex.: Avoir une belle maintenue.

Maintien n.m. — Manche du fléau.

Mainzon n.f. — Maison.

Mainzonnée n.f. — Maisonnée.

Mairerie n.f. — Mairie.

Maison n.f. *Maison de pension* — Maison où on est logé et nourri pour un prix convenu. *Maison de chambres* — Maison où on peut louer une chambre au jour, à la semaine ou au mois. *Maison privée* — Résidence (par opposition *à boutique, commerce, édifice public*). *Maison détachée* — Maison indépendante des maisons voisines. *Maison semi-détachée* — Maison rattachée d'un côté à la maison voisine. *Faire maison nette* — Vider la maison de tous ses occupants. *Maison d'école* — Le bâtiment proprement dit de l'école. *Sur la maison* — Offert par le patron. Ex.: Cette tournée, c'est sur la maison.

Mais que conj. — Lorsque. Quand. Dès que. Ex.: Mais que tu partes, oublie-lé pas.

Maître n.m. *Faire un maître* — Décider qui est le plus fort. *Faire son maître* — Se donner des airs de supériorité. *Maître-chemin* — Chemin principal dans les chantiers. *Maître de poste* — Directeur d'un bureau de poste. *Maître de pension* — Homme qui tient une maison de pension. *Maître d'école* — Instituteur.

Maître germain, mette germain adj. — Issu d'un cousin germain.

Maîtresse n.f. — Jeune fille que l'on courtise (dans de vieilles chansons populaires). — Institutrice. *Maîtresse d'école* — Institutrice. *Maîtresse de pension* — Femme qui tient une maison de pension.

Maîtrise n.f. — Diplôme entre le baccalauréat et le doctorat.

Majescule n.f. — Majuscule.

Major n.m. *Faire son major, son gros major* — Être autoritaire.

Make-up (pron. mécope) n.m. — Maquillage.

Mal n.m. — Épilepsie. Ex.: Tomber d'un mal. Tomber de son mal. — Attaque qui ressemble à l'épilepsie chez les animaux. *Beau mal* — Affection utérine. *Avoir du mal* — Avoir des plaies, des boutons. Ex.: Il a du mal par tout le corps. *À d'mal* — Qui nous manque. Ex.: J'ai pas ma pipe, j'la trouve à d'mal. *Mal de cornes* — Bisous. Mal de tête suite à un excès alcoolique. *Se coucher sur le mal d'une femme* — Lui faire l'amour. *Avoir mal aux dents* — Se dit d'une chatte en rabette.

Malachigan n.m. — Sorte de poisson d'eau douce de la famille des sciénidés, appelé aussi tambour.

Malade adj. — Qui a ses menstruations. Ex.: Elle est malade aujourd'hui mais ça l'empêche pas d'aller nager. *Rester malade* — Accoucher. *Être malade pour* — Avoir une grande envie de quelque chose. Ex.: Elle est malade pour avoir une voiture. *Malade au lit* — Malade au point de garder le lit. *Être malade dans tête* — Être fou. *Avoir l'épi malade* — Se mourir de désir.

Maladie n.f. — Accouchement. Ex.: Attendre la maladie. *Maladie sèche* — Peu de sécrétion de liquide amniotique lors de la rupture des membranes pendant un accouchement.

Maladrette adj. — Maladroit.

Malaise n.f. — Difficulté. Ex.: I a eu ben du malaise à monter sa grange. — Mélèze.

Mal à main adj. — Désobligeant. — Incommode. D'un accès difficile. Ex.: Sa maison est loin du chemin, c'est ben mal à main. — Difficile à conduire, à commander. Ex.: C't'enfant, i est comme ton joual, i é mal à main.

Mal attelé, e adj. — Qui a un mauvais cheval. — Qui est mal marié. — Engagé dans une mauvaise affaire.

Malaucoeureux, se adj. — Qui éprouve facilement des maux de coeur. — Dédaigneux.

Malavenant, e adj. — Malcommode.

Malaxeur n.m. — Batteur électrique.

Malcommode adj. — Qui s'entend difficilement avec les autres. — Bête. — Tapageur et dissipé.

Malcompris n.m. — Malentendu.

Malcontent, e adj. — Mécontent.

Malcoucheux, se adj. ou n.m. ou f. — Qui dérange la personne avec laquelle il couche.

Maldire v. intr. — Médire.

Maldonne n.f. — Malchance. Malheur.

Malému, e adj. — D'humeur maussade.

Malencoeureux, se adj. — V. MALAUCOEUREUX.

Malendurant, e adj. — Impatient. Bourru.

Malengueulé, e adj. — Malappris.

Mâlenquerre adj. — Mâle entier. Étalon.

Malentente n.f. — Malentendu.

Mal-en-train adj. — Indisposé. Souffrant.

Malfaicteur n.m. — Malfaiteur.

Malfaisant, e adj. — Indigeste. Ex.: La perdrix, souvent c'est malfaisant. — Maladroit. Négligent. Imprudent. Ex.: Un travailleur malfaisant.

Malgré que loc. conj. — Quoique. Bien que.

Malheur n.m. — *Avoir eu un malheur* — Être enceinte. *Avoir le malheur facile* — S'attirer facilement des ennuis, surtout amoureux.

Malhureux, se adj. — Malheureux.

Malin, maligne ou maline adj. — Irascible. Qui se choque vite.

Malinstruit, e adj. — Malotru.

Malisé, e adj. — Malaisé.

Mallard n.m. — Variété de canards sauvages. — Variété de canards domestiques descendant de la variété sauvage.

Malle n.f. — Poste. Bureau de poste. Ex.: Mettre une lettre à la malle. — Courrier. Ex.: Est-ce que j'ai reçu de la malle aujourd'hui? — Train qui transporte le courrier.

Maller v. tr. — Mettre à la poste.

Malnutrition n.f. — Sous-alimentation.

Malouine adj. *Bottes malouines* — Bottes avec semelles et talons par opposition à bottes sauvages qui n'ont ni semelles rapportées ni talons.

Malpatient, e adj. — Impatient.

Malpeigné, e adj. — Mal mis. Malpropre.

Malpris, e adj. — En difficulté.

Mals n.m. pl. — Maux. Ex.: J'ai un de ces mals de tête. *Tomber dans les mals* — Avoir une crise d'épilepsie.

Maltyr n.m. — Martyr.

Malvat n.m. — Garnement.

Malversé, e adj. — Qui promet rien de bon.

Mame n.f. — Madame (devant un nom propre). Ex.: Fa-tu assez beau, Mame Chose?

Mamelon n.m. — Raccord de plomberie.

Mameselle n.f. — Mademoiselle.

Man n.f. — Maman. Ex.: Dis-le pas à man.

Manager (pron. manédjeu) n.m. — Gérant. Directeur.

Manche n.m. — Pénis. *Manche de plume* — Porte-plume. *Manche de pipe* — Tuyau de pipe. *Branler dans le manche* — Hésiter. Craindre de prendre une décision. *Djomper le manche à balai* — Être enceinte. *Manche de pelle* — Façon qu'ont les enfants de ne pas dévoiler leurs noms. Ex.: Comment tu t'appelles? - J'm'appelle manche de pelle.

Manchée n.f. — Riganière chez la femme.

Manchon n.m. — Mancheron, chacune des deux poignées d'une charrue.

Manchote adj. m. ou f. — Manchot.

Mandrer v. tr. — Amoindrir.

Mandrin n.m. — Canaille.

Manège n.m. — Salle d'exercices militaires.

Mangeage, mangeaillage n.m. — Action de manger par gourmandise.

Mangeailler v. intr. — Manger sans faim. — Manger lentement.

Mange-chrétien n.m. — Commerçant qui surcharge. — Usurier.

Manger v. tr. — Cacher. Ex.: Cette maison nous mange la lumière. — Raser (le sol, en parlant des oiseaux). Ex.: Les hirondelles mangent la terre, i va faire beau. — Faire passer. Ex.: Manger le temps. — Empiéter sur. Ex.: Sa clôture mange le chemin. — Détériorer. Briser. Ex.: Il a tout mangé le bout de ses chaussures. — Prendre (au jeu de dames). — Piquer. Tourmenter. Ex.: Les moustiques nous mangent tout ronds. — Faire tomber. Ex.: La chaleur va manger le vent. — Dépenser. Ex.: Manger son bien. — Médire. Calomnier. Ex.: Manger son prochain. Manger du curé. — Surcharger de taxes. Ex.: Manger le peuple. *Manger à même* — Manger sans se servir d'assiette. *Manger de la misère* — Être dans la misère. *Manger des pissenlits par la racine* — Être six pieds sous terre. *Manger de la vache enragée* — Être dans la misère. *Je te mangerai pas* — Je suis pas si méchant que tu penses. *Manger une tarte sur la tête de quelqu'un* — Être plus grand que lui. *Mange l'eau* — Avancer vite sur l'eau. Ex.: Son canot mange l'eau. *Manger d'l'avoine* — Être supplanté comme amoureux. *Manger son ronge* — Ronger son frein. *Manger les balustres* — Être d'une piété excessive. *Manger la volée, des coups, une dégelée, une raclée* — Se faire battre. *Se manger les sangs, le derrière de la tête* — Se faire du mauvais sang. *Pas manger le linge* — Avoir des défauts ordinaires. *Manger de la neige* — Se faire rouler dans la neige et s'en faire frotter le visage. *Manger une femme* — Lui sucer le sexe. *Manger du fromage* — Avaler sa défaite. *Qu'est-ce ça mange en hiver?* — Quelle est cette chose étrange? Ex.: Un manigot, qu'est-ce ça mange en hiver? *Manger sa claque* — Se faire mettre à sa place.

Manger (se) v. pron. — Bouillir d'impatience. — Se gratter continuellement. *Se manger le nez* — Tenter l'impossible. *Se manger la gueule* — Parler beaucoup. *Se manger les cheveux* — Être au comble de la joie, de l'énervement.

Mangeux, se adj. — Qui mange bien.

Mangeux n.m. — Mangeur. *Mangeux de balustre* — Individu d'une piété excessive. *Mangeux de maringouins* — Engoulevent d'Amérique. — Celui qui n'a rien à manger. *Mangeux de réputation* — Mauvaise langue. *Mangeux de gros nerf, de bitte, de batte* — Homosexuel. *Mangeux de bouillie* — Enfant. *Mangeux de mastic* — Qui souffre de fixation sexuelle. *Mangeux d'marde* — Dans le milieu carcéral, mouchard.

Man*h*abe adj. — Mangeable.

Man*h*er v. tr. — Manger.

Man*h*eux n.m. — Mangeux.

Manière n.f. *D'une manière* — D'une certaine façon. Ex.: D'une manière, i a pas tort. *Comme manière de, comme une manière de* — Une manière de. Une sorte de. Ex.: I s'est bâti comme une manière de cabane. *La manière comment que* — Comment. Ex.: I a pas voulu dire la manière comment qu'i a fait ça. *De manière à ce que* — De manière que.

Maniéreux, se adj. — Maniéré.

Manifacture n.f. — Manufacture.

Manifique adj. — Magnifique.

Manifôle n.m. — Collecteur d'échappement (d'un moteur).

Manigate adj. — Souple. Délié.

Manigot n.m. — Gant dont les doigts sont coupés.

Maniser v. tr. — Magnétiser.

Manivelle n.f. — Charriot de service des préposés à l'entretien des voies ferrées.

Manivolle n.f. — Poussière qui vole au vent quand on secoue un tapis, une étoffe. — Poussière de farine dans les meuneries. — Menues graines qui restent sur la batteuse. — Chose de peu de valeur.

Manne n.f. — Malle. — Gelée blanche.

Manoeuvrer v. tr. — Mouvoir. Transporter. Déplacer. Ex.: Une caisse lourde à manoeuvrer.

Manquabe adj. ou adv. — Probable. Ex.: C'est ben manquabe que vous allez l'inviter. — Sans doute. Certainement.

Manquablement adv. — Probablement. — Évidemment.

Manque n.m. *Sans manque* — Sans faute. *Ben manque* — Beaucoup. I a ben manque d'affaires mais pas d'argent. — Volontiers. — Probablement. Ex.: I aura ben manque assez d'argent pour arriver. — Certainement. Ex.: T'as ben manque raison mais j'ai ben manque pas tort.

Manque n.f. — Manquement. Défaut. Faute d'omission. Ex.: C'est une manque de sa part. I a une manque dans ton filet.

Manqué, e adj. — Raté. Ex.: C't'un homme manqué, i réussira jamais. — Épuisé.

Manquer v. tr. — Souffrir de l'absence de. Ex.: Je la manque beaucoup. — Faillir. Ex.: J'ai manqué mourir. *Ne pas manquer que de* — Ne pas manquer de.

Manqueux, se adj. — Qui manque son coup. — Qui est souvent absent.

Mantelet n.f. — Camisole (de femme).

Mappe n.f. — Carte géographique. *Vieille mappe* — Femme cinglée. *Ne pas être s'a mappe* — Ne pas être reconnu. Ex.: C'pas ton livre qui va t'mettre s'a mappe. C'est pas de Gaulle qui nous a mis s'a mappe.

Maquelot n.f. — Matelot.

Maqueraude n.f. — Courailleuse.

Maquereau n.m. — Coureur de jupons.

Maquereau! interj. — Juron.

Maquiére n.f. — Matière.

Maquieu salé n.m. — Mathusalem. Ex.: Vieux comme Maquieu salé.

Maquillon n.m. — Maquignon.

Mar adj. *Mar gré* — Mal gré. Ex.: Bon gré mar gré.

Mâr n.m. — Mars (mois).

Marabout n.m. ou adj. m. ou f. — Individu irascible, grincheux, peu endurant.

Marachois n.m. — Marécage.

Marander (se) — Se pavaner.

Marbe n.m. — Marbre. — Bille à jouer. — Coussinet. — Testicule. *Jouer aux marbes* — Se masturber.

Marbrage n.m. — Marbrure.

Marcassin n.m. — Petit cochon. — Cochon maigre. — Enfant malpropre.

Marchabe adj. — Praticable. Ex.: Les chemins après la pluie sont pas marchabes.

Marchage n.m. — Action de marcher.

Marchâillage n.m. — Marchage sans but.

Marchâiller v. intr. — Marcher ici et là. — Commencer à marcher. Ex.: I va mieux, i marchâille dans sa chambre.

Marchance n.f. — Malchance.

Marchandabe adj. — Qu'on peut marchander.

Marchand de fer n.m. — Quincaillier.

Marchander v. intr. — Être incertain (en parlant du temps).

Marchandeux adj. ou n.m. — Marchandeur.

Marchandises sèches n.f. pl. — Dans un magasin général, les marchandises non-périssables comme les vêtements, les ustensiles, par opposition aux denrées alimentaires.

Marchant, e adj. — Favorable à la marche. Où il est facile de marcher. Ex.: Un sentier marchant. C'est mal marchant, la nuit, dans le bois.

Marche n.f. — Démarche. Ex.: C'te joual-là i a une bonne marche. — En milieu carcéral, récréation. *Prendre une marche* — Faire une promenade (à pied). *Être en marche de* — Être en train de. Être sur le point de. *C't'une bonne marche* — C'est un bon bout de chemin.

Marché n.m. — *Être en marché de* — Être en train de. Être sur le point de. *Sur le marché* — Au marché.

Marchedon n.m. — Soulier en cuir, à tige courte, et fait comme une botte sauvage. — Individu, animal toujours en mouvement. *Avoir du marchedon* — Être actif. Avoir de l'initiative.

Marchements n.m. — Démarches.

Marcher v. tr. ou intr. — Parcourir. Ex.: J'ai marché toute sa terre mais j'ai pas trouvé le ruisseau. — Aller. Ex.: Marcher au catéchisme. Marcher à l'école. Marche te coucher. Marche à la maison. — Faire des démarches. Ex.: Marcher pour avoir son permis de conduire. Marcher pour se marier. — Aller à la selle. Ex.: Avec les pruneaux, tu vas marcher. *Marche à terre; marche-tu* — Va-t'en. *Marcher pour la première communion* — Aller au catéchisme. *Marcher sur* — Approcher de. Ex.: Il marche sur ses cinquante ans. *Marcher bien, marcher mal,* *marcher pas pire* (en parlant d'un chemin) — Être, n'être pas, être plus ou moins favorable à la marche. Ex.: Ce chemin-là marche mal. *Ça marche sur moi* — J'ai des pertes vaginales. *Marcher pingouin* — Marcher en se dandinant. *Marcher par invisible* — Se déplacer par magie.

Marchette n.f. — Petit siège sur roulettes pour apprendre aux bébés à marcher.

Marcheux adj. ou n.m. — Marcheur.

Marches n.f. pl. — Pédales d'un métier à tisser. — Escalier.

Marci ben n.m. — Merci.

Marcou n.m. — Matou. — Celui qui vit accoté. — Homme habile, cajoleur. — Homme très viril.

Marde n.f. — Merde. *Mange d'la marde* — Expression d'agressivité équivalente à *Va te faire foutre. C'est d'la marde, c'est d'la grosse marde* — Ça ne vaut rien. *C'est l'bout d'la marde* — C'est décourageant. C'est désespérant. *Maudite marde!* — Juron. *Rare comme de la marde de pape* — Très rare. *Fou comme la marde* — Fou à lier. *Y a d'la marde dans l'air* — Il y a quelque chose de louche. *Se faire aller la marde de tête* — Penser fort.

Mardechine! interj. — Juron.

Mardeux, se adj. ou n.m. ou f. — Merdeux. — Peureux. Poltron.

Mardi interj. — Juron, version adoucie de *maudit*.

Mardi gras n.m. — Masque. Personne qui se masque pour fêter le mardi gras. — Personne mal habillée, d'apparence ridicule.

Mardillier n.m. — Marguillier.

Mardochée! interj. — Juron.

Mâre n.f. — Mare. — Partie d'un lac, d'une rivière où la glace n'est pas prise.

Marécager (se) v. pron. — S'assombrir (en parlant du temps).

Marécageux, se adj. — Pluvieux. — Boueux (en parlant de chemins).

Marée n.f. — Mare. Flaque d'eau.

Marence, marène n.f. — Marelle.

Margau n.f. — Ronce.

Margouillas n.m. — Marécage. — Margouillis. — Ornière boueuse.

Margouillére n.f. — Marécage.

Margoulette n.f. — Lèvre inférieure du cheval. — Pomme d'Adam. Ex.: Je lui ai serré la margoulette. — Castagnette.

Margré prép. — Malgré.

Marguer v. tr. — Marier.

Mari n.f. — Abréviation de *marijuana*.

Mariages n.m. pl. — Marinades.

Maricage n.m. — Marécage.

Marie-go-ronde n.f. — Carrousel de chevaux de bois.

Marie-quate-poches n.f. — Femme sans ordre.

Marier v. tr. — Épouser. Ex.: J'ai marié ma femme à Québec. *À marier* — Bon à marier.

Marier (se) v. pron. — Faire l'amour sans être mariés. *Se marier avec* — Se marier à.

Marie-salope, Marie-torchon n.f. — Femme sans ordre et peu soigneuse de sa personne.

Marieux, se adj. — Pour qui le mariage a de l'attrait.

Marieux n.m. pl. — Mariés.

Marin adj. *Bleu marin* — Bleu marine.

Marinades n.f. pl. — Conserves de légumes dans des préparations vinaigrées.

Marinages n.f. pl. — Marinades.

Marine n.f. — Gangrène.

Marioché, e adj. — Accoté. Qui vit en concubinage.

Marionnettes n.f. pl. — Aurores boréales dansantes.

Market (pron. marquette) n.m. — Train transportant les marchandises de la campagne à la ville le jour du marché.

Marlaise n.f. — Galets. — Femelle du merle.

Marle n.m. — Merle. — Bille à jouer. *Beau marle* — Garnement. — Homme habile.

Marles n.f. pl. — Testicules

Marlot n.m. — Vaurien.

Marmâiller v. tr. — Marmotter.

Marmalade n.f. — Marmelade.

Marmitée n.f. — Contenu d'une marmite.

Marmiter v. tr. ou intr. — Faire bouillir (la marmite). Agir sournoisement.

Marmouillas n.m. — Marécage.

Marmousin n.m. — Petit garçon. Marmouset.

Marmoussaille n.f. — Marmaille.

Marque n.f. — Croix en guise de signature des analphabètes. *Faire sa marque* — Laisser sa marque. *Être hors de marque* — Avoir dépassé la ménopause. — Au jeu, n'avoir plus qu'un point à faire pour gagner la partie.

Marquer v. tr. — Inscrire au débit du compte d'un client régulier. Ex.: Je peux pas te payer aujourd'hui, alors marque-le donc. *Être marqué* — Être persécuté, frappé d'interdit, tenu à l'écart.

Marqueux de temps n.m. — Pointeur.

Marraine n.f. — Marelle. — Galet.

Marsh-mallow (pron. marchemâlo) n.m. — Guimauve.

Marsouin adj. ou n.m. — Espiègle.

Martière n.f. — Piège à martre.

Martingale n.m. — Martingale (n.f.).

Martoise n.f. — Mortaise.

Martyre adv. — Superlatif de l'adjectif qu'il suit. Ex.: C'est beau martyre. I fa frette martyre.

Martyriseuse n.f. — Moulange.

Marvaudage n.m. — Action de marvauder.

Marvauder v. intr. — Marauder.

Marvouillas n.m. — Ornière.

M'as loc. verbale — Je vais. Ex.: M'as dire comme on dit.

Mascabina, mascoabina n.m. — Sorbier d'Amérique.

Mascotte n.f. — Couverture en peau de boeuf musqué dont on se couvre en voiture.

Mascou, mascouabina n.m. — Sorbier d'Amérique.

Mascoutain, e n.m. ou f. — Habitant de Saint-Hyacinthe ou de la région traversée par la Yamaska.

Mash n.m. — Bouillie d'avoine.

Masher v. tr. — V. MACHER.

Maskinongé n.m. — Espèce de brochet.

Massacrant, e adj. — Terrible. — Furieux. Ex.: I a un air massacrant à matin.

Masse n.m. — Masque. — Poing.

Masse n.f. *En masse* — Beaucoup. En grande quantité. Ex.: Des idées, j'en ai en masse. — Suffisamment. Ex.: Ça coule en masse. *Des masses* — Beaucoup. Ex.: De l'argent, j'en ai des masses. *À masse* — En masse. *Avoir une masse dans le coeur* — Être ébranlé par une émotion vive.

Masser v. tr. — Frapper avec une masse. Enfoncer à coups de masse. — Faire (une chose) avec succès. — Mater. — Battre. Rosser.

Mass production (pron. masse-prodoque-chune) n.f. — Production en série.

M'as-ti loc. inter. — Est-ce que je vais...? Ex.: M'as-ti y aller?

Mastiqué, e adj. — Durci. Ex.: De la suie mastiquée dans la cheminée. — Rapiécé. Ex.: Sa voiture est toute mastiquée.

Mât (pron. mâ) adj. — Mat (pron. mate).

Mâtaine n.f. — Mâtine.

Matante n.f. — Tante. Ex.: J'veux aller chez ma matante.

Mataouin n.m. — Individu bizarre, drôle.

Mataraux n.m. — Matériaux.

Match n.m. — Couple bien assorti. Ex.: Richard et Danielle font un beau match. — Compétiteur. Ex.: Avec lui, mon gars, t'as rencontré ton match.

Matchabe adj. — Qui peut être matché.

Matchage n.m. — Action de matcher.

Matcher v. tr. ou intr. — Appareiller. Assortir. Ex.: Pouvez-vous matcher cette laine-là? — Former un couple. Ex.: Leurs mères ont ben essayé de les matcher, mais ça a pas marché. — Tenir tête à. Concurrencer. Ex.: À la course, personne peut le matcher. — Rencontrer dans une joute. Ex.: Notre club matche c't'après-midi. — Aller bien ensemble. Ex.: Ces deux couleurs matchent bien. — Se rencontrer (en parlant d'un garçon et d'une fille).

Ex.: Eux autes deux, c'est matcher le plus possible.

Matcher (se) v. pron. — Concurrencer. Ex.: Est-ce que tu oses te matcher à lui? — Former un couple. Ex.: Carmen et Gérald, i's sont matchés, ça a pas pris d'temps.

Matcheux, se adj. — Qui matche.

Matchmaker (pron. matche-méqueu) n.m. — Qui s'occupe de réunir des personnes de sexe opposé pour en faire des couples.

Mât corde (à) loc. adv. — Brusquement.

Matelas n.m. — Roseau des marais.

Mâter (se) v. pron. — Se dresser sur les pattes arrière (en parlant d'un quadrupède). — Se rebiffer. Se fâcher. Ex.: Mâte-toi tant que tu voudras, tu vas faire c'que j'ai dit.

Matéraux n.m. pl. — Matériaux.

Mâtereau n.m. — Mât de charge d'un navire.

Matérialiser (se) v. pron. — Se réaliser.

Matériel n.m. — Tissu.

Mat et à corde (à) loc. adv. — V. MAILLE ET À CORDE (À).

Mathieu salé n.m. — Mathusalem.

Matière n.f. — Pus.

Matiérer v. intr. — Exsuder de la matière purulente.

Matiéreux, se adj. — Qui exsude de la matière purulente.

Matignon, matillon n.m. — Maquignon.

Matin n.m. — Côté du soleil levant. Ex.: Une pièce exposée au matin. *À matin* — Ce matin. *Être matin* — Être matinal. C'est matin (dans la saison) — C'est tôt. Ex.: C'est matin pour les lieuves.

Matinée n.f. — Blouse légère de femme.

Matineux, se adj. — Matinal.

Matou n.m. — Homme très viril.

Matrial, e adj. — Dur. Brutal. Ex.: I est pas mal matrial avec sa femme. — Lourd. Pesant. Sans cérémonie. — Mal foutu (en parlant de personnes ou de choses).

Matrigal, e adj. — Mal foutu (en parlant de personnes ou de choses).

Matrone n.f. — Femme qui porte l'enfant au baptême. — Femme policière. — Gardienne de prison (dans les prisons pour femmes). — Tenancière de bordel.

Matrouiller v. tr. — Broyer avec les dents (en parlant du cheval).

Mature adj. — Avoir du jugement. Être bien équilibré. Ex.: Elle est mature pour son âge.

Maturité n.f. — Échéance. Ex.: Votre billet viendra à maturité dans deux ans.

Mau n.m. — Mal. Ex.: Avoir un gros mau de tête.

Maucôque n.m. — Espèce de canneberge.

Maudasse, maudine! interj. — Formes adoucies de MAUDIT!

Maudire v. tr. — Donner. Sacrer. Ex.: M'as t'maudire un claque sua yeule.

Maudissage n.m. — Action de jurer.

Maudissant, e adj. — Fâchant.

Maudissements n.m. pl. — Jurons. Ex.: C'est des maudissements à n'en plus finir, chez eux.

Maudisseur n.m. — Celui qui jure à tout propos.

Maudit, e adj. — Indique une propension à quelque chose. Ex.: I est maudit pour se battre. Pour tricher, i est maudit. Sur la job, ma jument est maudite. — Superlatif. Ex.: C'est un maudit fou. — Dommage. Ex.: C'est ben maudit qu'elle soit pas venue. *En manger une maudite* — Se faire donner une râclée. *Avoir une allure maudite* — Faire dur.

Maudit, e n.m. ou f. — Coquin. Ex.: Mon p'tit maudit, attends que j't'attrape. — Personne qui excelle dans un domaine. Ex.: C'est un maudit pour jouer aux cartes. *En maudit* — Superlatif. Ex.: I est fort en maudit. *Être en maudit, être en beau maudit* — Être en colère. *Faire son maudit* — Se donner des airs. *Ça parle au maudit* — Ça parle au diable. C'est pas possible. *Pas pour un maudit* — Pour rien au monde. *Du maudit* — Superlatif. Ex.: J'ai eu une peur du maudit. *Y a du maudit là-dedans* — C'est déplorable. *Au plus maudit* — Au plus sacrant, au plus vite.

Maudit! interj. — Juron. Ex.: Maudit! Si je pouvais seulement finir c'te dictionnaire.

Mauditement adv. — Beaucoup. Très. Ex.: Elle, elle est mauditement belle.

Mauque n.f. — Algue flottante sur l'eau.

Mauricie n.f. pl. — Région de la rivière Saint-Maurice.

Mauricien, enne adj. — De la Mauricie.

Maussade adj. ou n.m. ou f. — Dissipé, espiègle (en parlant d'un enfant).

Mausanne! interj. — Forme adoucie de MAUDIT.

Mautadit adj. ou interj. — Forme adoucie de MAUDIT.

Mauvais n.m. — Pus. Ex.: J'vas pincer ton clou pis sortir tout l'mauvais dede dans.

Mauvais, e adj. — Malin. Méchant. Ex.: Attention! Chien mauvais. Elle est mauvaise comme un démon.

Mauvaiseté n.f. — Méchanceté. Malice. — Paroles grivoises.

Maviolé, e adj. — Accoté. Qui vit en concubinage.

Maximer v. tr. — Vacciner.

Mazin n.m. — Catholique qui pratique peu.

Mean (pron. mine) adj. — Mesquin. — Méchant. Ex.: C'est mean de lui faire ça. Est-ce qu'elle est mean pour toi?

Mécanique n.m. — Mécanicien.

Méchant n.m. — V. MAUVAIS (n.m.).

Méchant, e adj. — Malingre, maladif. — Mauvais (en parlant du temps). Ex.: I fa méchant deouâr. — Boueux, difficilement pratiquable (en parlant d'un chemin). — Qui a un mauvais goût. Ex.: Ta soupe est méchante. — Malin. Ex.: C'est pas si méchant de faire ça. — Excellent. Ex.: Il a fait un méchant discours. — Puissant. Grand. Fort. Ex.: On a entendu des méchants beugles. Une méchante tempête de neige. *C'est pas méchant* — C'est convenable. C'est bien fait.

Mèche n.f. — File. Ex.: T'as vu c'te mèche de voitures? — Morve (au nez). *Une mèche* — Superlatif. Ex.: Tu vas attendre une mèche, mon vieux.

Méché, e adj. — Éméché.

Méchée n.f. — V. MÈCHE.

Mécher v. tr. ou intr. — Moucher (une chandelle). Aller vite. — Travailler dur ou longtemps. — Maltraiter.

Mécredi n.m. — Mercredi.

Médaille n.f. *Être un chien-pas-d'médaille* — Être un tout-nu-dans-à-rue.

Médale n.f. — Médaille.

Médé n.m. — Vêtement féminin semblable au boléro.

Médecinal, e adj. — Médicinal.

Médeciner v. tr. — Faire prendre des remèdes.

Médeciner (se) v. pron. — Se soigner soi-même.

Médi n.m. — Midi.

Médium adj. — Moyen (taille de vêtement). — Cuit à point.

Meeting (pron. mitigne) n.m. — Réunion. Assemblée. Rencontre.

Mégârd n.m. — Mégarde.

Méguioke adj. — Médiocre.

Meilleur, e adj. *Plus meilleur, le plus meilleur* — Meilleur, le meilleur.

Meilleur n.m. — Avantage. Ex.: J'ai le meilleur sur lui. *Au meilleur de ma connaissance* — Au mieux de ma connaissance.

Meilleure n.f. — Blonde.

Meinnuit n.m. — Minuit.

Mékerdi n.m. — Mercredi.

Mêlage, mêlâillage n.m. — Confusion. Mélange.

Mélâiller v. tr. — Mélanger.

Mélangé, e adj. — Embrouillé, confus (en parlant d'une personne).

Mélangeage, mélangeâillage n.m. — Action de mélanger.

Mélangeâiller v. tr. — Mélanger.

Mélanges n.m. pl. — Bonbons assortis.

Mêlant, e adj. — Confondant. Compliqué. *C'est pas mêlant* — C'est certain. Je t'assure. Ex.: C'est pas mêlant, j'veux pus l'voir.

Melasse n.f. — Mélasse.

Mêler v. tr. — Embrouiller. Ex.: Tais-toi, tu me mêles. *Mêler ses lignes* — Courir plusieurs lièvres à la fois.

Mêler (se) v. pron. — S'embrouiller. Ex.: J'me mêle toujours quand j'arrive à c'te ligne-là. *Se mêler de ses affaires* — S'occuper de ses affaires.

Mélieu n.m. — Milieu.

Melleton n.m. — Molleton, étoffe épaisse et moelleuse.

Méloné n.f. — V. BALONÉ.

Melting pot (pron. meltigne pote) n.m. — Creuset.

Melton n.m. — V. MELLETON.

Meman n.f. — Maman.

Membership (pron. mèm'beurchipe) n.m. — Adhésion (à une association). — Nombre d'adhérents.

Membrage n.m. — Action de construire la membrure d'un navire. — Membrure, carcasse d'un navire, d'une voiture. — Au pluriel, ensemble des membres d'une personne, d'un animal, d'une chose. — Ensemble des patins d'un traîneau.

Membre n.m. — Patin (d'un traîneau). — Député (à l'Assemblée Nationale, au Parlement).

Membré, e adj. — Musclé. — Bien pourvu sexuellement.

Membrer v. tr. — Poser des patins à un traîneau. — Faire la membrure d'un navire.

Même adj. *À même (quelqu'un)* — Aux dépens de. Ex.: Il vit à même sa soeur. *À même (un fond)* — Sur. Ex.: Dépense payable à même le revenu. *Mettre, laisser à même* — Laisser libre de. Ex.: Il veut partir, j'le laisse à même. *De même* — De cette façon. Ex.: C'est ben corrèque de même. On aime ça d'même. — Semblable. Pareil. Ex.: Des chemins de même, c'est pas possible. *La même chose* — Quand même. Pareillement. Ex.: S'i fait mauvais, j'y vas la même chose.

Mémé n.f. — Grand'mère.

Memène n.f. *Faire memène* — En langage enfantin, se promener.

Memére n.f. — Grand'mère. — Vieille femme. — Commère (s'applique autant à un homme qu'à une femme). — Un homme qui se réfugie au logis, dans ses petites habitudes.

Mémoriser v. tr. — Apprendre par coeur.

Ménage n.m. *Grand ménage* — Grand nettoyage. — Mobilier. Ex.: J'ai acheté mon ménage chez Eaton.

Ménagement n.m. — Économie.

Menasse n.f. — Mélasse.

Mené, méné n.m. — Petit poisson qui sert d'appât. *Ne pas être un petit mené* — Être un personnage important.

Menée n.f. — Quantité de foin, de céréales que le faucheur abat d'un coup de faux. — Chacune des parties d'un champ abattues l'une après l'autre par un faucheur.

Mener v. tr. ou intr. — Être à la tête. Diriger. Ex.: Qui c'est qui mène dans la maison, ton pére ou ta mére? — Conduire un cheval. Ex.: Pa, est-ce que j'peux mener? — Aller vite. Ex.:

C'est une p'tite jument qui mène. — Donner la diarrhée. Ex.: Ces petites pilules-là, ça mène vite. — Se promener (en langage enfantin). Ex.: Veux-tu aller mener, mon petit bijou? *Mener l'diâbe* — Faire du bruit. Être dissipé. *Mener le diâbe à quelqu'un* — Le taquiner. L'ennuyer. *Mener du train* — Faire du train. *Mener un air, une chanson* — Chanter. *Mener une chanson sur l'air* — La bien chanter. *Mener le lait* — Transporter en voiture le lait à la fromagerie. *Mener la crème* — Transporter en voiture la crème à la crèmerie. *Mener la malle* — Livrer le courrier. *Mener une vache, une jument, une truie* — L'amener au mâle. *En mener pas large* — Être faible, maladif. Être sur le bord de la tombe. *Mener le corps* — Donner la diarrhée. *Mener une mauvaise conduite* — Avoir une mauvaise conduite. *Mener un vacarme d'enfer* — Faire beaucoup de bruit.

Menette n.f. — Main d'enfant. — Homme qui a des manières féminines. — Homosexuel.

Meneur de malle n.m. — Celui qui transporte le courrier.

Menique, menique à jigon n.m. — Voyou.

Ménisse n.m. — Ministre.

Menoire n.f. — Limon. Brancard. *Être dans les menoires* — Être à la tâche. *Ruer dans les menoires* — Se rebiffer.

Menon n.m. — Melon.

Menoque n.m. — Tabac très fort préparé à la main.

Menotte n.f. — Gant de femme qui ne couvre qu'une partie des doigts. *Menotte de tabac* — Paquet de tabac en feuilles.

Menstruer v. intr. — Avoir ses règles. Être menstruée.

Menterie n.f. — Mensonge.

Menteuse n.f. — Taie d'oreiller. — Plastron postiche.

Menteux adj. — Menteur.

Ménuit n.m. — Minuit.

Menuserie n.f. — Menuiserie.

Ménute n.f. — Minute.

Menutée n.f. — Chose menue. — Minutie. — Agrains.

Mépris de cour n.m. — Injure au tribunal.

Mé que loc. conj. — Mais que.

Méquerdi n.m. — Mercredi.

Méquier n.m. — Métier.

Mer n.f. — Le fleuve Saint-Laurent en aval de Québec. *Grandes mers* — Grosses pluies.

Merci à loc. prép. — Grâce à.

Mercier v. tr. — Remercier.

Mére n.f. — Mère. — Femme (en parlant du mari). Ex.: Comment va la mére? — Femelle. Ex.: Une mére ourse. Une mére moutonne. Une mére lapine. Une mére oie. *Sa mére* — Maman. — Ma femme. *C'est une mére* — Cette chose est énorme. Ex.: Cette citrouille, c't'une mére. *Une petite mére* — Une jeune fille. *Une grosse mére* — Une mère de nombreux enfants, forte de taille et de coeur.

Mère-loup n.f. — Sage-femme.

Mère-poule n.f. — Mère qui couve ses enfants.

Merisier n.m. — Bouleau merisier. *Petit merisier, arbre à petites merises, merisier* — Cerisier de Pennsylvanie.

Mérite n.m. *Plaider au mérite* — Faire valoir des moyens de fond.

Merle-chat n.m. — Grive de la Californie.

Merise n.f. — Fruit du petit merisier.

Merquedi n.m. — Mercredi.

Merry-go-round (pron. mèré-guo-raoune) n.m. — Manège de chevaux de bois.

Mésan, méson n.f. — Maison.

Mésavenant, e adj. — Qui n'est pas avenant.

Mésentendre (se) v. pron. — Ne pas s'entendre avec quelqu'un.

Mesquinage n.m. — Mesquinerie.

Mesquiner v. intr. — Agir mesquinement. Lésiner.

Mesquineux adj. — Mesquin.

Message n.m. — Dépêche.

Messager n.m. — Huissier (d'un ministre).

Messie n.m. *Attendre le messie* — Être enceinte.

Messieutrie n.f. — Les messieurs. Les notables. Ex.: Tu vas voir, toute la messieutrie va être là.

Messive n.f. — Missive.

Mesure, mésure n.f. *Une mesure* — Un huitième de minot. — Projet de loi. *À la mesure* — À mesure. *Prendre la mesure de* — Battre (à un sport).

Mesurement n.m. — Mesurage.

Mésureux n.m. — Mesureur. — Arpenteur.

Met n.m. — Pétrin.

Métail n.m. — Métal.

Meter (pron. miteu) n.m. — Compteur (de gaz, d'eau, d'électricité). — Parcomètre.

Métier n.m. *Travailler de son métier* — Travailler dans son domaine.

Métif n.m. — Métis.

Métiner (se) v. pron. — Se mutiner. — Se montrer têtu (surtout en parlant d'un enfant). — Refuser d'obéir, se cabrer (en parlant d'un cheval).

Métive n.f. — Métisse. — Moisson. Époque de la moisson.

Métiver v. tr. — Couper à la faucille, à la faux. Moissonner.

Métiveur, se n.m. ou f. — Qui métive.

Métrial adj. — Dur. Brutal. Ex.: Il est métrial sur les animaux.

Mets n.m. pl. — Cuisine. Ex.: Restaurant King Kong, mets chinois.

Mets-en loc. — Tu peux le dire.

Mette-germain, e adj. — Issu de germain.

Mettre v. tr. — Fourrer. Posséder sexuellement. — Rendre. Ex.: Mettre un enfant inserviable. *Mettre la table* — Mettre le couvert. *Mettre dedans* — Mettre en prison. — Mettre (les animaux) à l'écurie. — Avoir le dessus dans une discussion. *Mettre sur* — Miser sur. Ex.: J'ai mis sur l'horloge mais elle m'a pas resté. *Mettre le marché en main à quelqu'un* — Lui offrir de l'annuler — Menacer de rompre avec lui. *Mettre les mouches à quelqu'un* — Le tromper. — Le mettre à sa place. *Mettre les bois à quelqu'un* — Le maîtriser. *Mettre tout dehors* — Risquer le tout pour le tout. *Mettre sur l'air* — Chanter sur la note. *Mettre quelqu'un dans le chemin* — Le ruiner. *Mettre grand'pensionnaire* — Mettre en pension. *Mettre quelqu'un sur la ronne* — Le faire courir. *Tu peux n'en mettre* — Tu peux le dire. Tu as tout à fait raison. *Mets-en, c'pas d'l'onguent* — Mets-en en masse. *Mettre heureux* — Rendre heureux. *Mettre mal* — Rendre mal à l'aise. *Mettre noir comme le poêle* — Noircir. Médire.

Mettre (se) v. pron. — Faire l'amour. Ex.: Ces deux-là, i's arrêtent pas de s'mettre. *Se mettre après quelqu'un* — L'achaler. — Le prendre à partie. — Prendre le métier de. Se faire. Ex.: Il étudie pour se mettre prêtre. *Se mettre sur son trente-six* — Se mettre sur son trente et un. *Se mettre dans la main* — Se masturber. *Se mettre à l'épreuve* — S'abriter. *Se mettre belle* — Se faire belle. *Se mettre catholique* — Se convertir à la foi catholique. *Se mettre en* — Se déguiser. Ex.: Se mettre en sorcière. *Se mettre en frais de* — Commencer à faire (quelque chose).

Meube n.m. — Meuble.

Meublabe adj. — Qui peut être meublé.

Meublerie n.f. — Ameublement.

Meublier n.m. — Fabricant de meubles. — Marchand de meubles. — Ouvrier ébéniste. — Tapissier. — Mobilier.

Meublir v. tr. — Ameublir.

Meugner n.m. — Meunier.

Meumère n.f. — Grand'mère. — Homme casanier.

Meurir v. intr. — Mûrir.

Mézamain (à) loc. adj. — Qui n'est pas à main.

Mézan n.m. — Canadien revenu des États-Unis où il a apostasié.

Mezent v. tr. ind. pr. 3e pers. pl. — Mettent.

Miâle n.m. — Miaulement.

Miâlement n.m. — Miaulement.

Miâler v. intr. — Miauler.

Miâleux, se adj. — Miauleur.

Miaulée n.f. — Miaulement. *Rien qu'une miaulée* — Juste un peu.

Micmac n.m. — Désordre.

Micament n.m. — Médicament.

Mi-carême n.m. — Personne masquée, déguisée. — Personne laide ou mal atriquée. — Sage-femme.

Micouenne n.f. — Grande cuiller en bois pour mettre le sucre d'érable en moule. — Louche.

Micouennée n.f. — Contenu d'une micouenne.

Midi n.m. — Période de temps entourant midi. Ex.: À midi, je vas manger à une heure. *Avoir midi dans le ventre* — Avoir faim. *Petit midi* — Un peu avant midi. *Grand midi* — Un peu après midi. *Pour à midi, pour le midi* — Pour midi. Pour le repas du midi. *Être midi à quatorze heures* — Être toujours en retard. *Pas attendre midi à quatorze heures* — Pas attendre longtemps.

Mie n.f. — Terre émiettée. *Prendre de la mie* — Labourer profondément.

Miette n.f. — Très petite quantité. Ex.: Je prendrai jusse une miette de vin. Coupe donc tes cheveux une miette plus court. *Pas une miette pantoute* — Rien. Ex.: T'auras pas une miette pantoute de moi.

Mietton n.m. — Pain émietté dans du lait.

Mieux adv. *Être mieux de* — Faire mieux de. Ex.: Tu serais mieux de partir toute suite. *De mieux* — De plus. En plus. Ex.: Cinq sous de mieux. *Prendre du mieux* — Aller mieux.

Mignarder v. intr. — S'amuser. Jouer.

Mignature n.f. — Miniature.

Migner n.m. — Meunier.

Mil (pron. mi ou miye) n.m. — Genre de graminées qui fait un bon foin. Fléole.

Milage n.m. — Nombre de milles parcourus. — Indemnité par mille pour frais de voyage.

Milk shake (pron. milque-chéque) n.m. — Lait battu avec crème glacée.

Mi-mal (à) loc. adv. *C'est à mi-mal* — C'est un demi-mal.

Mi-mot (à) loc. adv. — À demi-mot.

Minabe adj. — Qui a assez bonne mine. — Propre à être miné.

Minage n.m. — Action de faire sauter au moyen d'explosifs.

Mincemeat (pron. min'ce-mite) n.m. — Préparation de fruits et de viande hachée.

Mince-pie (pron. min'ce-paille) n.m. — Tarte faite avec une préparation de fruits et de viande hachée.

Mincir v. tr. ou intr. — Amincir.

Mine de poêle n.f. — Mine de plomb dont on se sert pour polir les poêles en fonte.

Mine n.f. ou m. — Minet. Chat. — Terme d'affection pour câliner les enfants. Ex.: Mon beau petit mine. — Tour de cou en fourrure. — Larve de papillon. — Chaton de saule, de bouleau.

Miner v. tr. ou intr. — Polir (un poêle) à la mine de plomb. — Avoir bonne ou mauvaise mine. Ex.: I mine bien. — Concorder. — Avoir l'air vrai.

Mingle n.f. — Calandre.

Mingler v. tr. — Calandrer, presser et lustrer les étoffes avec la calandre.

Minisse n.m. — Ministre. — Pasteur.

Ministre n.m. — Pasteur.

Minkerdi n.m. — Mercredi.

Minme adj. — Même.

Minnuit n.m. — Minuit.

Minot n.m. — Mesure valant huit gallons ou 2218.192 pouces cubes.

Minotage n.m. — Action de minoter, de perdre son temps à des minuties.

Minote n.m. — Minot.

Minoter v. intr. — N'en falloir pas beaucoup pour faire un minot. Ex.: Les patates minotent c't'année. — Être en grande quantité. Ex.: Le blé minote aussi c't'année. — Par extension, aller très vite. Ex.: Un cheval qui minote. — Perdre son temps à des minuties, sans rien faire. *Ça minote bien* — Ça va bien. Ça a bonne mine.

Minoteux, se adj. ou n.m. ou f. — Minutieux. — Lent au travail.

Minou n.m. — Chat. — Tour de cou en plumes ou en fourrure. — Chenille. — Terme d'affection qu'une femme utilise avec un homme. — Pubis chez la femme.

Minouchage n.m. — Caresse. — Action de minoucher.

Minouche n.m. ou f. — Minet. Petit chat. — Terme d'affection utilisé envers les enfants et les femmes. — Main d'enfant. *Faire minouche* — Caresser. Flatter.

Minoucher v. tr. — Caresser. Flatter. — Prendre du temps à faire (un ouvrage). — Travailler lentement.

Minoucherie n.f. — Caresse.

Minoucheux, se adj. ou n.m. ou f. — Qui minouche. — Lent au travail.

Minoune n.f. — Chatte. — Terme d'affection semblable à MINOUCHE. — Vieille voiture. Voiture fatiguée.

Minuits n.m. pl. — Minuit. Ex.: Il y a longtemps que minuits sont sonnés. I est entré vers les minuits.

Minutage n.m. — Chronométrage.

Minutes n.f. pl. — Procès-verbal.

Minson n.f. — Maison.

Mioche n.f. — Petit pain. — Petite miche de pain. — Petit pain de sucre.

Miochée n.f. — Pain émietté dans du lait.

Miouter v. tr. — Faire. *Qu'est-ce qu'i mioute, qu'i arrive pas?* — Qu'est-ce qu'il fait?

Miquelon n.m. — Whiskey introduit dans ce pays en contrebande par les îles françaises de Saint-Pierre et Miquelon. — Whiskey provenant de distillation domestique et, de ce fait, illicite.

Mirage n.m. — Miroitement. — Réflexion d'un objet dans l'eau. — Mine. Apparence. Ex.: Elle a un beau mirage à matin. Si son mirage était comme son plumage, a l'aurait ben d'l'allure.

Mirâque n.m. — Miracle.

Mirer v. intr. — Miroiter.

Miret n.m. — Milleret, passement, tissu de soie dont on orne des meubles ou des vêtements.

Miroi, miroué, mirouére n.m. — Miroir.

Miroir n.m. — Rétroviseur. — Glace.

Miscer v. tr. — Mélanger.

Misdeal (pron. misdile) n.f. — Maldonne. — Erreur dans un marché.

Mise n.f. — Mèche, bout de ficelle détordue attachée à l'extrémité d'un fouet. — Lanière fixée au bout d'un manche de fouet. — Exagération.

Miser v. tr. — Toucher (un cheval) du fouet. — Pousser des gens à agir.

Misérabe n.m. — Petit verre d'eau-de-vie.

Misère n.f. — Difficulté. Ex.: J'ai ben d'la misère à m'entendre avec lui. *Un chemin de misère* — Un chemin difficile. *Un voyage de misère* — Un voyage pénible. *Manger de la misère* — Avoir de grosses difficultés. Vivre dans la misère. *La p'tite misère* — Pénis.

Misère! interj. — Cri pour appeler les agneaux. — Juron inoffensif.

Misère à poil! interj. — Juron inoffensif.

Misère noire! interj. — Juron inoffensif.

Misser v. intr. — Rater (en parlant d'une mine qui n'éclate pas). — Manquer son coup (à la chasse, au billard, au jeu).

Misser (se) v. pron. — Faire sa demoiselle.

Mi-souillon n.m. — Mendiant.

Mistake (pron. misték) n.f. — Erreur. *Y a pas de mistake* — Pas d'hésitation. Pas de discussion. Inutile de résister. C'est bien entendu.

Mistrial (pron. mis-trayeul) n.m. — Procès considéré juridiquement comme nul et à reprendre.

Mitagne n.m. — Mitan.

Mitaine n.f. — Mouffle, gant avec séparation unique entre le pouce et l'index. — Office du culte protestant. — Église protestante. *À mitaine* — À la main. — Avec des moyens réduits. *Être mitaine* — Être mollasson.

Mitan n.m. — Milieu. Centre. Ex.: Dans le mitan du lit. *Être dans le mitan* — Être ni pour ni contre.

Mitasse n.f. — Guêtre de drap, de cuir, de peau de chevreuil ou d'orignal. — Chaussure de laine, de feutre, d'étoffe pour les grands froids. — Grosse mitaine.

Mite n.f. — Espèce de chaussure légère. — Mitaine de receveur au baseball. — Mitaine.

Mitiner (se) v. pron. — V. MÉTINER.

Miton n.m. — Chaussure d'étoffe, de laine pour les grands froids. — Grosse mitaine. — Mélange de pain, de framboises et de sucre détrempés dans du lait. — Pattes arrière du lièvre.

Mitoufler (se) v. pron. — S'emmitoufler.

Mitoyen, enne adj. — De qualité moyenne. Ex.: La récolte est ben mitoyenne c't'année.

Mitré, e adj. — Mité.

Mixer v. tr. — Mélanger.

Mixeur n.m. — Malaxeur. — Batteur électrique. — Bétonnière. — Homme qui a de l'entregent.

M'lasse n.f. — Mélasse. Ex.: Une beurrée d'm'lasse. Le faubourg à m'lasse.

M'man n.f. — Maman.

M'ment d'né (à) loc. adv. — À un moment donné.

M'nasse n.f. — Mélasse.

Moder v. intr. — Faire des articles de mode. — Suivre la mode.

Modeuse n.f. — Modiste. Couturière. — Personne qui suit la mode.

Modisse n.f. — Modiste.

Modiste n.f. — Couturière.

Moé pr. pers. — Moi. Ex.: Donne-moé-lé.

Moégnon n.m. — Moignon.

Moéyen n.m. — Moyen.

Moffleur n.m. — V. MUFFLEUR.

Mognon n.m. — Moignon. — Pénis.

Mogue n.m. — V. MUG.

Mo*hair* (pron. mau-*h*ère) n.m. — Poil de chèvre angora.

Moindrement adv. *La (ou le) moindrement* — La moindre quantité. Ex.: S'il avait le moindrement d'esprit... S'il avait le moindrement de coeur...

Moine n.m. — Toupie (jouet). — Melon. — Pénis. *Se faire aller le moine* — Se masturber.

Moineau n.m. — Pénis (surtout chez l'enfant).

Moins adv. *À moins* — De moins. Ex.: Pas un sou à moins. *Le moins* — Au moins. Ex.: I vaut le moins cent mille piasses. *Moins que* — De moins que. Ex.: I a trois ans moins que son frère. *Le moins des moins* — Le moins. Au bas mot. Au moins. Ex.: Mille piasses, c'est le moins des moins que ça peut coûter. *Moins que rien* — Quantité absolument négligeable. — Personne méprisable. Ex.: Ton mononque Jules, c't'un moins que rien.

Moi pour un loc. — Quant à moi. Pour ma part.

Moiquié n.f. — Moitié.

Moitié n.f. *À moitié fait* — Mal fait. *La moitié* — Moitié. Ex.: Si j'avais voulu, je serais la moitié plus riche.

Moiton n.m. — Molleton.

-Moi-z-en loc. verbale. — M'en. Ex.: Donne-moi-z-en.

Mol n.f. — Une bière Molson.

Molinette n.m. — Ensemble de pièces de bois disposées à angle droit les unes sur les autres.

Mollasse n.f. — Fondrière. Ex.: Le chemin a dû être détourné à cause d'une mollasse. — Point faible d'une personne ou d'une chose. Ex.: Appuyez sur la mollasse et vous aurez de lui tout ce que vous voudrez.

Mollasson, ne adj. — Mou. Ex.: Pour un boss, i est ben mollasson.

Molletonne n.m. — Tissu de coton dont la surface est annelée. — Tissu de coton à surface rugueuse.

Mollière n.f. — V. MOLLASSE.

Mollir v. intr. — Devenir plus doux, plus humide (en parlant du temps). — Devenir plus aimable, plus conciliant.

Molsonne n.m. ou f. *Avoir du, de la molsonne* — Avoir du biceps.

Molu, e part. passé — Moulu.

Molue n.f. — Morue.

Moman! interj. — Juron inoffensif.

Moman n.f. — Maman.

Momoune n.f. — Homosexuel.

Monardeur n.m. — V. MONEY ORDER.

Mondasse! interj. — Forme adoucie de MAUDIT!

Monde n.m. — Gens sensés. Gens comme le locuteur lui-même. Ex.: Parle donc comme du monde. Sa femme, c'est pas du monde. *Pas en monde* — Beaucoup. Comme aucun mortel. Ex.: Il mange pas en monde. *Le monde* — Les gens. Ex.: Le monde vont bientôt arriver. *Le grand monde* — Les grandes personnes. *Du monde de première classe* — D'excellentes gens. *Dans le monde, au monde* — En vérité. Ex.: Dans le monde, qui c'est qui t'a raconté ça? *Manger le monde* — Être cherrant. Demander des prix exorbitants. *Y a du monde à la messe* — Il y a beaucoup de monde.

Moneveau n.m. — Fanfaron.

Money order (pron. moné-ordeur) n.m. — Mandat de poste.

Mon mien pron. — Le mien.

Mononque n.m. — Oncle. Ex.: Va chez ton mononque.

Monnayère n.f. — Genre de primulacées dit lysimaque nummulaire.

Monrial n.m. — Montréal.

Mon-sieu n.m. — Monsieur.

Monsieur! (avec accent sur première syllabe) interj. — Juron inoffensif.

Monsieur n.m. ou adj. — Homme bien. Ex.: Vous êtes pas un monsieur pour mentir de même. — Porc. Ex.: Demain on va tuer note monsieur. — Mâle non châtré (boeuf, porc, etc.) *Un monsieur prêtre* — Un membre du clergé. *Faire son monsieur* — Se comporter selon les conventions. Ex.: Tu feras ton monsieur devant Monsieur le curé. *Être monsieur* — Être bien élevé. — (En parlant d'un comportement), correct. Ex.: C'est pas monsieur c'que t'as fait là.

Mon-sieur n.m. — Monsieur.

Monsieusement adv. — Comme un monsieur.

Monsieutrie n.f. — Classe des bourgeois. Ex.: À c'te fête-là, i ava jusse la monsieutrie, c'tait platte à mort.

Monstresse n. fém. de *monstre.*

Monstreux, se adj. — Monstrueux.

Montadi! interj. — Forme adoucie de MAUDIT!

Montaigne n.f. — Montagne.

Montant n.m. — Somme d'argent. Ex.: J'ai payé un gros montant pour c'te voyage-là.

Montant (en) loc. adv. — Et plus. Ex.: I vendent ça cinq piasses en montant.

Montée n.f. — Chemin privé qui va du chemin public à la maison et souvent jusqu'au bout de la terre. Ex.: J'ai pas encore déneigé ma montée.

Monte-échelle n.f. — Jeu d'enfants.

Monter v. tr. ou intr. — Piloter (un navire qui monte le fleuve). Conduire (un train) qui roule en amont (en parlant de l'équipe à bord). Ex.: Mon père montait le 75 quand i a déraillé. — S'éloigner du fleuve, de la rivière, du chemin ou de la route principale. Aller loin de la maison, dans les terres. Ex.: I est monté dans le bois. I est monté dans les concessions. — Enchérir sur. Ex.: Tu pourras monter le boeu jusqu'à cent piasses. *Monter une côte* — Faire un grand effort pour vaincre une difficulté. *Monter aux chantiers, dans les chantiers, en chantiers* — Aller bûcher dans les forêts tout l'hiver pour une compagnie d'exploitation forestière. *Monter sur* — Marcher sur. Ex.: Monter sur une platebande. *Monter à graine, à la graine* — Monter en graine. *Monter sur son poulain* — Monter sur ses grands chevaux. *Monter sur le dos de* — En imposer à. *Monter sur le banc* — Devenir juge. *Monter s'a tête de quelqu'un* — Le dominer.

Monter (se) v. pron. — Se greyer. Se meubler. *Se monter de meubles* — Se meubler. — S'emporter. *Se monter aux portes* — S'obstiner pour rien. Ex.: Y a beau s'monter aux portes, ça y s'ra pas d'profit. *Se monter s'es guénilles* — Se mettre les bigoudis.

Montereau n.m. — Genre de grue pour charger un voyage de billots.

Montrance n.f. — Apparence. Mine. Ex.: Ta femme a une vraie belle montrance. — Ostensoir. Monstrance.

Montrer v. tr. ou intr. — Avoir l'air. Ex.: Ça montre mal, c't'affaire-là. *Montrer bien* — Donner des espérances. Ex.: Quand j'étais jeune, j'montrais ben.

Moonshine (pron. moune-chailléne) n.m. — Alcool distillé à la maison.

Mop, moppe n.f. — Torchon fixé à un manche pour laver le plancher. — Époussetoir fixé à un manche pour enlever la poussière du plancher. Ex.: Allez, Suzanne, passe la moppe. — Houppe à poudrer. — Bosse. — Personne sans caractère. Lavette.

Mopper v. tr. — Essuyer le plancher avec une moppe. — Réprimander. — Battre. *Mopper une job* — La botcher.

Moppologiste n.m. — Laveur de plancher.

Mopser v. tr. — Réprimander. — Battre. Ex.: I s'est fait mopser comifaut.

Moqueux adj. — Moqueur.

Moquié n.f. — Moitié.

Morceau n.m. — Pièce (d'un mécanisme, d'un ensemble.). Ex.: J'ai fait venir le morceau pour ma tondeuse. *Travailler au morceau* — Travailler à la pièce. *Un beau morceau* — Une femme attirante. *Être en morceaux* — Être déflaboxé.

Morciller v. tr. — Couper en petits morceaux. Morceler.

Mordée n.f. — Morsure. Ex.: Le chien m'a pris une mordée dans le mollet. — Bouchée. Ex.: Louis a pris une grosse mordée après ma pomme.

Mordeur n.m. *Crier mordeur* — Crier au meurtre. Gueuler fort. Ex.: Si je t'attrape, tu vas crier mordeur.

Mordeux adj. — Qui mord. Ex.: Un cheval mordeux.

Mordre v. tr. — Piquer. Ex.: Les maringouins mordent à soir.

Mordu, e adj. *Être mordu pour* — Être passionné pour. Ex.: I est mordu pour la chasse. *Être mordu, être mordu par un chien, être mordu du chien, être mordu du diable* — Être enragé, toqué. Avoir toutes les audaces. Ex.: Il faut être mordu pour entreprendre un tel voyage.

Mordu n.m. — Individu emballé par une activité. Ex.: Le club des mordus de la moto-neige de McWatters.

Mordure n.f. — Morsure.

Moret n.m. — Nom qu'on donne aux jeunes boeufs.

Morfondant, e adj. — Qui épuise.

Morfondre v. tr. — Épuiser. Ruiner la santé de. Ex.: Fais-le pas travailler autant, ce jeune-là, tu vas le morfondre.

Morfondre (se) v. pron. — Ruiner sa santé.

Morfondu, e adj. — Épuisé. Ruiné de santé. — Confus. Honteux.

Morfondure n.f. — *Être atteint de morfondure* — Prendre froid.

Morgueu, morienne, morieu! interj. — Jurons.

Moriginer v. tr. — Morigéner.

Mormonner v. tr. — Marmotter.

Morniffe n.f. — Taloche.

Morning coat (pron. mornigne côte) n.m. — Vêtement masculin de cérémonie à pans ouverts descendant jusqu'aux genoux. Jaquette.

Morniques n.f. pl. — Lunettes.

Mornouche n.f. — Ustensile servant à enlever les ronds de poêle.

Moron n.m. — Imbécile. — Sorte de lézard.

Môron n.m. — Mouron, plante à fleurs rouges ou bleues.

Morphile n.m. — Morphine.

Morphine n.m. — Morphine (n.f.).

Morpion! interj. — Juron.

Morpion adj. — Fainéant. Lâche.

Morpion n.m. — Individu malhonnête. — Enfant achalant. — Enfant non voulu. Ex.: J'ai eu beau prendre la pinule, j'ai quand même eu un morpion c't'année.

Morpionner (se) v. pron. — Se mettre au mauvais (en parlant du temps).

Morquier n.m. — Mortier.

Mort adj. *Temps mort* — Temps lourd, atmosphère chargée. *Corps mort* — Tronc d'arbre mort. *Faire le mort* — Se tenir tranquille. *Tiens ça mort, garde ça mort* — Parles-en pas. N'en parle pas. *Son chien est mort* — Il a perdu la confiance de tout le monde.

Mort n.f. *C'est la mort* — Se dit d'une personne très lente. *À mort* — Excessivement. Ex.: I travaille à mort aujourd'hui.

Mortalité n.f. — Mort. Décès. Ex.: Il y a de la mortalité dans la famille.

Morte-charge n.f. — Fardeau pesant. Le plus qu'on peut porter. Ex.: Charger une voiture à morte-charge.

Morte-dette n.f. — Dette contractée pour acquérir quelque chose qui ne rapporte rien.

Mortel, elle adj. — Passionné. Mordu. Ex.: I est mortel pour boire. — Puissant. Ex.: I a un bras mortel. — Diable de. Ex.: Attention, mortel enfant!

Mortelle n.f. — Immortelle.

Morte-mer n.f. — Période où la marée n'est pas forte (par opposition à *grand'mer*).

Mortgage (pron. morguédge) n.m. — Hypothèque.

Mortgager (pron. morguédgé) v. tr. — Hypothéquer.

Mortir v. tr. — Amortir.

Mort-ivre, morte-ivre adj. — Ivre-mort.

Mort-né, e adj. — Nuageux.

Mort-né! interj. — Juron.

Mortoise n.f. — Mortaise.

Mortoiser v. tr. — Mortaiser.

Mortoiseur n.m. — Mortaiseuse.

Morts n.m. — Bouteilles de bière vides sur une table de taverne.

Morue! interj. — Juron inoffensif.

Morue n.f. — Femme. *Habit à queue de morue* — Morning coat. *Les saintes morues!* — Juron. *Oreilles de morue* — Parties ventrales sous le filet.

Morvâille n.f. *La morvâille* — Les enfants de la maison.

Morvâillon n.m. — Gamin. Morveux. — Individu incapable de travailler.

Morvasse n.m. — Jeune garçon. — La jeunesse. Les jeunes gens.

Morvasson n.m. — Morveux.

Morviat n.m. — Gros crachat visqueux. — Qui est incapable de travailler.

Morvisse! interj. — Juron.

Moses! (pron. mauzusse) interj. — Juron inoffensif. *Être en moses* — Être en colère.

Moskaille n.m. — Véhicule tout-terrain de dimension réduite.

Moskeg n.m. — Marécage.

Mossel n.f. *Avoir des mossels* — Avoir du biceps, du muscle. *Avoir les mossels à terre* — Être épuisé.

Mossieu n.m. — Monsieur.

Mosusse! interj. — V. MOSES!

Mot n.m. — Querelle. Dispute. Ex.: Ils ont eu des mots et depuis, ils se disent plus bonjour.

Mot (pron. motte) n.m. — Motus. Pas un mot! — Se dit pour exprimer qu'on n'a pas répondu. Ex.: Il m'a dit: Mot! — Mot. Ex.: Prendre au mot.

Moteur n.m. — Proposeur d'une motion dans une assemblée délibérante. *Petit moteur* — Pénis.

Motion n.f. — Au baseball, élan que prend le lanceur et les mouvements qui accompagnent cet élan.

Motié n.m. — Moitié.

Motivé n.m. — Motifs d'un jugement.

Motonner v. tr. ou intr. — Moutonner.

Motor man (pron. mauteu-manne) n.m. — Mécanicien chargé de la conduite d'un tramway.

Mottant, e adj. — Qui se forme en motte, en masse compacte, en boule. Ex.: La neige est mottante aujourd'hui.

Motte n.f. — Petite masse compacte de neige en forme de balle. Ex.: Lancer des mottes de neige. — Pubis chez la femme.

Mottelé, e adj. — Qui est couvert de petites aspérités. Ex.: Un bois au grain mottelé. — Pommelé. Ex.: Un cheval mottelé.

Motter v. tr. ou intr. — Lancer des mottes de neige à. Ex.: Les enfants se sont mottés toute l'avant-midi. — Se former en mottes. Ex.: La neige motte bien.

Motteux, se adj. — Plein de mottes. Ex.: Un terrain motteux.

Motto n.m. — Devise. — Dragée enveloppée dans un morceau de papier contenant une devise.

Motton n.m. — Petite motte. — Grumeau. La colle est pleine de mottons. — Petit bouchon de laine, de filasse. *Avoir le motton* — Avoir la tête lourde. *Faire le motton* — Faire un coup d'argent. *Avoir un motton dans la gorge* — Avoir la gorge serrée par l'émotion.

Mottonné, e adj. — Plein de mottons.

Mottonné n.m. — Molletonné.

Mottonneux, se adj. — Qui se prend en mottons. Ex.: De la laine mottonneuse. — Plein de mottes. Raboteux. Ex.: Un chemin mottonneux.

Mottonnu, e adj. — Plein de mottons.

Moture n.f. — Mouture.

Moturer v. tr. — Moudre. — Retenir une partie du grain à moudre pour se payer la mouture. Ex.: Ce meunier moture fort.

Mou n.m. — Poumon, par opposition au foie que l'on appelle le dur.

Mou adj. *Bois mou* — Bois tendre, par opposition à bois dur ou bois franc. *Être mou* — Perdre son érection.

Mouan n.f. — Maman.

Mouche n.f. — Sinapisme. Ex.: Une mouche de moutarde. — *Mouche noire* — Vésicatoire. — Petite mouche dont la morsure est aussi pénible qu'une piqûre de moustique. *Mouche à feu* — Luciole. *Mouche à cheval, mouche à orignal* — Genre de taon. *Mouche à vache, mouche à cornes* — Petite mouche qui se pose de préférence à la base des cornes des vaches. — *Mouche à chevreuil* — Mouche dont les ailes sont en forme de delta et dont la morsure est aussi pénible que celle du taon. *Mouche verte* — Mouche à vers. *Mouche à vers* — Mouche de la viande, mouche à ordures. — Personne qui parle beaucoup. *Mouche à marde* — Mouche ordinaire que les excréments attirent. — Personne collante. *Mouche à patates* — Espèce de coléoptère qui s'attaque aux plants de patates. *Se faire les mouches* — Se faire mettre à sa place. *Mettre les mouches à quelqu'un* — Le mettre à sa place. *Chanter comme une mouche à vers* — Chanter d'une voix faible.

Moucher v. tr. ou intr. — Rogner (un morceau de bois). Ex.: Moucher une planche. — Pêcher à la ligne volante, à la mouche artificielle. — Jouer de façon à ce qu'il soit difficile de relever la balle (au jeu de balle au mur).

Moucher (se) v. pron. *Se moucher avec des quartiers de terrine* — Être dans la misère. *Ne pas se moucher avec des pelures d'oignon* — Être une personne d'importance.

Mouchette n.f. — Espèce d'attrape-mouches. — Tord-nez, pince que l'on place au naseau d'un animal pour le maîtriser et le conduire.

Mouchoi, mouchoué, mouchouére n.m. — Mouchoir.

Moudu part. passé — Moulu.

Moudure n.f. — Mouture, partie du grain que le meunier retient pour son salaire. — Mesure qui sert à déterminer la mouture du meunier. *Mouture d'épinette* — Sciure d'épinette.

Moué pr. pers. — Moi.

Mouillardeux, se adj. — Pluvieux.

Mouillasser v. impers. — Tomber lentement (en parlant d'une pluie fine). — Pleuvoir par petits orages mais souvent.

Mouillasseux. se adj. — Pluvieux.

Mouille n.f. — Pluie.

Mouiller v. impers. ou tr. — Pleuvoir. Ex.: I mouille tous les jours depuis deux semaines. — Arroser, boire un coup à l'occasion d'un événement quelconque. Ex.: C'est ta fête, faut mouiller ça. *I mouille à siaux, à boire debout, à varse* — Il pleut beaucoup. *Se mouiller les pieds* — Se compromettre. — S'enivrer. *Mouiller ça, se mouiller le canayen* — Prendre un coup. *Le bois est mouillé* — Façon voilée pour les parents de dire que la femme menstrue.

Mouilleux, se adj. — Pluvieux.

Mouk n.m. — Moule (fruit de mer).

Moulange n.f. — Meule à moudre des céréales.

Moulanger v. tr. — Moudre. — Boulanger la farine.

Moule n.m. — Pain de gelée, de sucre, pâté, etc. gardant la forme du moule où il s'est refroidi. Ex.: Apporte donc le moule de gelée. — Sorbetière. *Moule à plomb* — Personne dont le visage est marqué de petite vérole. — Personne lente. *Être pas du même moule* — Ne pas être des mêmes parents.

Moulée n.f. — Mouture. — Portion de grain qu'on conserve pour le faire moudre. — Grain moulu pour les animaux. — Farine grossière. — Mélange de toute espèce de grains. — Grande quantité. Grand nombre. Ex.: Je t'assure que le curé en a confessé une moulée. *Moulée de scie* — Brin de scie. Sciure de bois. *Moulée de* *vers* — Poussière de bois laissée par les vers après leur passage dans une pièce de bois.

Mouligneur n.m. — Propriétaire d'une scierie.

Moulignier n.m. — Propriétaire d'un moulin.

Moulin n.m. *Moulin à scie* — Scierie. *Moulin à bardeau* — Fabrique de bardeaux. *Moulin à battre* — Batteuse. *Moulin à béton* — Bétonnière. *Moulin à carde, à écarde* — Carderie. *Moulin à coudre* — Machine à coudre. *Moulin à crème à la glace* — Sorbetière. *Moulin à écocher* — Écouchoir. *Moulin à farine* — Moulin. *Moulin à faucher* — Faucheuse. *Moulin à feu* — Moulin à vapeur. *Moulin à fouler* — Moulin à foulon. *Moulin à l'herbe* — Tondeuse de gazon. *Moulin à laver* — Laveuse. Machine à laver. *Moulin aux oeufs* — Batteur à oeufs. *Moulin à sasser* — Sas mécanique. *Moulin à souche* — Arrache-souche. *Moulin à tordre* — Tordeur. Essoreuse. *Moulin à tricoter* — Machine à tricoter. *Moulin à viande* — Hache-viande. *Un moulin à parler* — Une personne loquace. *Moulin de Chine* — Moulin à parler. — Personne qui travaille vite. *Le petit moulin* — Pénis.

Moulinant, e adj. — Qui mouline. — Plein de neige (en parlant de chemins). Ex.: Les chemins sont moulinants à matin.

Mouliner v. intr. — Se fendiller et s'effriter sous l'effet de la sécheresse (en parlant de la terre). — Aller vite (en parlant d'un cheval).

Moulinet n.m. — Ensemble de pièces de bois disposées à angle droit les unes sur les autres.

Moulinetter v. tr. — Disposer des pièces de bois en moulinet.

Moulineux, se adj. — Où la marche est difficile parce que la neige est collante.

Moulue n.f. — Morue.

Moulure de scie n.f. — Brin de scie.

Moulures n.f. pl. — Seins.

Mouman n.f. — Maman.

Mouque n.f. — Organe sexuel féminin.

Mourant, e adj. — Très ennuyeux. — Très amusant.

Moure ind. prés. 3e pers. sing. — Meurt. Ex.: I est pas mouru, i se moure.

Mourir v. intr. — Caler (en parlant d'un moteur). Ex.: Quand je pèse sul gaz, i meurt.

Mourirai, rais ind. fut. et cond. — Mourrai, mourrais.

Mouron n.m. — Espèce de lézard. — Paresseux. — Lâche.

Mouru part. passé — Mort.

Mourue n.f. — Morue.

Moussage n.m. — Formation d'une mousse.

Moussailles n.f. pl. — Souliers de boeuf. — Chaussures.

Mousse n.f. — Amas de poussière. Moutons. Bourre. Duvet.

Mousse de mer n.f. — Zostère marin, plante de la famille des naïadacées.

Mousseline n.f. — Fumier. Engrais. — Planche très mince.

Moustaché, e adj. — Moucheté.

Moustique n.f. — Moustique (n.m.).

Moute n.m. — Mouton. *Moute, moute, moutache*! — Cri pour appeler les moutons.

Mouton n.m. *Petit mouton* — Fruit du glaïeul. *Mouton de perse* — Mouton caracul ou astrakan.

Moutonne n.f. — Brebis. — Bas de laine. — Dépotoir dans les chantiers.

Moutonner v. intr. — Mettre bas (en parlant de brebis).

Moutonner (se) v. pron. — Se couvrir de gros nuages. Ex.: Le ciel se moutonne.

Mouturer v. tr. — Moudre.

Mouvabe adj. — Qui peut être mouvé.

Mouvage n.m. — Déménagement. — Transport.

Mouve adj. — Mauve.

Mouvée n.f. — Quantité de choses que l'on mouve. — Bande d'animaux qui se déplacent à la fois. — Banc (de poissons).

Mouver v. tr. ou intr. — Mouvoir. Déplacer. Remuer. Transporter. Ex.: On va mouver la grange de quate pieds vers le chemin. — Se mouvoir. Changer de place. Ex.: Allons, mouve de là. — Déménager. Changer de logement. Ex.: I va falloir mouver, la maison est vendue. *Mouvé de frais* — Fraîchement retourné. Ex.: Un champ mouvé de frais.

Mouver (se) v. pron. — Se hâter. Ex.: Faut se mouver si on veut arriver à soir.

Mouvette n.f. — Palette de bois dont on se sert dans la cuisson du sirop d'érable.

Moviette adj. — Chétif.

Mox n.m. — Garnement.

Moyen n.m. *Avoir le moyen* — Avoir les ressources, les moyens. *Être en moyens* — Avoir des moyens.

Moyen adj. — Plus que la moyenne. Ex.: C'est un moyen cheval que t'as là.

Moyenner v. intr. — Trouver un moyen. S'arranger. Ex.: Avec lui, pas moyen de moyenner.

Mucre adj. — Humide. Moite.

Mucre n.m. — Relent.

Mucreté n.f. — Humidité. Moiteur.

Mue n.f. — Soue à cochons.

Muffe n.m. — Gueule. — Tête d'orignal.

Muffin (pron. mofine) n.m. — Brioche au son.

Muffler (pron. mofleu) n.m. — Silencieux (d'un moteur). — Cachenez.

Mug (pron. mogue) n.m. — Bock (de bière).

Mugnier, ère n.m. ou f. — Meunier, meunière.

Mule n.f. — Meule.

Muleron n.m. — Meulon.

Mulon n.m. — Meulon.

Mulotter v. intr. — Mettre du temps à se rendre au travail.

Mulotteux, se adj. — Lent au travail.

Munier, ère n.m. ou f. — Meunier, meunière.

Muraille n.f. — Falaise.

Mur-à-mur adj. *Tapis mur-à-mur* — Moquette. *Faire des phrases mur-à-mur* — Flâser. Ex.: Faire des phrases mur-à-mur, c'comme employer des mots à une piasse et quart: ça vaut pas cher la verge cârrée.

Mus' n.m. — Musc.

Musc n.m. — Muscle.

Museau n.m. — Muselière.

Muserie n.f. — Menuiserie.

Musier n.m. — Menuisier.

Musique n.f. — Instrument de musique. *Musique à bouche* — Harmonica.

Muskeg (pron. mosse-kègue) — Terrain marécageux couvert de mousse.

Mussé (rat), mussier (rat) n.m. — Rat musqué.

N

Nac' n.m. — Nacre (de perle).

Nacre n.m. — Nacre (n.f.). Ex.: Du nacre de perle.

Nageoué, nageouére n.f. — Nageoire.

Nager v. intr. — Ramer. *Nager un canot* — Le conduire.

Nail-clippeur (pron. nél-clipeur) n.m. — Coupe-ongles.

Nain n.m. — Hain, hameçon.

Naissance n.f. — Essence. Ex.: De la naissance de citron.

Naisserai v. intr. — Naîtrai.

Naître v. intr. *Ne pas faire naître de rien* — Ne rien dire. Ex.: Je sais qu'i ava beaucoup à dire mais i a pas fait naître de rien.

Nananne n.m. — Bonbon. Nanan. Ex.: Temps en temps, du nanane c'est bon. *Enfant de nananne* — Forme adoucie de enfant de chienne. *Rose nananne suçé longtemps* — Rabâché, usé à la corde parce que dit trop souvent. Ex.: Son discours, c'est du rose nananne suçé longtemps.

Nanne n.f. — Chèvre.

Nanque adv. — Rien que. Ex.: C'est nanque pour rire que j'ai dit ça.

Napkin (pron. nappe-kine) n.f. — Serviette de table.

Nâque n.m. — Nacre.

Nâquer v. tr. — V. KNOCKER.

Narcisse n.f. — Narcisse (n.m.).

Narf (pron. narf) n.m. — Nerf. Ex.: Manquer de narf. — Pénis. *Poigner les narfs* — Faire une crise de nerfs.

Narfé, e adj. — Nervé.

Narfer (se) v. pron. — V. NERFER.

Narfs n.m. pl. — Canaux séminifères.

Narrées n.f. pl. — Contes. Histoires.

Narveux, se adj. — Nerveux.

Narvure n.f. — Nervure.

Nasonner v. intr. — Nasiller.

Nasonneux, se adj. ou n.m. ou f. — Qui nasonne.

Natalité n.f. — Naissances. Ex.: I a eu beaucoup de natalités dans la paroisse c't'année.

Natcher v. tr. — Entailler.

Nation n.f. — Engeance. Ex.: Quelle nation de punaises!

Nation! interj. — Juron inoffensif.

Nature n.f. — *Petite nature* — De constitution faible. Ex.: Au travail, les petites natures!

Naturel, elle adj. — Bon pour la santé. Ex.: Travailler comme ça, c'est pas naturel.

Nava n.m. — Navet.

Naveau n.m. — Navet. Ex.: Semer des naveaux. — Tête mal faite. — Tête chauve. — Un nouveau (dans une école, un collège).

Navelure n.f. — Nervure. Passepoil. Ex.: Les navelures de mon costume sont toute usées.

Navette n.f. — Lavette.

Navot n.m. — Navet.

Nâvrer v. tr. — Suffoquer. Ex.: Le vent nous nâvre.

Né part. passé — (Employé avec l'auxiliaire *avoir*). Ex.: J'ai né à Québec. *Né natif de* — Né à. Ex.: I est né natif de Trois-Rivières.

Necker v. intr. — Se dit d'un gars et d'une fille qui s'embrassent et se bécottent longuement.

Négative n.f. *Dans la négative* — Négativement. Ex.: Répondre dans la négative.

Nége n.f. — Neige.

Négocien n.m. — Négociant.

Nègue n.m. — Nègre. *Plan de nègre* — Projet irréalisable. *Faire, se faire du sang d'nègue* — Broyer du noir, être déprimé.

Neiche n.f. — Allège, petit mur d'appui sous la baie d'une fenêtre.

Neige n.f. *Les neiges* — La saison des neiges. Ex.: Attends les neiges pour charrier ton bois. *Oiseau de neige* — Oiseau blanc. *Homme à la neige* — Préposé au déneigement. — *Battre la neige, les neiges* — Battre un chemin dans la neige. *Neige en sel* — Grêle.

Neigeâiller, neigeotter, neigeasser v. impers. — Neiger faiblement.

Neigère n.f. — Sorte de glacière où, pendant l'hiver, on accumulait de la neige pour garder au frais certaines denrées pendant la saison chaude.

Neillère adj. — Anneuillère.

Nein adv. — Non.

Neingligeance n.f. — Négligence.

N'en pr. pers. — En. Ex.: Est-ce qu'i n'en veut, lui?

Nénane n.m. — Nanane.

Nénette n.f. *Se forcer les nénettes* — Se forcer les méninges.

Nentilles n.f. pl. — Lentilles.

Néquiouke n.m. — Porte-timon, joug vis à vis le poitrail des chevaux qui porte le timon de la voiture.

Nerf (pron. nerf ou naïr) n.m. — Nerf. *Prendre les nerfs* — S'énerver. — Faire une crise de nerfs. *Le gros nerf qui charrie l'fun* — Clitoris.

Nerfé, e adj. — Qui a du nerf.

Nerfer (se) v. pron. — Se donner du courage. Se préparer mentalement. Ex.: T'as besoin te nerfer pour rencontrer la mére.

Nerguer v. tr. — Narguer.

Neslie n.f. — Genre de crucifères qui s'apparente à la moutarde.

Net n.m. — Filet. *Net à cheveux* — Résille. *Net de broche* — Treillis métallique.

Net, nette adj. *Net comme torchette* — Sans rien de plus. Ex.: I y a pas à y revenir, c'est net comme torchette. — Très propre. Ex.: Une maison nette comme torchette. *À net* — Sans exception. Complètement. Ex.: J'ai fini ma job à net.

Néteyer v. tr. — Nettoyer.

Nettoyer v. tr. — Faire disparaître. Ex.: Nettoyer une tache sur son habit.

Nettoyeur n.m. — Détersif. — Celui qui fait du nettoyage à sec.

Neu adj. — Neuf. *En neu* — À neuf. Ex.: Refaire un bâtiment en neu. *Repartir en neu* — Repartir à zéro.

Neuf adj. num. *Avoir neuf jours* — Être percé. Ex.: Ces bas ont neuf jours. *Neuf-z-oeufs* — Neuf oeufs.

Neuf (en) loc. adv. — À neuf.

Neulle, neune adj. f. — Nulle. Ex.: Neulle part. Neune part.

Neutre n.m. — Point mort (dans la conduite automobile). Ex.: Mets-toué au neutre. *Se mettre au neutre* — Faire le mort. — Rester sur son quant-à-soi.

Neuvaine n.f. — Période. Ex.: On a une neuvaine de beau temps.

Nèveurmagne loc. verbale — Laisse faire. Ça ne fait rien.

Newfie (pron. nioufi) n.m. — Habitant de Terre-Neuve. — Personnage épais.

New look (pron. niou-louque) n.m. — Nouvelle apparence. Nouvelle allure.

Nexe! interj. — Suivant!

Nexer v. tr. — À des jeux d'enfants, battre son concurrent pour passer au suivant.

Neyade n.f. — Noyade.

Neyau n.m. — Noyau.

Neyé n.m. — Noyé.

Neyer n.m. — Noyer.

Neyer v. tr. intr. ou pron. — Noyer. — Inonder. Ex.: Tout son terrain est neyé. — Être inondé. Ex.: Les prairies ont neyé tout le printemps.

Nez n.m. *Nez creux* — Niais. *Nez de chien* — Nez fourré partout. *Comme un nez de chien* — Froid et humide. Ex.: Avoir les mains comme un nez de chien. *À vue de nez* — Au juger. Sans faire de calculs. *Se péter le nez sur* — Se cogner le nez sur. *Se faire péter le nez* — Recevoir une râclée. *Avoir le gros nez* — Être très enrhumé.

Niaise n.f. *Prendre une niaise* — Se faire attraper.

Niaiser v. intr. — Être attrapé. Éprouver une déception. — Anonner dans une récitation. — Agir lentement. — Rien faire. Rêvasser.

Niaiser v. tr. — Achaler. Importuner. Ex.: Arrête de me niaiser. — Faire attendre sans raison. Ex.: Le boss me niaise expra, j'cré ben.

Niaiseux, se adj. ou n.m. ou f. — Niais. — Qui perd son temps à des riens.

Nic n.m. — Nid.

Nicagnacs n.m. pl. — Bebelles. Objets disparates.

Nichet, nichette n.m. — Le dernier-né d'une famille complète. — Guichet.

Nichetée n.f. — Nichée. — Nid plein d'oeufs. — Famille (en parlant surtout de jeunes enfants).

Nichoir, nichois, nichoite, nichouète, nichoué, nichouére n.m. — Nichet, oeuf qu'on laisse dans le nid pour encourager les poules à y pondre. — Boîte garnie de paille pour que les poules y pondent.

Nichon n.m. — Juchoir.

Nichouète n.m. ou f. — V. NICHOIR. — Dernier-né d'une famille. — Petite fille.

Nigog n.m. — Sorte de harpon pour prendre les poissons.

Nigoguer, nigoyer v. tr. — Prendre du poisson au nigog.

Nigossage n.m. — Action de nigosser.

Nigosser v. intr. — S'occuper à des riens. S'affairer en pure perte.

Nigosseux, se adj. — Qui nigosse.

Nil adv. — Néant.

Ninque adv. — Rien que. Seulement. Ex.: C'est ben ninque pour vous faire plaisir.

Nioche adj. ou n.m. ou f. — Niais. Nigaud.

Niochon n.m. — Nigaud. Épais. Niais. — Dernier-né de la famille.

Niole n.f. — Taloche. Tape.

Nioulouque n.m. — V. NEW LOOK.

Nippe n.f. *Faire la nippe* — Faire la lippe. Pleurnicher. *Prendre une nippe* — Boire un verre d'alcool.

Nipple (pron. nipule) n.f. — Graisseur.

Nique n.m. — Nid.

Nique! interj. — Expression ironique qu'on adresse à celui qu'on a vaincu, qui a eu une déception.

Niquer v. tr. — Couper certains muscles de la queue d'un cheval pour qu'il la garde en panache.

Niques n.f. — Nippes. Vêtements.

Nivelâiller v. intr. — Perdre son temps.

Nivelâilleux, se adj. — Qui perd son temps.

Nivelasser v. tr. ou intr. — Perdre son temps. — Niveler, égaliser (une surface).

Nivelasseux, se adj. — Qui perd son temps.

Niveleuse n.f. — Tracteur à chenilles avec une lame à l'avant pour niveler les terrains.

Niveleux, se adj. — Délicat. Qui demande beaucoup d'attention. Ex.: Un travail niveleux.

Nix adv. — Non. Pas du tout. Pas question.

Nn' pr. pers. — En (surtout entre deux voyelles). Ex.: A nn'a. Si je peux nn'avoir, j'en aurai.

Nobe adj. — Noble.

Noblesse n.f. — Noble.

Noces n.f. pl. *Faire des noces* — Marier un de ses enfants.

Noceux adj. ou n.m. — Noceur.

Noeud n.m. — *Frapper un noeud* — Rencontrer une difficulté inattendue.

Noïau, neyau n.m. — Noyau.

Noïer, neyer n.m. — Noyer.

Noir, e adj. *N'être pas noir de rire* — Avoir peur. *Enragé noir* — Rouge de colère. *Faire un mal noir* — Faire terriblement mal.

Noir n.m. *À noir* — Sans exception Presque à l'unanimité. Ex.: Dans les hauts, i's ont voté à noir pour lui. *Noir à chaussures, à souliers* — Cirage. *Noir comme le poêle, comme sul loup, comme le cul d'un boeu* — Très noir.

Noirâtre n.m. — Crépuscule.

Noirceur n.f. — Obscurité. Ex.: I peut pas marcher dans la noirceur.

Noiret, ette adj. — Un peu noir. Tirant sur le noir. Noirâtre.

Noireau n.m. — Oiseau.

Noiron, onne n.m. ou f. — Noiraud, noiraude.

Noix n.f. — Écrou. — Petite poulie. — (Au pluriel), fruits secs en général. — Testicules. *Noix piquée* — Fruit de l'icorier tendre. Fruit de l'amandier, amande.

Nom n.m. *Appeler des noms, crier des noms, dire des noms, donner des noms à quelqu'un* — Injurier (dans les querelles d'enfants). *Nom de plume* — Pseudonyme d'un auteur. *Avoir le nom de* — Avoir la réputation de. Ex.: Il a le nom d'être chiche. *Premier nom* — Prénom. *Deuxième nom, dernier nom* — Nom de famille. *Nom à coucher dehors* — Nom drôle, bizarre. *Un nom sale* — Un paria.

Nombe n.m. — Nombre.

Nombre n.m. *Avoir son nombre* — Avoir le nombre d'enfants qu'une femme doit avoir.

Nombrer v. intr. — Être au nombre de. — Être en quantité plus ou moins grande. Ex.: L'avoine a pas nombré c't'année.

Non-noblesse n.f. — Roturier.

Nono adj. ou n.m. — Imbécile.

Nordet n.m. — Nord-est. — Vent du nord-est.

Nords n.m. pl. — Latrines. Ex.: Aller aux nords.

Norir v. tr. — Nourrir.

Normagne adj. — Normale.

Noroit n.m. — Nord-ouest. — Vent du nord-ouest.

Norolle n.f. — Espèce de galette, de brioche.

Norouêt n.m. — Noroît.

Nortureau n.m. — Petit cochon de l'année.

Nos deux loc. pron. — Nous deux. Ex.: Nos deux, on y va.

Nos n.f. pl. — Noues (de morue).

Notarier v. tr. — Mettre dans son testament.

Notcher v. tr. — Faire une encoche (dans un arbre, une pièce de bois).

Note adj. — Notre. Ex.: Note bébé s'fa grand.

Note n.f. — Écrou. — Pénis.

Note pron. poss. — Nôtre. Ex.: Vote foin est beau mais le note l'est encore plusse.

Nôte pron. poss. — Nôtre.

Notice n.f. — Avis de départ, de congédiement. Ex.: T'as-tu donné ta notice au boss? — Affiche. Ex.: T'as-tu lu la notice su la porte d'l'édlise?

Noticer v. tr. — Donner avis (à quelqu'un). Ex.: I l'a noticé d'arranger son bout de clôture.

Notifier v. tr. — Avertir. Ex.: Est-ce que tu l'as notifié pour son rendez-vous?

Nouche n.f. — Pénis. — Vagin (chez la femme, chez les femelles animales).

Nouesette n.f. — Noisette.

Noune n.f. — Organe sexuel féminin. *La noune te chauffe* — Tu mouilles.

Nourolle n.f. — V. NOROLLE.

Nourritureau n.m. — V. NORTUREAU.

Noute adj. poss. — Notre. Ex.: Noute fille est folle.

Nouzôtes pron. pers. pl. — Nous autres. Nous.

Nôves n.f. pl. — Noues (de morue).

Nowhere (pron. nauouère) adv. — Perdu. Ex.: Lui, i est nowhere, c'est pas possibe.

Noyau n.m. *Liqueur de noyaux* — Liqueur maison faite avec de l'alcool sucré dans lequel on a laissé macérer des amandes de noyaux d'abricots, de prunes, de cerises. Ratafia de noyaux.

Noyer v. tr. ou intr. — Perdre par noyade. Ex.: Ils ont noyé deux enfants c'printemps. — Être inondé. Ex.: Après la grosse pluie, le grain noyait dans le bas d'la côte.

Nozzle (pron. nâzoule) n.m. — Bec. Pistolet (de tuyau d'arrosage, de distributeur d'essence).

Nu, nue adj. *Nu en chemise* — En manches, en bras de chemise.

Nuage n.f. — Nuage (n.m.). *Un pelleteux de nuages* — Quelqu'un qui parle pour ne rien dire.

Nuage n.m. — Cache-nez en laine tricotée.

Nuasse n.f. — Noeud dur dans un billot.

Nu-bas adv. — Sans chaussures.

Nuce n.f. — Pénis.

Nué n.m. — Nuage.

Nuisabe adj. — Nuisible. Dangereux.

Nuisance n.f. — Activité qui dérange la tranquillité des autres. Ex.: Les motos dans les rues le soir, c'est une vraie nuisance publique.

Nuisant n.m. — Envie, pellicule qui se détache de la peau autour des ongles.

Nuit n.f. *À la nuit* — De nuit. La nuit. Ex.: On a rentré la dernière charge à la nuit. *À la belle nuit* — À la belle étoile.

Nuite n.f. — Nuit.

Numéro n.m. — Individu qui ressort parmi les autres. Ex.: C'est tout un numéro, ton Méo. — Pointure (d'un chapeau, d'une chaussure, d'un gant, etc.). *C'est numéro un* — C'est parfait. *Être numéro deux* — Être le deuxième. Être second violon.

Numéroter v. tr. — Dénombrer. Calculer le nombre de.

Nunne adj. f. — Nulle. Ex.: Nunne part.

Nu-pattes adv. — Nu-pieds.

Nure part loc. adv. — Nulle part.

Nurse (pron. neursse) n.f. — Infirmière.

Nurserer (pron. neursseuré) v. intr. — S'occuper des enfants.

Nuzôtes pron. pers. pl. — Nous autres. Nous.

O

Oasis n.m. — Oasis (n.f.).

Obérer v. tr. — Accabler. Ex.: Le travail m'obère.

Obéyir v. intr. — Obéir.

Obituaire n.m. — Nécrologie.

Objecter v. tr. *Objecter quelqu'un* — S'opposer à ce qu'il vote à moins qu'il prête le serment requis en pareil cas.

Objecter (s') v. pron. — S'opposer. Faire objection à. Ex.: Je me suis objecté à cette motion.

Objets n.m. pl. — Image des arbres, bâtiments, etc., qui se réfléchissent sur l'eau, signe de mauvais temps. Ex.: Ça va mouiller, i a des objets.

Oblier v. tr. — Oublier.

Obliger v. intr. — Obliger (v. tr.). Ex.: Tu peux leur obliger à faire ça.

Obquiende v. tr. — Obtenir.

Obquient part. passé. — Obtenu.

Obscuration n.f. — Black-out.

Observer v. tr. — Faire observer Ex.: J'lui ai observé que c'tait pas l'temps.

Obstineux, se adj. — Qui obstine.

Obstruction n.f. — Obstacle.

Obtiende v. tr. — Obtenir.

Obtenabe adj. — Qu'on peut obtenir.

Obtient part. passé — Obtenu.

Obzerver v. tr. — Observer.

Occâsion n.f. — Occasion. — Personne qui se charge de faire une commission. Ex.: Envoyer un paquet par occâsion. J'suis venu avec une occasion. *Des occâsions* — Aubaines. Ex.: Y a des bonnes occâsions chez Eaton aujourd'hui. *Magasin d'occâsion* — Magasin de seconde main. Regrattier. *Se donner une occâsion* — Se donner un prétexte.

Occâsionner v. tr. — Obliger. Ex.: Je veux pas t'occâsionner à faire ça pour moué. *Être occâsionné* — Avoir l'occasion. Ex.: On est occâsionné de se ouère plus souvent.

Occupant, e adj. — Inquiétant. Ex.: C'est ben occupant, c't'affaire-là.

Occupation n.f. — Inquiétude. Ex.: J'ai beaucoup d'occupation à son sujet.

Occuper v. tr. — Inquiéter. Préoccuper. Ex.: La maladie d'sa femme l'occupe beaucoup.

Océanique n.m. — Bateau à fort tonnage qui sillonne les océans.

Octroi n.m. — Subvention.

Oculisse n.m. — Oculiste.

Odeur n.m. ou f. *Savon d'odeur* — Savon parfumé.

Oeil n.m. *Oeil de bouc* — Halo solaire. *Oeil de mouvette* — Trou qui se trouve dans la partie la plus large de la mouvette. *Tomber dans l'oeil de quelqu'un* — Attirer (en parlant du sexe opposé). Ex.: Elle m'a tombé dans l'oeil en arrivant. *Se fourrer le doigt dans l'oeil, se fourrer le doigt dans l'oeil jusqu'au coude* — Se tromper. S'illusionner. *Avoir le compas dans l'oeil* — Être précis. *Oeil-de-Dieu* — Organe sexuel féminin. *Tirer une botte à l'oeil* — Se masturber.

Oeillet n.m. — Anneau de métal avec une queue à vis. Piton.

Oeils n.m. pl. — Yeux.

Oeu (pron. eu) n.m. — Oeuf.

Oeuf n.m. *Oeuf de côq* — Oeuf sans jaune. *Oeuf au miroir, oeuf frit* — Oeuf au plat. *Rond, plein comme un oeuf* — Très saoul. *Faire ses oeufs* — Menstruer.

Off (pron. âffe) adv. — Contact coupé (d'un interrupteur). *Un jour off* — Un jour de congé. *Être off* — Être en congé.

Offance n.f. *En offance* — En enfance. Ex.: Retomber en offance.

Offarte part. passé f. — Offerte.

Offe n.m. — Offre.

Offense n.f. — Délit.

Office n.m. ou f. — Bureau. Ex.: Chus à l'office toute la journée. Le gérant, i est dans son office. — Service divin. Ex.: L'office a été longue aujourd'hui. *En office* — En fonction. Au pouvoir. Ex.: Le gouvernement est en office jusse depuis trois jours, t'sais. *Terme d'office* — Mandat (d'une fonction).

Officiel adj. *C't'officiel* — C'est certain.

Officier n.m. — Administrateur (d'une compagnie, d'une banque, d'un club).

Officier-rapporteur n.m. — Président d'élection.

Offrabe adj. — Présentable (en parlant d'un objet).

Offre n.m. — Offre (n.f.).

Oi adv. — Oui.

Oie n.m. — Oie (n.f.).

Oignon n.m. *Pas se moucher avec des pelures d'oignon* — Donner dans le grand. Être prétentieux. *Les petits oignons* — Testicules. *Être traité aux p'tits oignons* — Être traité avec beaucoup d'égards.

Oin adv. — Oui.

Oir v. tr. — Voir. Ex.: Tu vas oir, mon boy.

Oise n.f. — Oie femelle.

Oiseau n.m. — Volant (au badmington). *Oiseau de pré, de praie* — Oiseau de proie. *Être aux oiseaux* — Être très content. *Oiseaux verts* — Ovaires. *Petit oiseau* — Pénis (surtout chez l'enfant).

Ok, oké (pron. ôké) adv. — D'accord. Ça va. *C't'oké* — Ça va. *Oké d'abord* — Bon, si c'est comme ça... *C'est ben oké d'même* — Ça va comme ça. *Être oké* — Être correct, être gentil. Ex.: Lui, i est pas mal oké.

Ôlais, ôlée n.f. — Pâtisserie de forme particulière que la marraine donne à son filleul au jour de l'an.

Old-fashioned (pron. ôlfachune) adj. — Démodé.

Oléoduc n.m. — Pipeline.

Olivette n.f. — Godet. Petit auget. Ex.: Une chaîne à olivettes.

Ombrage n.m. — Ombre. Ex.: Ton saule fa beaucoup d'ombrage.

Ombrager v. intr. — Faire de l'ombre.

Ombrageux, se adj. — Qui fait de l'ombre.

Ombre adj. — Hongre (en parlant d'un cheval).

Ombre n.f. — Ambre. *À l'ombre de* — À l'abri de. Ex.: Se mettre à l'ombre du vent.

Omelette n.f. ou m. — Un homme efféminé.

Omnette n.f. — Omelette.

On (pron. âne) — Contact établi (d'un interrupteur).

Onc' n.m. — Oncle.

Once n.m. — Once (n.f.).

Ondain n.m. — Andain.

Ondée n.m. — Ondée (n.f.).

Ondée n.f. — V. MENÉE.

Ondeyer v. tr. — Ondoyer.

One-way (pron. ouane-oué) n.m. — Sens unique.

Ongue n.m. — Ongle.

Onguent n.f. — Onguent (n.m.).

Onque n.m. — Oncle. Ex.: Quoi te dire, mon onque.

Ons v. *avoir* ind. prés. 1e pers. sing. ou pl. — Ai. Ex.: J'ons l'temps d'y aller. — Avons. Ex.: J'ons marché tous ensembe che vous.

Open (pron. ôpune) adj. — Disponible (en parlant de personnes). — Se dit d'une femme qui s'adonne à la sexualité facilement. *Mariage open* — Mariage avec liberté sexuelle totale.

Opener (pron. aupneu) n.m. — Ouvre-boîte. — Décapsuleur.

Open-house (pron. ôpune-aousse) n.m. — Un parté ouvert à tout le monde. Ex.: J'fais un open-house. N'importe qui qui veut v'nir est bienv'nu!

Opérateur n.m. — Télégraphiste. — Conducteur (de grosses machines). Ex.: Opérateur de machinerie lourde. — Individu qui se débrouille bien dans les combines plus ou moins louches.

Opération n.f. *En opération* — En vigueur. Ex.: Une loi en opération. — En exploitation. Ex.: Une mine en opération. *Sous l'opération de* — Sous le régime de. Ex.: Sous l'opération de la loi de tempérance. *Subir la grande opération* — Pour une femme, se faire enlever les ovaires et la matrice.

Opératrice n.f. — Téléphoniste.

Opérer v. tr. — Faire fonctionner (une machine). — Exploiter (une entreprise). — Châtrer.

Opigner v. intr. — Opiner.

Opignon n.f. — Opinion. *Être d'opignon que* — Être d'avis que.

Opportunité n.f. — Occasion.

Opposer v. tr. — Empêcher. Ex.: I s'est fâché mais ça m'a pas opposé de rire. — Être candidat contre. Ex.: Je me présente pour opposer le maire.

Opposition n.f. — Objection. Ex.: J'ai pas d'opposition à c'que tu y ailles. — Concurrence. Ex.: Depuis que les deux compagnies se font opposition, ça coûte moins cher.

Oppositionniste adj. ou n.m. — Opposant. Du parti de l'opposition.

Optométriste n.m. — Spécialiste de la vue.

Opulent, e adj. — Prétentieux.

Or n.f. — Or (n.m.) *De l'or en barre* — Personne qu'on estime beaucoup. Ex.: Cette fille-là, c'est d'l'or en barre.

Oragan n.f. — Ouragan (n.m.). — Grand plat en bois ou en grès pour pétrir. — Plat d'écorce de bouleau fabriqué par les Amérindiens.

Orage n.f. — Orage (n.m.).

Orager v. impers. — Faire de l'orage. Ex.: I a oragé une bonne partie de l'après-midi.

Orâque n.f. ou m. — Oracle.

Orateur n.m. — Président de l'Assemblée Nationale.

Orbite n.m. — Orbite (n.f.).

Orchestre n.f. — Orchestre (n.m.).

Ord (pron. or) adj. — Sale. Ex.: Les chemins sont ords.

Orde n.f. ou m. — Ordre. — Race. Ex.: Une telle orde de cochons.

Order v. tr. — Commander (un objet). Ex.: J'ai ordé une robe dans le catalogue d'Eaton.

Orderer v. tr. — V. ORDER.

Ordilleux, se adj. — Orgueilleux.

Ordilleux n.m. — Orgelet.

Ordinaire n.f. ou m. *Faire l'ordinaire* — Faire la cuisine. *Avoir ordinaire de* — Avoir l'habitude de. *Pas ordinaire* — Extraordinaire.

Ordonner v. tr. — V. ORDER. — Faire l'atout.

Ordre n.f. ou m. — Assignation en justice. Ex.: Recevoir un ordre. — Commande à un marchand. Ex.: J'ai une grosse ordre d'épicerie cette semaine. *Être d'ordre* — Avoir de l'ordre. *Faire à ordre* — Faire sur commande. *Ordre en conseil* — Arrêté en conseil (des ministres). *Recevoir ordre de* — Recevoir l'ordre de. *Ordres du jour* — Ordre du jour. *En bon, mauvais ordre* — En bon, mauvais état. *En ordre* — En bon état. — En règle.

Oreille n.f. — Oreillette (d'une casquette). — Versoir (d'une charrue). *Avoir les oreilles dans le crin* — Être en colère. *Avoir les oreilles molles* — Être paresseux. *Oreille de cochon* — Sarracénie pourpre. *Oreilles de lapin* — Antenne qu'on place sur l'appareil de télévision. *Oreilles de marteau* — Panne fendue d'un marteau. *Oreilles de crisse* — Grillades de lard. *Oreilles chromées* — Tout bien astiqué. *Oreilles de grange, oreilles en porte de grange* — De très grandes oreilles. Ex.: Qui, au Québec, est le champion des oreilles en porte de grange?

Oreiller n.f. ou m. — Coussin. — Oreiller (n.m.).

Oreillères n.f. pl. — Oreillettes.

Oreillette n.f. — Oreiller.

Orémus n.m. *Faire des orémus* — Dire ses prières.

Oreries n.f. pl. — Bijoux d'or. Ex.: Elle avait mis toutes ses oreries.

Orfève n.m. — Orfèvre.

Orfroie n.f. — Orfraie.

Organ (pron. orgune) n.f. ou m. — Harmonium.

Organe n.f. — Organe (n.m.). — Voix. Ex.: Elle a une belle organe. *Organe, organe de la piqûre* — Pénis.

Organeau n.f. — Anneau. *Train à organeaux* — Traîneau auquel la limonière est attachée par des anneaux.

Organisse n.m. — Organiste.

Orgnal n.m. — Orignal.

Orgnée n.f. — Araignée.

Orgnére, orgnière n.f. — Ornière.

Orgnons n.m. pl. — Lorgnon. Ex.: J'ai perdu mes orgnons.

Orgueil n.m. *Pousser, monter, venir en orgueil* — Pousser trop haut (en parlant des plantes).

Orgueilleux, se adj. — Capricieux.

Orgueilleux n.m. — Orgelet.

Orguette n.f. — Oreiller.

Orguilleux, se adj. — Orgueilleux.

Orguilleux n.m. — Orgelet.

Orier n.m. — Oreiller. — Coussin.

Originer v. intr. — Avoir son origine. Ex.: Ce mot origine de l'anglais.

Orignac n.m. — Orignal.

Orignal n.m. — Élan d'Amérique. *Câler l'orignal* — Vomir. *Devenir orignal* — Être excité sexuellement (en parlant d'un homme).

Oriller n.m. — Oreiller.

Orillette n.f. — Oreiller.

Orillons n.m. pl. — Oreillons.

Oriole n.m. — Sorte d'oiseau plus petit que le rouge-gorge. Loriot.

Oripiaux n.m. pl. — Oreillons.

Orlepipe n.f. — Sorte de danse.

Orlevée, orlovée n.f. — Relevée.

Ormière n.f. — Ormaie, talle d'ormes. — Ornière.

Ormise n.f. — Remise.

Ormoire, ormouére n.f. — Armoire.

Ornière n.f. — Trou plein d'eau et de boue dans un chemin défoncé. Fondrière.

Orogane n.m. — Organe. — Ouragan.

Orteil n.f. — Orteil (n.m.). *Les orteils en anses de cruche* — Les pieds ronds.

Ortilleux n.m. — Point d'appui.

Ortolan n.m. — Alouette commune. — Friandises. Mets rares et délicats.

Ortureau n.m. — Petit bétail.

Os (pron. ô) n.m. — Os. — Cliquette. Ex.: Jouer des os. *Être aux os* — Être très maigre. *Os mignon* — Coccyx. *Os gras* — Exostose, tumeur osseuse qui se forme à la surface des os. *Jeter ses os gras* — Gaspiller son argent, ses biens. *Os cassés* — Sécrétion du liquide amniotique avant l'accouchement. *Payer la peau pis les os* — Payer très cher.

Ossailles n.f. pl. — Os dont on se sert pour faire des soupes.

Ossature n.f. — Charpente (d'un four à pain).

Ossineux, se adj. — Qui aime à s'ostiner.

Osti! interj. — Juron. Ex.: Mon osti de câlisse de chien sale, toué! *En osti* — En colère.

Ostifi! interj. — Juron. Forme adoucie de OSTI!

Ostination n.f. — Discussion avec chaque interlocuteur restant sur sa position qu'il répète sans cesse. — Obstination.

Ostination! interj. — Forme adoucie de OSTI!

Ostiné, e adj. — Obstiné.

Ostiner v. tr. — Soutenir avec obstination. Ex.: I ostine que vous êtes venu hier. — Contredire. Ex.: I faut pas l'ostiner là-dessus.

Ostiner (s') v. pron. — S'obstiner. — Discuter en gardant ses positions. Ex.: On s'est ostiné pendant un bon deux heures.

Ostineux, se adj. — Qui aime à s'ostiner.

Ostryer n.m. — Bois franc, appelé aussi bois de fer.

Ôter v. tr. — Desservir. Ex.: Ôte la table.

Ôtil n.m. — Outil.

Oua adv. — Oui.

Ouac n.m. — Cri de surprise, de douleur. Ex.: T'aurais dû l'entendre, i t'a lâché un oüac.

Ouache! interj. — Oua! Ouais! (Exclamation de dégoût).

Ouache n.f. — Gîte d'un animal, surtout d'un animal sauvage. Ex.: L'ours sort de sa ouache au mois de mars. — Conduit souterrain qui mène à la cabane du castor. — Prison. — Endroit où on est caché.

Ouacher v. intr. — Loger. Ex.: Où est-ce qu'i ouache?

Ouacher (se) v. pron. — Se cacher, entrer dans son gîte (en parlant d'un animal).

Ouaguine n.f. — Voiture de transport tiré par des chevaux ou un tracteur.

Ouaille adv. — Oui.

Ouais! adv. — Oui (avec un sens de doute).

Ouaouaniche n.f. — Sorte de saumon d'eau douce.

Ouaouaron n.m. — Grenouille géante.

Ouare n.f. — Hart. — Branche.

Ouatchemanne n.m. — Surveillant (dans les immeubles, dans l'industrie, surtout la nuit). *Night* (pron. naill'te) *ouatchemanne* — Surveillant de nuit.

Ouatcher v. tr. — Surveiller. Ex.: Ouatche-le ben. — Ben parler, c'est ouatcher son langage. — Regarder. Ex.: T'as-tu ouatché a game à tivi hier souère? — Faire la surveillance de nuit.

Ouatcher (se ou s') v. pron. — Se surveiller. Prendre garde. Ex.: Va falloir se ouatcher quand ça va tomber.

Oubedon conj. — Ou bien.

Oubli n.f. — Oubli (n.m.).

Oubligation n.f. — Obligation.

Où ce que loc. adv. — Où est-ce que. — Où.

Où c'est que, où ce que c'est que loc. adv. — Où. — Où est-ce que. Ex.: Où c'est qu'tu vas?

Ouche! interj. — Marche! (pour faire avancer les vaches).

Oué adv. — Oui.

Ouébrequin n.m. — Vilebrequin.

Oueillons v. — Voyons.

Ouèle n.m. — Voile.

Ouèle n.f. — Voile.

Ouéler v. tr. — Voiler. — Voiler, déjeter en courbant. Ex.: Une planche qui ouèle.

Ouère v. tr. — Voir. Ex.: On ouèra ben c'qui va arriver.

Ouésif, ve adj. — Oisif.

Ouésin, e adj. ou n.m. ou f. — Voisin.

Ouésinage n.m. — Voisinage.

Ouésiner v. intr. — Voisiner.

Ouésiner (se ou s') v. pron. — Se voisiner.

Ouesse n.m. — Ouest.

Ouète n.f. — Ouate.

Ouéter v. tr. — Ouater. — Voter.

Ouéture n.f. — Voiture.

Ouéyou n.m. — Voyou.

Ouèze n.m. — Gilet de laine tricoté à la main avec un cordon à la ceinture.

Ouiche n.f. — Cabane amérindienne.

Ouiche n.m. — Souhait. *Ouiche-bône* — Os de volaille en V que deux participants tiennent chacun de son côté et qu'ils brisent. Celui qui se retrouve avec la partie la plus longue (qu'on appelle la pelle) verra son souhait se réaliser et, en plus, enterrera l'autre.

Ouïes n.f. pl. *Se faire serrer les ouïes* — Se faire frotter les oreilles. Se faire serrer la nuque.

Ouiller v. tr. — Gaver. Ex.: J'l'ai ouillé comifaut.

Ouilleux-dileux n.m. — Maniganceur.

Ouin adv. — Oui (avec un sens de doute.) *Ouin ouin* — Oui (à contrecoeur).

Ouinechile n.f. — Pare-brise. Ex.: J'ai pété mon ouinechile dans à gravelle.

Ouise n.f. — Chiffons pour essuyer des pièces de mécanique ou pour bourrer les sièges de voitures ou de wagons.

Oujourd'hui adv. — Aujourd'hui.

Ouô! interj. — Cri pour faire arrêter les chevaux. Ex.: Ouô bèque!

Où que loc. adv. — Où. Ex.: Où que tu vas?

Où que c'est que loc. adv. — Où est-ce que.

Our n.m. — Ours.

Ouragan n.m. — Grand plat pour pétrir.

Ourche! interj. — Cri pour faire avancer les vaches.

Ourlouf n.m. — Pénis.

Ourra n.m. — Hourra. Ex.: Crier des z-ourras.

Ours n.m. — Organe sexuel féminin. *Avoir vu l'ours* — Devenir enceinte.

Ourser v. tr. ou intr. — Faire (quelque chose) lentement. — Travailler lentement.

Ourson n.m. — Individu qui tend à fuir la société.

Ousseque, ousséque, ousseque c'est que, ousséquesséque loc. adv. — Où. Où est-ce que.

Oussi adv. — Aussi.

Out (pron. aoute) adj. — Hors-jeu. Ex.: J't'ai tagué, t'es out.

Outarde n.f. — Genre d'oie sauvage.

Outfit, outfitte (pron. aoutfite) n.f. — Patente. Truc. Chose.

Out of order (pron. aoutovordeu) loc. adj. — En dérangement.

Outour adv. — Autour.

Ouvarte part. passé f. — Ouverte. *Avoir l'estomac ouvarte* — S'être cassé le sternum.

Ouvarture n.f. — Ouverture. — Vagin.

Ouverier n.m. — Ouvrier.

Ouverture n.f. — Vacance. Emploi disponible.

Ouvertures n.f. pl. *Faire les ouvertures* — Préparer à la faux un chemin pour la faucheuse dans un champ à faucher. Préparer le terrain. Ex.: Compte su moi, m'as t'faire les ouvertures qu'y faut pour que tu l'ayes le contrat

Ouvrabe adj. — Qu'on peut ouvrir.

Ouvrage n.f. — Ouvrage (n.m.). — Travail. Ex.: T'as-tu trouvé d'l'ouvrage? *Être d'ouvrage, être de l'ouvrage* — Qui demande beaucoup de soins. Ex.: Les fraises, c'est d'l'ouvrage. *Faire d'la belle ouvrage* — Travailler bien et beau.

Ouvrier adj. — Ouvrablé (jour).

Ouvrier n.m. — Menuisier. Charpentier. *Ouvrier de bord* — Débardeur.

Ouvrir v. tr. *Ouvrir une pièce* — En faire les ouvertures. *Ouvrir une terre* — La défricher. *Ouvrir une faux* — Disposer la lame de la faux pour qu'elle ait un angle moins aigu avec le manche. *Ouvrir un chemin* — Déneiger un chemin. — Tracer un chemin dans la neige. *S'ouvrir l'estomac* — Se briser le sternum.

Ouyoù adv. — Où. Ex.: Ouyoù qu't'es, là?

Over (pron. auveu) adv. — En trop. En plus. Ex.: J'arrive cinq piasses over. — À vous (radio).

Ôverâllage n.m. — Action d'ôverâller.

Ôverâller v. tr. — V. OVERHAULER.

Ôveralls, ôverailles n.f. pl. — Salopettes. *Enfirouâper ses ôveralls* — Enfiler ses salopettes.

Overcoat (pron. ôveurcôte) n.m. — Pardessus.

Overhaul (pron. auveu*h*âle) n.m. — Révision complète (d'un véhicule).

Overhauler v. tr. — Réviser (un moteur).

Overlaper (pron. auveurlapé) v. intr. — Chevaucher. Dépasser.

Overload (pron. auveulôde) n.m. — Surcharge (électrique).

Overshoes (pron. ôveurchouze) n.m. pl. — Pardessus (de chaussures).

Overtime (pron. ôveur-taill'me) n.m. — Temps supplémentaire. Ex.: Faire de l'overtime.

Ovrage n.m. ou f. — Ouvrage.

Ovrir v. tr. — Ouvrir.

Ovule n.f. — Ovule (n.m.).

Oyau n.m. — Noyau.

Oyoù, oyoù que loc. adv. — Où. Ex.: Oyoù que tu t'en vas avec c't'affaire-là, toi là, mon ostifi?

P

P n.m. *Se faire un P* — Renoncer à quelque chose.

Pac n.m. — Pacte.

Pacager v. intr. — S'installer chez des gens comme chez soi.

Pacaner v. intr. — Parler ou agir comme un pacant. — Faire des fioritures en chantant.

Pacant, e adj. ou n.m. ou f. — Niaiseux. Épais.

Pacaud n.m. — Vagabond.

Pace que loc. conj. — Parce que.

Pacifique n.m. — Compagnie de chemin de fer Canadian Pacific.

Packing n.m. — Paquetage.

Packsack n.m. — Havresac.

Pacoter v. intr. — Fréquenter. Ex.: Pourquoi qu'i pacote avec ces gens-là?

Pacotille n.f. — Ribambelle d'enfants.

Pacsac n.m. — V. PACKSACK.

Pacter v. intr. — Paqueter.

Pad n.m. — Bloc-notes. — Sous-main. — Jambière (au hockey). — Tampon. — Boîte à tampon.

Padaway n.m. — Épervier (jeu d'enfants).

Paddy n.m. — Sobriquet pour un Irlandais.

Padé, e adj. — Capitonné. — Patté.

Padou n.m. — Variété de pétoncle.

Padré n.m. — Aumônier (militaire).

Paf adj. — Ivre.

Pagaille n.f. — Pagaie. — Spatule de bois pour brasser la tire en ébullition.

Pagée n.f. — Partie d'une clôture entre deux poteaux. — Espace entre deux poteaux d'une clôture. — Mesure d'environ dix pieds.

Pager v. tr. — Envoyer un signal à quelqu'un qui porte une pagette.

Pagette n.f. — Appareil récepteur d'un signal qui rappelle au porteur de communiquer avec son bureau. — Braguette. Ex.: Ferme ta pagette.

Pagnérée, pagniérée, pagnolée, pagnotée, n.f. — Contenu d'un panier.

Pagnier n.m. — Panier.

Pagnoles n.f. pl. — Amourettes. Testicules.

Pagote, pagode n.f. — Pièce unie ou ornée à l'extrémité de la manche d'un habit, d'un uniforme, d'une robe. — Manchette de laine qui préserve le poignet du froid.

Pa*h*ée n.f. — Pagée.

Paie-liste n.f. — Bordereau de salaire.

Paie-maître n.m. — Payeur.

Paillasse n.f. — Petits brins de paille. — Homme obèse. — Paresseux. *Paillasse à sprigne* — Sommier. *Traîne-paillasse* — Individu désordonné.

Pâillasse n.f. — Paillasse. — Petits brins de paille.

Paillassée n.f. — Contenu d'une paillasse.

Paillasserie n.f. — Chose de peu de valeur. — Gens de peu de renommée.

Paillasson n.m. — Paillon, enveloppe de paille pour les bouteilles.

Paille n.f. — Paillon, enveloppe de paille pour les bouteilles. *N'être pas de paille* — Être considérable, somptueux. N'être pas à dédaigner. Ex.: I nous à donné un dîner qui était pas de paille.

Pâiller v. tr. — Faire la litière de (certains animaux domestiques).

Paillot n.m. — Paillon, enveloppe de paille pour les bouteilles.

Pain n.m. *Envoyer, passer le pain* — Dire son fait à quelqu'un. *Prendre, se prendre en pain* — Se coller ensemble. Former une masse compacte. Ex.: La foule était prise en pain devant la porte. *Pain de sucre* — Cône de glace formé au pied d'une chute. *Pain amariné, pain doré* — Tranche de pain passée à la poêle après qu'on l'ait trempée dans des oeufs battus et du lait. *Pain de son* — Pain complet contenant le son avec la farine. *Pain d'orge* — Polisson. *Pain de moineau* — Crottin de cheval. *Pain brun* — Pain contenant du son. *Perdre un pain de sa fournée* — Avoir une déception. *Pain de couleuvre* — Petite baie rouge vénéneuse. *Pain de perdrix* — Petite baie rouge mangeable dite Michella rampant. *Pain de suif* — Individu bon à rien. *Pain béni* — Pauvre, vieux ou infirme, qui doit quêter pour survivre. Ex.: Pouvez-vous prendre un pain béni chez vous pour la semaine? *I faut pas ambitionner sur le pain béni* — Il ne faut pas exagérer. *Pain de ménage* — Pain fait à la maison. *Pain de boulanger* — Pain fait par le boulanger par opposition au pain fait à la maison. *Faire du pain* — Faire l'amour. *Pain Sainte-Geneviève* — Pain béni. *Pain-fesses* — Pain double. *Né pour un petit pain* — Né pour vivre comme citoyen de seconde zone. *Pain de rocher, pain de canotier* — Pain cuit sur des pierres chauffées. *Pain de cimetière* — Mauvais pain, le plus souvent celui qu'on retrouvait dans les camps de bûcherons. *Pain étouffé* — Pain dont la pâte n'est pas très légère. *Pain d'habitant* — Pain fait à la maison. *Pain sucré* — Gâteau.

Painkiller (pron. pain qui l'air) n.m. — Calmant anodin.

Paire n.m. — Député qui a pairé. — Pis (de vache). *Faire son paire* — Se préparer lentement à faire quelque chose. *Se refaire un paire* — Se remplumer.

Pairer v. intr. — S'entendre avec un député de l'opposition pour qu'il s'abstienne de voter pendant l'absence du premier.

Pajette n.f. — Braguette.

Palanter v. tr. — Monter ou descendre avec un palan.

Palâtre n.f. — Rondelle de fer. — Bord intérieur de la plaque d'un poêle ou de tout objet en fer. — Chacune des pièces de fer qui retiennent dans sa gaine le couteau d'une faucheuse.

Pâlette adj. m. ou f. — Un peu pâle. Pâlot.

Palette n.f. — Visière (d'une casquette). — Petite pièce de bois platte servant à remuer le sirop d'érable, le savon, etc., pendant la cuisson. — Tribune de l'orgue dans l'église. Planchette qui dépasse l'arrière d'un traîneau. — Tablette (de chocolat, de tabac, d'encens, etc.). — Pale, partie platte de la rame. — Cosse. Ex.: Des fèves en palettes. — Tablette en saillie (d'une cheminée, d'une armoire, d'un poêle). Ex.: Vide ta pipe sur la palette du poêle. *Palette de l'estomac* — Sternum. *Palette de savon* — Pain de savon. *Se licher la palette* — Rester avec sa déception. *En palette* — Superlatif. Ex.: C'te sucre est bon en palette. *Se faire prendre la palette* — Se faire réprimander. *Palette du genou* — Rotule. *Palette de l'épaule* — Omoplate.

Paletter v. intr. — Ramer.

Paller v. intr. — Parler. Ex.: Pallelui donc.

Palotte adj. m. ou f. — Lourd. Qui manque d'agilité.

Pâmant, e adj. — Très amusant. Ex.: Son show, i est pâmant.

Pampadour n.f. — Cheveux en brosse.

Pamphlet n.m. — Brochure. Dépliant.

Pampina n.m. — Pimbina.

Pan n.m. — Pain.

Panade n.f. — Pain trempé dans du lait chaud sucré.

Panage n.m. — Panache.

Panagérique n.m. — Panégyrique.

Pancake (pron. panne-kéke) n.f. — Crêpe épaisse et de dimension réduite.

Pandis prép. — Pendant. Ex.: Pandis ce temps-là...

Panel (pron. panelle) n.m. — Groupe d'individus qui discutent d'un sujet donné devant un auditoire ou des téléspectateurs. — Liste des citoyens appelés à servir de jurés.

Panel (pron. paneul) n.m. — Fourgonnette.

Pâner v. tr. — Mettre en gage. Ex.: Pâner sa montre.

Paniérée n.f. — Contenu d'un panier.

Panique n.f. *Panique du cook* — V. BANIQUE.

Panne n.f. — Moule à pain. — Poêlon. — Grand bassin dont on se sert pour faire évaporer le sucre d'érable. — Bassine qui contient l'huile sous un moteur. — Lèchefrite.

Panneau n.m. — Rallonge, chacune des planches qu'on peut ajouter à une table à rallonges. — Abattant, partie d'une table qui se rabat. —

Sellette, petite selle étroite faisant partie du harnachement et supportant la dossière qui soutient les brancards. *Panneau de culotte* — Partie qui se rabat en avant ou en arrière sur certains genres de pantalons.

Panse-de-boeuf n.f. V. VENTE-DE-BOEUF.

Panser (se) v. pron. — Manger à l'excès.

Pansicot n.m. — Bedon.

Pansicotte n.f. — Petite panse de veau qui sert à faire de la présure. — La présure elle-même.

Pantalons n.m. pl. — Pantalon (n.m. s.) — Culotte.

Pantamine n.f. — Pantomime.

Panties (pron. panneté) n.f. pl. — Caleçon, bobettes (de femme).

Pantoufe n.f. — Pantoufle. — Vagin.

Pantoute loc. adv. — P'en tout. Pas du tout. Ex.: J'en veux pas pantoute.

Pantry (pron. panne-tré) n.f. — Dépense. Garde-manger. Petite pièce qui sert à la desserte de la table et où l'on serre la vaisselle. — Armoire avec évier.

Paouâbe adj. — Pas capable. Ex.: Chus paouâbe de t'le dire.

Pape n.m. *Saoul comme un pape* — Très saoul.

Papermanne n.m. — Pastille de menthe.

Papier n.m. — Journal. — Écrit. Contrat. Ex.: Faire un papier pour que tout soit ben clair. *Papier sablé* — Papier à poncer. *Passer un papier* — Assurer. Ex.: Oui, mes enfants, je vous en passe un papier, on va l'aouère note cadillac.

Paque n.m. — Valise.

Pâques n.f. pl. *Eau de Pâques* — V. EAU. *Faire des Pâques de renard* — Faire ses pâques après le temps fixé par la loi ecclésiastique.

Paquèse adj. f. de PAQUET — Femme grosse et courte.

Paquet n.m. — Individu gros et court. *Porter un paquet* — Dénoncer. *Tomber en paquets* — (en parlant de la pluie, de la neige) — Tomber abondamment. *Y mettre le paquet* — Jouer le tout pour le tout. *Paquet de persil* — Bouquet de persil. *Paquet de cartes* — Jeu de cartes. *Paquet de clefs* — Trousseau de clefs. *Apporter son paquet* — Se dit d'une jeune fille qui accouche d'un enfant hors mariage.

Paquetage n.m. — Matière dont on se sert pour étouper un joint, boucher une fente. Bourrage. Étoupe. Garniture. — Action de paqueter.

Paquetances n.f. pl. — Saouleries.

Paqueter v. tr. — Bourrer. Étouper. — Remplir une salle de ses partisans. Ex.: Paqueter une assemblée. — Faire ses valises. Ex.: Tu peux paqueter ton linge, on part demain. — Remplir. Ex.: On peut pas rentrer, la salle est paquetée. — Saouler. Ex.: I est paqueté depuis hier. Entasser. Ex.: On était paqueté comme des sardines dans sa Volkswagen. *Paqueter les cartes* — Arranger les cartes. *Paqueter ses valises* — Faire ses valises. *Paqueter ses petits* — Se préparer à partir.

Paqueter (se) v. pron. — Se saouler. *Se paqueter la fraise* — Se saouler.

Paqueton n.m. — Paquet. Ex.: Un paqueton de linge. — Colporteur.

Par prép. *Par terre* — À terre. Ex.: I est tombé par terre. *Par exprès* — Exprès. Ex.: I l'a fait par exprès. *Par cent* — Pour cent. Ex.: Payer du huit par cent. *Par places, par endroits* — Ça et là. Ex.: C'est glissant par places. *Par rapport* — Car. Ex.: I faut le payer, par rapport i peut nous poursuivre. *Par rapport que* — Parce que. Ex.: Chus resté à la maison par rapport que chus malade. *Par après* — Après. Ex.: On ira chez vous par après. *Par avant* — Avant. Ex.: Mais si tu veux, on ira par avant. *Par dans* — Dans. Ex.: I s'en allait par dans le milieu du chemin. *Par derrière* — Derrière. Ex.: Par derrière chez ma tante. *Par devant* — Devant. Ex.: I s'est trouvé drette par devant moi. *Par ici* — Ici. Ex.: Les gens de par ici. *Par là* — Là. Ex.: Qu'est-ce tu fais par là? *Par-sus.* Par-dessus. Ex.: Saute par-sus a clôture. *Par sur* — Pardessus. Sur. Ex.: Passe par sur la clôture. *Par sous, par sour* — Sous. Ex.: Passe par sour la table. *Par chez nous* — Dans notre région. Dans notre bout. Ex.: Par chez nous, ça s'passe pas de même. *Par en haut de* — Dans la partie supérieure de. Ex.: I est allé par en haut du village. *Aller par en haut* — Vomir. *Aller par en bas* — Avoir la diarrhée. *Par affaires* — Pour affaires. Ex.: Aller à Morial par affaires. Par après. — Après. Ex.: J'irai par après. *Par ce que je vois* — À ce que je vois.

Pâr n.m. — Parc. Ex.: Va pas dans le pâr à cochons. — Compartiment (du grenier, de la cave, de l'étable). Ex.: Pâr au blé. Pâr aux navets. — Porc. Ex.: Engraisser un pâr.

Parade n.f. — Défilé. *Parade square* (prôn. parède squouère) — Place d'armes.

Parader v. intr. — Défiler.

Parafe n.f. — Parafe (n.m.).

Parage n.m. *Se mettre en parage* — Faire ses préparatifs.

Paraître v. tr. ou intr. — Comparaître (devant un tribunal). Ex.: I a dû paraître en cour à matin. *L'avoir paru belle* — L'avoir échappé belle.

Paralatif n.m. — Préparatif.

Paralésie n.f. — Paralysie. *Paralésie infantile* — Polio.

Parali n.m. — Paroli.

Para-neige n.m. — Clôture de bois pour prévenir l'amoncellement de la neige sur les voies ferrées.

Parapel, parapet n.m. — Trottoir.

Parapuie n.m. — Parapluie.

Parc n.m. — Jardin public. Ex.: Le parc Lafontaine. — Territoire boisé réservé. Ex.: Le parc Lavérendrye.

Parcage n.m. — Pacage. Ex.: Les animaux sont en parcage. — Stationnement des automobiles. Ex.: Espace de parcage. *Billet de parcage* — Ticket de contravention aux règlements de stationnement.

Parcentage n.m. — Pourcentage.

Parcer n. tr. — Percer.

Parchaude n.f. — Sorte de poisson d'eau douce, perche canadienne. — Grande pièce de bois qui s'appuie en diagonale sur les chevrons d'un versant d'une couverture en paille pour les retenir.

Parche n.f. — Perche. *Parche de clôture* — Perche placée horizontalement pour former la pagée d'une clôture.

Parché adj. m. — Être en état d'érection.

Parcher v. tr. ou intr. — Attacher avec une perche la charge d'une charrette. — Conduire un bateau à la perche. Ex.: I a remonté la rivière dans son canot en perchant. — Aller vite. Ex.: I va falloir parcher pour arriver à temps.

Parçois, parçoué, parçouére n.m. — Perçoir.

Parcomètre n.m. — Compteur de stationnement.

Parcourement n.m. — En termes d'imprimerie, action de remanier, de justifier les lignes.

Parcourir v. tr. — En termes d'imprimerie, remanier, justifier les lignes composées. — Faire circuler (en parlant d'une requête, d'une pétition).

Parde v. tr. — Perdre.

Par-dessour loc. adv. ou prép. — Par dessous. Ex.: Passez par-dessour. — Sous. Ex.: Elle m'a pris par-dessour le bras.

Pardessus n.m. — Couvre-chaussures.

Pardition n.f. — Perdition.

Pardon-excuse loc. — Veuillez m'excuser.

Pardrolle n.f. — Perdrix.

Pardrix n.f. — Perdrix.

Pardu, e adj. — Perclus. Ex.: Pardu de rhumatisse.

Paré n.m. ou f. — Stalle d'écurie. — Cloison qui sépare les stalles d'écurie.

Paré, e adj. — Prêt. Ex.: T'es-tu paré?

Parer v. tr. *Parer la vie* — Sauver la vie.

Pareil n.m. *Du pareil au même* — La même chose. Sans aucune différence.

Pareil, eille adj. *C'est pareil* — C'est la même chose. *Pareil comme* — Pareil à. Comme. Ex.: T'es pareil comme elle, toujours fatigué.

Pareil adv. — Quand même. Ex.: On fête pareil. — Pareillement. Ex.: Portez-vous bien. - Et vous pareil.

Paremment adv. — Apparemment.

Parent, e adj. *Parent avec, à* — Le parent de. Ex.: T'es-tu parent avec moué, toué?

Parents n.m. pl. *Les petits parents* — La parenté éloignée.

Parer v. tr. *La parer belle* — L'échapper belle.

Paresse n.f. *Faire la paresse* — Paresser.

Parformance n.f. — Accomplissement. Exécution. Ex.: La parformance de ses devoirs de chréquien.

Par*h*ampe adv. — Par exemple. Ex.: Ça, par*h*ampe, j'le prends pas.

Par iyoù loc. adv. — Par où. Ex.: Par iyoù qu'i est passé, donc?

Parjuter v. intr. — Suinter. Ex.: Un tonneau qui parjute.

Parka n.m. — Manteau avec capuchon.

Parking (pron. parkigne) n.m. *Faire du parking* — Avoir des ébats sexuels dans une voiture en stationnement.

Parking lights (pron. parkigne lail-l'te) n.f. pl. — Feux de position.

Parlabe adj. — À qui on peut parler sans difficulté. *Pas parlabe* — Se dit d'une personne revêche, qui ne veut rien savoir. Ex.: Elle, le matin, elle est pas parlabe.

Parlâiller v. intr. — Parler à tort et à travers.

Parlailleries n.f. — Cancans.

Parlant adj. *Pas parlant* — Taciturne.

Parlasse n.f. — Perlasse.

Parlat n.m. — Prélart. Linoléum.

Parle n.f. — Perle.

Parlement n.m. — Pourparler. Entretien. Négociation. — Parlage. Cancan. — Assemblée populaire politique. — Hôtel du gouvernement. — Langage. Ex.: Elle a un beau parlement.

Parlementaire adj. *Édifices parlementaires* — Hôtel du gouvernement.

Parler v. tr. ou intr. *Ne pas parler un mot* — Ne pas dire un mot. *Entendre parler que* — Entendre dire que. *Par entendre parler* — À ce qu'on dit. Ex.: Par entendre parler, i fa ben d'l'argent. *Parler par lui-même* — Parler de lui-même. Ex.: Cette lettre parle par elle-même. *Ça parle au yâbe* — Ça me dépasse. *On en parle pas* — Comme il y en a peu. Ex.: Elle est sage, on en parle pas. *Je vous en parle* — Croyez-m'en. *Parler à travers son chapeau* — Parler sans connaissance de cause. *Du monde à parler* — Du monde à voir. *Parler sauvage* — Parler une langue amérindienne. *Entendre parler sur les journaux* — Lire dans les journaux.

Parler (se) v. pron. — Se dire. Ex.: Ça se parle qu'i va y avoir des élections. *Se faire parler* — Se faire disputer. *Se faire parler dans face* — Se faire engueuler.

Par les petits loc. adv. — Petit à petit.

Parlette n.f. — Parlage. — Manière de s'exprimer. — Bavard.

Parleux n.m. ou adj. — Parleur. Causeur. — Bavard. Ex.: Écoutez le beau parleux.

Parlotte n.f. *Avoir de la parlotte* — Parler beaucoup.

Parlour-car (pron. parleu-car) n.m. — Wagon-salon.

Parlure n.f. — Manière de s'exprimer.

Parmette v. tr. — Permettre.

Parmis n.m. — Permis. Autorisation.

Paroisse n.f. — Église de la plus ancienne paroisse d'une ville. — Municipalité rurale administrée par un conseil municipal. *Les paroisses* — La région située à l'ouest de Tadoussac ou de la Gaspésie. — Régions autour d'une ville. *Avoir l'esprit de paroisse* — Avoir l'esprit de clocher.

Paroli n.m. — Manière de parler. — Cancan.

Parquer v. tr. ou intr. — Stationner.

Parsil n.m. — Persil.

Parsonne n.f. — Personne.

Parsouète (je te) v. tr. — Je t'assure que.

Par sour loc. prép. — Par-dessous. Ex.: Passe par sour la clôture.

Par sur, par sus loc. prép. — Par-dessus.

Part n.f. — Action (dans une compagnie à fonds social).

Part n.f. *Prendre la part de* — Prendre le parti de. *À part de* — À part, excepté. Ex.: À part de lui, i a personne. *À part det ça* — À part ça. *À part* — Outre. Ex.: À part sa femme et lui, i avait Jules. *En quelque part* — Quelque part. *Faire des à part* — Mettre quelque chose à part pour quelqu'un. *En queuque part comme* — Environ. Ex.: I y en a en queuque part comme cent minots. *À quelque part* — Quelque part.

Partabe adj. — Où l'on peut partir. Ex.: Un temps comme ça, c'est pas partabe.

Partage n.m. — Portage.

Partager v. intr. — Portager.

Partageux, euse adj. *Pas partageux* — Mesquin. Avare.

Partance n.f. — Départ.

Parte n.f. — Perte.

Parterre n.m. — Pâturage.

Parti n.m. — Partie (de chasse, de pêche). — Partie de plaisir. Équipe. Ex.: Un parti d'ingénieurs.

Parti, e part. passé — Absent. Ex.: Non, i est pas là, i est parti. — Ivre. — Drogué. — Aliéné. *Être parti de* — Être originaire de.

Particulier, ère adj. — Minutieux. Exigeant. — Propre. Ex.: Elle, elle est pas ben particulière.

Partie n.f. *Partie de fesses, partie de cul* — Séance d'ébats sexuels. *En partie tout* — Presque tout. Ex.: Les pommes sont en partie toute piquées.

Parties n.f. — Testicules (chez les animaux).

Partir v. tr. — Établir, fonder, commencer. Ex.: Partir une revue. Partir une compagnie. Partir un magasin. Partir une business. — Lancer. Ex.: Partir une discussion. — Éjaculer. *Partir quelqu'un* — Aider quelqu'un à ses débuts. *Un homme bien parti* — Un homme bien lancé. *Partir à* — Partir pour. Ex.: Elle est partie à Montréal. — Commencer à. Ex.: Elle est partie à pleurer. *Partir, partir pour la famille, partir pour la gloire* — Être enceinte. *Faire partir* — Faire sauter. Enlever. Ex.: Faire partir une branche. *De partie* — Qui manque. Ex.: I y a une vitre de partie.

Partir v. intr. *Partir en peur* — Prendre peur. *Partir sur une balloune* — Partir en brosse. *Partir à la découverte* — Partir à l'aventure. *Partir après quelqu'un* — Le poursuivre. *Partir en* *caravane* — Partir en expédition. *Être mal parti* — Être mal lancé.

Partisannerie n.f. — Préjugé de parti politique.

Partition n.f. — Cloison.

Part-time (pron. partaill'me) adj. — À temps partiel.

Partout adv. *Tout partout* — Partout.

Party (pron. parté) n.m. ou f. — Rencontre d'amis pour s'amuser.

Parution n.f. — Comparution.

Parvartir v. tr. — Pervertir.

Partner (pron. partneu) n.m. — Partenaire. — Associé.

Parvint part. passé — Parvenir.

Parzempe adv. — Par exemple.

Pas adv. *Pas mal* — Assez. — Très bien. Ex.: C'est pas mal bon, ton gâteau. *Pas pire* — Assez bien. Ex.: C'est pas pire c'que tu dis là. *Pas qu'un peu, pas rien qu'un peu* — Beaucoup. Ex.: I est fier pas rien qu'un peu. *Pas rien que* — Pas que. Ex.: I a pas rien que moué là-dedans. *Pas pour rire* — Beaucoup. Ex.: Elle est laide pas pour rire.

Pas-bon, pas-bonne n.m. ou f. — Individu dont il faut se méfier. Ex.: Lui, i est correct mais son frère c't'un pas-bon.

Pas-cher, ère n.m. ou f. — Individu de peu de valeur. Ex.: Sors pas avec c'gars-là, c't'un pas-cher.

Pas-fin, e n.m. ou f. — Personne peu aimable. Ex.: T'es la seule pas-fine de la classe.

Pas-grand-chose n.m. ou f. — Personne de peu de valeur. Ex.: La pauvre, elle a marié un pas-grand-chose.

Pas guère loc. adv. — Pas beaucoup. Ex.: I y avait pas guère de monde au marché.

Passabe adj. — Praticable (en parlant d'un chemin, d'un sentier).

Passablement adv. — En assez grande quantité, en assez grand nombre. Ex.: T'as passablement de bois su ta terre.

Passage n.m. — Adoption (d'une loi). — Vestibule. — Pagée d'une clôture qu'on défait pour faire passer des animaux d'un champ à un autre quand il n'y a pas de barrière. — Prix du transport par chemin de fer, par bateau, par autobus. Ex.: Le passage en autobus a doublé en cinq ans. — Droit à une place en voiture de chemin de fer. Ex.: J'ai pris mon passage pour Ottawa. — Vagin. *Ça coule dans le passage* — Avoir des pertes vaginales. *Avoir le passage en feu* — Être en maudit.

Passager n.m. — Train de voyageurs. Ex.: Le passager part dans dix minutes. — Hôtelier qui reçoit des voyageurs de passage ne restant généralement qu'une nuit et voyant eux-mêmes au soin de leurs chevaux.

Passager, ère adj. — Passant. Ex.: C'te route-là est ben passagère.

Passa*h*er, ère adj. — Passager.

Passation n.f. — Adoption (d'une loi).

Passe n.f. — Passoire. — Moustiquaire. — Laisser-passer pour les trains, les autobus. Ex.: Les employés ont tous des passes. — Laisser-passer pour spectacles ou événements sportifs. — Sentier d'animaux sauvages. *Passe à saumon* — Passage laissé dans un barrage pour le saumon. *Faire une passe* — Réussir un vol, une fraude. *Y faire la passe* — Réussir un coup. *Ça a pas de passe* — C'est impossible. *Être dans une mauvaise passe* — Avoir des problèmes sérieux. *I a pas de passe* — C'est extraordinaire.

Passé adv. — Plus de. Ex.: I a six pieds passé. J'ai marché une heure passé. *Passé dû* — Échu.

Passe-carte n.f. — Carte postale.

Passée n.f. — Passe. Ex.: I est dans une mauvaise passée. — Passage. Ex.: À la passée de l'évêque, mettez-vous à genoux. — Barrière.

Passe-galette n.m. — Gorgoton.

Passe-galon n.m. — Passe-lacet.

Passe-partout n.m. — Scie à guichet, à chantourner.

Passe-pierre n.f. — Pierre-ponce.

Passeport n.m. — Passe-passe.

Passé que loc. conj. — Dès que. Ex.: Passé que c'est dit, c'est fini.

Passer v. tr., intr. ou impers. — Adopter (une loi). — Gronder. Ex.: Il s'est fait passer. — Omettre de déclarer ou de payer (un dividende), laisser passer (une échéance). Ex.: La compagnie a passé son dividende. — Passer inaperçu. Ex.: J'ai passé, ni vu ni connu. — S'immobiliser (en parlant des glaçons sur une rivière). Ex.: Le fleuve charrie, la glace va pas tarder à passer. — Quêter. Ex.: On passe pour la Croix-Rouge. — Passer où ils ne doivent pas aller (en parlant des animaux). Ex.: Les veaux sont encore passés. — Être plus que. Ex.: Il passe midi. *Passer les lignes* — Traverser la frontière entre le Canada et les États-Unis. *Passer des remarques* — Faire des remarques désobligeantes. *Passer au billet* — Souscrire un billet. *Passer un papier* — Donner une reconnaissance écrite. *Se faire passer un sapin, un Québec* — Se faire avoir. *Passer quelqu'un au bob* — Le battre. *J't'en passe un billet* — Je te l'assure. *Passer les beignes, le pain, le torchon, la dish à quelqu'un* — Le battre. *Faire passer un mauvais quart d'heure à quelqu'un* — Le prendre à partie. *En passer à quelqu'un, en faire passer à quelqu'un* — Le tromper. *Passer en balle, en poudrerie, en belette* — Passer rapidement. *Passer en chapeau de castor sous le poêle* — Être très petit. *Passer au feu* — Perdre sa maison et/ou sa grange dans un incendie. *Passer au bob* — Subir une épreuve. *Passer au cash* — Rendre des comptes. — Se faire réprimander. — Se faire casser la gueule. *Être passé dû* — Être dû. *Je t'en passe un papier* — Je te l'assure. *Passer les cartes* — Donner les cartes. *S'en passer un, se passer un poignet* — Se masturber. *Le boeu a passé la vache* — Le boeuf a sailli la vache. *Se passer un Willy, se passer un Dieu-seul-me-voit* — Se masturber. *Passer des remarques* — Faire des remarques. *Passer un examen* — Réussir à un examen. *Passer sous la voie de* — Être aux ordres de.

Passerelle n.f. — Planche, passerelle de débarquement. — Guichet dans un mur pour passer les plats.

Passionner v. intr. — Lire la passion. — Pensionner.

Pâssoué, pâssouére n.m. ou f. — Petit tamis pour passer le lait.

Passure n.f. — Cribulure.

Pataclan n.m. — Bataclan. — Tapage.

Pataque n.f. — Patate. Ex.: Des pataques pourrites. — Patraque, montre défectueuse. *Faire pataque* — Manquer son coup. *Être dans les pataques* — Être dans l'erreur.

Pataquier n.m. — Plat aux patates.

Patarafe, patarasse n.m. ou f. — Coq-à-l'âne. Sottises. — Invective. — Paroles exagérées. — Affront. — Balafre.

Pataram n.f. — Grenouille géante.

Patatam n.m. — Grenouille.

Patate n.f. *Patates sucrées* — Genre de tubercule ovoïde sucrée un peu semblable à la patate. *Être dans les patates* — Être dans l'erreur. *Lâche pas la patate* — Tiens bon. *Patates en robe de chambre* — Patates cuites au four.

Patatia n.m. — Alcool de patates. — Mauvais alcool. — Quelque chose de mauvais au goût. Ex.: Ouah! C'est du patatia, ça.

Patatier n.m. — Vendeur de patates.

Patatlan n.m. — Balance.

Patch n.f. — Pièce. Ex.: Pose-moi une patch sur le genou. — Serviette hygiénique.

Patcher v. tr. — Rapiécer. — Arranger (une affaire).

Pâte à dents n.f. — Dentifrice.

Patelette n.f. — Braguette.

Patent adj. m., **patente** adj. m. ou f. — Breveté. Ex.: Des remèdes patentes. — Fieffé. Ex.: Un voyou patente. *Cuir patent, cuir patente* — Cuir verni.

Patente n.f. — Truc. Machin. Chose. — Brevet d'invention. Ex.: Prendre une patente pour une nouvelle machine. — L'invention elle-même. — Lettres patentes. — Hypothèque. — Pénis. — Vagin. — La Société Jacques Cartier, société secrète dont la fonction principale était de pistonner des Canadiens-français dans des postes importants à Ottawa. *Cuir à patente, cuir en patente* — Cuir verni.

Patenté, e adj. — Pour lequel on a des lettres patentes. Ex.: Une terre patentée. — Fieffé. Ex.: Un voyou patenté.

Patenter v. tr. — Inventer (un dispositif). — Bricoler. Ex.: Qu'est-ce que tu patentes là? — Breveter. Ex.: Faire patenter une invention.

Patenteux n.m. — Qui invente des dispositifs pour améliorer des mécanismes, des méthodes de fonctionnement. — Qui fabrique des pièces décoratives artisanales.

Patience n.f. *Larguer, quitter patience à quelqu'un* — Le laisser en paix.

Patillard, e adj. — V. PÉTILLARD.

Patin n.m. *Accrocher ses patins* — Lâcher son emploi, sa carrière. Démissionner. *Faire du patin de fantaisie* — Flâser.

Patiner v. intr. — Tourner autour du pot.

Patineux n.m. — Patineur. — Insecte qui court sur la surface de l'eau.

Patinoir n.m. — Patinoire (n.f.).

Patio n.m. — Partie de cour en carrelage ou en ciment.

Patois n.m. — Mot de patois. Ex.: Godindard, c'est un patois normand. — Expression qui revient souvent dans le discours d'un individu. Ex.: Le patois de l'oncle Phil, c'est: Hell de hell.

Patouche n.f. — Petit pied. Pied d'enfant. Péton.

Patouche! interj. — Ne touche pas!

Patoune n.f. — Pied d'enfant.

Patriner v. tr. — Gâter. Gaspiller.

Patron n.m. — Modèle. Type. Ex.: C'te fille-là, c't'un beau patron. *Patron d'une fromagerie* — Producteur agricole qui fournit du lait à une fromagerie.

Patronage n.m. — Clientèle. Ex.: Donner son patronage à tel commerçant. — Pour un parti politique ou un politicien, se servir de son pouvoir politique pour favoriser ses partisans et ses amis.

Patronner (se) v. pron. — Avoir son pareil. Ex.: Voilà, un cheval qui se patronne pas.

Patronniser v. tr. — Appuyer. Ex.: Patronniser un candidat. — Recommander. — Favoriser. Ex.: Patronniser un nouveau venu. — Favoriser de sa clientèle. Ex.: Patronniser tel marchand.

Patte n.f. — Pied (d'un objet). Ex.: Une patte de table. *Jouer une patte à quelqu'un* — Lui jouer un tour. *Lever les pattes* — Partir. — Mourir. *Être comme une vraie patte de poêle* — Avoir la démarche raide. *Traîner la patte* — Être maladif.

Patté, e adj. — Qui a les pattes solides. Ex.: Un cheval bien patté. — Qui a de grosses pattes. Ex.: Un chien patté. — Qui a des plumes sur les pattes. Ex.: Une poule pattée.

Patte-de-mouton n.f. — Barre à clous. Pied-de-biche.

Patte-de-poule n.f. — Spatule à doigts. — Outil de jardinier.

Pau adj. — Pauvre. Ex.: Pau p'tite.

Paupiller v. intr. ou n.m. ou f. — Agiter les paupières.

Pauve adj. — Pauvre.

Pauver (pron. pauvert) adj. — Pauvre. Ex.: La pauver femme.

Pauverté n.f. — Pauvreté.

Pavé n.m. — Madrier.

Pawaw n.m. — V. POW-WOW.

Payard n.m. — Celui qui paie ses dettes.

Paye n.m. *Dure de paye* — Qui paie mal.

Payer v. tr. *Payer un compliment* — Saluer. Ex.: Veuillez payer mon compliment à madame votre mère. *Payer une visite à quelqu'un* — Lui rendre visite. *Payer une lettre* — Affranchir une lettre. *Payer pour* — Payer. Ex.: J'ai payé dix piasses pour ma casquette. *Payer le prix* — Payer cher. — Payer une chose ce qu'elle vaut. *Payer cash* — Payer comptant. *Payer la traite à quelqu'un* — Lui offrir un verre.

Payer v. intr. — Se soumettre.

Payeux, se adj. ou n.m. ou f. — Payeur. Ex.: I est pas ben payeux, ce boss-là.

Payroll (pérôle) n.m. — Liste de paie.

Pays n.m. *Les vieux pays* — Les pays d'Europe. *Le vieux pays* — La France. *Les pays d'un haut* — Régions au nord du fleuve Saint-Laurent, dans les Laurentides. *Du pays* — Fabriqué à la ferme. Ex.: Étoffe du pays.

Paysager v. tr. — Aménager des parcs, des jardins, des terrains privés.

Paysagiste n.m. — Spécialiste de l'aménagement de parcs, de jardins, de terrains privés. *Architecte paysagiste* — Architecte qui se spécialise dans l'aménagement paysager. *Jardinier paysagiste* — Jardinier spécialisé dans l'aménagement paysager.

-Pe remplace **-ple** (Ex.: Simpe. Peupe. Exempe). **-pre**. (Ex.: Rompe. Vêpes. Prope).

Peanut (pron. pinotte) n.f. — V. PINOTTE.

Peau n.f. — Pellicule. Ex.: Avoir des peaux dans la tête. — Femme. *Peau de carriole* — Couverture de fourrure pour voiture d'hiver. *Ne savoir que faire de sa peau* — Être désoeuvré. *Avoir la peau dure* — Être peu sensible. — Être dur à cuire. *Aller à la peau* — Aller satisfaire ses désirs sexuels avec une femme. *C'est d'la peau* — C'est forçant. *Peau de lièvre* — Gros flocon. *Peau de crapeau* — Argent de papier.

Pécane n.f. — Pacane.

Pécaner v. intr. — Pacaner.

Pécant n.m. — Animal de la famille des martres. — Individu niais. Imbécile.

Pêchâiller v. intr. — Commencer à faire la pêche.

Pêche n.f. — Enceinte de claies et de filets au bord de la mer pour saisir et retenir le poisson. Brodigue. *Pêche aux ménés* — Pêche au vif.

Péché n.m. *Faire le péché* — Faire l'amour. *Botter quelqu'un au ras du péché* — Lui botter le derrière. *Être laid comme un péché* — Être très laid.

Péché! péché mortel! interj. — Jurons inoffensifs.

Pêcheux n.m. — Pêcheur.

Pécunier, ère adj. — Pécuniaire.

Pédale n.f. — Aviron. *Perdre les pédales* — Perdre la raison. — Déraisonner. *Ne plus avoir de pédales à son-bécique* — Être capoté.

Pédigree (pron. pédigri) n.m. — Généalogie, origine (d'une personne).

Pedlage n.m. — Action de pedler.

Pedler v. tr. — Colporter.

Pedleur, se n.m. ou f. — Colporteur. — Marchand qui joue des prix.

Pedleux, se n.m. ou f. — Pedleur. *Un pedleux d'huile à bottes* — Un colporteur.

Pedrix n.f. — Perdrix.

Pégnier n.m. — Panier.

Peigne n.m. — Pingre. Avare. — Individu sans éducation. — Imbécile.

Peigner v. tr. *Peigner un voyage de foin* — Passer la fourche sur les côtés du voyage pour en faire tomber le foin mal retenu.

Peignoir n.m. — Peigne (pour apprêter le lin).

Peignure n.f. — Coiffure.

Peindu, e part. passé — Peint.

Peine n.f. *Pour la peine* — Beaucoup. Ex.: I en a pas pour la peine. *Avoir de la peine contre* — Être désolé de la perte de.

Peinturage n.m. — Action de peinturer.

Peinture n.f. *En peinture* — Tout craché. Ex.: C'est son père en peinture. *Peinture à l'eau* — Aquarelle.

Peinturer v. tr. — Peindre.

Pelé adj. m. — Se dit de quelqu'un qui a la barbe rasée.

Pelée n.f. — Terrain sans arbres ni verdure. Brûlé. *Pelée du chemin* — Bord du chemin.

Pélérinage n.m. — Pèlerinage.

Pelle n.f. *Donner la pelle* — Éconduire un prétendant (en parlant d'une jeune fille). *Avoir la pelle, recevoir la pelle* — Être éconduit (en parlant d'un jeune homme). *Mettre quelqu'un sur la pelle* — Le chasser d'une façon méprisante. *Lâcher la pelle* — Cesser de travailler.

Pelle-à-feu n.f. — Sage-femme.

Pelle à pain n.f. — Pelle à four servant à enfourner le pain.

Pelle à stime n.f. — Pelle mécanique (à la vapeur).

Pellet (pron. pellette) n.f. — Comprimé utilisé comme supplément protéique dans l'alimentation des animaux de ferme. — Projectile de pellet gun. *Pellet gun* (pron. gonne) — Revolver ou fusil à ressort ou à air comprimé.

Pelotant, e adj. — Qui se roule facilement en pelote. Ex.: La neige est pelotante à matin.

Pelote n.f. — V. PLOTTE.

Peloter, plotter v. tr. ou intr. — Jeter des pelotes de neige. — Flatter par intérêt. Amadouer. Ex.: Peloter un homme influent. — Se rouler en pelotes (en parlant de la neige).

Peloter (se) v. pron. — Se dépêcher.

Pelule n.f. — Pilule.

Pelure n.f. — Blonde. Ex.: Il attend sa pelure. — Ami de garçon. Ex.: Elle sort avec sa pelure à soir. — Femme. Épouse.

Pénacs n.f. — Apios tubéreux dit patates en chapelet.

Pénalité n.f. — Amende.

Pendandrilloche n.f. — Pendeloque.

Pendant prép. *Tout pendant* — Durant. Ex.: I a dormi tout pendant le sermon.

Pendant n.m. — Versant.

Pendatif n.m. — Pendantif.

Pend'oreilles n.m. — Pendant d'oreilles.

Pendriloche, pendriloque, pendrioche n.f. — Pendeloque.

Pénille n.f. — Guenille. — Étoffe grossière fabriquée de vieilles étoffes défaites par l'effilage et le cardage et remontées sur fils de coton.

Pénique n.f. — Chose de peu de valeur.

Penir v. tr. — Punir.

Pennette n.m. — Pennon, petit drapeau en pointe. *Cache-pennette* — Maillot de bain.

Penser v. tr. ou intr. *Je pense ben* — Assurément. *Penser de* — Penser. Ex.: J'ai pensé de mourir. *Quand on pense!* — Est-ce possible! Ex.: I est mort, quand on pense!

Pension n.f. — Maison où on a le couvert mais non le gîte. *Pension privée* — Pension bourgeoise. *Prendre sa pension* — Prendre sa retraite. *Maison de pension* — Pension de famille.

Pensionner v. tr. ou intr. — Loger ou nourrir pour un prix convenu. — Loger chez quelqu'un ou y être nourri pour un prix convenu.

Pensionner (se) v. pron. — Loger chez quelqu'un ou y être nourri pour un prix convenu.

Pente n.f. — Pente latérale dans les chemins d'hiver.

Penteux, se adj. — Où il y a beaucoup de pentes latérales.

Penture n.f. — Charnière. *Penture de tabarnaque* — Bacon. *Faire penture* — Plier en deux.

Pep (pron. pèpe) n.m. — Entrain.

Pepa n.m. — Papa.

Pépé n.m. — Grand-papa.

Pépé n.f. — Police provinciale devenue Sûreté du Québec.

Pépère n.m. — Grand-papa. — Vieillard. — Superlatif. Ex.: I a un pepère de chapeau. — Espèce de pâtisserie. *En pépére* — Beaucoup.

Pepi, pépi n.m. — Pipi. — Pénis.

Pépine n.f. — Excavatrice (à pelle avant et arrière).

Pepisse n.f. *Faire pepisse* — Uriner.

Pepite n.m. — Pupitre. — Petit oiseau.

Peppermanne n.m. — Pastille à la menthe.

Pepsi n.m. — Nom méprisant utilisé par certains anglophones pour dénigrer le Québécois.

Peque n.f. — Visière de casquette. — Cheval efflanqué.

Percentage n.m. — Pourcentage.

Percer v. tr. *Percer une femme* — Faire l'amour avec elle.

Perchaude n.f. — Sorte de poisson d'eau douce. Perche canadienne.

Perche n.f. — Flèche (de voiture). — Ancienne mesure de longueur valant dix-huit pieds.

Percher v. tr. ou intr. — Assujétir un voyage de foin avec une perche. — Conduire une embarcation à la perche. — Aller vite.

Percheter v. tr. — Assujétir un voyage de foin avec une perche.

Perclue adj. f. — Percluse.

Perçois, perçoué, perçouére n.m. — Perçoir.

Perdition n.f. *En perdition* — Exposé à se gâter, à se perdre (en parlant de denrées périssables).

Perdon n.m. — Pardon.

Perdre v. tr. *Perdre une motion* — Voir sa motion rejetée. *Perdre l'haleine* — Mourir. *Perdre le portrait de quelqu'un* — L'oublier.

Perdre v. intr. — Périr, mourir.

Perdriolle n.f. — Perdrix.

Pêre n.m. — Pis de vache.

Pére n.m. — Animal, fruit, objet quelconque qui se distingue par sa grosseur et dont le nom est masculin. Ex.: Ce cocombre-là, c'est un père. — Mâle. Ex.: Un père lapin. *Son pére* — Nom donné au père de famille par sa femme et ses enfants.

Pérentoine n.m. — Péritoine.

Performance n.f. — Accomplissement. Exécution. Ex.: La performance de ses devoirs de chrétien. — Spectacle. Ex.: Il y a deux performances par jour.

Péri n.m. — Péril.

Périr v. intr. — Dépérir.

Perlat n.m. — Prélart. Linoléum.

Perler v. intr. — Parler.

Permanence n.f. — Continuité.

Permanent n.m. — Permanente (coiffure).

Pernabe adj. — Prenable.

Pernais, ait v. tr. — Prenais, prenait.

Pérodie n.f. — Parodie.

Perron n.m. — Galerie.

Perrouine n.f. — Poignée pour soulever les ronds de poêle.

Persil-de-mer n.m. — Ligustique d'Écosse.

Personnel, elle adj. — Intime. Ex.: Une amie personnelle.

Persuète v. tr. ind. prés. 1re pers. s. *Je te persuète que* — Je t'assure que.

Perte n.f. — Fausse couche.

Pésant adj. — Pesant. — À l'orage.

Pesant n.m. — Cauchemar. Ex.: J'ai eu le pesant toute la nuit. *Avoir du pesant* — Avoir de l'influence politique. *Enlever le pesant* — Faire une sieste. *Avoir le pied pesant* — Aimer faire de la vitesse.

Pesantement adv. — Pesamment.

Pesat n.m. — Tige sèche de pois, de fève. — Paille de sarrazin.

Pésée n.f. — Pesée.

Pesée n.f. — Balance. — Presse-papier. — Poids public, endroit où l'on pèse. Ex.: Aller à la pesée. *Pesée de porte* — Contrepoids qui fait qu'une porte se referme d'elle-même. *Pesée de cheval* — Poids au bout d'une courroie que l'on attache à la bride du cheval pour l'empêcher de s'éloigner.

Péser v. tr. ou intr. — V. PESER.

Peser v. tr. ou intr. — Fixer (une voile). Peser sur les cordages pour fixer (une voile). — Avoir du poids, de l'importance. Ex.: C'est pas lui qui pèse gros dans le village. *Peser le poids* — Avoir le poids règlementaire. — Avoir le poids qu'il faut. *Faire le poids* — Être à la hauteur. Ex.: Laisse ton frère à la maison, i fait pas le poids dans c't'expédition. *Peser sul gaz* — Appuyer sur l'accélérateur. *Peser un objet avec la main* — Soupeser.

Pesseminute n.m. — Homme de petite taille.

Peste n.f. — Très grande quantité. Ex.: Des pommes, i en a une peste c't'année.

Pet n.m. — Derrière. Ex.: Cache ton pet. — Pénis. *Pas un pet de travers* — Bien droit (en parlant de conduite). *Senteux de pet* — Homosexuel. *Arriver rien que su un saut pis un pet* — Arriver très rapidement.

Pétaque n.f. — Patate. — Montre défectueuse. *Faire pétaque* — Manquer son coup. *Être dans les pétaques* — Être dans l'erreur.

Pétard n.m. — Petite fleur dont les enfants font éclater le calice renflé. — Consommation. Verre de liqueur. — Jeune fille. — Fête. — Jouet fait avec une plume d'oie ou avec une tige de sureau dont on a enlevé la moëlle. *Un beau pétard* — Femme attrayante (sexuellement). Ex.: T'as vu ce beau pétard passer?

Petas n.m. — Raccommodage mal fait.

Petasser v. tr. — Craqueler. Fendiller.

Pétate n.f. — Patate.

Pet-de-loup n.m. — Vesse-de-loup, (sorte de champignon).

Pet-de-Saint-Jules n.m. — Tabac de qualité inférieure.

Pet-de-soeur n.m. — Sorte de beignet.

Pété, e adj. — Extraordinaire. — Parti pour la gloire.

Péteau n.m. — Pénis.

Péter v. tr. ou intr. — Fendiller. Casser. Se briser. Ex.: L'assiette a pété au feu. — Crevasser (en parlant des mains). — Claquer. Ex.: Fais péter ton jouet. — Détonner. Ex.: T'entends péter le canon? *Péter la gueule à quelqu'un* — Lui donner une raclée. *Péter au fret* — Mourir. — Être fragile, timide. Péter sec. — Être guindé. *Que le diable lui pète un singe* — Qu'il ait de la malchance. *Péter d'la broue* — Jaser. *Se péter une tripe* — Manger à l'excès. *Va péter* — Fous-moi la paix. *Se péter la yeule* — Se faire mal. *Péter le feu* — Être très impatient. *Va péter dans l'trèfle* — Fous-moi la paix.

Petête adv. — Peut-être.

Péteux n.m. — Derrière. Ex.: T'as le péteux à l'air. — Pénis. — Vagin. *Péteux de broue* — Qui parle beaucoup sans dire grand'chose. *Péteux chaud* — Qui est viril. Qui réagit sexuellement rapidement. *Gros parleux, p'tit péteux* — Qui parle plus qu'il n'agit.

Péteux, se adj. ou n.m. ou f. — Prétentieux. Pédant.

Pétillard, e adj. — Enjoué. Plein d'entrain.

Peti-peta, peti-petant loc. adv. — À petits pas pressés. Peu à peu. Ex.: Peti-peta, il fait son chemin.

Petit n.m. *Un petit* — Un peu. Ex.: Donne-moi-z'en un petit. *En petit* — En acolyte. Ex.: Servir la messe en petit. *Faire son petit* — Faire son humble. *Par les petits* — Peu à peu. *Un beau petit* — Une personne dont on doit se méfier. Ex.: C'en est un beau petit.

Petit adj. *Petit balai* — Époussette. *Petit darnier* — Enfant dernier-né. *Petit jour, petit matin* — La pointe du jour. *Petite charrette* — Charrue à rouelles, à deux roues, avec avant-train. *Petite poire* — Fruit de l'amélanchier. *Petit cochon* — Sarracénie pourpre.

Petit-bord n.m. — Buffet.

Petite-bedaine n.f. — Sacoche à pêche. — Enfant qui se donne de l'importance. — Petit enfant.

Petitement adv. — À l'étroit. Ex.: On est petitement chez nous.

Petiter v. intr. — Mettre bas. Débouler.

Petite-santé n.f. — Personne maladive.

Petit-pied n.m. — Fourchette du sabot du cheval.

Petit-thé des bois n.m. — Gaultherie.

Petot n.m. — Pied d'enfant. Petit pied. Peton.

Pétouane n.f. — Aster à grandes feuilles.

Pet shop n.f. — Boutiques d'animaux favoris. Animalerie.

Petuche n.f. — Pichenette. Chiquenaude.

Pétuner v. intr. — Fumer.

Peu adv. *Un petit peu, un tout petit peu* — Un peu. *À peu près, à pu pra* — Passablement. Assez. Ex.: Elle est à peu près ben maintenant. *Pour un peu que, encore un peu que* — Peu s'en est fallu que.

Peue n.f. — Dent de peigne (dans un métier à tisser).

Peupe n.m. — Peuple.

Peupelier n.m. — Peuplier.

Peupignière n.f. — Pépinière.

Peupin n.m. — Pépin.

Peur (pron. peu-r) n.f. — Peur.

Peur n.f. *Donner la peur* — Effrayer. *Faire une peur à quelqu'un* — Lui faire peur. *Partir en peur* — Prendre peur. *Conter des peurs* — Raconter des histoires pour faire peur. — Essayer d'effrayer. *Avoir peur à* — Redouter. *Avoir des peurs* — Avoir peur. *Peur de* — Par crainte de. Ex.: Peur de le déranger, chus pas rentré. *Se réveiller en peur* — Être terrifié en s'éveillant.

Peureux de corneilles n.m. — Épouvantail.

Pharmacerie n.f. — Pharmacie.

Phase n.f. — Étape.

Philippina, philippino n.f. ou m. — Philippine, jeu dans lequel deux personnes, après s'être partagé deux amandes jumelles, conviennent que celle des deux qui, lorsqu'elles se reverront, dira la première à l'autre: «Philippino» ou «Philippina», gagnera l'enjeu.

Philomène n.m. — Phénomène.

Phony (pron. fôné) adj. — Qui se donne de faux airs. Ex.: Quand tu t'maquilles comme ça, t'as l'air assez phony. — Qui sonne faux. Ex.: Son accent françа, ié pas mal phony.

Phraséologie n.f. — Libellé. Ex.: La phraséologie d'un contrat.

Phusique n.m. ou f. — Physique.

Phylosomie n.f. — Physionomie.

Piacasser v. intr. — Bavarder.

Piâiller v. intr. — Chiâler. — Demander avec insistance.

Piâilleux, se adj. — Qui a l'habitude de piâiller.

Piamme-piamme loc. adv. — Doucement. Sans bruit.

Piano n.m. *Piano cottage* — Piano droit.

Pianoboque, pianoboxe n.m. — Genre de boghei avec toit.

Pianotteux, se adj. — Pianotteur.

Piasse n.f. — Piastre. Dollar.

Piasser v. intr. — Bavarder.

Piastre n.f. — Dollar.

Pic n.m. — Tranchant. Ex.: Donner du pic à un couteau. — Inclinaison qu'on donne à un outil pour qu'il s'enfonce plus profondément. Ex.: Donner du pic à une varlope, à une charrue. — À plomb. Assurance. — Dans le milieu carcéral, poignard de fabrication domestique. *À pic de cheval* — À toute vitesse. *Prendre du pic* — Prendre de l'assurance. *À pic* — Escarpé. — Hérissé. Ex.: Avoir le poil à pic. — Malcommode. Ex.: Elle est à pic à matin. — Hautain. Cassant. Ex.: Lui, i est ben trop à pic. *Vent à pic* — Vent très fort.

Picâillon n.m. — Cheval efflanqué.

Picaroune n.f. — Picois, gaffe en forme de pic et à manche de hache.

Picasse n.f. — Rosse. Mauvais cheval. — Personne paresseuse. — Prostituée. — Espèce de grappin ou ancre de chaloupe. — Pourriture. Ex.: Ça sent la picasse.

Picassé, e adj. — Qui a la figure marquée de la petite vérole.

Picasson n.m. — Rosse. Vieux cheval fatigué.

Picateau n.m. — Vieux cheval.

Picatouére n.m. — Purgatoire.

Pic-bois n.m. — Pivert.

Pic-de-grève n.m. — Pit de gravelle.

Pic en blanc (de) loc. adv. — De but en blanc.

Pichenolle, pichenoque, pichenotte n.f. — Pichenette. Chiquenaude.

Pichenouille n.f. — Confiture faite de mélasse, de farine et de raisins. —

Confiture faite de citrouille, de crème et d'oeufs.

Pichou n.m. — Terme d'affection. — Gros chausson d'étoffe. — Soulier de caribou. — Vagin. *Laid comme un pichou* — Très laid. *Malin comme un pichou* — Très malin.

Pichouille, pichoune n.f. — V. PICHENOUILLE.

Pichoute n.f. — Soulier mou. — Vagin.

Picklé, e adj. — Conservé au vinaigre. Ex.: Des tomates picklées.

Pickles (pron. picule) n.m. pl. — Marinades.

Pick-up n.m. — Camionnette.

Picochage n.m. — Action de picocher.

Picocher v. tr. — Picoter. Ex.: Les oiseaux ont picoché tous les fruits.

Picocher (se) v. pron. — S'agacer l'un l'autre. Ex.: Les enfants arrêtent pas de se picocher.

Picocheux, euse adj. — Qui picoche.

Picois n.m. — Courte gaffe à pic et à manche de hache utilisée dans les opérations forestières.

Picossage n.m. — Action de picosser.

Picosser v. tr. — Attaquer quelqu'un avec des pointes. — Picoter. — Picorer.

Picosseux, se adj. — Qui picosse.

Picot n.m. — Gale. Maladie de la peau. Point fait avec un stylo, un crayon. — Pois (dans une étoffe). Ex.: Un mouchoir rouge à picots blancs. — Bouton, petite tumeur qui se forme sur la peau des oiseaux. — Bouton de variole, d'acné, d'autres maladies. — Point noir sur la peau.

Picote n.f. *Petite picote, picote volante* — Varicelle. *Grosse picote* — Variole. *Picote noire* — Variole hémorragique.

Picoté, e adj. — Marqué de picots. — Fatigué.

Picoter v. tr. — Agacer.

Picotin n.m. — Profits issus de patronage.

Picouille n.f. — Cheval mal fichu.

Picpics n.m. pl. — Chardon.

Picules n.f. pl. — V. PICKLES.

Picuite n.f. — Pituite.

Picrelle n.f. — Petit traîneau avec siège.

Pidouze adj. — Piteux.

Pièce n.f. — Billot équarri pour faire une poutre. *Une maison en pièces* — Une maison de billots équarris. *Bâtir pièce sur pièce* — Bâtir avec des billots équarris. *Être près de ses pièces* — Tenir à son argent comme un avare. *Pièce blanche* — Pièce d'argent.

Pied n.m. — Pas (d'une porte). *Avoir ses souliers dans ses pieds* — Avoir ses pieds dans ses souliers. *Avoir les quatre pieds blancs* — Avoir la conscience en paix. *Être en pieds de bas* — Être à pied de bas. *N'être pas à pied* — Être à l'aise. *Prendre quelque chose à pied levé* — Se choquer. Être prompt à se fâcher. *Pieds de vent* — Petits nuages dont le mouvement indique la direction du vent qu'il fera. — Rayons de soleil qui filtrent à travers les nuages et qui annoncent du vent. *Pied de veau* — Plante d'intérieur appelée zantèdeschie d'Éthiopie. *Pied-de-roi* — Règle pliante de vingt-quatre pouces. *Pied-planche* — Unité de mesure de bois scié ou rond, qui correspond à un pied de longueur sur un pied de largeur et un pouce d'épaisseur. *Avoir les pieds ronds* — Tituber. *Avoir les deux pieds dans la même bottine* — Ne pas être débrouillard. Être épais. *Être bête comme ses pieds* — Être très bête.

Piége n.m. — Piège.

Pierre n.f. *Pierre de sable* — Grès. *Pierre à moulange* — Pierre meulière. *Pierre de chaux* — Pierre à chaux. *Pierre à bosses* — Pierre en bossage. *Pierre douce* — Pierre à huile. *Pierre éponge, pierre ponge, pierre d'éponge* — Pierre ponce. *Tomber en pierre* (en parlant du tonnerre) — Frapper sans mettre le feu.

Pierroter v. tr. — Empierrer (un chemin).

Piété, e adj. — Bien habillé.

Piéter (se) v. pron. — Se préparer hâtivement. — Faire des préparatifs spéciaux. — Se bien vêtir pour se donner de l'importance. Ex.: C'est tout jeune et ça se piète.

Piétineux, se adj. — Qui piétine.

Piéton adj. inv. — Lent.

Piétonner v. intr. — Piétiner.

Piétonneux, se adj. ou n.m. ou f. — Lent.

Pieu n.m. — Perche de clôture, pièce de bois horizontale dans une clôture. — Pièce de bois verticale qui sert à tenir en place les planches des stalles dans les étables, les planches des cloisons établies chaque côté de la batterie. — Allumette de bois.

Pigeognière n.f. — Pigeonnier.

Pigeonne n.f. — Artifice. Duperie. — Mauvais sort.

Piger v. tr. ou intr. — Prendre. Ex.: Ousse que t'as pigé c't'affaire-là?

Pigeux n.m. — Crochet servant à passer le fil dans le ros du métier à tisser.

Pignére n.f. — Pinière.

Pignoche n.f. — Pièce de bois recourbée qu'on met au cou d'un cheval pour l'empêcher de sauter les clôtures. *Pignoche de sucre* — Cône de sucre d'érable.

Pignocher v. tr. — Picocher.

Pignon n.m. — Mur latéral non mitoyen et non terminé en pointe. *Au pignon de* — Près d'un des murs latéraux. Ex.: S'assir au pignon de la maison.

Pignonner v. tr. ou intr. — Faire un pignon. — Mettre le faîtage à (un toit). — Couvrir un mur pignon.

Pigouille n.f. — V. PICOUILLE.

Pigras n.m. — Boue collante. Ex.: Ces chemins sont jusse du pigras. — Saleté. — Personne sale. — Espèce de laxatif.

Pigrassage n.m. — Saleté. — Action de faire du pigras.

Pigrasser v. tr. ou intr. — Salir. Ex.: Tu pigrasses le plancher avec tes grosses bottes sales. — Patauger dans la boue. — Tenir des propos inconvenants. — Picosser dans son assiette. Manger sans appétit. — Perdre du temps à des choses inutiles.

Pigrasseux, se n.m. ou f. — Personne qui travaille maladroitement.

Pigrette n.f. — Personne malcommode.

Pigrie n.f. — Porcherie.

Pijipe n.f. — Hoquet.

Pilage n.m. — Action de piler.

Pilasser v. tr. — Piétiner. Fouler aux pieds. — Danser mal.

Pilée n.f. — Pile.

Piler v. tr. ou intr. — Empiler. — Marcher sur. Ex.: Vous pilez sur ma robe. — Peler. — Hacher. Ex.: Piler de la viande. — Écraser. Réduire en purée. Ex.: Des patates pilées. *Piler du poivre* — Jeu qui consiste à piétiner en tournant sur soi en se tenant à quelqu'un par les mains.

Pilier n.m. *Pilier de taverne* — Habitué de la taverne.

Pilot n.m. — Tas. *Pilot de boeufs* — Bouvier.

Pilotage n.m. — Action de fouler aux pieds. — Résultat de cette action.

Pilote n.m. — Locomotive qui fait le triage. — Petite flamme qui sert à l'allumage dans certains dispositifs d'allumage automatique.

Piloter v. tr. — Piétiner. Fouler aux pieds. Ex.: La neige est toute pilotée.

Piloteux n.m. — Manège à plan incliné. — V. HORSPOR. — Qui pilote, qui conduit les autres.

Pilot light (pron. paillelote laillete) n.f. — Voyant. Témoin.

Pilule n.f. *Donner sa pilule à une femme* — Lui faire l'amour. *Prendre sa pilule* — Accepter les mauvais coups du sort. Ex.: J'ai fait faillite mais ma pilule, j'capable d'la prendre.

Pilune n.f. — Pilule.

Pimbina n.m. — Espèce de baie rouge, venant par grappes, de la viorne pimbina ou tilobée.

Pimp (pron. pime) n.m. — Souteneur. *Bottes de pimp* — Bottes de caoutchouc.

Pin n.m. *Pin rouge* — Pin résineux. *Pin blanc* — Pin stobus. *Pin gris, pin chétif, pin des rochers* — Pin de Banks. — *Pin de Colombie* — Sapin de Douglas. *Pin dur* — Pitchpin.

Pinage n.m. — Reproche (surtout aux enfants). — Agaçage.

Pinangourne n.f. — Cheville de bois ou de fer.

Pince n.f. — Barre pour faire des trous de piquets. *Pince de canot* — Bout d'un canot d'écorce. *Pinces* — Pincettes (pour attiser le feu).

Pinceau n.m. — Barbiche genre impériale. — Pénis. *Se faire envoyer le pinceau, se faire passer le pinceau* — Se faire réprimander.

Pince-cul n.m. — Individu à l'air pincé.

Pincée n.f. — Femme maniérée. *Prendre, donner une pincée* — Pincer, serrer la peau avec les doigts.

Pincer v. tr. *Pincer à vis* — Pincer en tordant.

Pincette n.f. *Donner, prendre une pincette* — Pincer. *Bec en pincettes* — Bec pincé.

Pinch (pron. pinn'che) n.m. — Barbiche. — Pincée de tabac à chiquer.

Pincher (pron. pinn'ché) v. intr. — Tanguer.

Pine n.f. — Cheville de fer. — Épingle. — Aiguillon. — Pénis. — Quille. *Pine de grenade* — Goupille. *Pine dorsale* — Épine dorsale. *Bottes de pine* — Bottes de caoutchouc. *Faire pisser pine* — Uriner. *Aller à pine* — Aller à toute vitesse. *Être à la pine* — Être à bout de force.

Piner v. tr. — Agacer. Piquer. Écoeurer. — Faire l'amour avec une femme. Ex.: Avec Aline, pourvu qu'ça pine!...

Pinero n.m. — Petite chambre privée dans un camp.

Pinnerie n.f. — Contrariété.

Pinotte n.f. — Arachide. *Beurre de pinottes crunché* — Pâte d'arachides croquantes. *Rien que sur une pinotte* — Rapidement. *Être sur une belle pinotte* — Être emballé, enthousiaste. — Être exubérant.

Pinouche n.f. — Petite pine. — Cheville de bois ou de fer. — Pénis.

Pinoune n.f. — Pilule.

Pintocher v. intr. — Boire avec excès.

Pintocheux adj. m. — Noceur. Qui boit à l'excès.

Pinule, pinune n.f. — Pilule.

Piochage n.m. — Action de piocher. — Culture maraîchère. — Plantes potagères.

Pioche n.f. — Ancre de petite embarcation. — Femme (en termes sexuels).

Piocher v. intr. — Piaffer. — Prendre des cartes au talon.

Piocheux, se adj. — Piocheur. — Piaffeur.

Piochon n.m. — Houe à dents. — Individu ou animal bon à rien. — Épi de maïs mal formé, mal développé.

Piôles n.f. pl. — Heures favorables à la pêche.

Piôme n.f. — Pivoine.

Pioncer v. intr. — Ronfler. Dormir.

Piône n.f. — Pivoine.

Pipe n.f. — Tuyau. — Lance d'incendie. — Pénis. *Pipe de plâtre* — Pipe de terre. *Une pipe* — Un long temps. Ex.: Attendre une pipe. *Casser sa pipe* — Manquer son coup. — Mourir. *Fumer une pipe* — Prolonger sa visite. *Pipe wrench* (pron. paillepe rein'che) — Clef à tuyaux. *Tirer la pipe à quelqu'un* — L'induire en erreur pour blaguer.

Pipée n.f. — Contenu d'une pipe. *Une pipée* — Un long temps.

Pipette n.f. — Petite quantité de tabac mise dans la pipe. — Gros fumeur de pipe. — Enfant qui essaie de fumer. *Le bonhomme pipette* — Le diable. Le bonhomme qui emporte les enfants indisciplinés.

Pipeux n.m. — Fumeur.

Pipine n.f. — V. PÉPINE.

Pipite n.m. — Pupître. — Petit oiseau.

Piquage n.m. — Action de piquer les billots. — Action de piquer la morue.

Piquant, e adj. *Broche piquante* — Fil de fer barbelé.

Piquants n.m. pl. — Bardane. — Chardon.

Pique n.f. — Épingle. — Pic. — Chicane. *À pique de cheval* — À toute vitesse.

Piqué n.m. — Protège-matelas.

Piqué n.f. — Pitié.

Piqué, e adj. — Planté debout comme un piquet. Ex.: I est resté piqué dans son coin. — Piqué des vers.

Pique-bois n.m. — Pivert.

Piquée n.f. — Profondeur à laquelle le soc de la charrue pénètre dans le sol.

Piquer v. tr. ou intr. — Pousser des pointes vives. — Entamer (des billots) à la hache pour en faciliter l'équarrissage. — Faire des incisions latérales sur la tête de la morue pour la décoller partiellement et lui ouvrir le ventre. — Travailler au pic. *Piquer un somme* — Faire un somme. *Piquer vers* — Se diriger droit vers (un endroit). *Piquer à travers* — Passer à travers (un champ, un bois) pour raccourcir son chemin. *Piquer au plus court* — Prendre le chemin le plus court. *Piquer une femme* — Faire l'amour avec elle. *Piquer par des pistes* — Marquer par des traces de pas.

Piqueron n.m. — Button.

Piquet n.m. *Rester sur le piquet* — Ne pas trouver à se marier. *Planter le piquet* — Se tenir sur la tête. — Tomber la tête la première.

Piquetage n.m. — Action de piqueter.

Piqueter v. intr. — Monter des piquets de grève.

Piqueteur n.m. — Qui piquète.

Piqueur n.m. — Ouvrier qui pique le bois pour en faciliter l'équarrissage. — Ouvrier qui donne le premier coup de couteau à la morue et lui ouvre le ventre dans les établissements de pêche.

Piqueux n.m. — Piqueur. — Agaçant. Taquin.

Piquié n.f. — Pitié.

Piquite n.f. — Pituite.

Piquon n.m. — Piquant, dard de guêpe.

Piqûre n.f. *Donner la piqûre* — Faire l'amour à une femme.

Pire adv. — Mal. Ex.: C'est pas pire. — Pis. Ex.: C'est tant pire. — Mauvais. *Pire que pire* — Très mal. Ex.: C'est pire que pire depuis qu'i a eu une rechute. *Aussi pire, moins pire, pas si pire* — Aussi mal, moins mal, pas si mal. *Tant pire* — Tant pis. *De pire en pire* — De pis en pis.

Pire adj. — Mauvais. Ex.: Ce gâteau est pas pire. I est bien plus pire que son frère. C'est lui qui est le plus pire de tous. — Plus. Mieux. Ex.: Ces enfants s'aiment, i sont pires que des frères. Le vieux est alerte, i est pire qu'une jeunesse.

Pirir v. intr. — Périr.

Piroche n.f. — Cane, canard femelle.

Piron n.m. — Jeune canard.

Pirouette n.f. — Culbute.

Pis adv. — Puis. Ex.: Chus venu pis chus parti.

Pis conj. — Et. Ex.: Lui pis moé on y va.

Pis après loc. adv. — Après. Ensuite. Ex.: J'ai mangé pis après chus parti.

Pis ensuite loc. adv. — Ensuite.

Pisque conj. — Puisque.

Pisse n.f. — Piste. — Mise (au jeu de cartes). Ex.: Mets ta pisse. — Pénis d'enfant. Ex.: Cache ta pisse.

Pissée n.f. — Quantité d'urine éliminée. — Traînée d'urine sur le sol.

Pisseminute n.m. — Homme de petite taille. — Personne qui a besoin d'uriner souvent.

Pissenaille n.f. — Pénis d'enfant. — Petit filet d'eau.

Pissenlite n.m. — Pissenlit. — Se dit d'une personne qui mouille son lit.

Pisser v. tr. ou intr. — Faire sa mise (au jeu). Ex.: Pisse donc! — Dégoutter. Ex.: Mes habits pissent l'eau. — Reculer. Renoncer à une entreprise. Ex.: I devait venir, mais i a pissé au dernier moment. *Pisser fin* — Être intimidé. *Pisser dans ses culottes, dans le violon* — Avoir peur. *Envoyer pisser, envoyer pisser à la gelée* — Envoyer au balai. *Commencer à s'écouter pisser, à s'écouter pisser sur les écopeaux* — Commencer à reconnaître des sensations sexuelles. *Va pisser, va pisser au large, va pisser une bôlte* — Fous-moi la paix. *Faire pisser pine, faire pisser mine* — Uriner.

Pissette n.f. — Pénis. — Petit filet de liquide. — Grande distance. Ex.: Chus arrivé une pissette en avant de toué. *Faire une pissette* — Uriner.

Pisseux, se adj. ou n.m. ou f. — Peureux.

Pisseuse n.f. — Religieuse.

Pisseux n.m. — Petit oiseau. — Peureux.

Pisse-vinaigre n.m. — Individu hargneux.

Pissou n.m. — Lâche. Poltron. — Piqué. — Enfant qui pisse partout. — Pinson. — Pénis.

Pissouére n.f. — Pissoir. Pissottière. — Petit filet d'eau.

Pissoute n.f. — Pénis d'enfant.

Piste n.f. — Trace d'animaux sauvages. *Faire des pistes* — S'enfuir à toute vitesse. *Faire des pistes de fesses* — Prendre la fuite. *Prendre la piste à pataud* — Expression par laquelle on veut semer la confusion.

Pister v. tr. ou intr. — Marquer de pistes. Ex.: L'orignal a passé, c'était pisté tout autour du camp. — Aller vite. Ex.: Avec note meilleur cheval, ça piste en monde.

Pistrine n.f. — Mauvaise boisson.

Pit (pron. pite) n.m. — Carrière. Ex.: Un pit de sable. — Dernière galerie (au théâtre). — Oiseau. — Terme d'affection. Ex.: Viens-t'en, mon pit.

Pitchage — Action de pitcher.

Pitche n.f. — Poix. Goudron. Bitume. Ex.: Étancher une chaloupe avec de la pitche. — Pas de vis. — Inclinaison.

Pitcher v. tr. — Lancer. Ex.: Pitche-moi ton paquet de cigarettes. — Lancer (au jeu de baseball).

Pitcheur, pitcheux n.m. — Lanceur (au jeu de baseball).

Pite n.m. *Mon pite* — Terme d'affection pour personnes ou animaux.

Piter v. intr. — Rechigner. Avoir la mine abattue. — Faire entendre un petit cri plaintif.

Pitéyabe adj. — Pitoyable.

Piton n.m. — Bouton de sonnette. — Bouton de montre. — Bouton de toupie. — Bouton de galerie, en terme de carrosserie, crochet de métal sur les côtés d'un siège et qui sert à fixer le tablier. — Jeton (pour marquer les points au jeu). — Jeton, bon, qu'on peut échanger pour leur valeur, en nature ou en argent. — Vieux cheval. *Un coup de piton* — Un verre d'alcool. *Être sur le piton* — Être frais et dispos. — Terme d'affection à l'endroit d'un enfant. Ex.: Mon cher petit piton. *Semelle, pneu à pitons* — Semelle, pneu garni d'aspérités métalliques qui permettent une meilleure adhésion sur la glace. *Piton de jouissance* — Clitoris. *Pitons* — Mamelles de la truie.

Pitou n.m. — Chien.

Pitouche n.f. — Chiquenaude.

Pitoune n.f. — Bois à pulpe de petit diamètre et d'environ quatre pieds de longueur. — Pénis. — Grosse femme. — Galette de sarrasin.

Pitouque n.f. — Courroie avec laquelle on attelle les chiens au cométique.

Pitourne n.f. *Souffrir d'la pitourne, pis tourne d'un bord, pis tourne de l'aute* — Tourner dans son lit sans pouvoir dormir.

Pivart n.m. — Pic doré. Poule de bois.

Pivelé, e adj. — Moucheté.

Pivé n.m. — Levier à crochet articulé servant à la manutention de billots. Cannedogue ou candog.

Placage n.m. — Action de plaquer un chemin. — Ensemble des plaques indiquant un chemin. — Placard. Armoire. — Coup d'épaule (au hockey).

Placard n.m. — Grande tache. Ex.: Un placard d'encre. — Personne encombrante.

Placasseux, se adj. — Bavard.

Place n.f. — Pièce où l'on se trouve, salon, cuisine, restaurant, magasin, etc. Ex.: Clairer la place. Balayer la place. Mettre une table au beau milieu de la place. *Place d'eau* — Station balnéaire. *À des places* — Par places. *À la place de* (suivi d'un verbe) — Au lieu de. Ex.: À la place d'écrire, vas-y.

Placotage n.m. — Commérage. — Barbotage.

Placoter v. intr. ou tr. — Bavarder. — Courailler. Perdre son temps. — Dire ou faire. Ex.: Qu'est-ce qu'i vient placoter ici? — Barboter.

Placoteux, se adj. ou n.m. ou f. — Qui placote. — Qui barbote.

Plâcrer v. tr. — Flatter.

Plade n.m. — Plaid.

Plagreux, se adj. ou n.m. ou f. — Qui flatte, fait des louanges exagérées.

Plague n.f. — Tablette (de tabac à chiquer).

Plaid (pron. pléde) n.m. — Tissu à carreau de diverses couleurs.

Plaidâilleux adj. ou n.m. — Plaideur.

Plaideux adj. ou nom. — Plaideur. — Qui aime à discuter, à contredire.

Plaie n.f. — Plaie d'Égypte (en parlant d'une personne). Ex.: Sa femme, c't'une plaie.

Plaigneux, se adj. ou n.m. ou f. — Plaignard.

Plain (pron. pléne) adj. — Ordinaire. — Nature. Sans garniture. Ex.: Une omelette plain. — Uni (tissu).

Plaine n.f. — Plane, faux platane, érable rouge. — Plane (outil).

Plainer v. tr. — Planer, travailler avec la plane ou la planeuse.

Plaineur n.m. — Planeuse.

Plaint n.m. — Plainte. Ex.: I a lâché un plaint pis i est mort.

Plainte n.m. — Plainte (n.f.).

Plairie n.f. — Prairie.

Plaisant, e adj. — Aimable. D'agréable humeur. Ex : C't'un garçon ben plaisant.

Plaisi n.m. — Plaisir.

Plaisir n.m. *Se coucher sur le plaisir d'une femme* — Lui faire l'amour.

Plan n.m. — Oiseau de leurre qui sert, à la chasse, à attirer les autres. *Tirer des plans, faire des plans* — Faire des projets. *Plein de plans* — Qui a plusieurs tours dans son sac. *Plan de nègue* — Projet irréalisable. *À plan* — À plein.

Planage n.m. — Action de planer.

Planche n.f. — Voiture à quatre roues dont les planches de fond servent de ressort. — Femme (en termes sexuels). *Planche à pain* — Planche sur laquelle on met le pain. — Se dit d'une fille ou d'une femme qui a la poitrine plate. — Planche sur laquelle on tranche le pain. *Planches* — Lit sur lequel on expose un mort. Ex.: Être sur les planches. *Être comme une planche à laver* — Se dit d'un chemin de gravelle raboteux. — Se dit d'une femme aux seins minuscules. *À planche* — À toute vitesse.

Planche adj. — Plan. Plat. Ex.: Une route planche. Un pays planche.

Plancher n.m. *Plancher de bas* — Plancher. Plancher de rez-de-chaussée. *Plancher de haut* — Plafond de rez-de-chaussée. Plancher de l'étage. *Être sur le plancher des vaches* — Avoir les deux pieds bien à terre. *Avoir le plancher* — Avoir la parole. *Premier plancher* — Premier étage.

Plançon n.m. — Personne obèse.

Planeur n.m. — Planeuse.

Planir v. tr. — Aplanir. Égaliser.

Plant n.m. — Usine. Ex.: Plant d'asphalte.

Planté, e part. passé *Être bien planté* — Être dans une mauvaise situation. — Être bien constitué.

Planter v. tr. *Planter le chêne, le piquet, le poireau* — Se tenir debout sur la tête. *Planter le piquet, la tête* — Tomber ou se jeter la tête la première. *Planter une pirouette* — Faire une pirouette. *Planter des clous, des piquets* — Sommeiller assis en faisant avec la tête des mouvements de bas en haut. *Planter quelqu'un* — Le frapper du poing. *Planter une femme* — Lui faire l'amour.

Planter (se) v. pron. — Se dépêcher. — Faire un effort. Ex.: T'es mieux de t'planter si tu veux le rattraper. — Faire l'amour.

Plaquard n.m. — Tache.

Plaque n.f. — Tache. — Dentier. — Entaille faite à un arbre pour indiquer un sentier. — Importun. Imbécile. *Plaque d'eau* — Flaque d'eau. *Plaque de poêle* — Rondelle. *Plaque de fusil* — Platine.

Plaqué n.m. — Ensemble des plaques, des entailles faites aux arbres pour indiquer un sentier. — Fonds marin plat où les poissons ont leur habitat. — Frais-chié.

Plaque-bande n.f. — Plate-bande.

Plaquebière n.f. — Ronce mûrier.

Plaque-bol n.m. — Cirage à chaussures.

Plaque-forme n.f. — Plate-forme. — Quai d'une gare.

Plaquer v. tr. — Marquer (un chemin dans la forêt) au moyen d'entailles faites aux arbres.

Plaqueur n.m. — Celui qui plaque.

Plârine n.f. — Prâline. — Crépinette. Saucisse platte. — Sucre à la crème liquide.

Plasteur n.m. — Taffetas gommé. Emplâtre adhésive. Sparadrap.

Plastic wood (pron. plastic woude) n.m. — Futée.

Plastrage n.m. — Plâtrage.

Plastrer v. tr. — Plâtrer.

Plat, e ou platte (pron. plate) adj. — Plat. Ex.: Un terrain plat. *C'est plat* — C'est ennuyant. *Farce platte* — Farce pas drôle.

Plat n.m. *Plat à vaisselle* — Bassine. *Plat de granit* — Plat émaillé.

Plât n.m. — Cancan. *Plât de l'épaule* — Omoplate.

Platain n.m. — Plateau, étendue de terre unie et plate. — Petit morceau de terre.

Plate (pron. pléte) n.f. — Plaque (de métal). — Marbre (au baseball).

Plate-bande n.f. — Planche. Carré dans un jardin potager.

Platée n.f. — Assiettée.

Plate-forme n.m. — Quai d'une gare. — Wagon plate-forme.

Plate-glass (pron. pléte-glace) n.f. — Vitre épaisse et résistante.

Platin n.m. — Individu qui tourne tout en farces plattes. — Herbes marines rejetées sur la plage.

Platine n.f. — Tablette de tabac à chiquer. — Petite presse à mâchoires. — Vagin.

Platitude n.f. — Farce platte. Blague qui n'est pas drôle.

Plâtrage n.m. — Action de flatter, de flagorner.

Plâtrer v. tr. — Flatter. Flagorner.

Plâtreur n.m. — Plâtrier.

Plâtreux, se adj. ou n.m. ou f. — Qui flatte, flagorne.

Plée n.m. — Dispute. — Savane. — Étendue de forêt rasée par le feu. — Terrain dénudé. *Plée de chemin* — Bord du chemin.

Plein, e adj. — Rassasié. Ex.: Ch'peux pus manger, chus pleine. — Ivre. — Incapable de rétorquer. Ex.: T'es plein, là, mon gars? *À pleines clôtures* (en parlant de foin, céréales). — En abondance. *À pleins siaux* — À seaux. À verse. *À plein temps* — À ne voir ni ciel ni terre. *À plein ventre* — À plat ventre. *Tout plein* — Beaucoup. *À pleine tête* — À tue-tête. *Plein comme un oeuf* — Très ivre. *Pleine* — Enceinte.

Plein n.m. *À plein* — En abondance. *En plein* — En abondance. — Justement. Ex.: C't'en plein ça. *En plein dans* — Dans le milieu de. Ex.: Tomber en plein dans la porte. *Un plein d'marde* — Individu qui parle à tort et à travers, qui cherche à induire en erreur. *Un plein de soupe* — Homme lourd et trapu. *Pleine à ceinture* — Enceinte.

Pleine n.f. — V. PLAINE.

Pleiner v. tr. — V. PLANER.

Plène n.f. — V. PLAINE.

Plenté n.f. *À plenté* — En abondance.

Pléte n.f. — V. PLATE.

Pleumage n.m. — Plumage. — Action de pleumer.

Pleumas n.m. — Plumeau. — Plumet, touffe de plumes garnissant une coiffure. — Morceau de bois qui, dans les charrues à rouelle, rattache l'essieu au palonnier. — Femme bien mise. — Bras. *Se faire passer les pleumas* — Se faire stimuler au travail. *Secouer ses pleumas* — Se dépêcher.

Pleume n.f. — Plume.

Pleumer v. tr. ou intr. — Plumer. Ex.: Pleumer une poule. — Peler. Ex.: Pleumer une pomme. — Enlever l'écorce de. Ex.: Pleumer un arbre. — Écorcher. Enlever la peau de. Ex.: Pleumer un ours. — Peler (en parlant de la peau). Ex.: J'ai le nez qui pleume. *Se faire pleumer* — Se faire voler. — Se faire arranger dans une discussion. *Tête pleumée* — Tête chauve. *Pleumer son renard* — Vomir.

Pleumer à la courroie — Écorcher vif en prélevant des lanières de peau.

Pleumet n.m. — Plumet.

Pleumeur n.m. — Qui pleume.

Pleumeux n.m. — Outil qui sert à pleumer les arbres.

Pleurer v. intr. — Suinter. Ex.: Le mur pleure. *Faire pleurer Jeannette* — Uriner.

Pleureuse n.f. — Voile de deuil porté par les veuves.

Pleureux, se adj. — Humide. Imbibé d'eau. Ex.: Dans les bas-fonds, les terrains sont pleureux. Les vitres sont pleureuses.

Pleurie n.f. — Prairie.

Pleurnicheux, se adj. — Pleurnicheur.

Pleuvasser v. impers. — Bruiner. Brouillasser. Mouillasser.

Pleuvier n.m. — Pluvier.

Pleyer v. tr. — Plier.

Pli n.m. *Ça me fait pas un pli; ça me fait pas un pli sua poche* — Ça me fait rien.

Plie n.f. — Pluie.

Pliguer v. tr. — Plier.

Plintan n.m. — Plantain.

Plissonner, plissoter v. tr. ou intr. — Plisser légèrement.

Plogue n.f. — V. PLUG.

Ploguer v. tr. ou intr. — Boucher. Ex.: Ploguer un trou. — Brancher, mettre la prise (de courant). Ex.: Plogue donc le toaster. — Travailler ferme. *Être plogué sur* — Être pris par. Ex.: I est plogué sur la tivi. *Ploguer quelqu'un* — Le pistonner.

Ploguer (se) v. pron. — Faire l'amour. — Se brancher.

Ploille n.f. — V. PLUG.

Ploiller v. tr. — V. PLOGUER.

Plomb n.m. — Mine de plomb, graphite employé à faire des mines de crayon. *Moule à plomb* — Visage marqué de la variole. *Vendre du plomb* — Ne pas se compromettre.

Plombé, e adj. — Marqué de la variole.

Plomber v. tr. ou intr. — Battre. — Réprimander. Ex.: I va se faire plomber si i continue. — Être brûlant (en parlant du soleil). Ex.: Ça plombe, aujourd'hui.

Plombes n.f. pl. — Aplomb. Ex.: Prendre ses plombes.

Plombeur n.m. — Plombier.

Plombeux de dents n.m. — Dentiste.

Plonge n.f. — Plongeon. *Prendre une plonge* — Piquer la tête la première. — Baisser brusquement. Ex.: Le thermomètre a pris une plonge. — Subir un revers de fortune. *S'envoyer à la plonge* — Sauter à l'eau. — Plonger.

Plotte n.f. — Pelotte. — Femme (en termes sexuels). — Organe sexuel féminin.

Plotter v. tr. ou intr. V. PELOTTER.

Plotte sacrée! interj. — Juron.

Ployer v. tr. — Plier. Ex.: Ployer une étoffe.

Plucher v. tr. — Éplucher.

Pluck (pron. ploque) n.m. — Courage. Audace. Aplomb. Ex.: I faut avoir du pluck pour entreprendre ça.

Plucké, e (pron. ploqué) adj. — Qui a du courage, de l'audace, de l'aplomb. Ex.: Plucké comme lui, i en a pas deux.

Plug (pron. plogue) n.f. — Prise (de courant). — Bouchon. Cheville. — Tablette de tabac à chiquer. — Galette de sarrazin. — Individu malhabile. Lourdaud. — Vieux cheval fatigué. — Publicité gratuite faite par un animateur de radio ou de télévision. — Devon, genre de leurre.

Pluguer v. tr. — V. PLOGUER.

Plumas n.m. — Plumeau. — V. PLEUMAS.

Plume n.f. *Nom de plume* — V. NOM.

Plume-fontaine n.f. — Plume à réservoir à encre incorporé.

Plumer v. tr. — V. PLEUMER.

Plurésie n.f. — Pleurésie.

Plurier n.m. — Pluriel.

Plus adv. *Plus que... plus que* — Plus... plus... Ex.: Plus que tu travailles, plus que tu t'fatigues. *Ni plus ni moins* — Tout comme si. Ex.: C'est ni plus ni moins comme si j'étais ton esclave.

Plusse adv. — Plus. Ex.: J'en veux pas plusse que ça. *Plusse que plusse* — Davantage. I en veut toujours plusse que plusse. *Plusse pire* — Pire. *Plusse meilleur* — Meilleur.

Pluvoir v. impers. — Pleuvoir.

Plywood (pron. plaille woude) n.m. — Contre-plaqué.

Poche adj. — Paresseux. Lâche. — Lourd. Fatigué. Ex.: J'me sens poche aujourd'hui. *Poche de câbe* — Grand filet de pêche. *Poche menteuse* — Fausse poche. *Sauce à la poche* — Sauce béchamel.

Poche n.f. — Besace de mendiant. — Blouse (de billard). — Bourse des testicules. *Poche molle* — Lâche. Paresseux. *Au plus fort la poche* — Le plus fort l'emporte. *Quatre-poches* — Habit à quatre poches. *Faire poche* — Manquer son coup. *Marie quate-poches* — Femme malhabillée. *C'est d'la poche* — Ça vaut rien. *Prendre sa poche* — Être congédié. *Avoir la poche à terre* — Être fatigué.

Pocher v. intr. — Mendier. *Pocher quelqu'un* — Le faire (aux cartes).

Pochetée n.f. — Trâlée. Grande quantité. Grand nombre. *À pochetée* — Abondamment. Ex.: Il neige à pochetée.

Pocheton n.f. — Homme mou. Bon à rien.

Pochette n.f. — Bourse des testicules.

Pochon n.m. — Pocheton.

Pochu n.m. — Individu gros et ventru.

Pod n.m. — Coussin.

Poêle n.m. *Poêle de cuisine* — Cuisinière. *Poêle à l'huile* — Poêle à mazout. *Poêle à deux ponts, poêle à trois ponts* — Poêle à bois à étages dont le premier est le foyer et le second (et troisième s'il y a lieu) sert de four. *Poêle sourd* — Chambre à air chaud établie sur le parcours du tuyau du poêle.

Poêlon n.m. — Grosse poêle. *Queue de poêlon* — Têtard.

Poêlonne n.f. — Poêlon.

Poéson n.m. — Poison.

Poésson n.m. — Poisson.

Poévrière n.f. — Poivrière.

Poffe n.f. — V. PUFF.

Pofte-ouite n.m. — V. PUFFED WHEAT.

Pognabe adj. *Pas pognabe* — Difficile à prendre. Insaisissable.

Pogne n.f. — Poigne.

Pognée n.f. — Poignée.

Pogner v. tr. — Poigner. — Attraper. Ex.: Pogne la balle. — Toucher. Ex.: Arrête de lui pogner l'cul. — Prendre. Surprendre. Ex.: J'me sus fa pogner à voler à l'étalage. — Exiger de grands efforts. Ex.: I a levé la roche mais ça l'a pogné. — Avoir du succès. Ex.: Yvon, lui, y pogne. — Être attirant. Ex.: Chus pas beau mais j'pogne. *Être pogné* — Être tendu. Être complexé. *Se faire pogner* — Se retrouver enceinte. *Pogner les shakes* (pron. chèk), *les kéteules* — Se mettre à trembler.

Pogner (se) v. pron. — Se disputer. — Se battre. *Se pogner l'cul* — Paresser. *Se pogner après quelque chose* — S'agripper à quelque chose. *Pogner une femme* — Lui faire l'amour.

Pogne-strap n.f. — Prostate.

Poids n.m. *Peser le poids* — Être de poids.

Poignant-cul n.m. — Homosexuel.

Poignassage n.m. — V. POIGNASSERIES.

Poignassé, e adj. — Qui a de gros poignets.

Poignasser v. tr. — Manier maladroitement. — Mettre la main aux fesses d'une autre personne. — Se couvrir (en parlant du temps).

Poignasseries n.f. pl. — Familiarités qui consistent à mettre la main aux fesses d'une autre personne.

Poignasseux, se adj. — Qui a l'habitude de poignasser.

Poigne n.f. *Serrer la poigne* — Être avaricieux.

Poignée n.f. — Anse (de seau, de marmite, de pot). — Ustensile pour soulever les ronds de poêle. *Prendre le beurre à poignée* — Aller trop vite en besogne.

Poigner v. tr. ou pron. — V. POGNER.

Poignet n.m. — Manchette. — Manchette de laine qui préserve le poignet du froid, dit également pagote. *Tirer au poignet* — Lutter pour voir qui renversera le bras de l'adversaire, les deux s'empoignant main à main et le coude ancré sur une table. *Se passer un poignet* — Se masturber.

Poigneux, se adj. — Poignasseux. *Poigneux de cul* — Celui qui a l'habitude de toucher les fesses des femmes, de jeunes filles ou encore de jeunes garçons. — Homosexuel.

Poil n.m. — Fourrure. Ex.: Un capot de poil. — Chicane. Ex.: I va y avoir du poil. *Être d'un poil, être de beau poil* — Être de mauvaise humeur. *Avoir le poil raide, avoir le poil de travers* — Être de mauvaise humeur. *Prendre quelqu'un dans le sens du poil* — Aborder quelqu'un selon son humeur. *Flatter quelqu'un dans le sens du poil* — Le flatter selon son humeur. *Avoir du poil aux pattes* — Être robuste. — Être courageux. *Poil de chèvre* — Soie torse. *Avoir le poil fin, être de fin poil* — Être mis avec recherche. *Poil fou* — Poil follet. *Avoir le poil fou* — Être maussade. *Se vendre comme du poil* — Se vendre facilement. *Passer à un poil de* — Passer près de. Ex.: On a passé à un poil de chavirer. *Monter à poil* — Monter à cheval sans selle.

Poiler v. intr. — Commencer à avoir du poil, des plumes. Ex.: Un oiseau qui poile.

Poinçon n.m. — Chasse-clou. Repoussoir.

Poinçonner v. intr. — Faire étamper l'heure d'arrivée au travail ou de sortie à l'horloge poinçonneuse.

Poinçonneuse n.f. — Horloge qui étampe l'heure sur les cartes des travailleurs dans les lieux de travail.

Poing n.m. *Se prendre aux poings* — Se battre.

Point n.m. — Pointure (d'une chaussure).

Pointer v. tr. — Reluquer, lorgner du coin de l'oeil avec curiosité ou convoitise. — Pousser des pointes (à quelqu'un).

Pointes n.f. pl. — Vis platinées (du distributeur).

Pointeur adj. — Qui reluque.

Pointeur n.m. — Chaloupe en pointe aux deux extrémités servant à former des trains de bois.

Pointeux (pron. poill'nteu) n.m. — Chien d'arrêt.

Pointu, e adj. — Susceptible. Mordant. Ex.: Pas moyen de faire des farces avec lui, i est trop pointu.

Poire n.f. *Poire sauvage, petite poire* — Fruit de l'amélanchier.

Poireau n.m. *Planter le poireau* — Se tenir sur les mains, les pieds en l'air.

Poires n.f. pl. — Testicules.

Poirette n.f. — V. POIRE.

Pois n.m. *Pois français* — Petits pois. Pois verts. *Pois sauvage* — Jargeau. *Pois d'odeur* — Pois de senteur.

Poison n.f. — Poison (n.m.). — Personne désagréable. — Grande quantité. Ex.: Une poison de pois. *Poison de couleuvre* — Actée rouge.

Poison adj. m. ou f. — Vénéneux. Ex.: Touche pas ces fruits, i sont poisons.

Poisson n.m. *Poisson armé* — Lépidostée osseux. *Petit poisson* — Homme sans importance. *Changer son poisson d'eau* — Uriner.

Poitrail n.m. — Poitrine (de femme).

Poiverière n.f. — Poivrière.

Poivrer v. tr. — Maltraiter. Remettre (quelqu'un) à sa place. — Cribler de plombs de chasse.

Poivreux, se adj. — Qui aime à poivrer ce qu'il mange.

Poker (pron. pau-keu) n.m. — Tisonnier. — Jeu de cartes où l'on mise de l'argent.

Pôlage n.m. — Action de pôler.

Pôle n.m. ou f. — Timon. Ex.: Le pôle du moulin à faucher. — Gaffe de batelier. — Tringle ou bâton de rideau. — Perche. Perche rabattue sur un voyage de foin. — Bureau de scrutin. — Vote. Scrutin. Ex.: Demander le pôle.

Pôler v. tr. — Manoeuvrer (un canot) avec une pôle.

Poli, e adj. *Poli aux trous* (en parlant d'un cheval) — Qui évite de lui-même les cahots.

Poli à chaussures n.m. — Cirage.

Poli à ongles n.m. — Vernis à ongles.

Police n.f. — Policier.

Policemanne n.m. — Policier.

Police montée n.f. — Gendarmerie à cheval. — Gendarmerie Royale du Canada.

Polichinelle n.m. *Avoir un polichinelle dans le tiroir* — Être enceinte.

Polie n.f. — Poulie.

Polir (se) v. pron. *Se polir le shaft* — Se masturber.

Politesse n.f. *Offrir des politesses* — Offrir quelque chose à manger, à boire. *Casser la politesse à quelqu'un* — Lui fausser compagnie.

Politicaillerie n.f. — Jeu de basse politique.

Politicailleur n.m. — Qui s'adonne à de la basse politique.

Politique n.f. — Ligne de conduite.

Polka n.m. — Polka (n.f.) — Gilet de laine pour femme.

Poll (pron. pôle) n.m. — Bureau de scrutin.

Pôller v. intr. — Enregistrer son vote.

Polock (pron. pauloque) n.m. — Sobriquet de Polonais.

Poloque n.f. — Cigarette faite à la main.

Poménique adj. — Pulmonique. Poitrinaire.

Pomme n.f. — Paume (de la main). *Pomme de Bourassa* — Espèce de pomme grise. *Pomme d'amour* — Pomme de Sibérie. *Pomme de terre* — Airelle ponctuée. — Cerise de terre. *Pomme de pré* — Espèce de canneberge. *Pomme de route* — Crottin de cheval.

Pommeau n.m. — Petite boule au sommet des montants d'un berceau, d'un lit.

Pomme-pourrie n.f. — Engoulevent.

Pommette n.f. — Fruit de l'aubépine ponctuée et de l'aubépine écarlate. — Pomme de Sibérie ou de Chine.

Pommettier n.m. — Pommier de Sibérie. *Pommettier blanc* — Aubépine ponctuée. *Pommettier rouge* — Aubépine écarlate.

Pomon n.m. — Poumon.

Pomonique adj. — Pulmonique. Poitrinaire.

Pompe n.f. — Robinet. — Draisienne. — Pénis. *Pompe à feu* — Pompe à incendie.

Pomper v. tr. — Encourager. — Tirer des confidences (de quelqu'un).

Pompes n.f. pl. *Entrepreneur de pompes funèbres* — Directeur de funérailles.

Pompette n.m. — V. POMPEUX.

Pompeux n.m. — Draisine. — Homme qui fait marcher une draisine.

Pompier n.m. — Homme qui fait marcher une draisine.

Ponce n.f. — Boisson d'eau chaude mélangée à du gin, du whiskey ou de l'alcool maison, du sucre ou du miel, du citron ou de la muscade, que l'on sert à ceux qui ont des frissons.

Poncer v. tr. — Donner une ponce (à quelqu'un). — Enivrer.

Ponche n.f. — V. PONCE. — Abri à l'entrée d'une grange.

Pond part. passé — Pondu.

Pone-cheve n.m. — Vastringue, plane à lame courte et réglable.

Pôner v. tr. — Mettre en gage dans un pon-shop.

Ponge n.f. — V. PONCE.

Ponger v. tr. — Éponger.

Pongeux, se adj. — Spongieux.

Ponner v. tr. — Pondre. — V. PÔNER.

Ponneuse n.f. — Pondeuse.

Pon-shop n.m. — Boutique où l'on prête sur gage. Mont-de-piété.

Pont n.m. *Pont de glace* — Chemin glacé sur une rivière. *Pont de grange* — Plan incliné permettant aux charrettes à foin d'accéder au fenil. *Pont de batteux* — Plate-forme sur laquelle marche un cheval pour actionner la batteuse. *Skidou à deux ponts* — Motoneige à deux tapis roulants.

Pontage n.m. — Tablier en bois d'un pont. Pavage en bois d'une étable. — Ensemble de billots étendus dans un ruisseau pour le passer.

Ponter v. tr. — Poser le tablier d'un pont. Paver en bois une étable. — Placer des billots dans un ruisseau pour le traverser.

Pool (pron. pou-le) n.m. — Genre de billard. — *Car pool* — Transport régulier en commun avec la voiture de l'un des participants. V. COVOITURAGE.

Pop n.m. — Boisson gazeuse.

Pop corn (pron. pope corne) n.m. — Maïs soufflé.

Popote n.f. — Cuisine. Ex.: Faire la popote. — Mets mal préparé. — Camelote. — Bavardage.

Populacerie n.f. — Recherche excessive de la popularité.

Populacier adj. — Qui recherche la popularité.

Populaire adj. — Populeux.

Poque n.f. — Coup. Ex.: J'ai reçu une poque sur la mâchoire. — Marque de coup. Ex.: T'as une poque au-dessus de l'oeil. — Rondelle (au hockey). — Gniole (au jeu de toupie). — Marchandise endommagée. — Marque de coup sur un objet. Ex.: J'ai une poque sur mon char.

Poqué, e adj. — Fatigué. Abattu. — Épuisé des excès de la veille. Ex.: Chus tout poqué à matin. — Bosselé.

Poque-cheve n.f. — V. PONECHEVE.

Poquer v. tr. — Donner un coup qui marque. Ex.: I s'est fait poquer hier soir. T'as poqué mon char en arculant.

Por n.m. — V. PÂR.

Porabe adj. — Probable.

Porcage n.m. — Parcage. Pâturage.

Porcager v. tr. — Pacager.

Porceline n.f. — Porcelaine.

Porc-épi n.m. — Porc-épic.

Porchelet, porchet, porchette n.m. — Porcelet.

Porfil n.m. — Profil.

Porichinelle n.m. — Polichinelle.

Porlonger v. tr. — Prolonger.

Pornure n.f. — Présure.

Porquière n.f. — Matrice de la vache, de la jument. Portière.

Porquière adj. — Portière. Ex.: Une bonne vache porquière.

Porridge n.m. — Gruau.

Porsuire v. tr. — Poursuivre.

Portage n.m. — Sentier battu par les castors. — Chemin difficile, peu entretenu. — Ancien chemin traversant des endroits inhabités.

Portageage, porta*h*age n.m. — Action de portager.

Portager, porta*h*er v. tr. ou intr. — Porter (l'embarcation, les provisions, etc.) dans un portage. — Faire un portage. — Pratiquer des sentiers dans le bois (en parlant d'animaux sauvages).

Portageur, portageux, porta*h*eux n.m. — Homme qui portage.

Portance n.f. — Prestance.

Portant, e adj. — Bien portant.

Porte n.m. — Porto. *Vin de porte* — Vin de porto.

Porte n.f. — Portière. Ex.: Ferme la porte de l'auto. *Petite porte du poêle* — Registre dans la porte du foyer du poêle. *Aller aux portes, passer par les portes* — Mendier. *Ne pas avoir de porte de derrière* — Ne pas avoir d'arrière-pensée. *Porte double* — Porte à deux battants, deux vantaux. *Porte simple* — Porte à un seul battant, un seul vantail. *Double porte, fausse porte* — Contre-porte. *Porte des fournisseurs* — Porte de service. *Porte grillée, porte de passe, porte de screen* — Porte en moustiquaire qui remplace, l'été, la contre-porte. *Porte d'arche* — Porte de grande dimension (généralement cintrée, pleine ou vitrée, brisée, à battant ou à coulisse), ou grande ouverture qui est établie entre deux pièces d'une habitation. *Porte de cave* — Trappe. *Porte de grange* — Braguette. *Avoir les oreilles en porte de grange* — Avoir de grandes oreilles. *Grave aux portes* — Se dit d'un individu au comportement peu ordinaire.

Porté, e part. passé *Être porté pour quelqu'un* — Avoir des préférences pour lui. Être porté d'amitié pour lui.

Porte-crottes n.m. — Derrière. — Partie du harnais.

Portée n.f. — Largeur d'une étoffe que l'on tisse.

Portefaix n.m. — Porte-brancard, anneau de la dossière (dans un harnais).

Porte-habits n.m. — Barre sur laquelle on accroche les cintres supportant des vêtements.

Porte-jupes n.m. — Support servant à ranger les jupes dans un placard.

Portement n.m. — État de santé. Santé. Ex.: Comment va le portement?

Porte-ordures n.m. — Porte-poussière. Pelle à poussière.

Porte-panier adj. ou n.m. ou f. — Rapporteur. Celui qui dénonce quelqu'un.

Porte-pic n.m. — Porc-épic.

Porte-queue n.m. — Culeron (dans un harnais).

Porter v. tr. ou intr. — Courir. Ex.: Il allait aussi vite qu'il pouvait porter. — Porter un corps. Être porteur. Ex.: Ce sont ses beaux-frères qui portaient. — Être assez solide pour supporter un poids. Ex.: La glace porte. *Laisser porter* — Laisser faire. Laisser se dérouler les événements. *Se porter la queue* (en parlant d'un cheval) — Porter la queue relevée. *Porter la robe* — Être ecclésiastique. *Être porté sur la main* — Être traité aux petits oignons, avec de grands égards.

Porter (pron. porteur) n.f. — Bière brune.

Porteur n.m. — Chasseur (dans un hôtel). — Préposé au service des wagons-lits. — Commissionnaire.

Porteuse n.f. — Femme qui porte l'enfant au baptême.

Porteux n.m. — Porteur. *Porteux de poste* — Facteur.

Portière n.f. — Organes sexuels chez les animaux femelles. *Jeter la portière* — Avorter (chez les animaux).

Portion n.f. — Quantité d'avoine que l'on donne aux chevaux. Picotin.

Portipi n.m. — Porc-épic.

Portrait n.m. — Photographie. *Se faire arranger le portrait* — Se faire battre.

Portuna n.m. — Trousse de médecin.

Posage n.m. — Pose (d'un tapis, du papier peint, etc.).

Poser v. tr. ou intr. — Appliquer (de la peinture, du vernis, etc.). Ex.: C'est lui qui a posé la peinture. — Nommer. Ex.: I's ont posé un inspecteur. — Rester en place. Ex.: I pose pas deux minutes. *Poser un portrait* — Faire une photo. *Faire poser son portrait, se faire poser* — Se faire photographier.

Positif, ive adj. — Certain. Ex.: Chus positif qu'i éta pas là.

Position n.f. — Emploi.

Posse n.m. ou f. — Poste.

Posséder (se) v. pron. *Ne plus se posséder* — Être hors de soi.

Possibe adv. — Peut-être. Ex.: Vas-tu y aller? Possibe. *Possibe que* — Peut-être.

Possibe adj. — Supportable. Ex.: C't'enfant, i est pas possibe.

Postage n.m. — Affranchissement d'une lettre. — Virement, en parlant des écritures comptables.

Poste n.f. *Mener la poste* — Porter le courrier. *Maître de poste, maîtresse de poste* — Chef du bureau de poste.

Poste-carte n.f. — Carte postale.

Poste-office n.f. — Bureau de poste.

Poster (pron. pausteu) n.m. — Affiche. Reproduction agrandie.

Poster v. tr. — Mettre à la poste. — Mettre à jour. — Porter au grand livre. — Renseigner. Ex.: Je l'ai posté au sujet de ton départ. *Être posté* — Être compétent.

Postiche n.m. — Vagin.

Postillon n.m. — Facteur.

Post stamp, post timbre, post timpe n.m. — Timbre-poste.

Postume n.f. — Pus.

Postumer v. intr. — Suppurer.

Pot n.m. — Mesure valant deux pintes, un demi-gallon.

Pot (pron. potte) n.m. — Marijuana. — Pot. — Moue. Ex.: Faire son pot. — Poule, mise (au jeu de cartes). Ex.: Mets ton pot.

Potabe adj. — Praticable. Ex.: Les chemins sont potabes.

Pot à brai n.m. — Trou dans la vase des grèves. — Trou bourbeux dans un chemin. — Lourdaud.

Potager, pota*h*er n.m. — Seau à lait.

Potagère, pota*h*ère n.f. — Cuillère à pot.

Pot de chambre n.m. — Vase de nuit.

Poté, e adj. — Sous l'effet de la marijuana.

Poteau n.m. — Pénis.

Pôteau n.m. — Poteau. *Poteau de couchette* — Pilier de lit.

Potée n.f. — Grand nombre. Grande quantité. *Petite potée* — Réunion de gens ou de choses de peu de valeur. Ex.: C'est pas d'la p'tite potée qu'était che vous hier souère.

Potence! n.f. — Juron inoffensif.

Potine n.f. — Poutine. Pudding.

Potordure n.m. — Porte-ordure.

Potrail n.m. — Poitrail.

Potrine n.f. — Poitrine.

Pouce n.m. *Avoir mal au pouce* — Être parrain. — Négliger de se boutonner la braguette. *Faire du pouce, voyager sur le pouce* — Voyager avec les automobilistes qui veulent bien accepter un passager. Faire de l'auto-stop. *Se mordre les quate doigts et le pouce* — Regretter amèrement. *Pouce par pouce* — Petit à petit.

Poucer v. intr. — Faire du pouce.

Pouceux, se n.m. ou f. — Celui, celle qui fait du pouce.

Poude n.f. — Poudre. *Poude à pâte* — Levure chimique.

Poudrée n.f. — Prostituée ou femme que l'on considère telle. — Travesti.

Poudrelle n.f. — Poutrelle.

Poudrer v. intr. ou impers. — Tourbillonner dans le vent (en parlant de la pluie ou de la neige). Ex.: L'eau poudrait. La neige commence à poudrer. — Se dit de la neige qui tourbillonne. Ex.: I a poudré toute la nuit.

Poudrerie n.f. — Tempête de neige à ne voir ni ciel ni terre. *Passer en poudrerie* — Passer très vite.

Poudreux, se adj. — Se dit d'un temps de poudrerie. Ex.: Un temps poudreux. *Neige poudreuse* — Neige fine que le vent soulève facilement en tourbillons.

Pouère n.f. — Poire.

Poueteau n.m. — Poteau.

Pouffe n.f. — Allumette de bois.

Pouillasser v. tr. — Tromper. Trahir. Attraper. Couillonner.

Pouillasserie n.f. — Tromperie. Couillonnerie.

Pouilleux n.m. — Individu méprisable.

Poulain n.m. *Être à cheval sul poulain* — Être monté sur ses grands chevaux. *Débarquer de sul poulain* — Se calmer.

Poulamon n.m. — Petite morue. Petit poisson des chenaux.

Poule n.f. — Prostituée ou femme que l'on considère telle.

Poulette n.f. — Femme (en termes sexuels). *Poulette blanche* — Ansérine blanche. *Poulette grasse* — Chou gras. Chénopode blanc.

Poulie n.f. — Prostituée ou femme que l'on considère telle.

Poume n.f. — Pomme.

Poumonique adj. — Phtisique. Pulmonique.

Poupa n.m. — Papa.

Pouponne n.m. — Homosexuel.

Poupounes n.f. pl. — Fesses.

Pour prép. — Pendant (en parlant du passé). Ex.: I a été absent pour deux heures. *Pour dire* — Pour ainsi dire. Ex.: Pour dire, j'ai pas envie d'y aller. — Très peu. Ex.: Donne-moi-z'en jusse pour dire. — Pour plaisanter. Ex.: Si chus parti d'un coup, c'tait jusse pour dire. *Pour pas que* — Pour que ne...pas. Ex.: I a fait son possibe pour pas qu'j'y aille. *Pour voir* — Locution employée avec un sens de défi. Ex.: Viens donc icitte pour voir! *Pour vrai* — Superlatif. Ex.: C'est beau pour vrai. *Pour quant à* — Quant à. Ex.: Pour quant à moi, chus pas d'accord. *Payer pour* — En assumer les conséquences. Ex.: Fais à ta tête mais tu vas payer pour. *Demander, offrir (un prix) pour (quelque chose)* — Demander, offrir (un prix) de. Ex.: I demande combien pour son cheval? *Pour un* — Quant à lui. Ex.: Le maire, pour un, est pour. *Être pour faire quelque chose* — Être sur le point de faire quelque chose. *Pas pour rire* — Beaucoup. Ex.: Fa chaud pas pour rire icitte. *Pour le sûr* — Assurément. *Moi pour un; pour moi* — Quant à moi.

Pourcelaine n.f. — Porcelaine.

Pourchas n.f. — Habileté. Ténacité (dans les affaires).

Pourparler n.m. — Potin. Commérage.

Pourqui conj. ou adv. — Pourquoi. Ex.: Pourqui vous faites tant de tapage?

Pourquoi conj. ou adv. *La raison pourquoi* — Pourquoi. Ex.: Dis-moi la raison pourquoi t'as fait ça. *Pourquoi faire que, pourquoi que* — Pourquoi.

Pourquoué conj. ou adv. — Pourquoi.

Pourri, e adj. — Qui ne vaut rien. — Très gâté (en parlant d'un enfant). *Neige pourrie, glace pourrie* — Neige, glace sans consistance, sur le point de changer en eau. *Pourri de dettes* — Couvert de dettes.

Pourrillon n.m. — Bois pourri. — Bateau qui pourrit sur la grève.

Pourrite part. passé f. — Pourrie. Ex.: Des patates pourrites.

Poursi n.m. ou f. — Poursille, espèce de marsouin du golfe Saint-Laurent.

Poursuire v. tr. — Poursuivre.

Pourtra n.m. — Portrait. — Photo.

Pourvoir v. tr. — Prévoir. Ex.: I est pourvu par la loi que...

Poussâiller v. tr. — Bousculer.

Poussant, e adj. — Favorable à la végétation. Ex.: I fa pas un temps ben poussant.

Pousse-pousse n.m. — Voiture d'enfant qu'une mère peut pousser devant elle.

Pousser v. tr. — Pousser son cheval pour qu'il aille vite. Ex.: C'est un chemin pour pousser. *Pousser un somme* — Faire un somme. *Pousser une jase* — Faire une jase. *Pousser une menterie* — Dire un mensonge. *Pousser ça* — Y donner ça. Y aller de plus belle. *Pousser ça à quelqu'un* — L'arranger. L'attaquer de paroles.

Pousser (se) v. pron. — Se donner de l'importance. — Se reculer. Se ranger. — S'en aller. S'enfuir. — Faire l'amour.

Pousseux, se adj. — Qui croît rapidement.

Poussiére n.f. — Poussière.

Poutine n.f. — Pudding. — Personne grasse et ronde (surtout en parlant d'une femme). — Alcool de fabrication domestique.

Poutoune n.f. — V. PITOUNE.

Pouvoir v. tr. — Devoir. Ex.: Tu peux te dépêcher si tu veux arriver à temps. *Ça s'peut pus de pus s'pouvoir* — C'est extraordinaire.

Pouvoir n.m. — Courant électrique. — Puissance. Ex.: Ton tracteur a pas mal de pouvoir. *Pouvoir d'eau* — Force motrice de l'eau. Énergie hydraulique. — Chute d'eau, de nivellation qui permet d'utiliser l'énergie électrique. *Pouvoir d'achat* — Capacité d'acheter basée sur le revenu.

Pouvouère n.m. — Pouvoir.

Power-brakes (pron. paoueu-bréke) n.f. pl. — Servo-frein.

Power saw (pron. paoueu-ça) n.f. — Scie mécanique.

Power-steering (pron. paoueu-stirigne) n.m. — Servo-direction.

Pow-wow (pron. paou-waow) n.m. – Grande fête. *Partir sur un pow-wow* — Aller fêter.

P'pa n.m. — Papa.

P'pé n.m. — Grand-père.

Praie n.f. — Proie (oiseau de).

Praille n.f. — Point d'appui. — Levier.

Prailler v. tr. — Soulever avec un levier et un point d'appui.

Prairies n.f. pl. — Plaines de l'Ouest. Ex.: Les provinces des prairies.

Prâline n.f. — Bouillie sucrée faite de crème et de sirop d'érable à laquelle on ajoute quelquefois un peu de farine. — Crépinette.

Pratique n.f. — Exercice. Entraînement à un art, un jeu. Répétition. Ex.: Une pratique de hockey. La pratique du choeur de chant. *À la pratique* — Soigneux. Particulier. *Faire ses pratiques* — Faire sa religion. *Avoir une bonne pratique* — Avoir une bonne clientèle.

Pratiquement adv. — À peu près. Ex.: J'ai pratiquement fini ma job.

Pratiquer v. tr. — S'exercer à (un art, un jeu). Ex.: Pratiquer le piano. La fanfare a pratiqué une heure à matin.

Pratiquer (se) v. pron. — S'entraîner.

Prébytère n.m. — Presbytère.

Précautieux, se adj. — Prévoyant.

Précautieusement adv. — Avec précaution.

Précaution n.f. *De précaution* — Prévoyant. Plein de précautions. Ex.: Tu peux te fier à lui, i est de précaution.

Précautionner (se) v. pron. — Se pourvoir. Ex.: I s'est précautionné de bois pour l'hiver.

Prêche n.f. — Sermon. — Réprimande.

Prêcheux n.m. — Prêcheur. Prédicateur.

Précipite n.m. — Précipice.

Prédices n.m. pl. — Présages.

Prédiseux n.m. — Prophète. Prédiseur.

Prée n.f. — Prairie. — Proie.

Préférentiel, elle adj. — Privilégié. Ex.: Tarif préférentiel.

Préjudice n.m. — Préjugé.

Préjugé, e adj. — Prévenu (contre quelqu'un). Ex.: Je sais pas c'qu'i a mais i est préjugé contre moué.

Prélat n.m. — Linoléum.

Premier, ère adj. ou n.m. ou f. *Premier nom* — Prénom. *En premier* — Tout d'abord. *Passer premier* — Passer à la tête de la classe. *Monsieur le Premier* — Monsieur le premier ministre.

Prémices n.m. pl. — Les lieux. Ex.: Il faut quitter les prémices avant le premier mai.

Prendre v. tr. — Photographier. — Manger ou boire. Ex.: Un malade qui veut pas prendre. — Épouser. Ex.: Quand elle l'a pris, i buvait pas. — Intenter. Ex.: Prendre une action contre quelqu'un. — Avoir de l'attrait. Ex.: Cette marchandise prend pas. — Réussir. Ex.: Ces flatteries, ça prend pas avec moué. — Cailler. Ex.: Du lait qui prend. — Prendre racine. Ex.: Les petits pommiers ont tous pris. — Saisir (en parlant d'une émotion, d'un malaise). Ex.: Quand ça le prend, i est pas tenabe. *Prendre serment* — Prêter serment. *Prendre une marche* — Faire une promenade. *Prendre une brosse* — Se saouler. *Prendre la part de* — Prendre parti pour. *Prendre quelqu'un* — Faire une forte impression sur quelqu'un. *Prendre le boeu* — Essuyer un échec. Se faire rabrouer. *Prendre charge de quelque chose* — Prendre une affaire en main. *Prendre commerce, prendre magasin* — Ouvrir boutique. *Prendre par surprise* — Surprendre. *Prendre une assurance* — S'assurer. *Prendre le dessus* — Surmonter. *Prendre du mieux* — Se porter mieux. *Prendre l'eau* — Être percé. *Prendre son ouvrage* — Se mettre à l'ouvrage. *Prendre le bord de* — S'en aller vers. *Prendre le champ, le fossé* — Glisser en bas de la route. Déraper. *Prendre en feu* — Prendre feu. *Prendre pour, contre* — Se déclarer pour, contre. *Prendre de la mie* — Labourer profondément. *Des chevaux qui prennent pas* — Des chevaux qui refusent de tirer. *Prendre l'épouvante* — Partir en peur (en parlant des chevaux). *Prendre le bord* — Partir. — Se détériorer (en parlant des choses). *Prendre du mieux* — Aller mieux. *Prendre la grandeur de* — Mesurer. *Prendre la part de* — Prendre le parti de. *Prendre le vote* — Voter. — Faire voter. *Elle prend* — Elle reçoit le mâle (chez les animaux). *Prendre un risque* — Courir un risque. *Prendre comme* — Prendre comme exemple. *Prendre jusqu'aux dents* — Se retenir avec tous les moyens. *Prendre la montagne* — Se diriger vers la montagne. *Laisser prendre la nuit* — Attendre la nuit tombée. *Prendre la porte* — Sortir. *Prendre le bois* — Entrer dans la forêt. *Prendre ses sens* — Se dominer. *Prendre son besoin* — Se servir. *Prendre sur soi* — Contrôler ses sentiments. *Prendre une bataille* — Se battre. *Prendre ça sur son bras* — Assumer. *Pas prendre ça* — Ne pas accepter cela. Ex.: Qu'un tchomme couche avec ma femme, ch'prends pas ça. *Prendre son trou* — Se faire petit. Ex.: Ce fendant-là, ié mieux d'prend'e son trou.

Prendre (se) v. pron. — Se quereller. — Se battre. Ex.: S'i s'rencontent, i vont s'prende. — S'y prendre. Ex.: Tu te prends mal, laisse-moi te montrer. — Rester pris. *Se prendre pour un autre* — Avoir des prétentions. *Se prendre une terre* — Se choisir une terre. *Se prendre de l'air* — Prendre son élan.

Prepaid (pron. pripéde) adj. — Affranchi. Franco.

Prépos (à) loc. adv. — À propos.

Préposer v. tr. — Proposer.

Près (à peu) adv. — Au hasard. À tâtons. Ex.: Marcher à peu près.

Près à près loc. adv. — Rapprochés l'un de l'autre, les uns des autres. — Ex.: Ces arbes sont près à près.

Presbytère! interj. — Juron.

Présent n.m. — Cadeau. — Petite tache blanche sur les ongles.

Préserves n.f. pl. — Conserves alimentaires. — Conserves, lunettes protectrices. — Sous-bras.

Presquement adv. — Presque.

Presse n.f. — Précipitation. Ex.: I a pas de presse, prends le temps de manger.

Presser v. intr. *Presser de* — Avoir un besoin de. Ex.: Envoie-moi d'l'argent, j'en presse.

Presseux n.m. — Presseur.

Pressure n.f. — Présure.

Presto n.m. — Autoclave. Cocotte-minute.

Prête n.m. — Prêtre.

Prétendre (se) v. pron. — Avoir de la prétention.

Prétendue n.f. — Blonde. Jeune fille que l'on courtise.

Prétentaine n.f. *Courir la prétentaine* — Courailler. Courir la galipote.

Prêteux, se adj. — Qui aime prêter.

Preune n.f. — Prune.

Preunelle n.f. — Prunelle.

Preunier n.m. — Prunier.

Preuve n.f. *À preuve que* — Ce qui prouve que. *Être en preuve que* — Être prouvé que.

Prévaloir (se) v. pron. *Se faire prévaloir* — Se vanter.

Prévenant, e adj. — Prévoyant.

Prévenir v. intr. — Provenir.

Prévien n.m. — Bruit que certaines horloges font entendre avant de sonner l'heure.

Previews (pron. priviou) n.m. pl. — Extraits du programme à venir.

Prévilége n.m. — Privilège.

Prévilégiaire adj. f. — Privilégiée.

Prévint part. passé — Prévenu.

Preyer v. tr. — Prier.

Preyère n.f. — Prière.

Prime adj. — Qui s'emporte facilement. — Qui comprend vite. — Vif. Ex.: Avoir l'oeil prime. — Aiguisé. Ex.: Un rasoir prime.

Primer (pron. primé ou praill'mé) v. tr. — Amorcer. Ex.: Est-ce qu'i faut primer la pompe?

Primer (pron. praill'meu) n.m. — Couche de fond très adhésive qui permet aux couches successives de mieux adhérer.

Pris, e adj. *Être pris* — Être grand et fort. — Être occupé. *Être pris de* —

Avoir mal à. Ex.: Être pris de l'estomac. *Pris à* — En train de. Ex.: I sont toujours pris à se chamailler. *Le temps est pris* — Il va pleuvoir. *Pris par surprise* — Surpris.

Prise n.f. *Prise de corps* — Querelle. — Bataille.

Priser v. tr. — Repriser.

Priseux n.m. — Priseur.

Prisure n.f. — Présure. — Reprise (sur un vêtement).

Privé, e adj. — Particulier. Ex.: Secrétaire privé. Leçon privée. Classe privée. Professeur privé. Porte, entrée, escalier privés. — Personnel. Ex.: Une lettre privée. Une affaire privée. *Pension privée* — Pension bourgeoise.

Privément adv. — En particulier.

Privés n.m. pl. — Privé. Lieux d'aisances.

Prix n.m. *Prix de départ* — Mise à prix (aux enchères). *Dans les grands prix* — Superlatif. Ex.: I s'est fait rouler dans les grands prix. *Au prix de* — Auprès de. En comparaison de. *Moitié-prix* — Demi-tarif. Ex.: Lentilles moitié-prix.

Priyer v. tr. — Prier. — Inviter. Ex.: On est priyé chez eux pour dimanche.

Probabe adv. — Probablement. Ex.: I vont s'marier probabe.

Probytère n.m. — Presbytère.

Procédé n.m. — Procédure.

Procession n.f. — Cortège. Défilé (sans caractère religieux). Ex.: La procession de la fête du Travail.

Proche (au) loc. adv. — Tout proche. Tout près.

Proche de (au) loc. prép. — Proche de. Près de.

Procureur n.m. — Avocat.

Proesse n.f. — Prouesse.

Professeuse n.f. — Professeur féminin.

Profession n.f. — Profession libérale. Ex.: Un homme de profession. *Profession légale* — Profession d'avocat.

Professionnel n.m. — Homme de profession libérale.

Profit n.m. *Porter profit* — Rapporter des profits. Être profitable.

Programme n.m. — Carnet de bal.

Progrès n.m. *Rapporter progrès* — Faire un rapport intérimaire.

Prolongation n.f. — Prolongement (dans l'espace). Ex.: La prolongation d'une ligne de chemin de fer.

Promènements n.m. pl. — Promenades.

Promeneux, se n.m. ou f. — Promeneur. — Visiteur.

Promesser v. tr. — Promettre.

Prometteur, se n.m. ou f. — Souscripteur (d'un billet).

Prometteux n.m. — Prometteur.

Promettre v. tr. — Assurer (avec verbe passé). Ex.: Je vous promets que c'a été une belle fête.

Promier, ère adj. num. — Premier.

Promissoire adj. *Billet promissoire* — Billet à ordre.

Promoteur n.m. — Auteur (d'une motion).

Promouvoir v. tr. — Favoriser. Ex.: Promouvoir les intérêts d'une entreprise.

Pronostics n.m. pl. — Prévisions de la météo. Météo.

Prope adj. — Propre.

Propement, properment adv. — Proprement.

Properté n.f. — Propreté.

Propice adj. — Propre (à). Utile (à). Ex.: Du bois propice à chauffer. — De valeur. Ex.: Lui, c'est un homme propice.

Propiétaire n.m. — Propriétaire.

Propiété n.f. — Propriété.

Proprement adj. — Comme il faut. Ex.: Je l'ai fermé proprement.

Propriétaire n.f. — Propriété immobiliaire. Ex.: Ié riche, i a cinq propriétaires.

Prospect n.m. — Objet en vue. Ex.: I a un beau prospect devant lui. — Personne intéressée. Ex.: Est-ce que t'as un prospect pour ta propriété?

Protester v. tr. — Mettre en demeure. Ex.: Je l'ai protesté d'avoir à reculer sa clôture.

Protêt n.m. — Protestation. Mise en demeure. Ex.: Je désire faire entendre mon protêt.

Protonotaire n.m. — Fonctionnaire chargé de l'enregistrement des actes.

Provarbe n.m. — Proverbe.

Provision n.f. — Disposition (d'une loi).

Prouter v. intr. — Péter.

Pruche n.f. — Tsuga du Canada.

Pruché adj. *Bois pruché* — Bois qui a poussé croche.

Prunes n.f. pl. — Testicules.

Pruntemps n.m. — Printemps.

P'tête loc. adv. — Peut-être.

Publiciser v. tr. — Faire de la publicité sur.

Publier v. tr. ou intr. — Publier les bans de mariage de. Ex.: Le curé va publier nos futurs mariés dimanche prochain. — Être proclamé au prône (en parlant de futurs mariés).

Puce n.f. — Petite bille à jouer. *Puces* — Seins.

Puck (pron. poc) n.f. — Rondelle (au hockey). — V. POQUE.

Puceux, se adj. — Qui a des puces.

Puff (pron. poffe) n.f. — Une touche (de cigarette).

Puffed wheat (pron. pofte-ouite) n.m. — Blé soufflé.

Puffer (pron. poffé) v. intr. — Tirer sur une cigarette. — Faire des réclames de charlatan.

Puffeur (pron. poffeur) n.m. — Personne qui se fait mousser.

Puie n.f. — Pluie.

Puis n.m. *À puis à siaux* — À torrents. Ex.: I mouille à puis à siaux.

Puise n.f — Épuisette.

Pull (pron. poule) n.m. *Avoir du pull* — Avoir des amis bien placés.

Pullmanne n.m. — Wagon-lit. — Wagon-salon.

Pulpe n.f. *Bois de pulpe* — Bois de pâte à papier. *Moulin de pulpe* — Usine de pâte à papier.

Punaise n.f. *Faire du sang de punaise* — Faire du mauvais sang.

Punch (pron. ponn'che) n.m. — Emporte-pièce. — Chasse-clou. Repoussoir. — Poinçon.

Punch-clock (pron. ponn'checloque) n.m. — Horloge de pointage.

Puncher (pron. ponn'ché) v. tr. — Donner un coup de poing à quelqu'un. — Poinçonner. Pointer. — Perforer.

Punching bag (pron. ponn'chigne bague) n.m. — Sac (de pugiliste). — Individu sur lequel on se défoule.

Pu près (à) loc. adv. — À peu près.

Punk (pron. pogn'ke) n.m. — Garnement. — Crevasse dans un arbre.

Punké, e (pron. pogn'ké) adj. — Crevassé (en parlant d'un arbre).

Purésie n.f. — Pleurésie.

Puret, purette n.m. — Pustule.

Pureux, se adj. — Peureux.

Purgade n.f. — Purgation.

Purger v. tr. — Exprimer le jus de (un fruit, en le pressant), l'eau de (une éponge).

Purin n.m. — Pustule.

Purjuter v. intr. — Suinter.

Puron n.m. — Pustule.

Purser (pron. peusseu) n.m. — Agent comptable (à bord d'un navire).

Pus adj. — Plus. Ex.: J'en peux pus.

Pus blanc n.m. — Sperme.

Push-button (pron. pouche bottune) n.m. — Bouton-pressoir.

Pusher (pron. poucheu) n.m. — Vendeur de drogues illicites.

Pushing (pron. pouchigne) n.m. *Avoir du pushing* — Avoir des amis bien placés.

Pusque conj. — Puisque.

Putain n.f. — Travesti.

Putois n.m. — Bête puante.

Put-put (pron. poute-poute) n.m. — Wagonnet à moteur. Teuf-teuf.

Pydjama n.m. — Pyjama.

Q

Qu' pr. rel. — Qui. Ex.: Celui qu'ara été sage, ara un bonbon.

Qu' conj. — Qu'il (devant un verbe commençant par une voyelle). Ex.: Je pense qu'aurait fallu y aller.

Quaduc n.f. — Aqueduc. — Robinet.

Quai n.m. — Jetée. Appontements.

Qualification n.f. — Ensemble des qualités requises.

Qualifier v. tr. — Donner à (quelqu'un) les qualités requises.

Qua même loc. conj. — Quand même.

Quand prép. — En même temps que. Ex.: Tu mangeras quand les autres.

Quand c'est que loc. conj. ou adv. — Lorsque. Quand. Ex.: Tu viendras quand c'est que tu voudras. Quand. Ex.: Quand c'est que tu vas venir?

Quand et loc. prép. — Avec. En compagnie de. Ex.: Attends, je m'en vas quand et toi.

Quand que loc. adv. — Quand. Quand est-ce que. *Quand même que* — Quand même. Ex.: Quand même que je serais sorti, fais comme chez toi.

Quanquième n.m. — Quantième.

Quante conj. — Quand. Ex.: Quante i est parti, i sont arrivés.

Quarantaine n.f. *Passer la quarantaine* — Passer la Santé (en voyage).

Quarante adj. num. *Vieux comme l'an quarante* — Très vieux. *Je m'en fiche comme de l'an quarante* — Je m'en moque éperdument. *Pas être barré à quarante* — N'éprouver aucune gêne. *Avoir fait ses quarante ans au bout du banc* — Être en âge de prendre sa retraite.

Quarante-huit - heures n.m. — Contravention qui laisse quarante-huit heures pour faire les réparations nécessaires à un véhicule.

Quarante-onces n.m. — Bouteille qui contient quarante onces (d'alcool).

Quarquier n.m. — Quartier. — Gros membres. *Soulier à quarquiers, à bas quarquiers* — Soulier. *Bas quarquier* — Chausson.

Quart n.m. — Baril. *Quart d'heure* — Moment quelconque. Ex.: Pas pour le quart d'heure. *Moins quart* — Moins le quart. *Quart de pension* — Demi-pensionnaire.

Quartelle n.f. — Partie d'une tasserie.

Quartier n.m. — Division de la tasserie. — Ensouple (d'un métier à tisser). — Gros membres. *Soulier à quartiers, à bas quartiers* — Soulier. *Bas quartier* — Chausson. *Quartier de bois* — Morceau de bois (à brûler). *Quartier de derrière* — Dans le débitage d'un animal, quartier arrière.

Quarton n.m. — Quarteron. Quart d'une livre.

Quartons n.m. pl. — V. QUERTONS.

Quasimint adj. — Quasiment. Presque.

Quatailla n.m. — Chaussure à quatre oeillets.

Quate adj. num. — Quatre.

Quate-côtés de cuir n.m. — Peau tout entière.

Quate-par-quate n.m. — Voiture tout-terrain.

Quate-poches n.m. — Habit qui a quatre poches.

Quaterième adj. ou n.m. ou f. — Quatrième.

Quat'orteils n.m. — Poêle dans un camp de bûcherons.

Quat'poteaux n.m. — Sorte de cabriolet.

Quatre, quate adj. num. *Avoir les quatre pieds blancs* — Ne craindre aucun reproche. *Ne pas valoir les quate fers d'un chien* — Ne pas valoir grand-chose. *Un de ces quate matins* — Un de ces jours. *Faire ses quate volontés* — Ne faire que ce qu'on veut. *Une affaire de quate chelins six sous* — Une chose qui ne vaut rien. *Se fendre en quatre* — Se dépenser sans compter.

Quatre-épaules n.f. — Bouteille carrée de gin.

Quatre-épées n.m. — Sorte de cabriolet.

Quatre-temps n.m. pl. — Cornouiller du Canada. — Fruit de cet arbre.

Quat'roues n.m. — Voiture à quatre roues, sur ressorts. — Voiture de travail à quatre roues.

Quat'saisons n.f. — Hortensia.

Quat'sept n.m. — Sorte de jeu de cartes.

-Que remplace **-cle**. Ex.: Onque. Artique. Bouque. — Remplace **-cre**. Ex.: Enque. Sous-diaque. — Remplace **-ct, -cte**. Ex.: Intaque. Contaque. Strique. Architèque.

Que pron. rel. — Dont. Ex.: Le livre que j'ai besoin. — Où. Ex.: C'est un endroit qu'i passe ben du monde. *Que son, que sa, etc.* — Dont le, dont la. Ex.: C'est l'homme que sa femme est morte lundi. *Moi que je, toi que tu, lui qu'il, etc.* — Moi qui, toi qui, lui qui, etc. Ex.: C'est moi que je suis coupabe. *La veille que* (suivi d'un verbe). — La veille de (suivi d'un nom). Ex.: La veille que t'es parti.

Que conj. — Si vite que. Ex.: I allait qu'on voyait rien qu'une belle poussière. Tellement... que, tant... que. Ex.: I était fâché qu'i voyait plus clair. — Est-ce que. Ex.: Comment que ça va? D'où que tu viens? — Explétif après quand, qui, quoi, comment, etc. Ex.: Quand que tu vas venir? Quelle vie que tu mènes! Comme qu'il passait... *Que l'diabe* — Superlatif. Ex.: I est riche que l'diabe.

Qué! interj. — Cri pour appeler les vaches.

Qué loc. interr. — Qu'est-ce. Ex.: Qué que tu fas là?

Qué adj. — Quel. Ex.: Qué jour que c'est ta fête?

Québec n.m. *Se faire passer un québec* — Se faire jouer.

Québécois n.m. — Habitant du Québec. — Langue québécoise. — Habitant de la ville de Québec.

Québécois, e adj. — Qui appartient, est relatif au Québec et à ses habitants. — Qui appartient, est relatif à la ville de Québec et à ses habitants.

Queduc n.f. — Aqueduc.

Quellesse pron. *Le quellesse, la quellesse, les quellesses* — Celui, celle, ceux. Ex.: Les quellesses qui veulent des pommes, qu'ils le disent.

Quelouer v. tr. — Clouer.

Quelqu'un pr. indéf. — Des gens. Ex.: Quelqu'un sont venus tout à l'heure. *Un quelqu'un qui* — Si quelqu'un. Ex.: Un quelqu'un qui a quetchose à dire, c'est l'temps. *Un quelqu'un* — Quelqu'un. Ex.: J'ai rencontré un quelqu'un que tu connais.

Quémandage n.m. — Action de quémander.

Quémandement n.m. — Commandement.

Quemander v. tr. — Commander.

Quémander v. tr. — Commander sans cesse.

Quémandeux n.m. — Quémandeur. Mendiant.

Quemencement n.m. — Commencement.

Quemencer v. tr. — Commencer.

Quement adv. — Comment.

Quemode adj. — Commode.

Quemodité n.f. — Commodité.

Quenailles n.f. pl. — Tenailles.

Quenoche n.f. — Sein.

Quenoeil, quenegue, quenoque n.m. — Oeil (dans le vocabulaire enfantin).

Quenouille n.f. — Roseau des marais. Massette. — Ornement au bout des piliers d'un lit, d'un berceau, d'une chaise. Pomme. Pommette. — Pénis.

Quenounes n.f. pl. — Seins.

Quèque, quéque, queque adj. indéf. — Quelque. Ex.: Quèque chose. Quequ'un. Quèquefois. Quèques-uns.

Quéquette n.f. — Pénis. *Grosse corvette, p'tite quéquette* — L'habit ne fait pas le moine.

Quer (pron. kouẹ́) v. tr. — Tuer.

Querre-point n.m. — Tiers-point.

Quertons n.m. pl. — V. CRETONS.

Querver v. tr. — Crever.

Quesquion, quession n.f. — Question.

Question n.f. *Il y a pas de question* — Il n'y a pas de doute. Ceci ne fait pas question. *Comme question de fait* — En définitive. À tout prendre.

Questionnabe adj. — Contestable.

Questionnage n.m. — Action de questionner.

Questionner v. tr. — Mettre en doute. *Questionner de tous les bords* — Questionner avec beaucoup d'insistance.

Quétaine adj. — Se dit de vêtements, d'ornements etc. voyants ou vieillots. Se dit de personnes qui ne sont pas à la mode de celui qui parle.

Quetchose loc. — Quelque chose.

Quêter v. tr. — Demander l'aumône à. Ex.: Il vient toujours me quêter.

Quéteurse n.f. — Bottine à élastique.

Quêteux, se adj. ou n.m. ou f. — Quêteur. — Quémandeur. — Mendiant. — Pauvre. Misérable.

Quetoche n.f. — Sein.

Quetouche n.f. — Sein. *Faire quetouche, faire sa quetouche* — Téter.

Queu, queul, queule adj. — Quel. Ex.: Queu mal que t'as? Queul temps d'chien!

Queue n.f. — Fane. Ex.: Une queue de carotte, de betterave, de radis. — Pénis. *Aller la queue sul dos* — Aller vite. *Se porter la queue* (en parlant d'un cheval) — Porter la queue relevée. *À la queue du loup* — À la queue leu leu. *Être comme une queue de veau* — Être très occupé. *Finir en queue de morue* — Finir en queue de poisson. *Queue de pipe* — Talon de pipe. *Habit à queue* — Habit de cérémonie. *En queue de chemise* — En chemise de nuit. — En tenue légère. *En queue d'éronde* — En queue d'aronde. *Faire une queue* — Distancer. Laisser derrière soi. Ex.: Mon cheval fait une queue à n'importe quel du canton. *Bout de la queue* — Coccyx. *Queue d'une montre* — Couronne d'une montre.

Queue-de-poêlon, queue-de-poêlonne n.f. — Têtard. — Larve de moustique.

Queue-de-renard n.f. — Prêle des champs. *Tirer à la queue-de-renard* — Espèce de jeu d'enfant.

Queul, queulle adj. — Quel, quelle.

Queuque adj. — Quelque.

Queur n.m. — Coeur.

Queurieux, se adj. — Curieux.

Queurtons n.m. pl. — V. CRETONS.

Quevalle n.f. — Cavale. Jument.

Quexion n.f. — Question.

-Qui remplace **-ti**. Ex.: Amiquié. Moiquié. Méquier. Chréquien.

Qui pr. — Quoi. Que. Ex.: Pour qui faire que tu fas ça?

Qui loc. — Si on. Ex.: Qui aurait su ça, on serait venu plus vite. — Ce qui. Ex.: Qui fait que... *Qui c'est qui* — Qui. Ex.: Qui c'est qui a dit ça? *Qui s'entend, qui s'appelle* — Superlatif. Ex.: C'est beau qui s'appelle.

Quiâ! interj. — Cri pour appeler les vaches, les cochons.

Quick-lunch (pron. couic lonn'che) n.m. — Casse-croûte.

Quicksand (pron. couic sanne) n.m. — Sable mouvant. — Croûte de sable durci sous la couche de glaise (dans le creusage de puits).

Quiède adj. — Tiède.

Quièdeur n.f. — Tiédeur.

Quiédir v. intr. — Tiédir.

Quien, quienne adj. poss. — Tiens, tienne. Ex.: La quienne est plus longue que la mienne.

Quienbeint, quienbendu part. passé de QUIENBINDRE.

Quienbindre v. tr. ou intr. — Tenir. Soutenir. Ex.: Je quienbindrai ça tu seul. — Tenir bon. Ex.: On va quienbindre tant qu'on pourra.

Quienbon interj. — Expression sans sens précis. Ex.: I ava des tourquières, du boudin, des plârines, quienbon, pis toutes sortes de choses.

Quienbondre v. tr. ou intr. — V. QUIENBINDRE.

Quiendre v. tr. — Tenir.

Quient part. passé — Tenu. Ex.: I a quient tant qu'i a pu.

Quiers adj. et n.m. — Tiers.

Quiers-point n.m. — Tiers-point. Lime triangulaire.

Quieu adj. m. ou f. — Quel. Ex.: Quieu train que tu prends? Quieu demande!

Quio! interj. — Cri pour appeler les cochons, les vaches.

Quioune n.f. — Toune. Chanson. — Culbute. — Cuite. Ex.: I est su une quioune.

Quiouque, quiouquiou n.m. — Voyou.

Quins-toé bin loc. — Tiens-toi bien. Écoute bien.

Quinze-cennes n.m. — Genre de magasin de denrées sèches variées.

Qui-perd-gagne n.m. *Jouer au qui-perd-gagne* — Jouer à qui perd gagne.

Quique adj. — Quelque. Ex.: D'ici quique temps... — V. KICK.

Qui qui loc. interr. — Qui est-ce qui. Ex.: Qui qui dit ça?

Quitte adj. *Quitte avec quelqu'un* — Quitte envers lui.

Quitte n.m. — Avantage. Ex.: On a plus de quitte à la laisser faire. *Quitte pour quitte* — Quitte à quitte. — V. KIT.

Quitte! Quitte! interj. — Formule de renvoi à la fin d'un conte.

Quitter v. tr. — Laisser. Ex.: Quitter des outils à la pluie. Quitte-moé à pa. Quitte ça là. Quitte-moé faire. — Oter. Ex.: Quitte tes bottes pis assis-toué. *Quitter de* — Cesser de. Ex.: I a pus quitté de parler.

Quiz n.m. — Série de devinettes.

Quoi adv. — Pourquoi. Ex.: Quoi faire que tu fais ça?

Quoi pron. — Qu'est-ce que. Ex.: Quoi tu fais là? *Quoi que* — Qu'est-ce que. Ex.: Quoi que tu cherches? *Quoi ce que* — Ce que. Ex.: J'ai donné quoi c'que j'ava. *De quoi?* — Comment? Que dites-vous? *De quoi* — Quelque chose. Ex.: M'as t'dire de quoi. — Quoi. Ex.: I sait pas de quoi faire. *C'est en quoi, c'est ben en quoi* — À plus forte raison.

Quoique ça loc. adv. — Malgré cela.

Quotation n.f. — Cote. Cours du marché. — Soumission. — Liste des prix courants.

Quoter v. tr. — Offrir au prix de. Ex.: Quoter le clou de quate pouces à trente cennes la livre.

Quoué pron. — Quoi.

Quouéque conj. — Quoique.

Qu'ri v. tr. — Quérir. Chercher (avec mission de rapporter, de ramener). Ex.: Va qu'ri les vaches. — Demander (l'heure). Ex.: Maman m'envoie qu'ri l'heure.

Quyau n.m. — Tuyau.

Quyeur n.m. — Coeur.

R

Rabâcheux n.m. — Rabâcheur.

Rabandonner v. tr. ou intr. — Abandonner de nouveau. — Cesser de nouveau. Ex.: J'ai rabandonné de boire.

Rabât n.m. — Bruit. Tapage. — Banne. Rideau. Store.

Rabâtage n.m. — Rabâchage. — Tapage.

Rabâte n.f. — Volée de coups. Correction corporelle.

Rabâter v. tr. ou intr. — Donner une volée de coups. — Bousiller, botcher (un ouvrage). — Rabâcher. — Faire du bruit. — Travailler à des riens. Niaiser. Bisouner.

Rabâteux, se n.m. ou f. — Rabâcheur.

Rabattre v. tr. — Donner (un coup). Ex.: J'ui ai rabattu un coup d'poing sul nez. *Rabattre une paupière* — Malmener. *Rabattre les oreilles à quelqu'un* — Lui rebattre les oreilles.

Rabattre (se) v. pron. — Se corriger. Ex.: I s'est ben rabattu de sa mauvaise habitude.

Rabbaille n.m. — Rabbin.

Râbe n.m. — Râble.

Rabette n.m. ou f. *En rabette* — En rut. — En colère. — Ivre.

Rabeur n.m. — Caoutchouc.

Rabonner v. tr. — Réabonner.

Raboter v. tr. ou intr. — Rabâcher. — Botcher. Bousiller. — Radoter. — Être raboteux. Ex.: Le chemin rabote.

Raboudinage n.m. — Ouvrage mal fait. — Reprisage mal fait. — Réparation mal réussie. — Discours incompréhensible.

Raboudiner v. tr. — Mal rapiécer. Mal raccommoder. — Bafouiller. — Grommeler.

Raboudiner (se) v. pron. — Se ratatiner. Se recroqueviller. Se raccourcir.

Rabourer v. tr. — Labourer.

Rabrier v. tr. — Abrier de nouveau. — Excuser. Ex.: Quand on fait une gaffe, on tâche de rabrier ça.

Raccage n.m. — Ruine. Ex.: Toute est en raccage icitte.

Raccommodage n.m. — Effets à raccommoder.

Raccommoder v. tr. — Raccommoder les vêtements de. Ex.: A racommode ses enfants elle-même.

Raccordabe adj. — Accordable (en parlant d'un piano). — Réconciliable.

Raccordage, raccordement n.m. — Réconciliation.

Raccorder v. tr. — Accorder (un piano). — Réconcilier.

Raccorder (se) v. pron. — Se réconcilier.

Raccordeur n.m. — Accordeur (d'instruments).

Raccoter v. tr. — Accoter de nouveau.

Raccoter (se) v. pron. — S'accoter de nouveau.

Raccourcir v. tr. — Abréger le chemin de. Ex.: Passe par là, ça va te raccourcir.

Raccourcir (se) v. pron. — Abréger son chemin. Ex.: Je me raccourcis en passant par le rang 6.

Raccroc n.m. — Accroc. Déchirure. — Détour. Ex.: La route fait plusieurs raccrocs d'ici au village. Les canards se cachent toujours dans les raccrocs. — Ruse. Biais. Ex.: I a pris un raccroc pour m'en parler. — Repas fait avec les restes d'un festin.

Raccrocher (se) v. pron. — Se dédommager d'une perte en gagnant d'un autre côté.

Raccueil n.m. — Accueil. Réception.

Racculoire, racculouére n.f. — Avaloire.

Racérer v. tr. — Acérer (une hache, etc.), rendre tranchant.

Râche n.f. — Dépôt, lie (d'un liquide).

Racheter v. intr. — Acheter quelque chose du genre de ce qu'on a vendu. Ex.: I a vendu sa propriété mais i va racheter.

Rachétique adj. — Rachitique.

Râcheux, se adj. — Rude. Ex.: Les mains râcheuses. — Chargé de dépôt, de lie. Qui dépose un sédiment. Ex.: Un vin râcheux.

Rachevé adv. — Extraordinairement. Ex.: C'est beau rachevé.

Rachever v. tr. — Achever. Ex.: J'rachève mes foins. Ex.: Garder chez soi (une personne âgée) et en avoir soin jusqu'à sa mort. Ex.: C'est lui qui rachève le pére et la mére. — Abattre (un animal blessé).

Rachu, e adj. — Rude. — Acariâtre. Ex.: Une femme rachue.

Rachué adv. — V. RACHEVÉ.

Rachuer v. tr. — Achever. Ex.: Rachuer un ouvrage.

Racinages n.m. pl. — Plantes, racines médicinales.

Rack n.m. — Support quelconque. — Râtelier. Ex.: Mettre du foin dans le rack. — Filet (dans un wagon de chemin de fer). Ex.: Mettre un paquet dans le rack. — Séchoir. Porte-serviettes. — Bibliothèque (de bureau). — Crémaillère (de châssis). *Rack à foin* — Voiture munie d'une structure de planches à claire-voie qui permet de transporter du foin. Fourragère.

Racké, e adj. — V. RAQUÉ.

Râclage n.m. — Raclée. — Râtelage.

Râcle n.f. — Raclée.

Râcler v. tr. — Donner une raclée.

Râcleur n.m. — Râteleur.

Râclures n.f. pl. — Râtelures.

Racmodabe adj. — Réparable.

Racmodage n.m. — Raccommodage.

Racmodement n.m. — Raccommodement.

Racmoder v. tr. — Raccommoder. — Raccommoder les effets de quelqu'un. Ex.: C'est elle qui me racmode. — Donner du courage à. Ex.: Quand j'ai appris ça, ça m'a racmodé.

Racmodeux, se n.m. ou f. — Raccommodeur.

Racoin n.m. — Recoin.

Racoquiller v. tr. ou intr. — Recroqueviller. Plier. Courber. — Se recroqueviller.

Racoquiller (se) v. pron. — Se pelotonner. Se ramasser sur soi-même.

Racotiller v. tr. — V. RACOQUILLER.

Racoune n.m. — Raton laveur.

Racoviller v. tr., intr. ou pron. — Recroqueviller. Racoquiller. Racotiller.

Racueil n.m. — Accueil. Réception.

Racul n.m. — Annexe. Rallonge (à une maison).

Raculer v. tr. ou intr. — Reculer. — Éculer (des souliers).

Raculoire n.f. — Acculoire.

Raculons n.m. pl. *De raculons* — À reculons.

Radio-canard n.m. — Homosexuel.

Radis n.f. — Radis (n.m.). — Pénis.

Radote n.f. — Plante médicinale.

Radoteux, se adv. ou n.m. — Radoteur.

Radouage, radoub n.m. — Réparation. Raccommodage.

Radouer v. tr. — Radouber. — Réparer. Raccommoder.

Radresser v. tr. — Adresser de nouveau.

Rafaler v. intr. — Souffler par rafales.

Râfe n.f. — Rafle. — Loterie.

Râfer v. tr. — Mettre en loterie.

Raffiler v. tr. — Aiguiser.

Râflage n.m. — Rafle. — Loterie.

Râflée n.f. — Rafle.

Râfler v. tr. — Rafler. — Mettre en loterie.

Rafrédir v. tr. ou intr. — Refroidir.

Raft n.m. — Train de bois flotté. Cage.

Raftmanne n.m. — Cageux.

Raganné, e adj. — Fatigué. Exténué.

Rage n.f. — Grande quantité. Ex.: I ara une rage de monde.

Rageux adj. — Qui s'irrite aisément.

Ragmenter v. tr. ou intr. — Augmenter.

Ragnon n.f. — Rognon.

Ragot n.m. — Individu court et chétif. — Dernier-né de la portée d'une truie.

Ragoton n.m. — Objet sans valeur. Rogaton. — Rebut. — Avorton.

Ragoût de boulettes n.m. — Plat de boulettes de viande dans une sauce à la farine brunie.

Ragréyer v. tr. — Gréyer de nouveau.

Ragripper v. tr. — Saisir vivement. Agripper.

Ragripper (se) v. pron. — Se reprendre.

Rai n.f. — Rais. Rayon d'une roue.

Raide adj. — Très froid. Ex.: L'air est raide à matin. *Se tenir le corps raide pis les oreilles molles* — Être guindé. — Faire très attention. Ex.: Quand l'boss arrive, Ti-Poil s'tient l'corps raide pis les oreilles molles.

Raide adv. — Très. Beaucoup. Ex.: Ton cheval est raide maigue.

Raide n.m. — Force. Énergie. *En avoir tout son raide* — Employer toute sa force.

Raidement adv. — Extrêmement. Ex.: C'est raidement difficile.

Raider (pron. rédé) v. tr. — Faire main basse sur.

Raidir v. intr. — Avoir une érection.

Raidissure n.f. — Empois.

Raie n.f. — V. RAÏ. — Riganière.

Raile n.f. — Raie. Rayure. Ex.: I a fait une raile avec son couteau sur la table. — Raie. Ornière. Ex.: Marcher dans les railes des roues. — Rail (n.m.) de chemin de fer.

Railer v. tr. — Rayer. Ex.: Railer une vitre avec un diamant.

Râille n.f. — Rail (n.m.).

Railure n.f. — Rayure.

Rain-de-vent n.m. — Direction. Ex.: Les deux clôtures de ma terre ont le même rain-de-vent. I parle jamais sur la question, le v'là parti sur un autre rain-de-vent.

Raine-botte n.f. — Tumeur au paturon du cheval.

Raing n.m. — Rang. — Endroit où l'on fait sécher la morue dans les établissements de pêche.

Rainurer v. tr. — Faire une rainure à.

Raise (pron. réze) n.f. — Augmentation (de salaire).

Raisin n.m. — Chique. *Raisin de cran* — Cerisier nain.

Raison n.f. — Injures. Ex.: I m'a dit des raisons. *Comme de raison* — Il va sans dire. *Avoir des raisons avec quelqu'un* — Se disputer avec lui.

Raisonnabe adj. — De moyenne grosseur. Ex.: Un cochon raisonnabe.

Raisonneux n.m. — Raisonneur.

Rajeter v. tr. — Racheter.

Rajevé adv. — Extraordinairement. Ex.: Est belle rajevé.

Rajever v. tr. — Achever. — Rachever. — Avoir soin d'une personne pendant sa vieillesse et jusqu'à sa mort. Ex.: Faudra ben que je rajève le père. — Abattre (un animal blessé).

Rajourner v. tr. — Réajourner.

Rajouter v. tr. — Ajouter.

Rajué adv. — Extraordinairement. Ex.: C'est beau rajué.

Rajustement n.m. — Remaniement. Ex.: Rajustement du tarif.

Rajuster v. tr. — Remanier.

Râle adj. — Rare. Ex.: Une chose râle.

Râler v. tr. — Contredire toujours et sur tout. *Râler ses derniers râlements* — Agoniser.

Râleux, se adj. ou n.m. ou f. — Qui râle. Asthmatique. — Râleur. Qui marchande sans acheter. — Personne d'humeur désagréable, qui contredit sur tout.

Raligner v. tr. — Aligner de nouveau.

Ralingue n.f. — Partie d'un gros poisson attenante aux nageoires. — Morceau de peu de valeur en termes de charcuterie, de cordonnerie. Ex.: Une ralingue de veau. Une ralingue de cuir.

Ralle n.f. — Branche maîtresse d'un arbre.

Raller v. intr. — Aller de nouveau. Retourner. Ex.: Je revas travailler là-bas.

Rallong n.m. — Billot mis de travers dans un chemin boueux. Ex.: Chemin de rallongs.

Rallonge n.f. — Annexe d'une maison, d'une grange, d'une bâtisse quelconque. — Baladeuse. Fil électrique avec prise mâle et femelle qui permet de brancher un appareil à une plus longue distance de la prise de courant.

Rallonger v. tr. ou intr. — Faire faire plus de chemin. Ex.: Ce détour m'a rallongé pas mal. — Donner de la corde (à un animal attaché). Ex.: Va donc rallonger la vache. — Croître. Ex.: Le foin commence à rallonger. — Devenir plus long. Ex.: Les jours rallongent.

Rallonger (se) v. pron. — Rallonger son chemin. Ex.: On va se rallonger en passant par là.

Ramage n.m. — Panache d'un chevreuil. — Action de ramer.

Ramancher v. tr. — Remmancher. Ex.: Ramancher un couteau. — Réparer. Remettre en état. Ex.: Ramancher une chaise. — Rebouter. — Dire. Conter. Bredouiller. Ex.: Qu'est-ce que tu ramanches là?

Ramancheur, ramancheux n.m. — Rebouteux. — Conteur d'histoires.

Ramanchure n.f. — Reboutage.

Ramarrer v. tr. — Amarrer. — Attacher de nouveau.

Ramasse n.f. — Volée de coups. — Réplique vive. — Récolte. Cueillette. Ex.: Une grosse ramasse de pommes. — Assemblage de personnes. Ex.: Ça fa une ramasse de monde terribe.

Ramasse-poussière n.m. — Objet ou endroit difficile à épousseter, où la poussière s'amasse facilement.

Ramasser v. tr. — Serrer. Ex.: Ramasse ton linge dans l'armoire. — Quêter, recueillir les aumônes. Ex.: Il ramasse pour la Saint-Vincent-de-Paul. — Mettre le foin en andains ou en veillotes. Ex.: C'est toi qui ramasses c't'après-midi. — Attraper (une maladie). Ex.: T'as dû ramasser c'te gratelle chez la veuve Martin. — Cueillir (l'eau d'érable).

Ramasserie n.f. — Ensemble confus de choses ramassées. — Assemblage de personnes ou de choses. — Balayures. — Ramassis. Vieillerie.

Ramasseux n.m. — Ramasseur. — Économe.

Ramassures n.f. pl. — Balayures.

Rambandonner v. tr. ou intr. — Abandonner de nouveau.

Rambris n.m. — Lambris.

Rambrissage n.m. — Lambrissage. — Lambris.

Rambrisser v. tr. — Lambrisser.

Ramée n.f. — Une grande quantité. Ex.: Une ramée de monde.

Ramenabe adj. — Qu'on ramène, remet à sa place.

Ramender (se) v. pron. — S'améliorer. Se corriger.

Ramener v. tr. — Donner (un coup). Frapper avec (la main, le pied, un objet). Ex.: I lui a ramené sa main sur la gueule. Je vas t'ramener un coup de trique sur les fesses, mon p'tit mosusse. — Lancer une réplique cinglante. Rabrouer. Ex.: I a voulu faire l'homme mais i s'est fait ramener. — Vêler.

Ramer v. tr. ou intr. — Rosser. — Rabrouer. — Se ramer. Être ramé. Grimper le long d'une rame (en parlant d'une plante grimpante). Ex.: Ces pois-là rament ben. — Se hâter. — Se dit du houblon qui s'enlace solidement aux perches.

Rameuille n.f. — Pis de la vache.

Rameux, se adj. — Grimpant (en parlant de plantes). Ex.: Des fèves rameuses.

Rameux n.m. — Rameur.

Ramiauler v. tr. — Réconcilier.

Ramiauler (se) v. pron. — Se réconcilier.

Raminci, e n.m. ou f. — Personne mince et maigre.

Raminer v. intr. — Ruminer.

Ramoindrir v. intr. — Amoindrir.

Ramollir v. tr. ou intr. — Rendre plus doux. Adoucir (en parlant du temps). Ex.: La pluie a ramolli le temps un peu. — S'adoucir (en parlant du temps). Ex.: Le temps ramollit. — Céder. Devenir plus conciliant. — Se ramollir. Devenir mou. Ex.: Le beurre ramollit.

Ramoneur n.m. — Hirondelle des cheminées.

Ramonter v. tr. ou intr. — Remonter.

Ramu, e adj. — Rameux, qui a des branches couvertes de feuilles.

Ramuche n.m. — Raccommodage mal fait.

Ramucher v. tr. — Raccommoder d'une façon très imparfaite.

Ramucheries n.f. pl. — Ensemble d'objets mal réparés.

Ramucrir v. intr. — Devenir mucre, humide.

Ramuger v. intr. — Faire de petits ouvrages.

Ramussier n.m. — Rat musqué.

Rance n.f. — Levier.

Rancer v. tr. — Lever. Pousser avec un levier.

Rancoeune n.f. — Rancune.

Rancuneux, se adj. — Rancunier.

Ranfiler v. tr. — Aiguiser de nouveau.

Rang n.m. — Partie du territoire d'une municipalité rurale, établie par le cadastre, et composée de lopins de terre voisins et aboutissant à une même ligne où se trouve généralement un chemin de front qui s'identifie par un numéro ou un nom propre. Ex.: On habite le rang 6 Nord, Comté de Rouyn. *Vivre dans les rangs* — Vivre loin du village, à la campagne. *Rang double* — Chemin bordé de fermes de chaque côté. *Tirer un rang* — Ouvrir le sillon dans lequel on plante ou sème. *Fermer le rang* (en fauchant) — Former un andain double. *Pierre de rang* — Pierre extraite de carrières où elle se trouve par lits parallèles. — Pierre taillée que l'on dispose dans un mur par rangs d'égale épaisseur.

Rangaillardir v. tr. — Ragaillardir.

Range n.f. — Chemin d'évitement que l'on trace dans les chemins d'hiver pour permettre le croisement de voitures.

Rangée n.f. — Tablette. — Cordée, pile (de bois).

Ranger v. tr. ou intr. — Mettre en pile. — Tenir. Être contenu. Ex.: Tout ce linge rangera pas dans c'te malle.

Ranjeunir v. tr. ou intr. — Rajeunir.

Ranlentir v. tr. ou intr. — Ralentir.

Ranlonger v. tr. — Rallonger.

Ranmasser v. tr. — Ramasser.

Ranmollir v. intr. — Ramollir.

Ransembler v. tr. — Rassembler.

Ranvaler v. tr. — Avaler. — Ravaler.

Rapercevoir v. tr. — Apercevoir de nouveau.

Rapièceter v. tr. — Rapiécer.

Raplisser v. intr. — Rapetisser.

Raplomber, raplombter v. tr. — Remettre d'aplomb. Ex.: Raplomber une chaise, un mur. — Remettre (quelqu'un) à sa place.

Raplomber (se) v. pron. — Se remettre d'aplomb. Ex.: La colonne s'est raplombée avec le temps. — Se remettre d'une mauvaise passe. Ex.: J'ai pu me raplomber à temps.

Rappel n.m. — Appel. Ex.: Aller en rappel.

Rappelabe adj. — Appelable. (Décision) susceptible d'appel. — Qu'on se rappelle agréablement, facilement.

Rappeler v. intr. — Appeler (d'un jugement). *En rappeler* — En appeler. — Revenir d'une maladie. Ex.: I est ben bas, chais pas s'i pourra en rappeler.

Rappeler (se) v. pron. *Se rappeler de* — Se rappeler. Se souvenir de. Ex.: Tu t'rappelles-tu de ça?

Rapport n.m. — Rot. — Report (d'une somme). *Rapport à* — Par rapport à. Eu égard à. Ex.: Je lui ai pardonné rapport à son vieux père. — À cause de. Ex.: J'ai pas pu sortir rapport à ma maladie. *Rapport que, par rapport que* — Parce que. Ex.: I est pas venu par rapport que son père est mort. *En rapport avec* — Par rapport à. Ex.: I est allé à Montréal en rapport avec son procès. *Sur le rapport de* — Sous le rapport de. Au point de vue de. Ex.: Sur le rapport de ses connaissances, i est mieux que son associé. *Rapport d'impôt* — Déclaration d'impôt.

Rapporté, e adj. — Postiche. Ex.: Des cheveux rapportés.

Rapporté, e n.m. ou f. — Étranger. Nouveau venu. Ex.: Ça connaît pas nos usages, c'est un rapporté. — Entré par alliance dans la famille. Ex.: I a jusse les rapportés dans note famille qui ont des cheveux blonds. — Postiche. Ex.: Son toupette, c'est du rapporté.

Rapporter v. tr. ou intr. — Reporter (une somme). — Ajouter comme postiche. Ex.: Elle se rapporte un chignon. — Mettre bas. Ex.: Cette jument rapporte tous les ans. *S'en rapporter à* — Tenir responsable. Ex.: Si ça va mal, rapportez-vous-en à lui.

Rapporter (se) v. pron. — Se présenter. Ex.: Se rapporter à la clinique.

Rapporteux n.m. — Rapporteur.

Rapports n.m. pl. — Débris rejetés sur le rivage par la marée.

Râpure n.f. — Résidu de patate râpée.

Raque n.m. — V. RACK. — Naufrage. — Panne. — État de ce qui est brisé. Ex.: Toute la maison est en raque. — État de celui qui est épuisé. Ex.: Après avoir autant travaillé, ch'comprends tu soilles tout en raque. *En raque* — En grève. — Qui boude.

Raqué, e adj. — Épuisé.

Raquer v. intr. — Faire naufrage. — Se briser. Tomber en ruine. Ex.: Cette voiture a raqué.

Raquer (se) v. pron. — Se fatiguer. S'épuiser.

Raquette n.f. *À la raquette* — En raquette. Ex.: Aller à la raquette jusqu'à l'école. *Raquette de nerfs* — Raquette faite de boyaux.

Raquetter v. intr. — Marcher en raquettes.

Raquetteur n.m. — Qui fait de la raquette comme sport.

Rare adv. *Comme rare de* — Comme peu de. Ex.: I est riche comme rare de Canayens.

Rarriver v. intr. — Arriver de nouveau.

Ras prép. — À ras. Au ras de. Ex.: Passer ras terre. En verser ras bord. *À ras, au ras* — Tout près. Ex.: I s'tient toujours à ras. *À ras, au ras, à ras de, au ras de* — Près de. Ex.: I reste à ras de l'église.

Râsane n.f. — Cuir à rasoir.

Ras-cul n.m. — Pet-en-l'air. Veston court.

Rasé, rasis n.m. — Partie de forêt coupée à blanc.

Raser v. intr. *Raser de* — Venir près de. Ex.: J'ai rasé de me noyer.

Rase-trou n.m. — Jupe très courte.

Rasseyer v. tr. — Ressayer.

Rassie part. passé f. — Rassise.

Rassir v. tr. ou intr. — Rasseoir.

Rat n.m. *Le petit rat* — Pénis. — Salaud. — En milieu carcéral, mouchard.

Ratafion n.m. — Enchevêtrement de fils.

Ratane n.f. — Rotin. Tige longue et grêle du rotang ou rotin.

Ratapia n.m. — Discours sans suite logique.

Ratapioler v. intr. — Tenir des discours sans suite logique.

Ratatin n.m. — Individu petit et parfois difforme.

Ratatiner v. intr. — Se ratatiner.

Ratatouille n.f. — Canaille. Vaurien. — Camelote. — Personne âgée. — Personne cancanière.

Ratatoune n.f. — Canaille. Vaurien.

Ratchet (pron. ratchette) n.m. — Tournevis à cliquet.

Rat d'eau n.m. — Rat musqué.

Rate n.f. *Se mouiller la rate* — Boire des boissons enivrantes. *En avoir sur la rate* — Être en colère.

Rate (pron. réte) n.f. — *First rate* (pron. feusse réte) — De première classe.

Ratelle n.f. — Miche.

Rater (pron. rété) v. tr. — Classer. Évaluer à. Coter.

Râteleux n.m. — Rateleur.

Ratelle n.f. — Mèche à mine. Cordeau.

Ratio (pron. rassio) n.m. — Proportion. Rapport.

Rat musqué n.m. — Espèce de gâteau fait de pâte roulée et arrosée de mélasse.

Rat mussyé n.m. — Rat musqué.

Ratour n.m. — Ruse. Subterfuge. Tour. Ex.: Un homme plein de ratours. — Détour. Virage. Ex.: Un chemin plein de ratours.

Ratoureur, ratoureux, se adj. ou n.m. ou f. — Rusé. — Espiègle. Joueur de tours.

Ratteler v. tr. — Énerver. Mettre hors de soi. Ex.: Arrête de me ratteler, j'vas te battre. — Épuiser. Ex.: C'te job me rattelle.

Rattendre v. tr. — Entendre de nouveau.

Rattirer v. tr. — Attirer de nouveau.

Rattiser v. tr. — Attiser.

Ratuler v. tr. ou intr. — Éculer (des souliers). — Raculer.

Raucmenter, raugmenter v. tr. ou intr. — Augmenter. — Augmenter de nouveau. Renchérir.

Ravage n.m. — Aire où un troupeau de chevreuils, d'orignaux, de caribous passent l'hiver. — Grand bruit. — Abondance. Grand nombre. Ex.: I m'a conté un ravage de bêtises.

Ravagé, e adj. — Se dit d'une partie de forêt où des chevreuils, des orignaux ont battu la neige et ont installé leur ravage.

Ravagnard n.m. — Individu toujours mécontent.

Ravagner v. intr. — Grogner.

Ravalements n.m. — Face supérieure du mur d'une maison sur le bord de laquelle s'appuie le toit. Dessus des sablières. — Par extension, grenier. Ex.: Coucher sur les ravalements. — Terrain d'accès difficile.

Ravaler v. tr. — Éculer (des souliers). — Ravaler ce que l'on veut dire. Subir des injures sans dire un mot.

Ravaud n.m. — Bruit. Tapage. *En ravaud* — En rut.

Ravaudage n.m. — Partie d'un champ que l'on coupe à la petite faux faute de pouvoir y faucher à la faucheuse mécanique. — Petits ouvrages. — Action d'aller et venir sans but.

Ravauder v. intr. — Rôder. — Aller ça et là. Passer et repasser. — Fureter. Fouiller. — Faire du bruit. — Ronfler. — Bambocher.

Ravauderies n.f. pl. — Menus travaux.

Ravaudeur, ravaudeux, se n.m. ou f. — Celui, celle qui ravaude.

Ravauger v. tr. — Ravauder. — Rapiécer. Repriser. Ex.: Ravauger un habit.

Rave à cheval n.f. — Raifort.

Raveindre v. tr. — Aveindre. Retirer. Ex.: Tu veux-tu aveindre mon couteau dans le tiroir?

Raveline n.f. — Ravin.

Ravenir v. intr. — Revenir. Arriver.

Rave noire n.f. — Raifort.

Ravin n.m. — Petit vallon.

Ravioli n.m. — Raviolis (n.m. pl.). Ravioles.

Rayage n.m. — Ornière.

Rayer v. tr. — Régler. Ex.: Du papier rayé.

Rayon X n.m. — Radiographie. *Prendre un rayon X* — Radiographier.

Ré! interj. — Juron inoffensif.

Ré n.m. — Rets.

Ready-mix n.m. — Béton préparé en cours de route par le camion transporteur.

Réaliser v. tr. — Se rendre compte.

Rebabittage n.m. — Action de remplacer le métal antifriction d'un palier, d'un coussinet.

Rebabitter v. tr. — Remplacer le métal antifriction d'un palier, d'un coussinet.

Rebaiser v. tr. — Tromper à son tour. Rendre la pareille.

Rebarrer v. tr. — Barrer de nouveau.

Rebattre (se) v. pron. — Se corriger. Ex.: I s'est ben rebattu de sa mauvaise habitude.

Rebeaudir (se) v. pron. — Se remettre au beau (en parlant du temps).

Rebicheter (se) v. pron. — Se rebiffer. — Se donner un air important. — Se rajeunir. Ex.: Depuis qu'elle est veuve, elle s'rebich'te.

Rebloquer v. tr. — Reformer (un chapeau).

Reboiser v. tr. — Boiser de nouveau. — Renouveler, faire un empierrement le long de (un ruisseau, un canal, une rivière).

Rebondir v. intr. — Lever (en parlant du coeur).

Reboucher v. tr. — Boucher de nouveau.

Rebound (pron. ribande) n.f. — V. RIBANDE.

Rebours n.f. ou m. — Échec. Revers de fortune. Malheur. *À la rebours* — À rebours. *Être de rebours, avoir le poil à rebours* — Être de mauvaise humeur. *Avoir un rebours* — Être indisposé. Ne pas avoir d'appétit, ne pas avoir sommeil pendant quelque temps.

Rebousse-poil (à) loc. adv. — À rebrousse-poil. — De mauvaise humeur.

Rebouter (se) v. pron. — S'arcbouter.

Rebrasser v. tr. — Brasser de nouveau — Rebattre (les cartes).

Rebrousse-poil (à) loc. adv. *Être à rebrousse-poil* — Être de mauvaise humeur.

Rebrousse (à la) loc. adv. — À rebrousse-poil.

Rebucheter (se) v. pron. — V. REBICHETER.

Rebuffer v. tr. — Faire essuyer une rebuffade à.

Rebuts n.m. pl. — Bûches noueuses qu'on n'a pas réussi à fendre pour le chauffage.

Recaler v. tr. — Caler de nouveau.

Recap (pron. ricap) adj. — Rechapé (en parlant d'un pneu).

Recaper (pron. ricaper) v. tr. — Rechaper (un pneu).

Recéder v. tr. — Prêter. Ex.: Voulez-vous me recéder votre marteau? — Vendre. Ex.: Voulez-vous me recéder des clous? *Recéder sa place* — Céder sa place.

Réceptacle n.m. — Douille (électrique). — Prise femelle.

Recevant, e adj. — Accueillant. Hospitalier.

Recevoir v. tr. *Reçu comme sur la main* — Accueilli avec grande cordialité. *Être reçu comme un chien dans un jeu de quilles* — Être mal accueilli.

Rechange n.f. — Rechange (n.m.). Vêtement de rechange. — Habit. Vêtement. Ex.: J'ai jusse une rechange, c'que j'ai sul dos.

Rechange n.m. — Monnaie. Change. Ex.: T'as-tu du rechange pour dix piasses? *De rechange* — En retour. Ex.: J'ai vingt piasses de rechange pour mon cheval.

Rechanger (se) v. pron. — Mettre des habits propres.

Réchappe n.f. — Action de réchapper d'une maladie.

Rechargeage n.m. — Rechargement.

Réchauffé, e adj. — Un peu ivre.

Recherche n.f. *En recherche de* — À la recherche de.

Rechigner v. intr. — Pleurnicher. Chigner.

Rechigneux, se n.m. ou f. — Pleurnicheur.

Rechignoux n.m. — Enfant malingre.

Recipage n.m. — Action de reciper.

Récipèle n.m. — Érésypèle.

Reciper v. tr. — Couper (un morceau de bois, billot, madrier, planche) à la longueur voulue.

Recipeuse n.f. — Scie circulaire qui recipe. Botteuse.

Recipure n.f. — Partie du bois qui a été recipée. — Rognure de bois scié.

Réclaircir v. intr. ou pron. — S'éclaircir (en parlant du temps).

Réclamation n.f. — Créance. Droit de réclamer en justice. Action.

Réclisse n.f. — Réglisse.

Recmander v. tr. — Recommander.

Récollet n.m. — Gueule de loup. Coude de tuyau placé en haut d'une cheminée sur un pivot. — Buse. Tuyau qui termine une cheminée.

Recolouer v. tr. — Reclouer.

Récolte n.f. — Récolte des céréales. Ex.: La récolte vient début septembre.

Recommande n.f. *De recommande* — Sur commande. Ex.: Faire faire des bottes de recommande.

Reconditionné, e adj. — Remis à neuf (en parlant d'un moteur).

Reconfort n.m. — Confort.

Réconfort n.m. — Recours. Ex.: I z'ont eu réconfort à leur père.

Reconsoler v. tr. — Consoler.

Récopié, e part. passé — Peint parfaitement ressemblant.

Recoquiller v. tr. ou intr. — Plier. Ex.: Recoquiller les jambes. — Abattre. Ex.: La maladie l'a recoquillé. — Se recroqueviller. Ex.: Les feuilles se recoquillent au frette.

Recoquiller (se) v. pron. — Se pelotonner. Se ramasser sur soi-même.

Record n.m. — Dossier. — Disque. *Garder un record* — Noter. Consigner. Garder une copie.

Récorte n.f. — Récolte.

Recotiller v. tr., intr. ou pron. — V RECOQUILLER.

Recoude n.m. — Coude (de tuyau).

Recoudu, e part. passé — Recousu.

Recoupure n.f. — Retaille.

Recourt n.m. *Prendre de recourt* — Prendre de court.

Recouru, e part. passé — Couru. Estimé. Ex.: C'est un médecin recouru.

Recouvrir v. tr. — Recouvrer. Ex.: Elle a recouvert la santé.

Récration n.f. — Récréation.

Recrochir v. tr. — Plier de nouveau.

Recroquiller v. tr. intr. ou pron. — Recoquiller.

Rectifier v. intr. — Se rétracter. Rétablir la vérité.

Rectifier (se) v. pron. — Se rétracter.

Recueil n.m. — Accueil.

Recueillement n.m. — Action de recueillir.

Reculer v. tr. — Éculer (ses souliers).

Reculoire n.f. — Avaloire.

Reculon n.m. — Pellicule qui se détache de la peau autour des ongles. Envie.

Reculons n.m. — Marche arrière. Ex.: Mets-le sur le reculons.

Reculons (de) loc. adv. — À reculons.

Redédommager v. tr. — Dédommager.

Rédémont n.m. — Rodomont.

Redescendre v. intr. — Revenir.

Redévirer v. tr. ou intr. — Tourner. Ex.: Redévirer de bord. — Faire tourner. Ex.: Redévirer un cheval. — Retourner. Mettre sens dessus dessous. Ex.: Redévirer une chaloupe. — Retourner. Ramener le dedans en dehors. Ex.: Redévirer une chemise. — Détourner. Ex.: Redévirer la tête. — Amener à changer d'opinion, de parti, de religion. Ex.: Redévirer un bon chréquien. — Renvoyer. Ex.: I voulait m'emprunter d'l'argent mais j'l'ai redévirê. — Tourner. Faire un détour. Marcher en tournant. Retourner sur ses pas. Ex.: I a redévirê chez le voisin. — Chavirer. Ex.: Le canot a manqué redévirer. — Changer d'opinion, de parti, de religion. — Redevenir. Ex.: I a redévviré libéral. *Redévirer de bord* — Chavirer. *Redévirer son capot* — Changer d'opinion, de parti.

Redévirer (se) v. pron. — Se retourner brusquement. — Changer d'opinion, de parti, de religion.

Rédicule adj. — Ridicule.

Redistribution n.f. — Remaniement (surtout en parlant de la carte électorale).

Red lights (pron. rède laillete) n.m. — Bordel.

Redonner v. tr. — Rendre. Remettre.

Redoube n.m. — Double. Ex.: J't'en donnerai l'redoube.

Redoubler v. intr. *En redoublant* — Deux fois. Ex.: C'est en redoublant plus beau.

Redresser v. tr. — Dresser. Ex.: Ça fait redresser les cheveux sua tête.

Redressir v. tr. — Redresser.

Red tape (pron. rède tépe) n.m. — Bureaucratie. Tracasseries administratives.

Réduction n.f. — Rabais. Ex.: Une vente à réduction.

Réduire v. tr. ou intr. — Diluer. Ex.: Réduire du whiskey. — Être réduit, épaissi par évaporation. Ex.: L'eau d'érable a pas réduit beaucoup encore. *Vente à prix réduits* — Vente au rabais.

Réduit n.m. — Sève d'érable réduite, épaissie par évaporation. — Pièce pour joindre deux bouts de tuyaux de diamètres différents. Manchons de réduction.

Reel (pron. rile) n.m. — Genre de musique d'origine écossaise très vive jouée surtout au violon. — Danse sur cette musique. — Moulinet (de canne à pêche). — Dévidoir (des pompiers).

Reeler (pron. riler) v. tr. — Ramener sa ligne au moyen du moulinet.

Réexamen n.m. — Nouvel interrogatoire (d'un témoin).

Refaire (se) v. pron. — S'embellir.

Refalloir v. impers. — Falloir de nouveau. Ex.: Va refalloir en acheter, i en a pus.

Refaufiler v. tr. — Faufiler de nouveau.

Refaufiler (se) v. pron. — Se faufiler de nouveau.

Réfection n.f. *Manger, dormir à sa réfection* — Manger, dormir sa réfection.

Refente n.f. — Refend. Ex.: Un mur de refente.

Referdir v. intr. ou pron. — Refroidir.

Référence n.f. *Lettre de référence* — Lettre de recommandation.

Référer v. tr. ou intr. — Renvoyer (à un livre, à un auteur, à une autorité, etc.). Là-dessus je vous réfère à Ti-Toine. — Se référer, s'en rapporter (à un auteur, un ouvrage). Ex.: As-tu le livre auquel il a référé?

Refill (pron. rifile) n.m. — Rechange. *Prendre un refill* — Un autre verre d'une même boisson.

Refion n.m. — Blague.

Refléteur n.m. — Réflecteur.

Refoncer v. tr. ou intr. — Foncer. Mettre ou remettre un fond à. Ex.: Refoncer une chaise. — Foncer de nouveau (sur quelqu'un, sur quelque chose).

Reforcer v. tr. — Insister pour faire accepter quelque chose. Ex.: I l'a reforcé à se mettre à table.

Reforcer (se) v. pron. — S'efforcer.

Refoule n.m. — Reflux de grandes marées.

Refouler v. intr. — Se tasser. Rapetisser. Ex.: Mes bas refoulent. En vieillissant on refoule. *Fouler, refouler le pied* — Se donner une entorse, une foulure. *Refouler la pâte* — La pétrir pour en expulser l'air.

Refouler (se) v. pron. — Fouler. Ex.: Se refouler un poignet.

Refoulis n.m. — Mouvement de recul sous l'effort d'une grande pression. Ex.: Le refoulis des billots.

Refoulure n.f. — Foulure.

Refrédir v. tr. ou intr. — Refroidir.

Refrédissement n.m. — Refroidissement.

Réfrigérateur adj. — Frigorifique. Ex.: Un char réfrigérateur.

Refriser v. intr. — Revoler. Ex.: L'eau refrisait sur le devant du bateau.

Refus n.m. *C'est pas de refus* — Volontiers.

Regâder v. tr. — Regarder.

Regâgnant, e *Être regâgnant* — Y regagner.

Regâgner v. tr. — Regagner. Ex.: Regâgne ta place. — Gagner. Ex.: Le feu nous regâgne. *En regâgner* — Reprendre l'avantage. — Prendre au mieux. Revenir à la santé.

Regârdabe adj. — Regardable. Ex.: Elle est laite, elle est pas regârdabe.

Regarder v. intr. — Paraître. Ex.: Tu regardes pas mal avec ta nouvelle robe. *Ça regarde mal* — C'est louche. — C'est incertain. *Ne pas regarder l'ouvrage* — Être vaillant au travail.

Regârder v. tr. — Regarder.

Régencer v. tr. — Régenter. Diriger.

Regiber v. intr. — Revoler. Ex.: L'eau a regibé. — Sauter. Bondir. Ex.: Le chevreuil a regibé en l'air.

Regibouère n.f. — Espèce de piège en bascule pour prendre le caribou.

Regicler v. intr. — Gicler.

Regimber v. intr. — Sauter. Rebondir.

Regingler, reginguer v. intr. — Sauter. Cabrioler. — Regimber. — Ruer.

Région n.f. — Partie d'une terre. Coin d'une terre.

Régisse n.m. — Registre.

Régistraire n.m. — Greffier de certains tribunaux. — Membre du cabinet provincial ayant la garde du grand sceau de la province. — Employé chargé, dans un ministère, de tenir registre des documents qui feront partie des archives. — À l'université, administrateur responsable des inscriptions, grades, diplômes.

Régistrateur n.m. — Fonctionnaire chargé, dans chaque district, d'enregistrer les hypothèques, privilèges, actes de vente d'immeubles, etc.

Régistre n.m. — Registre. — Caisse enregistreuse.

Régître n.m. — Registre.

Règle n.f. — Férule qui a la forme d'une règle. — Ordonnance (terme de jurisprudence).

Règlement adv. — Réglément.

Réglement n.m. — Règlement.

Règne n.m. — Opinion en cours. Mode. — Vie. Ex.: Je voudrais ben finir mon règne ici. *Faire son règne* — Faire son temps. Ex.: Ce chapeau-là a fait son règne. *Faire un bon règne* — Durer longtemps.

Régner v. intr. — Durer. Ex.: Ce sofa-là, ça fa longtemps qu'i règne. Le bonhomme Larouche, ça fa ben quatre-vingts ans qu'i règne.

Régnier v. tr. — Renier.

Regoddamer v. tr. — Rejeter.

Régrandir v. tr. — Agrandir. Ragrandir.

Regret n.m. *Avoir de regret de* — Regretter.

Regrette n.m. — Regret.

Regreyer v. tr. — Gréyer de nouveau. — Regréer.

Regriche-poil (à) loc. adv. — À rebrousse-poil.

Regricher v. tr. ou intr. — Hérisser. Mettre en désordre. Ex.: Le vent lui regriche les cheveux. — Être de mauvaise humeur. Ex.: Qu'est-ce-que t'as à regricher? — Grincher (des dents).

Regricher (se) v. pron. — Se redresser. Ex.: Ses cheveux se regrichent. — Ragaillardir. Ex.: Le veuf commence à se regricher.

Regrippé, e part. passé *Être regrippé* — Avoir de nouveau la grippe.

Réguine n.f. — Gréement. — Outillage. — Roulant (d'une ferme). — Attirail. — Entreprise. Ex.: I mène une grosse réguine.

Réguiser v. tr. — Aiguiser. — Aiguiser de nouveau.

Réhabilitation n.f. — Réadaptation. Rééducation.

Rehausser (se) v. pron. — Se remettre au beau (en parlant du temps).

Reile (pron. réle) n.f. — Rail (de chemin de fer). — Rayure.

Reiler (pron. rélé) v. tr. — Rayer.

Reinche n.f. — Rumination.

Reinquier, reintier n.m. — Région lombaire. Reins. Ex.: Avoir mal au reinquier. — Râble (du lièvre ou du lapin).

Rejoindre v. tr. — Attraper. — Rendre la pareille.

Relâche n.m. — Temps qui succède à une chaleur extrême, à un froid vif, à une période de pluies, à une tempête de neige.

Relâcher v. tr. ou intr. — Lâcher le ventre. Ex.: Les pruneaux, ça relâche. — Diminuer (en parlant du temps). Ex.: La pluie relâche.

Relais n.m. — Repos. Relâche. Répit. Ex.: On a travaillé sans relais toute la journée.

Relance n.f. — Relan (au jeu). — Mise (au jeu).

Relancer v. tr. — Renchérir sur.

Relancer (se) v. pron. — S'injurier.

Relarguer v. tr. — Larguer de nouveau.

Relation n.f. — Parenté. *En relation avec* — En rapport avec. Ex.: Ses dépenses sont pas en relation avec son revenu.

Relentir v. tr. ou intr. — Ralentir.

Relevailles n.f. pl. — Le fait de se relever de ses couches.

Relevant n.m. — Relève.

Relève n.f. — Bande. Courroix.

Relevée n.f. — Temps de l'après-midi.

Relever v. tr. ou intr. — Reproduire le type de (une personne). Ex.: I relève ben sa mère. — Aider une accouchée. Ex.: Elle est allée relever sa fille. — Attraper (une balle basse au baseball). Ex.: I relève ben la balle. *Relever un jugement* — En appeler. *Relever d'une brosse* — Se remettre d'une cuite.

Relever (se) v. pron. — Se remettre au beau (en parlant du temps).

Relique n.m. — Relique (n.f.).

Relique n.f. — Reliquat, suite (d'une maladie).

Relish n.f. — Légumes marinés et hachés dont on garnit hot-dogs et hamburgers.

Relouquer v. tr. — Reluquer. — Épier.

Reluquage n.m. — Action de reluquer.

Reluquer v. tr. — Épier.

Reluqueux adj. ou n.m. — Reluqueur. Curieux.

Remarcier v. tr. — Remercier.

Remarier v. tr. — Se remarier avec.

Remarquant, e adj. — Regardant. Remarquable. *Être remarquant de* — Être sensible à.

Remarque n.f. — Critique. Remarque désobligeante. — Signe. Indice.

Remarquer v. intr. — Être remarquable. Ex.: Ton cheval remarque ben.

Remarqueux, se adj. ou n.m. ou f. — Qui passe souvent des remarques. — Bon observateur.

Remâter (se) v. pron. — Regimber. Refuser. — Faire le beau.

Rembarrer v. tr. — Mettre sous clef. *Rembarrer les jambes à quelqu'un* — Lui donner une jambette.

Rembellir v. intr. — Embellir.

Rembellir (se) v. pron. — S'embellir.

Remboîter v. tr. — Emboîter (le pas).

Rembreunir v. tr. ou pron. — Rembrunir.

Remède n.m. *Être en remède* — Prendre des médicaments.

Remé d'germain loc. adj. — Issu de germain (cousin).

Remembrer v. tr. — Mettre de nouveaux patins à un traîneau. — Réparer la membrure, les membres (d'un navire).

Remener v. tr. — Ramener.

Remercier v. tr. *Remercier pour* — Remercier de.

Remet'germain loc. adj. — V. REMÉ D'GERMAIN.

Remettre v. tr. — Vomir. Renvoyer. Ex.: I a remis tout son dîner.

Remettre (se) v. pron. — Redevenir. Ex.: Timothée s'est remis habitant. *Se remettre de* — Se remettre. Se souvenir de. Ex.: Je me remets de son visage.

Réminer v. tr. — Ruminer.

Rémission n.f. *Pas de rémission* Coûte que coûte.

Remmanchage n.m. — Rabâchage.

Remmancher v. tr. — Remettre (des membres démis). — Rabâcher. — Mettre d'accord. Ex.: J'vas essayer des remmancher, ces-deux-là.

Remmanchure n.f. — Rabâchage.

Remonter v. tr. ou intr. — Ramener. — Retourner chez soi. — Aller reprendre son travail aux champs.

Remorque n.f. — Gros traîneau bas.

Remover (pron. rimouveu) n.m. — Dissolvant. — Alcool dénaturé.

Rempièçage, rempiècetage n.m. — Rapiéçage.

Rempiècer, rempièceter v. tr. — Rapiécer.

Rempiètage n.m. — Action de rempiéter, de refaire le pied d'un bas, d'une chaussette.

Rempièter v. intr. — Empiéter.

Rempièter (se) v. pron. — Se remettre sur pied. Revenir à la santé. — Améliorer ses affaires.

Rempirer, rempironner v. intr. — Empirer. — Aller en augmentant.

Rempleumer v. tr. ou intr. — Remplumer. Garnir de plumes. Ex.: I va falloir rempleumer ces oreillers. — Faire reprendre du poids. Ex.: Sa maladie est finie, faut le rempleumer. — Se remplumer. Reprendre santé.

Rempleumer (se) v. pron. — Se remplumer. — Reprendre santé. — Reprendre du poids. — Se remettre à gagner de l'argent. — S'habiller mieux.

Rempleyage n.m. — Rempli. Ex.: Faire un rempleyage à une robe.

Rempleyer v. tr. ou intr. — Remployer. Employer de nouveau. Ex.: I est trop lent, j'le rempleyerai pus. — Replier. Ex.: Rempleyer ses bas. Ex.: Rempleyer le bord d'une étoffe pour l'ourler. — Border. Ex.: Rempleyer les couvartes d'un litte. — Faire un rempli à. Ex: Rempleyer ane robe.

Remplir v. tr. — Atteindre (un but). — Remplir le bassin à faire bouillir la sève d'érable. Ex.: Oblie pas d'remplir avant d'allumer l'feu. — Bourrer. Rouler. Fourrer. Mentir à.

Rempliyer v. tr. — Remplier. — Replier. — Border.

Remploi n.m. — Rempli. — Pli.

Remplumer v. tr. — Faire reprendre du poids à (quelqu'un).

Remplumer (se) v. pron. — S'habiller mieux.

Remué de germain loc. adj. — Issu de germain (cousin).

Renâclage, renâque, renâclement n.m. — Action de renâcler.

Renâcleux, se adj. — Qui renâcle.

Renâflage, renâfe, renâflement n.m. — Action de renâfler.

Renâfler v. intr. — Renâcler. — Renifler. — Ronfler.

Renâfleux, se adj. — Qui renâfle.

Renaller (se) v. pron. — S'en aller de nouveau. — S'en retourner. Repartir. Ex.: J'me renvas pas tout suite.

Renard n.m. — Bois qui embrasse les deux bords d'une cheminée nouvellement faite. — Celui qui ne fait pas ses Pâques ou qui attend au dernier moment pour les faire. — Briseur de grève. *Faire le renard* — Faire l'école buissonnière. *Pleumer un renard, tirer un renard* — Renarder. *Tirer au renard* — Sorte de jeu d'enfant. — Tirer en arrière sur sa longe pour la casser (en parlant d'un cheval). — Se faire traîner de mauvaise grâce. *Queue de renard* — Prêle des champs.

Renard (la) n.f. — La Compagnie Iron Ore qui exploite les gisements de fer de la Côte Nord.

Rencercler v. tr. — Encercler de nouveau.

Renchaussage n.m. — Rechaussement. Buttage.

Renchausser v. tr. — Rechausser. Butter. — Avoir soin de. Entourer d'attention en vue d'en retirer un profit. Ex.: I faut le voir renchausser son vieil onque Léandre.

Renclaircir v. tr. — Réclaircir.

Renclaircir (se) v. pron. — S'éclaircir. — S'éclaircir de nouveau (en parlant du temps, du ciel).

Renclos n.m. — Enclos. *Ptit renclos* — Enclos où l'on trait les vaches.

Renclos, e adj. — Rentouré. Enclos.

Renclouer, rencolouer v. tr. — Reclouer.

Rencontre n.f. — Voie d'évitement qui sert à la rencontre des trains, des voitures sur les chemins étroits, les chemins de bois. *À la rencontre de* — À l'encontre de. *Aller à la rencontre de* — Répondre à. Se plier. Ex.: Aller à la rencontre des désirs d'un tel.

Rencontrer v. tr. ou intr. — Faire (un paiement). — Faire face à (des dépenses, des besoins, etc.). Faire honneur à (ses engagements, ses obligations). — Combler (un déficit). — Répondre à (une objection, un argument, une accusation). — Recevoir, obtenir (l'approbation). — Répondre à (des voeux, des désirs, des exigences). — Justifier (les prévisions). — Faire la connaissance de. Ex.: Je suis heureux de vous rencontrer. — Épouser. Ex.: Elle a rencontré un bon garçon. — Se croiser (en parlant de véhicules). — C'est pas facile de rencontrer dans cette rue-là.

Rencontrer (se) v. pron. *Se rencontrer avec quelqu'un* — Rencontrer quelqu'un.

Rendement n.m. — Reddition (de compte).

Rendoubler v. tr. — Redoubler.

Rendre v. tr. — Prolonger (en parlant de chemins). Ex.: Va falloir rendre ce chemin-là au deuxième rang.

Renduit n.m. — Enduit.

Rendu que loc. conj. — Attendu que. Étant donné que. — Pourvu que. — Puisque.

Renfarger v. tr. — Enfarger de nouveau.

Renfarmer v. tr. — Renfermer.

Renferdir v. tr., intr. ou pron. — Refroidir.

Renfermer v. tr. — Interner. Emprisonner.

Renflage n.m. — Action de renfler.

Renfoncer v. tr. ou intr. — Enfoncer.

Renforcir v. tr. ou intr. — Renforcer. — Reprendre des forces.

Renfort n.m. — Contrefort (de chaussure).

Renfougner, renfouiner v. tr. — Renfrogner.

Renfourner (se) v. pron. — Se renfoncer dans ses vêtements.

Renfraîchir v. tr. intr. ou pron. — Rafraîchir.

Renfraîchissant, e adj. — Rafraîchissant.

Renfrédir, renfroidir v. tr., intr. ou pron. — Refroidir.

Renfrougner (se) v. pron. — Se renfrogner.

Rengaîner v. intr. — Arrêter. Ex.: Rengaîne, mon gars, j'veux te parler.

Renicher v. intr. — Pleurnicher.

Renifleux, se adj. ou n.m. ou f. — Renifleur.

Renipper v. tr. — Nipper. — Vêtir convenablement. — Améliorer sa situation. — Remettre en état. — Remettre au beau. Ex.: Le vent va renipper le temps.

Renipper (se) v. pron. — Se remplumer. — Faire sa toilette. — Se rétablir.

Renjeunir v. tr. ou intr. — Rajeunir.

Renjeunsir v. intr. — Rajeunir.

Renlaidir v. tr. ou intr. — Enlaidir. — Enlaidir de nouveau.

Renlargir v. tr. — Rélargir.

Renmieuter v. intr. — Aller mieux. Ex.: Elle renmieute depuis son opération.

Renotage n.m. — Rabâchage.

Renoter v. tr. — Chanter un refrain. — Rabâcher.

Renoteux, se n.m. ou f. — Rabâcheur.

Renouveau n.m. — Renouvellement (de la lune). — Nouvelle lune.

Renouveler v. tr. ou intr. — Remettre à neuf. Ex.: Il a renouvelé son salon. — Vêler de nouveau. *Renouveler la mémoire* — Rafraîchir la mémoire.

Renouvellement n.m. — Retraite prêchée à l'anniversaire de la dernière.

Renouveller v. tr. — Communier, l'année qui suit sa première communion, avec ceux qui font la leur.

Renouver v. tr. ou intr. — Renouveler.

Rensemblage n.m. — Assemblage.

Rensemblement n.m. — Rassemblement.

Rentasser v. tr. ou intr. — Donner (un coup) à quelqu'un. — Dire. Répéter.

Rentendre v. tr. — Entendre de nouveau.

Renterrer v. tr. — Enterrer.

Rentourage n.m. — Pan de bâtisse en planches. — Tout ce qui entoure, enclôt, en planches.

Rentourer v. tr. — Entourer. — Entourer d'une clôture. *Traîneau rentouré* — Berlot.

Rentourner (se) v. pron. — S'en retourner.

Rentrait n.m. — Entrait, pièce d'un comble qui empêche l'écartement des chevrons.

Rentrer v. tr. ou intr. — Entrer.

Rénumération n.f. — Rémunération.

Rénumérer v. tr. — Rémunérer.

Renvardir v. intr. — Reverdir.

Renvarser v. tr. ou intr. — Renverser.

Renvarsis n.m. — V. RENVERSIS.

Renvers n.m. *À renvers* — À l'envers.

Renverse n.f. — Marche arrière (d'une automobile).

Renverser v. tr. ou intr. — Casser, infirmer, annuler (un jugement, une décision). — Renverser le bras de (en tirant au poignet, au crochet). — Déborder.

Renversis n.m. — Partie de forêt où les arbres ont été renversés par un ouragan.

Renvoi n.m. — Sortie d'eau d'un lavabo, d'un évier. — Tuyau d'égout. — Pente d'un chemin d'hiver. —

Rejet (d'une action, d'une demande, d'une poursuite, etc.). Action de débouter de, de renvoyer de (une demande, une poursuite, etc.) — Action d'écarter (une objection, une défense, etc.).

Renvoirai, rais v. tr. ou intr., fut. ou cond. prés. — Renverrai, renverrais.

Renvoyer v. tr. ou intr. — Vomir. — Rejeter (une action, une demande, une poursuite, un appel, etc.). — Écarter (une objection, une défense, etc.). — Faire dévier les traîneaux (en parlant d'un chemin d'hiver).

Réorder, réordonner v. tr. — Commander de nouveau (une marchandise).

Réouvrir v. tr. ou intr. — Rouvrir.

Repaller v. intr. — Reparler.

Repair shop (pron. ripère choppe) n.f. — Atelier de réparation.

Réparage n.m. — Réparation.

Reparer v. tr. — Éviter. Parer. Ramener au beau (en parlant du temps). — Réparer.

Reparer (se) v. pron. — Se parer. Se préparer.

Repârer v. tr. — Embellir. Orner. — Éviter. Parer. — Ramener au beau (en parlant du temps).

Répartie n.f. — Repartie.

Repassage n.m. — Action de passer des peaux.

Repasse n.f. — Recherche. Examen. Vérification. — Action de repasser ses leçons.

Repasser v. tr. — Dépasser, doubler, devancer (sur la route, dans un concours). — Passer (des peaux). — Revoir ses leçons.

Repasseur n.m. — Celui qui fait profession de repasser des peaux. Pelletier.

Repasseux n.m. — Rémouleur, ouvrier qui repasse ou aiguise les ciseaux, couteaux, etc.

Repatrier v. tr. — Rapatrier.

Repécher v. tr. — Retrouver. Rattraper. — Aider à sortir d'une mauvaise situation. — En terme de sports, se dit d'une recrue qui est incorporée à l'équipe professionnelle qui en a favorisé la formation.

Repent, repentu, e part. passé — Repenti.

Répétabe adj. — Qu'on peut répéter.

Répéter v. tr. *Répéter une classe, une année* — La reprendre parce qu'on a échoué aux examens.

Repic n.m. — Répit.

Repimper (se) v. pron. — Se rendre pimpant. Se parer plus que de coutume.

Repincher v. tr. — Attraper. Prendre sa revanche.

Replacer v. tr. — Se souvenir de. Remettre. Ex.: Elle, j'la replace pas pantoute.

Replaquier v. tr. — Replaquer. Ex.: Faire replaquier une montre.

Repleumer v. tr. — Plumer de nouveau. — Se refaire. Se remplumer.

Réplique n.f. — *Sans réplique* — Sans reproche.

Répliqueux adj. et n.m. — Répliqueur.

Replomber v. tr. ou intr. — Plomber. — Reprendre de l'aplomb.

Repogner v. tr. — Rempoigner. — Saisir, reprendre de nouveau.

Réponage n.m. — Cautionnement. Garantie.

Réponant n.m. — Répondant. Caution. Garant. — Gage. Ex.: Donner sa montre en réponant.

Répond part. passé — Répondu.

Répondre v. tr. — Offrir de la résistance, de la prise. *Chanson à répondre* — Chanson dont on reprend en choeur des couplets.

Réponer v. tr. ou intr. — Répondre.

Réponneux, se adj. — Répondeur. Répliqueux. Insolent.

Réponses n.f. pl. — Répons (de la messe).

Réponu part. passé — Répondu.

Reporter v. tr. — Rapporter. Ex.: Lui, i reporte toujours toute à la maîtresse.

Reporteux, se adj. — Rapporteur.

Repose n.f. — Repos.

Reposer v. intr. — Se faire photographier de nouveau.

Repoussage n.m. — Refoulage. Refoulement.

Repousse n.f. — Nouvelle pousse. — Rejet de souche. — Coup de vent. Bourrasque.

Repoussis n.m. — Nouvelle pousse. — Jeunes pousses d'un taillis.

Repousson n.m. — Nouvelle pousse. — Rejet de souche. — Avorton.

Reprenabe adj. — Qu'on peut reprendre. — Aisé à réprimander. — Qu'on peut repriser.

Reprendre v. tr. — Repriser.

Reprendre (se) v. pron. — Prendre sa revanche. Regagner l'avantage perdu.

Représentation n.f. — Présentation (à une élection). — Tombe qu'on expose pendant les services.

Représenter v. tr. — Présenter (à une élection).

Reprisabe adj. — Qu'on peut repriser.

Reprise n.f. — Reproche. — Partie supplémentaire (au jeu). Revanche.

Reprisure n.f. — Reprise (dans la couture).

Reprocher v. intr. — Donner du regret. Ex.: Ça me reproche de lui avoir refusé ce service. — Provoquer des rots. Ex.: J'ai trop mangé, ça me reproche.

Requien-ben n.m. — Retenue. Ex.: Lui, i a pas beaucoup de requien-ben devant le monde. — Contrôle de ses muscles. Pouvoir de se contenir, de se retenir.

Requienbindre v. tr. — Retenir. Bien retenir.

Requiendre v. tr. — Retenir. Ex.: Si j'm'étais pas requiendu...

Requinquer (se) v. pron. — Se revêtir à neuf.

Requise n.f. — Terre qu'on laisse en friche.

Réquisition n.f. — Demande écrite (de fournitures).

Rerentrer v. intr. — Rentrer de nouveau.

Rerouvrir v. tr. — Rouvrir.

Résarve n.m. ou f. — Réserve.

Résarver v. tr. — Réserver.

Rescaper v. tr. — Sauver d'un sinistre.

Réservation n.f. *Faire une réservation* — Retenir une place.

Réserve n.f. — Territoire réservé aux autochtones et administré par le gouvernement avec l'aide d'un conseil de bande.

Réservoué n.m. — Réservoir.

Résidence n.f. — Domicile. — Adresse.

Résident, e adj. *Ingénieur résident* — Ingénieur des travaux.

Résident n.m. — Habitant, individu résident à. Ex.: Êtes-vous résident de Québec?

Résignation n.f. — Démission. Ex.: Il a donné sa résignation.

Résigner v. intr. — Démissionner.

Résipèle, résipère n.m. — Érésipèle.

Résistabe adj. — Résistant. — Durable. — Fort. Endurant. — Tenable. Ex.: Fa chaud, c'est pas résistabe.

Resolider v. tr. — Rendre solide.

Résolu, e adj. — Gros. Grand. Fort. Fortement charpenté.

Résoudre (se) v. pron. — Se résigner. En prendre son parti.

Resouhaiter v. tr. — Souhaiter à nouveau. — Souhaiter à son tour.

Résous adj. inv. — Alerte. Bien portant. Vigoureux. Hardi. Décidé.

Résous part. passé inv. — Résolu. Décidé. Résigné.

Respec n.m. *Sous le respec* — Sauf le respect. Ex.: Sous le respec que je vous dois...

Respect n.m. *Porter le respect, porter respect à* — Vouvoyer. Ne pas tutoyer. *Sous votre respect, sous le respect que je vous dois* — Sauf votre respect.

Respir n.m. — Respiration. Souffle. Haleine. — Soupir.

Responsabilité n.f. — Solvabilité.

Responsable adj. — Solvable.

Ressayer v. tr. — Essayer.

Resse n.m. — Reste.

Resse n.f. *À toute resse, à tout de resse* — Absolument.

Resse, resses, ressent v. intr. — Reste, restes, restent. Ex.: Tu resses-tu avec nousôtes?

Ressorer v. tr. — Essorer. — Sécher. Ex.: Les chemins commencent à ressorer.

Ressorer (se) v. pron. — Se mettre au beau (en parlant du temps)

Ressort n.m. — Sort. Ex.: Jeter un ressort.

Ressoudre v. intr. — Arriver. Survenir. Ex.: I a ressous jusse avant dîner. — Sourdre. Sortir de terre. — Rebondir (en parlant d'une balle). — Reparaître. Se relever. — Se relever d'une perte. Sortir d'une mauvaise affaire. — Se gonfler en cuisant.

Ressoudu, ressous part. passé de RESSOUDRE.

Ressource n.f. — Source.

Ressourcer v. intr. — Sourdre. Jaillir de terre.

Ressourceux, se adj. — Où il y a des sources.

Ressourceux n.m. — Sourcier.

Ressouvint part. passé — Ressouvenu.

Ressuage n.m. — Condensation sur une surface froide.

Ressuer v. tr. ou intr. — Aiguiser. Retremper (un outil). — Suer. — Suinter.

Ressumelage n.m. — Ressemelage.

Ressumeler v. tr. — Ressemeler.

Restant n.m. — Ce qui reste d'un plat. — Rien du tout. Bon à rien. Ex.: Lui, laisse-le, c't'un restant. *Les restants* — Les restes (de table). *C'est le restant, c'est le restant des écus* — C'est le comble. *Le restant des écus* — Le dernier-né.

Reste n.m. — About. *Le reste* — Le comble. *À tout reste, à toute reste* — Absolument. — Quoi qu'il arrive. *À tout de reste* — Quoi qu'il arrive. — En toute occasion. À tout usage. *Jouer de son reste* — Achever de jouer son avoir.

Resté, e adj. — Fatigué.

Rester v. tr. ou intr. — Fatiguer. Exténuer. Ex.: I a resté son cheval. — Se fatiguer. Ex.: Son cheval a resté. — Résider. Demeurer. Ex.: I reste à Matane. — Être adjugé. Ex.: J'ai mis cinquante cennes pis ça m'a resté. *En rester d'en par là* — En rester là. *Rester malade* — Accoucher. *Rester sur son appétit* — Ne pas manger à sa faim. *Rester sur son plat, son assiette; rester dessus* — Ne pas finir de manger. *Rester mort* — Demeurer stupéfait.

Restituer v. tr. ou intr. — Vomir. — Restaurer. Ex.: Restituer la vieille église.

Résumer v. tr. — Reprendre. Ex.: Résumer les débats. Résumer son siège.

Résypèle, résypère n.m. — Érésipèle.

Retalonner v. tr. — Remettre un talon à.

Retape n.f. — Semelle.

Retapé, e adj. — Bien mis.

Retaper v. tr. — Tromper. Attraper. — Ressemeler. *Se faire retaper* — Se faire attraper, se faire échauder.

Retaper (se) v. pron. — Refaire sa fortune. — Se refaire une santé.

Retard n.m. *Être en retard* — Être sous-doué. — Être niais.

Retasser v. tr. — Tasser de nouveau. — Remettre à sa place.

Retatiné, e adj. — Ratatiné.

Reteindu, e part. passé — Reteint.

Reteint part. passé m. ou f. — Retenu.

Retenir (se) v. pron. — Se maintenir en vie.

Reteurdre v. tr. — Retordre. *En avoir à reteurdre* — Avoir des difficultés.

Reteurs, e adj. — Retors.

Réticient, e adj. — Circonspect. Discret.

Retiendre v. tr. — Retenir.

Rétif, ive adj. — Chronique (en parlant de maladie).

Retige n.f. — Drageon, tige qui pousse au pied de la plante.

Retiger v. tr. — Pousser des drageons. Reprendre. — Reprendre courage.

Retimber v. intr. — Retomber.

Retint part. passé — Retenu.

Retintoin n.m. — Un reste, un peu. — Embarras. Inquiétude.

Retirance n.f. — Demeure. Asile. Logement. Pied-à-terre. Ex.: I a sa retirance chez sa fille.

Retiré, e adj. — Tiré. Blême. Pâle. Abattu.

Retirer v. tr. ou intr. — Tirer. — Se contracter. Ex.: Ce bois-là retire sans bon sens. — Retrécir. Ex.: Cette flanelle a retiré au lavage.

Retirer (se) v. intr. — Loger. Ex.: Se retirer à l'hôtel.

Retontir v. intr. — Arriver sans prévenir. Ex.: I a retonti pendant qu'on mangeait. — Retentir. Ex.: Les coups de fusil retontissent jusqu'ici. — Rebondir. Ex.: Cette balle retontit bien.

Retontissage n.m. — Arrivée soudaine. — Retentissement. — Rebondissement.

Retontissement n.m. — Retentissement.

Retour n.m. — Rapport. Procès-verbal. *Retour de prairie* — Pièce de terre labourée et ensemencée qui était en prairie l'année précédente.

Retournabe adj. — Rapportable. Ex.: Le bref est retournabe lundi. — Qu'on peut remettre. Ex.: Des bouteilles retournabes. — Qu'on peut retourner. Ex.: Une étoffe retournabe.

Retourner v. tr. ou intr. — Mal recevoir (quelqu'un). — Ramener. Reconduire. Ex.: Son père l'a retourné au collège. — Faire une vive réponse à. Ex.: T'as vu comme i s'est fait retourner. — Tourner. Ex.: Va retourner la voiture. — Changer de religion, de parti politique. *Retourner une femme* — Lui faire l'amour.

Retracer v. tr. — Chercher en suivant les traces. Ex.: Retracer des valeurs. — Remonter à la source de. Ex.: J'ai retracé mon chemin. —

Retrouver (des choses volées, perdues).

Retraction n.f. — Rétractation.

Retraiter v. intr. — Battre en retraite. — Rétrécir (en parlant d'étoffes). Ex.: Ce gilet retraite à chaque fois qu'on le lave.

Retranchement n.m. *Retranchement d'urine* — Rétention d'urine.

Rétréci n.m. — Action de rétrécir une partie d'un vêtement en le confectionnant, spécialement en parlant de bas, de chaussettes.

Rétribution n.f. — Châtiment.

Retrousser v. tr. — Remettre (quelqu'un) à sa place. — Frapper (une balle) en relevant. *Retrousser la queue* — Regimber. *Retrousser une femme* — Lui faire l'amour.

Retrousser (se) v. pron. — Se remettre au beau (en parlant du temps). *Se retrousser les manches* — Se mettre au travail.

Retumber v. intr. — Retomber.

Reubrique n.f. — Rubrique.

Reuminer v. tr. ou intr. — Ruminer.

Reusine n.f. — Résine.

Reussi, e part. passé — Réussi.

Réussi n.m. — Succès. Ex.: Ben du réussi pour la nouvelle année. — Réussite (aux cartes). — Bon accueil. Ex.: Elle m'a fait tout un réussi.

Réussir v. tr. — Mener à bien. Faire réussir. Ex.: Réussir une entreprise. *Réussir une cuite* — Être satisfait de ses relations sexuelles.

Rêvâiller v. intr. — Rêvasser.

Revange n.f. — Revanche.

Revangeux, se adj. — Vindicatif.

Revannes n.f. pl. — Criblures.

Revardir v. intr. — Reverdir.

Revaucher v. intr. — Empiéter sur le mois suivant (en parlant de la lune du mois).

Réveillé, e adj. — Éveillé. Dégourdi.

Reveint part. passé inv. — Revenu.

Revendeux n.m. — Revendeur.

Revenge n.f. — Revanche.

Revenger (se) v. pron. — Prendre sa revanche.

Revenir (s'en) v. intr. — Revenir.

Revenir v. intr. — Redevenir. Ex.: Si jamais je reviens riche.

Rêver v. intr. *Rêver à* (quelqu'un, quelque chose) — Rêver de (quelqu'un, quelque chose). *Rêver aux ours* — Avoir un cauchemar. *Rêver en couleurs* — Imaginer une chose plus belle qu'elle ne l'est.

Révérend adj. — Épithète honorifique qu'on applique à tous les ecclésiastiques.

Revers n.m. — Rabat. Ex.: Revers de casquette.

Rêveux adj. ou n.m. — Rêveur.

Reviendre v. intr. — Revenir.

Revirant n.m. — Virage. — Jeu de cartes. — Humeur maussade.

Revire n.f. — Retourne (au jeu de cartes). *Parler à la revire* — Être le dernier à parler (au jeu de cartes). *Faire une revire* — Avorter.

Reviré, e n.m. ou f. — Celui ou celle qui a abandonné la religion catholique.

Revire-main n.m. — Tournemain. Tour de main.

Revire-man n.m. — Court espace de temps. Ex.: Faire sa toilette dans un revire-man.

Revirer v. tr. ou intr. — Tourner. Ex.: Revire la tête. — Retourner. Ex.: Faut revirer le foin. — Détourner. Ex.: Revire les yeux. — Renverser. Ex.: Les animaux ont reviré l'auge. — Déranger. Mettre à l'envers. Ex.: I a tout reviré dans la maison. — Retrousser. Ex.: Revire tes manches. — Faire perdre la raison. Ex.: C't'accident l'a tout reviré. — Faire changer d'opinion, de parti, de religion. Ex.: Pas moyen de le revirer, çui-là. — Mal recevoir. Ex.: La mère, elle l'a viré, ça a pas pris de temps. — Revenir en arrière. Ex.: On a reviré devant l'église. — Tourner. Ex.: À la première rue, revirez à droite. — Verser (en voiture, ou en parlant de voiture). Ex.: J'ai manqué revirer en tournant le coin. — Chavirer. Ex.: Le canot a reviré. — Perdre la raison. Ex.: I a reviré après la mort de sa femme. — Changer d'opinion, de parti, de religion. Ex.: I a reviré en revenant des États. — Devenir. Ex.: I a reviré libéral. *Revirer de long* — Faire de longs détours. *Aller revirer loin* — Aller loin. Ex.: Avec la face que t'as, t'iras pas revirer loin. *Revirer de bord* — Faire demi-tour. *Revirer une brosse, une balloune* — Se saouler. *Revirer une femme* — Lui faire l'amour. *Une femme qui a reviré* — Qui a avorté. *Se faire revirer* — Essuyer un refus.

Revirer (se) v. pron. — Se tourner. — Se retourner. — Se détourner. — Changer d'opinion, de parti, de religion. — Se tourner contre.

Revirole n.f. — Jeu de cartes.

Reviron n.m. — Virage. Tournant.

Revise n.f. — Épreuve d'une feuille corrigée. Ex.: Corriger la revise.

Revlà prép. — Revoilà. Ex.: Tiens, te revlà, toué.

Revoir (à) loc. — Au revoir.

Revoler v. intr. — Éclabousser. Gicler. Voler. Ex.: Arrête de faire revoler l'eau sur le plancher.

Revolin n.m. — Embrun.

Révolution de bile n.f. — Trouble gastrique accompagné de vomissements.

Revolveur n.m. — Revolver.

Revouélà prép. — Revoilà.

Revoyure (à la) loc. — Au revoir.

Revue (à la) loc. — Au revoir.

Rexaminer v. tr. — Réexaminer.

Rhabituer v. tr. ou pron. — Réhabituer.

Rheubarbe n.f. — Rhubarbe.

Rheumatisse n.m. — Rhumatisme.

Rheume n.m. — Rhume.

Rhoubarbe n.f. — Rhubarbe.

Rhoumatisse, rhumatique, rhumatisse n.m. — Rhumatisme.

Ri n.m. — V. REEL.

Riage n.m. — Trace des roues dans les chemins.

Riban n.m. — Ruban.

Ribande n.f. — Répercussion. Écho.

Ribandelle n.f. — Ribambelle. — Croquignole. Beigne. — Lisière. Bande étroite. — Copeau. Éclat. *Courir la ribandelle* — Courailler.

Ribler v. tr. *Ribler de l'orge* — La décortiquer par frottement.

Ribonner v. tr. — Couper à la faucille comme dans une compétition.

Riboteux n.m. — Riboteur.

Rib steak n.m. — Entrecôte.

Ricagnier, ère adj. ou n.m. ou f. — Ricaneur.

Ricanage n.m. — Ricanement.

Ricaneux adj. ou n.m. — Ricaneur.

Ricanier, ère adj. ou n.m. ou f. — Ricaneur.

Ricasser v. intr. — Rire à propos de rien.

Riche adj. — Remarquable. Ex.: C't'une affaire riche. — Se dit d'un plat très sucré ou encore très crémeux.

Ride (pron. raill'de) n.f. — Voyage. Tour en voiture. Ex.: On va prendre une ride.

Rideau à ressort n.m. — Store.

Rider (pron. raill'dé) v. tr. ou intr. — Aller à cheval. — Aller vite. — Être très actif. *Se faire rider* — Se faire embarquer.

Ridicule n.f. — Réticule.

Rié interj. — Arrière (pour faire reculer un cheval).

Rien n.m. ou adv. — Seulement. Ex.: J'ai apporté rien un livre. *C'est pas rien, c'est pas un rien* — C'est important, grave, sérieux. *Servir à rien* — Servir de rien. *Venir à rien* — Perdre sa fortune. *Un rien tout neû* — Rien du tout. *Dans le temps de rien* — Dans un rien de temps. *Rien en toute* — Rien du tout. *Pour e rien* — Pour rien. *Comme de rien* — Comme rien. *Rienque, rinque, yenque, einque, ninque* — Seulement. Ne... que. Ex.: Viens einque demain. — Seulement que. Ex.: I demande rien que ça. *Bon à rien, bonne à rienne, ban à rien, banne à rienne* — Propre à rien. *Y a rien là* — C'est rien. C'est rien de difficile.

Rieux n.m. — Rieur.

Rife, rifle n.m. — Eczéma. Exanthème. Gourme des enfants.

Rifler v. tr. — Frôler. Effleurer. Raser. Ex.: La balle m'a riflé près de la tête.

Riflure n.f. — Éraflure.

Rigal n.m. — Régal.

Riganiére n.f. — Ligne médiane du périnée. Ex.: Ces canneçons me serrent dans la riganière.

Right back (pron. reuill'te-bac) adv. *Revenir right back* — Revenir tout de suite.

Right through (pron. raill'trou). — Tout droit.

Rigoler v. intr. — Faire des rigoles.

Rigolet n.m. — Petit ruisseau.

Rigouèche n.f. — Échine. — Tube digestif. *Se faire lever la rigouèche* — Se faire réprimander.

Riguine n.f. — V. RÉGUINE.

Rilaxe adj. — Détendu.

Rilaxe n.f. — Détente. Repos.

Rilaxer v. intr. — Se détendre. Se reposer.

Rilaxer (se) v. pron. — Se détendre.

Rime n.m. — Jante.

Rime n.f. — Bon sens. Raison. Ex.: Ça a pas de rime c'que tu dis là. — Bonnes manières. Ex.: C'est un bon garçon mais i a pas de rime.

Rime-bô n.m. — Tumeur au paturon du cheval.

Rimer v. intr. — Avoir du sens. Être raisonnable. Ex.: Tout ce que tu dis là, ça rime à rien.

Rimette n.f. — Assonance. — Niaiserie.

Rimeur n.f. — Plaque circulaire amovible de métal qui se trouve à la partie supérieure du poêle. Rondelle.

Rimeux n.m. — Rimeur.

Rin n.m. — V. RAIN-DE-VENT.

Rince, rincée n.f. — Volée de coups.

Rincer (se) v. pron. — Boire. Ex.: Se rincer le dalot. Se rincer la dalle.

Rine-bô n.m. — V. RIME-BÔ.

Ring (pron. rigne) n.m. — Segment (de piston).

Rinse (pron. rinn'ce) n.m. — Shampooing colorant.

Rinstaller v. tr. — Réinstaller.

Rinviter v. tr. — Réinviter.

Rinzon n.f. — Raison.

Riocher v. intr. — Rire du bout des lèvres.

Riole n.f. — Fête. Divertissement.

Ripe n.f. — Raboture. Planure. Copeau. — Course de vitesse. — Réprimande. *Être sur la ripe, partir sur une ripe* — Faire la noce.

Ripée n.f. — Mélange de vins de différentes sortes avec du levain et des ripes infusées.

Riper v. tr. — Enlever d'un coup de main les feuilles d'une branche.

Rip et de rap (de) loc. adv. — De peine et de misère.

Ripompée n.f. — Course de vitesse. — Intervalle. — Distance. Ex.: I a une ripompée d'ici à l'église.

Ripompette n.f. — Légère ivresse. — Intervalle. — Distance.

Ripopée n.f. — Course de vitesse.

Riposse n.f. — Riposte. — Gaminerie. *D'une riposse* — D'un coup. Vivement. Ex.: I allait d'une riposse.

Ripousse n.f. — Coup de vent. *Tendre à la ripousse* — Tendre un collet au bout d'une branche de façon qu'elle lève dès que le lièvre est pris.

Riquiqui n.m. — Eau-de-vie.

Rire v. intr. — (En parlant d'un animal). Faire un certain mouvement de la gueule qui laisse apercevoir les dents et qui ressemble à un rire humain. Ex.: Un chien qui rit. *Entendre à rire* — Bien prendre la plaisanterie. *Pas pour rire* — D'une manière peu ordinaire. Ex.: On s'est amusé pas pour rire.

Rirerions, iez v. intr., cond. prés. — Ririons, ririez.

Risée n.f. — Plaisanterie. Badinage. Ex.: Entendre la risée. — Course de vitesse.

Risent v. intr. — Rient.

Risquant, e adj. — Risqué. Hasardeux.

Risque n.f. *À la risque* — À tout risque.

Risquer v. tr. *Risquer un oeil* — Jeter un coup d'oeil. — Se hasarder dans une affaire avec prudence.

Rissoler v. tr. — Rider. Ex.: Le vent fait rissoler la mer.

Rivage n.m. — Rivure. Rivetage.

River v. tr. — Ébrécher, émousser (un couteau).

Rixe n.m. — Risque.

Rlevée n.f. — Relevée.

Rmette-germain loc. adj. — Issu de germain (cousin).

Roâbe n.m. — Roable. Ex.: Attiser le feu avec du roâbe.

Roâber v. tr. — Battre avec un roable ou une gaule.

Robe n.f. — Fourrure dont on se sert l'hiver comme couverture de voyage.

Robétaille n.m. — Sorte de boghei avec roues caoutchoutées.

Robeur n.m. — Caoutchouc. — Espèce de galoche en caoutchouc.

Robi n.m. — Surnom donné à un religieux portant une barbe.

Robine n.f. — Alcool à friction. — Alcool de fabrication domestique.

Robiner v. intr. — Se saouler.

Robinette n.m. — Robinet. — Petite quantité qu'on ajoute à la mesure pleine.

Robineux n.m. — Clochard. Alcoolique qui absorbe de l'alcool frelaté, de la robine, de la cire à chaussures, etc.

Robusse adj. — Robuste.

Roche n.f. — Caillou. Pierre. *Garrocher des roches* — Lancer des cailloux. *Les roches parlent* — Tout finit par se savoir.

Rochelle n.f. — Rochiére.

Rocher v. tr. — Lancer des cailloux à.

Rochiére n.f. — Terrain inculte, rocheux.

Rochu, e adj. — Rocheux.

Rod (pron. rode) n.f. — Canne à pêche. — Tige de métal.

Rôdage n.m. — Action de rôder. Allées et venues.

Rôdailleux, se adj. — Qui rôdaille.

Rôdasser v. intr. — Aller et venir autour de la maison. — Rôdailler.

Rôdasseux, se adj. — Qui rôdasse.

Rôdement n.m. — Action de rôder.

Rôdeusement adv. — Très. Beaucoup. Ex.: I est rôdeusement habile.

Rôdeux, se n.m. ou f. — Rôdeur. — Voyou. — Superlatif. Ex.: C'est un rôdeux de bon cigare. C'est une rôdeuse de belle fille.

Roffe adj. — V. ROUGH.

Rognabe adj. — Qui peut être rogné.

Rogne adj. — Avare. Mesquin. — Méprisable.

Rogne n.f. — Canaille. — Rognure.

Rognon n.m. — Rein. Ex.: I a mal aux rognons. *Rognon de coq* — Streptope. *Rognon de castor* — Castoréum.

Roi-des-champs n.m. — Séneçon. Faux arnica.

Roll (pron. rôle) n.m. — Petit pain. *Roll de vie* — Mode de vie. Habitudes.

Roller-bearing (pron. rôleu-bèrigne) n.f. — Roulement à rouleaux.

Romaine n.f. — Peson, balance composée d'un fléau à bras inégaux. *La Vieille Romaine* — L'Église catholique.

Romoner v. tr. — Ramoner.

Ronche n.f. — Rumination.

Rond, e adj. — Ivre. *Tout rond* — Tout entier.

Rond n.m. — Rondelle (de poêle). — Cercle. — Groupe d'amis. — Piste. Hippodrome. — Sommet, crête d'une planche de labour. *Rond à patiner* — Patinoire. *Faire le rond* — Gondoler. Se recourber. *Faire le rond autour de quelqu'un* — Essayer d'entrer en relation avec lui. *Ne faire qu'un rond* — Être très agile, toujours en mouvement. — Être vif. Habile. *En rond de chien* — En rond comme un chien.

Ronde n.f. — Round (à la boxe). — Volée de coups. Réprimande. — Tournée (dans une taverne, un bar). — Tournée (de laitier). — Promenade. — Partie inférieure de la cuisse du boeuf. Gîte à la noix.

Rondette adj. f. — Rondelette.

Rondin, e adj. — Rustaud.

Rondiner v. tr. — Battre avec un rondin.

Rondir v. intr. — S'arrondir. — Arrondir. Grossir.

Rondousse n.f. — Timonerie. — Tambour (des roues des bateaux à vapeur). — Rotonde à locomotives.

Ronfleux adj. ou n.m. — Ronfleur.

Ronge n.m. — Action de ruminer. — Frein. Ex.: Mâcher, ronger son ronge. *Perdre le ronge* — Ne plus ruminer. — Ne plus avoir d'appétit.

Ronger v. intr. — Ruminer.

Rongeux de balusse n.m. — Pilier d'église. — Homosexuel.

Rongeux de bouleau n.m. — Homosexuel.

Ronne n.f. — V. RUN.

Ronner v. tr. — V. RUNNER.

Roomer (pron. roumer) v. intr. — Loger (dans une chambre). Ex. Mes deux soeurs rooment ensemble en ville.

Roomette (pron. roumette) n.f. — Compartiment (dans un train de voyageurs).

Roomeux (pron. roumeu) n.m. — Celui qui loue une chambre à la semaine, au mois.

Rosarier v. tr. — Attacher les indulgences d'un rosaire à (un chapelet).

Rosée n.f. — Quantité très faible. Ex.: J'ai pas eu une rosée de mal. *À la rosée* — Avant que la rosée ne soit dissipée.

Rosine n.f. — Résine.

Rosiner v. impers. — Bruiner.

Rosser v. tr. — Rudoyer (ses employés).

Rossignol n.m. — Morceau de bois qu'un ouvrier met en place pour cacher quelque défaut de construction. *Vieux rossignol* — Vieux roué.

Rossignos n.m. pl. — Rossignols.

Rote n.m. — Rot. — Tic. Ex.: Son cheval a le rote.

Rôter v. tr. — Ôter de nouveau. — Reprendre ce qu'on a donné. Ex.: J'i est donné ma monte mais m'a i rôter s'i continue à m'agacer.

Roteux, se adj. ou n.m. ou f. — Qui rote.

Rôti, e adj. — Frit. Ex.: Des patates rôties.

Rouâbe n.m. — Roable. Tire-braise.

Rouâber v. tr. — V. ROÂBER.

Rouabe adj. — Carrossable.

Rouâpe adj. — Escarpé. Ex.: Un chemin rouâpe.

Rouâper v. tr. — Râper. — Gratter (un chemin). — Battre. Réprimander.

Rouâque adj. — V. ROUÂPE.

Rouban n.m. — Ruban.

Rouche n.f. — Sorte de roseau. Jonc. Herbe de marais.

Roue n.f. — Volant (de direction d'un véhicule). Ex.: Passe-moué la roue. *En roue* — Roué (en parlant d'un cheval). *Avoir le cou, le collet en roue* (en parlant de personnes) — Faire la roue. Faire le beau. *Roue de* *fortune* — Espèce de tourniquet. *Roue d'erre* — Volant, roue lourde qui sert à régulariser le régime du moteur.

Rouelle n.f. — Petite roue. — Avant-train (d'une charrue).

Rouet n.m. — Ronron. Ex.: Faire aller son rouet.

Rouette n.m. — Rouet. — Moulinet (de canne à pêche). — Ronron. *En rouette* — Aquilin.

Rouge adj. — Roux. Ex.: Avoir les cheveux rouges. — Bai (en parlant des chevaux). — Du parti libéral.

Rouge n.m. — Tenant du parti politique dit libéral. *Voir rouge* — Menstruer. — Être furieux. *Être dans le rouge* — Menstruer. — Être déficitaire.

Rougeaud, e adj. *N'être pas rougeaud* — Être mal pris. — Être malengagé (en parlant d'une affaire). *Être rougeaud* — Rougir de gêne, de honte.

Rouget n.m. — Cornouiller du Canada.

Rougette n.f. — Rousse. — Tache de rousseur.

Rough (pron. roffe) adj. — Dur. Brutal. Ex.: C'est un gars pas mal rough. — Difficile (en parlant d'une situation). Ex.: Je l'ai rough, c't'année. — Raboteux. Pierreux. Accidenté. — Mal fini. Ébauché (en parlant d'un ouvrage). Ex.: Faire une cabane en bois rough. — Vigoureux. Fort. Gaillard.

Rough (pron. roffe) n.m. — Individu brutal, grossier.

Rougher (pron. roffé) v. tr. — Rudoyer. — Bousiller (un ouvrage).

Roughment (pron. roffement) adv. — Rudement. Mal. Négligemment. Grossièrement.

Rougir v. tr. *Rougir le tisonnier* — Devant les enfants, façon voilée de faire entendre à son conjoint qu'on désire faire l'amour.

Rouil n.m. — Rouille.

Rouillé, e adj. — Qui a des taches de rousseur sur la peau. — Rude (en parlant de la voix).

Rouir v. intr. — Roussir (en parlant du beurre).

Roulage n.m. — Allées et venues. — Roulis.

Roulâiller v. intr. — Circuler. Se promener. Errer. Voyager.

Roulant n.m. — Ensemble de ce qui sert à une exploitation agricole y compris la basse-cour, le bétail. Ex.: Ce cultivateur a trente vaches dans son roulant. — Tout ce qu'il faut pour pratiquer un métier. Ex.: Ce charretier a vendu tout son roulant.

Roulante adj. f. *Voiture roulante* — Voiture à roues.

Roule n.m. ou f. — Règle. Pratique. Ex.: Faut s'lever de bonne heure, c'est la roule icitte.

Roule n.f. — Pile (de billots de bois).

Rouleau n.m. — Touaille, essuie-mains sans fin. — Pouliot, petit treuil à l'arrière d'une charrette. — Bobine (de ruban d'une machine à écrire).

Rouler v. intr. — Aller bon train. Ex.: I a un cheval qui roule bien. — Courailler. Ex.: I roule depuis longtemps. Tomber. Ex.: Quand la charrette a arrêté, i a roulé par terre. *Rouler avec* — Fréquenter. Ex.: J'aime pas ouère mon gars rouler avec euxautres. *Rouler gros, rouler* — Mener la grosse vie.

Rouler (se) v. pron. — Rire à se rouler par terre.

Roulette n.f. — Rondelle. *Ça marche sur les roulettes* — Ça va comme sur des roulettes.

Rouleuse n.f. — Cigarette que l'on roule soi-même. Roulée.

Rouleux n.m. — Courailleux.

Rouliére n.f. — Ornière.

Roulif adj. m. *Bois roulif* — Bois roulé. Roulis. Bois atteint de roulure.

Rouli-roulant n.m. — Skateboard.

Roulis n.m. — Ornière. — Surface carrossable d'un chemin.

Roumanien, enne adj. ou n.m. ou f. — Roumain.

Roupettes n.f. pl. — Testicules.

Roupie n.f. — Caroncule (du dindon). *Nez en roupie* — Nez en bec-de-corbin (qui rappelle, par sa forme, la caroncule du dindon).

Rousée n.f. — Rosée.

Rousine n.f. — Résine.

Rousseau n.f. — Ruisseau.

Rousselé, e adj. — Qui a des taches de rousseur.

Rousseler v. intr. — Gagner des rousseurs.

Rousselure n.f. — Tache de rousseur.

Roustaud, e adj. — Rustaud.

Routage n.m. — Acheminement. Ex.: Le routage de wagons.

Route n.f. — Chemin qui part du bord de la rivière et se dirige vers le fond des terres. — Chemin qui va d'un rang à un autre. *Cheval de route* — Cheval de voyage. Bon marcheur. *Train de route* — Train d'un cheval de voyage. Allure ordinaire d'un cheval. *En route* — En voie de se faire. Ex.: Une affaire en route. *Pomme de route* — Crottin. *Faire fausse route* — Avoir une fausse couche.

Router v. intr. — Aller son train. Cheminer (en parlant d'un cheval). — Acheminer. Tracer l'itinéraire de. Ex.: Router un char de bois.

Routeux, se adj. ou n.m. ou f. — De voyage. Cheval de voyage.

Routi n.m. — Rôti.

Routie n.f. — Rôtie. Ex.: Beurrer une routie.

Routine n.f. — Manie. Tic. Manière d'agir étrange.

Routir v. tr. ou intr. — Rôtir.

Rôvrir v. tr. — Rouvrir.

Royalement adv. — Tout à fait. Très. Ex.: I est royalement fatiquant.

Royale-taponneuse n.f. — Cigarette roulée à la main.

Royauté n.f. — Part des revenus ou bénéfices payée au détenteur d'un brevet ou d'un droit d'auteur. — Titre de certaines sociétés à fonds social.

R.P.M. n.m. — Tours-minute.

R'quiens-ben n.m. — Retenue. Ex.: Elle a pus de r'quiens-ben.

Rubandelle n.f. — V. RIBANDELLE.

Rudânier adj. — Rude dans sa façon de parler.

Rudâyer v. tr. — Rudoyer.

Rude adj. *Avoir la gorge rude* — Avoir un commencement de laryngite.

Ruderie n.f. — Rudesse.

Ruelle n.f. — Petite rue de service qui longe les arrière-cours de maisons de ville, de banlieue. — Petites roues. Avant-train (de charrue). — Baguette dont on se sert pour faire les lits.

Ruer v. intr. — Refuser d'agir. Être récalcitrant. Être dur de gueule (en parlant d'un cheval).

Ruette n.f. — Petite rue. Ruelle. — Passage. — Chemin de service.

Rug (pron. rogue) n.m. — Tapis de pied. Paillasson. Moquette. Carpette.

Ruiné, e adj. — Dont la santé est ruinée.

Ruine-babines n.m. — Harmonica.

Ruine-culottes n.m. — Glissoire.

Ruine-fer n.m. — Enfant qui use rapidement son linge.

Ruiner (se) v. pron. — Ruiner sa santé.

Rumeur n.f. *I est rumeur que* — Le bruit court que.

Run (pron. ronne) n.m. ou f. — Trajet habituel. Ex.: La run du boulanger. — Séjour à l'extérieur de sa région pour gagner de l'argent. Ex.: I fa sa run à Baie James tous les ans. — Vente d'occasion. — Course (sur une banque). Ex.: La run sur la Banque du Peuple. *Prendre une run* — Aller vite à pied, à cheval, en voiture. *Mettre quelqu'un sur la ronne* — Faire courir quelqu'un. *À la run du moulin* — Sans égard à la qualité (en parlant de bois de sciage). *Run dans un bas* — Échelle, maille qui file.

Runner (pron. ronner) v. tr. ou intr. — Conduire (une machine, un véhicule, un bateau). Ex.: Lui, i runne la perceuse. — Conduire (un groupe d'ouvriers). Ex.: I runne trente hommes sul chantier. — Exploiter (une entreprise). Ex.: I runne une grosse business. — Tourner. Ex.: Ton moteur runne trop vite au ralenti. — Être en marche. Ex.: Le moulin ronne jour et nuit. — Faire un trajet déterminé pour fins de commerce. Ex.: I runne pour la laiterie du boutte. — Aller vite. Ex.: Ça, c't'un cheval qui runne. *Runner un type* (pron. taill'pe) — Écrire à la machine.

Runner (pron. ronneu) n.m. — Celui qui runne (dans tous les sens de *runner*). — Pisteur, garçon d'hôtel chargé de racoler ou de recruter la clientèle. — Commissionnaire. — Employé d'un marchand qui va audevant des clients aux gares ou aux arrivées de bateau. — Embaucheur. — Patin de traîneau. *Arriver rienque su un runner* — Arriver en grande hâte.

Running shoes (pron. ronigne chou) n.m. — Tennis (souliers). Espadrilles.

Rupture n.f. — Hernie.

Rush (pron. roche) adj. — Urgent. *Rush order* (pron. roche ordeu) — Commande urgente.

Rush (pron. roche) n.f. — Précipitation. Ex.: Prends ton temps, y a pas de rush.

Rushant, e adj. — Ce qui bouscule, dérange, excite.

Rushé, e (pron. rocher) adj. — Pressé.

Rusher v. intr. — Se presser.

Russeau n.m. — Ruisseau.

Russeler v. intr. — Ruisseler.

S

Sa adj. poss. — Ma. Ex.: Eille, sa tante, ousse qu'i est mon onque? — La. Ex.: A fait sa fière. *Sa mére* — Maman. — Ma femme. *Son pére* — Papa. — Mon mari.

S'A contraction de sur la. Ex.: Ié encore s'a brosse.

Sâbe n.m. — Sable. — Sabre.

Sabelière n.f. — Sablière.

Sable n.m. — Sabre.

Sâblé adj. *Papier sâblé* — Papier à poncer.

Sabler v. tr. — Poncer. — Sabrer.

Sabotage n.m. — Cabotage. Ex.: C'est pas du sabotage ordinaire sur c'te rue-là.

Sabot de la vierge n.m. — Cypripède. Sabot des vierges. Sabot de Vénus.

Saboter v. tr. — Secouer. Cahoter. Ballotter. — Corriger. Rabrouer. Remettre à sa place.

Saboteux, se adj. — Cahoteux.

Sac n.m. — Musette. — Estomac. Ex.: Se remplir le sac. *Sac à flaubage* — Sacoche. Sac de voyage. *Sac à tabac* — Blague. *Sac de dame* — Réticule. *Sac de chasse* — Gibecière. *En avoir plein le sac* — En avoir assez. — Être ivre. *Mettre quelqu'un dans le sac* — Le rouler. — Le mettre dans l'impossibilité de répondre. *Sac à plomb* — Petit canard sauvage. *Sac à eau chaude* — Bouillotte. *Sac à blé* — Testicules. *Sac à jumeaux* — Soutien-gorge.

Sac-bord n.m. — Buffet. Dressoir.

Saccacomi n.m. — Arbuste dont les feuilles ressemblent à celles du tabac.

Saccage n.m. — Foule. Grand nombre. Ex.: On a eu un saccage de pommes c't'année. — Tapage.

Sacepanne n.f. — Casserole.

Sacoche n.f. — Sac à main. — Vagin.

Sacocher v. tr. — Réclamer de l'argent.

Sacrabe adj. — Détestable. Ex.: Un sacrabe d'enfant. — Juron inoffensif. Ex.: Sacrabe de guiâbe!

Sacrabe adv. *Sacrabe pas* — Guère. Pas trop. Ex.: Je sais sacrabe pas si ch'pourrai y aller.

Sacrament n.m. — Terme offensif équivalent à *enfant de chienne, osti.* Ex.: Mon sacrament, si j'ai la chance de t'pogner. — Partie de chapelets de jurons. Ex.: Ostensouère de sacrament d'osti de tabarnaque de crisse de viarge d'étole de ciboèère de maudit.

Sacrant, e adj. — Fâchant. Ennuyeux. Ex.: Un accident, c'est toujours sacrant. *Au plus sacrant* — Au plus vite.

Sacrard adj. ou n.m. — Qui sacre.

Sacre, sac(r)e n.m. — Juron. Blasphème. Ex.: Lâcher un sacre. *I a du sacre!* — Expression d'étonnement, de joie, de déception, de dépit. Ex.: Le vlà. I a ben du sacre! *Être en sacre* — Être en colère. *Envoyer au sacre* — Envoyer au diable. *Aller au sacre* — Aller au diable. *Comme le sacre, en sacre* — Superlatif. Ex.: I est fort en sacre. *Pas pour un sacre* — Pour rien au monde. Ex.: J'irai pas, pas pour un sacre. *Pas un sacre* — Pas du tout.

Sacré, e adj. — Flambé. Ex.: C't'un homme sacré. — Augmentatif. Ex.: Ça fa une sacrée escousse qu'on t'a vu.

Sacré adv. — Augmentatif. Ex.: C't'un sacré beau boeu.

Sacré! interj. — Juron.

Sacre bleu! interj. — Juron.

Sacrée n.f. — Grande quantité. Ex.: Des patates, i en a une sacrée c't'année.

Sacrée viande! interj. — Juron.

Sacrégué, sacrégueu interj. ou adv. — Sacrebleu. — Très. Ex.: I l'sait sacrégué ben. *Sacrégué pas* — Guère. Pas trop. Ex.: Je peux sacrégué pas le faire vivre.

Sacrement adv. — Très. Beaucoup. Ex.: C'est sacrement beau.

Sacrement n.m. — V. SACRAMENT. *En sacrement* — En colère.

Sacrement des fesses! interj. — Juron.

Sacrer v. tr. ou intr. — Jurer. Blasphémer. — Mettre (dehors, à la porte). Ex.: M'as t'sacrer dehors si t'arrêtes pas. — Mettre avec promptitude (un manteau, etc.). Ex.: Sacre-lui sa robe de chambre sul dos pis partons. — Mettre, faire mettre (en prison). Ex.: Si tu continues, tu vas te faire sacrer en prison. Ex.: Jeter, communiquer un mouvement violent à, pousser avec violence, faire tomber, laisser tomber. Ex.: Fa attention, tu vas sacrer la lampe à terre. — Faire. Ex.: Qu'est-ce qui sacre là, lui? — Jeter, mettre, placer, diriger (avec une idée de violence ou de rapidité). Ex.: Le vent l'a sacré sul dos. — Pousser (un cri). Ex.: I lui a sacré un cri. — Faire (peur). Ex.: I lui a sacré une peur. — Donner (des coups). Ex.: I a sacré un coup d'poing sua gueule. — Laisser. Abandonner. Ex.: Sacre tout ça là, pis viens-t'en. *Sacrer le camp* — Ficher le camp. *Sacrer patience, la paix* — Ficher la paix. *Sacrer des yeux à* — Regarder d'un air méchant. *Sacrer dedans* — Emprisonner. *Sacrer à terre (un bâtiment)* — Démolir. *Sacrer à (quelqu'un)* — Faire à. Ex.: Qu'est-ce tu veux que ça lui sacre?

Sacrer (se) v. pron. *Se sacrer sur (quelqu'un, quelque chose)* — Se jeter sur. *Se sacrer à, dans, entre, au travers, contre, etc.* — Se jeter à, dans, entre, etc. Ex.: I s'est sacré à l'eau. *Se sacrer de* — Se foutre de. Ex.: I s'sac(r)e de toute.

Sacreur, sacreux n.m. — Celui qui sacre.

Sacréyé! interj. — V. SACRÉGUÉ.

Sacrifice! interj. — Juron.

Sacripante n.f. de SACRIPANT.

Sacristie! interj. — Juron.

Safe adj. — V. SAFRE.

Safe (pron. séfe) adj. — Sauf (au baseball). — Sécuritaire. Ex.: C't'échafaud est-tu safe?

Safe (pron. séfe) n.m. — Coffre-fort. — Capote. Contraceptif.

Saferment adv. — Safrement.

Saferté n.f. — Safrerie. Gourmandise. Gloutonnerie.

Safety (pron. séfté) n.m. — Rasoir de sûreté.

Safety valve (séfté valve) n.f. — Soupape de sûreté.

Safre adj. — Égoïste. Avare. Chiche.

Safrement adv. — Égoïstement. Chichement.

Safrer v. intr. — Manger gloutonnement.

Safreté n.f. — Gourmandise. Gloutonnerie.

Sagamité n.f. — Pâte de maïs amérindienne.

Sagamo n.m. — Chef de tribu amérindienne.

Saganée n.f. — Grand nombre. Grande quantité.

Saganer v. tr. — Abîmer. Détériorer.

Saganer (se) v. pron. — S'abîmer. Se détériorer.

Sagant, e adj. — Malpropre. Négligent.

Sago n.m. — Sagou, fécule alimentaire extraite de la moëlle de certains palmiers.

Sagoter v. intr. — Botcher.

Sague-bord, saille-bord n.m. — Buffet. Dressoir.

Saignée n.f. *Avoir la saignée* — Menstruer.

Sâillon, onne n.m. ou f. — Souillon.

Sâillons n.m. pl. — Habits malpropres. Ex.: I éta en sâillons.

Sailor (pron. séleur) n.m. — Canotier.

Saincristie n.f. — Sacristie.

Sainsurin n.m. — Périnée. Fourche que forment les jambes. Riganière.

Saint n.m. *Descendre tous les saints du ciel* — Sacrer. Jurer.

Saint-chrème! interj. — Juron.

Saint-cibognac! interj. — Juron inoffensif.

Saint-cibole! interj. — Juron inoffensif.

Saint-cibouère! interj. — Juron.

Sainté! interj. — Juron inoffensif.

Sainte adj. f. — Qualificatif intensif qui s'ajoute à *vie, journée.* Ex.: Travailler toute la sainte journée. Jamais de ma sainte vie.

Sainte (la)! interj. — Exclamation. Ex.: La sainte! Le v'là encore.

Sainte bénite! interj. — Exclamation. Ex.: Sainte bénite! T'as pas fini?

Sainte face! interj. — Juron.

Sainte-nitouche n.f. — Femme qui refuse toute avance sexuelle.

Saint-épas n.m. — Homme grossier, ignorant.

Saintes guidounes! interj. — Juron.

Saintes morues! interj. — Juron.

Saint-Esprit! interj. — Juron.

Sainte-touche n.f. — Paye. Ex.: C'est jeudi le jour de la Sainte-touche.

Sainte viarge! interj. — Juron.

Saint-Joseph n.m. pl. — Seins. Ex.: Gares-y les saint-Joseph à c't'elle-là! — Pétunia.

Saint-Michel n.m. — Sapineau.

Saints culs! interj. — Juron.

Saints fumiers! interj. — Juron.

Saint-sicroche! interj. — Juron inoffensif.

Saisisseuse adj. — Nerveuse.

Saison n.f. — Morceau de terre éloigné des bâtiments de ferme. *Être en saison* — Être en chaleur (en parlant des femelles animales).

Salade n.f. — Laitue.

Salage n.m. — Solage.

Salaire n.m. — Gages. — Traitement. Appointement. Indemnité (des députés). Honoraires (des juges). Cachet (des comédiens).

Salange n.m. — Sel marin.

Sale adj. — Où il y a beaucoup de mauvaises herbes. Ex.: Sa terre est ben sale. — Dans lequel il y a beaucoup de mauvaises herbes (en parlant de foin, de fourrage). — Dans lequel il est difficile de passer à cause de l'épaisseur de la végétation (en parlant du bois, d'une forêt). Ex.: J'ai passé dans du bois sale pour arriver à l'orignal. — Dans lequel il y a beaucoup de ratures (en parlant d'un écrit).

Salé, e adj. — Capable. Courageux. Ex.: Lui, i est salé en maudit.

Salebarde n.f. — Épuisette à poissons.

Salebarder v. tr. — Transvaser (du poisson) à la salebarde.

Saler v. tr. — Frapper. Maltraiter. Rosser. — Faire payer des gros prix. Ex.: Saler ses clients. — Donner une main basse et raide (à la balle au mur).

Saleté n.f. — Grain de poussière. Ex.: J'ai une saleté dans l'oeil. *Faire ses saletés* — Faire ses besoins.

Salette n.f. — Selette.

Saleux, se adj. ou n.m. ou f. — Qui sale beaucoup ses aliments. — Qui fait payer le gros prix.

Saligaud n.m. — Personne malhonnête.

Salin n.m. — Air salin. Ex.: Respirer le salin.

Saline n.f. — Magasin à sel. — Source d'eau saline. — Cuve, bassin où l'on sale le poisson.

Salir v. tr. *Faire salir une femelle* — La faire saillir par le mâle.

Salir (se) v. pron. — Faire ses besoins. Ex.: Vite, l'enfant va se salir.

Salle à dîner n.f. — Salle à manger.

Salle de danse n.f. — Dancing.

Saloi n.m. — Saloir.

Saloon (pron. saloune) n.f. ou m. — Taverne. Bar.

Salon n.m. *Faire du salon* — Veiller au salon avec la jeune fille qu'on courtise.

Saloperie n.f. — V. SALETÉ.

Salopin n.m. — Enfant malpropre.

Salorium n.m. — Solarium.

Saloué n.m. — Saloir.

Sâmon n.m. — Saumon.

Sample (pron. samm'poule) n.m. — Échantillon. Spécimen.

Sanctus n.m. — Centuple.

Sand-blast (pron. sanne-blasse) n.m. — Jet de sable. Sablage.

Sandwich (pron. sanne-ouitche) n.f. — Sandwich (n.m.). — Serviette sanitaire.

Sang n.m. *Hémorraghie de sang* — Hémorraghie. *Sang de dragon* — Sanguinaire du Canada. *Avoir du sang de poisson* — Être frileux.

Sangle n.f. — Sous-ventrière.

Sanglée n.f. — Volée. Coup de fouet.

Sanglière n.f. — V. SANGLE.

Sang-mêlé n.m. — Métis.

Sangrain n.m. — Cloison garde-grain.

Sangs n.m. pl. — Sang. Ex.: Avoir ça dans les sangs. *Changer les sangs* — Changer les humeurs. *Se ronger, se manger les sangs* — Ne pas se tenir d'impatience. *Tourner les sangs à quelqu'un* — Lui causer une grande peur.

Sangue n.f. — Sangle.

Sanriette n.f. — Sarriette.

Sans adv. *En être de sans* — Ne pas en avoir. Ex.: Tu veux que je t'en prête, mais j'en suis de sans.

Sans-allure n.m. — Qui n'a pas d'allure. Sans-dessein.

Sans-dessein adj. ou n.m. ou f. — Imbécile. — Maladroit.

Sans-génie n.m. — Faible d'esprit.

Sans-la-nippe adj. ou n.m. ou f. — Gueux. — Faible d'esprit.

Sans-manières n.m. — Qui n'a pas de manières, de façon. Un impoli.

Santa Claus (pron. cenne-ta-clâsse) n.p. m. — Père Noël. Ex.: Les bebelles de Santa Claus, avec l'inflation, c'pas un cadeau c't'année.

Saouest adj. ou n.m. — Sud-ouest. — Vent du sud-ouest. — Chapeau imperméable de pêcheur.

Saouéyane n.f. — V. SAVOYANE.

Saper v. intr. — Faire du bruit avec sa langue en mangeant.

Sapergué! interj. et adv. — V. SACRÉGUÉ.

Saperlipopette! interj. — Juron inoffensif.

Sapignière n.f. — Sapinière.

Sapin n.m. *Gomme de sapin* — Baume du Canada. *Sapin rouge* — Sapin baumier. *Sapin traînard* — If du Canada. *Être rendu au sapin* — Être réduit à la misère. *Se faire passer un sapin* — Se faire avoir.

Sapinage n.m. — Sapinière. — Pousses de sapin. — Branches de sapin. — Conifères, surtout sapins et épinettes. *Goût de sapinage* — Goût de sapin.

Saplaine n.f. — Bois de seconde pousse. — Jeune arbre.

Sapoudrer v. tr. — Saupoudrer.

Sapre n.f. — Pain trempé dans du lait chaud sucré.

Sapré, e adj. ou interj. — Forme adoucie de SACRÉ.

Saprédié, sapregué interj. et adv. — Forme adoucie de SACRÉGUÉ.

Saprement adv. — Forme adoucie de SACREMENT.

Saprer v. tr. ou pron. — Forme adoucie de SACRER.

Sapristi! interj. — Juron inoffensif.

Saquerdié, saquegué interj. et adv. — V. SACRÉGUÉ.

Sarabande n.f. — Vacarme. — Volée de coups.

Sarabander v. tr. — Donner une volée. — Réprimander.

Sarai, sarais v. tr. — Saurai, saurais.

Sarcelle rameuse n.f. — Sarcelle. Oiseau semblable au canard.

Sarcher v. tr. — Chercher.

Sarcle n.m. — Cercle. *Sarcle du cou* — Clavicule.

Sarcleuse n.f. — Sarcloir.

Sarcueil n.m. — Cercueil.

Sardine n.f. — Jeune hareng du Saint-Laurent.

Sarf n.m. — Cerf. *Corne de sarf* — Ammoniaque.

Sarfe adj. ou n.m. ou f. — V. SAFRE.

Sarfeuil n.m. — Cerfeuil.

Sargaillonne n.f. — Prostituée.

Sarge n.m. — Serge (tissu).

Sargent n.m. — Sergent. — Serre-joint.

Sarlagne n.f. — Surlonge.

Sarlinger v. tr. — Battre (un enfant, un animal). — Gronder. — Fouiller sous les vêtements de.

Sarment n.m. — Serment.

Sarmenter v. tr. ou intr. — Attester sous serment. — Prêter serment.

Sarmon n.m. — Sermon.

Sarmonner v. tr. — Sermonner.

Saroit adj. — Sud-ouest. — Vent du sud-ouest.

Sarpe n.f. — Serpe.

Sarpent n.m. — Serpent. — Personne rusée.

Sarper v. tr. — Couper à la serpe, à la hache.

Sarpida adj. ou n.m. ou f. — Dissipé. Agité. Effronté (en parlant d'un enfant).

Sarpidon n.m. — Tapageur.

Sarque n.m. — Cercle. *Sarque du cou* — Clavicule.

Sarsifis n.m. — Salsifis.

Sartine n.f. — Calicot.

Sarvabe adj. — Servable.

Sarvant n.m. — Servant.

Sarvante n.f. — Servante.

Sarviabe adj. — Serviable. *Pas être sarviable* — Être maladroit. Ne pas écouter.

Sarvice n.m. — Service. *Pas d'sarvice* — Inutile.

Sarviette n.f. — Serviette. — Sarriette.

Sarvir v. tr. — Servir.

Sarviteur n.m. — Serviteur.

Sarvitude n.f. — Servitude.

Sarvolant n.m. — Cerf-volant.

Saskatoune n.f. — Baie sauvage.

Sassaqua n.m. — Tapage.

Sasse n.f. — Sas. Tamis.

Sassepanne n.f. — Casserole.

Sassepareille n.f. — Salsepareille.

Sassepinte n.f. — V. SASSEPANNE.

Sasser v. tr. — Donner une semonce ou une raclée à. — Secouer (par des cahots).

Sassoire n.f. — Bois qui sert à étendre les couvertures d'un lit et à mettre celui-ci de niveau.

Sassure n.f. — Ce qui a été sassé.

Satchel n.m. — Sacoche. — Sac de voyage. — Sac à main. — Réticule. — Boîte à couteaux.

Satine n.f. — Satinette. — Satinade.

Satinette n.f. — Sorte de bonbon. — Fiancée.

Satisfaire v. tr. — Convaincre. Persuader. Ex.: Je l'ai satisfait qu'il avait tort.

Satré, e adj. — Forme adoucie de SACRÉ.

Satrégué interj. ou adv. — V. SAPRÉGUÉ.

Sau adj. — Sauf (dans *sain et sauf*).

Sauce n.f. — Blanquette. — Courte visite. *Attraper une sauce* — Recevoir une correction. *Ne pas être clair de sa* *sauce* — Ne pas en avoir fini avec quelque chose.

Saucée n.f. — Plumée. Ex.: Une saucée d'encre.

Sauce-pan (pron. sauce-panne) n.f. — Casserole.

Saucer v. tr. ou intr. — Faire une courte visite. — Échanger le sept d'atout contre la retourne (à certains jeux de cartes). — Tremper. Ex.: Saucer sa plume dans l'encre. *Se faire saucer* — Se faire avoir.

Saucer (se) v. pron. — Se mettre à l'eau.

Saucette n.f. — Courte visite. — Trempette.

Saucier n.m. — Saucière. — Assiette.

Saucisse n.f. — Pénis.

Saudine! interj. — V. SAUDIT!

Saudit! interj. n.m. ou adj. — Forme adoucie de MAUDIT.

Saufre prép. — Sauf.

Saule n.f. — Saule (n.m.).

Sausit n.m. *En sausit* — En colère.

Saut n.m. — *Arriver sur un saut pis un pet* — Arriver très rapidement.

Sautâiller v. intr. — Sautiller.

Saut au grain n.m. — Division en bois entre la batterie et la tasserie.

Sauter v. tr. — Descendre (un rapide) en canot, en bateau. — Réprimander. — Sauter les clôtures. Ex.: C't'un cheval qui saute. *Sauter tout au pic* — Trépigner de colère. *Sauter au bec; sauter sur le bec* — Embrasser.

Sautereau n.m. — Lièvre. — Enfant agile. — Insecte qui patine sur l'eau.

Sauteuse n.f. — Scie sauteuse. Scie à chantourner.

Sauteux adj. ou n.m. — Sauteur. — Qui saute les clôtures. — Lièvre. *Sauteux d'escalier* — Fat. *Sauteux de clôtures* — Don Juan.

Saut morissette n.m. — Culbute.

Sauvage n.m. — Amérindien dans le vocabulaire des Français de la Nouvelle-France, des Canayens, des Canadiens-français. *Été des sauvages* — Été des Indiens. Été de la Saint-Martin. *Attendre les sauvages* — Être sur le point d'accoucher.

Sauvage adj. *Viande sauvage* — Viande d'animal sauvage.

Sauvagesse n.f. — Sage-femme.

Sauve adj. m. — Sauf.

Sauver v. tr. — Économiser. Ex.: J'ai sauvé dix piasses en achetant de toi.

Sauver (se) v. pron. — Partir. — Fuir.

Sauvez-vous n.m. *Sentir le sauvez-vous* — Sentir mauvais.

Savage, esse adj. ou n.m. ou f. — Sauvage.

Savane n.f. — Terrain marécageux.

Savaneux, se adj. — Marécageux.

Savate n.f. — Réglisse.

Savaté, e adj. — Fatigué.

Savater v. tr. — Chiffonner. Défraîchir. User. Salir. — Fatiguer. — Rendre malade. Ex.: Savater sa robe. Le voyage l'a savaté.

Savateux, se adj. — Qui savate ses habits.

Save v. tr. subj. prés. — Sache.

Savoir v. tr. *Vouloir rien savoir* — S'en foutre éperdument.

Savon n.m. *Savon du pays* — Savon de ménage. *Savon d'odeur* — Savon parfumé. *Se faire passer un savon* — Se faire donner une raclée.

Savonnade n.f. — Réprimande sévère.

Savonnette à barbe n.f. — Blaireau.

Savonnier n.m. — Porte-savon. — Petit meuble portant une cuvette et un morceau de savon.

Savonnure n.f. — Savonnage. — Mousse de savon.

Sa' vous loc. verbale — Savez-vous?

Savoyane n.f. — Coptide à trois feuilles, plante dont la racine sert à teindre en jaune. Est également employée comme médicament.

Scab n.m. — Briseur de grève.

Scâbreux, se adj. — Difficile (en parlant d'un cheval).

Scaler (pron. skélé) v. tr. — Mesurer (du bois).

Scaleur (pron. skéleur) n.m. — Mesureur (de bois).

Scantling n.m. — Bois de charpente de 2 pouces sur 4 pouces. Deux-par-quate. Membrette.

Scâreux, se adj. — Précieux (en parlant d'une personne). Ex.: Pour une fille de colon, elle a l'air un peu trop scâreuse.

Scarfe n.f. — Foulard.

Scarfer v. tr. — Enter. Abouter.

Scéniques n.f. pl. — Montagnes russes.

Scheme (pron. skime) n.m. — Plan d'action généralement malhonnête.

Schemer (pron. skimé) v. intr. — Faire des plans plus ou moins honnêtes.

Schemer (pron. skimeu) n.m. — Faiseur de plans plus ou moins honnêtes.

Scie n.f. *Scie à raser* — Scie à araser. *Scie de long* — Scie à scier de long. *Scie ronde* — Personne importune, fatiquante. *En scie ronde* — Superlatif. Ex.: Ç'a pas pris temps, on est venu en scie ronde. *Scie à chaîne* — Scie mécanique. *Scie à fer* — Scie à métaux. *Scie ronde* — Sage-femme.

Scier v. tr. — Agacer. Tourner le fer dans la plaie.

Scieux n.m. — Scieur. — Fatiquant. Importun.

Sciotte n.f. — Scie légère à cadre qui se bande par un dispositif de vis-en-lanterne. *En sciotte* — Regroupé. À plusieurs. Ex.: Se mettre en sciotte pour battre son grain.

Sciotter v. intr. — Se masturber.

Scoop (pron. scoupe) n.m. — Primeur d'une nouvelle.

Scooper (pron. scouper) v. tr. — Obtenir une primeur.

Scorer v. intr. — Compter un but (sports).

Scoreur n.m. — Joueur qui compte pour son équipe.

Scotch tape (pron. skotch-tépe) n.m. — Ruban adhésif transparent.

Scramoter v. tr. — Tripoter. Plotter.

Scrap (pron. scrape) n.m. — Ferraille. — Rebut. Ex.: Tout ce tas-là, c'est d'la scrap.

Scrapbook (pron. scrape-bouc) n.m. — Album à collection de cartes, coupures de journaux, etc.

Scraper v. tr. — Mettre aux rebuts. Ex.: Scrape-moi ça, c'te vieux barlin-là. — Démolir (un véhicule) dans un accident. Ex.: J'ai scrapé mon char sur la route de Val d'Or.

Scrap yard (pron. scrape illarde) n.f. — Cour de ferraille.

Scratch n.m. — Égratignure. Éraillure (sur un disque).

Scratché, e adj. — Égratigné. Raillé.

Screen (pron. scrine ou scrigne) n.m. ou f. — V. SCRIGNE.

Scrépage n.m. — Action de scréper.

Scrépe n.m. ou f. — Chicane. Dispute. Controverse. *En scrépe* — En chicane.

Scréper v. tr. — Gratter. Racler. — Niveler (un chemin de terre, de gravelle).

Scrépeur n.m. — Grattoir. Racloir. — Machine à niveler un chemin de terre, de gravelle. — Appareil déneigeur attaché à un wagon de chemin de fer. — Grande pelle basculante tirée par un cheval.

Scrigne n.m. — Moustiquaire. *Porte de scrigne, châssis de scrigne* — Porte, châssis en moustiquaire.

Scrobber v. intr. — V. SCRUBBER.

Scrou n.m. — En milieu carcéral, gardien de prison.

Scrubber (pron. scrobé) v. intr. — Essoucher, arracher les racines dans un futur champ de culture.

Seal (pron. sile) n.m. — Fourrure de phoque, de veau marin, piquée et teinte. — Sceau. Cachet. — Plomb (de douane).

Sec, sèche adj. *Sec comme nord-est* — Très sec. *Marchandises sèches* — Marchandises non-périssables.

Sécaille adj. — Un peu sec. — Un peu rétif.

Sèche adj. m. — Sec. Ex.: Le pain est sèche.

Seche n.f. *À seche* — À sec. *À la seche* — À l'abri de la pluie, de l'humidité.

Séché, e adj. — Rendu sec. Ex.: Du bois séché. De la morue séchée.

Sèchement adv. — Chichement.

Séchoé, séchoué, séchouére n.m. — Séchoir.

Seconde main (de) loc. adj. *Marchand de seconde main* — Marchand d'occasions. Regrattier. *Marchandises de seconde main* — Marchandises défraîchies.

Seconder v. tr. — Appuyer (une motion).

Secondeur n.m. — Celui qui appuie en second une motion.

Secouée n.f. — Action de secouer un enfant pour le réprimander. — Réprimande. — Gros effort.

Secouer v. tr. — Rosser. *Secouer ses puces à quelqu'un* — Lui administrer une correction.

Secoupe n.f. — Soucoupe. — Extrémité de la verge (chez les animaux).

Secoupée n.f. — Contenu d'une secoupe.

Secousse n.f. — Rafale. — Espace de temps. Période. J't'ai attendu une bonne secousse. — Fois. Ex.: Une aute secousse, j'irai.

Secret n.m. *Soigner, guérir du secret* — Soigner, guérir sans remèdes, par des formules, des incantations, des touchers.

Sectembe n.m. — Septembre.

Section n.f. — Article (de loi). — Division d'un wagon-lit comprenant deux lits superposés. — Parcours déterminé de chemin de fer. *Homme de section* — Employé d'entretien de ce parcours. *Section d'un journal* — Cahier.

Sectionnaire n.m. — Employé d'entretien d'une section de chemin de fer. — Piocheur. — Cantonnier. — Chef de section de brigade.

Sécure adj. — Qui se sent sûr, rassuré. Qui ne souffre pas d'insécurité.

Sécurité n.f. — Garantie légale. — Valeur monétaire. Ex.: Vendre des sécurités.

Sedan (pron. sédane) n.m. ou f. — Voiture fermée pouvant transporter quatre ou cinq personnes.

Séfe n.m. — V. SAFE.

Seffisant adj. — Suffisant.

Ségo n.m. — Sagou.

Segret n.m. ou adj. — Secret.

Segrétaire n.m. ou f. — Secrétaire.

Seigner v. intr. ou pron. — Signer.

Seigneur! interj. — Mon Dieu!

Seigneur n.m. *En seigneur* — Superlatif. Ex.: Être riche en seigneur.

Seigneurerie n.f. — Seigneurie.

Seigneuresse n.f. — Veuve du seigneur qui perçoit des droits seigneuriaux.

Seigue n.m. — Sègle.

Seillon n.m. — Sillon.

Seine n.f. — Poche de filet pour prendre des poissons.

Seinage n.m. — Action de seiner.

Seiner v. intr. — Racoler des passants (en parlant de prostituées). — Épier. — Écornifler.

Seineuse n.f. — Prostituée qui seine.

Seineux n.m. — Épieur. Écornifleux.

Seing n.m. — Signe (à la figure). Marque naturelle sur la peau. Grain de beauté.

Self-service n.m. — Libre service.

Selky n.m. — Voiture légère à une place tirée par un cheval dont on se sert dans les compétitions.

Selle n.f. — Plate-forme sur laquelle repose le corps du four à pain. *Aller à la selle* — Aller à cheval.

Sellette n.f. *Aller à la sellette* — Aller à cheval.

Selon comme loc. conj. — Selon que.

Seltier n.m. — V. SELKY.

Semaine n.f. *Sous semaine, sur semaine* — En semaine.

Semblance n.f. — Ressemblance. — Apparence. Ex.: I a semblance de beau temps. — Avis. Ex.: À ma semblance, i fera beau.

Semblant n.m. — Semblable. Ex.: I a pas son semblant. *À mon semblant* — À mon avis.

Sembler v. intr. ou imper. — Ressembler. Ex.: I sembe à son père. *Me sembe, me semblait* — Il me semble, il me semblait. *Je me semble* — Il me semble.

Sémedi n.m. — Samedi.

Semelle n.f. *En semelle de bas* — En pied de bas.

Semences n.f. pl. — Semailles.

Sement adv. — Seulement.

Semeux n.m. — Semeur.

Semi-détachée adj. f. — Se dit d'une maison avec mur commun. Jumelle. Jumelée.

Semmedi n.m. — Samedi.

Sénéca n.m. — Genre de polyganacée dont on extrait du salicylate de méthyle.

Senefiance n.f. — Signification. Indice.

Sénéfication n.f. — Signification.

Senellier n.m. — Aubépine.

Sénior adj. — Père, aîné (après un nom propre) par opposition au fils du même prénom. Ex.: Joseph Gagnon, sénior.

Séniorité n.f. — Ancienneté.

Senkier n.m. — Sentier.

Senne n.f. — Cent (monnaie).

Sens n.m. *D'un sens* — Dans un sens. *Avoir du bon sens* — Être convenable. Ex.: Les chemins commencent à avoir du bon sens. *Sul sens* — De bonne humeur. Ex.: I s'est levé sul sens à matin. *Sans bon sens* — Beaucoup. À l'excès. Ex.: I boit sans bon sens.

Sensibe adj. — Douloureux au toucher. Ex.: J'ai le poignet ben sensibe.

Sensibe n.m. — Point douloureux. Ex.: J'ai un petit sensibe au bout du doigt.

Sens sus dessour, sens sus dessous loc. adv. — Sens dessus dessous.

Sent n.m. — Senteur. Odeur. *Suivre au sent* — Suivre à la piste.

Sent-bon n.m. — Parfum.

Sentène n.f. *Ne pas trouver la sentène* — Ne pas pouvoir démêler une affaire.

Senteux n.m. — Qui a le nez fourré partout. *Senteux de vesses* — Écornifleur. *Senteux de filles* — Coureur de jupons. *Senteux de pet* — Homosexuel.

Sentier n.m. — Chemin d'hiver à travers champs. — Chemin de traverse.

Sentiment n.m. — Odorat. — Intelligence.

Sentinelle n.f. — Excrément humain le long d'un bâtiment, d'une clôture.

Sentir v. tr. ou intr. — Annoncer. Ex.: Ça sent la pluie. — Écornifler. *Sentir les vesses* — Écornifler. Importuner. *T'as senti* — Injure en réponse à *T'as menti. Sentir sur quelqu'un* — L'épier. *Sentir venir* — Éjaculer.

Sentir (se) v. pron. — Être viril. — Être en état d'érection. *Se sentir mal* — Être gêné. — Avoir un malaise.

Sent-la-marde adj. ou n.m. ou f. — Qui est absolument désagréable. — Lâche. Pousseux.

Seoyez-vous v. pron. — Asseyez-vous.

Séparateur n.m. — Écrémeuse.

Séparation n.f. — Raie des cheveux.

Séparer v. tr. — Partager. Ex.: Séparer les dépenses.

Sépareux n.m. — Généreux.

Séparure n.f. — Raie des cheveux. — Bat-flanc.

Sept adj. num. *Sept ans et sept carêmes* — Période très longue. *Sept ans et un carême* — Huit ans. *Sept ans et sept quarantaines* — Période très longue.

Sépuque n.m. — Sépulcre.

Séque adj. f. — Sèche. Ex.: La terre commence à être séque.

Séraphin n.m. — Avare.

Sercher v. tr. — Chercher.

Serclage n.m. — Sarclage.

Sercler v. tr. — Sarcler.

Sercleux, se n.m. ou f. — Sarcleur.

Serclures n.f. pl. — Sarclures.

Serdine n.f. — Sardine. — Jeune hareng du Saint-Laurent.

Sereine n.f. — Sirène.

Sérieusement adv. — Extraordinairement.

Sérieux, se adj. — Extraordinaire. Ex.: C'est sérieux de voir ça. *Être sérieux* — Parler sérieusement.

Sérieux adv. — Extraordinairement. Ex.: On est venu vite sérieux!

Sérieux n.m. *Tenir son sérieux à deux mains* — Faire tous les efforts pour ne pas rire.

Serin n.m. — En milieu carcéral, la moitié femelle d'un couple homosexuel.

Seringle n.f. — Seringue.

Seringlée n.f. — Ce que contient une seringle. — Volée.

Seringler v. tr. — Seringuer. — Battre.

Seringue n.f. — Pénis.

Serment n.m. *Sortir du serment* — Être relevé d'un serment.

Sermenter v. tr. — Attester sous serment.

Seroi adj. ou n.m. — Sud-ouest. — Vent du sud-ouest.

Seron n.m. — Serin, niais qui croit tout ce qu'on lui dit. — Lâche. Paresseux. — Vieux. *Petit seron* — Enfant espiègle. *Vieux seron* — Vieux roué.

Serpé n.m. — Partie de forêt où les pousses ont été coupées à la serpe.

Serpent n.m. — Personne rusée. — Serpentin. *Avoir du serpent dans le corps* — Avoir le diable au corps.

Serper v. tr. — Couper à la serpe, à la hache.

Serpida adj. ou n.m. ou f. — Effronté, agité (en parlant d'un enfant).

Serre n.f. — Serre-joints. — Coin de fer avec lequel on cale la queue de la faux dans la douille du faux-manche. — Coin de serrage pour douille d'outil. *À serre* — Serré. À frottement dur. — À court d'argent. *Mettre les serres* — Châtrer.

Serré, e adj. — Gêné dans ses affaires. À court d'argent. — Constipé. *Avoir le grain serré* — Être peureux.

Serrée n.f. — Action de serrer (les céréales, le foin). — Quantité de foin, de céréales que l'on serre dans une journée, dans une partie de la journée.

Serre-fesses adj. ou n.m. ou f. — Peureux.

Serre-la-piasse n.m. — Avare.

Serre-la-poigne adj. ou n.m. ou f. — Avare.

Serrement n.m. *Avoir un serrement de gosses* — Avoir une érection.

Serre-point n.m. — Tiers-point.

Serrer v. tr. — Poser des questions difficiles. Ex.: Le témoin s'est fait serrer. — Servir. Ex.: Êtes-vous serré? *Serrer la poigne* — Serrer les cordons de sa bourse. *Serrer les ouïes* — Serrer la nuque. *Serrer le grain* — Avoir peur. *Serrer les cordeaux à quelqu'un* — Restreindre ses dépenses. Freiner ses désirs, ses activités. *Aller se serrer* — Partir. Ficher la paix. *Se serrer la ceinture* — Se priver. *Serrer ses affaires* — Ranger ses effets personnels. *Serrer les affaires* — Desservir. Ranger les choses. *Serrer la main de son meilleur ami* — Uriner.

Serriette n.f. — Sarriette.

Serrure à chute n.f. — Loquet. — Serrure à ressort.

Sersifis n.m. — Salsifis.

Servabe adj. — Utile. Utilisable. — Serviable. — Facile à servir. Ex.: Mon patron est ben servabe. — Présentable. Ex.: Ce bouquet est pas servabe. — Propre à mettre sur la table. — Solvable.

Servante générale n.f. — Bonne à tout faire.

Serviabe adj. — En état de servir. Utilisable. Ex.: Ce chapeau-là est pus serviabe. *Être pas serviabe* — Être maladroit. — Ne pas écouter. Ex.: C't'enfant-là est pas serviabe.

Service n.m. *De service* — Aimer à rendre service. Serviable. Ex.: C't'un gars ben de service. *Hors de service* — (En parlant de personnes) dont on ne peut rien tirer de bon. *Service civil* — Fonction publique.

Service station n.f. — Station-service.

Servir v. tr. ou intr. — Donner (une taloche, une raclée). — Signifier. Ex.: Servir un mandat. — S'accoupler. Ex.: Le boeu et la vache sont après servir. — Faire l'amour à. Ex.: Mon mari, i est pas ben bon, i peux même pas me servir. *Faire servir* (une femelle) — La mener au mâle. *Servir un terme d'emprisonnement* — Purger une sentence, une peine.

Sesque n.m. — Sexe.

Session n.f. — Section.

Sessionnaire n.m. — Sectionnaire.

Sessionnel, elle adj. — Pour la durée de la session du Parlement, de l'Assemblée Nationale. — Parlementaire.

Sessionnel n.m. — Employé sessionnel.

Set n.m. — Ensemble. Ex.: Un set de chambre à coucher. — Service. Ex.: Un set de vaisselle. — Série. Ex.: Un set complet de livres. — Jeu. Ex.: Un set d'aiguilles à tricoter. Un set de clefs. — Groupe. Ex.: Un set de machines. — Coffre. Ex.: Un set d'outils. — Paire. Ex.: Un set de pentures. — Garniture. Ex.: Un set de boutons. Un set de cheminée. — Rangée. Ex.: Un set de dents. — Cercle. Ex.: Un set d'amis. — Bande. Ex.: Un set de gamins. — Classe. Ex.: Un set de gens. — Groupe de couples. Ex.: Set de danseurs. — Série de parties (au jeu). Ex.: Jouer un set de tennis. — Danse. Figure de quadrille. Ex.: Danser un set carré. *Set d'honneur* — Couple à l'honneur qui ouvre le bal.

Settler v. tr. — Acquitter (un compte). — Ajuster (un compte). — Régler (une affaire). — Ajuster (un moteur, une machine).

Settler (se) — S'établir. Ex.: I s'sont settlés près de Rouyn.

Settleur n.m. — Conducteur d'un chariot de scierie.

Setupé, e (pron. set opé) adj. — Organisé. Installé. Ex.: Chus setupé ici depuis deux semaines.

Seu adj. — Seul. Ex.: I est tout seu à maison. — Qui aime être seul.

Seul, e adj. — Pas communicatif.

Seulement adv. *Tant seulement* — Seulement. Ex.: C'est tant seulement pour rire. *En seulement* — Seulement. Ex.: C'est en seulement pour vous saluer. *Seulement que* — Mais. Ex.: I est bon seulement que i est un peu fatiquant. — Ne...que. Seulement. Ex.: Vous avez seulement qu'à lui parler.

Seurcroît n.m. — Surcroît.

Seurement adv. — Seulement. — Sûrement. *En seurement, tant seurement* — En seulement, tant seulement.

Seureté n.f. — Sûreté.

Seurir v. intr. — Surir.

Seurlendemain n.m. — Surlendemain.

Seurlinguer v. tr. — Battre. — Gronder. — Fouiller sous les vêtements. — Fouetter.

Seurouet adj. ou n.m. — Sud-ouest. — Vent du sud-ouest.

Seurpasser v. tr. — Surpasser.

Seurplis n.m. — Surplis.

Seurplus n.m. — Surplus.

Seurprendre v. tr. — Surprendre.

Seurprise n.f. — Surprise.

Seurtout n.m. — Redingote.

Sévigné n.m. — Genévrier horizontal.

Sexe n.m. *Personnes du sexe* — Femmes.

Sexy, sexé, e adj. — Qui attire sexuellement.

Seye v. — Soit. Ex.: Pars avant qu'i seye nuit.

Sfatte n.f. — Asphalte.

Sfatter v. tr. — Asphalter.

Shabby (pron. chabé) adj. — Frippé. Défait.

Shack n.m. — Cabane.

Shaft (pron. chafe) n.m. — Arbre (de moteur). — Puits (de mine). — Pénis.

Shaker (pron. chéqué) v. tr. ou intr. — Secouer. — Trembler.

Shaker (se) v. pron. — Se réveiller. Se grouiller.

Shakes (pron. chéque) *Avoir les shakes* — Trembler.

Shallac n.m. — Laque. Vernis.

Shallaquer v. tr. — Laquer. Vernir.

Shame (pron. chéme) n.f. — Honte. *Shame on you* (pron. chéme âne iou) — T'as pas honte?

Shampoo (pron. champou) n.m. — Shampooing.

Shape (pron. chépe) n.f. — Forme, tournure (d'une femme). Ex.: Elle a une belle shape. — Forme (de chapeau). *Être en shape* — Être en forme.

Shapé, e (pron. chépé) adj. — Bien moulé. Ex.: Elle est shapée en maudit.

Shaper (se) (pron. chépé) v. pron. — S'habiller. Ex.: A sait pas se shaper.

Shaper (pron. chépé) v. tr. — Façonner. Ex.: Shape-moi donc ce barreau de chaise.

Sharp (pron. charpe) adj. — Intelligent. Malin.

Shartigne, shartine n.f. — Calicot.

Shavage (pron. chévage) n.m. — Vol usurier. Ex.: Prêter à dix pour cent, c'est du shavage.

Shaver (pron. chévé) v. tr. — Écorcher (les gens). — Prêter à usure. — Raser (la barbe). Ex.: J'me suis fait shaver pour les noces.

Shaveur (pron. chéveur) — Usurier.

Shed (pron. chède) n.m. — Hangar. Appentis. Remise.

Sheer n.f. — V. CHIRE.

Sheerer v. tr. — V. CHIRER.

Sheereux, se adj. — V. CHIREUX.

Shellac n.m. — Laque. Vernis.

Shérif n.m. — Huissier.

Shérifat n.m. — Charge de shérif.

Sherry n.m. — Vin très doux servi comme digestif. Xérès (pron. Kérès).

Shesser v. tr. ou intr. — Sécher.

Shesseresse n.f. — Sécheresse.

Shift (pron. chiffe ou chiffre) n.m. — Quart (de travail).

Shifter v. intr. — Passer d'une vitesse à une autre (dans un véhicule automobile).

Shim (pron. chime) n.m. ou f. — Coin de bois. Cale.

Shimmer (pron. chimé) v. tr. — Caler. Insérer une cale.

Shine (pron. chaill'ne) n.m. — Éclat. Lustre. *Se faire donner un shine* — Faire cirer ses chaussures.

Shiner (pron. chaill'né) v. tr. — Polir. — Ressortir. Ex.: Regarde-la, a shine à soir.

Shippage n.m. — Expédition.

Shipper v. tr. — Expédier (quelque chose). — Éloigner (quelqu'un). Ex.: Son père l'a shippé aux États-Unis.

Shipper (pron. chipeu) n.m. — Expéditeur.

Shipping (pron. chipigne) n.m. — Expédition.

Shire n.f. — Dérapage. Embardée.

Shirer v. intr. — Déraper.

Shirting (pron. cheur-tigne) n.m. — Calicot.

Shock (pron. tchoque) n.m. — Amortisseur.

Shoe-claque (pron. chou-claque) n.m. — Soulier en canevas avec semelle de caoutchouc. Soulier de sport.

Shofa n.m. — Sofa.

Shoot! (pron. choute) interj. — Dis-le!

Shooter (pron. chouté) v. tr. — Tirer (un projectile, une rondelle, etc.) — Éjaculer.

Shooter (se) (pron. se chouté) v. pron. — S'injecter des drogues dans les veines. — Se tirer une balle dans la tête.

Shop (pron. chope) n.f. — Atelier. — Usine. — Boutique. Magasin.

Shopper v. intr. — Magasiner.

Shopping bag (pron. chopigne bague) n.m. — Sac en papier avec poignées pour magasiner.

Short (pron. chorte) adj. *Être short* (un montant) — Avoir (un montant) en moins. Ex.: Chus une piasse short.

Short and sweet (pron. chorte enne souite) loc. adj. — Court. Rapide.

Short cut n.m. — Raccourci.

Shortening (pron. chortenigne) n.m. — Saindoux.

Shorts (pron. chorte) n.f. pl. — Caleçon (pour hommes). — Culottes courtes.

Short-time (pron. shorte-tailleme) n.m. — Détenu dont la période d'incarcération achève ou qui vient d'obtenir une mise en libération conditionnelle non encore appliquée.

Shot (pron. chote) n.f. — Gorgée (d'alcool). Ex.: Une shot de rye. — Gorgée à même la bouteille. Ex.: Laisse-moi prendre jusse une shot.

Show n.m. — Spectacle. — Cinéma. — Étalage. *Faire son show* — Se donner en spectacle. *Faire un beau show* — Faire bonne figure dans une compétition.

Shower (pron. châoueu) n.m. — Fête qu'on fait entre femmes à la future mariée.

Show-off (pron. chô-âfe) n.m. — Prétentieux. Frais. Frais-chié.

Showroom (pron. chô-roume) n.f. — Salle de montre. Salle de démonstration.

Shuntage (pron. chonn'tage) n.m. — Triage (des wagons de chemin de fer).

Shunter (pron. chonn'té) v. tr. — Trier (des wagons de chemin de fer).

Si adv. *Si... comme* — Si... que. Ex.: Elle est pas si belle comme sa soeur. *Si tellement* — Si. Tellement. Ex.: I est si tellement en colère qu'i peut tout casser. *Si tant* — Si. Ex.: C'est pas si tant pire. *Toué si* — Toi aussi. *Si tant tellement* — Si.

Si conj. *Comme si comme, comme si que* — Comme si. Ex.: Elle nous traite comme si qu'on était fou. *Si que* — Si. Ex.: Si qu'on allait dîner. *Si ça serait que* — S'il n'y avait que. Ex.: Si ça serait que moi, i ferait pas long feu icitte. *Si il, si ils, si i* — S'ils, s'ils. Ex.: Va voir si i sont arrivés. *Si des fois* — Si. Ex.: Si des fois i était là...

Siau n.m. — Seau. *Aller sul siau* — Aller paître.

Sibine n.f. — Moustaches. — (En mauvaise part), vieille femme. — Vieille jument.

Sibole! interj. — Juron inoffensif.

Sick leave (pron. sic live) n.m. — Congé de maladie.

Sicoupe n.f. — Soucoupe.

Sicoupée n.f. — Contenu d'une sicoupe.

Sideboard (pron. saille'de borde) n.m. — Buffet. Vaisselier.

Side-line (pron. saille'de laille'ne) n.f. — Occupation secondaire. Commerce supplémentaire.

Siége n.m. — Siège. — *Résigner son siége* — Remettre son mandat, démissionner (en parlant d'un député). *Le siége* — Le siège de Québec en 1759.

Siéger v. intr. — Être sur une chaise percée.

Sièque n.m. — Siècle.

Siffe n.m. — Sifflement. Coup de sifflet. *Dans un siffe* — En un instant.

Lâcher un siffe — Signaler par un sifflement.

Siffler v. tr. ou intr. — Souffler (au jeu de dames). — Dérober. *Siffler après* — Siffler. Ex.: Siffle après ton chien, j'le vois pas.

Sifflet n.m. — Rossignol, petite flûte faite d'une branche de bois.

Siffleux! interj. — Juron inoffensif.

Siffleux n.m. — Marmotte. — Pinson à gorge blanche. *Petit siffleux* — Petit coquin. *Vieux siffleux* — Vieux coureur. — Rusé. Finaud.

Sigâiller v. tr. — Couper maladroitement, avec un mauvais outil. — Essayer de couper, de scier. — Rudoyer (un cheval) en tirant sur le mors. — Tirailler.

Signal n.m. *Entendre le signal (téléphonique)* — Entendre le bourdonnement.

Signaler v. tr. *Signaler un numéro de téléphone* — Le composer.

Signau n.m. — Signal. — Signe.

Signe n.m. — Évier.

Sigonner v. tr. ou intr. — V. SIGÂILLER. — Essayer à plusieurs reprises. Tâtonner.

Sigouiller v. tr. — Couper avec un mauvais outil, en déchiquetant.

Silage, silement n.m. — Action de siler.

Silbime n.m. — Ampoule scellée d'un phare d'auto.

Siler v. intr. — Respirer en sifflant. — Siffler, faire entendre un son aigu. Ex.: La balle m'a silé près des oreilles. — Gémir. Ex.: Le chien sile à la porte. — Tinter. Ex.: Les oreilles me silent. — Rire d'un rire irrépressible mais en le retenant. Ex.: Tu sais comme i rit, i silait dans son coin. — Râler. Ex.: Ça me sile dans l'estomac depuis mon rhume. — Sceller.

Silette n.m. — Étoffe veloutée imitant la fourrure de phoque.

Siliskine n.m. — Fourrure de phoque. *Avoir la gueule en siliskine* — Avoir la bouche pâteuse.

Silkene n.f. — Fil de coton brillant.

Silon n.m. — Cylindre (de machine). — Batteur (d'une batteuse). — Sillon.

Simagrée n.f. — Grimace.

Simpe, simple adj. *C'est ben simpe* — C'est clair. Ex.: C'est ben simpe, ch'peux pus i ouère la face. *Faire simpe* — Être dépourvu de jugement.

Simple (pron. simpule) n.m. — Échantillon.

Sine n.m. — Signe.

Siner v. tr. ou pron. — Signer.

Singer (pron. sinn'gé) v. tr. — Flamber (les cheveux).

Singerie n.f. — Exagération.

Sink (pron. sinn'k) n.m. — Évier.

Sinon conj. *Ou sinon* — Sinon. Ou. Ex.: Fais ça ou sinon t'auras affaire à moi.

Siotte n.f. — Petit seau.

Sioupla loc. — S'il vous plaît.

Siphonner v. intr. — Boire beaucoup (de bière, d'alcool).

Siplotte! interj. — Juron.

Sipopette n.f. — Organe des animaux femelles.

Sireau n.m. — Sureau.

Sirer v. tr. — Conférer le titre de *Sir* à.

Sirloin (pron. seur-loïne) n.m. ou f. — Surlonge.

Sirop n.m. *Sirop du pays* — Sirop d'érable. *Petit sirop* — Sirop d'érable dont la concentration est assez avancée. *Gros sirop* — Sirop d'érable dont la concentration est très avancée. *Sirop de tonne* — Mélasse. *Sirop doré, sirop de blé, sirop de cannes* — Sirop de maïs. *Sirop de vinaigre* — Sirop de framboise au vinaigre. *Sirop de poteau* — Sirop d'érable synthétique. *Prendre un petit sirop* — Boire (de l'alcool). *Faire son petit sirop* — Pleurer. *Être sùl sirop* — En milieu carcéral, être abruti par les tranquillisants.

Sirote n.m. — Sirop.

Siroter v. intr. — Pleurnicher. — Laisser suinter le jus de tabac par son tuyau (en parlant d'une pipe).

Siroteux, se adj. — Sirupeux. — Pleurnicheur.

Sirotier n.m. — Tonneau dont on se sert pour tamiser le sirop d'érable. — Coquin. Malin. Ex.: Mon petit sirotier, toué, attends que j'te pogne.

Sirouane, sirouène n.f. — Emplâtre. Ciroène (n.m.). — Surlonge.

Site n.m. — Emplacement. Endroit choisi et réservé pour une construction, un aménagement particulier.

Sitôt comme loc. conj. — Sitôt que.

S'i vous plaît loc. — S'il vous plaît.

Six-pouces n.m. — Pénis.

Six-sous n.m. — Monnaie de cinq sous. — Derrière. Ex.: Cache ton six-sous.

Size (pron. saille'ze) n.m. — Taille (d'un vêtement). Pointure. Dimension. Format.

Skar-light (pron. skar-laillete) n.m. — Puits de lumière. Dôme à vitraux.

Sketch n.m. — Esquisse. Croquis.

Skéler v. tr. — V. SCALER.

Skid n.m. — Gisant, longeron, grosse pièce de bois en forme de patin pour traîner des petits bâtiments, de gros billots etc. — Pièce de bois à paver un chemin.

Skider v. tr. ou intr. — Traîner. Ex.: Skider un billot. — Déraper. — Paver (un chemin).

Skideuse n.f. — Tracteur équipé pour traîner plusieurs billots à la fois.

Skiff n.m. — Embarcation pointue des deux bouts, étroite et légère.

Skinner v. tr. — Duper, jouer, écorcher. Ex.: I s'est fait skinner ben raide par ce vieux siffleux.

Skintlène n.m. — V. SCANTLING.

Skipper v. tr. — Sécher (un cours). Ex.: J'ai skippé ma classe de Mats.

Skogne n.f. — Bête puante.

Skunké, e adj. — Se dit d'une bouteille de bière qui a pris un mauvais goût en restant exposée au soleil.

Sky-light (pron. scaille-laill'te) — V. SKAR-LIGHT.

Slab n.f. — Croûte (de bois). Dosse.

Slack adj. — Lousse, lâche. Ex.: Un écrou slack. — Détendu. Ex.: Un câble slack. — Au ralenti. Ex.: Les affaires sont slack. *Avoir le ventre slack* — Avoir la diarrhée.

Slack n.m. — Mou d'un câble. Ex.: Tire, tu vas prendre le slack. — Chômage. Ex.: I en a du slack c't'hiver. — Poussière. Ex.: Une tomberée de slack. — Scories (de minerai). — Qualité de ce qui est mou, lâche. Ex.: I y a du slack dans le manche. *Être slack* — Perdre son érection. *Marcher sans slack* — Marcher sans arrêt. *Être slack dans ses claques* — Prendre ça lousse.

Slacker v. tr. ou intr. — Lâcher. Détendre. Donner du mou. Ex.: Slacke donc le câble. — Ralentir. Ex.: Tu commences à slacker? — Desserrer. Donner du jeu. Ex.: Slacke la poulie. — Mettre à pied (un employé). — Se relâcher, se détendre. Ex.: La corde a slacké. — Se ralentir. Ex.: Le travail a slacké pas mal.

Slackeur n.m. — Lâcheur.

Slacks (pron. slaque ou slaqu'ce) n.f. pl. — Pantalon (de femme).

Slague, slaille n.f. — Scories de minerai. — Voiture à quatre roues formée d'une longue planche souple qui porte les sièges et s'appuie sur les essieux. — Sandwich.

Slaille n.f. *Sua slaille* — En cachette. Sans que les autorités et surtout le fisc le sachent. Ex.: Travailler sua slaille dans la construction.

Slailler v. intr. — Déraper. — Glisser.

Slang (pron. slingne) n.m. — Argot.

Slape n.f. — V. SLAB.

Slaquet n.m. — Swompe. Marécage.

Slash n.m. — Bois abattu et jeté pêle-mêle.

Slasher v. tr. — Abattre et jeter pêle-mêle (du bois).

Slèder v. intr. — Glisser.

Sleeping bag (pron. slipigne bague) n.m. — Sac de couchage.

Sleeping car (pron. slipigne car) n.m. — Wagon-lit.

Sleeve (pron. slive) n.f. — Manchon (de tuyau). — Chemise (de cylindre).

Sleigh (pron. slé) n.m. ou f. — Traîneau. *En sleigh* — Ensellé.

Slette n.f. — Sellette.

Slide (prom. slaillede) — V. SLAGUE, SLAILLE. — Glissade. — Diapositive.

Slider (pron. slailledé) v. intr. — Glisser.

Sligne n.f. — Ceinture. — Bretelle. — Élingue, corde avec noeud coulant qui saisit les fardeaux. — Écharpe. Ex.: Avoir le bras en sligne. — Saumon maigre qui a hiverné en eau douce.

Sligne-shote n.f. — Fronde faite d'une branche fourchue et de bandes élastiques avec gousset en cuir pour le projectile.

Sligner v. tr. — Ronder. Lancer. — Élinguer. — Attacher. Ceinturer. — Cingler. Frapper avec un fouet.

Slime n.f. — Mince. Élancé.

Sline n.f. — Ceinture.

Sliner v. tr. — Ceinturer. Attacher.

Slip n.f. — Cale de quai d'accostage. Passerelle d'embarquement. — Bande de papier. Morceau de papier. — Jupon.

Slipines n.f. pl. — Caleçon (de femme).

Slippeurs n.m. — Pantoufle. Soulier d'intérieur.

Sloche, slotche n.f. — V. SLUSH.

Sloppy (pron. slopé) adj. — Négligeant. — Négligé. Débraillé.

Slot-machine n.f. — Gobe-sous.

Slouce n.f. — Canal servant à la descente des billots.

Sloucer v. tr. — Faire descendre (des billots) par une slouce.

Slow adj. — Lent. — Qui retarde (en parlant d'une montre). — Au ralenti (en parlant des affaires).

Slow n.m. ou f. — Personne lente.

Slug (pron. slogue) n.f. — Jeton. — Gros plomb unique d'une balle de fusil à plomb.

Slums (pron. slomme) n.m. pl. — Taudis. Bidonville.

Slush (pron. sloche ou slotche) n.f. — Gadouille, neige fondante. — Affaire mal préparée.

Small adj. — Petit (taille de vêtements).

Smarsette n.f. *Faire une smarsette* — Faire le finaud.

Smasher v. tr. — Démolir. Briser. Détruire.

Smat, smart adj. — Gentil. Sympathique. — Intelligent. Habile.

Smat n.m. — Personne qui se pense plus intelligente que les autres.

Smelt n.m. — Éperlan.

S'ment adv. — Seulement.

Smogler v. intr. — Faire de la contrebande. — Voler.

Smogleur n.m. — Contrebandier. — Voleur. Filou.

Smoked meat (pron. smauque mite) n.m. — Sandwich au boeuf fumé.

Smooth (pron. smoute) adj. — Doux. Lisse. — Qui ne froisse personne.

Smote n.m. — Crible. *Passer quelqu'un au smote* — Le réprimander.

Smoter v. tr. — Cribler.

Snack n.m. — Collation. Repas léger en dehors des heures de repas habituelles et surtout avant de se coucher. *Midnight snack* — (pron. mid-naillete snaque) — Collation avant de se retirer pour la nuit.

Snack bar n.m. — Casse-croûte.

Snakeroot (pron. snéke-route) n.f. — V. SNICROUTE.

Snap n.m. — Crochet avec ressort-fermoir. — Agrafe. — Bouton-pressoir.

Snapshot (pron. snape-chotte) n.f. — Photo.

Snâreau n.m. — V. SNOREAU.

Snette n.f. — Bière de fabrication domestique. — Cuite. Ex.: Prendre une snette. *Être en snette* — Être de mauvaise humeur. — Être en rut.

Snicroute n.f. — Dentaire. — Serpentaire de Virginie. — Aristoloche ou polygale de Virginie.

Sniffer v. tr. — Renifler, inhaler (de la colle, de la cocaïne).

Sniquer v. intr. — Écornifler. Épier.

Sniques n.f. pl. — Tennis (chaussures). Espadrilles.

Sniqueux, se adj. — Écornifleur.

Snobber v. intr. — Arrêter brusquement.

Snoffe n.m. — V. SNUFF.

Snoque n.f. — Tapette (au jeu de billes).

Snoreau n.m. — Enfant espiègle. Canaille. Finaud.

Snoreaude n. fém. de SNOREAUD.

Snousse adj. — Qui va mal (en parlant d'affaires).

Snuff n.m. — Tabac à chiquer. — Tabac à priser.

Soaker (pron. sauké) v. tr. — Soutirer de l'argent.

Sobre adj. — Qui n'est pas en état d'ivresse. Ex.: Il était sobre quand je l'ai vu.

Sobriquet n.m. — Synonyme. Autre nom (pour désigner une chose). — Qualificatif injurieux.

Soc n.m. — Échinée, quartier du dos d'un cochon.

Sociabe adj. — De bonne qualité. Ex.: De l'avoine sociabe.

Socket (pron. sâkète) n.m. — Douille électrique.

Soda! interj. — Juron inoffensif.

Soé pron. pers. — Soi.

Soéf n.f. — Soif.

Soeur n.f. — Religieuse. Ex.: Le couvent de soeurs.

Soi n.f. — Soif.

Soi-disant, e adj. — Prétendu. Supposé. Ex.: Tes soi-disantes escapades.

Soi-disant adv. — Apparemment. Ex.: Il voulait soi-disant aller chez sa tante.

Soi-disant que loc. — On prétend que. Ex.: Soi-disant qu'il est pauvre.

Soie n.f. — Personne douce, gentille.

Soignabe adj. — Qui peut être soigné.

Soignement n.m. — Soins qu'on donne à un malade.

Soigner v. tr. — Soigner les gens (en parlant d'un médecin). Ex.: Le docteur Duchâtel soigne pus.

Soigneuse n.f. — Sage-femme.

Soigneux n.m. — Charlatan. — Personne qui a le don de soigner.

Soin n.m. *Avoir du soin de* — Avoir soin de. *Dur de soin* — Qui est d'entretien difficile (en parlant d'animaux). — Dur à élever (en parlant d'enfants). *Y a pas d'soin* — C'est certain. — Merci (pour remercier d'un service). — Excusez-moi (pour s'excuser de déranger quelqu'un). *Ne pas être sans soins* — Être inquiet. *Se faire du soin soin* — Être inquiet.

Soince n.f. — Correction. Réprimande.

Soincer v. tr. — Châtier. *Se faire soincer les ouïes* — Se faire serrer la nuque.

Soinette n.f. — Truie.

Soipatte n.m. — Coussin en feutre sous le collier d'un cheval.

Soir n.m. *Sur le soir* — À la nuit tombante. *Faire gros soir* — Faire nuit noire.

Soir (à) loc. adv. — Ce soir.

Soit (pron. souète) adv. — Soit. À savoir.

Soit n.m. — Souhait.

Soixante-et-onze n.m. — Combinaison (sous-vêtement).

Solage n.m. — Fondations d'un édifice.

Soldar n.m. — Soldat.

Sole n.f. — Pièce de bois placée horizontalement dans une construction. — Sol d'un plancher, d'une aire à battre, d'un champ, d'un four.

Soleil n.m. *Au soleil couché* — Après le coucher du soleil. *D'un soleil à l'autre* — Entre le lever et le coucher du soleil. — Seuil (d'une porte).

Solénoïde n.m. — Électro-aimant.

Solidage n.m. — Action de rendre solide.

Solide adj. — Massif. Ex.: De l'or solide.

Solider v. tr. — Consolider. Renforcir.

Solitude n.f. — Solidité. Ex.: La solitude d'un mur.

Solliciteur général n.m. — Procureur général.

Solvabe adj. — Digne de foi. Ex.: Un témoin solvabe.

Sombrir v. intr. — S'assombrir.

Some adj. — Tout un... Ex.: Some bonhomme!

Somerset n.m. ou f. — Culbute.

Somme n.f. — Problème d'arithmétique. Ex.: Faire ses sommes.

Sommier n.m. — Traverse reliant les patins du suisse (traîneau).

Son adj. poss. — Mon. Ex.: Son onque, ousse qu'est ma tante? *Son père* — Papa. — Mari.

Son n.m. *Pisser dans le son* — Avoir peur.

Sonavabitch! interj. — Juron.

Sonavabitch n.m. — Enfant de chienne. Enfant de putain.

Sonder v. tr. — Ausculter. — Plonger. *Sonder une charge* — S'essayer à la traîner (en parlant d'un cheval). *Sonder la glace* — Marcher sur la glace pour voir si elle est assez résistante pour passer dessus.

Sondeur n.m. — Plongeur. Scaphandrier. — Vidangeur.

Songeard adj. — Songeur.

Songeux adj. — Songeur.

Soniveau n.m. — Soliveau.

Sonnabe adj. — Qui peut être sonné.

Sonnant adj. f. — Sonnante. Ex.: À une heure sonnant.

Sonnement n.m. — Son. Sonnerie.

Sonnemotte adj. — Sourd-muet.

Sonner v. tr. ou intr. — Réprimander. Battre. — Heurter durement. *Sonner à quelqu'un* — Se faire entendre de. Ex.: L'angelus nous a sonné en chemin. *Être sonné* — Être ivre.

Sonner (se) v. pron. — Se faire mal en heurtant le sol ou un objet.

Sonneux n.m. — Sonneur.

Sonnière n.f. — Sonnerie.

Sonta, sontaient v. être — Étaient.

Soque n.m. — V. SOC.

Soqueux n.m. — V. SUCKER.

Sorcier n.m. — Diable. Ex.: Mes petits sorciers! *Mener le sorcier* — Faire du tapage, du désordre. *En sorcier* — Superlatif. Ex.: Fa frette en sorcier. *Y a du sorcier là-dedans* — Y a du diable là-dedans. *C'est pas sorcier* — C'est pas compliqué, c'est pas dur à comprendre.

Sorcière n.f. — Tourbillon de vent de peu de durée qui soulève la poussière, la neige. — Trombe.

Sorcilège n.m. — Sortilège.

Sorieux adj. — Sérieux.

Soroît adj. ou n.m. — Sud-ouest. — Vent du sud-ouest.

Sorplis n.m. — Surplis.

Sort n.m. *Y a du sort là-dedans* — Y a du diable là-dedans.

Sortabe adj. *Pas sortabe* — Où on ne peut sortir (en parlant du temps). — Avec quoi on ne peut sortir (en parlant d'un vêtement). — Avec qui on ne peut sortir pour diverses raisons. Ex.: I est laite, i est pas sortabe.

Sortant de loc. — En sortant de. Ex.: Faut pas se baigner sortant de table.

Sorteux adj. ou n.m. — Sorteur. *On est pas sorteux* — On sort pas souvent.

Sortie n.f. — Prise de courant électrique. *Avoir de la sortie* — Avoir vu le monde. *Sortie d'urgence* — Issue de secours.

Sortir v. tr. ou intr. — Publier. Faire paraître. Ex.: Sortir une revue. — Lancer. Émettre. Ex.: Sortir un bref. — Produire (en industrie). Ex.: La compagnie a sorti cent tonnes de papier. — Fréquenter le monde. Ex.: I sort beaucoup. — Paraître. Être publié. Ex.: Son livre va sortir bientôt. *Sortir dehors* — Sortir. *Sortir de* (avec infinitif) — Venir de. Ex.: Je sors d'être malade. I sort d'entrer. Elle sortait de mourir. *J'en d'sors* — J'en viens. *Sortir avec* — Fréquenter. *Sortir du serment* — Être relevé de son serment. *Sortir sur la porte* — Sortir sur le perron.

Sortir (se) v. pron. — Sortir. Ex.: Tâche de te sortir un peu. — S'écarter. S'éloigner. Ex.: Sors-toué d'là que ch'passe.

Sottiseux, se adj. ou n.m. ou f. — Qui dit des sottises.

Sou n.m. — Ancienne monnaie équivalant aux cinq sixièmes du cent. Ex.: Quand on dit: passe-moi un trente sous, on demande en fait un vingt-cinq cents.

Soubassement n.m. — Sous-sol. Étage inférieur du rez-de-chaussée. — Garniture (de lit).

Soubriquet, soubriquette n.m. — V. SOBRIQUET.

Souccer (pron. soukser) v. tr. — Exciter, kisser (un chien).

Souci, soucille n.m. — Sourcil.

Souciller v. intr. — Sourciller.

Soucisse n.f. — Saucisse.

Soucisson n.m. — Saucisson.

Soucoupée n.f. — Contenu d'une soucoupe.

Soudard n.m. — Se dit de quelqu'un qui a été soudoyé.

Soudure n.f. — Suture. Ex.: I a eu quate points de soudure sul front.

Soue n.f. — Maison très sale.

Soué, souèfe n.f. — Soif.

Souérée n.f. — Soirée.

Souffe n.m. — Souffle. — Pousse, maladie des chevaux caractérisée par l'essoufflement.

Soufflage n.m. — Ce qui s'ajoute à une pièce de bois ou de métal pour en augmenter l'épaisseur. — Gonflage.

Souffler v. tr. — Gonfler. Ex.: Souffler une balloune. *Souffler le lait* — Enlever en soufflant dessus, ou en la recueillant avec une cuillère, la première crème qui monte. *Courir après son souffle* — Respirer avec difficulté. *Souffler un plancher* — Poser des tringles sur un plancher pour y superposer un autre plancher. Le mettre d'aplomb avec des cales.

Souffler (se) v. pron. — S'éteindre.

Soufflerie n.f. — Appareil pour envoyer l'air dans un foyer.

Soufflet, soufflette n.m. — Sifflet.

Souffleur n.m. — Soufflerie mécanique.

Souffleuse n.f. — Chasse-neige mécanique.

Souffleux n.m. — Homosexuel.

Soufflier n.m. — Cou.

Souffrabe adj. — Supportable.

Souffrance n.f. — Bride. — Sellette.

Souffrant, e adj. — Douloureux. Qui fait souffrir.

Souhaite n.m. — Souhait. — Gil qui tombe.

Souhaiter v. tr. — Désirer. Ex.: Souhaitez-vous du pain?

Souigner v. intr. — V. SWIGNER.

Souille n.f. — Soue. Porcherie.

Souillonne n.f. — Souillon.

Souince n.f. — Correction. Réprimande.

Souince n.m. — Personnage grossier.

Souincer v. tr. — Corriger. Réprimander.

Soûl n.m. *A mon soûl* — Mon soûl. Ex.: Manger à mon soûl.

Soulade n.f. — Action de s'enivrer.

Soûlage n.m. — Soûlerie.

Soûlaison n.f. — Soûlerie.

Souleciet n.m. — Genre de pinson.

Souleur n.f. *Avoir souleur* — Avoir peur.

Soulever v. tr. *Soulever le train, soulever le derrière* — Battre. Réprimander.

Soulier n.m. — Vagin.

Souliers n.m. pl. *Souliers de boeu* — Chaussures sans semelle rapportée de fabrication domestique. *Souliers mous, souliers de chevreuil* — Chaussures sans semelle rapportée faites de peau d'orignal, de caribou, de chevreuil. Mocassins. *Souliers français* — Souliers avec semelle rapportée fabriquée par des cordonniers. *Souliers sauvages* — mocassins.

Souliveau n.m. — Soliveau.

Soûlon n.m. — Ivrogne.

Soumissionner v. intr. *Soumissionner pour* (une entreprise, etc.) — Soumissionner (une entreprise pour un prix).

Soupane n.f. — Bouillie de gruau d'avoine, de maïs, etc.

Soupe adj. — Moite. — Humide.

Soupe n.f. — Potage.

Souper n.m. — Repas qui se prend entre cinq et sept heures du soir.

S'ou pié loc. — S'il vous plaît.

Soupiérée n.f. — Contenu d'une soupière.

Soupirau n.m. — Soupirail.

Souple adj. — Moite. — Humide.

Soupletesse n.f. — Souplesse.

Souplir v. tr. — Assouplir.

Soupone n.f. — V. SOUPANE.

Soupoudrer v. tr. — Saupoudrer.

Souquer v. intr. — Faire l'amour.

Souqser v. tr. — Exciter, kisser (un chien).

Sour prép. — Sous. Ex.: Sour la table.

Sour n.m. — Égoût.

Sour-anné, e adj. — Qui n'a pas eu de petits dans l'année (en parlant d'une truie). — De plus d'un an (en parlant d'un cochon).

Sourceux, se adj. — Plein de sources.

Sourcière n.f. — Sorcière.

Sourcille n.m. — Sourcil.

Sourd et muet, ette adj. ou n.m. ou f. — Sourd-muet.

Sourdine n.f. *Prendre quelqu'un à la sourdine* — Le prendre en traître.

Souriciére n.f. — Ouverture de la braguette (surtout dans les culottes d'enfants).

Souris n.f. — Morceau de sucre d'érable mou. — Prostituée.

Souris-chaude n.f. — Chauve-souris.

Sour-la-queue n.m. — Culeron.

Sourlendemain n.m. — Surlendemain.

Sourlinguer v. tr. — Battre. — Gronder. — Fouiller sous les vêtements. — Fouetter (un cheval) sous le ventre.

Sour-louer v. tr. — Sous-louer.

Sourement adv. — Sûrement.

Sournom n.m. — Surnom.

Sourouest adj. ou n.m. — Sud-ouest. — Vent du sud-ouest.

Sour-sangle n.f. — Sangle.

Soursaut n.m. — Sursaut.

Sourtout n.m. — Redingote.

Sous prép. — Sauf. Ex.: Sous le respect. — En. Ex.: Sous considération. — Dans. Ex.: Sous les circonstances. *Sous un avis de dix jours* — À dix jours d'avis. *Par sous* — Sous. Ex.: Faire un canal par sous le trottoir.

Sous-bassement n.m. — Sous-sol.

Sous-contracteur n.m. — Entrepreneur à forfait qui contracte d'un autre entrepreneur.

Sous-contrat n.m. — Contrat qu'obtient un sous-contracteur.

Souscripteur n.m. — Abonné.

Souscription n.f. — Abonnement.

Souscrire v. tr. — Souscrire pour (une somme). Ex.: Je souscris dix piasses pour sa fête.

Sous-main n.m. — Prête-nom. Aide. *En sous-main* — Par des moyens détournés. *Contrat en sous-main* — Travaux donnés par un entrepreneur.

S'ous pla loc. — S'il vous plaît.

Sous-question n.f. — Question tendant à faire compléter une réponse.

Sous-sangue n.f. — Sangle.

Sous-veste n.m. — Vêtement qui se porte entre la chemise et le gilet.

Soutane n.f. — Collégien qui se destine à l'état ecclésiastique.

Soute n.f. — Soue. — Pièce de sous-sol où l'on garde le combustible.

Soute-à-panneau n.f. — Combinaison avec panneau à l'arrière.

Soutenant, e adj. — Qui calme l'appétit et assure une dépense normale d'énergie.

Soutiendre v. tr. — Soutenir.

Soutient, soutint part. passé — Soutenu.

Soutirer v. tr. *Soutirer un compte de banque* — Émettre des chèques qui le mettent au débit.

Souvent adv. *Pas souvent* — Pas tôt. Pas vite. Peu. Ex.: I devait être ici à midi, il arrive pas souvent. *Pas souvent que* — Il n'y a pas de danger que.

Souventes fois loc. adv. — Souvent.

Souviendre (se) v. pron. — Se souvenir.

Souvint part. passé — Souvenu.

Souxer v. tr. — Exciter, kisser (un chien).

Soyer n.m. — Soulier.

Soya n.m. — Soja.

Soye v. — Sois, soit.

Spane n.m. ou f. — Paire (de chevaux, etc.) — Travée. Arche (de pont). — Long traîneau servant au transport de provisions. — Empan.

Spanner v. tr. ou intr. — Accoupler (des chevaux, des boeufs). — Appareiller (un cheval). — Faire la paire. Se ressembler. Ex.: Ces deux garçons spannent bien. — Mesurer par empan (au jeu de billes).

Sparage n.m. — Action de parer un coup, de se préparer au combat par des parades. — Grands gestes exagérés. — Manifestation nerveuse. — Grand déploiement. Étalage. — Danse fionnée.

Spare (pron. spère) adj. — De réserve. Ex.: Qui veut être spare pour la partie?

Spare (pron. spère) n.m. — Surnuméraire (employé). — Pneu de rechange. — Repos. *De spare* — De réserve. De rechange.

Spare ribs (pron. spèribe) n.f. pl. — Côtes plates.

Sparetime (pron. spère taill'me) n.m. *Avoir du spare time* — Avoir du temps, des loisirs.

Spark plug (pron. sparque plogue) n.f. — Bougie (d'allumage).

Sparouine n.f. *En sparouine* — En rut.

Speaker (pron. spiqueu) n.m. — Haut-parleur.

Spéciau n.m. — Train spécial.

Spécifications n.f. pl. — Devis. Entente. Exigences établies.

Speech (pron. spitche) n.m. — Semonce. *Faire un speech* — Faire un discours. — *Speech!* Un discours!

Speecher (pron. spitché) v. tr. ou intr. — Donner une semonce. — Faire un discours.

Speed (pron. spide) n.m. — Vitesse. — Drogue puissante. Ex.: Avoir du speed. *Full speed* — À toute vitesse.

Speedé, e (pron. spidé) adj. — Qui fonctionne sur une haute tension nerveuse.

Speeder (pron. spidé) v. intr. — Faire de la vitesse.

Speedeur (pron. spideur) n.m. — Vélocipède sur rail, voiture à trois roues dont on se sert sur les chemins de fer.

Speedometer (pron. spidomiteu) n.m. — Compteur de vitesse.

Spelleau n.m. — Espace de temps pendant lequel on se repose. Repos. — Espace de temps pendant lequel on travaille. — Remontrance.

Spencer (pron. spenneceu) n.m. — Corset de femme.

Spencer steak (pron. spenneceu stéke) n.m. — Faux-filet.

Spine n.f. — Aiguille de pin.

Spinner v. intr. — Tourner sur elle-même (en parlant d'une roue de voiture).

Spinner (pron. spineu) n.m. — Hélice (genre de leurre pour la pêche).

Spinning (pron. spinigne) n.m. — Lancer léger (à la pêche).

Spitoune n.m. — Crachoir.

Splasher v. tr. — Éclabousser. Ex.: Tu m'as tout splashé.

Splice (pron. splaillece) n.f. ou m. — Épissure.

Splicer (pron. splaillecé) v. tr. — Épisser.

Splite n.f. — Le grand écart. Ex.: Faire la splite. *Une banane splite* — Dessert de banane fendue recouverte de crème glacée.

Split-level (pron. splite-levoule) n.m. — Maison à paliers.

Splitter v. tr. — Partager.

Spode n.m. — Pénis.

Spoke-shave (pron. spauke-chéve) n.f. — Vastringue.

Sport (pron. sporte) adj. — Chic. — Généreux.

Spot (pron. spote) n.m. — Endroit. Ex.: Un bon spot pour camper. — Tache. Ex.: T'as un spot sur ta robe. — Mouche (au billard). *Être sur le spot* — Être en forme. *Être au spot* — Être au point convenu à l'heure dite. Être prêt.

Spot (pron. spote), **spotlight** (pron. spote-laill'te) n.f. — Lampe électrique puissante. *Spot à panneau* — Nouveau riche avec grosse automobile.

Spotté, e adj. — Taché.

Spotter v. tr. — Apercevoir. Ex.: J'ai spotté une piste. — Épier. — Braquer une spot sur. Ex.: Spote l'orignal, pas les arbes.

Spotteur n.m. — Celui qui cherche à prendre les violateurs de règlements de circulation, de chasse et pêche.

Spray net (pron. sprénette) n.m. — Fixatif pour les cheveux. Laque.

Spread (pron. sprède) n.m. — Substitut du beurre sur une tranche de pain, dans une sandwich.

Spreadeur (pron. sprèdeur) n.m. — Barre d'attelage.

Spree (pron. spri) n.m. ou f. — Soûlerie.

Sprigne n.m. — Ressort. — Sommier. — Élastique. — Câble qui sert à embosser un navire. — Élan (pour sauter).

Sprignegosses n.m. pl. — Testicules.

Sprigner v. intr. — Faire ressort. — Trousser (en parlant des jambes arrière d'un cheval).

Sprigneux, se adj. — Qui a du ressort, de l'élasticité.

Sprime n.m. — V. SPRIGNE.

Spring (pron. sprigne) n.m. — V. SPRIGNE.

Spring-bed (pron. sprigne-bède) n.m. — Sommier élastique.

Springboard (pron. sprigne bôrde) n.m. — Tremplin.

Sproquette n.f. — Roue à empeigne. — Pignon de chaîne. *Chaîne de sproquette* — Chaîne de pignon.

Spunk (pron. sponn'ke) n.m. — Courage.

Squall n.f. — Coup de vent. Rafale. — Orage de courte durée.

Squapeau, squapoute n.f. — Femme (en termes sexuels).

Square (pron. skouère) adj. ou n.m. ou f. — Pas dégrossi. Pas réveillé. Ta soeur est square c'est pas possibe. — Équitable. Juste. Ex.: I est ben square dans les affaires.

Squâre n.f. — V. SQUALL.

Squash n.f. — Courge.

Squeezer (pron. skouizé) v. tr. — Coincer. — Presser. — Serrer.

Squid n.m. — Encornet. Calmar.

Squintlène n.m. ou f. — V. SCANTLING.

Srolle n.f. — Prostituée.

Staff n.m. — Personnel. — État-major.

Stage (pron. stédge) n.m. — Scène. Plateau (d'une salle de spectacles).

Stage n.m. — Stade. Ex.: À quel stage t'es rendu?

Staille n.m. — Apprenti. — Messager. — Bouvillon.

Stailles n.f. pl. — Sorte de chaussures d'intérieur.

Stainless steel (pron. stennelaisse stile) n.m. — Acier inoxydable.

Stake (pron. stéke) n.m. — Jalon. Piquet.

Staker (pron. stéké) v. tr. *Staker un claim* — Planter des piquets qui indiquent un droit sur l'exploitation minière.

Stal-là pr. dém. f. — Celle-là.

Stâller v. intr. — Caler (en parlant d'un moteur). — Lambiner.

Stampede (pron. stammepide) n.m. — Course folle d'un troupeau de bisons, de bêtes à cornes, etc. — Rodéo.

Stand (pron. stin-de) n.m. — Poste (de taxi). — Kiosque. Ex.: Avoir un stand à l'exposition. — Estrade. Tribune. — Étagère. — Console. — Pupître à musique. — Meuble pour sécher les serviettes. — Pied (de lampe). — Chevalet.

Standard de vie n.m. — Niveau de vie.

Stand-by (pron. stène-baille) n.m. — Liste d'attente. *Être sur le stand-by* — Attendre une place dans un avion. — Attendre qu'on soit appelé.

Stapleux (pron. stépleu) n.m. — Agrafeuse.

Stapler (pron. stéplé) v. tr. — Agrafer.

Starlet n.m. — V. ESTARLET.

Startche n.m. — Amidon. V. CORNESTARCH.

Starter (pron. starteu ou starteur) n.m. — Démarreur. — Forêt dont on se sert pour commencer à forer un trou de mine. — Ferment dont on se sert pour la fabrication de vins, de fromages.

Starter (pron. starté) v. tr. — Mettre en marche (un moteur).

States (pron. stét's) n.m. *Les States* — Les États-Unis.

Station n.f. — Gare. — Poste (de police). *Station de feu* — Poste de pompiers.

Station de gaz n.f. — Poste d'essence. Station-service.

Station wagon (pron. stéchonne ouaguone) n.f. — Familiale. — Sorte de paletot.

Statique n.m. — Parasites (sur les ondes).

Ste adj. dém. f. — Cette. Ex.: Ste femme-là.

Steady (pron. stèdé) n.m. — Ami de coeur. Ex.: Ti-Guy, c'est son steady.

Steady (pron. stèdé) adj. — Solide. Ferme. Assuré. Ex.: Une job steady.

Steady (pron. stèdé) adv. — Sans arrêt. *Sortir steady* — Fréquenter un ami (une amie) de coeur assidument.

Steak (pron. sték) n.m. — Bifteck. *Steak de saumon* — Tranche de saumon.

Steam (pron. stime) n.m. — Bateau à vapeur.

Steam (pron. stime) n.f. — Vapeur. *Avoir plus de steam* — Être rendu à bout.

Steam-boat (pron. stime-bôte) — Bateau à vapeur.

Steamer (pron. stimé) v. tr. — Passer à la vapeur. — Cuire à la vapeur. Ex.: Des hots-dogs steamés.

Steck n.m. — V. STEAK.

Steer n.m. — Bouvillon. Boeuf de boucherie.

Steering (pron. stirigne) n.m. ou f. — Volant de direction d'un véhicule.

Stein (pron. staille'ne) n.m. — Chope (de bière).

Stèke n.m. — Moyen. Expédient.

Stè-là, stel-ci, stel-cite, stel-là pron. dém. f. — Celle-là, celle-ci, celle-ci, celle-là.

Stencil n.m. — Patron (de vêtement). — Pochoir (de dessin).

Step (pron. stèpe) n.m. — Pas de danse. — Saut. Ex.: Le cheval a fait un step de côté. — Allure (d'un cheval). — Marchepied. — Petit traîneau fait d'une douve de baril, avec un siège. — Fioritures (dans l'écriture, en patinant). *Faire son step* — Faire sa part.

Stepines n.f. pl. — Caleçon (de femme).

Steppette n.f. *Faire des steppettes* — Faire des pas de danse.

Stèque n.m. — V. STÈKE. — Dernière levée (au jeu de cartes).

Stéqueux n.m. — Homme d'expédients.

Stérilet n.m. — Anneau de plastique ou de métal qu'on pose dans l'utérus pour prévenir la conception.

Sterlet n.m. — V. ESTERLET.

Stew (pron. stiou) n.m. — Ragoût. Ex.: Un stew de boeuf. — Bouillie aux légumes.

Sti! Interj. — Contraction de OSTI.

Stické, e adj. — Amoureux, épris. Ex.: I est stické su elle.

Stickeux n.m. — Étiquette. Papillon.

Sti, sti-ci, sti-cite, sti-là pron. dém. m. — Celui, celui-ci, celui-ci, celui-là.

Stiff adj. — Raide. — Inflexible.

Stiff n.m. — Cadavre.

Stime n.f. — V. STEAM.

Stimer v. tr. — V. STEAMER.

Stimpe n.m. — Timbre.

Stirigne n.m. — V. STEERING.

Stisite loc. — C'est ici.

Stock n.m. — Levain. — Mélange en fermentation d'où l'on tire de l'alcool de fabrication domestique. — Petite botte de foin. — Ligne, race (d'animaux). — Valeur (de bourse). — Matériel. Ex.: T'en as du stock! — Plastron.

Stock, stocké, e adj. — Pris. Bloqué. En panne. Ex.: Je peux pus écrire, chus stock sur une phrase. Mon char est stocké au bas de la côte.

Stocké, e adj. — Amoureux. Épris. Ex.: Elle est stockée sur lui.

Stocker v. tr. — Mettre en stock, en entrepôt. Ex.: Stocker des légumes pour l'hiver. *Être bien stocké* — Avoir beaucoup de marchandises en magasin.

Stockroom (pron. stockroume) n.f. ou m. — Magasin (de pièces).

Stoffe n.m. — Ce dont on fait une chose. Ex.: J'ai pas pu finir, j'ai manqué de stoffe. — Ce dont est fait une chose. Ex.: Ce manteau-là, c'est du bon stoffe. — Bonne chose, bonne bête, bonne personne. Ex.: Sa femme, ça, c'est du bon stoffe. — Résidu graisseux provenant du broyage de la pierre.

Stomper v. tr. — Provoquer quelqu'un pour l'amener à se battre.

Stone (pron. staune) adj. — Sous l'effet d'une drogue.

Stook n.m. — V. STOUQUE.

Stool (pron. stoule) n.m. — Mouchard. — Tabouret.

Stop lights (pron. stop laillete) n.f. pl. — Feux des freins (d'un véhicule).

Stopper v. tr. ou intr. — Arrêter.

Stoppeur n.m. — Bouchon. Tampon. — Tringle d'arrêt (d'une porte).

Stoqué, e adj. — Bien mis. V. — STOCKÉ.

Stoquer v. tr. ou intr. — V. STOCKER.

Storage n.m. — Entreposage.

Store n.m. — Magasin. Boutique. *Back-store* — Arrière-boutique. Hangar.

Stouque n.m. ou f. — Tas de gerbes dressées en forme de cône dans un champ pour permettre leur séchage.

Stouquer v. tr. ou intr. — Mettre en stouques.

Stracan n.m. — Astracan.

Straight (pron. stréte) adj. — Conformiste. Qui ne déroge pas au conventionnel. Ex.: Ton père est ben straight mais ta mère est correcte. — Droit. Sans détour. Ex.: On peut se fier à lui, i est straight. — D'affilée. Ex.: J'ai dormi dix heures straight. — Pur. Sec. Ex.: Prendre un whiskey straight.

Straight (pron. stréte) n.f. — Suite ininterrompue de cinq cartes, de même couleur ou de couleurs différentes.

Straight-flush (pron. stréte-floche) n.f. — Suite ininterrompue de cinq cartes de même couleur (au poker).

Strapless n.f. — Bustier. — Robe qui emboîte le buste, sans bretelles.

Strappe n.f. — Courroie. Lanière. — Fouet. Ex.: J'ai encore eu la strappe aujourd'hui. *Strappe à rasoir* — Cuir à repasser.

Strapper v. tr. — Lier avec une courroie. — Repasser sur un cuir. — Donner le fouet à.

Streaker (pron. striqueue) n.m. — Un nouveau (parmi les gars de bécique).

Stream-line (pron. strime-laill'ne) adj. — Aérodynamique.

Stress n.m. — Tension nerveuse continue. — Pression, traction ou autre force qu'une chose exerce sur une autre.

Stressé, e adj. — Tendu.

Striké, e (pron. straill'ké) adj. — Amoureux. Épris. Ex.: I est striké sur elle.

Stringler v. tr. — Seringuer.

Stringue n.f. — Seringue.

Strippe n.f. — Bande (de ruban). — Ruban gommé.

Strolle n.f. — Prostituée.

Strordinaire adj. — Extraordinaire.

Stu-ci pro. dém. m. — Celui-ci.

Stucco n.m. — Enduit de plâtre et de ciment qui sert de revêtement extérieur de murs de maisons. — Stuc.

Stuck-up (pron. stock-ope) adj. ou n.m. ou f. — Qui se donne des airs.

Stud (pron. stode) n.m. — Bouton de faux col, de manchettes, de devant de chemise. — Étalon. — Jeune homme fier de ses prouesses sexuelles. — Haridelle. Rosse.

Studio n.m. — Atelier (de photographe, de peintre). — Appartement pour célibataire.

Stuff n.m. — V. STOFFE.

Stu-là pron. dém. m. — Celui-là.

Stuy-cite pron. dém. m. — Celui-ci.

Styrofoam (pron. stirôfôme) n.m. — Isolant rigide. — Styromousse.

Su prép. — Chez. Ex.: I est parti su ta tante. — Sur. Ex.: Mets ça su toué.

Su n.m. — Sud.

Sua loc. prép. — Sur la. Ex.: Mets ça sua tabe.

Subargé tuteur n.m. — Subrogé tuteur.

Subir v. tr. — Essuyer (un refus). — Subir l'épreuve de (la 1re, 2e ou 3e lecture).

Subpoena n.m. — Citation. Assignation (de témoin).

Subriquet n.m. — Sobriquet.

Substantiel adj. — Considérable.

Suc n.m. — Sucre.

Suce n.f. — Tétine. — Biberon. — Compte-goutte. — Pénis. — Bouche.

Sucéder v. intr. — Succéder.

Sucée n.f. — Action de sucer. — Ce que l'on suce.

Suce-la-bouteille n.m. — Ivrogne.

Sucer v. tr. — Boire. — Boire avec une paille. *Sucer son pouce* — Être frustré. *Aller se sucer* — Aller se faire foutre.

Sucesseur n.m. — Successeur.

Sucession n.f. — Succession.

Sucet n.m. — Tige de maïs dégarnie de son épi.

Sucette n.f. — Bonbon que l'on suce. — Élevure que l'on fait sur la peau en la suçant fortement. — Fellation, acte sexuel qui consiste à sucer le sexe de son partenaire.

Suceux n.m. — Buveur. — Suceur (qui cherche à obtenir de l'argent). — Sucette.

Suceux de cul n.m. — Homosexuel.

Sucker (pron. soqueu) n.m. — Individu qui se fait avoir facilement. — Brème (poisson). — Préféré de la maîtresse, du professeur.

Suçon n.m. — Élevure qu'on fait sur la peau en la suçant fortement.

Sucrage n.m. — Sucreries. — Confitures. — Sucre.

Sucre n.m. *Sucre blanc* — Sucre raffiné. *Sucre brun* — Cassonade. *Sucre de candi* — Sucre candi. *Sucre de sève, de sèvre* — Sucre d'érable fait avec de l'eau qu'on recueille des érables à la fin de la saison des sucres, après le dégel de l'arbre. *Sucres, le temps des sucres* — Saison où l'on fabrique le sucre d'érable. *Travailler aux sucres* — Travailler à la fabrication du sucre d'érable. *Partie de sucre* — Partie de plaisir dans une cabane à sucre pendant la saison des sucres. *Sucre du pays*

— Sucre d'érable. *Être en sucre* — Moment de la montée de la sève. *Sucre à la crème* — Bonbon fabriqué avec du sucre d'érable ou de la cassonade qu'on fait bouillir avec de la crème jusqu'à ce qu'il se solidifie.

Sucré, e n.m. ou f. — Superlatif. Ex.: En attraper une sucrée (recevoir une bonne raclée).

Sucrerie n.f. — Forêt d'érables exploitée pour la fabrication du sucre, du sirop.

Sucrier n.m. — Celui qui fabrique du sucre, du sirop d'érable.

Suée n.f. *Prendre une suée* — Éprouver une suée. Se donner de la peine.

Suette n.f. — Suée. — Sueur. — Petit poisson.

Sueux, se adj. — Qui sue beaucoup.

Suffisant adv. — Suffisamment. Ex.: Y en a suffisant pour tout le monde.

Suffle n.m. — Souffle.

Suffler v. intr. — Siffler.

Sufflet n.m. — Sifflet. — Gosier. Gorge.

Suggestion n.f. — Sujétion.

Suguer n.m. — Soulier.

Suguerier n.m. — Sucrier.

Sui part. passé — Suivi.

Suire v. tr. ou intr. — Suivre.

Suisse n.m. — Tamias, sorte d'écureuil à rayures noires longitudinales. — Uniforme de collégien à passe-poil blanc. — Ce collégien portant cet uniforme. — Traîneau de travail. — Protestant de descendance française. — Renégat.

Suisset n.m. — Tige de maïs dégarnie de son épi.

Suit (pron. soute) n.m. — Complet.

Suitcase (pron. soute-késse) n.m. — Valise.

Suite n.f. — Enfilade de chambres dans un hôtel. — Bureau dans un édifice. — Herbes qui poussent au pied des foins.

Suivant, e n.m. ou f. — Garçon d'honneur, fille d'honneur (qui escortent les nouveaux mariés).

Suivant adv. *C'est suivant* — C'est selon.

Suivant comme loc. conj. — Suivant que.

Suivette, suiveux, se n.f. ou m. — Enfant qui aime accompagner ses parents, ses frères et soeurs.

Sujétion n.f. — Suggestion.

Sukerier n.m. — Sucrier.

Sukerrie n.f. — Sucrerie.

Sul loc. prép. — Sur le. Ex.: Sont assis sul perron.

Sulky n.m. — V. SELKY.

Sumeler v. tr. — Ressemeler.

Sumelle n.f. — Semelle.

Sumence n.f. — Semence.

Sumences n.f. pl. — Semailles.

Sumer v. tr. — Semer. Ensemencer.

Sumetiére n.m. — Cimetière.

Sumeur n.m. — Semeur.

Sumeuse n.f. — Machine à semer. Semoir.

Sumoir, sumois n.m. — Sac du semeur. — Machine à semer. Semoir.

Sundae (pron. sonne-dé) n.m. — Dessert de crème glacée, sirop de chocolat, fruits confits, amandes.

Sundries (pron. sonne-dréze) n.m. — Variétés (magasins de bibelots, tabagie).

Supçon n.m. — Soupçon.

Supena n.f. — V. SUBPOENA.

Super (pron. sou-peu) adj. — Super. Fantastique.

Superficie n.f. — Terre. Ferme. Bien immobilier.

Supérieur, e adj. ou n.m. ou f. — Superlatif. Ex.: C'est un supérieur d'ouvrier.

Supeser v. tr. — Soupeser.

Support n.m. — Cintre. — Porte-serviettes. — Socle. — Étai.

Supporter v. tr. — Appuyer, soutenir (un candidat). — Faire vivre. Ex.: Supporter une famille.

Supposé, e part. passé *Être supposé* — Être censé.

Supposé n.m. *Un supposé que* — Supposons que.

Supposition n.f. *Une supposition que* — Dans la supposition que.

Sur, e adj. — Aigre. Ex.: Crème sure.

Sur n.m. *Sentir le sur* — Sentir le rance.

Sur prép. — À. Ex.: Prendre sur ses charges. — Sous. Ex.: Sur sa responsabilité. — Chez. Ex.: Aller sur le voisin. — Dans. Ex.: Rencontrer son chum sur la rue. — De. Ex.: Être sur le comité. — Au son de. Ex.: Danser sur le piano. *Sur semaine* — En semaine. *Travailler sur la terre* — Être cultivateur. *S'habiller, se mettre sur son plus beau* — Revêtir ses plus beaux habits. *Sur la souche* — De diamètre à la souche. Ex.: Un billot de deux pieds sur la souche. *Sur un sens sur l'autre* — De côté et d'autre.

Sûr n.m. *Pour le sûr* — Pour sûr. Sûrement.

Suranné, e adj. — De plus d'un an (en parlant de cochons).

Surbouquet n.m. — Sobriquet.

Surbroquet n.m. — Sobriquet.

Surcharge n.f. — Prix excessifs. Honoraires excessifs.

Surcharger v. tr. — Faire payer des prix, des honoraires excessifs à.

Sure (pron. chour) adv. — Certainement. Bien sûr. D'accord. *For sure* — Certainement. *Sure bet* — À coup sûr.

Sûrement que loc. adv. — Sûrement.

Surette n.f. — Bonbon acidulé.

Surfaire v. tr. — Tromper. Duper.

Surgages n.m. pl. — Sursalaire. Salaire complémentaire.

Surgien n.m. — Chirurgien.

Surja, surjet n.m. — Ourlet. *Coudre en surjet* — Coudre en commençant chaque point un peu en arrière de l'extrémité du précédent.

Surjeter v. tr. — Coudre à surjet, en surjet.

Surjette n.f. *Coudre à la surjette* — Coudre en surjet.

Surlouer v. tr. — Sous-louer.

Surmonter v. tr. — Se consoler de. Ex.: Surmonte ta peine ou ben tu vas en crever. — Se guérir de. Ex.: Elle a surmonté sa pleurésie. — Mettre dans un état d'énervement. Exciter. Ex.: Arrête de surmonter les enfants.

Surouêt adj. ou n.m. — Sud-ouest. — Vent du sud-ouest. — Casque en tissu glacé des pêcheurs.

Surplus n.f. *Surplus en argent* — Économies.

Surprise n.f. *Prendre par surprise* — Surprendre.

Surtout n.m. — Redingote.

Surtout que loc. conj. — D'autant plus que.

Sururgien n.m. — Chirurgien.

Survenant, e n.m. ou f. — Personne qui se présente à une fête sans y être invité.

Survenir v. intr. — Subvenir.

Sus prép. — Sur. Ex.: Mets ça sus la table. — D'après. Ex.: Sus ce qu'il dit... — De. Ex.: Regarde sus quel bord i arrive. *Par sus* — Par-dessus. *Sus le sens* — Rapidement. Comme il faut. Très bien. Ex.: I lui a conté ça sus le sens.

Suspect, e adj. — Susceptible. Soupçonneux.

Suy pron. dém. m. — Celui.

Suyer n.m. — Soulier.

Suyer v. tr. — Essuyer.

Swampe (pron. sou-onpe) n.f. — Marais. Marécage. Fondrière.

Sweater (pron. souèteu) n.m. — Chandail. Tricot.

Sweet and sour (pron. souite enne saoueu) adj. — Aigre-douce (sauce).

Swell adj. ou n.m. ou f. — Bien mis. Chic. — Sympathique.

Swellure n.f. — Apparence. Façon de s'habiller.

Swessante adj. num. — Soixante.

Swibime n.m. — Pénis.

Swigner v. tr. et intr. — S'élancer (avec le bâton, au baseball). — Faire tourner (son partenaire en dansant). — Tourner vivement avec son partenaire en dansant. — Fréquenter les discothèques assidûment. — Mener une vie toute en parties de plaisir.

Swigneur n.m. — Celui, celle qui swigne.

Swince n.f. — V. SOUINCE.

Swing n.m. — Action de swinger. — Élan. Ex.: I a du swing quand i fend le bois.

Swing n.f. — Balançoire. *Sentir le swing* — Sentir mauvais.

Swip, sweep n.f. — Action d'emporter toutes les cartes (au jeu). Action d'obtenir la grande majorité des suffrages. Balayage. *Clean sweep* — Balayage en règle.

Switch n.f. — Interrupteur (de courant électrique). — Aiguilles (de voie ferrée). Voie d'évitement.

Switcher v. tr. — Aiguiller (un train). — Changer de place. Ex.: Switche avec moi. — Passer (d'une vitesse à une autre). Ex.: Switche en troisième. — Éviter. Détourner. Se débarrasser de. Ex.: A me fatiquait, j'l'ai switchée à Paul pendant la soirée.

Switchboard (pron. souitche-borde) n.f. — Tableau de distribution téléphonique.

Switcheur n.m. — Aiguilleur.

Swivel (swiveule) n.m. — Émerillon

Swompe n.f. — V. SWAMPE.

Swomper v. tr. — Réunir (des billots) dans le bois.

Swompeux, se adj. — Marécageux.

Sycope n.f. *Tomber en sycope* — Tomber en syncope.

Sympathies n.f. pl. — Condoléances.

Système n.m. — Organisme. Constitution. Ex.: Jeûner c'est bon pour le système. — Méthode (de travail).

T

T' pron. pers. — Tu (devant voyelle). Ex.: T'as raison.

Tabac du diabe n.m. — Jusquiame noire.

Tabaconiste n.m. — Marchand de tabac.

Tabagane n.f. — V. TOBAGANE.

Tabagie n.f. — Débit de tabac. *Faire tabagie* — Faire la fête.

Tabaquiére n.f. — Tabatière.

Tabarnac! interj. — Juron. *Tabarnac à deux étages!* — Juron.

Tabarnouche! interj. — Juron inoffensif.

Tabarslak! interj. — Juron inoffensif.

Tabe n.f. — Table.

Tabelier n.m. — Tablier.

Tabernache! interj. — Juron inoffensif.

Table n.f. *Table tournante* — Plaque tournante. — Tourne-disques. *Table de moissonneuse* — Tablier de moissonneuse. *Se mettre à table* — Tout dire. — Avouer sa faute, son crime (en parlant d'un bandit). *Passer en d'sour d'la table* — Sauter un repas parce qu'on est en retard.

Tableau n.m. — Poitrine (de femme).

Tablée n.f. — Contenu d'une table. Ex.: Il y avait une tablée de plats délicieux. — Service d'une tablée de convives. Ex.: Y a trop de monde; i faudra faire deux tablées.

Tabler (se) v. pron. — Se mettre à table.

Tablette n.f. — Cahier d'écolier. — Pilule. Comprimé. — Pastille.

Tablettes n.f. pl. — Poitrine prononcée (de femme).

Tabloire n.m. — Outil pour creuser le jable des douves d'un baril.

Tabouette! interj. — Juron inoffensif.

Tac n.m. — Tact.

Tac n.f. — V. TAG.

Tachant, e adj. — Qui se tache facilement.

Tack n.f. — Braquette. *Thumb-tack* (pron. tomeptac) — Punaise.

Tackle (pron. tacule) n.m. — Mise en échec (au football).

Tag (pron. tague) n.f. — Étiquette. — Chat (jeu). Ex.: Jouer à la tag.

Tagger v. tr. — Étiqueter.

Taillage n.m. — Action de tailler.

Taillant n.m. — Tranchant.

Tâille n.f. — Corsage (de robe). Ex.: Une tâille ben ajustée.

Tairir v. tr. ou intr. — Tarir.

Taiser (se) v. pron. — Se taire. Ex.: Veux-tu te taiser?

Talet n.m. — Tolet. — Palet.

Talfat n.m. — Calfat.

T'à l'heure loc. adv. — Tout à l'heure.

Talle n.f. — Touffe de plantes d'une même espèce. Ex.: Une talle de fraises. — Groupe (d'individus, de familles, etc.) Ex.: La talle des Tremblay au Lac Saint-Jean. — Ce qui appartient à quelqu'un, ce qui le regarde. Ex.: Ôte-toi de dans ma talle. *Talle de plaisir* — Bosquet où l'on goûte les plaisirs interdits.

Tallé, e adj. — Dont la tige a tallé. Ex.: Avoine bien tallée.

Talk show n.m. — Émission de télévision parsemée d'entretiens divers.

Talonneux n.m. — Individu qui talonne.

Tamarack n.m. — Mélèze.

Tambourine n.f. — Tambour de basque.

Tame n.f. — Béret.

Tampille n.f. — Timbre-poste.

Tampon n.m. — Petite flotte à laquelle on amarre une chaloupe à l'endroit de mouillage

Tamponne, tampoune n.f. — Marmite. Grosse femme.

Tan n.m. — V. TANNE.

Tandem n.m. — Attelage en flèche. — Banc ou chaise à deux places.

Tandis prép. — Pendant. Ex.: Tandis ce temps-là...

Tangerine n.f. — Mandarine.

Tangon n.m. — V. TAMPON. — Petite bouée à laquelle on attache les rets à hareng.

Tank (pron. tinque) n.m. — Réservoir. Ex.: Une tank à eau chaude. Remplis la tank en partant. — Char d'assaut.

Tanker (pron. tinquer) v. intr. — Mettre de l'essence dans le réservoir. Ex.: On tankera à Val d'Or. — Consommer beaucoup de bière, d'alcool.

Tannant, e adj. — Turbulent. Ex.: Des enfants tannants. — Extraordinaire. Ex.: Une tannante de belle robe. Pour faucher, i est tannant.

Tannant, e n.m. ou f. — Personne qui n'a pas son pareil. Ex.: C'est un tannant pour vendre. — Homosexuel.

Tanne n.m. — Bronzage (de la peau). Ex.: Elle est revenue de Floride avec un beau tanne.

Tanne n.f. *À la tanne* — À satiété. Ex.: I est ici tout le temps, à la tanne.

Tanné, e adj. — Fatigué. Écoeuré. Las.

Tannerie n.f. — Chose ennuyeuse.

Tant adv. — Autant. Ex.: D'l'argent, i en a pas tant que tu dis. *Si tant* — Si. Tellement. Ex.: J'ai si tant envie d'y aller. *Tant pire* — Tant pis. Tant seulement, tant seurement — Seulement. Ex.: C'est ben tant seulement pour vous saluer. *Tant qu'à* — Quant à. Ex.: Tant qu'à moi, je veux ben. *Tant comme* — Tant que. Ex.: T'en auras tant comme tu voudras. — Aussi loin que. Ex.: Tant comme la vue pouvait porter. *Tant plusse, tant pus* — Plus (répété). Ex.: Plus on a d'argent, tant plusse on veut 'n avoir.

Tante, tantousse n.f. — Homosexuel. *Avoir sa tante* — Menstruer.

Tantine n.f. — Tante.

Tantonnement n.m. — Tâtonnement.

Tantonner v. intr. — Tâtonner.

Tantôt n.m. *Un autre tantôt* — Une autre fois.

Tantout adv. — Tantôt.

Taon (pron. ton) n.m. — Taon, grosse mouche qui pique.

Tap n.m. — Branchement (de fils électriques). — Instrument à tarauder.

Tapabord n.m. — Grand chapeau.

Tapageux, tapassier adj. ou n.m. — Tapageur.

Tape (pron. tépe) n.m. — Ruban adhésif. — Bande magnétique. — Ruban d'acier (mesure).

Tape-cul n.m. — V. CUL. — Panneau de combinaison (sous-vêtement).

Tape-dur n.m. — Homme qui ne recule devant rien.

Tapée n.f. — *Une tapée* — Loin. Y a une tapée de Montréal à Rouyn. — Beaucoup. Une tapée d'enfants.

Taper v. tr. *Taper une trail* — Battre un sentier, un chemin (dans le bois, dans la neige). *Taper un fil* — Brancher un fil (électrique). *Taper des mains* — Applaudir.

Taper (pron. tépé) v. tr. — Mettre du tape sur. Guiper. — Enregistrer (sur bande magnétique).

Taper (se) v. pron. — V. TAPONNER (SE).

Tapette n.f. ou m. — Homosexuel.

Tapin n.m. — Tapette.

Tapisseur n.m. — Celui qui pose de la tapisserie.

Tapisserie n.f. — Papier peint dont on recouvre les murs intérieurs.

Tapocher v. tr. — Battre à coups de poing.

Tapocher (se) v. pron. — S'assombrir (en parlant du temps).

Tapon n.m. — Motte. Ex.: Un tapon de beurre. — Bouchon. Ex.: Un tapon de foin. — Amas. Ex.: Un tapon de laine. — Amoncellement (de nuages). Ex.: Y a un gros tapon dans le soroît, on va avoir d'l'orage. — Gros flocon. Ex.: La neige tombe en tapons. — Grosse femme. Ex.: Gâre-moué c'tapon-là.

Taponnage n.m. — Action de mettre en tapons. — Bisounage. *Faire du taponnage* — Faire dévier une discussion, et, de ce fait, la retarder.

Taponner v. tr. — Remuer sans nécessité. Ex.: Arrête de taponner les meubes. — Bisouner.

Taponner (se) v. pron. — Se faire des caresses sexuelles.

Taponneux n.m. — Taponneur. — Bisouneux.

Taponneuse n.f. — Rouleuse, cigarette que l'on roule à la main.

Taque n.f. — V. TAG.

Taquer v. tr. ou intr. — Clouer avec des braquettes. — Faufiler. — Coudre à grands points. — Clouer, souder ensemble légèrement. Ex.: Fais jusse la taquer, on clouera ça tout à l'heure. — Faire tic tac.

Taquette n.m. — Taquet.

Taquineux, se, taquinier, ère adj. ou n.m. ou f. — Taquin.

Tarabusquer v. tr. — Tarabuster. Taquiner. Contrarier.

Taraille n.f. — V. TAURAILLE.

Taraud n.m. — Écrou. — Pénis.

Tarauder v. tr. — Boulonner. — Serrer (un écrou). — Réprimander. — Embêter avec des questions.

Tard adv. *Pas tard* — De bonne heure. Ex.: On arrivera pas tard.

Tardir v. intr. — Se faire tard. Ex.: I commence à tardir, on devrait partir.

Tarfat n.m. — Calfat.

Target (pron. targute) n.m. — Cible.

Targetter v. tr. — Fermer avec une targuette.

Tariére n.m. — Tarière (n.f.).

Târieu! interj. — Juron.

Tarir v. intr. — Atterrir. Terrir.

Tarla n.m. — Épais. Imbécile.

Tarme n.m. — Terme. *En tarmes, dans les tarmes* — En termes choisis. D'une manière affectée. À la française. Ex.: Parce qu'elle a marié un frança, a s'croit obligée de parler en tarmes.

Tarminer v. tr. — Terminer.

Tarnir v. tr. — Ternir.

Tarpauline n.f. — Bache.

Tarquette n.f. — Torque. Torquette (de tabac). — Tablette (de tabac à chiquer).

Tarte n.m. — Tartre.

Tarteau n.m. — Crêpe de sarrasin cuite sur le rond du poêle.

Taruelle, tarvelle n.f. — Truelle.

Tarvia n.m. — Asphalte.

Tas n.m. — Personne grosse et mal faite. — Talon (de cartes). — Tas de marde. Ex.: Marche pas là, y a un tas. *Bûcher dans le tas* — Frapper sans discernement.

T'as qu'a ouère loc. interj. — Pas possible? Tu m'dis pas?

Tasque n.f. — Taxe.

Tasquer v. tr. — Taxer.

Tasqueux n.m. — Taxeur.

Tassage n.m. — Action de tasser (le foin, la terre, etc.). — Action de mettre en tas les arbres coupés d'un abatis. — Action de se presser, se serrer, se tasser (en parlant de personnes).

Tasse n.f. *Tasse à eau* — Gobelet. Vase à boire. Vase servant à mettre de l'eau dans les casseroles. *Avoir la tasse triste* — Avoir le vin, la bière, l'alcool triste.

Tassée n.f. — Tas. Amas. — Plein d'une tasse.

Tasser v. tr. — Ranger. Ex.: Tasser les chaises le long du mur. — Mettre à bout d'arguments. Acculer. Ex.: L'avocat s'est fait tasser par le juge. — Déplacer. Reculer. Ex.: Tasse le point de deux chiffres. — Suivre de près, dans une compétition. *Tasser une fille* — La caresser (sexuellement).

Tasser (se) v. pron. — Se reculer. Se ranger. Ex.: Tasse-toi que j'passe. — Serrer les rangs. Ex.: Tassez-vous un peu pour me faire de la place.

Tasserie n.f. — Partie de la grange où l'on tasse le foin, la paille, les gerbes, etc. — Tas (de foin, de paille, de gerbes, etc.) dans une grange. — Presse. Ex.: I y a eu ben de la tasserie dans la foule.

Tasseux n.m. — Homosexuel.

Tata n.m. — Individu borné, épais. — Homosexuel. *Faire tata* — Saluer de la main (en parlant de tout jeunes enfants).

Tatais adj. m. ou n.m. — Niais. — Efféminé. — Homosexuel.

Tataouinage n.m. — Niaisage. Bisounage.

Tataouiner v. intr. — Niaiser. Bisouner.

Tâte-menotte n.m. — Colleux. Jeune homme qui recherche les attouchements.

Tâteminette n.m. — Tâte-miette. Méticuleux.

Tâteux n.m. — Tâteur. — Patineur. — Homosexuel.

Tâtillage n.m. — Action de tatillonner. Tatillage.

Tâtiller v. intr. — Tatillonner.

Tâtiner v. tr. — Tâter plusieurs fois.

Tâtognier n.m. — Tâtonneur. Lambin.

Tâton, tâtonneux adj. ou n.m. — Tâtonneur. Lambin.

Taubour n.m. — Tambour.

Taupin n.m. ou f. — Personne simple d'esprit. — Personne grosse et forte. — Nom donné aux boeufs.

Taurâille n.f. — Jeune boeuf ou génisse. *Taurâilles* — Jeunes boeufs et génisses.

Taure n.f. — Génisse.

Taureau! interj. — Juron inoffensif.

Taureau n.m. — Personne grosse et forte. — Homme dur, grossier. *En taureau* — En colère. — Superlatif. Ex.: I mange en taureau.

Taurière n.f. — Tourbière.

Tautonner v. intr. — Tâtonner. S'agiter et ne rien faire.

Taverne n.f. — Débit de bière réservé aux hommes.

Taxeux adj. ou n.m. — Qui crée ou augmente une taxe. Taxeur.

Tchéquage n.m. — Vérification. Contrôle (d'une facture, etc.). — Pointage (de listes électorales). — Enregistrement (de bagages). — Poinçonnage d'une carte. — Action de tchéquer.

Tchèque n.m. — Chèque. — Fausse rêne qui passe sur le front et la tête du cheval. — Bulletin de bagages. — Marque (de pointage). — Résultat de l'action de tchéquer.

Tchéquer v. tr. — Vérifier. Contrôler. — Pointer (des listes électorales). — Enregistrer (des bagages). — Bloquer, arrêter (au jeu de hockey). — Surveiller (quelqu'un). — Tenir (quelqu'un) en échec. — Rêner (un cheval).

Tchéqueur n.m. — Celui qui vérifie des factures, etc. — Celui qui pointe des listes électorales. — Celui qui enregistre des bagages. — Celui qui surveille. — Celui qui tient en échec.

Tchez prép. — Chez.

Tchipe adj. — Bon marché. Ex.: C'est tchipe à ce prix-là. — Mesquin. Ex.: C'est pas le fonne avec lui, i est trop tchipe. — V. CHEAP.

Tchoeur n.f. — Coeur.

Tchôke n.m. — Étrangleur (du carburateur).

Tchomme n.m. — Ami. V. CHUM.

Tchomme n.f. — Amie. — Homosexuel.

Tchôquer v. tr. — Faire des caresses sexuelles à une jeune fille (en parlant d'un jeune homme).

-Te remplace **-tre** dans *plâte, rencontе, note, vite*, etc.

Té! interj. — Cri pour appeler les vaches.

Té, e part. passé — Tu. Ex.: I s'est té après ça.

Tea-board (pron. ti-borde) n.m. — Plateau. Cabaret.

Team (pron. time) n.m. — Deux chevaux attelés ensemble. — Équipe (de joueurs).

Technicalité n.f. — Formalité.

Teddy bear (pron. tèdé bère) n.m. — Ourson en peluche.

Teigne n.f. — Importun. — Enfant espiègle. — Bardane. — Carex aigu.

Teindu, e part. passé — Teint. — Partisan fervent Ex.: I est teindu P.Q.

Tejours adj. — Toujours.

Tel, telle adj. — Ce, cet. Ex.: Quiconque consent une hypothèque doit le faire par écrit, et tel écrit doit être enregistré. *Tel comme* — Comme. Ex.: Fais-le tel comme je t'l'ai dit.

Télebred n.m. — Pur sang.

Télégraphe n.m. — Personne qui vote sous le nom d'un autre. — Télégramme.

Télégrapher v. tr. — Télégraphier.

Télemen (pron. télemène) n.m. — Maison de rapport. — Appartement. Logement. — Loyer.

Téléphône n.m. — Téléphone.

Télescope n.m. — Longue-vue. — Valise en deux parties s'emboîtant l'une dans l'autre.

Télévision n.f. — Téléviseur.

Tellement adv. *Si tellement* — Si. Tellement. Ex.: Elle est si tellement gentille qu'on a envie de l'embrasser.

Tempe n.m. — Temple.

Température n.f. — Temps. État atmosphérique. Ex.: La température est mauvaise aujourd'hui.

Tempéteux, se adj. — Tempêtueux.

Tempéteux n.m. — Tempêteur.

Temple n.f. — Tempe.

Temps n.m. — Génération. Ex.: Ça se passait avant ton temps. — Compte des heures de travail. Ex.: Prendre, tenir le temps des hommes. — Salaire. Ex.: Je viens réclamer mon temps. — Ciel. Ex.: Y a d'l'orage dans le temps. *Un bout de temps* — Un moment. Assez longtemps. Ex.: I est resté un bout de temps à jaser. *Un bon bout de temps* — Assez longtemps. *En un rien de temps, dans le temps de rien* — Rapidement. *Le temps de le dire* — En un instant. *De ce temps-ci* — En ce moment. Ce temps-ci. *Dans les derniers temps* — Dernièrement. *Tout le temps* — D'un moment à l'autre. Ex.: I devait venir tout le temps. *I y a beau temps* — Il y a belle lurette. *Jusqu'à temps que* — Jusqu'à ce que. *En temps* — À temps. *Dans le temps comme dans le temps* — En temps et lieu. *Parler contre le temps* (dans une assemblée) — Prolonger une discussion de façon que le temps fixé pour cette discussion s'écoule avant la mise aux voix. *Un mille, une lieue, de temps* — Le temps de faire un mille, une lieue. *Tenir le temps* — Travailler sans relâche. *N'être plus du temps* — N'être pas de son temps. *L'ancien temps* — Le temps jadis. *Sur un temps de* — À une vitesse de. *Avoir du bon temps* — Avoir des loisirs. Pouvoir s'amuser. *De temps en temps* — Espacé. De place en place. Ici et là. *À plein temps* — À verse. *Faire tous les temps* — Tempêter. *Dans mon temps* — Dans ma jeunesse. *Un petit temps* — Temps pluvieux. Temps plus froid. *Temps de chien* — Très mauvais temps. *Faire son temps* — Purger sa peine. *Faire du temps* — Faire de la prison.

Tende adj. — Tendre.

Tende, tendre adj. — Pluvieux.

Tendre adj. *Être tendre d'entretien* — Avoir de l'embonpoint. *Tendre à réveiller* — Avoir le sommeil léger. *Avoir la tête tendre* — Apprendre avec grande facilité.

Tendre v. tr. — Tendre des pièges, des rets, etc. Ex.: Tendre au lièvre.

Tendresse n.f. — Tendreté.

Tendreux, se adj. — Tendre. Sensible.

Tendrir v. intr. — Céder. Faiblir. S'amollir.

Tendron n.m. — Tendon.

Ténement n.m. — Maison de rapport.

Tenir v. tr. ou intr. — Faire commerce de, vendre. Ex.: Ce marchand tient-tu de la peinture? — Avoir. Garder. Élever. Ex.: Tenir des poules. — Teindre. *Tenir des pensionnaires* — Tenir une pension. *Tenir au baptême* — Présenter au baptême. *Tenir le temps* — Travailler sans relâche. *Tenir à* — Tenir. Ex.: Tiens à ta parole. Tenir au lit. — Se tenir avec assiduité à. Ex.: Tenir à son ouvrage.

Tenir (se) v. pron. — Se tenir avec assiduité. Ex.: Se tenir à ses affaires.

Tenon n.m. — V. FETON.

Tenter v. intr. — Dresser sa tente.

Tenture n.f. — Bordigue, enceinte de fascines qu'on construit pour prendre le poisson. — Espace où on a le droit de l'établir.

Tenue n.f. *En petite tenue* — Avec peu ou rien sur le dos.

Tépe, téper v. intr. — V. TAPE, TAPER.

Tépeur adj. — Effilé. En cône. Ex.: Une goupille tépeur.

Tépine n.f. — Braguette.

Téribe adj. — Terrible.

Tériére n.f. — Tarière.

Térif n.m. — Tarif.

Térir v. tr. ou intr. — Tarir.

Terme n.m. — Session (d'un tribunal). *Terme d'office* — Mandat. *Parler en termes, dans les termes* — En termes recherchés.

Terminal n.m. — Borne. Pôle.

Terpigner v. intr. — Trépigner.

Terra cotta n.m. — Terre cuite.

Terrain de jeux n.m. — Vagin.

Terre n.f. *Faire de la terre* — Faire le premier labour dans une terre défrichée. *Terre faite* — Terre labourée, en état de produire. *Terre faite en souches* — Terre qu'on cultive à travers les souches. *Terre neuve* — Terre labourée pour la première fois. *Par terre* — À terre. — En déconfiture. Ruiné. — Qui va mal (en parlant d'une entreprise). — Malade. Au lit. Dont la santé est ruinée. *Être à terre de rire* — Mourir de rire. *Terre grasse, terre forte* — Glaise.

Terribe adj. — Extraordinaire.

Terriblement adv. — Très. Beaucoup.

Terrir v. intr. — Prendre terre. — Atterrir.

Terroi, terroué n.m. — Terreau.

Teruelle n.f. — Truelle.

Teruellée n.f. — Quantité de mortier que l'on peut prendre avec une truelle.

Teruie n.f. — Truie.

Teruite n.f. — Truite.

Testile adj. ou n.m. — Textile.

Testing 1, 2, 3 loc. — À l'essai 1, 2, 3.

Tétais n.f. — V. TATAIS.

Tèt-ben adv. — Peut-être bien.

Tête n.f. — Taie (d'oreiller). — Fourneau (d'une pipe). — Colonne (d'eau). — Hauteur (d'une chute). *Tête de cheminée* — Souche (de cheminée). *Tête de fromage, tête en fromage, tête fromagée* — Fromage de cochon. *Tête de pioche, tête de cochon, tête de moyeu* — Personne entêtée. *Tête d'un moteur* — Culasse. *Piquer une tête* — Regarder à la dérobée. — Chuter la tête la première. *Tirer tête ou bitche* — Tirer à pile ou face. *Tête beige* — Tête-bêche. *Tête de linotte* — Écervelé. *Avoir, être une tête à Papineau* — Être très intelligent.

Têter v. intr. — Grossir, se former en tête. Pommer. Donner des têtes. Ex.: Les choux commencent à têter.

Tètes n.f. pl. — Tétons.

Tétet n.m. — Téton. Mamelle de femme.

Tétineux n.m. — Garçon qui joue avec les jeunes filles.

Tette n.m. — Téton. — Trayon. — Tétine. — Tétée.

Têtuse adj. f. — Têtue.

Teurde v. tr. — Tordre.

Teurmenter v. tr. — Tourmenter.

Teurs, teurse adj. — Tors. Tordu.

Teurt-boyaux n.m. — Eau-de-vie râpeuse.

Thé n.m. *Petit-thé, thé des bois* — Gaulthérie penchée.

Théâtre n.m. *Aller au théâtre* — Aller au cinéma.

Thébord n.m. — Plateau. Cabaret.

Thé-de-plée, thé-des-bois n.m. — Gaulthérie couchée qu'on utilise comme succédané du thé.

Thépot (pron. tépot ou tépote) n.m. — Théière.

Théquiére, thétiére n.f. — Théière.

Thomas-talons-hauts n.m. — Homosexuel. Ex.: Attifé comme y l'est, c'est visible à l'oeil nu que c't'un thomas-talons-hauts.

Thrill (pron. trile) n.m. — Sensation vive. Émotion vive.

Thune n.f. — Argent sonnant.

Ti pron. rel. — Qui. Ex.: La semaine ti vient.

-Ti particule explétive. Ex.: J'irai-ti? J'en ai-ti du malheur!

Ti- diminutif de prénom. Ex.: Ti-Jean. Ti-Paul. Ti-Loup.

Tia interj. — Cri pour appeler les cochons, les vaches.

Tiaude n.f. — Espèce de matelote de morue.

Tibône n.f. — Bifteck comprenant le petit et gros filet.

Ti-boutte n.m. — Pénis.

Ti-bus n.p. *Ti-bus est arrivé* — Les menstrues ont commencé.

Tick n.m. *Faire un tick* (sur une liste) — Marquer. Pointer.

Tickette n.m. — Étiquette (sur une marchandise). — Billet, ticket. — Contravention. — Étiquette (cérémonial). — Liste des candidats d'un parti. — En milieu carcéral, libération conditionnelle.

Ticker v. tr. ou intr. — V. TIQUER.

Tickser v. tr. — Toucher (la bille d'un adversaire, en parlant d'une bille lancée à la main en piquant).

Ti-coune n.m. — Sobriquet pour jeune homme viril.

Ti-cul n.m. — Petit bout d'homme. — Sobriquet pour un enfant ou un homme court.

Tie (pron. taille) n.m. — Égalité de voix, de points, de parties.

Tie (pron. taille) n.f. — Traverse (de voie ferrée).

Tienbindre v. tr. ou intr. — V. QUIENBINDRE.

Tienbondu part. passé — V. QUIENBONDU.

Tiendre v. tr. — Tenir.

Tieue n.f. — Queue.

Tieur n.m. — Coeur.

Tiger v. intr. — Pousser des tiges.

Tight (pron. taill-te) adj. — Avare. — Serré.

Tighter (pron. taille-té) v. tr. — Serrer. Ex.: Tighter une vis.

Tignasse n.f. — Laine mêlée. Filasse mêlée. — Cheveux mêlés.

Tigue n.f. — Doloire à l'usage des tonneliers.

Tiguidou interj. *C'est tiguidou* — Tout est bien correct. *Tiguidou right trou s'a bine* — Tout va pour le mieux dans le meilleur des mondes.

Ti-Jim n.m. *Ti-Jim est arrivé* — Les menstrues ont commencé.

Tillé n.f. — Quille (de navire). — Hermiette, outil de charpentier.

Tiller (pron. tiyé) v. intr. — Tirer au sort pour voir qui jouera le premier.

Timbe n.m. — Timbre.

Timber v. intr. — Tomber.

Timber jack (pron. timebeu-djac) n.m. — Machine mobile pour abattre les arbres.

Timbeux! (pron. timebeu) interj. — Cri qu'on lâche quand l'arbre qu'on abat est sur le point de s'abattre.

Time (pron. taill'me) n.m. *Avoir un time bleu* — S'amuser follement. *Avoir un good time* (pron. goude taill'me) — Bien s'amuser.

Time (pron. time) n.m. V. TEAM.

Time-keeper (pron. taill'me quipeu) n.m. — Celui qui contrôle (le temps des ouvriers sur un chantier).

Timer (pron. taill'mé) v. tr. — Chronométrer. — Relever le temps de travail (d'ouvriers). — Régler l'allumage (d'un moteur).

Time-table (pron. taill'me tébule) n.f. — Horaire. Indicateur.

Timeur n.f. — Tumeur.

Timing (pron. taille-migne) n.m. — Synchronisme. — Sychronisation. — Réglage de l'allumage d'un moteur. — Chronométrage.

Timon n.m. — Limon. Brancard.

Timulte n.m. — Tumulte.

Tinche n.m. — Prime que le marchand donne au commis qui vend une marchandise avariée ou démodée.

Tine, tine-canne n.f. — Boîte (de fer blanc).

Tinette n.f. *Ça a pas pris, ça prendra pas goût de tinette* — Ça s'est fait vite, ça se fera vite. *Beurre en tinette* — Beurre non moulé.

Tinettée n.f. — Contenu d'une tinette.

Tinque n.f. — V. TANK.

Tinquer v. tr. — V. TANKER.

Tins n.m. pl. — Glas.

Tinson n.m. — Débris. Tesson.

Tint part. passé m. ou f. — Tenu.

Tinton n.m. — Tintement. — Tintouin. Inquiétude. Embarras.

Tioune n.m. ou f. — Toune. Ex.: Jouer une tioune. *Prendre une tioune* — Faire la noce.

Tip n.m. — Pourboire. — Tuyau (renseignement).

Tiper v. tr. — Donner un pourboire à.

Tipite n.m. — Petit oiseau.

Ti-poil n.m. — Sobriquet pour un enfant ou un homme court.

Tip top shape (en) (pron. en tipe tope chépe) loc. — En pleine forme.

Tique n.f. — Doloire (du tonnelier).

Tiquer v. tr. ou intr. — Tirer au sort pour savoir qui jouera le premier. — Réagir. Ex.: Elle a tiqué quand j'y ai dit ça. *Tiquer une liste* — Pointer une liste.

Tiqueter v. tr. — Étiqueter.

Tirage n.m. — Action de traire (une vache). Traite.

Tiraille n.f. — Tendons. Viande coriace.

Tirailler v. intr. *Ça tirâille* — Avec peine. Ex.: I vit mais ça tiraille.

Tirailler (se) v. pron. — Se bousculer (en parlant des jeunes).

Tirailleux, se adj. ou n.m. ou f. — Celui, celle qui bouscule les autres. — Retardataire.

Tirant, e adj. — Malaisé (en parlant d'un chemin où les roues ou les patins s'enfoncent). — Malaisé à tirer.

Tirant n.m. — Trait (d'attelage). — Bracelet. *Tirants* — Rayons du soleil. — Rayons colorés de l'aurore polaire, signe de vent.

Tirasse n.f. — V. TIRAILLE.

Tire n.m. ou f. — Tirage (d'un chemin). — Tirage (d'une cheminée). — Sirop de sucre durcie pour former une pâte. *Tire de chevaux* — Concours où des chevaux doivent tirer de lourdes charges.

Tire (pron. taill'eu) n.m. — Pneu.

Tire-la-babiche n.m. — Cordonnier.

Tirelibèche n.f. — Ligaments, viande filandreuse.

Tireliche n.f. — Crêpe à la farine de sarrasin.

Tire-pois n.m. — Sarbacane. — Fusil de mauvaise qualité.

Tire-pousse n.m. — Pompe aspirante et foulante.

Tirer v. tr. ou intr. — Être dur de bouche. Ex.: Un cheval qui tire. — Traire. Ex.: Tirer les vaches. — Lancer, jeter. Ex.: Tirer une roche. *Tirer du bois* — Couper et transporter le bois dont on a besoin. *Tirer des plans pour* — Chercher des moyens de. *Tirer les rangs* — Tirer les sillons d'un jardin. *Tirer un compte* — Établir, arrêter un compte. *Tirer (quelqu'un) aux cartes* — Tirer les cartes à. *Tirer une course* — Lutter de vitesse. *Tirer une touche* — Fumer. *Tirer à la jambette* — V. JAMBETTE. — Donner des crocs en jambe. *Tirer au crochet* — V. CROCHET. *Tirer du poignet* — V. POIGNET. *Tirer au renard* — V. RENARD. — Se faire tirer l'oreille. *Tirer d'arrière* — Se faire tirer l'oreille. *Ça tire* — Avec grand'peine. Ex.: I fait ses classes mais ça tire. *Tirer à côté de* — Dépasser (sur la route). *Tirer du grand* — Affecter la grandeur. *Tirer sur* — Approcher (un âge). Ex.: I tire sur les soixante. *Tirer sur la fin* — Être sur le point d'achever. *Tirer un coup* — Faire l'amour avec une femme (en parlant d'un homme). *Tirer une botte à l'oeil* — Se masturber. *Tirer sa révérence* — Saluer.

Tirer (se) v. pron. — Se reculer. S'écarter. Ex.: Tire-toi un peu que j'voie.

Tiretaine adj. — Gêné dans ses vêtements.

Tirette n.f. — Tiroir. — Planchette à coulisse qu'on tire à l'extrémité d'une table et qui sert de rallonge. — Gâchette (de fenêtre). — Sternum de poulet (que deux personnes s'amusent à tirer chacune de son côté pour trouver laquelle des deux mourra la première). Ouiche-bône. — Braguette.

Tireur n.m. *Tireur de babiche* — Cordonnier. *Tireur de portraits* — Photographe.

Tireux n.m. — Tireur. *Tireux de babiche, tireux de portrait.* — V. TIREUR.

Tiri, e adj. — Tari. — Desséché (en parlant de légumes). — Qui ne donne plus de lait.

Tiribe adj. — Terrible.

Tirif n.m. — Tarif.

Tirine n.f. — Terrine.

Tirinée n.f. — Contenu d'une tirine.

Tirir v. tr. ou intr. — Tarir. — Ne plus donner de lait.

Tiroi, tiroué, tirouére n.m. — Tiroir.

Tisagnier n.m. — Tisonnier.

Tisène n.f. — Tisane.

Tiser v. tr. — Attiser. Tisonner.

Tisogné n.m. — Tisonnier.

Tisonner v. tr. — Faire l'amour (en termes voilés pour que les enfants ne comprennent pas).

Tissure n.f. — Fil de trame (tissage).

Tit-pite-fourre-vite n.m. — Homme rapide dans ses activités sexuelles.

Tit, tite adj. — Petit. Ex.: Jusse un tit morceau.

Tit fin n.m. — Finaud (avec dérision). Ex.: C'est comme ça qu'on répond à sa mère? Tit fin, va!

Titi n.m. — Bouton mamellaire. — Petit (par mignardise). Ex.: Viens mon titi, viens ouère ta mouman. *En titi* — Superlatif. Ex.: On a travaillé en titi.

Titite n.f. — Petite fille (par mignardise). Ex.: Où elle est, ma titite?

Tivi n.f. — Télé.

Toâ, toâsse adj. num. ou n.m. — Trois.

Toast (pron. tôsse) n.f. — Pain grillé — Rôtie (n.f.).

Toasté, e (pron. tôsté) adj. — Épuisé.

Toaster (pron. tôsteu) n.m. — Grille-pain.

Toaster (pron. tôsté) v. tr. — Griller (au grille-pain). *Se faire toaster* — Se faire prendre. Se faire semoncer.

Tobagane n.f. — Traîneau sans patins, long et étroit, dont on se sert pour glisser. Traîne sauvage.

Tobe n.f. — V. TUB.

Tobus n.f. — Autobus. Ex.: Prendre la tobus.

Tocson, onne adj. — Dépouvu de cornes. — Qui aime tocsonner.

Tocson, onne n.m. ou f. — Boeuf. — Boeuf ou vache sans cornes. — Homme entêté. — Rustre. — Homme retors.

Tocsonner v. tr. ou intr. — Foncer la tête baissée (en parlant de veaux, de vaches, de chèvres, de béliers).

Toé pron. pers. — Toi.

Toe cap (pron. taucape) n.m. — Pénis. — Extrémité du pénis.

Toffe adj. — Difficile. Ex.: C'est une job toffe. — Dur à cuire. Endurant. Ex.: C'est un gars ben tough. — Houleux (en parlant de la mer). — Coriace. Ex.: De la viande toffe. — Difficile à endurer. Ex.: Un enfant toffe. — Difficile à supporter. Ex.: Perdre sa femme si jeune, c'est toffe. — Épineux. Ex.: C'est une affaire pas mal toffe.

Toffe n.m. ou f. — Personne de caractère difficile, revêche, entêté. — Personne endurante.

Toffer v. tr. ou intr. — Endurer. Supporter une épreuve. Tenir bon. Résister. Persister. Ex.: C'tait dur mais j'ai toffé jusqu'au bout. *Toffer le temps* — Faire son temps. — Résister à l'ouvrage.

Toffeux, se adj. — Qui toffe.

Toffy n.m. — Bonbon dur au caramel.

Togne n.f. — Timon. Ex.: La togne de la faucheuse.

Toile n.f. *Faire de la toile, faire la toile* — Défaillir. Avoir une faiblesse. *Toile croisée* — Tissu croisé, lin sur lin, de quarante brins à la portée et fabriqué avec quatre lames. *Bonne toile* — Tissu simple, lin sur lin, de quarante brins à la portée et fabriqué avec deux lames. *Toile bâtarde* — Tissu simple, lin sur lin, de trente brins à la portée et fabriqué avec deux lames. *Toile cayenne* — Tissu lâche, lin sur lin, de vingt brins à la portée et fabriqué avec deux lames. *Toile ucrue* — Toile écrue. *Toile de fromage* — Étamine. *Toile du pays* — Toile de fabrication domestique.

Toilette n.f. *Chambre de toilette* — Pièce renfermant le lavabo, le bain (et/ou la douche) et le bol de toilette. *La toilette, une toilette* — Le bol d'aisances.

Toiletter v. tr. — Parer. Nipper.

Toiletter (se) v. pron. — Faire sa toilette.

Toiletteux, se n.m. ou f. — Qui aime la toilette.

Tois adj. num. ou n.m. — Trois.

Toisses adj. num. f. — Trois. Ex.: Y en a toisses de mariées.

Token (pron. toquène) n.f. — Jeton.

Tôle n.f. — Argent. Richesse. — Capacité. Force. Ex.: Avoir de la tôle. — Sou. Ex.: I a pas une tôle. — Lichefrite. — Rôtissoire. — Moule à pain.

Tôlé, e adj. — Effronté.

Tôlée n.f. — Contenu d'une tôle. — Sou.

Tôler v. tr. — Garnir de tôle. Recouvrir de tôle.

Tôleur n.m. — Tôlier.

Tomate n.f. — Tête. Ex.: Avoir mal à la tomate.

Tombe n.f. — Cercueil. — Pièce de bois dans un piège à castor. — Remblai (de chemin de fer).

Tomber v. tr. ou intr. — Arriver à point. Ex.: Tu tombes ben, c'est justement toué qu'on voulait voir. *Tomber de l'eau* — Uriner. *Tomber par terre* — Tomber à terre. *Tomber à terre* — Tomber par terre. *Tomber d'un mal, tomber* — Tomber d'épilepsie. *Tomber en compote* — S'évanouir. *Tomber sans connaissance* — Perdre connaissance. *Tomber en botte* — Tomber en ruine. Se dérégler. — S'évanouir. — Faire faillite. — Être ivre. *Tomber dedans* — Faire des excès de boire ou de manger. *Tomber dans* (un plat) — Le manger avec grand appétit. *Tomber dans l'oeil de* — Plaire à. *Tomber en amour* — Devenir amoureux. *Tomber en erreur* — Tomber dans l'erreur. *Tomber en pierre* — V. PIERRE. *Tomber enceinte* — Devenir enceinte. *Tomber sur le dos de quelqu'un* — Le battre. — Le réprimander. *Tomber en bas de sa chaise* — Être estomaqué. — Être émerveillé. — Être déflaboxé.

Tomber (se) v. pron. *Se tomber dessus* — Se battre. Se coletailler.

Tomberée, tomberonnée, tombereautée n.f. — Contenu d'un tombereau.

Tombis v. intr. — Tombai. Ex.: En arrivant, je tombis sur lui.

Tomble n.f. — Tombe.

Tombleur n.m. — Verre à eau. — Verre à bière.

Tom-boy n.m. ou adj. — Jeune fille aux allures de garçon.

Tomship n.m. — V. TOWNSHIP.

Tonasser v. intr. — Tonner au loin.

Tond part. passé — Tondu.

Tonde, tondre n.m. — Tondre (n.f.) Ex.: Allumer du tondre.

Tondreux, se adj. — Vermoulu. Desséché. Sans goût.

Tondreux n.m. — Glande aromatique des castors.

Tondrière n.f. — Endroit où la tondre est abondante.

Tondu! interj. — Expression de douleur ou de colère.

Tonne n.f. — Timon. Ex.: La tonne de la faucheuse. — Tonneau. *Sentir la tonne, sentir le fond de tonne* — Avoir une odeur d'alcool.

Tonsure n.f. — Toison (d'un mouton).

Tonture n.f. — Courbure (d'un traîneau, d'un canot).

Toothpick (pron. toute pique) n.m. — Cure-dent.

Top n.m. — Dessus. Sommet. Ex.: Le top d'une montagne. — Toiture. Ex.: Un top de lucarne. — Boghei avec capote. Ex.: Atteler sul top. — Capote, toit d'une voiture. Ex.: I a viré sul top. *Faire du top* — Faire des tonneaux (en voiture). *Virer sus l'top* — Devenir fou.

Topine n.f. — Féminin de TAUPIN.

Topless n.f. — Serveuse ou danseuse aux seins nus.

Toppe n.f. — Tête (d'un arbre).

Topper v. tr. — Couper la toppe (des arbres). Ex.: Topper les épinettes à quate pouces de diamètre.

Top soil (pron. toppe soï-le) n.m. — Humus.

Toque n.f. — Bardane. — Morceau (de tire). — Chignon.

Toquer v. tr. ou intr. — Heurter. Frapper. Choquer. Toucher. Ex.: Toquer la porte. J'me suis toqué la tête sur le haut de la porte. — Frapper de la tête. Tocsonner. Ex.: Le bélier va te toquer. — Battre. Palpiter. Ex.: Le coeur me toque.

Toquer (se) v. pron. — Cosser. Ex.: Des moutons qui se toquent. — S'obstiner. — Devenir pensif. *Se toquer pour quelqu'un* — Tomber en amour.

Toquet n.m. — Taquet.

Toquette n.f. — V. TORQUETTE.

Toquion n.m. — Chignon. — Morceau (de tire).

Toràilles n.f. pl. — Jeunes bêtes à cornes.

Torbinouche! interj. — Juron inoffensif.

Torche n.f. — Chalumeau. — Femme (en termes sexuels).

Torcher (se) v. pron. — En prendre son parti. Se résigner. Ex.: Tu peux te torcher, t'iras pas.

Torching (pron. torchigne), **torching paper** (pron. torchigne pépeu) n.m. — Papier de toilette.

Torchon n.m. — Flocon.

Torchonne n.f. — Femme malpropre.

Tord-brûle! interj. — Juron inoffensif.

Tordeur n.m. — Tordoir. Essoreuse.

Tordieuse n.f. — Espèce de crêpe faite de farine et d'eau.

Tord-nom! interj. — Juron inoffensif.

Tord-pet! interj. — Juron.

Tord-pine! Tord-pinette! interj. — Juron inoffensif.

Tordre v. intr. — Être contourné. Ex.: La solive a tordu.

Tord-vice! interj. — Juron inoffensif.

Tore n.f. — V. TAURE.

Torgueu! interj. — Juron.

Torgueuse n.f. — V. TORDIEUSE.

Torgueux, se adj. — Superlatif. Ex.: C'est une torgueuse d'affaire que de passer au feu.

Torgueux, se n.m. ou f. — Superlatif. Ex.: Au volant, c'est un torgueux.

Tornon! interj. — Juron inoffensif.

Toron n.m. — Tresse (de crin).

Torque n.m. — Couple (mécanique). Ex.: Clé indicatrice du torque.

Torquette n.f. — Tablette (de tabac).

Torrieu! interj. — Juron.

Torrieux, se adj. ou n.m. ou f. — V. TORGUEUX.

Tort n.m. *Se mettre dans son tort* — Faire quelque chose qui mette le tort de son côté.

Tortiller (se) v. pron. — S'agiter.

Tortillon n.m. — Foin ou paille tortillonné en forme de corde. — Personne qui s'agite.

Tortoir n.m. — Trottoir.

Tortu-bossu, tortue-bossue adj. — Tortillé ou contourné très irrégulièrement. Qui présente des trous et des bosses.

Tortuse n.f. — Tortue.

Torvis! interj. — Juron inoffensif.

Totaque n.f. — Braquette.

Tôter v. tr. — Transporter. Ex.: Tôter des billots.

Tou adv. — Itou. Aussi. Ex.: Moué tou.

Touage n.m. — Remorquage. *Zône de touage* — Zône où les voitures sont remorquées si elles s'y trouvent stationnées.

Touâs adj. num. et n.m. — Trois.

Touch (pron. totche) n.f. — Doigté. Habileté. Ex.: T'as pas perdu la touch.

Touche n.f. — Fumée qu'un fumeur tire d'une pipe à chaque aspiration. *Fumer une touche, tirer une touche, tirer sa touche* — Fumer. *Sainte-Touche* — Paye.

Toucheron, toucheux n.m. — Toucheur, celui qui conduit les boeufs.

Touches-y pas loc. subs. *Ça s'appelle touches-y pas* — C'est tabou.

Touch-up (pron. totche-ope) n.m. — Retouche.

Touchy (pron. totché) adj. — Susceptible.

Toué pr. pers. — Toi.

Touée n.f. *Avoir de la touée* — Avoir de la marge, de la chance, du crédit, du temps. *Prendre de la touée* — Prendre de l'avance.

Touer v. tr. — Remorquer (en parlant d'un navire).

Toués contraction de *tous les*. Ex.: Toués jours, c'est du pareil au même.

Toueur n.m. — Remorqueur.

Touffe n.f. — Organe sexuel féminin.

Touffuse adj. f. — Touffue.

Tough adj. ou n. — V. TOFFE.

Tou*h*ours adv. — Toujours.

Touisse n.f. — Tour. Ex.: Avec l'expérience, tu vas prendre la touisse. — Ruse. Ex.: J'ai plus d'une touisse dans mon sac. — Adresse. Ex.: C'est un gars qui a la touisse pour se faire aimer des femmes.

Toujours adv. — Enfin. Ex.: Vas-tu te décider, toujours? — N'est-ce pas. Ex.: Tu viens, toujours? *Toujours que* — Toujours est-il que.

Toujous adv. — Toujours.

Touladi n.m. — Grosse truite grise.

Toune n.f. — Air. Chanson. Tioune. — Fillette ou jeune fille grosse et grasse. — Prostituée. Guidoune.

Touner v. tr. — Accorder (un instrument de musique).

Touneur n.m. — Accordeur.

Toupette n.m. — Toupet.

Toupie n.f. — Femme qui radote. Chipie. — Machine qui creuse des moulures.

Toupiller v. tr. — Se servir de la toupie (outil).

Tour n.m. — Habileté. Façon. Ex.: I a le tour pour travailler. — Occasion. Ex.: Trouver le tour pour aller voir sa blonde. — Phare. *D'un tour de gueule* — En quelques paroles. — Dans un instant. *Tour d'ongle* — Panaris. Torgniole. *Faucher les tours* — Faucher la lisière autour d'un champ pour que la faucheuse ou la moissonneuse puisse y passer sans écraser le foin, la céréale, etc. *Faire un tour* — Rendre visite.

Touradi n.m. — V. TOULADI.

Tourbe n.f. — Gazon.

Tourbenthine n.f. — Térébenthine.

Tour-de-soleil n.m. — Tournesol.

Toureur, toureux, se n.m. ou f. — Qui aime à jouer des tours.

Tourist room (pron. tourisse roume) n.m. — Maison où on loue des chambres à l'heure, au jour.

Tourloute — Béret.

Tourmaline n.f. — Béret.

Tourmentages n.m. pl. — Insistance. Sollicitation. Ex.: C'est toujours des tourmentages pour le faire chanter.

Tourmenter v. tr. — Solliciter. Prier avec insistance.

Tourmenter (se) v. pron. — Faire des démarches.

Tourmenteux n.m. — Celui qui ne cesse de se tourmenter.

Tourmentine n.f. — Térébenthine.

Tournailleux, se adj. ou n.m. ou f. — Qui tournaille.

Tournavisse n.m. — Tournevis.

Tourne n.f. — Retourne, carte que l'on retourne à certains jeux.

Tourne-clefs n.m. — Guichetier.

Tourne-disques n.m. — Appareil à faire jouer des disques.

Tournée n.f. — Collecte. Quête. — Consommations et friandises offertes chez soi à ses convives. — Action de recueillir la sève d'érable.

Tournement n.m. — Détour. — Circonlocution.

Tourner v. tr. ou intr. — Retourner. Ex.: Tourner le foin. — Châtrer. — Devenir fou. Ex.: Après la mort de sa femme, i a tourné. — Changer de parti, de religion. — Être long dans ses préparatifs. Ex.: Vas-tu finir de tourner. *Tourner quelqu'un* — L'amener à changer de parti, de religion. *Tourner son capot* — Changer de parti. *Tourner en rond* — N'arriver à rien.

Tournette n.f. — Instrument qui retient l'écheveau quand on forme une pelotte de laine.

Tourneux n.m. — Tourneur, qui travaille au tour. — Celui qui fait métier de châtrer les animaux.

Tourneyer v. intr. — Tournoyer.

Tourniquette n.m. — Tourniquet. — Remou (dans l'eau). — Saut (en tournant). — Pas de géant (jeu).

Tournure n.f. — Panaris. — Présure.

Tourquière n.f. — V. TOURTIÈRE. — Bonnet de laine en forme de béret.

Tours et ratours n.m. pl. — Allées et venues. — Détours. Faux-fuyants.

Tourte n.f. — Sorte de pigeon sauvage de la Nouvelle-France (aujourd'hui disparu).

Tourtière n.f. — Tarte à la viande de porc haché.

Tourtout, e adj. — Tout.

Touser v. tr. — Tondre (les moutons).

Tous-les-jours n.m. pl. — Vêtements de tous les jours sauf le dimanche et les jours de fête. Ex.: Être habillé en tous-les-jours.

Toussâiller v. intr. — V. TOUSSOTER.

Tousseux n.m. — Tousseur.

Toussoter v. intr. — Tousser fréquemment et par petits coups.

Tout, e adj. *Tout celui qui* — Toute personne qui. Tous ceux qui. *Tout chacun qui* — Tous ceux qui. *Tout un chacun, tout à chacun* — Chacun. Tous. *À toutes heures* — À toute heure. *Et tout* (à la fin d'une énumération) — Tout. *Toute suite* — Tout de suite. *Tout ça* — Et ainsi du reste.

Tout adv. *Tout partout* — Partout. *Tout fin* — Tout, tout à fait. Ex.: I était tout fin seul. *Tout ainsi* — Sans cérémonie. Ex.: Un homme tout ainsi. — Interdit. Ex.: Rester tout ainsi. *Tout entour* — Autour. *Tout à clair* — Distinctement. *Tout pendant* — Pendant tout. *Tout d'un coup* — Tout à coup. *Tout seul* — De lui-même. Ex.: La lampe s'est éteinte toute seule. *Tout probabe, tout probabe que* — Probablement. *Tout à l'heure* — Plus tard, dans quelques mois.

Tout n.m. *En tout* — Du tout. Ex.: J'entends rien en tout. *De tout en tout* — Du tout au tout. Entièrement. *Du tout* — Pas du tout.

Toute n.m. *En toute* — Du tout. *À toute* — Aussi bien que possible, autant que possible. Ex.: Faire une chose à toute.

Toute adv. — Tout. Ex.: Elle a les fesses toute alitrées.

Toutes adj. ind. m. pl. — Tous. Ex.: À toutes les jours.

Toute suite loc. adv. — Tout de suite.

Toutoune n.f. — Fillette ou jeune fille grosse et grasse.

Tout travers loc. adv. — Tout de travers.

Tower v. tr. — Remorquer.

Towing (pron. tau-igne) n.m. — Remorquage. — Camion de remorquage.

Township n.m. — Division territoriale qui correspond à peu près à un canton.

Toxer v. tr. — V. TOQUER.

Toxon n.m. — V. TOCSON.

Toxonner v. tr. — V. TOCSONNER.

Tracas n.m. — Gros croquignole fait de pâte non sucrée.

Tracel n.m. — Ponceau. — Tréteau. Grand chevalet. — Viaduc fait de robustes tréteaux de bois.

Tracer v. tr. — Tresser.

Tracer (pron. tréceu) n.m. — Demande de renseignement sur la progression d'un envoi de marchandises.

Track n.f. — Voie ferrée. — Piste (d'hippodrome). *Être sur la bonne track* — Être sur la bonne voie. *Perdre la track* — Perdre le fil. *Être entre deux tracks* — Hésiter.

Trade-in (pron. trédine) n.m. — Reprise (dans le commerce de voitures, bateaux, etc.).

Traduisabe adj. — Traduisible.

Trafic n.m. — Circulation. *Va donc jouer dans le trafic* — Cesse de m'importuner.

Trafiquage n.m. — Trafic.

Trafiquer v. tr. — Échanger.

Trahir v. tr. — V. TRESSAILLIR.

Trail (pron. tréle) n.f. — Piste. Sentier. Ex.: Taper une trail dans la neige.

Trailer (pron. tréleu) n.m. — Remorque. Baladeuse.

Train n.m. — Soin donné aux animaux à l'étable tous les jours. — Ménage de la maison. *Train d'arrière* — Arrière-train. *Train de la Blanche* — Allure lente. *Sur le train de* — En train de. *Faire le train* — Faire du train, du tapage. *Mener le train, mener du train* — Faire du train.

Traînâille, traînâillerie, traînasse, traînasserie n.f. — Objet à la traîne.

Traînant n.m. — Traîneau.

Traînant adj. *Voiture traînante* — Traîneau.

Traîne n.f. — Voiture d'hiver. Traîneau avec ou sans patins. — Train de chemin de fer. *Traîne sauvage* — Tobogane.

Traîneau n.m. — Chariot (de scie mécanique).

Traînée n.f. — Foin des prairies des bas. — Chemin d'hiver à travers bois. — Contenu d'une traîne. — Femme plus libre sexuellement que son milieu le permet.

Traîne-fesse n.m. — Cul-de-jatte.

Traîner v. tr. ou intr. — Entraîner. Ex.: Traîner un cheval. — Aller en traîneau. — Charroyer en traîneau. *Traîner sur les rues* — Traîner les rues. *Traîner la queue de la classe* — Traîner à la queue de la classe.

Traîner (se) v. pron. — S'entraîner. Se préparer.

Traînerie n.f. — Objet laissé à l'abandon, à la traîne. *C'est pas une traînerie* — C'est pas rien. C'est important.

Traîne-savates n.m. — Paresseux.

Traîneux, se adj. ou n.m. ou f. — Traîneur. Traînard. Retardataire. Qui traîne les rues. — Négligent. Sans ordre. Qui laisse traîner des choses.

Training (pron. trénigne) n.m. — Éducation. — Entraînement. — Dressage (d'un animal).

Traintrain n.m. *Aller son traintrain, son petit traintrain* — Aller son train ordinaire.

Trait n.m. — Petite quantité de marchandises donnée par-dessus le marché.

Traitant n.m. — Traiteur. Celui qui faisait la traite avec les autochtones.

Traite n.m. — V. TRAIT.

Traite n.f. — Consommation que l'on offre à des amis dans un débit de boisson. Ex.: C'est moué qui paye la traite à tout le monde.

Traîte adj. ou n.m. ou f. — Traître. — Rude. Brutal.

Traîtement adv. — Traîtreusement. — Rudement. Brutalement.

Traiter v. tr. — Payer une traite, une tournée à.

Traître adj. ou n.m. ou f. — Rude. Brutal (au jeu). *Ne pas être traître* — Ne pas être extraordinaire. Ex.: Tes pommes sont pas traîtres c't'année.

Traîtrement adv. — Traîtreusement.

Trâle, trâlée n.f. — Bande. Groupe. Ex.: Une trâlée d'enfants.

Tramp n.m. — V. TRIMPE.

Tranchage n.m. — Action de trancher la morue.

Tranche n.f. — Tranchet. Couperet. Ex.: Une tranche à sucre. Une tranche à tabac. *Tranche à glace* — Ciseau de fer long que l'on manoeuvre à bras et qui sert à défoncer la glace d'un cours d'eau pour pêcher, pour trapper. *Tranche-viande* — Scie mécanique utilisée par les bouchers.

Trancher v. tr. — Enlever à (la morue qu'on prépare) la partie de la colonne vertébrale qui va de la tête à l'extrémité de la cavité abdominale.

Trangiverser v. intr. — Tergiverser.

Tranquillement adv. — Aisément. Ex.: I l'a battu ben tranquillement.

Transfer n.m. — Correspondance (d'autobus).

Transférable adj. *Non transférable* (billet) — Personnel.

Transférer v. tr. ou intr. — Faire un report. Reporter. Ex.: Transférer un total. — Envoyer d'un lieu de travail à un autre. Ex.: I a été transféré de Winnipeg à Montréal. — Passer d'un train à un autre, d'un autobus à un autre, du métro à un autobus ou vice-versa.

Transformeur n.m. — Transformateur.

Transiger v. tr. — Négocier, conclure (une affaire). Ex.: Transiger une vente.

Transit (en) (pron. en transite) loc. adj. — En cours de route.

Transmettabe adj. — Transmissible.

Transmetteur n.m. — Émetteur (de radio).

Transmission n.f. — Boîte de vitesse de véhicule automobile. *Ligne de transmission* — Câbles qui transportent de l'électricité sur une longue distance.

Transparager v. intr. — Porter ombrage. Nuire.

Transportâtion n.f. — Transport. — Billet de transport.

Transquestion n.f. — Contre-interrogatoire.

Transquestionner v. tr. — Contre-interroger.

Transverser v. tr. — Transvaser. Transvider.

Traouè n.m. — Dévidoir.

Trappe n.f. — Chasse à la trappe.

Trappe n.f. — Individu loquace. *Se fermer la trappe* — Se taire. *Trappe à souris* — Souricière.

Trapper v. tr. — Chasser à la trappe.

Traque n.f. — V. TRACK.

Trassel n.m. — V. TRESSEL.

Travail n.m. — Brancard. Limon.

Travaillage n.m. — Motif sur un tissu.

Travaillant n.m. — Journalier. Ex.: Engager un bon travaillant. — Travailleur.

Travaillant, e adj. ou n.m. ou f. — Laborieux. Travailleur. Ex.: Sa femme est ben travaillante.

Travailler v. tr. ou intr. *Travailler la terre, travailler sur la terre* — Travailler à la terre, être cultivateur. *Travailler du chapeau* — Être fou. *Travailler son affaire* — Préparer son coup.

Travailleux adj. ou n.m. — Travaillant.

Travarsabe adj. — Traversable.

Travarse n.f. — Traverse. — Revers. — Lieu où l'on traverse, d'où l'on traverse une rivière. — Chemin tracé sur la glace qui recouvre une rivière, un lac et allant d'une rive à l'autre. — Passage à niveau.

Travarsé, e adj. — Tout trempé.

Travarsée n.f. — Traversée.

Travarser v. tr. — Traverser.

Travarsier n.m. — Passeur. — Bateau passeur. Bac.

Travarsin n.m. — Traversin.

Travaux n.m. pl. — Récoltes.

Travée n.f. — Chacune des parties d'une grande surface sur lesquelles on exécute successivement certains travaux (lavage, peinturage, lambrissage, etc.). Ex.: Laver le plancher par travées. *Route à deux travées* — Route à deux voies.

Travers n.m. — Chemin de travers. Raccourci. — Clôture établie sur la largeur d'une terre. *D'un travers, en travers* — En bloc. Ex.: Acheter une tasserie de foin d'un travers. *De travers, en travers, de bord à travers* — De bord en bord. De part en part. *D'un travers à l'autre* — De bord en bord. *Dans les travers de* — À peu près. Ex.: Payer dans les travers de mille piasses. *À travers de, en travers, au travers* — À travers, au travers de. *Au travers* — Parmi. Ex.: Y a queques pommes au travers qui sont pas bonnes. *Être, faire en travers des autres* — Tout autrement que les autres. *Avoir quelqu'un de travers* — Ne pouvoir l'endurer.

Traversabe adj. — Qui peut être traversé.

Traverse n.f. — Lieu où l'on traverse une rivière à gué, en bateau. — Lieu d'où l'on traverse une rivière. Ex.: Attendre à la traverse que le traversier arrive. — Chemin établi sur la glace d'une rivière, d'un lac. — Passage à niveau.

Traverser v. tr. — Passer (un pont).

Traversier n.m. — Passeur. — Bateau passeur. Bac.

Travoi, travoué n.m. — Dévidoir.

Tray (pron. tré) n.m. — Plateau. Cabaret.

Trayage n.m. — Traite mécanique des vaches.

Trayer v. tr. — Trier.

Trécarré n.m. — Ligne à angle droit sur une autre. — Ligne qui marque les extrémités d'une terre. — Équerre de bois dont les côtés ont plusieurs pieds de longueur.

Trèfe n.m. — Trèfle. *Trèfe anglais* — Trèfle rouge. *Trèfe alsic* — Trèfle d'Alsique, trèfle hybride. *Trèfe d'odeur* — Mélilot.

Trembe n.m. — Tremble.

Tremblant n.m. — Tremblement.

Tremblant adj. *Fièvres tremblantes* — Fièvre intermittente.

Tremblement n.m. — Grande quantité.

Tremblette n.f. — Tremblement nerveux.

Trembleux n.m. — Trembleur. Peureux.

Trème n.f. — Trame. — Bobine de trame.

Trémeau n.m. — Trumeau, partie de mur entre deux ouvertures. — Armoire dans un mur.

Trémée n.f. — Trémie.

Trémène n.f. — Broderie.

Trémer v. tr. — Enrouler sur la trème.

Trémontagne n.f. *Perdre la trémontagne* — Perdre connaissance.

Trempas n.m. — Coutre (de charrue).

Trempe n.f. — Eau où l'on fait tremper les peaux vertes avant de les tanner. — Cuve qui contient cette eau.

Trempe adj. — Trempé. Mouillé. Détrempé. Humide. Ex.: J'étais trempe comme une lavette.

Tremper v. tr. — Servir (la soupe). — Prendre (de l'eau). — Mettre en moule (le sucre d'érable).

Trempette n.f. — Mets composé de menus morceaux de pain trempés dans du réduit ou du petit sirop. Ex.: Faire une trempette.

Trempine n.f. — Trempette.

Trempoir n.m. — Spatule pour remuer le sirop d'érable.

Trémue n.f. — Trémie.

Trente-six n.m. *Se mettre sur son trente-six* — Revêtir ses plus beaux habits. Se mettre sur son trente et un.

Trente-sous n.m. — Pièce de vingt-cinq cents.

Tressaillir v. tr. — Démettre (un pied, un poignet, etc.). — Léser (un nerf, un tendon).

Tresse n.f. — Chapelet (d'oignons, d'ail, etc.). — Régime (de bananes).

Tressel n.m. — Tréteau. Grand chevalet. — Ponceau.

Tresser v. tr. — Mettre en chapelet (des oignons, de l'ail).

Treufe n.m. — Trèfle.

Treume n.f. — Trème.

Treyer v. tr. — Trier. — Cueillir (des fruits).

Trian (de) loc. adv. — De biais.

Triander v. intr. — Jouer (en parlant des parties d'une voiture, etc.).

Triau (de) loc. adv. — V. DE TRIAN.

Tribu n.f. — Bande. Famille. Ex.: La tribu de Tremblay du Lac Saint-Jean.

Tribulant, e adj. — Turbulent.

Tribuler v. tr. — Inquiéter. Tourmenter.

Tribut n.m. *Tributs floraux* — Offrande de fleurs.

Tric n.m. — Truc. Tour. Ex.: I est plein de trics.

Trichage n.m. — Tricherie.

Trichard n.m. — Tricheur.

Triche n.f. — Tricherie.

Tricheux, se n.m. ou n.f. — Tricheur.

Trick n.m. ou f. — V. TRIQUE.

Tricoler v. intr. — Tituber. Marcher en zigzag.

Tricoli n.m. — Maladie des chevaux résultant de l'intoxication par la prêle des champs.

Tricotage n.m. — Tricot.

Trictrac n.m. — Crécelle. — Chose vieille qui fait du bruit quand on s'en sert.

Trier v. tr. — Cueillir (des fruits).

Trigaud, e adj. — Taquin.

Trigaudage n.m. — Taquinerie.

Trigauder v. tr. — Taquiner.

Triller v. tr. — Étriller (les chevaux).

Trillon n.m. — Trayon.

Trimage n.m. — Action de trimer.

Trimbaleux, se adj. ou n.m. ou f. — Qui aime se promener. — Qui manque d'ordre.

Trime n.f. *En trime* — En état. En ordre. *Avoir de la trime* — Avoir de l'habileté à se tirer d'affaires.

Trimer v. tr. — Couper (les cheveux). — Tailler (la barbe). — Châtrer. — Garnir, border (un vêtement). — Émonder, ébrancher (un arbre, arbuste). — Faire la toilette à (un cheval). — Moucher (une chandelle). — Attiser (le feu). — Planer, raboter (un morceau de bois). — Parer, décorer (une maison). — Ajuster, adapter (une pièce). — Nettoyer (un poêle). *Se faire trimer* — Se faire réprimander. *Trimer dur* — Travailler fort. *Se trimer sur son plus fin* — S'habiller de ses plus beaux habits.

Trimer (se) v. pron. — Faire sa toilette.

Trimesse n.m. — Trimestre.

Trimeur n.m. — Ouvrier qui finit, qui décore, qui arrange, qui trime.

Trimmigne n.m. — Garniture. — Broderie.

Trimousser v. tr. ou pron. — Trémousser.

Trimpe n.m. — Bomme. Vagabond.

Trimper v. intr. — Vagabonder.

Trip n.m. — Voyage intérieur.

Tripe n.f. — Chambre à air d'un pneu de véhicule. *Se péter une tripe* — Manger à l'excès.

Tripe-de-roche n.f. — Polypode de Virginie.

Triper v. intr. — Ressentir les effets euphoriques d'une drogue. — Être pris d'enthousiasme. Être emballé. Ex.: Lui, i tripe fort sur le hard rock.

Tripied n.m. — Trépied.

Triplets n.m. f. — Triples jumeaux. Triplés.

Tripotage, tripotement, n.m. **tripoterie** n.f. — Action de tripoter. — Action de peloter.

Tripoter v. tr. — Peloter.

Tripoteux n.m. — Tripoteur. — Peloteur.

Trique n.m. — Truc. Ex.: Je connais un petit trique pour arranger cette chaise.

Trique n.f. — Tour. Ex.: Jouer une trique.

Triqué, e, triqueux, se adj. — Habile à jouer, à faire des tours.

Trisse adj. — Triste.

Troisses adj. num. f. pl. — Trois. Ex.: A sont venues toutes les troisses.

Trôle n.f. — Cuillère (à pêche). — Ligne traînante.

Trôler v. intr. — Pêcher à la cuillère, à la ligne traînante.

Trombone n.f. — Trombone (n.m.). — Pince-papier en forme de trombone.

Trompe n.f. — Erreur. Méprise. — Grand nez. *Se fermer la trompe* — Se taire.

Trompeur n.m. — Piège.

Trompeuse n.f. — Couvre-pied. Couvre-lit.

Trompeux adj. ou n.m. — Trompeur.

Tronc n.m. — Tirelire.

Trône n.m. *Être sur le trône* — Être sur une chaise percée, sur le bol de toilette.

Trop adv. — Trop nombreux. Ex.: I's étaient pas trop. *Trop de bonne heure* — De trop bonne heure.

Trottage n.m. — Courses au hasard. — Action de rechercher la compagnie du sexe opposé, de trotter, de se trotter.

Trottaillage n.m. — Courses.

Trotte n.f. *Partir sur la trotte, être sur la trotte* — Courailler.

Trotte n.m. — Trot. Course. Ex.: On est revenu au trotte. *Faire un trotte* — Faire un bout. — Faire une course.

Trotter v. tr., intr. ou pron. — Aller se promener. Ne jamais être chez soi. Ex.: Elle fait jamais de ménage, elle se trotte tout le temps. *Trotter après* — Rechercher la compagnie de. Ex.: Ces filles-là trottent après les garçons tous les soirs. *Qu'est-ce que tu trottes?* — Qu'est-ce que tu cherches? *Une vache qui trotte* — Vache qui recherche le taureau.

Trotteux n.m. — Trotteur.

Trotteux, se adj. ou n.m. ou f. — Qui aime aller se promener. — Qui recherche la compagnie de jeunes du sexe opposé.

Trottouére n.m. — Trottoir.

Trou n.m. — En milieu carcéral, cellule d'isolement total. — Débit de boisson, bar, lieu de rencontre de mauvaise réputation. — Vagin. *Prendre le trou du dimanche* — S'étouffer en buvant. — *Péter plus haut que le trou* — S'en faire accroire. Avoir des airs. *Trou de l'homme* — Vagin. Ex.: Avoir mal au trou de l'homme. *Trou de balle* — Trou du cul.

Trou-à-balle n.m. — Partie de la grange où l'on jette la balle.

Trou de cul, troute-cul n.m. ou f. — Personne méprisable. Ex.: La femme à Belhumeur, c't'une troute-cul.

Trou de cul n.m. *Avoir le trou de cul en dessour du bras* — Être brûlé, toasté. *Trou d'cul moins quart* — Personne méprisable. *Avoir le trou du cul joyeux* — Se dit d'une personne qui lâche des pets en public.

Troube n.m. — Trouble.

Trouble n.m. — Peine. Ex.: Prendre le trouble de venir. C'est trop de trouble. — Mal. Difficulté. Ex.: Donne-toi pas tant de trouble. *Donner du trouble à* — Ennuyer. Tracasser. *Trouble de moteur* — Panne de moteur.

Troublé, e adj. — Sans contrôle sur soi. Ex.: Quand i est troublé, i varge.

Troubler v. tr. ou pron. *Troubler pour* — Demander de passer (un plat, un outil, etc.). Ex.: Je peux vous troubler pour le pain? *Ne pas se troubler* — Ne pas se déranger.

Trouée n.f. — Sillon.

Troufignon, troufion n.m. — Derrière. — Coccyx. *Retrousser le troufignon à quelqu'un* — Lui administrer une raclée.

Trou-qui-pisse n.m. — Vagin.

Trousien n.m. — Pénis.

Trousseau n.m. *Trousseau de bébé, de baptême* — Layette.

Trousse-mêle, trousse-mêleux, se n.m. ou f. — Gâte-sauce. Importun.

Troussien n.m. — Trusquin, instrument de menuisier pour tirer des lignes parallèles.

Trouvaille n.f. *S'habiller, être habillé comme une trouvaille* — S'habiller très mal. *Faire une trouvaille* — Accoucher.

Trouver v. tr. *Trouverrai, trouverrais* — Trouverai, trouverais.

Truck (pron. troc) n.m. — Camion. — Diable (véhicule). — Train de roues d'un wagon. *Gars de truck* — Routier.

True bill (pron. trou-bile) — Arrêt de mise en accusation.

Truie! interj. — Juron.

Truie n.f. — Poêle à bois fait d'un tonneau d'acier monté horizontalement sur quatre pieds. *Jouer à la truie* — Jouer à la bille au pot.

Trustabe (pron. trostabe) adj. — En qui on peut avoir confiance.

Truster (pron. troster) v. tr. — Avoir confiance en. Ex.: Lui, je le truste pas.

T-shirt (pron. ticheute) n.f. — Vêtement collant à manches courtes qui couvre le haut du corps.

-Tu particule explétive. Ex.: I peut-tu venir?

Tuasse n.f. — Chasse. Ex.: Besogne fatigante. — Abattage. — Cadavre d'insecte. — Traces laissées par son écrasage.

Tub (pron. tobe) n.m. — Baquet. — Cuve.

Tube conscient n.m. — Subconscient.

Tuber v. tr. — Poser des tubes.

Tue-chrétien, tue-monde n.m. — Ouvrage fatigant.

Tuer v. tr. — Rejeter (un projet de loi, une proposition). — Éteindre. Ex.: Tuer une chandelle.

Tuf n.m. — Roche stratifiée, roussâtre ou gris-bleu. Ex.: Crans de tuf.

Tug (pron. togue) n.m. — Remorqueur. Toueur.

Tug-of-war (pron. togue ofe ouar) n.m. — Souque à la corde.

Tuière n.f. — Cuillère.

Tuiérée n.f. — Cuillerée.

Tuile n.f. — Carreau vernissé pour paver un plancher, revêtir des parois.

Tumbe n.f. — Tombe.

Tumber v. intr. — Tomber.

Tumbler n.m. — V. TOMBLEUR.

Tumeur n.m. — Tumeur (n.f.).

Tune n.f. — V. TOUNE.

Tune-up (pron. tioune-ope) n.m. — Mise au point (d'un moteur).

Tuning (pron. tiounigne) n.m. — Syntonisation. Réglage (radio).

Tunnel n.m. — Galerie (de mine).

Tuque n.f. — Bonnet en laine tricotée. Toque. *Grosse tuque* — Gros bonnet. *Avoir la tuque drette* — Être en colère.

Tuquon n.m. — Petite tuque.

Turbenthine n.f. — Térébenthine.

Turé n.m. — Curé.

Turlutage n.m. — Action de turloter. — Chant fredonné.

Turlutailler v. tr. — Fredonner.

Turlutement n.m. — Action de fredonner. — Chant fredonné.

Turluter v. tr. — Fredonner.

Tu seul loc. adv. — Tout seul.

Tusuite adv. — Tout de suite.

Tuteyer v. tr. — Tutoyer.

Tuteyeux n.m. — Qui tutoie facilement tout le monde.

Tuyau n.m. — Cheminée (de locomotive, de bateau). — Chapeau haut de forme. — Pénis. *Tuyau de castor* — Chapeau haut de forme.

Tuxedo (pron. toxédo) n.m. — Habit de soirée sans queue, pour homme.

Tweed (pron. touide) n.m. — Étoffe de laine anglaise.

Tweezers (pron. touizeuse) n.f. pl. — Pince à épiler. Épiloir. Pincette.

Twist (pron. touisse) n.f. V. TOUISSE.

Twister v. tr. — Tordre.

Type (pron. taill'pe) n.m. — Machine à écrire.

Typewriter (pron. taill'pe raill'teu) n.m. — Machine à écrire.

U

U n.m. *Boulon en U, U-bolte* (pron. ioubôlte) — Bride recourbée à deux écrous. *Virage en U* — Demi-tour.

Ucru, e adj. — Écru.

U-haul (pron. iouâl) n.m. — Trailer, remorque de location. Ex.: Louer un U-haul.

Ui pr. pers. — Lui. Ex.: J'ui ai tapé dessus.

Ulalime adj. — Unanime.

Ulalimité n.f. — Unanimité.

Ulcère n.f. — Ulcère (n.m.).

Un, une adj. *Un chacun, tout un chacun* — Chacun. Tout le monde. Tout le monde. *Un quéqu'un, un quelqu'un* — Quelqu'un.

Union n.f. — Syndicat. — Raccord. Manchon (de tuyau). *Union rodée* — Raccord qui permet de réunir ou de séparer un tuyau sans avoir à en dévisser les extrémités.

Unitaire adj. *Prix unitaire* — Prix à l'unité.

Univarsel, elle adj. — Universel.

Univarsaire adj. ou n.m. — Anniversaire.

Universitaire n.m. — Étudiant d'université.

Up n' down (pron. opènedoune) n.m. *Se donner un up n'down* — Se masturber.

Up-to-date (pron. opetou déte) adj. — À jour. — Moderne.

Urbain adj. *Char urbain* — Tramway.

Urgence n.f. *En cas d'urgence* — En cas d'accident.

Urger v. intr. — Être urgent. Ex.: Ça urge.

Usage n.m. ou f. — Usure. Ex.: Un habit qui a de l'usage.

Usé, e adj. — Rompu (à une besogne). — Traité. Ex.: Être bien usé.

Use-pouce n.m. — Briquet.

User v. tr. — Traiter (bien, mal). Ex.: On peut pas dire que le boss t'use mal.

Usqu'à temps que loc. conj. — Jusqu'à ce que.

Usqu'où loc. adv. — Jusqu'où.

-Usse remplace **-uste**. Ex.: Jusse. Remplace **-ustre**. Ex.: Lusse.

Usure n.f. — Usage. Ex.: À l'usure, on verra si ça change. *D'usure* — Qui use beaucoup ses vêtements, ses chaussures. Ex.: I est d'usure, c't'enfant-là.

Usurfruit n.m. — Usufruit.

Usurfruitier n.m. — Usufruitier.

Usurier adj. — Qui use beaucoup ses vêtements, ses chaussures. Ex.: Un enfant usurier.

Utilité n.f. *Utilités publiques* — Services publics (transport, électricité, aqueducs, etc.).

V

Vacabond n.m. — Vagabond.

Vacabondage n.m. — Vagabondage.

Vacabonder v. intr. — Vagabonder.

Vacance n.f. s. — Vacances. Ex.: La vacance de Noël.

Vacancy (no) (pron. vé-cune-cé) loc. adv. — (À l'approche des motels), complet.

Vacarme n.m. — Diable. Enfant turbulent. Ex.: Mon petit vacarme, par exempe! — Grande quantité, grand nombre.

Vaccimer v. tr. — Vacciner.

Vaccine n.f. — Vaccin.

Vache n.f. — Individu avachi. — Lâche. *Vache qui meurt pas* — Dans les contrats à rente viagère, vache que le débiteur de la rente s'oblige à remplacer, en cas de mort. *Heure des vaches* — Cinq heures de l'après-midi, l'heure de la traite du soir. *C'est trop pour ma vache* — C'est trop pour moi. *Vache à lait* — Personne à exploiter. Ex.: Écoute, ti-gars, si tu penses que tu vas m'prende pour une vache à lait ben longtemps, détrompe-toué. *À la vache* — Au champ (baseball). *Filer assez vache pour donner du lait* — Être fatigué mort.

Vacher v. intr. — Paresser.

Vacuum (pron. vaquioume), **vacuum cleaner** (pron. vaquioume clineu) n.m. — Aspirateur.

Vadrouille n.f. — Torchon ou éponge assujetti à un manche et servant à laver le plancher.

Vadrouiller v. tr. — Nettoyer à la vadrouille.

Vadrouilleur n.m. — Celui qui vadrouille.

Vadrouilleuse n.f. — Journaliste qui ramasse tous les potins dans le monde artistique.

Vagabond n.m. — Vaurien.

Vagnole n.f. — Individu lâche, paresseux. *Faire de la vagnole* — Paresser.

Vagnoller v. intr. — Paresser. Flâner.

Vague n.f. *Vague froide* — Couche d'air froid. *Vague de froid, vague de chaleur* — Période de froid, de chaleur.

Vaillant, e adj. — Actif. Travaillant. Laborieux. — Bien portant. Alerte. — Gai. Aimable. — Fier.

Vaillantise n.f. — Santé. — Excès de travail.

Vaille qui vaille loc. adv. — Vaille que vaille.

Vailloche n.f. — Veillote.

Vaillocher v. tr. ou intr. — Mettre (le foin) en vailloches.

Vaisin n.m. — Voisin.

Vaisseau n.m. — Terrine de lait. — Vase de nuit.

Vaisselle n.f. *Plat à vaisselle* — Bassine à vaisselle.

Valabe adj. — Solvable. Ex.: Une caution valabe.

Valant adv. — Vaillant. Ex.: J'ai pas un sou valant.

Valdrague n.f. *À la valdrague* — À l'abandon.

Vale v. tr. — Vaille. Ex.: Je crois pas que ça vale la peine.

Valentin n.m. — Carte illustrée de coeurs qu'on envoie à la Saint-Valentin à un ami de coeur. — Image satirique pour la même occasion.

Valeur n.f. *De valeur* — Dommage. Regrettable. Ex.: C'est donc de valeur d'avoir perdu sa mère. — De caractère difficile. Ex.: Mon bébé est de valeur à plein. *Pas de valeur* — Facile à faire.

Valeureux, se adj. — Bien portant. Vigoureux.

Valganisé, e adj. — Galvanisé.

Valider v. tr. — Refuser d'invalider (une élection).

Valise n.f. — Malle. Grand coffre de bois ou de tôle teinte dans lequel on peut emporter beaucoup d'effets. — Coffre (à bagages) (d'une voiture).

Vallée, vallée de larmes n.f. — Organe sexuel féminin.

Vallonneux, se adj. — Accidenté.

Valoir v. tr. — Posséder. Ex.: Ce vieux-là vaut cinquante mille piasses. — Avoir de la qualité pour durer. Ex.: Ce marteau-là vaut rien.

Valtage n.m. — Veltage, mesurer avec la velte.

Valte n.f. — Velte. — Valve.

Valter v. tr. — Vagabonder. Errer.

Valteux n.m. — Velteur.

Valtreux, se adj. ou n.m. ou f. — Paresseux. Propre à rien. — Orgueilleux.

Valureux, se adj. — Valeureux.

Valve n.f. *Ouvrir la valve* — Uriner.

Van n.m. — Instrument à deux anses, fait de planches minces et légères, pour vanner les céréales.

Van (pron. vanne) n.m. — Vêtements et menus articles fournis aux bûcherons.

Vannage n.m. — Pulsation de l'air dans un conduit. Ex.: Le vannage a ébranlé le tuyau de la fournaise.

Vanne n.f. — Fourgonnette. — Caisse d'un camion de grande dimension généralement amovible par rapport au train moteur. — Bétaillère. — Caisse semi-remorque d'un camion. — Ensemble de la caisse et du camion. Ex.: Attention, y a une vanne qui s'en vient. — Fourgon de queue d'un convoi ferroviaire.

Vanné, e adj. — Épuisé. Fatigué.

Vanner v. tr. — Épuiser. Éreinter.

Vannures n.f. pl. — Résidu du vannage.

Vant n.m. — Vantardise. Ex.: Encore un coup de vant.

Vanteux, se adj. ou n.m. ou f. — Vantard.

Vantiler v. tr. — Mettre une hausse à une écluse.

Vaquer v. intr. — Ne pas avoir lieu. Ex.: Les cours vaqueront mardi.

Varâiller v. intr. — Vernâiller.

Varâilleux, se adj. ou n.m. ou f. — Qui piétine habituellement.

Varbal, e adj. — Verbal.

Varbina n.m. — Verveine. Verbena.

Vardaud, e adj. — Verdâtre.

Varder v. intr. — Errer.

Vardette n.f. — Lanière de cuir, règle de bois dont l'institutrice se servait pour châtier ses élèves. — Hart avec laquelle on corrigeait les enfants. — Verge du taureau dont on faisait des fouets. Nerf de boeuf.

Vardeux, se adj. ou n.m. ou f. — Qui varde. Celui qui varde. *Vardeux de nuit* — Celui qui varde la nuit.

Vardic n.m. — Verdict.

Vardigo n.m. — Verdigo.

Vardingue n.f. — V. GINGUE.

Vardir v. intr. — Verdir.

Vardure n.f. — Verdure.

Varganisé, e adj. — Galvanisé.

Varge n.f. — Verge. — Sorte de dé à coudre ouvert par le bout. — Le plus grand verre du bar.

Varger n.m. — Verger.

Varger v. tr. ou intr. — Battre. Corriger. — Frapper fort. Ex.: Varger dans le tas à grands coups. — Travailler fort.

Vargeusement adv. — Extrêmement.

Vargeux, se adj. — Excellent. Ex.: C'est pas vargeux comme souper. — Ardent au travail.

Varglacé, e adj. — Verglacé. Couvert de verglas.

Varglacer v. impers. — Verglacer. Ex.: Ça varglace à matin.

Vargue n.f. — Vergue.

Varjuter v. intr. — Suinter. Être dégouttant de jus.

Varloper v. tr. *Varloper les nuages* — Faire des choses inutiles. Enculer des mouches.

Varlopure n.f. — Copeaux, ruban de bois produit par la varlope.

Varmeil, eille adj. — Vermeil.

Varmine n.f. — Vermine. — Souris. Rats.

Varmoulu, e adj. — Vermoulu.

Varnâillage n.m. — V. VERNÂILLAGE.

Varni, e adj. — Verni. De cuir verni.

Varnousser v. intr. — Vernousser.

Varrasser v. intr. — Piétiner sur place. Être empêché de travailler. Rester en panne. Être immobilisé par intervalles. — Être pluvieux par intervalles (en parlant du temps).

Varrasseux, se adj. ou n.m. ou f. — Qui n'avance à rien en besogne. — Pluvieux par intervalles (en parlant du temps).

Varsant, e adj. — Versant. Ex.: Une voiture versante. — Qui chavire facilement. — Où l'on verse facilement. Ex.: Un chemin versant.

Varsant n.m. — Versant. — Pente (d'un chemin).

Varsatile adj. — Versatile.

Varse (à) loc. adv. — À verse. — Beaucoup. En abondance.

Varser v. tr. ou intr. — Verser. — Renverser. Ex.: Varser de l'eau à terre. La voiture a varsé. — Chavirer (en parlant d'embarcations). — Valser.

Varset n.m. — Verset. — Chanson.

Vart-de-gris n.m. — Vert-de-gris.

Varte adj. f. — Verte. *Glace verte* — Glace vive.

Vartu n.f. — Vertu. — Capacité, force physique.

Vartueux, se adj. — Vertueuse.

Varvassière n.f. — Petit marais. — Personne bavarde, indiscrète.

Varveau n.m. — Verveux.

Varveine, varvelle n.f. — Verveine.

Vase n.f. — Boue.

Vasé, e adj. — Couvert de vase.

Vaser v. tr. — Couvrir de boue.

Vas et de viens (de) loc. — De tous les côtés.

Vaseux, se adj. — Où il y a de la vase. — Verbeux.

Vasouilleux, se adj. — Vaseux.

Vas-y-vas-y-pas n.m. — Petite voiture à deux roues. — Charrette à quatre poteaux. — Pantin à ressort. — Homme sans volonté.

Vat-et-vient n.m. — Va-et-vient.

Vauloir v. tr. — Valoir. — Posséder. Ex.: I doit ben vauloir cinquante mille piasses.

Vaulter v. intr. — Sauter par-dessus une clôture.

Va-vite n.m. — Diarrhée. Ex.: Avoir le va-vite.

-Ve remplace **-vre.** Ex.: Suive. Vive. Cadâve. Pauve. Fiève.

Veau n.m. — Homme qui change d'allégeance politique pour un avantage matériel. — Faux éclat de voix. Couac. Ex.: Faire un veau en chantant. — Bout de sillon non versé. Manquement dans les labours. — Manquement au jeu de balle. — Charge traînante derrière un traîneau pour en diminuer la vitesse en descendant les côtes. *Faire un veau* — Vomir.

Veci prép. — Voici.

Vécuna n.m. — Bas de laine.

Vef, veve adj. ou n.m. ou f. — Veuf, veuve.

Veille (à la) loc. prép. — Sur le point de. Ex.: I est à la veille d'arriver.

Veillée n.f. — Soirée de fête. Ex.: On va à la veillée chez Ti-Blanc à souère. *Avoir quelqu'un en veillée* — Avoir chez soi quelqu'un qui passe la soirée. *Les gens de la veillée* — Les gens qui participent à une veillée. *De veillée* — Pendant la soirée. *Faire un bout de veillée* — Passer une partie de la soirée chez quelqu'un.

Veiller v. intr. — Passer la soirée (et peut-être une partie de la nuit) à jaser, boire, jouer aux cartes, etc. Ex.: Aller veiller chez le voisin.

Veilleux n.m. ou f. — Veilleur. Gardien de nuit. — Personne qui se couche tard. — Personne qui participe à une veillée.

Veilloche n.f. — Veillote.

Veisin n.m. — Voisin.

Veisinages n.m. pl. — Voisinage. Ex.: I reste dans les veisinages.

Veisiner v. tr. — Voisiner.

Velà prép. — Voilà.

Vélée part. passé — Qui a vêlé. Ex.: Une vache nouvellement vélée.

Véler v. intr. — Vêler.

Vêler v. intr. — Ne pas réussir à faire quelque chose. — Détonner en chantant. — Vomir.

Velime n.m. *Avoir du velime* — Avoir de l'initiative.

Velimeux, se adj. ou n. — V. VLIMEUX.

Veline n.f. *Jeter sa veline* — Faire ses folies de jeunesse. Se dégriner.

Velours n.m. *Faire un velours* — Faire plaisir. Ex.: Des compliments, ça fait toujours un velours.

Velouteux, se adj. — Velouté.

Vélum n.m. — Papier dit vélin.

Veneer (pron. venir) n.m. — Contre-plaqué.

Venderdi n.m. — Vendredi.

Vendeux n.m. — Vendeur.

Vendeur n.m. — Celui qui persuade. — Article qui se vend bien. Ex.: Ce live-là, ça va ête un bon vendeur.

Vengeur, eux, se adj. — Qui aime à se venger. Vindicatif.

Venir v. intr. — Devenir. Ex.: I vient fou. — Convenir. Ex.: Ça lui vient bien. — Avoir un orgasme. *Faire venir quelqu'un* — Lui donner un orgasme. *Viens-y donc, venez-y donc* — Parole de provocation, de défi. *Venir de l'avant* — Être candidat. *Venir à l'heure* — L'heure de. Ex.: Quand ça vient à l'heure de partir, i sait pas partir. *Viens pas me dire* — Ne me dis pas. *Viens pas me dire que* — Ne me dis pas que. *À venir à* — Entre. Ex.: Y a quate cent milles de Montréal à venir à

Rouyn. *Venir en fureur* — Se fâcher fort.

Vent n.m. — V. VANT. *Être dans le vent* — Être à la mode. *Lâcher ses vents* — S'énerver, se défouler.

Vente n.m. — Ventre. — Solde, vente à rabais. Ex.: Y a une vente chez Eaton demain.

Vente-de-boeuf n.m. — Bout de chemin rendu élastique par la présence d'une poche d'eau sous-jacente amenée par le dégel.

Ventrèche n.f. — Peau du ventre du boeuf, du cochon. — Poitrine (de femme).

Vêpes n.f. pl. — Vêpres.

Vêquis (s) v. intr. — Je vécus.

Verbaliser v. tr. *Verbaliser un chemin, un cours d'eau* — Régler comment il sera établi et entretenu, et par qui seront exécutés et payés ces travaux.

Verbe n.m. — Parole. Ex.: Avoir un beau verbe.

Verbina n.m. — Verbena. Verveine.

Verdaud, e adj. — Verdâtre.

Verdée n.f. — Correction corporelle.

Verder v. intr. — Errer ça et là.

Verdette n.f. — Lanière de cuir ou règle de bois qui servait au châtiment corporel. — Hart avec laquelle on corrigeait les enfants.

Verdeux, se adj. ou n.m. ou f. — Qui verde. *Verdeux de nuit* — Celui qui verde la nuit.

Verdigo n.m. — Vertigo. Caprice. — Diarrhée (des veaux). — Nervosité. Agitation. Diable au corps.

Verdingue n.f. — V. GINGUE.

Véreusement adv. — Très. Ex.: Des pommes véreusement belles.

Véreux, se adj. ou n.m. ou f. — Superlatif d'une épithète implicite que le contexte révèle. Ex.: En regardant un enfant qui manifeste de l'intelligence en jouant, on fera comprendre qu'on le trouve très intelligent en disant: I est-i pas véreux, c't'enfant-là. *En véreux* — Beaucoup. Très. Ex.: I est fort en véreux.

Vèreux! vèreuse! interj. — Juron. Ex.: Une vèreuse d'affaire.

Verge n.f. — Yard, trois pieds anglais.

Verge d'or n.f. — Solidago, plante vivace à fleurs jaunes.

Verger v. tr. ou intr. — V. VARGER.

Vergeux, se adj. — V. VARGEUX.

Vergine n.f. — Tabac sauvage. *Fumeux de vergine* — Pauvre.

Vérine n.f. — Mauvais tabac.

Vérité n.f. *En bonne vérité* — En vérité.

Verjuter v. intr. — V. VARJUTER.

Verlope, verloper, verlopure — V. VARLOPE, VARLOPER, VARLOPURE.

Vermine n.f. — V. VARMINE.

Vernaillage v. intr. — Action de vernâiller.

Vernailler v. intr. — Aller ça et là, sans but. Tourner autour du même lieu. Ex.: Gâre le chien qui vernâille autour d'la grange.

Vernailleux, se adj. ou n.m. ou f. — Qui a l'habitude de vernâiller.

Verne n.m. — Espèce d'arbre. Aune.

Verni, e adj. — De cuir verni (en parlant de chaussures).

Vernousser v. intr. — Tâtonner. Fureter. Vernâiller. Ex.: Arrête de vernousser dans l'armoire.

Verrasser v. intr. — Mener une vie de plaisirs.

Verrat, verrase n.m. ou f. — Superlatif. Ex.: I chante comme un verrat. *En verrat* — En colère. — Superlatif. Ex.: I y va en verrat.

Verrat, verrase adj. — Superlatif plutôt négatif. Ex.: Méfie-toi d'eux, lui, i est verrat pis sa femme est aussi verrase que lui.

Verrat! interj. — Juron.

Verrette n.f. — Varech.

Verrure n.f. — Verrue.

Vers prép. *De vers* — Du côté de. Ex.: I a passé de vers l'église.

Versant, e adj. — Qui chavire facilement (en parlant d'embarcations, de véhicules). — Où l'on verse facilement.

Versant n.m. — Pente (d'un chemin).

Versatile adj. — Habile en beaucoup de domaines.

Verse n.f. — V. VARSE.

Verser v. tr. ou intr. — V. VARSER.

Verte adj. f. *Glace verte* — Glace vive.

Vertu n.f. — Capacité, force physique.

Vèse n.f. — V. VÈZE.

Vésin, vésinage, vésiner — Voisin, voisinage, voisiner.

Vésite n.f. — Visite.

Vésiter v. tr. — Rendre visite à.

Vesse n.f. — V. VESTE.

Vesse-de-carême n.f. *Être pâle comme une vesse-de-carême* — Être très pâle.

Vesser v. intr. — Lâcher une vesse.

Veste n.f. — Gilet. *Veste de cuir* — Coupe-vent en cuir.

Vétéran n.m. — Ancien combattant.

Véture n.f. — Voiture.

Veugue, veugle adj. — Veule. Faible. Chétif.

Veugue, veugle n.m. — Terre veule, très légère.

Veuille n.f. — Veille. Ex.: I est à veuille d'arriver.

Veule (je) v. tr. — Que je veuille.

Veurder v. intr. — V. VARDER.

Veurlope, veurloper, veurlopure — V. VARLOPE, VARLOPER, VARLOPURE.

Veurnâillage, veurnâiller, veurnâilleux — V. VERNÂILLAGE, VERNÂILLER, VERNÂILLEUX.

Veuve adj. ou n.m. — Veuf. Ex.: Ça fa dix ans qu'i est veuve. *Veuve à l'herbe* — Femme séparée de son mari. *Se passer une p'tite veuve joyeuse* — Se masturber.

Vévage n.m. — Veuvage.

Véve, vève adj. ou n.m. ou f. — Veuf. Veuve.

Veyage n.m. — Voyage.

Véyou n.m. — Voyou.

Véyoucratie n.f. — La classe des voyous.

Vèze n.f. — Cornemuse.

Vi part. passé — Vu.

Vialon n.m. — Violon.

Viande n.f. — Chair (humaine). Ex.: Ça m'a rentré dans la viande. — Femme (en termes sexuels). *D'la bonne viande* — Un excellent sujet. Ex.: Ma chère, ce gars-là, c'est d'la bonne viande.

Viande! interj. — Juron inoffensif.

Viandé, e adj. — Gros. Fort en chair. Ex.: Un gars ben viandé. Un cochon pas trop viandé.

Viandeux, se, viandu, e adj. — V. VIANDÉ.

Viarge adj. ou n.f. — Vierge.

Viarge! interj. — Juron. Ex.: Ah ben, ciboire de viarge d'osti toasté!

Viargenie! interj. — Juron.

Viberquin n.m. — Vilebrequin.

Vicieux, se adj. ou n.m. ou f. — Joueur de tours. — Malin. Roué. Malicieux (en parlant de personnes).

Vidanger v. tr. — Transvider.

Vidanges n.f. — Rebuts. Poubelle.

Vidangeur n.m. — Boueux préposé à l'enlèvement des poubelles.

Vide n.m. — About, espace de forme irrégulière laissé, dans l'opération du cadastre, entre deux rangs réguliers de terrains.

Vidé, e adj. — Épuisé.

Vider v. intr. — Rendre ses excréments. Ex.: J'ai vidé toute la nuit. — Verser. Ex.: Vide donc du vin dans mon verre.

Vider (se) v. pron. — Dire tout ce qu'on a sur le coeur. — Devenir gâteux. — Uriner.

Vie n.f. *Mener la vie* — Mener une vie de plaisirs. *En vie* — Vivant. Remuant. Ex.: Un enfant en vie.

Vieillârd n.m. *Couleur vieillârd* — Couleur vieil or.

Vieille n.f. — Désignation familière de la femme par le mari. — Sage-femme. *Vieille fée* — Sorcière.

Vieillezir v. tr. ou intr. — Vieillir. Ex.: Ouillons, sa mère, t'as pas veillezi pantoute.

Viendre v. intr. — Venir.

Vieuillard n.m. — Vieillard.

Vieuille n.f. — Vieille.

Vieuillesse, vieuillir — Vieillesse, vieillir.

Vieux n.m. — Désignation familière du mari par la femme. *Un vieux d'la vieille* — Vieillard très âgé. — Personne très expérimentée.

Vieux-broquin n.m. — Vilebrequin.

Vieux fish n.m. — En milieu carcéral, prisonnier d'expérience.

Vieux-garçon n.m. — Zinnia.

Vieux-pays (les) n.m. — Europe. — France.

Vif (au) loc. adv. — À vif. Ex.: J'ai le nez au vif.

Vifement adv. — Vivement.

Vignette n.f. — Rumex. Petite oseille.

Vilaine n.f. — Levée sans points (au jeu).

Ville (en) loc. adv. — À la ville la plus proche ou la plus importante de la région.

Vinaigue n.m. — Vinaigre.

Vinassé, e adj. — Couleur de vin.

Vindique d'un nom! interj. — Juron inoffensif.

Viné, e adj. — Couleur de vin.

Vingueu! vinguienne! interj. — Juron inoffensif.

Vinssis v. intr. subj. imp. — Advenant le cas où. Ex.: Si jamais je vinssis à m'en aller, tu verrais c'qui arriverait.

Vinter v. intr. — Venter.

Violon n.m. — Mélèze laricin. *Jouer du violon* — Perdre l'esprit. — Déraisonner. *Danser plus vite que le violon* — Manquer de mesure, de modération.

Virage n.m. — Action de virer.

Viragauche, viragôde n.f. — Virago.

Virailler v. intr. — Tourner de ci de là.

Virailler (se) v. pron. — Se tourner à tout moment (surtout dans son lit).

Virâilleux, se adj. — Qui tourne de côté et d'autre.

Virant n.m. — Tournant. Virage.

Vire n.f. — Tourne, retourne, atout (au jeu).

Viré, e adj. — Fou. Insensé.

Vireberquin, virebouquin, virebrequin, vìrebroquin n.m. — Vilebrequin.

Vire-capot n.m. — Personne qui change d'idée, de parti, de religion.

Vire-de-long n.m. ou f. — Personne qui fait de longs détours, qui est lente. Ex.: Patience, lui, c'est un vire-de-long.

Virer v. tr. ou intr. — Tourner. Ex.: Virer de bord. Virer des crêpes dans la poêle. Virer la tête. Mal virer. — Faire tourner. Ex.: Vire la manivelle. — Faire chavirer. Bouleverser. Bousculer. Virer une chaloupe. Ex.: Le vent a viré le canot. Le vent a viré tous mes papiers. — Retourner. Ex.: Virer une carte. — Détourner. Ex.: Virer la tête. — Amener à changer d'opinion, de parti, de religion. Ex.: C'est pas facile de le virer, lui. — Faire perdre l'esprit. Ex.: Sa faillite l'a viré. — Mal recevoir. Ex.: I voulait se plaindre, mais je l'ai viré. — Tourner (dans une certaine direction). Ex.: Rendu à l'église, vous virez à gauche. — Revenir sur ses pas. Ex.: I faisait si frette que j'ai viré. — Chavirer. Ex.: Le canot a viré. — Changer d'opinion, de parti, de religion. Se tourner contre quelqu'un. — Devenir. Ex.: I a viré protestant. — Atteindre la ménopause. *Virer une brosse* — Se saouler pendant plusieurs jours. *Virer casaque, virer son capot, virer ses culottes à l'envers* — Changer d'opinion, de parti. *Virer casaque* — Perdre l'esprit. — Verser (en voiture). *Aller virer loin* — Aller loin (au figuré). *Virer d'ssour* — Tourner sur place (en parlant d'une roue d'un véhicule automobile). *Virer sul top* — Tomber de fatigue. — Devenir fou.

Virer (se) v. pron. — Changer d'opinion, de parti, de religion.

Virevent-virepoche n.m. — Personne qui change souvent d'opinion.

Viron n.m. — Tournant. Virage.

Vironner v. intr. — Regarder partout. — Perdre son temps à tourner en rond.

Visager v. tr. — Regarder. Ex.: Plus j'le visage, moins je reconnais mon fils Natole.

Vis à vis (au) loc. prép. ou adv. — Vis à vis. Ex.: I reste au vis à vis de l'église.

Vise-grip (pron. vaillese grippe) n.m. — Pince-étau.

Viser v. tr. — Surveiller particulièrement.

Viseux n.m. — Viseur. — Celui qui vise. — Celui qui épie.

Visiner v. tr. ou intr. — Voisiner.

Visite n.f. *De la visite* — Une visite. Des visites. Ex.: J'attends de la visite. *Visite des sauvages* — Naissance d'un enfant. *La grande visite* — Visite rare. Visite de dignitaires.

Visiter v. tr. — Rendre visite à.

Visonnière n.f. — Ferme ou l'on fait l'élevage du vison.

Visou n.m. *Avoir du visou* — Avoir l'oeil juste pour viser, tailler, dessiner, etc.

Vite adj. — Tôt. Ex.: I s'est marié trop vite. *Vite sur ses patins* — Se dit d'une personne débrouillarde.

Vite n.f. — Vitre.

Vite n.f. *Une petite vite* — Acte sexuel exécuté rapidement.

Vite adj. — Volage. Léger. Ex.: Elle est vite, ce p'tite-là.

Vitement adv. — Immédiatement. Ex.: Viens vitement, ton père est malade.

Vitrau n.m. — Vitrine. Montre. — Vitrail. — Tout châssis vitré de petite dimension.

Vitre n.f. — Verre. Ex.: De la vitre cassée. *Petite vitre* — Déflecteur.

Vit-toujours n.m. — Plante de serre, espèce de balsamine à floraison presque perpétuelle.

Vivabe, vivable adj. — Où l'on peut vivre. — Avec qui l'on peut vivre. — Viable.

Vivant, e adj. — Vif. Plein de vivacité.

Vive-argent n.m. — Vif-argent.

Viveté n.f. — Vivacité. Promptitude.

Vivocher v. intr. — Vivoter.

Vivoir n.m. — Salon.

Vivres n.f. pl. — Vivres (n.m. pl.) — Aliments. *Avoir du troube avec les vivres* — Avoir des problèmes de digestion.

V'là prép. — Voilà. *En veux-tu en v'là* — En abondance. *Veux-tu me tuer me v'là* — En abondance (en parlant du gibier).

Vlagne! interj. — Vlan.

Vlime n.f. *En vlime* — En colère. *Avoir du vlime* — Avoir de l'initiative.

Vlimeux, se adj. ou n.m. ou f. — Venimeux. Vénéneux. — Habile. Audacieux. — Rusé. Hypocrite. *Un vlimeux de* — Superlatif. Ex.: Un vlimeux de bon discours. *Faire son vlimeux* — Faire le fier.

V'lin n.m. — Venin.

V'lont prép. — Voilà. Ex.: Les v'lont qui s'en viennent.

Voilier n.m. — Volée. Ex.: Un voilier d'outardes.

Voiqure n.f. — Voiture.

Voir v. tr. *Aller voir les filles* — Fréquenter des amies (en parlant d'un garçon). Ex.: Quand on allait ouère les filles le samedi soir... *À voir, on verra ben* — Il n'y a rien comme d'aller voir. *T'as qu'à voir!* — Vous m'en direz tant. *Pas voir l'heure de, pas voir l'heure que* — Avoir peine à. Retarder longtemps à. Ex.: J'ai pas vu l'heure de partir. *Laisser voir de rien, faire voir de rien* — Ne rien laisser voir. *Faire voir de* — Faire mine de. Ex.: J'ai fait voir de m'intéresser à elle. *Voir à quelque chose* — Surveiller. Ex.: Vois à la voiture. *Pas voir depuis plusieurs mois* — Ne pas avoir menstrué depuis ce temps. *Voir le coeur de quelqu'un* — Voir le fond de quelqu'un. *Pas vouloir y voir la face* — Ne pas vouloir le voir. Ex.: Toi, Casse, j'veux pus t'voir la face icitte.

Voirai, voirais v. tr. — Verrai, verrais.

Voire adv. — Donc. Ex.: Écoute voire ce qu'elle dit. — Un peu. Ex.: Voyons voire.

Voirie n.f. *Laisser à la voirie* — Laisser traîner. *Se mettre à la voirie* — Se mettre à la vue. *Jeter à la voirie* — Jeter aux rebuts.

Voisin n.m. *Voisin de banc, de pupître* — Voisin dans la salle de classe. *Voisin de table* — Voisin à table.

Voisinage n.m. *Dans le voisinage de* — Environ. Ex.: I me doit dans le voisinage de cent piasses.

Voisinages n.f. pl. — Voisinage.

Voisiner v. tr. — Visiter fréquemment. Ex.: Voisiner ses parents.

Voiture n.f. *Voiture d'eau* — Chaloupe. Canot. Embarcation. *Voiture roulante* — Véhicule. *Voiture traînante* — Traîneau. *Grosse voiture* — Voiture de travail. *Voiture légère, légearte* — Voiture de promenade. *Voiture double* — Voiture traînée par deux chevaux, deux boeufs. *Voiture simple* — Voiture traînée par un seul animal.

Voiturée n.f. — Une voiture pleine de gens.

Voiturier n.m. — Carrossier.

Volabe adj. — V. VALABE.

Voleux n.m. — Voleur.

Volcan n.m. — Gouffre.

Volga n.m. ou f. — Vodka.

Volier n.m. — Volée. Ex.: Un volier d'outardes. — Troupeau. Ex.: Un volier de vaches.

Volin n.m. — Revolin.

Voloir v. tr. — Valoir.

Volontiers adj. *Volontiers de* — Disposé à. Ex.: I est volontiers de régler.

Volt (pron. vôlte) n.m. — Volt.

Voltaire n.m. — Pot de chambre.

Vométif n.m. — Vomitif.

Vomi n.m. — Vomissure. Ex.: Sa veste sent le vomi.

Vomissage n.m. — Vomissure.

Vomiture n.f. — Vomissure.

Vorder v. intr. — V. VARDER.

Vorlope, vorloper, vorlopure — Varlope, varloper, varlopure.

Vornoucher v. intr. — V. VERNOUSSER.

Votation n.f. — Scrutin.

Vote adj. poss. — Votre.

Vote pron. poss. — Vôtre. Ex.: Le vote est mieux.

Voteur n.m. — Électeur. Votant.

Voù adv. *Voù que* — Où. Ex.: Voù qu'tu vas? *Là voù que* — Où. Ex.: Là voù que t'as mis la hache?

Vouderions, vouderiez v. tr. — Voudrions. Voudriez.

Vouèle n.m. ou f. — Voile.

Vouer v. tr. — Voir. Ex.: Va vouer les enfants.

Vouerai, vouerais v. tr. — Verrai, verrais.

Vouére, vouère v. tr. — Voir.

Vouére, vouère adv. — Voire. Ex.: Voyons vouére.

Vouète n.f. — Ouate.

Voui adv. — Oui.

Voui part. passé *Voui dire* — Ouï dire.

Vournousser v. intr. — V. VERNOUSSER.

Vour que loc. adv. *Là vour que* — Là où. Ex.: J'irai là vour que tu voudras.

Vous pron. pers. *Bonjour, vous* — Bonjour (à un familier).

Voute pron. pers. — Vôtre. Ex.: Voulez-vous me passer le voute, le mien est cassé.

Voûte n.f. — Chambre forte.

Voûter v. intr. — Se voûter (en parlant de personnes). Ex.: Le pére commence à voûter.

Vouturage, vouture — Voiturage, voiture.

Vouzôtes pron. pers. — Vous. Vous autres.

Voyabe adj. — Visible.

Voyage n.m. *Avoir son voyage* — En avoir assez. *Voyage de foin* — Charge de foin.

Voyagement n.m. — Allée et venue. Ex.: As-tu fini tes voyagements?

Voyager v. intr. — Avoir le va-vite. *Voyager par en haut par en bas* — Avoir à la fois des vomissements et la diarrhée.

Voyageries n.f. pl. — Voyage de par la monde.

Voyageur n.m. — Coureur de bois. Aventurier.

Voye, voyes, voyent v. tr. — VOIE, VOIES, VOIENT.

Voygnons! interj. — Voyons!

Vraisemblague adj. — Vraisemblable.

Vrament adv. — Vraiment.

Vré adj. — Vrai. — Superlatif. Ex.: I est beau vré.

Vriller v. intr. — Perdre son temps à des frivolités.

Vrilleux, se adj. — Qui perd son temps à des frivolités.

Vu, e part. passé — Eu. Ex.: Le pauvre, i a pas vu de chance. *Avoir vu* — Menstruer.

Vue n.f. — Film. *Aller aux vues* — Aller au cinéma.

Vulgaire adj. — Évident. Connu. De notoriété publique. Ex.: C'est vulgaire qu'i s'aiment.

Vysionomie n.f. — Physionomie.

W

Wagon (pron. ouagon) n.m. — Wagon.

Wagonnette n.f. — Petite camionnette fermée.

Waguine (pron. ouaguine) n.f. — Voiture de ferme à quatre roues. *Épées de waguine* — Montants servant à retenir la charge d'une waguine.

Waiter (pron. ouéteu) n.m. — Serveur. Garçon.

Waitress (pron. ouétresse) n.f. — Serveuse.

Waitrice n.f. — Serveuse.

Warehouse (pron. ouère-*h*aousse) n.f. — Entrepôt.

Warron n.m. — Warrant. Mandat d'amener.

Washer (pron. ouâcheu) n.m. — Rondelle, pièce ronde, perforée que l'on place sous un écrou.

Waste (pron. ouésse) n.f. — Bourre. Étoupe.

Watap n.m. — Racine d'épinette rouge servant à coudre les canots d'écorce. — Homme maigre. *N'avoir plus que le watap et l'air d'aller* — Être très maigre.

Wataque n.m. — V. WATAP.

Watcher (pron. ouatché) v. tr. ou intr. — Surveiller. Ex.: La police les watche. — Faire la garde. Ex.: C'est lui qui watche dans le magasin. Ex.: Lui, i faut le watcher dans les croches.

Watcher (se) v. pron. — Faire attention. Ex.: Watche-toué, mon boy.

Watchmanne n.m. — Surveillant. Gardien de nuit.

Waterlos n.m. — Gros souliers.

Wawaron n.m. — V. OUAOUARON.

Weaver (pron. ouivé) v. tr. — Tisser au métier.

Weaveur, se (pron. ouiveur, se) n.m. ou f. — Tisserand.

Wein adv. — Oui.

Weiner (pron. oui-neu) n.m. — Saucisse de Francfort.

Wérage n.m. — Action de wérer — Filage.

Wère n.m. — Fil de fer, de cuivre.

Wérer v. tr. — Poser du fil électrique.

Wescott n.m. — Clé à mollette.

Wésin, e adj. ou n.m. ou f. — Voisin.

Wésiner v. tr. — Voisiner.

Wesky n.m. — Whiskey.

Wète n.f. — Ouate.

Wéter v. tr. — Ouater.

Wéture n.f. — Voiture.

Wéyou n.m. — Voyou.

Whip (pron. ouipe) n.m. — Chef parlementaire.

Wholesale (pron. *h*ôleséle) adv. — En gros.

Wide open (pron. ouaillede ôpene) adj. — Généreux. Ouvert aux autres.

Wild (pron. ouaill'lde) adj. — Qui dépasse les bornes (en parlant d'une personne). — Sauvage.

Willing (pron. ouiligne) adj. — Qui veut. Prêt. Disposé.

Willy n.m. *Se passer un willy* — Se masturber.

Winch (pron. ouinn'che) n.m. ou f. — Treuil.

Wincher (pron. ouineché) v. tr. — Tirer à l'aide d'une winch.

Windbreaker (pron. ouinbrékeu) n.m. — Coupe-vent. Blouson.

Windshield (pron. ouinchile) n.f. — Parebrise. *Windshield washer* — (pron. ouinechile ouâcheu) — Lave-glace. *Windshield wiper* (pron. ouinechile ouaillepeu) — Essuie-glace.

Winsey (pron. ouinn'zé) n.m. — Cottonnade.

Wise (pron. ouailleze) adj. — Prudent. — Libre sexuellement (en parlant d'une femme).

Wo! interj. — Cri pour arrêter les chevaux ou les empêcher de partir.

Wolf (woulfe) n.m. — Le mâle, le mari dans le couple homosexuel en milieu carcéral.

Wrench (pron. rènn'che ou rinn-che) n.m. — Clé anglaise.

X

X n.m. *Dans les trois X* — Dans le parfait. Excellent.

Xaminer v. tr. — Examiner.

Xempe n.m. — Exemple. Ex.: Par xempe, si ch'te pogne...

Y

Y adv. *Y a* — Il y a.

Yâ! interj. — Dia.

Yâbe n.m. — Diable. — Grande quantité. Ex.: I en a en yâbe. *En yâbe* — En colère. *C'est pas l'yâbe* — Ça ne vaut pas grand'chose. *Le yâbe m'a chié s'a tête* — Le ciel m'est tombé dessus. V. DIABLE.

Yabée n.f. — Grande quantité.

Yacht (pron. yatche ou yote) n.m. — Bateau de plaisance.

Yamant n.m. — Diamant. — Pierre précieuse quelconque.

Yan que loc. adv. — Rien que. Seulement.

Yard (pron. iarde) n.f. — Cour où l'on corde le bois.

Yarder v. intr. — Empiler des billots.

Yeast (pron. yisse) n.f. — Levure. — *Yeast cake* (pron. yisse kéke) — Même sens.

Yèpe n.f. — Guèpe.

Yère, yére adv. — Guère. *Pas yère* — Pas beaucoup.

Yérir v. tr. ou intr. — Guérir.

Ye-ti loc. verbale — Est-il. Ex.: Yé-ti fatiquant, lui.

Yes-man (pron. illesse manne) n.m. — Individu toujours d'accord avec celui qui lui parle.

Yetter v. tr. — Guetter.

Yeu n.m. — Dieu. Ex.: Bon yeu. *En yeu de* — Au lieu de.

Yeule n.f. — Gueule. Ex.: Fàrme ta yeule. M'as t'taper la yeule. — Bavard. Ex.: C't'une grand'yeule.

Yeux n.m. pl. *Les yeux dans la graisse de bine* — Les yeux petits et dans le vague.

Yeux, yeuse n.m. ou f. — Gueux, gueuse.

Yeux pron. pers. — Leur. Ex.: La wésine yeux a dit: Conte-yeux ça.

Yi pron. pers. — Lui. Ex.: I yi dit jama.

Yichet n.m. — Guichet.

Yide n.m. ou f. — Guide.

Yin que loc. adv. — Rien que.

Yipon n.m. — Torchon.

Yise n.f. — Guise.

Yisse n.m. — Levure. *Yisse kéke* — Même sens.

Yote n.m. — V. YACHT.

Yoù adv. — Où. Ex.: You qu'tu vas? *Yoù que, yoù c'que* — Où.

Youc n.m. — Corsage. Ex.: Un youc de robe. — Joug (de boeufs). — Ustensile à porter des seaux.

Youdel n.m. — Jeu de la voix à la tyrolienne.

Youké, e adj. — Crocheté (en parlant de tapis, de pièces faites au crochet).

Yvette n.f. — Nom donné à une femme qui joue le rôle traditionnel de femme au foyer à l'ombre de son mari.

Z

Zalise n.f. — Alise.

Zalisier n.m. — Alisier.

Zarzais adj. ou n.m. — Jersiais. Guernesiais. — Peu intelligent.

Zaudit! interj. — Forme adoucie de MAUDIT!

Zérénium n.m. — Géranium.

Zidore n.m. *La traite à Zidore* — Tournée où chacun paie son verre.

Zigâillage n.m. — Action de zigâiller.

Zigâiller v. tr. — Couper en déchiquetant, avec un mauvais outil. — Essayer de couper, de scier sans succès. — Rudoyer en tirant sur le mors du cheval. — Tirailler.

Zigner v. intr. — Se masturber.

Zigonnage n.m. — Action de zigonner.

Zigonner v. tr. — V. ZIGÂILLER. — Attiser (le feu).

Zigonneux n.m. — Celui qui zigonne.

Zigoune n.f. — Cigarette roulée à la main.

Zigouner v. tr. — V. ZIGÂILLER.

Zigzonner v. intr. — Zigzaguer.

Zingler v. intr. — Zinguer.

Zingué, e adj. — Sot. Niais.

Zink (pron. zinn'ke) n.m. — Évier.

Zionner v. tr. — Scionner.

Zipper (pron. zipé) v. tr. — Fermer la fermeture éclair.

Zippeur n.m. — Fermeture éclair.

Zirâbe adj. — Dégoûtant.

Zirzoune n.f. — Pénis.

Zombi n.m. — Abruti.

Zônage n.m. — Division d'une ville ou d'une région pour fins de commerce, d'habitation, d'exploitation industrielle ou agricole.

Zonglement n.m. — Bruits parasites.

Zoo (pron. zou) n.m. — Zoo (pron. zo-o).

Zoulou n.m. — Homme fort, bien bâti. — Homme vif à la course.

Zyeux n.m. pl. — Yeux. Ex.: Un mal de zyeux. — Lunettes. Ex.: J'ai écarté mes zyeux.

Glossaire thématique

Nous regroupons ici une bonne partie des mots du dictionnaire proprement dit sous divers thèmes pour faciliter la recherche de vocables et d'expressions. Petit avertissement: Pour les expressions, dans la plupart des cas, seul le mot principal s'y retrouve. Par exemple, sous CHASSE on retrouve *Grand'mère*. En retrouvant ce mot dans le dictionnaire proprement dit, on lit: *Baiser sa grand'mère*: Revenir bredouille. Ainsi certains mots sembleront déplacés (*Mère-loup* sous ACCOUCHEMENT, *Bordel* sous TRAÎNEAUX et *Draffe* sous AFFAIRES) si on ne consulte pas les définitions et expressions données. D'autre part, nous avons inscrit le plus souvent un seul mot d'un groupe. Ainsi *Déneiger* se retrouve sous HIVER mais non *Déneigement*, cela pour ne pas alourdir démesurément ce glossaire.

Vous trouverez les mots regroupés sous les catégories suivantes: Accouchement — Actions diverses — Activités diverses — Adverbes — Administration — Affaires, commerce — Âges, dates importantes — Amusements, fêtes, loisirs — Anatomie humaine — Animaux — Associations — Blessures, maladies, malaises, cures — Bois, chantiers — Chemins — Chemin de fer — Ciel — Communications — Conjonctions — Conversations, discussions, disputes — Couture, lavage, tissage, préparation du lin — Cuisine — Désastres — Excrémentation — Femme — Ferme — Flatulence, pets — Géographie — Grossesse — Groupes ethniques — Heure, temps du jour, temps — Hiver — Homosexualité — Individus de mauvaise réputation, substantifs péjoratifs — Injures — Institutions — Interjections — Jurons — Justice, police, prisons — Lieux, régions — Logement — Maison — Malchance, infortune, chance — Masturbation — Maudite boisson — Mécanique, automobile, bicyclette, moto — Menstrues — Métiers — Mort — Objets divers — Parenté — Personnages importants — Prépositions — Qualités et défauts — Rapports entre personnes — Relations amoureuses — Relations sexuelles — Religion — Repos, sommeil, lit — Ruisseaux, rivières, eaux canalisées, fossés — Salutations — Sports — Superlatifs, grandes quantités — Superstitions — Tabac et autres drogues — Taille — Température — Termes d'affection — Toilette, vêtements — Traîneaux — Transport — Trucs, machins — Végétation — Vie familiale.

Accouchement

Acheter. Capuche. Chasse-femme. Chier un enfant. Chier des os. Emplette. Faire baptiser. Faire une trouvaille. Grafigneuse. Maladie. Mère-loup. Passer au feu. Pelle-à-feu. Relever. Scie-ronde. Soigneuse.

Actions diverses

Arriérer. Arrimage. Arrimer. Arrivance. Arvirer de bord. S'assister. S'attacher. S'attârer. Attigner. Attirer. Aveindre. S'aventionner. Se bâdrer. Être en ballant. Barauder. Bardasser. Barer. Bargueuler. Barivauder. Barrer. Se bâtir. Baucher. Avoir beau à. Béchée. Bêfler. Beletter. Avoir en belle. Prendre ses berliques et ses berlaques. Berlinguer. Se berner. Better. Passer dans le beurre. Béyer. Bicler. Biner. Black-baller. Blanc de mémoire. Bleurer. Bleusir. Faire son bob. Boiter tout bas. Bôlteux. Bord. Boster. Se bouer. Bouger. Boxer. Brailler. Se brancher. Branler. Braquer. Break. Briscailler. Briser. Broucher. Brouscailler. Buncher. Buter. Butt. Buzzer. Cabaner. Cacher. Câlisser. Capefiche. Captif. Carpiche. Faire cas de. Se casaner. Casser. Catcher. Caticher. Cerner. Charpiller. Charpin. Se charrier. Chenailler. Chéver. Chicailler. Choquer. Clairer. Clocher. Se colérer. Se coller. Compéter. Contenancer. Coqnigaud. Coquelicot. Couleurer. Coupaillage. Coupler. Couraillage. Courser. Crisser. Crir. Crochèter. Crochir. Croupir. Se croûter. Cuer. Cul. Se darder. Débagager. Débaucher. Débouler. Se débourrer. Se débrager. Décacher. Décâlisser. Décaniller. Décanter. Décerner. Décesser. Décoller. Découper. Se dédire. Se déhaler. Déjeter. Délibérer. Délurer. Démancher. Démantibuler. Démolir. Dépendre. Dépenillé. Se dépitailler. Déplanter. Déplomber. Déprendre. Dérailer. Déraper. En dérouine. Dérouter. Désaccrocher. Désamancher. Désâmer. Désempaqueter. Désempester. Désempiler. Désencaisser. Désencanter. Désengager. Désengendrer. Se désengrener. Désenrouler. Désenterrer. Désoblier. Détachant. Dételer. Déterrer. Déteurdre. Détiédir. Détiendre. Détordre. Détourner. Se détraquer. Deux. Devenir. Se déviander. Déviarger. Dévirer. Diable. Djomper. Différer. Divorce. Donner. Douce. Drillé. Écartiller. Échapper. Échargner. S'échigner. Échouer. Éclapoutir. Écourticher. Écrapoutiller. Écriancher. Effeuiller. S'effoirer. Égalir. Égarouillé. S'égousiller. Égrandir. Éjamber. Élayer. Embargo. Embarrer. Embelle. Embrelicoter. Embrouille. Émécher. Émouver. S'encabaner. S'encanter. Enforcer. Engrandir. Engrener. Enlargir. Enlourdir. S'enrevenir. S'entarder. Enterrer. Entertiendre. S'envoyer. Envrâler. Épaillage. Éparpailler. Épivardé. S'épivarder. S'escarer. Escampette. S'esbigner. S'escarer. S'escouer. Espérer. Essanger. Esseil. S'essoufler. Étaler. Étançonner. S'évacher. Éventer. S'éventionner. Fafigner. Fafiner. Faillir. Faker. Farfiner. Farfouillage. Fergailler. Fesser. Figuration. Figurer. Flailler. Flaquer. Flash. Flasher. Focailler. Foquer. Forcer. Fortiller. Fourrer le chien. Se fourrer. Fouter. Fumer. Gabander. Gaboter. Se gaffer. Galbander. Galvauder. Gardage. Garder. Gargousser. Garrocher. Gestes. Gibelotter. Gigailler. Gignoler. Ginguer. Gnaiser. Gobzer. Gordiner. Se grapper. Grappigner. Gricher. Grichonner. Grigner. Grimoner. Grimper. Grimpigner. Grincher. Grinchonner. Grouiller. Guergousser. Haguir. Haleiner. Hâler. Hârer. Hèrer. Interboliser. Jeunesser. Jongler. Kersiller. Lâcher. Lander. Larguer. Limer. Lôfer. Lyrer. Se mâfler. Maganer. Branler dans le manche. Mandrer. Maniser. Manoeuvrer. Se marauder. Marchailler. Marcher. Marque. Marvauder. Matcher. Se matérialiser. Miouter. Motter. Mouver. Nasonner. Nigosser. Nippe. Nivelâiller. Obérer. Oeil. Oeiller. Order. Ouacher. Ouatcher. Ourser. Pâner. Paqueter ses petits. Parjuter. Passer. Patenter. Patriner. Pedler. Peinturer. Péter. Pigrasser. Pilasser. Piler. Pilotter. Pincer. Pisser. Se planter. Plonge. Se pogner le cul. Prendre. Quienbindre. Quitter. Raboter. Racoquiller. Radouage. Ramuger. Rapâiller. Se rebouter. Rechigner. Redevirer. Redonner. Relouquer. Se remâter. Se renaller. Réponer. Ressoudre.

Retontir. Revirer. Riocher. Rôdasser. Sacrer. Saganer. Sagoter. Schemer. Slacker. Sniquer. Se sonner. Spotter. Stâller. Strapper. Taponner. Tasser. Tirer. Se tirer. Toffer. Toquer. Se torcher. Trotter. Troubler. Twister. Varger. Varrasser. Vernousser. Virer. Voyagement. Watcher.

Sentiments

Agrément. Babouner. Balafe. En baptême. Barbes. En bébite. Avoir chaud. Se choquer. Se déchoquer. Se décolorer. Se défâcher. Désâmer. Désendiabler. Au désolé. Dévoration. Disgrâce. En divorce. En diabe. Endurer. En fiferlot. Enfiferouâpé. En fifre. En fiole. En fusil. S'ennuyer. En sorcier. À l'envers. Envieuserie. En vlime. S'épouffer. Estime. Face. Fâchage. Fâchette. Faim. Sous farine. Feeler. Feeling. Avoir le feu. Se ronger le fiel. Filer. Focage. Malému. Occupation. Piqué. Poil. Poulain. Prendre. En sacre. En sacrement. Sangs. En sausit. Shame. En snette. Son. Souleur. En taureau. En verrat.

Allure et Gestes

S'accanter. Accent. Accolade. S'accoter. S'accouver. S'accrapoutir. S'accropir. S'achevaler. S'affaler. S'agrouer. Aguette. Aises. S'allonger. Ameuiller. S'amener. S'aplomber. S'aplonter. S'arfaire. Bec. Blêmasse. Caduc. Chavirer. Décampe. Dégain de. Dégaine. Dégriller. Déguiser. Avoir le feu au cul. Formance. Gros. Montrance. New look. Patron. Peti-peta. Piter.

Activités diverses

Chasse

Affûtage. Affûteur. Amonitions. Amunitions. Babouin. Bander. Blagne. Câler. Clenchette. Tape-cul. Dam. Détende. Étendre. Grand'mère. Gun. Job. Lignette. Loup-marin. Magazine. Misser. Mouvée. Orignal. Pellet. Pister. Plan. Pleumage. Poivrer. Regibouère. Rifler. Ripousse. Sac. Sent. Siler. Sligne-shot. Spot. Spotter. Tombe. Tuasse.

Pêche

Abouète. Abouèter. Achet. Achigan. Acigan. Agrès. Aigrefin. Ampas. Ampâter. Ampraie. Anchet. Andigue. Apçon. Apiçon. Appâter. Apson. Arêche. Arège. Assinabe. Atosset. Aves. Barbeau. Barbote. Bite. Boat. Bourgot. Bourrole. Boyart. Brème.

Brochée. Brochet. Cale. Carpe. Chaufaud. Chenaux. Clam. Clapotage. Cotille. Doré. Ébrousser. Embrocher. S'emmailler. Empas. Empâter. Enroché. Escarbot. Flamboter. Flattan. Foncière. Fonds de pêche. Fraye. Gradeau. Grave. Habeçon. Haim. Lâchet. Lampraie. Laguêche. Leader. Loche. Mailler. Malachigan. Maskinongé. Méné. Molue. Mouvée. Nain. Net. Nigog. Nos. Nôves. Ouaouaniche. Padou. Parchaude. Pêchailler. Pêche. Petite bedaine. Piôles. Plaqué. Poisson. Poulamon. Poursi. Puise. Ralingue. Reeler. Rouette. Salebarde. Saline. Sardine. Seine. Serdine. Sligne. Spinning. Squid. Suette. Tangon. Tenture. Tiaude. Touladi. Tranche. Trancher. Trôle.

Navigation

Aft. Agrayer. Altérage. Amain. Amarrage. Amet. Amortissement. Anser. Appoint. Attikkameg. Bachat. Bachot. Barre à choir. Batture. Boat. Voiles bômées. Canote. Chaland. Chatter. Coster. Côte. Débarquement. Débouter. Dégreyer. Déponter. Derrick. Embarquement. Estimebotte. Flat. Fréteur. Gornaille. Goudille. Haddeck. Jib. Lance. Landaine. Lête. Létousse. Life-belt. Life-boat. Matereau. Membrage. Se métiner. Monter. Océanique. Paletter. Passerelle. Pédale. Peser. Pince. Pincher. Pioche. Pôles. Pourrillon. Purser. Raque. Redévirer. Revirer. Rondousse. Sauter. Skiff. Slip. Steam. Steam-boat. Tampon. Tille. Touer. Traversier. Tug. Voiture d'eau. Watap. Yacht.

Adverbes

Actuellement. Pas d'affaire. À l'entour. All right. À noir. Anyway. Apartement. À peu près. À pic de cheval. D'aplomb. En approchant. En après. Par après. À pu près. À ras. En arboutant. À l'arrisée. Astheure. Aujourd'hui pour demain. Au surplus. Beau dommage. Belle heure. Ben quin. Betôt. Bienvenue. Bon dommage. Bonheureusement. Bonne. Bonnement. Sans bon sens. De bord en bord. Bougre à bougre. Bout. À brousse-poil. De buc en blanc. Par cas. Certain. Chétivement. Ciseau. Comifaut. D'aguette. De file. En délabre. De même. D'en par ici. Dépareillé. De sans. Des fois. Dessour. Dessur. De valeur. En dernier. Devant. En le disant. Directement. À dos. Douhors. Dret. Drosse. En deci. En deux. En dos. En dessour. En dessur. En par là. Entour. En équipollent. Par escousses. Par exprès.

Finiment. Flèche. Flush. Des fois. Au forçail. Franchement. Full pin. À la galafrée. À la galimafrée. Gracieusement. Grandement. Grandmarché. Hama. Icitte. Ienque. Ioubette. Comme de jusse. À mas corde. Mauditement. De même. La même chose. À mi-mal. À mi-mot. À m'ment d'né. En montant. Nowhere. Pantoute. Par dessour. Pareil. Parhampe. Pas. Petitement. Peu. Piamme-piamme. De pic en blanc. Pire. Pis. Pis après. Plusse. Poil. Pour le sûr. Pratiquement. Rachevé. Rémission. À toute resse. Rien. De rip et de rap. Royalement. Sens sus dessour. Sua slaille. Soin. Sur. Sure. Tant. Toute suite. Travers. De trian. De valeur. En ville. Vite.

Administration

Adopter. Affaires. Abolir. Agenda. Agréé. Amalgamation. Arrangements. Assaut. Assessement. Auditer. Bailli. Blanc. Bonté. Boodlage. Canceller. Canton. Cédule. Charte d'incorporation. Cité. Civique. Clairance. Classifier. Commissaire. Commission scolaire. Conjoint. Constituants. Corporation. Cotiser. Échevinage. Émanation. Enclos. Effectif. En force. Graisser. Huiler. Incorporation. Livre d'or. Lobbying. Messager. Nil. Notarier. Octroi. Office. Officier. Ordre. Paroisse. Pôle. Poll. Poser. Provision. Régistrateur. Service civil. Solliciteur général. Township. Verbaliser. Zonage.

Réunions et assemblées

Adresser. Agenda. Allusion. Amendement. Ananime. Alalime. Appel nominal. Appeler. Cabale. Passer le chapeau. Convention. Conventum. Délivrer. Dépêche. Galerie de presse. Gazette. Gerrymander. Hansard. Husting. Législater. Meeting. Minutes. Moteur. Objecter. Oppositionniste. Orateur. Ordre. Pairer. Passage. Passation. Patroniser. Promoteur. Retour. Seconder. Sessionnel. Siège. Subir. Voteur. Whip.

Politique

Bleu. Bureaucrate. Cabale. Canevasser. Capital. Capet. Castor. Caucus. Chefferie. Chouayen. Défranchiser. Déqualification.

Désaveu. Graisser. Partisannerie. Peloter. Picotin. Politicaillerie. Rouge. Télégraphe. Terme. Tickette. Veau.

Affaires, commerce

Abouler. Acompte. À court. Acquette. Acte. Adhérer. Airrhes. S'amonter. Ampothèque. Apart. Appointer. Appréciation. Argent. Argenté. Argents. Assistant. Assureur. Backeur. Back-store. Balance. Balancer le cash. Bardiner. Bargain. Bill. Bon. Boni. Bouquer. Business. Butin. Binerie. Catcher. Caisse d'économie. Carcul. Cash. Casser. Câssette. Cent. Cenne. Centre d'achat. Magasin à chaîne. Change. Changer. Charge. Chargeant. Charger. Cherrant. Cinq-dix-quinze. Clairer. C.O.D. Collecter. Commercial. Commise. Commissions. Compte. Conçarne. Consolidation. Contingents. Contra-compte. Contrat. Cope. Coup d'argent. Couper. À court. Coûtage. Coutément. Débenture. Déchanger. Délivraison. Demurrage. Département. Déposer. Député. Désendetter. Dessous. Détaillant. Dettailles. Deux-cennes. Discompte. Draffe. Dû. Échange. Écu. Effet. Emprêt. Encan. Estampine. Estimé. Étampe. Évaluateur. Éventaire. Express. Figurer. File. Filière. Foin. Foudre. Fraule. Free. Fronter. Fruit. Gagnage. Gondole. Hympothèque. Installement. Kiosque. Lbs. Ledger. Ligne. Limitée. Lister. Littérature. Magasiner. Magnant. En mains. Seconde main. Manager. Mange-chrétien. Marchandises sèches. Marquer. Mettre. Monardeur. Montant. Mortedette. Mortgage. Notice. Magasin d'occasion. Office. Over. Pad. Pamphlet. Part. Partir. Patronage. Payard. Pension. Piasse. Piton. Poil. Pon-shop. Pourchas. Pouvoir d'achat. Prendre. Prix. Profit. Billet promissoire. Prospect. Quotation. Rapport. Rater. Rechange. Réduction. Régistre. Rencontrer. Réponage. Réquisition. Robinette. Romaine. Royauté. Run. Rush. Safe. Saler. Sample. Sauver. Sécurité. Self-service. Serré. Settler. Shaver. Shippage. Shopper. Shopping bag. Short. Showroom. Snack-bar. Snousse. Soaker. Sou. Soumissionner. Sous-contracteur. Souscrire. Sous-main. Soutirer. Spécifications. Staff. Stand. Stock. Stocker. Store. Sundries. Surcharge. Tag. Tchéquage. Tchipe. Tenir. Tickette. Tinche. Tine. Tip. Tôle. Tourne-clefs. Tracer. Trait. Transiger. Trente sous. Trombone. Utilité. No vacancy. Valoir. Vendeur. Vente de feu. Vitrau. Warehouse. Wholesale.

Âge, dates importantes

Âge. Aller sur. Année. Dépression. Dérangement. Hors d'âge. Jeunesse. Journaux.

Amusements, fêtes, loisirs

Agets. Ajet. Battre. Bavaloise. Bal à gueule. Bal à l'huile. Barn dance. Casseux de veillée. Cérémonie. Club de nuit. Crampé de rire. Défoncer l'année. Divertissage. Écraser. Épluchette. Farce platte. Fêtage. Fêtaillage. Fête. Floppe. Folleries. Fonne. Fonnant. Fonnées. Forum. Fou de rire. Full house. Fun. Funny. Gagne. Gambler. Gang. Gobe-sous. Goof balls. Gosser. Gubou. Guignolée. Hash. Hi fi. Jeu. Joke. Kodak. Life-guard. Long-jeu. Magies. Mardi gras. Pâmant. Parté. Petuche. Pichenolle. Pitouche. Pow-wow. Procession. Record. Chanson à répondre. Riole. Ripopée. Scéniques. Show. Slot-machine. Spare-time. Splasher. Spot. Stage. Sucre. Survenant. Table tournante. Target. Tenter. Time. Tripe. Veillée. Vue.

Jeux d'enfants

Allée. Anguille-brûle. Attaque. Balancigne. Bâley. Balloune. Bârence. Batte-canne. Bébelle. Béquilles. Biter. Blocs. Bonhommes. Boulé. Bourdon. Catin. Cinquante. Danser. Devinade. Devise. Divine. Dog. Dévinette. Fumant. Galancine. Glissade. Glissoire. Gnole. Guesser. Jambette. Jeu. Jouerie. Lancigne. Marbe. Marence. Marle. Marraine. Mignarder. Moine. Monte-échelle. Nexer. Os. Out. Padaway. Piler. Pirouette. Puce. Renard. Ruine-culotte. Saut Morissette. Swing. Tag. Taque. Teddy bear. Tickser. Tire-pois.

Passe-temps

Amarrer. Anglaise. Bagatelle. Barbotte. Bille. Bolée. Bowler. Broché. Cache-la-bergère. Cachette. Cali-mailla. Carrés. Câsses. Cercle. Chance. Chip. Comiques. Dépeindre. Désigner. Détailler. Dotcher. Draw. Gifler. Gratte. Jeu. Jouement. Jouabeau. Jouasse. Misser. Philippina. Piton. Poche. Poque. Relance. Se reprendre. Reprise. Siffler. Slide. Sligne-shot. Snoque. Somerset. Souffler. Sparage. Tiquer. Toureux. Tric. Triqué. Vilaine.

Jeux de cartes

Accorder. Assignage. Bar. Bésigne. Blagner. Bluff. Brasse. Crapaud. Charlemagne. Crèpe. Discarter. Dix. Estèque. Levé. Misdeal. Pisse. Poker. Pot. Quat'sept. Réussi. Revirant. Revire. Revirole. Stèque. Straight-flush. Swip. Taper. Tas. Tourne. Vire.

Théâtre

Acter. Acteux. Exercer. Exercice. Pit. Pratique.

Danse

Air-la-pape. Arlepape. Bistringue. Cake-walk. Câler. Danse. Frotteux. Giguer. Gogo. Orlepipe. Pilasser. Carnet de bal. Salle de danse. Set. Step. Steppette. Swigner.

Musique

Arcansonner. Archette. Bagne. Band. Bande. Bandiste. Banne. Beat. Bombarde. Brise-gueule. Choeur de chant. Crin crin. Curluter. Se dérouiller. Drum. Voix fidèle. Flûtailler. Musique. Organ. Organe. Piano. Pianotteux. Reel. Ruine-babines. Sifflet. Stand. Tambourine. Tape. Tioune. Toune. Touner. Tourne-disques. Veau. Vèze.

Anatomie humaine

Aillère. Altère. Amourettes. Babines. Baboune. Bahut. Bajotte. Balles. Ballon. Baril. Barre du cou. Bas-de-nylon. Battois. Bette. Bol. Boules. Bouleaux. Bout. Braguette. Brun. Cabané. Cabochon. Calé. Califourchon. Cancer de pipe. Cannes. Carcan. Carême. Çarque du cou. Cerise. Chairant. Chape. Chenolles. Chignon. Clicli. Crignasse. Crique. Crite. Croupion. Débine. Denté. Devers. Dint. Eil. Épine du dos. Falle. Foies. Fond. Fosse. Foufounes. Fourca. Fourche. Fourchon. Gadelle. Gagouette. Galoche. Gargoton. Gargouette. Gavion. Gingue. Giole. Glagne. Gosse. Goule. Goulot. Grappe. Gras-de-jambe. Griller. Griser. Guelle. Guédille. Jote. Joues. Jueu. Lumignon. Lunes. Maflu. Mailloche. Marbe. Margoulette. Menette. Mite. Molsonne. Morviat. Mossel. Musc. Noix. Orogane. Os mignon. Ouïes. Pagnoles. Palette. Pansicot. Passe-galette. Patouche. Patoune. Pet. Péteux. Petot. Piton. Phylosomie. Picuite. Plat d'épaule. Pleumas. Poche. Pochette. Pomme. Porte-crottes. Poupounes. Quenoeil. Raie. Reinquier. Respir. Riganière. Rigouèche. Ronge. Rouillé. Rousselé. Sainsurin. Sarcle du cou. Seing. Siler. Six-sous. Souci. Souhaite. Sprignegosses. Suée. Sufflet. Système. Tanne. Tchoeur. Temple. Tendron. Titi. Troufignon. Troufion. Viande. Yeule. Zyeux.

Pénis

Affaire. Appareil. Assiette. Banane. Bâton. Batte. Besette. Bête. Bisoune. Bibitte. Bite. Bonhomme. Bôlte. Bourzaille. Bras de vitesse. Brimbaie. Broquette. Canon. Cartouche. Cheville. Chioune. Cigare. Coude. Coune. Créateur. Criquet. Doigt. Douille. Drigaille. Flamberge. Fleau. Fusil. Goupille. Goupillon. Graine. Guenet. Guili-guili. Hose. Jack. Kyok. Manche. Moineau. Moulin. Note. Nuce. Oiseau. Os. Ourlouf. Patente. Péteux. Peteux. Pine. Pinouche. Pisse. Pissenaille. Pissette. Pissoute. Pitoune. Pompe. Poteau. Quenouille. Quéquette. Rat. Saucisse. Shaft. Six-pouces. Souris. Spode. Swibime. Trousien. Zirzoune.

Vagin

Affaire. Bazar. Bénitier du diable. Berlibi. Bête à poil. Bisoune. Boîte familiale. Bonbon. Bosse. Chausson. Coffre. Coulée. Craque. Crevasse. Fissure. Fente. Fleur. Guite. Minou. Motte. Mouque. Nouche. Noune. Oeil de Dieu. Ours. Ouverture. Passage. Pantoufe. Patente. Peteux. Pichou. Pichoute. Plotte. Postiche. Platine. Sacoche. Terrain de jeux. Trou. Trou-qui-pisse. Vallée. Vallée de larmes.

Seins

Amusards. Amuse-gueule. Apaise-braillard. Bahut. Bidons. Bompeur. Cloches. Coffre. Corniche. Couenne. Devanture. Djos. Estomac. Falle. Farme-ta-gueule. Guenoches. Jabot. Laiterie. Magasin. Moulures. Nichons. Poitrail. Quenounes. Quetoches. Saint-Joseph. Tableau. Tablettes. Tétet. Tette. Tétons. Ventrèche.

Animaux

Alimal. Animau. Animaux. Faire la belle. Beuglage. Beu. Bicouille. Bigoune. Boc-chève. Brema. Caille. Clanche. Déclaver. Défarger. Démarrer. Dénerfer. Écroît. Encenser. Enclope. Encornailler. Enfarge. Enquière. Ensasser. S'épivarder. Épouvante. Ferrer. Frissonner. Gargoussin. Geval. Ferré à la glace. Gorec.

Guevale. Joual. Kid. Lard. Leghorn. Logne. Mâlenquerre. Marcassin. Mère. Mine. Minou. Minouche. Moret. Museau. Nanne. Neillère. Nortureau. Oise. Orde. Ortureau. Patté. Pellet. Père. Pésée. Pet shop. Picocher. Piocher. Piroche. Piron. Pivelé. Pointeux. Pomme de route. Ponneuse. Portion. Queval. Rire. Siler. Spane. Staille. Stampede. Steer. Stud. Suranné. Tauraille. Team. Tette. Tocson.

Anatomie

Abajoue. Amouratta. Amourettes. Arbière. Argot. Argoté. Assiette. Bajotte. Brochet. Crigne. Dur. Falle. Fouet. Fouillon. Fourreau. Gégier. Herbière. Jonc. Margoulette. Mou. Paire. Pansicotte. Petit-pied. Porquière. Reinquier. Roupie. Ventrèche.

Cris de commandement

Argué! Arié! Arrié! Back! Back up! Bedit! Dgi! Galogne! Go along! Guià! Ha! Ho! Huche! Moute! Ouche! Ouô! Ourche! Quio! Rié! Tia! Wo!

Boucherie

Abatages. Cigailler. Dérailler. Écuisser. Essuifer. Étrouiller. Faire boucherie. Fesse. Goton. Janvier. Mou. Quartier. Soc. Tranche.

Allure du cheval

Allant. Aller sur le train de la Blanche. Ambition. Ambleux. Ambre. Ambrer. Ambreur. Baguet. Bland. Blond. Vieux Bob. Bocquer. Brouillon. Brun. Buteux. Casseux. Vieux. Coton. Épouvante. Franc. Genouillé. Lambe. Mottelé. Ombre. Patté. Pèque. Picâillon. Picasse. Picasson. Picateau. Picouille. Poli aux trous. Porter. Pousser. Prendre. Queue. Roue. Router. Routeux. Ruer. Scabreux. Sabine. Sonder. Step. Stud. Télebred. Toron. Train.

Mise bas

Ameiller. Amener. Anneillère. Chattonnée. Chiennetée. Neillère. Petiter. Débouler.

Blessures, maladies des animaux

Anchet. Chambranle. Coup d'avoine. Cramponneuse. Désenfaler. Écart. Enfaller. Raine-botte. Rime-bô. Ronge. Souffe. Tricoli. Verdigo.

Rut

En chasse. Se grimper. Prendre. En ravaud. Servir. En snette.

Rapports avec les animaux

Agoncer. Agoner. Agoucer. Air. Aléner. À l'épouvante. Amarrer. Arcanser. Becquer. Mettre les bois. Breeder. Choukser. Dérêner. Désencarcaner. Désencorner. Désenfarger. Dur. Écarder. Écrigner. Écarcaner. Enclaver. Gâter. Kisser. Mouchette. Nichoir. Niquer. Pignoche. Sanglée. Sarlinguer. Selle. Sigâiller. Soin. Souccer. Souqser. Tirer. Toucheron. Touser. Traîner.

Harnais

Acculoire. Amblette. Antelles. Apichimon. Attelage. Atteler. Attelles. Bande d'avaloise. Bacul. Bracelet. Brise-gueule. Cheville. Cordeaux. Couplet. Débricoler. Découpler. Embricoler. Fausse sangle. Fessier. Feton. Frontiére. Garde-gueule. Garde-nez. Garde-z-yeux. Gorgette. Guerlotterie. Néquiouke. Panneau. Pitouque. Porte-faix. Porte-queue. Racculoire. Reculoire. Sangle. Sour-la-queue. Sour-sangle. Tchèque. Tirant.

Action des animaux

Arcanser. Cornailler. Corner. Gaffer. Galvauder. Goincher. Houiner. Jappe. Jouquer. Jurer. Se mâter. Matrouiller. Se métiner. Miâler. Mordée.

Bestioles

Arignée. Arpenteur. Barbot. Barrée. Bébite. Bête à patates. Billet. Cheville. Coquerelle. Crève-z-yeux. Criquet. Culbuton. Dégeancer. Empunaiser. Fermille. Formi. Frappe-à-bord. Frémille. Garnouille. Guêpe à miel. Harlequin. Lancette. Levain. Lève-cul. Mordre. Mouche. Mouron. Orgnée. Ouaouaron. Patineux. Picuon. Poêlon. Queue-de-poêlon. Sautereau. Taon. Yèpe.

Animaux sauvages

Aigle pêcheur. Apecia. Arignal. Arignals. Batte-faux. Bec-scie. Battue. Belle puante. Bichon. Bois pourri. Branchu. Brenèche. Buffalo. Buck. Câle. Castor. Cayousse. Chevreux. Chien des prairies. Corbigeau. Corneille. Couac. Déouacher. Échourie. Écureux. Écureuil volant. Esterlet. Foutreau. Gauffe gris. Gibouère. Goglu. Gopher. Guibou. Guieuve. Hibou. Huard. Kangarou. Lieuve. Loon. Mallard. Marlaise. Martière. Merle-chat. Rat mussé. Noireau. Oiseau. Orignac. Orignal. Oriole.

Ortolan. Ouache. Our. Outarde. Pardriolle. Passe. Pécant. Pepite. Pic-bois. Pisseux. Pissou. Pivart. Pomme-pourrie. Portage. Porte-pic. Poursi. Praie. Putois. Racoune. Ramage. Ramoneur. Rat d'eau. Ravage. Regibouère. Sac à plomb. Sarcelle rameuse. Sautereau. Sauvage. Siffleux. Skogne. Souleciet. Souris-chaude. Stampede. Suisse. Tipite. Tondreux. Tourte. Visonnière. Voilier.

Associations

A.A. Cheftaine. Guide. Joindre. Patente.

Avortement

Bonnet. Glissette. Perte. Revise.

Blessures, maladies, malaises, cures

Abrenontio. Affligé. S'aliser. Alitré. Aller par en haut, par en bas. Allorances. Amiantose. Amorrhoïdes. Ampoules. Amygdale. Apichouner. Apostumer. Appendice. Apse. Apichoumer. Aquet. Arbouteux. Ardigueux. Ardilleux. Arider. Aripiaux. Aspe. Faire atchoume. Atomie. Être sur les attelles. Avarié. Avoir le corps barré. Black-eye. Saigner comme un boeu. Bolus. Bouffie. Bourdignon. Bronches. Cabassé. Cabouron. Capuche. Cataplame. Chiasse. Choléra. Cicatrice. Cireux. Cirouanne. Cliche. Cloche d'eau. Coche. Cochonnerie. Coeur. Colique cordée. Compote. Consomptif. Coq-l'oeil. Cordon de St-Antoine. Corps. Corton. Couac. Coup d'eau. Courante. Crevé. Crochu. Dartreux. Débord. Déboire. Degobillage. Se dégourmer. Se dégripper. Se déhancher. Déjointer. Démanchure. Dérhumer. Se désosser. Dessus. Détention. Déteurse. Détorse. Déveloutré. Dévoration. Diabète. Diète. Distiller. Dur. Échape. Écharpe. Échauffaison. Échigné. Écraser. S'écriancher. Écruelles. S'effieller. Effort. Égaler. S'éhancher. Embarbouillé. Empicoté. Empirance. Emporté. Enchifroné. Enflammation. Enfle. S'engoter. S'engrener. Entournement. Envlimure. Époitriné. S'épomoner. Épuceter. Érailler. Érésipère. Érifler. Éripiaux. Érupiaux. Essoindre. Estomac. Estomaquer. Estropiure. Étiré. Étouffer. Éventouffle. Fadir. Faillance. Faire de la toile. Faire laid. Faire un veau. Fausse gorge. Fausse indigestion. Fausse purésie. Feu sauvage. Fièvres. Fit. Flammes. Fleumes. Flique. Flomenter. Flou. Flux. Foire. Flûter. Se forcer. Fouère. Foulure. Fraîche. Fringue. Fron. Gabari. Gâle. Se gavagner. Gearce. Geint. Germe. Gingue. Glande. Glante. Goite. Gonfle. Grosse gorge. Gornouilles. Goulée. Grain d'orge. Graine. Hère. Impôt. Iote. Jeu d'eau. Jus. Lancement. Laquet. Lende. Lendilles. Lock-jaw. Loquet. Locheux. Macher. Mal. Malade. Malaucoeureux. Mal-en-train. Malfaisant. Mals. Marine. Matière. Maximer. Mèche. Médeciner. Micament. Se morfondre. Morphile. Mouche. Narf. Naturel. Nuisant. Ordilleux. Orgnons. Orgueilleux. Oripiaux. Os gras. Ouac. Ouvarte. Painkiller. Peau. Pérentoine. Petite santé. Picassé. Picot. Picotte. Pinule. Place d'eau. Plaint. Plasteur. Moule à plomb. Poménique. Ponce. Poque. Portement. Postume. Prendre. Pris. Purésie. Puret. Purin. Puron. Quarantaine. Racinages. Radote. Ramancheux. Râper. Rebondir. Réchappe. Recouvrir. Reculon. Relique. Remède. Remettre. Se rempleumer. Renvoyer. Rester. Restituer. Révolution de bile. Rife. Rognon. Rude. Se miner. Sang. Rupture. Saleté. Savater. Savoyane. Secret. Sensibe. Seringle. Serré. Sirouane. Soignement. Soigner. Soigneux. Sonder. Souffrant. Spot. Stress. Stringuer. Suce. Tablette. Par terre. Toile. Tomber. Tour d'ongle. Tourner. Tournure. Traîne-fesses. Trémontagne. Tressaillir. Urgence. Veau. Verrure. Vomi.

Fatigue

Brûlé. Débiffé. Resté. Toasté. Vanné. Vidé.

Bois, chantiers

Billot. Épinettière. Hâvel. Jam. Jetée. Kendoille. Limite à bois. Log. Longe. Monter. Corps mort. Mou. Notcher. Nuasse. Ostryer. Picois. Pied-planche. Pin. Pinero. Piquage. Piqueur. Pitoune. Pivé. Plaque. Pleumer. Pourrillon. Pulpe. Quat'orteils. Raft. Raftmanne. Rangée. Rasé. Reboiser. Rebuts. Reciper. Refoulis. Renversis. Riper. Roule. Roulif. Run. Sale. Scaler. Sciotte. Serpé. Skider. Skideuse. Slape. Slash. Slouce. Swomper.

Tasser. Timbeux! Tonture. Toppe. Topper. Tôter. Traîneau. Traînée. Van. Yarder.

Chemins

Agreyer. Allabe. Allongeux. Ambine. Ancrer. S'annuiter. Argnière. Armière. Aubel. Bachons. Battre. Boulanger. Boulant. Bourbassière. Bousage. Bousiller. Brassement. Cabouron. Cailloteux. Caler. Chemin. Clairance. Claireur. Connecter. Coulant. Coulissant. Crate. Croche. Se croisailler. Curve. Déblayeuse. Débourber. Découpler. Déglacer. Dégrader. Dépot. Déraquer. Désembourber. Dévirager. Déviron. Double. Dû. S'enraquer. Enrayage. Float. Chemin de fronteau. Garnotte. Gradeur. Grand-voyer. Gratte. Gravelle. Gravois. Grignon. Guy-wire. Haur. Hitch-hiking. Hord. Imbaisabe. Impassabe. Limoneux, Maître-chemin. Marchant. Marécageux. Marvouillas. Mollasse. Mollière. Moulinant. Moulineux. Niveleuse. Ornière. Pente. Pierrotter. Pigras. Pine. Pinouche. Piquer. Pit. Plée. Portage. Pot à brai. Raccourcir. Raille. Rallong. Rang. Rayage. Rencontre. Rendre. Renvoi. Repasser. Retracer. Revirant. Revirer. Reviron. Riage. Ripompée. Rouabe. Rouâpe. Rough. Rouler. Roulière. Roulis. Route. Run. Scréper. Sentier. Shire. Shortcut. Tirant. Traînée. Varsant. Vente-de-boeuf. Viron.

Chemin de fer

Accoupler. Agent. All aboard! Chambre à bagages. Char à bagages. Bloquer. Box car. Brakeman. Branche. Cabousse. Gros chars. Checkage. Conducteur. Coupler. Crossing. Désaccoupler. Dispatcheur. Dombe. Dormant. Engin. Flag-station. Flaguer. Fret. Full steam. Extra-gang. Gondole. Grade. Ingénieur. Fonction. Lisse. Local. Manivelle. Market. Monter. Pacifique. Paraneige. Passage. Passager. Passe. Pilote. Plate-forme. Pompeux. Porteur. Pullmanne. Put-put. Raile. Reile. Rondousse. Routage. Section. Shunter. Sleeping-car. Speedeur. Station. Stime. Tie. Tombe. Track. Truck.

Ciel

Câsserole. Cerne. Clair d'étoiles. Éloèse. Esclipe. Feu-Saint-Antoine. Marionnettes. Oeil de bouc. Pieds de vent. Revaucher.

Communications

Central. Engagé. Gazette. Intercom. Longue distance. Malle. Manne. Meneur de malle. Message. Oreilles de lapin. Out of order. Panel. Papier. Passe-carte. Phraséologie. Postage. Poste. Poste-office. Postillon. Scoop. Signal. Signaler. Sortir. Souscripteur. Statique. Stimpe. Switchboard. Talk-show. Tampille. Vadrouilleuse.

Conjonctions

Advenant que. Apparence que. Assez ... que. En assumant que. Aussi vrai que. En autant que. Cause. Ce que. Chance. D'abord que. D'à cause que. D'apparence que. Davant que. De chance que. Detpis que. Devant que. Devousse que. D'où vient que. En égard de. Eioù que. Encore un peu que. Evou que. Eyou que. Homis que. De l'instant que. Ioù que. Jusqu'à tant que. Jusqu'où ce que. Là dévoù que. Là où c'que. Malgré que. Oubedon. Où que. Par rapport que. Passé que. Pis. Rapport que. Rendu que. Soi-disant que. Surtout que.

Conversations, discussions, disputes

Ajoutation. Ajouter. Allumer. Amanchage. Amarrer. Ancrer. Astiner. S'astiner. Bagueuler. Mener le bal. Se battre la gueule. Bavassage. Avoir le bec carré. Berlander. Bêtiser. Bêtises. Beurrage. Blaguer. Bluffer. Boniment. Cacasser. Cancanage. Causer. Charriage. Chouenne. Cocasser. Comète. Débrayer. Dégobillage. Dégoter. Dégouailler. Dégrimoner. Déparler. Dire. Disabe. Diseux. Disputeux. Élaborer. Embardée. S'émoigner. Emphase. Encontre. Engueulage. Entrequien. Flâseux. Falâtreux. Fronder. Fumer. Geargaude. Gobette. Guenille. Gueulage. Hint. Histouéreux. Jacasse. Jase. Jaspiller. Jaspiner. Javasser. Javotte. Lyre. Maldire. Malengueulé. Marmâiller. Mordeur. Mot. Narrées. Ostiner. Pacaner. Paller. Parlabe. Parlement. Parlette. Paroli. Passer. Patarafe. Patiner. Patois. Peur. Piacasser. Piâiller. Piasser. Pigrasser. Placasseux. Placotage. Plée. Poil. Pourparler. Pousser. Se prévaloir. Rain-de-vent. Ratapia. Ratapioler. Remarque. Renoter. Risée. Shoot! Sifflet. Slang. Sobriquet. Soi-disant. Sous-question. Speech. Tarme. Tournement. Verbe.

Couture, lavage, tissage, préparation du lin

Acmoder. Ajustage. Alinde. Altération. Apetisser. Apiéçage. Ardevirer. Assembler. Attendrir. Bagosse. Barré. Laine bâtarde. Battoir. Bobine. Border. Bordure. Bouffonnage. Bouragan. Braid. Braye. Broue. Buste. Cannette. Cannelle. Cardures. Chaîner. Chambrai. Château. Chatine. Cisailler. Cordé. Corderoi. Cotil. Craquage. Darner. Dévidois. Écardeur. Échasse. Échiffe. Écochage. Émouchage. Emplois. Emprès. Enfiloir. Ensoufle. Épéniller. Épingle. Essiver. Étoffe. Fil à ligneux. Ceinture fléchée. Foam. Forbir. Fuseau. Hémistiche. Laize. Lastine. Lastigue. Laundry. Laveuse. Lawn. Lessi. Manivolle. Matériel. Melleton. Mingler. Miret. Mitré. Molletonné. Moulin. Peignoir. Pelotant. Pénille. Peue. Priser. Raboudiner. Rack. Racmoder. Radouage. Raidissure. Ramuche. Ratafion. Recoupure. Remploi. Strippe. Surja. Taille. Tapon. Taquer. Tépeur. Tignasse. Toile. Tournette. Traouè. Travée. Trémène. Trimmigne. Tub. Ucru. Varga. Verge. Weaver.

Cuisine

Acmoder. Affuser. Affuteaux. Ager. Agnon. Agréient. Agréyains. Aisance. Aise. Aiyou. Alérose. Ali. Alis. All dress. Allimelle. Allonger. Alumelle. Amandes brûlées. Amarinades. Amarinages. Amariner. Amelette. Amenette. Amulonné. Anneau. Apala. Apichimon. En apola. Appareiller. Approcher. Appropir. Árêche. Monte-plats. Arse. Atame. Attaqué. Avoir ni mie ni croute. Avouer. Bacon. Badrouille. Baiser le pain. Bâleur. Baloné. Banc des siaux. Banique. Barbecue. Barbote. Barley.

Batch. Batcher. Battée. Béatis. Bébusse. Bécine. Beigne. Berdiche. Beurrade. Beurre de pinotte. Bine. Bines. Bise. Bite. Sucre blanc. Blanc-manche. Blé d'inde. Bocaut. Bodinière. Bombe. Borneur. Boucaut. Bouchon. Boudinière. Bouillander. Bourdignon. Bourlette. Braisier. Brassée. Breuvage. Briquette. Brûlette. Brun. Brunch. Bun. Butin. Cabaretier. Cache-menettes. Cafière. Cailles. Caillette. Caler. Candy. Cani. Cannages. Canopener. Carreau. Carver. Casse-croûte. Câsserole. Cassot. Castonade. Catchup. Caustique. Centre de table. Champleure. Chassepanne. Chaudière. Chaudronne. Chauffé. Cheddar. Chiard. Chiette. Chignon. Chips. Chop. Chopsticks. Cipaille. Cirusse. Cive. Clairer. Clam. Claquer. Cliner. Club sandwich. Coco. Cocotier. Coeur. Cône. En confiture. Connestache. Conserve. Consommage. Cook. Cookerie. Cookie. Cooler. Cornet. Cortons. Costarde. Fromage cottage. Coulisse. Coulois. Coussin. Coutellerie. Couvert. Crackers. Crassin. Crémage. Crème. Crémeuse. Cretons. Croccignole. Croquant. Croquée. Croquignole. Crouston. Crute. Cuissage. Cuisine d'été. Custard. Cuvette. Débrette. Débris. Décaler. Se décarêmer. Défoncé. Dégras. Déjets. Déjeuner. Délicatesses. Se délicher. Démêler. Demiard. Dérail. Désenfourner. Se désouiller. Dessus. Détremper. Devantière. Dill. Digérabe. Digération. Dippeur. Directions. Directoire. Dish. Distilleur. Djamme. Dré. Dumpling. Eanser. Éborgner. Ébouillanter. Écaille. Échauder. Éclat. Écopeau. Écosse. Écrémillon. Effilande. Effiler. Efforts. Égousser. Égrémiller. Égrener. Égumes. Éjets. Emmouler. Empaffé. Empiffer. Emplois. Empoêlure. Enfaîtage. Enfiler. Enfioler. Entonnois. Entome. Entomer. Entonne. Envaler. Épluche. Épluchoir. Éplure. Équeuter. Équipage. Érail. Escoimpeau. Espingole. Éviander. Bin à farine. Farinier. Fars. Ferlouche. Fesse. Fersure. Fève. Fioper. Flambe. Fleur. Fleurir. Flique. Forçure. Formage. Fourgailler. Fourgotter. Fourneau. Foutée. Freezer. Frésure. Fricot. Fricoter. Frigoune. Fringaleux. Fruitages. Fudge. Full. Furnonche. Fuse. Gadget. Galetaille. Galettage. Galette. De garde. Gargaille. Gargosser. Gargotte. Gargouche. Gargousse. Gariau. Gâteau. Gaudron. Gazon. Gibelotte. Ginger ale. Ginger bread. Ginger beer. Ginger pop. Crème à la glace. Godaille. Gogaille. Gonfler. Gonflonne. Gordiche. Gortons. Gouffre. Gourgane. Goûtance. Graissage. Graisse. Grâler. Grand-père. Granite. Granulé. Grapefruit. Gras-cuit. Gras. Gratin. Gravy. Grèmeleux. Grémille.

Grémillon. Grémir. Greyer. Griblets. Grigne. Gril. Grill. Grillade. Grimenaude. Grocerie. Guenille. Gruau. Gueule. Guipon. Hâle. Hamburger. Haguère. Homelon. Hot chicken sandwich. Hot dog. Hot plate. Hostie-de-boeuf. Jabotte. Jam. Johnny cake. Ketchup. Karossine. Kit. Kitchenette. Kosher. Label. Laine d'acier. Lait. Lampée. Lavier. Lichée. Limon. Lisse. Longère. Mâche-malo. Maigrailles. Main de bois. Malaxeur. Mangeailler. Marinades. Marmiter. Mash. Méchant. Mettre la table. Micouenne. Midi. Mietton. Mince meat. Mince pie. Mioche. Miscer. Miton. Mixer. Mordée. Motton. Moture. Moule. Moulin. Mouvette. Muffin. Naissance. Nananne. Napkin. Navette. Nettoyeur. Norolle. Oeuf. Off. Olais. Opener. Oragan. Ossailles. Ôter. Ouiche-bône. Ouragan. On. Pain. Palette. Panne. Panneau. Se panser. Papermanne. Passe. Pataquier. Patte-de-poule. Pécane. Pelle à pain. Perdition. Perrouine. Pichenouille. Picklé. Piler. Pilot light. Pinotte. Planche. Plaque. Platée. Poêle. Poignée. Pois. Poker. Offrir. Pompe. Popote. Pornure. Porridge. Pot. Potagère. Poutine. Prâline. Prendre. Préserves. Presto. Puffed wheat. Purger. Quaduc. Quarton. Ragoût de boulettes. Rapport. Râpure. Refouler. Réfrigérateur. Restant. Revoler. Rib steak. Ribandelle. Riche. Rimeur. Ripée. Rond. Ronde. Rôti. Rouir. Sacepanne. Safrer. Sagamité. Sago. Saper. Sarlagne. Sasse. Sassepinte. Sauce. Saucier. Savate. Set. Shortening. Signe. Sink. Sirloin. Sirop. Snack. Soda. Souffler. Soûl. Soupane. Soupièrée. Souper. Soutenant. Spencer steak. Spread. Stain steel. Stand. Starche. Starter. Steak. Steamer. Stew. Stock. Stoppeur. Suc. Sucrage. Sucre. Sundae. Sur. Tablée. Tamponne. Taper. Tapon. Tarteau. Tasse. Tea-board. Thé-pot. Ti-bône. Tiraille. Tire. Tirelibèche. Tireliche. Toast. Tôle. Tomber. Tondreux. Toque. Toquion. Tordieuse. Tournée. Tournure. Tourtière. Tracas. Tray. Tremper. Trempette. Tresse. Vaisseau. Vaisselle. Varjuter. Vidanger. Vidanges. Yeast. Yipon. Zink.

Désastres

Alarme. Boîte d'alarme. Coupe-feu. Fausse-alarme. Feu. Gardefeu. Hose. Hydrant. Incendiat. Obscuration. Pipe. Pompe à feu.

Excrémentation

S'appointer. Bacosse. Bécosse. Cabanes. Caque. Chierie. Chnotte. Cliche. Closettes. Communs. Coq. Crotter. Débâcle. Débord. Devoir. Eau. Envie. Faire. Faire pisser pine. Faire pleurer Jeannette. Fonctionner. Job. Lieutenant gouverneur. Lieux. Marde. Nords. Pepi. Pepisse. Pissette. Pot de chambre. Privés. Saleté. Se salir. Sentinelle. Siéger. Tomber. Torching. Trône. Vaisseau. Valve. Voltaire.

Femme (en termes sexuels)

Agace-pissette. Pas barrée. Bidoune. Bob-sleigh. Catin. Craque. Créature. Crotte. Délurée. Dondaine. Bonne femme. Fendue. Femelle. Gondolle. Gouine. Guedoune. Guidoune. Main. Petite mère. Minoune. Morceau. Morue. Peau. Pétard. Pioche. Planche. Plotte. Poudrée. Shapée. Squapeau. Torche. Toutoune. Viande.

Ferme

Terre

Abatis. Âbe. Aboiteau. About. Aboutage. Abouter. Abraouais. Accore. Affût. Arabe. Arbout. Ardigue. Ardille. Arpent. Arrachis. Avenir. Baie. Baisseur. Bandon. Banque. Barbassière. Bas. Bien. Bogue. Bogane. Boiseux. Butteau. Campeau. Cap de roche. Cavée. Circuit. Clairance. Clos. Clôture. Colon. Colonne. Colonisation. Compeau. Concession. Cordon. Coulée. Cran. Crique. Dam. Déboulis. Découvert. Dépente. En dépouillant. Désarter. Descente. Desserrer. Désert. Dévalage. Ditch. Domaine. Empiècement. Emplacement. Foncière. Frique. Fronteau. Gandole. Gréement. Grillade. Habitant. Haut. Hauteur des terres. Homestead. Large. Levée. Ligne. Mie. Muskeg. Noyer. Ouvrir. Pelée. Platain. Plée. Pleureux. Rang. Ravin. Région. Requise. Ressourcer. Ressourceux. Roche. Rochiére. Roulant. Saison. Sale. Savane. Sourceux. Superficie. Terre. Trécarré. Tuf. Vallonneux.

Travaux

Abatteur. Abatteux d'ouvrage. Abattre. Affaîté. Affiler. Affrancher. Affûts. Aide. Airée. Amain. Amanchage. Amancher. Amulonner. Andouiller. Aplanchir. Arber une faux. Attelée. Barda. Battages. Battée. Batteux. Béchée. Béchoiter. Bi. Billochet. Billochon. Billot. Billotte. Bisouner. Bistringue. Blazer. Bober. Boète. Boeu. Bois. Boiter. Bonnet. Botter. Boucaner. Boucherie. Bouetteau. Bougon. Bouline. Broche. Bûcher. Canisse. Casser. Chauler. Chousse. Clair. Clairaud. Clore. Cointer. Cordage. Corde. Cordon. Cornichon. Corvée. Couette. Crible. Croster. Cutter. Débarrasser. Débiter. Débouler. Débousiller. Décarcaner. Déchiffrer. Déconnecter. Décorder. Décrochir. Défatigué. Déparcher. Dépiler. Dépiquer. Déponter. Désavisser. Désembourber. Désengerber. Déteindre. Dételer. Draille. Eau. Échetonner. Écotonner. Édrageonner. Effardocher. Emmener. Empailler. Empocher. Endos. Enfaîter. Engagé. Engagère. Ensumencer. Enveillocher. Envoiner. Équeuter. Éraler. Érocher. Érouser. Faire le train. Faire de la terre. Faîter. Fauchaille. Fixer. Flagousser. Focailler. Fouailler. Fourchetée. Frapper coup. Gâcher. Gâgne. Galfat. Gazon. Glainer. Godendard. Gommage. Gouffré. Grain. Graine. Grainer. Gratter. Grattures. Grenu. Grippe. Grobber. Guetter. Hâlage. Haleter. Homme. Jeton. Job. Joue. Jouir. Djomper. Laboureux. Lever. Liter. Loger. Londain. Masser. Menée. Mener. Métive. Minot. Morte-charge. Moturer. Mordure. Moulange. Moulée. Moulin. Mousseline. Mouturer. Mule. Mulon. Mulotter. Ondain. Ouvertures. Ouvrir. Parcher. Patte-de-poule. Peigner. Percher. Pieu. Pilot de boeufs. Piquée. Pit. Planche. Platebande. Pleumer. Porcage. Potager. Quart. Quat-roues. Rabourer. Râcler. Ramasse. Rang. Rapâillages. Ravauderies. Récolte. Récorte. Revannes. Ribler. Ribonner. Romaine. Scrubber. Semences. Sercler. Serper. Serrée. Siotte. Sirotier. Sligne. Smoter. Stouquer. Sumer. Tandem. Tasser. Taurière. Terre. Tirer. Tonne. Tortillon. Tourner. Train. Tranche. Travaux. Treyer. Trimer. Vailloche. Van.

Produits de la ferme

Agnon. Agnonette. Agrains. Agréyains. Aigrette. Alérose. Arlérose. Babiche. Bale. Besas. Flan. Frit. Gabourage. Gaudriole. Georges. Glaine. Grenage. Jardinages. Jarnotte. Salade. Tonsure.

Instruments, équipement, outils

Agrès. Pied d'aguet. Alévettes. Arganeau. Argnée. Aridelle. Arrache-patates. Arrache-pierres. Arrache-souche. Arracheux. Arrimages. Arrosoué. Bacagnole. Baille. Baleuse. Balise. Banoué. Barlin. Barline. Barouche. Barouette. Barrière. Barrure. Bear trap. Berceau. Bocaut. Berlot. Bol à vaches. Boulerseur. Boxa. Brancard. Brimbale. Broc. Buggy. Cabarouet. Cabastran. Calèche. Carcan. Centrifuge. Chaquiére. Chain-saw. Chape. Chibagne. Clapet. Clavisse. Coucher dehors. Coudre. Coupe. Crobarre. Se dégreyer. Désarber. Échelas. Épée. Épeureux. Éridelle. Esseu. Estomac. Fonçure. Fouillatâton. Greyer. Héridelle. Herse à disques. Herse à roulettes. Javelier. Jouc. Joug. Juille. Maintien. Manchon. Menoire. Mise. Olivette. Oreille. Organeau. Ouaguine. Pagée. Palâtre. Perche. Pesée. Peureux de corneilles. Piloteux. Pince. Piochon. Broche piquante. Pleumas. Pôle. Racérer. Rack. Réguine. Rouelle. Roulant. Rouleau. Sciotte. Séparateur. Serre. Siau. Skid. Smote. Sumeuse. Sumoir. Table. Togne. Tonne. Travail. Travers. Trempas.

Champs

Amblet. Amblette. Amet. S'arber. Babillon. À blanc. Bouchure. Bouillée. Boulin. Bourdignon. Brûlé. Chicot. Cintre. Clos. Commune. Contrée. Couenne. Dérocher. Embarras. Érocher. Feu de veuve. Fontif. Passage. Plairie. Ravaudage. Traînée.

Dépendances

Aboutement. Appentis. Bacosse. Baserelle. Batterie. Bécosse. Boîte à chien. Boucan. Cabousse. Carré. Cartelle. Cavereau. Cabane à sucre. Cambuse. Campe. Camp. Casane. Casemade. Chaufferie. Chiotte. Embarrure. Entre-deux. Fanil. Fournil. Gabare. Galetas. Galeteau. Grainerie. Grâlerie. Grange. Hangar à bois. Laiterie. Mue. Neigère. Nichon. Pâr. Paré. Pigeognière. Pigrie. Pontage. Quartelle. Rentourage. Saloué. Saut au grain. Shed. Souille. Soute. Tasserie. Trou-à-balle.

Flatulence, pets

Blaster. Canonner. Fuse. Gironde. Se lâcher. Prouter. Vesse.

Géographie

Apalachien. États. Les Hauts. Maine. Les vieux pays.

Grossesse

Se faire amancher. Se faire attraper. Balloune. Bébé. Djomper le balai. Aller au bois. Attendre le chien jaune. Clôture. Attendre la famille. Gloire. Grosse. Guetter les sauvages. Rester malade. Manche. Messie. Ours. Partir. Pleine. Malheur. Aller au bois. Sauter la clôture. Se casser une cuisse. Enfirouâpée. Clôture.

Groupes ethniques

Acayen. Agoïen. Agoyen. Angho. Baptisse. Bas-de-soie. Bloke. Bois-brûlé. Brayon. Canadien. Canouiche. Caouiche. Canayen. Canuck. Chinatown. França. Hindou. Métif. Paddy. Pepsi. Polock. Sauvage.

Heure, temps du jour, temps

Aller sur. Arlevée. L'autre hier. Avoir de l'avant. Avant-midi. Barre du jour. Brenante. Brunante. Clairseur. Clairté. À date. Détour. Élan. Escousse. Hersoir. Heure. Jin. Jour. Mâr. Midi. Minuits. Neuvaine. Nuit. Prévien. Quatre. Relevée. Renouveau. Revire-man. Été des sauvages. Secousse. Soleil. Temps.

Hiver

Banc de neige. Charrue à neige. Déneiger. Désenneiger. Embourber. S'enneiger. Entregelé. Falaise. Fier. Fleurettes. Frali. Frasil. Friler. Frimassé. Galot. Glace pourrie. Grappins. Hivarnant. Hiveriser. Mottant. Motte. Neige. Peloter. Robe. Sloche. Souffleuse. Tapon.

Homosexualité

Bardache. Besteux. Catiche. Étudiant en lettres. Femme aux femmes. Fefi. Fif. Folle. Guêpette. Gratteux. Jeune. Madame. Mangeux. Homme aux hommes. Poignant-cul. Poigneux. Putain. Rongeux de bouleau. Senteux. Souffleux. Tasseux. Tatais. Tchomme. Wolf.

Individus de mauvaise réputation, substantifs péjoratifs

Avarde. Bagoulard. Baise-la-piasse. Baveux. Bomme. Bon à rien. Branleux. Cendrouillonne. Claque-chapelet. Colon. Colonne. Coq d'inde. Crack-pot. Liche-cul. Peigne-cul. Démon. Épais. Faignant. Fendant. Flanc-mou. Frais-chié. Gaban. Gabareau. Gabari. Gadousier. Galousier. Galureau. Gamin. Gangster. Gardin. Gaupe. Gavache. Georgette. Gergaude. Godot. Go home. Goinfe. Gommeux. Gordin. Gornaille. Gouapille. Gouliaffre. Grand-gueule. Gratteux. Grattin. Grébiche. Gredon. Griche-dents. Grichou. Griffeux. Grignon. Gringueux. Gripette. Grippeux. Guenillou. Gueule. Guiâbe. Habitant. Hérisson. Imple. Jacapon. Jocrisse. Landouille. Malvat. Mandrin. Marabout. Marie-quatre-poches. Beau marle. Marlot. Marsouin. Mataouin. Meméré. Moneveau. Morpion. Morvâillon. Morviat. Mouron. Nez. Niochon. Nono. Ouilleux-dileux. Pacant. Pacaud. Traîne-paillasse. Pas-bon. Pas-cher. Pas-fin. Pas-grand-chose. Peigne. Pepsi. Petit. Pince-cul. Pincée. Piochon. Pisse-vinaigre. Pissou. Placard. Plaie. Platin. Plein d'marde. Pocheton. Petit poisson. Porte-panier. Pot à brai. Pouilleux. Punk. Quêteux. Quiouque. Ragoton. Râleux. Rapace. Rapâille. Ratatouille. Ratatoune. Ravagnard. Rechignoux. Rodeux. Rogne. Vieux rossignol. Sâillon. Saligaud. Salopin. Sans-manières. Sans-dessein. Sans-allure. Sans-génie. Sans-la-nippe. Sarpent. Sarpida. Scab. Scieux. Seineux. Senteux. Sent-la-marde. Séraphin. Seron. Serpent. Serpida. Serre-fesses. Serre-la-poigne. Shaveur. Show-off. Sabine. Sirotier. Slow. Smat. Sniqueux. Snoreau. Socker. Sorcier. Sottiseux. Soudard. Souillonne. Souince. Square. Straight. Taquineux. Tata. Tatais. Taupin. Teigne. Tête. Tit fin. Tocson. Toffe. Torchonne. Toupie. Traîneux. Trappe. Trichard. Trimpe. Trou d'cul. Trousse-mêle. Vacarme. Vache. Vagabond. Vagnole. Valtreux. Vardeux. Voyoucratie. Vicieux. Viragauche. Vire-de-long. Vire-vent. Yvette. Larzais. Zombi.

Injures

Balai. Va sul bonhomme! Petit bonjour! Envoyer à la bourdaine. Casque. Chanter des bêtises. Envoyer chier. Colle. Crosser. Dos-blanc. Enfant de chienne. Enfant de garce. Ferme ta gueule. Fuck off! Baise ma galette! Invictimer. Mange d'la marde. Nom. Raison. Ravaler. Sacrament. Sacre. Osti.

Interjections

Ayoille! Bigne! Bigne-Bagne! Chou! Choukse! Eille! Go! Ouache! Patouche! Vlagne!

Institutions

Enseignement

Académie. Affile-crayon. Aiguisoir. Allemagne. Assistance. Babillard. Barbouillat. Bloquer. Coffre. Copiage. Crayon. Défricher. Diplômer. Dodge. Dotche. Douille. École. Efface. Élémentaire. Finissant. Plume fontaine. Fool's-cap. Foxer. Garçonnière. Grade. Graduation. Grandemère. Larico-coco. Lécole. Lecture. Maîtresse. Maîtrise. Pepite. Registraire. Répéter. Skipper. Somme. Soutane. Strappe. Tablette. Training. Universitaire. Vardette.

Autres

Asile. Innocent. Loges.

Jurons

Abîmations. Baptémer.

Jurons offensifs

Asti! Baise-moué l'ail! Baptême! Bâtard! Bâtiment d'inguienne! Bonne viarge! Câlisse! Calvaire! Chiette! Ciarge! Ciboère!

Crisse! Crucifix! Étole! Eucharistie! Fuck! Fuck dat! Goddame! Maudit! Maudite marde! Morgueu! Ostensoir! Osti! Sacrament! Sacrifice! Sacristie! Saint-Chrème! Saint-Cibouère! Saint-culs! Saints-fumiers! Sainte-Viarge! Sti! Tabarnac! Verrat! Viarge!

Jurons inoffensifs

Accrabe! Ache! Achré! Achré! Acré! Apré! Apréyé! Pour l'amour! Atré! Badame! Baguette! Barêche! Batêche! Batince! Batiscan! Batisse! Batoche! Bazouelle! Blasse! Blé d'inde! Bondance! Bonguenne! Bongyeu! Bonjour! Bon sang! Boufre! Bout de crime! By God! Câline! Calvasse! Calvince! Crabe! Craille! Crape! Crime! Cristal! Mon Dou! Doux Jésus! Étoile! Goche! Hell! Mardi! Maudissage. Moses! Ostifi! Péché! Ré! Saint-Cibole! Sapré! Saudit! Saudine! Seigneur! Soda! Tabarnache! Tabarnouche! Tabarouette! Tabouère! Torvisse! Tord-nom! Viande!

Justice, police, prisons

Adjuger. Administrer. Adresse. Affidavid. Aller à la loi, en cour. Amener en cour. Apparaître. Arguer. Argumenter. Arrainement. Arrangement. Assermentation. Avocasser. Banc. Blanc. Boîte. Bref. Capias. Case. Caveat. Challenger. Changement de venue. Charge. Clair. Mépris de cour. Défalcataire. Dommage. Exhibit. Forger. Garcette. Gendarmerie à cheval. Géole. Informeur. Jugerie. Jurable. Kidnapping. Légal. Loger. Matrone. Mépris de cour. Mistrial. Monter sur le banc. Motivé. Offense. Ordre. Paraître. Passe. Pénalité. Plaidâilleux. Protêt. Rappel. Réclamation. Réexamen. Régistraire. Règle. Relever. Renvoi. Section. Serment. Servir. Smogler. Spotter. Subpoena. Temps. Transquestionner. True bill. Warron. Exil.

Lieux, régions

Appartenir. Faubourg. Fort. Haut. Laurentien. Lignes. Madelinot. Main. Maine. Mascoutain. Mauricie. Parc. Paroisses. Réserve. Site. Spot. States.

Logement

Bloc. Cottage. Coucherie. Demeurance. Flat. Lobby. Loyer. Maison. Méson. Place. Retirance. Roomer. Ruelle. Semi-détachée. Shack. Split-level. Studio. Suite. Surlouer. Télémen. Ténement.

Maison

Extérieur

Acul. Ampoule. Appartenir. Porte d'en avant. Avant-couverture. Barrer. Barrure. Bas-côté. Bay-window. Bouilloire. Bouquet. Broche-à-tonnerre. Cap. Casser maison. Chamborder. Chapeau. Clabord. Clin. Contre-fenêtre. Couyau. Dalle. Dalot. Dégouttière. Devantière. Devanture. Dihors. Double-châssis. Double-porte. Drive-way. Fausse porte. Galerie. Garde-soleil. Glacons. Grand-porte. Hose. Montée. Se montrer. Neiche. Patio. Perron. Piton. Racul. Rallonge. Rambris. Ravalements. Récollet. Renard. Ressuage. Screen. Skar-light. Solage. Soue. Stucco. Tourbe.

Intérieur

Accotoir. Accrochat. Accrochoir. Ace. Aides. Airs. Airse. Amanchage. S'aménager. Angelures. Antimacassar. Antiques. Apichimon. Aplomber. Appartement. Areiller. Arguette. Arier. Ariette. Ariguette. Attisée. Cabaneau. Bachelor. Banc-lit. Barce. Baroué. Bas. Bassement. Bassinette. Baudet. Bède. Ber. Berçante. Bergère. Beurneur. Bibelot. Blagne. Boisé. Bord. Bracket. Branlant. Brûleur. Buffet. Buggé. Bureau. Cabaneau. Cabette. Cadre. Calorifère. Casse-jambe. Catalogne. Catch. Chaise. Chambre. Chanteau. Charbon. Chesterfield. Chiffonnier. Chimnée. Chute. Closet. Closettes. Cobbette. Coinçon. Colidor. Coqueron. Corniche. Couch. Craque. Croison. Cuyau. Dampeur. Débarrer. Demi-lune. Désairé. Désempailler. Dessus. Détarguetter. Dressois. Drigail. Écointer. Encadrure. Endorer. Entreplancher. Épergne. Époussetoir. Époussiérer. Étage. Étenderie. Éventail. Extension. Fini. Fixture. Flusher. Fourbir. Fournaise. Foyer. Frosté. Frotter. Galopé. Ganapé. Gazelier. Goudron. Gréement. Greyer. Grigner. Gril. Haut. Haut-côté. Home. Huile. Ketch. Knob. Lambrissage. Lanlaire. Laverie. Mécher. Ménage. Meter. Mine de poêle. Mop. Mouchette.

Mousse. Mouvage. Padé. Palâtre. Palette. Parlat. Perlat. Petit-bord. Pied. Placage. Plancher. Pleumas. Ploguer. Pôle. Porte. Porte-ordures. Prélat. Prémices. Purjuter. Rack. Racoin. Ramasse-poussière. Réceptacle. Rug. Sac-bord. Sague-bord. Salle à dîner. Serrure à chute. Set. Shofa. Socket. Sous-bassement. Soufflerie. Sour. Soute. Switch. Tank. Tapisserie. Tire. Tordeur. Trimer. Truie. Tuile. Vadrouiller. Vivoir.

Masturbation

Botte à l'oeil. Se caresser. Faire cailler son pipi. Coller. Couillon. Se crosser. Crossette. Se dévarser. Dieu-seul-me-voit. Se douiller. Faire du fromage. Faire marcher son petit moulin. Se faire venir. Se flamber. Se frotter. Se faire passer un frisson. Se gauler. Graine. Gratter. Se gruger l'shaft. Se hâler la broche. Jack. Jouer de l'égoïne. Lavage à la main. Louis-Philippe-sur-la-glace. Magnant. Marbes. Se mettre dans la main. Moine. Mousser le créateur. Poignet. Se polir le shaft. Sciotter. Veuve. Willy.

Maudite boisson

À dos. Allumé. Baboche. Bagosse. Balloune. Bavaloise. Barsalon. Bar-tender. Beat. Se rincer le bec. Bienfaiteur. Bimbocher. Bisaillon. Bitters. Black list. Petit blanc. Bleus. Blind pig. Boire. Boissomptif. Boisson. Bootlegger. Booze. Botte. Boucane. Bouisqui. Bouncer. Brandy. Brosse. Broue. Buberon. Buverie. Buveron. Caler. Caribou. Carpiche. Chambranler. Chargé à dos. Chaud. Chaudasse. Se chauffer. Chautasse. Cheveux. Chien. Clou. Club. Commission. Coup. Couteau. Cuite. Dégommer. Se déranger. Dérougir. Diables bleus. Dix-onces. Draffe. Drink. Éméché. Épaules carrées. Espérette. En esprit. En fête. Fêter. Fêteur. Flacatoune. Flancon. Flasque. Foirer. Fort. Fripe. Fripé. Fusil. Futaille. Galvauder. Gambetter. Gobe. Gommé. Goufre. Se graisser le gosier. Grand'mère. Guillaume trop mince. Home-brew. Jeanne d'Arc. À jeun. Kif-kif. Kiouke. Lager. Lacordaire. Lancé. Languette. Last-call. Liqueur. Luette. Miquelon. Moonshine. Mort-ivre. Morts. Mouiller. Mug. Paf. Paquetances. Se paqueter. Patatia. Pied marin. Pieds ronds. Pintocher. Pistrine. Piton. Place. Plein. Ponce. Poqué. Porte. Porteur. Poutine.

Quarante-onces. Quatre-épaules. En rabette. Râche. Rate. Réduire. Se rincer. Ripompette. Riquiqui. Robine. Robineux. Saloon. Saoûlerie. Sarpent. Shakes. Shot. Skunké. Snette. Sobre. Soulade. Soûlaison. Soûlon. Spree. Stock. Suce-la-bouteille. Suceux. Taverne. Tanker. Teurt-boyaux. Tioune. Tip. Tomber. Tombleur. Tonne. Traite. Tricoler. Varge. Virer. Waiter. Zidore. Zigzaguer.

Mécanique, automobile, bicyclette, moto

Ailette. Antifrise. Antigel. Back-fire. Ball-bearing. Barlin. Barouche. Battre. Bazou. Bearing. C'est beau. Bécique. Belt. Tourner dans le beurre. Biberette. Bleu. Blower. Blow-out. Blow-torch. Body. Prendre le bois. Bôlte. Bôlter. Bomper. Bompeur. Booster. Bosser. Boster. Bout. Brakes. Bus. Cap. Castille. Chain-block. Char. Chausser. Chève. Chire. Choke. Clampe. Clutch. Coil. Commandement. Compound. Convertible. Coplène. Couette. Crane. Crank. Crankshaft. Craqué. Criard. Cricher. Crobarre. Cutter. Débossage. Débôlter. Démonstrateur. Désembrayer. Désettlé. Détarauder. Die. Dimmer. Djaquer. Domper. Dompeuse. Drille. Driver. Drum. Dynamo. Éluchon. Embarder. Embarquer. S'empanner. Enclouer. Engin. Esparouïne. Estèque. Étoc. Étope. Éventail. Exhaust. Faire une queue. Fixer. Flailler. Flange. Flauber. Flat. Flywheel. Fouille. Fuel. Full. Full speed. Garde-vase. Gasket. Gauge. Gaz. Gazer. Gazoline. Gear. Gicleur. Grill. Heater. Helmit. Highway. Hiveriser. Horn. Hors-paille. Huile. Jack. Jammer. Jet. King-pin. Lailles. Lift. Long-nose. Lumières. Mécanique. Milage. Minoune. Muffler. Neutre. Nipple. Noix. Nozzle. Ouise. Overâller. Packing. Panel. Panne. Parcomètre. Parking lights. Pic. Pick-up. Plug. Porte. Pouvoir. Power brakes. Power steering. Prendre. Quate-par-quate. Punch. Rebabittage. Recap. Renverse. Revirer. Ride. Rivage. Runner. Safety valve. Scrap. Scraper. Service Station. Set. Settler. Shaft. Silbime. Silon. Slacker. Sleeve. Smasher. Solénoïde. Spare. Speed. Speedometer. Spinner. Sprigne. Sproquette. Stâller. Starter. Station-wagon. Steering. Stocké. Strappe. Switch. Tank. Tap. Tape. Taraud. Tchôke. Tépeur. Timer. Tire. Top. Torche. Torque. Touage. Transmission. Tripe. U. Valganisé. Washer. Wescott. Winch. Windshield. Wrench.

Menstrues

Cardinal. Crottes. Avoir le feu rouge. Fleurs. Garni. Kotex. Lunes. Malade. Mouillé. Oeufs. Patch. Saignée. Sandwich. Tante. Ti-Jim. Ti-Bus. Voir. Vu.

Métiers

Accoucheux. Acériculture. Ajusteur. Apothicaire. Applicant. Application. Appliquer. Arrangeur. Barbier. Barlicanteux. Belette. Bell-boy. Beurrage. Biscuit. Bisouner. Blague. Blaguer. Blaster. Bleu. Blueprint. Boiler-room. Boisiller. Boîte à lunch. Bonus. Boom. Borlicanteux. Boss. Botteur. Bouline. Bouquer. Bourgotter. Bourrade. Bourrée. Brémage. Bretter. Bricleur. Brigade. Briquade. Brocheuse. Broker. B.T.U. Bûcher. Boffer. Bull. Buncheur. Butt. Cache. Cage. Caltar. Cambuse. Candog. Cant hook. Cap. Carrédge. Carriéreur. Chaîner. Chaînon. Channel. Chantier. Charlimagne. Chartier. Chauffeuse. Checkeux. Chien. Chiffe. Circulation. Claim. Clairance. Clairer. Claireur. Clamer. Clavigraphe. Clineur. Collage. Colleur. Concentré. Connectabe. Connecter. Constable. Contracteur. Sous contrôle. Cookie. Correyer. Cotte. Couac. Couler. Coupe. Coupeux. Coureur-de-bois. Courtier. Crapet. Crèmerie. Criard. Cribe. Crusher. Dactylographe. Débrousser. Décapoter. Décharge. Décoller. Déconnecter. Décrochir. Délier. Dentisterie. Dérougir. Dessineur. Détectif. En devoir. Diéticien. Diguidi. Direct. Disconnecter. Djomper. Dolures. Dompe. Draffe. Drave. Dynamitard. Écart. Échafaud. Écorceur. Éffiler. Élévateur. Empileuse. En devoir. Engraver. En opération. Entailler. Entonner. Entêter. Entrepreneur. Éplet. Estricité. Extension. Marchand de fer. Fesseux. Ferreur. Filage. Filerie. Fille. Flotte. Flume. Foreman. Forgeon. Fork lift. Fort-à-bras. Formagier. Frotteur. Full time. Fuse. Fusil. Gadron. Galette. Galon. Boss de gang. Gangway. Gardeuse. Gardienne. Gemme. Glissoire. Gober. Goudrelle. Goudrier. Grand'scie. Ground. Hardware. Harnachement. Homme. Hum. Hympothicaire. Job. Jobber. Jumper. Lamelle. Lampadaire. Leave. Ligne. Ligneur. Local. Locker. Mains. Maintenance. Mamelon. Manège. Maquillon. Mésureux. Métier. Meublier. Meugner. Minage. Mixeur. Moulin. Nettoyeur. Notice. Nurse. Off. Opérateur. Optométriste. Ouatchemanne. Ouvrier. Overtime. Pager. Pagette. Paie-liste. Paie-maître. Paye. Paysagiste. Pelle. Pierre. Piquetage. Pitche. Plant. Plastrer. Plombeur. Plombeux de dents. Poinçonner. Police. Pompes. Pompier. Porteur. Poser. Pouvoir. Primer. Professeuse. Profession. Punch-clock. Payroll. Pelle à stime. Qualifier. Raing. Ratelle. Ready-mix. Reel. La Renard. Repasseur. Repasseux. Résignation. Ressourceux. Rosser. Rough. Run. Runner. Safe. Sainte-touche. Sargent. Scrou. Séniorité. Set. Settleur. Shaft. Shaper. Shellac. Shérif. Shop. Skideuse. Slacker. Slague. Slaille. Slide. Soldar. Sondeur. Sortie. Spare. Splice. Staille. Staker. Stand. Stock. Strappe. Studio. Sucrier. Tap. Tape. Tapisseur. Taruelle. Temps. Tigue. Time-keeper. Timer. Tique. Tire-la-babiche. Tire-pousse. Tissure. Tôleur. Touisse. Tour. Tourmentine. Tourneux. Transférer. Travaillant. Trempe. Trimeur. Tuber. Type. Typewriter. Union. Usé. Van. Versatile. Waiter. Waitress. Watchmanne. Wérage. Wère.

Menuiserie

Achiquette. Acouyau. Affûter. Affûts. Agrès. Aiguillettes. Allouer. Altération. Apiquer. Aplomber. Appuyer. Arâsage. Scie d'arâse. Arcajou. Ardoiser. Arminette. Arrache-braquette. Atuyau. Bachat. Baisse. Banc de scie. Bardatter. Barreau. Baveler. Beam. Bédaine. Bedder. Bégazon. Bicifeur. Blanchi. Bois. Boisure. Bourrier. Brace. Braquette. Brin de scie. Cadre-rond. Cant. Careilleur. Carvelle. Catrine. Chiotte. Clair de noeuds. Clouter. Coffrer. Cramper. Croûte. Dado. Dague. Débraqueter. Déchafauder. Déclin. Déclouter. Décheviller. Déligner. Désembouveté. Dessoler. Dessolider. Deux-par-quatre. Dévoiement. Doler. Échantillon. Échasse. Élaise. Élimer. Émail. Embouffeter. Encatrage. Encaver. Enfigurer. Enté. Envriller. Equarrer. Eronde. Etamperche. Etoc. Etope. Facé. Figure. Forens. Foutine. Comble français. Galère. Godet. Goffrer. Gommage. Gordiche. Gosser. Groove. Guette. Hack-saw. Jig-saw. Lavisse. Lever. Molinette. Mortoise. Mottelé. Moucher. Moulée de scie. Mouligneur. Moulin. Moulinet. Moulure. Mousseline. Noix. Oeillet. Off. Ortilleux. Ossature. Ouvrier. Ouvrir. Papier sablé. Passe-partout. Patte-de-mouton. Pavé. Pic. Pièce. Pied-de-roi. Pied-planche. Pignon. Pinangourne. Placage. Plaine. Poinçon. Pone-chève. Power saw. Punch. Querre-point. Rance.

Refente. Rentrait. Ripe. Rossignol. Rough. Scantling. Scarfer. Set. Shim. Shop. Sigâiller. Solage. Sole. Solitude. Soufflage. Spoke-shave. Stapler. Support. Tack. Taqueuse. Taquer. Tarfat. Till. Totaque. Toupie. Trémeau. Tressel. Veneer. Zigâiller. Zigonner.

Mort

Se laisser aller. Aller sur le couteau. Avancé. Bâsir. Cadabre. Chariot. Charnier. Courte-haleine. Décompter. Défuntiser. Se détruire. Faite. Graisser ses bottes. Manger. Mortalité. Noyer. Obituaire. Perdre l'haleine. Pleureuse. Porter. Règne. Représentation. Stiff. Sympathies. Tombe.

Objets divers

Agrafe. Aiduille. Aigledon. Aiguillère. Allumeur. Amant. Ampouille. Aquipette. Arrache-poil. Atoucas. Badge. Barloque. Barnicles. Barouine. Bastringue. Batte-feu. Berloque. Beurgot. Bidous. Aria. Apichimon. Black-ball. Bombragne. Bosse. Bourgot. Branlon. Breloque. Cadran. Calumette. Caméra. Cartoon. Chandelle. Ciné-caméra. Cirlette. Clinclant. Cossin. Cric-Crac. Dichette. Djime-robbette. Dummy. Équipette. Flash-light. Funérailles. Gabari. Gabat. Guédis. Nicagnacs. Oreries. Pennette. Portrait. Scrapbook. Snapshot. Spot-light. Stapleux. Suitcase. Traînerie. Trictrac. Tronc. Valise. Vélum.

Parenté

Aïeu. Aïol. Armette-germain. Armine-germine. Frèrot. Genre. Germine. Grand-grand'mère. Maître germain. Mette-germain. Parent avec. Petits parents. Pédigree. Relation. Remé d'germain. Matante. Mononque. Tantine.

Personnages importants

Big shot. Gros buck. Gros casque. Gordon. Gros-casse. Major. Messieutrie. Monsieur. Se moucher. Opulent. Peser. Petite-bedaine. Se pousser. Se rebicheter. Sagamo. Sirer.

Prépositions

Amont. Anvec. Aux approchants de. Après. À quelle heure de. À ras de. Auparavant de. Aux environs de. En bas de. Cheuz. Conté. Dede. Depu. Dessous. Devant. Devers. Du long de. Enci et. En d'ici. Enter. Enterci. Entor ci. À l'entour de. Entre ci. Aux environs de. Entremi. À fleurement de. Jouxte. À la place de. Rapport à.

Qualités et défauts

Acagnardi. Accomplissements. Accorte. Accoutumance. Acculer. Achalant. Achalanterie. S'achaler. Acharnation. À clan. D'action. S'actuer. À désamain. Admission. Adon. Adonner. Adret. Advarsité. D'affaires. Affalé. S'affaler. Affeublir. Affecter. Affuculant. Affût. Aganiser. Agapit. Agent. Agité. À gogo. Agoniser. Agoner. Agouser. Agressif. Aigrefin. Se faire aller. Allure. À main. Ambitieux. Ambition. Ambitionner. S'ambitionner. Ambitionneux. Amenabe. Amorphosé. Amusard. Amuser le temps. Amuseux. Anxieux. À plomb. Ardigueux. Ardilleux. Argardant. S'arouter. Aroutiner. S'avachir. D'avance. Avant. S'avantager. Avenance. Avenant. Avenir. Avention. Aventionneux. Avient. Avision. Babin. Babinaud. Bâcher. Bâdrant. Badrer. Bardasseux. Pas barré. Bas-de-soie. En batte-feu. Bayard. Bebête. Bec sucré. Beignet. Belette. Bellil. Béquille. Bête. Beurreux. Bigot. Bitabe. Bitcher. Blagueux. Bletté. Peur bleue. Blood. Boinfre. Bokorne. Botcher. Bouchonner. Boudin. Boulacrer. Boulshiter. Bourlette. Bourrader. Bourre. Bousiat. Boute-feu. Brain. Branleux. Brasse. Brèche. Brick. Bringue. Brise-culotte. Brise-fer. Broche-à-foin. Busy-body. Calais. Calas-fillette. Capabe. Capoté. Carcajou. Casseux. Cassevel. Casuel. Catéreux. Cendrouillonne. Chairant. Chat. Checké. Chef-d'oeuvreux. Chedève. Chenigueux. Chenu. Chesse. Chéti. Chiâler. Chie-en-culotte. Chienne. Chieux. Chigner. Chimaigre. Chimère. Cobi. Coeureux. Comète. Compassieux. Confusionné. Connaissant. Consent. Consistant. Contraireux. Contrebarreux. Contrefait. Coq d'inde. Coquecigrue. Correct. Cosy. Côte. Côteux. Coti. Cotonné. Coupant. Crack-pot. Crapaud. Craqué. Crasse. Crassoux. Crèchard. Creux. Crevant. Cri. Critiqueux. Croche. Croix. Crosseur. Crotté. Cul. Liche-cul. Peigne-cul. D'avance. Débandé. Débiscaillé. Se déboutonner. Débrêlé. Débretté. Déchaîné. Déchet. Défaite. Dégoûtation. En démanche. En démence. Démon. Démontant. Dénué. De dépense. Déplet. Dépot. Dérangé. Désamain. Désavenant. Désenlaidir. Sans dessein. Détamé. Détarder. Dévidoir. Dévisageant. Se dévorer. Diablant. Difficulteux. Djire. Dolle. Dort-debout. Dort-en-chiant. Douilletteux. Doutabe. Drabe. Drastique. Dret. Dru. Dur. Durçon. Ébouriffant. Écoeurant. Édindé. Embardeux. Emmalicer. Emmoyenné. Empâté. Encomblement. Endêvé. En diâbe. Mal endurant. Ennuyeux. S'enrelaidir. Enrougi. Entendouére. Entoumi. En vie. Épais. Épeurant. Équarré. D'équerre. Équipé. Ère. Escareux. Sauteux d'escalier. Escares. Esclopé. Esprité. Estèque. Étrivant. Face. Façon. Façonneux. Faignant. Fair. Faire son jars. Faiseux. Fameux. Fantache. Fantasque. Fatiquant. Fendant. Fégond. Fend-le-vent. Feube. Fiabe. Fiat. Fier-pet. Figé. Fignoler. Fignon. Fin. Finasser. Fion. Fit. Fité. Fla-fla. Flaille-douce. Flaillé. Flambeux. Flammêcheux. Flanc mou. Flancheur. Flincher. Flon-flon. Flush. Foin. Fofolle. Foqué. Forçant. Fordon. Fou. Frais. Frais-chié. Francheté. Frappé. Frédilleux. Frisson. Frivolent. Front. Frou-frou. Fruit. Gâcheux. Gafre. Galafre. Galant. Galopeux. Game. Gaspille. Gâte-sauce. Gazé. Geargaud. Geigneux. Gelé. Gentilhommerie. Gergaud. Gesteux. Gigoteux. Gingeolant. Gnais. Gnasse. Gnan-gnan. Gnoche. Gnochon. Go ahead. Gogo. Gornu. Gouvarnail. Graissoux. Green. Grichou. Grichu. Grippette. Guernache. Guts. Hard-up. Heavy. Hogué. Home-made. Hot. Imparfait. Indigne. Infâme. Infidélité. Infecté. Jack. Jarnigoine. Jars. Jaunisse. Judicature. Jugeotte. Kickeux. Lâcherie. Laite. Lambiner. Lève-matin. Lime. Lôfeur. Loose. Macâbe. Maigrelin. Main. Mal à main. Malavenant. Malendurant. Malin. Manigate. Manque. Massacrant. Matrial. Mature. Maudissant. Mauvaiseté. Mean. Mêlant. Mésavenant. À mézamain. Minoter. Mitoyen. Mordu. Mortel. Se nerfer. Nuisance. Numéro. Occupant. Ordilleux. Oreille. Palotte. Prêt. Particulier. Péteux. Pétillard. À pic. Piéton. Planche. Plat. Plucké. Poche. Pogné. Pointu. Portance. Pourri. Prime. Privé. Raccage. Râcheux. Rachu. Râle. Raqué. Ratoureux. Recevant. Répliqueux. Requien-ben. Résous. Reteurs. Réveillé. Rider. Rime. Rough. Ruine-fer. Rushé. Sacrant. Safe. Service. Scâreux. Secure. Sentiment. Sépareux. Serré. Service. Shabby. Slack.

Slow. Smarsette. Smat. Soie. Sortabe. Soupe. Speedé. Spunk. Stèqueux. Stiff. Stoffe. Straight. Suivette. Super. Swell. Tannant. Tape-dur. Tate-minette. Tendreux. Tête. Toffe. Touch. Touchy. Tour. Trempe. Tue-chrétien. User. Vaillant. Valdrague. Vlimeux. En vie. Vivant. Wide open. Wild. Willing. Wise.

Rapports entre personnes

Abord. Abordage. Aborder. Abouter. À brasse-caille. Abuser. Açartener. Accomparager. Aconduire. Aconnaître. Accord. Accoter. Achalage. Achalerie. Adidou. Affaille. Affaire. Affiler. Affronter. Agaçage. Agouser. Agrafer. Agrément. Agricher. Aguir. Agurir. Ahurir. Aillir. Air. Se faire aller. Amancher. Amener. Faire ami. Ami comme cochons. Amiauler. Aminoucher. Amorcer. Amouneter. Amusage. Anfirouâper. Angarier. Être à son apart. Apologie. Faire l'appel. Appel des noms. Appointement. À quat'patissement. Arbouter. S'arbouter. Argument. Ariéter. Armes. Arouter. Se faire asseoir. Associé. Avectimer. Avétiner. Avictimer. Aviser. Faire manger de l'avoine. Avoir des mots. Babicher. Backer. Badrant. Badrer. Être bandé sur. Baptiseux. Barber. Barbicher. Bastinguer. Baveux. Bécher. Beugle. Bicher. Passer quelqu'un au bleu. Blouse. Boîte. Bonne. Boucher. Bourgogner. Bourrasser. Bourrer. Bouscailler. Bouscaner. Bouter. Brancher. Brasser. Brosser. Brouille. Cabocher. Carder. Cauxer. Chacoter. Challer. Charlander. Chique. Choquer. Coup de cochon. Cocu. Cogner. Se colletailler. Se combiner. Complice. Comprenage. Consensus. Copiner. Couillonnage. Crasser. Criée. Crocher. Crosser. Cul. Deadlock. Déballé. Débarbouiller. Débiner. Décheter. Décoter. Déculotter. Dédamer. Défaçonner. Défarger. Se défiger. Dégonfler. Délicatesse. Se déplacer. Déranger. Désaccoter. Description. Se desserrer. Dessous. Se détasser. Détourber. Déviarger. Diable. Difficulté. Dinde. Discord. Dish. Disputage. Distorber. Ditcher. Donner. Dos. Douter. Drosser. Durçonner. Eau. Ébarouir. Ébasourdir. Ébergiver. Ébriter. Écarder. Écoeurer. Écornifler. Égrafigner. Élonger. Embâcler. Emberliner. Embêter. Embrener. Emmarder. Emmêler. Emmiauler. Empaffer. Se faire emplir. Enfiferouâper. Enfirouâper. Enfourlucher. Envoyer. Épeurer. Épingler. Épivarder. Époiler. Estuse. Étamper. Face.

Fâche. Se faire emplir. Se faire bôlter. Se faire mener l'yâbe. Se faire passer au bat. Flamber. Flauber. Fou. Four. Fourrer. Fourreur. Framer. Se fricasser. Fripe. Froid aux yeux. Se frôler. Galetter. Galevauder. Gavagner. Giffer. Gingue. Gnole. Gomme. Gonce. Gorouage. Gosser. Goujon. Grafigner. Grain. Gratte. Gravouiller. Gribouille. Griffer. Grippe. Gripper. Habiller. Hargnier. Hucher. Imbaisable. Introduction. Job. Knocker. Léchage. Lever. Look. Machicoter. Malcommode. Manger. Mêler. Mener. Menterie. Se mésentendre. Mesquiner. Mopser. Niaiser. Niole. Pacager. Pacoter. Pain. Passer un papier. Passe. Passer. Payer. Péché. Péter. Peur. Se picocher. Picosser. Pied. Piner. Pipe. Pic. Piquer. Pitcher. Plâcrer. Plâtrer. Se pogner. Poil. Pointer. Poivrer. Pomper. Pouillasser. Poussâiller. Pousser. Se prendre. Prise. Pull. Pushing. Québec. Rabâter. Ramener. Ramer. Rebaiser. Rembarrer. Renchausser. Rencontrer. Rentasser. Retourner. Retrousser. Revirer. Rincée. Rocher. Rond. Roule. Rouler. Saboter. Sacrer. Saler. Sapin. Sarabander. Sarlinguer. Sasser. Sauce. Saucette. Scrépe. Secouer. Seringler. Serrer. Servir. Settler. Shaker. Skinner. Smote. Soincer. Sonner. Sortie. Sortir. Soulever. Sourdine. Splitter. Stomper. Strapper. Tapocher. Tchomme. Se tirailler. Trigauder. Truster. Verdée. Visiter.

Relations amoureuses

Aller avec. Aller voir. Ami de garçon. Ami de fille. Se faire l'amitié. Être en amour. Tomber en amour. S'anamouracher. S'anmouracher. S'anmourager. Faire l'approche d'une jeune fille. S'approcher. Atout. Bague d'engagement. Biger. Blind-date. Bec. Blonde. Broche. Brocher. Cavalier. Chanter la pomme. Chum. Se coller. Convoiter. Cousinage. Date. Demande. Dodicher. Douane. S'emmouracher. Engagé. Engagement. Faire l'amour. Faire du salon. Paraud. Fille. Frencher. French kiss. Gages. Galanter. Gratter. Kick. Kiss. Maîtresse. Manger d'l'avoine. Match. Meilleure. Minouchage. Se misser. Oeil. Parking. Pelle. Pelure. Bec en pincette. Prétendue. En rabette. Raccordage. Se minoucher. Se ramiauler. Se taponner. Salon. Satinette. Sauteux de clôture. Sortir. Steady. Tchomme. Tomber. Tchôquer. Valentin. Voir.

Concubinage

Accoté. Abandé. Accouplé. Adopté. S'adopter. Assemblé. Marcou. Marioché. Maviolé.

Mariage

Accordailles. Accords. Achat. Acheter. Encarcané. Ensemble. Face. Faire une fin. Greyé. Mal attelé. Marguer. Marier. Marieux. Prendre. Publier. Rencontrer. Shower. Suivant.

Relations sexuelles

Acte. Bois. Bambocher. Batte. Biscuit. Blow-job. Bon. Botte. Boxon. Se brancher. Chauffer. Chausser. Se coucher sur le mal, le plaisir, la jouissance de. Coup. Courailler. Cramper. Cracher. Crocheter. Se croiser. Décharge. Dédaine. Découcher. Défoncer. Dérober. Déviarger. Évargondage. Écumer. Enfirouâper. S'envoyer. Faire dodo. Faire minouche. Partie de fesses. Flouc. Fourrer. Fourrette. Galipote. Genoux. Gornailler. Jus. Manger. Maquereau. Se marier. Matrone. Mettre. Se mettre. Orignal. Parking. Péché. Piner. Planter. Se ploguer. Pogner. Poignasser. Se pousser. Prétentaine. Ribandelle. Rougir. Sarlinguer. Scramoter. Seine. Senteux de filles. Servir. Sesque. Shooter. Souigner. Souquer. Strolle. Stoffe. Stud. Sucette. Talle. Tasser. Tisonner. Tit-pite-fourre-vite. Tripoter. Venir. Verrasser. Vite.

Religion

Antéchri. Anter. Antichri. Apparution. Archidiocèse. Arligion. Arlique. Aspargès. Asparsoère. Baboche. Baiser la patène. Bedocher. Bénissoi. Beurrette. Cassevel. Catchime. Chaise. Chapelain. Charlot. Chréquien. Ciarge. Cimequiére. Cocotier. Côpérage. Cricibix. Dénomination. Dizain. D'mi-carême. Droits divins. Eau de Pâques. Ecclésiastique. Edlise. Église. Enchensoir. Escades. Faire des Pâques de renard. Flanc-maçon. Honneurs. Huiler. Jésus. Jubé. Mésan. Office. Pâques. Picatouère. Pisseuse. Porteuse. Pouce. Prêche. Prédiseux. Redévirer. Renouvellement. Révérend. Reviré. Rongeux de balusse. Rosarier. Soeur. Suisse. Turé.

Repos, sommeil, lit

Abriller. Avoir le pesant. Se canter. Planter des clous. Cailler. Cointer. Confiteur. Cote. Couvarte. Crèche. Dénicher. Désabriller. Déveiller. Dormage. Dormeux. Dormitoire. S'élonger. Endormitoire. Faire la paresse. Figer. Flanellette. Gabare. Galetas. Menteuse. Orier. Paillasse. Paresse. Pesant. Peur. Piqué. Piquer. Pissenlite. Pissou. Pitourne. Planter. Pommeau. Poteau. Pot de chambre. Quenouille. Rabrier. Se recroquiller. Rempleumer. Rêvâiller. Sassoire. Sleeping bag. Spelleau. Sprigne. Spring-bed. Tête. Trompeuse. Se virailler.

Ruisseaux, rivières, eaux canalisées, fossés

Bouetteau. Caduc. Caille. Calant. Calvette. Chandelle. Chaussée. Chenail. Chenaux. Coup d'eau. Craque. Crèpe. Crique. Descendre. Djamme. Driftwood. Drive. Eau. Écluser. Écorchis. Écore. Effleurer. Élonder. Embas. Embase. Énondement. Esseau. Ferry. Flacotage. Flattant. Flique-flaquer. Fossé. Fosset. Friser. Furir. Galette. Glacis. Golche. Haut. Îlet. Jetée. Juisant. Lacon. Littoral. Locker. Mâgonne. À maigre d'eau. Margouillas. Mauque. Mer. Mirage. Morte-mer. Muraille. Partager. Plaque. Pont. Pontage. Pot à brai. Quai. Rapports. Raveline. Refoule. Regiber. Revoler. Revolin. Rigolet. Rissoler. Se saucer. Sauter. Spane. Splasher. Swampe. Tracel. Traverse. Traversier. Varvassière. Vase.

Salutations

Adidou. À revoir. Baille-baille. À la revoyure. À la revue. Tata.

Sports

Aréna. Arrisée. Baise. Balle-molle. Batte. Bitabe. Biter. Biz. Blanchir. Body check. Bosquer. Boulezaille. Camper. Catcher. Challenge. Checkage. Chêne. Coach. Cogneur. Complimentaire. Compteur. Court de tennis. Crosse. Curve. Dive. Drive. Drop.

Fall ball. Flaille. Forum. Glider. Goaler. Gobeur. Gouret. Heat. Lacrosse. Lancer. Lawn-tennis. Locker. Mite. Motion. Oiseau. Ourra. Out. Pack-sack. Piquet. Pisse. Pitcher. Placage. Planter. Pogner. Poque. Pratique. Punching bag. Rassle. Relever. Retrousser. Rond. Ronde. Safe. Scorer. Shooter. Tackle. Target. Tie. Timer. Tug-of-war.

Superlatifs, grandes quantités

Achevé. À demeure. Adorer. Affreusement. Affreux. Ah! Ah! Ajevé. Ajué. À la tanne. À lemeure. À plan. Assez. Au boutte. Une barge. Une battée. Ça bat quatre as. En bébite. En bédeau. Ben manque. Best. Bétail. Beurrée. Bôtée. Gros comme le bras. D'une brise. En cheval. Chimotée. Chipotée. Cinq-cents. Cinquante. Cochonnerie. Confusion. Au coton. Dans un crac. Crâde. Crâle. Demain. Diable. Diguidou. Éclats. Écoeurant. Effrayant. Emporter. En toute. Eoù. À toute éreinte. En esprit. Estra. D'excès. Fichument. Gang. Gnole. Gorouée. À la gouèche. Gros. Grouée. Joliment. Joli. Jumbo. King-size. Mâgot. Ben manque. Martyr. En masse. Méchant. Mèche. Miette. À mort. Mourant. Moyen. À noir. Or. En palette. En pépére. Peste. Pic. Pique. Tout plein. À plein. En plein. À plenté. Potée. Pour vrai. Dans les grands prix. Quarante. Rage. Raide. Raidement. Ramée. Rate. Rôdeusement. Rosée. Saccage. Sacré. Sacrement. Saganée. Sept. Sérieusement. Sérieux. Substantiel. Sucré. Supérieur. Tapée. Taureau. Torgueux. Trâlée. Vargeux. Véreusement. Véreux. Verrat. Vlimeux.

Superstitions

Chasse-galerie. Dépigeonner. Désempigeonner. Désorceler. Emblêmer. Empigeonner. Feu follet. Jeteux de sort. Jonglerie. Pigeonne. Ressort. Sorcilège.

Malchances, infortune, chance

S'abâsir. Abîmage. S'abîmer. Accablation. Amoner. Arguia. En arracher. Avarie. Averdingle. Bad-luck. Bad-lucké. Cassé. Charrue. Chicoter. Coche. Culotte. Débarque. Décoppé. Désargenté. Draw-back. Écartage. Écarté. S'enfarger. Flouque. Gnaise. Good luck. Heureuseté. Lucky. Malcompris. Maldonne. Marchance. Rebours. Se retaper.

Tabac et autres drogues

Chiquer. Cigale. Clou de cercueil. Écotonner. Feriousse. Flaubette. Friousse. Fumant. Hash. Joint. Lighter. Layteur. Manche de pipe. Mari. Menoque. Pétuner. Pipe. Pipée. Pipette. Pipeux. Plague. Platine. Poloque. Pot. Poté. Puff. Pusher. Queue. Rouleuse. Royale-taponneuse. Sac à tabac. Se shooter. Siroter. Sniffer. Snuff. Spitoune. Stoffe. Tabaconiste. Tabagie. Taponneuse. Torquette. Tête. Touche. Vérine. Zigoune. Pouffe. Pieu. Use-pouce.

Taille

Baducul. Baquèse. Baquet. Bas-cul. Bâti. Bedainer. Beef. Bidet. Bougon. Boulé. Bourrin. Boursin. Bouscaud. Bout. Cadavre. Corporé. Couac. Bas-du-cul. Désengraisser. Dondaine. En écharpe. Éclanche. Élingué. Équarritude. Fanal. Fausse couche. Feluet. Forcir. Fuseau. Fusil. Gabare. Garrot. Géane. Giane. Giant. Gienne. Grand'biche. Haut. Manger. Matrigal. Mincir. Paquèse. Paquet. Pesseminute. Plançon. Pochu. Pris. Ragot. Raminci. Ratatin. Rondette. Tamponne. Tapon. Tas. Taupin. Taureau. Toutoune. Viandé. Watap. Zoulou.

Température

Abât. Abatage. S'abeaudir. Achalement. Accalmir. Air. Airée. S'aliser. Amollir. S'amollir. Aragan. Le diable bat sa femme. Avoir beau. Se beurrer. Boète. Bordée. Brème. Breumasser. Brin. Brouillardeux. Brouasser. Brouée. Calmir. Se calotter. Canitude. Carabiné. Casser. Se chagriner. Chalin. Château. Chinouk. Claircir. Se clairer. Clairon. Se crasser. Crassiner. Cru. Cul noir. Se débarbouiller. Décrasser. Dégelé. Se dégraisser. Doux-temps. S'écurer. Éloèse. Enfrèdir. S'engraisser. Éprendre.

Été. Ferdir. Feu-chalin. Foudrer. Fraîche. Frédir. Frédure. Fret. Froidir. Gelassage. Gelotter. Grain de pluie. Grainer. Se graisser. Grêlasser. Grenasser. Humèquereté. Lune. Marchander. Méchant. Mollir. Se morpionner. Mort. Mouillasser. Mouiller. Mouillardeux. Se moutonner. Mucre. Navrer. Neigeâiller. Objets. Orager. Orogane. Paquets. Pierre. Pleuvasser. Poudrer. Pris. Rafaler. Rafrédir. Raide. Ramollir. Ramucrir. Se rebeaudir. Refrédir. Se rehausser. Relâche. Se relever. Se renclaircir. Réparer. Repârer. Repousse. Se retrousser. Ripousse. Rosiner. Secousse. Sombrir. Sorcière. Squall. Tapon. Température. Tempêteux. Tende. Tirant. Vague. Varrasser.

Termes d'affection

Crotte. Crotton. Petit goglu. Grichou. Minou. Minoune. Pichou. Mon pit. Titite.

Toilette, vêtements

Afficolants. Affiquiots. Affuquots. Agoincher. Agoinchure. Agreyer. Amanchage. Anvrailles. Aoutfitte. Apichimon. Appareiller. S'appareiller. Armure. S'arrimer. Atricure. Atriqué. Attifiaux. Attiqué. Avrâles. Ayoché. Ballon. Se babicher. Barre de savon. Bas-quartier. Basque. Bassin. Bassine. Beaver. Bécine. Bécosse. Begnet. Blanchet. Blasphème. Bleach. Blazer. Bloomers. Blouse. Blue jeans. Bobby pin. Bober. Bobettes. Bol. Bol à main. Bonnette. Bossel. Bottarleaux. Bottines. Boucle. Bougrine. Braquet. Brave. Breast. Bricole. Brogue. Bureau. Butin. Cachemenettes. Cache-pénette. Cache-pet. Câline. Calotte. Caluron. Camail. Caneçons. Cap. Capiche. Capot. Se capoter. Se capuchonner. Carreauté. Casque. Ceinture fléchée. Châle à pointes. Chandail. Se changer. Chape. Chapeau de castor. Chauffer. Chauffeur. Chausses. Chaussette. Chausson. Chemise. Circulaire. Ciré. Cirer. Civilien. Claque. Cloque. Coat. Col. Collant. Collerette. Collet. Combinaison. Congresse. Cornière. Corps. Corté. Costume. Épingle à couche. Couette. Coupe-vent. Courton. Crémeur. Crémone. Croc. Crochet. Cuffs. Culottes. Débarbouillette. Se débotter. Se décalotter. Se décapoter. Se déchanger. Se déclaquer. Défaire. Se défaller. Défroque. Se dégreyer. Démaller. Démélois. Se dépoitrailler. Dépouille. Déralingué. Dérober. Désencapoter. Se désenclaquer. Désencrasser. Désenganter. Se déshabiller. Dessous. Dévorer. Dickey. Dimanche. Double-breast. Doude. Doucine. Drille. Drosse. Duck. Ébraillé. Écraser. Écrigné. Effalé. Effilocher. Effilander. Éguenillé. Éjarrer. S'embabouiner. Embobiner. Embotter. Emmitonner. Encapoter. S'enclaquer. Encloquer. S'entortiller. Épingle. Épinglette. S'épivarder. Époiler. Époitraillage. Éguenillé. Escafignon. S'escabignonner. Essu-mains. Falle. Falle de pigeon. Fancy. Farcin. Fardure. Farlasser. Ferdaisement. Ferdaner. Ferlasser. Filande. Sur son fin. Flaille. Flaquet. Flâser. Flosse. Foncière. Fonçure. Fontage. Forcin. Formal. Fouaillon. Fouillousse. Fourrole. Souliers français. Franger. Fredasser. Fril. Frisette. Frison. Frivolité. Froc. Full-dress. Gabionner. Gaillard. Gaiters. Galoches. Ganse. Garibaldi. Gilet. Gin. Gourmettes. Gréement. Greyer. Guéne. Habillement. S'habiller. Habit. Habit à queue. Hanger. Haquette. Hardes faites. Harias. Hausse. Huppe. Jacket. Jeans. Tous-les-jours. Lave-mains. Lempeigne. Loafers. Mackinaw. Malouine. Malpeigné. Mantelet. Marchedon. Mascotte. Matcher. Matinée. Médium. Menotte. Menteuse. Se mettre sur son trente-six. Mi-carême. Mitaine. Mitasse. Miton. Mode. Mohair. Morning coat. Morue. Navelure. Net. Nuage. Nu-bas. Nu. Nu-pattes. Oreille. Overalls. Overcoat. Overshoes. Pagote. Palette. Pampadour. Panneau. Pardessus. Parka. Passegalon. Passe-pierre. Patch. Pâte à dents. Patelette. Pelé. Pendandrilloche. Cache-pénette. Pèque. Pichou. Picot. Pied. Piété. Pinceau. Pinch. Pique. Pisser. Plaid. Plade. Placard. Plaque-bol. Pleumas. Poignet. Poil. Poli à chaussures. Poli à ongles. Polka. Porte-habits. Porte-jupes. Pouce. Présent. Push-button. Pydjama. Peignure. Quartier. Quate-poches. Quatailla. Habit à queue. En queue de chemise. Rabeur. Raccroc. Ramasser. Rapporté. Rase-trou. Ras-cul. Râsane. Ratuler. Ravaler. Rechange. Reculer. Refouler. Regricher. Renfort. Renipper. Repârer. Se repimper. Reprisure. Retape. Retapé. Rétréci. Revirer. Rouleau. Sac. Safety. Sailor. Sartine. Satchel. Savater. Savon. Savonnier. Seal. Semelle. Sent-bon. Séparation. Shampoo. Se shaper. Shiner. Shirting. Shorts. Shoe-claque. Sabine. Silette. Siliskine. Silkene. Sligne. Sline. Slip. Slippeurs. Small. Snap. Sniques. Souliers. Sourcière. Surtout. Sous-veste. Spencer. Splette. Spot. Stailles. Stock. Stoffe. Strappe. Stud. Suit. Support. Surtout. Sweater.

Tachant. Tame. Tchèqué. Tignasse. Toilette. Toque. Toquion. Tourloute. Tourollière. Tous-les-jours. Trente-six. Trimer. Tuque. Tuquon. Tweezers. Tuxedo. Tweed. Usage. Usurier. Veste. Waterloo. Windbreaker. Youc. Zippeur.

Traîneaux

Bob. Bob-sleigh. Bogon. Bonque. Bordel. Carriole. Cométique. Cotteur. Cricher. Cutter. Drague. Gabare. Gaton. Grand'sleigh. Jack. Lisse. Membre. Palette. Remembrer. Remorque. Skid. Slèder. Sleigh. Sommier. Spane. Step. Suisse. Tobagane. Traînant. Traîne. Traîner. Voiture.

Transport

Alège. Autoneige. Bus. Char. Loader. Lorry. Motor man. Oléoduc. Paque. Pouce. Pousse-pousse. Quat'poteaux. Quatre-épées. Ride. Sédan. Selky. Stand-by. Tandem. Top. Transfer. En transit. Triander. Truck. Vanne. Voiture. Wagon.

Trucs, machins

Gamique. loubine. Outfit. Patente. Pinouche.

Végétation

Aguet. Aillet. Aillis. Alise. Alsic. Pomme d'amour. Angélique. Anis sauvage. Apanac. Arbarapuce. Arbe sainte. Arricot. Artichaut. Ataca. Atoca. Aunage. Babarnèche. Barnache. Baume. Belluet. Berganotte. Berri. Bette. Blaquebière. Bleuassin. Bleuet. Bois. Bourrelet. Brousses. Buis. Bzats. Cachou. Calotte. Cansis. Caraquette. Carotte-à-Moreau. Caryer. Câsses. Cassier. Catalinette. Catherine. Cébreur. Cèdre. Ceinturon de la vierge. Cenelle. Cerise. Cercifis. Chenève. Chicoté. Chiendent. Chou de Siam. Chou gras. Citronnelle. Clageux. Claytonie. Cochon. Cocorico. Cocotte. Coton. Cou-croche. Coudre. Courant. Courson. Croquets. Cyprès. Épiochon. Érable. Érablière. Éronce. Éronde. Eyau. Fardoches. Folle avoine. Follette. Fourchette.

Fredoches. Frénière. Gadelle. Geargeau. Geneviève. Geniève. Gérémiôme. Glajeux. Glouton. Goiseille. Goudrette. Graine-rouge. Graines d'orignal. Grakia. Gratton. Grimpants. Gueule-noire. Guyacinthe. Harbe-folle. Hart. Herbe. Hêtrière. Ilette. Liard. Lis. Margau. Mascabina. Maucôque. Merisier. Mil. Monnayère. Monter. Môron. Mortelle. Mousse de mer. Naveau. Neslie. Orgueil. Ormière. Pain. Pataque. Pénacs. Persil-de-mer. Pesat. Pétaque. Petit cochon. Petit-thé-des-bois. Pétouane. Pic-pics. Pied de veau. Pimbina. Pin. Piochage. Piôme. Piquants. Plaine. Plaquebière. Poire. Poirette. Pomme. Pommette. Poulette. Poussant. Pousseux. Pruche. Punké. Quatre-temps. Quat'-saisons. Quenouille. Queue. Queue-de-renard. Raisin. Ralle. Ramer. Ramu. Rapace. Ratane. Rave à cheval. Rave noire. Récipèle. Récollet. Repousse. Repoussis. Repousson. Retige. Roi des champs. Rouche. Rouget. Sabot de la Vierge. Saint-Michel. Sang de dragon. Saouéyane. Sapin. Sapinage. Saplaine. Sarsifis. Saskatoune. Sassepareille. Sénéca. Senellier. Sévigné. Snicroute. Spine. Squash. Sucet. Sucrerie. Suisset. Tabac du diable. Talle. Tamarack. Têter. Tondrière. Toque. Tour-de-soleil. Tripe-de-roche. Varbina. Verne. Vieux-garçon. Vignette. Vit-toujours. Watap.

Vie familiale

S'acarêmer. Achever. Avoir son nombre. Bébé. Becquer. Bec. Besson. Bibi. Bourgeois. Bubusse. Carrosse. Catin. Cérémonie. Chenous. Chouette. Compagnée. Débutante. Dame. Demoiselle. Dent de chien. Se donner. Droits. Enculotter. Flo. Foyer-souche. Vieux gagné. Gens. Grand'visite. Liochon. Marchette. Marmousaille. Mener. Mére. Morvaille. Morvasse. Nichet. Nombre. Offance. Pépé. Petit darnier. Rachever. Senior. Sorteux. Suce. Triplets. Trousseau.

Bibliographie

DUNN, Oscar, *Glossaire franco-canadien*, reproduction de l'édition originale de 1880, Les Presses de l'université Laval, Québec, 1976.

CLAPIN, Sylva, *Dictionnaire Canadien-français*, reproduction de l'édition originale de 1894, Les Presses de l'université Laval, Québec, 1974.

ROULLAUD, Henri, *Rectification du vocabulaire*, A. Bouesnel, éditeur, Montréal, 1908.

DIONNE, N.-É., *Le Parler populaire des Canadiens français*, Laflamme et Proulx, imprimeurs, Québec, 1909.

BLANCHARD, Étienne, *Dictionnaire du bon langage*, 3e édition, Montréal 1919.

En coll., *Glossaire du parler français au Canada* préparé par La Société du parler français au Canada, L'Action Sociale (limitée), Québec, 1930.

BÉLISLE, Louis-Alexandre, *Dictionnaire Bélisle de la langue française au Canada*, reproduction de l'édition originale, La Société des Éditions Leland limitée (sans lieu ni date).

BÉLISLE, Louis-A., *Petit dictionnaire canadien de langue française*, Bélisle éditeur Inc., Québec, 1969.

TURENNE, Augustin, *Petit dictionnaire du «Joual» au français*, Les éditions de l'Homme, Montréal 1962.

LAPOINTE, Ghislain, *Les Mamelles de ma grand-mère, les mamelles de mon grand-père*, Éditions Québécoises, Montréal, 1974.

LORENT, Maurice, *Le Parler populaire de la Beauce*, Léméac, Montréal, 1977.

ROGERS, David, *Dictionnaire de la langue québécoise rurale*, VLB éditeur, Montréal, 1979.

DESRUISSEAUX, Pierre, *Le livre des expressions québécoises*, Hurtubise HMH, Montréal, 1979.

BÉGUIN, Louis-Paul, *Problèmes de langage au Québec et ailleurs*, Éditions de l'Aurore, Montréal, 1978.

En coll., *Dictionnaire usuel Quillet Flammarion*, Éditeurs Quillet-Flammarion, Paris, 1960.

ROBERT, Paul, *Dictionnaire alphabétique et analogique de la langue française*, Société du Nouveau Littré, Paris, 1973.

Cet ouvrage composé en New Baskerville corps 10
a été achevé d'imprimer
en juillet deux mille deux
sur les presses de Transcontinental
Division Imprimerie Gagné
à Louiseville
pour le compte
des Éditions Typo.

Imprimé au Québec (Canada)